2023年 全国监理工程师（交通运输工程专业）职业资格考试应试辅导

建设工程目标控制

（适用于公路工程方向）

魏道升　丁静声 ◇ 主　编
李松青　张宝玉　邓春春 ◇ 副主编

人民交通出版社股份有限公司
北京

内 容 提 要

本书依托全国监理工程师（交通运输工程专业）职业资格考试《建设工程目标控制》科目考试大纲，系统总结了各部分考试内容的重点知识，给出了典型例题和详细解析。同时书中各节均配有自测模拟题，并给出了参考答案和解析，可供考生考前练习。

本书配有电子书和电子题库，读者可刮开封面增值贴，扫描二维码，关注"注考大师"微信公众号兑换使用。

本书可供参加全国监理工程师（交通运输工程专业）职业资格考试公路工程方向的考生复习备考和考前培训使用。

图书在版编目(CIP)数据

2023年全国监理工程师（交通运输工程专业）职业资格考试应试辅导. 建设工程目标控制/魏道升，丁静声主编.—北京：人民交通出版社股份有限公司，2023.2
 ISBN 978-7-114-18505-2

Ⅰ.①2… Ⅱ.①魏… ②丁… Ⅲ.①交通工程—交通监理—资格考试—自学参考资料 ②交通运输—运输工程—目标管理—资格考试—自学参考资料 Ⅳ.①U491.1 ②U415.12

中国国家版本馆CIP数据核字（2023）第004770号

2023 Nian Quanguo Jianli Gongchengshi (Jiaotong Yunshu Gongcheng Zhuanye) Zhiye Zige Kaoshi Yingshi Fudao Jianshe Gongcheng Mubiao Kongzhi

书　　名：	**2023年全国监理工程师（交通运输工程专业）职业资格考试应试辅导　建设工程目标控制**
著 作 者：	魏道升　丁静声
责任编辑：	李　梦
责任印制：	张　凯
出版发行：	人民交通出版社股份有限公司
地　　址：	(100011) 北京市朝阳区安定门外外馆斜街3号
网　　址：	http://www.ccpcl.com.cn
销售电话：	(010) 59757973
总 经 销：	人民交通出版社股份有限公司发行部
经　　销：	各地新华书店
印　　刷：	北京印匠彩色印刷有限公司
开　　本：	889×1194　1/16
印　　张：	40.75
字　　数：	1140千
版　　次：	2023年2月　第1版
印　　次：	2023年2月　第1次印刷
书　　号：	ISBN 978-7-114-18505-2
定　　价：	138.00元

（有印刷、装订质量问题的图书，由本公司负责调换）

前　言

2020年2月，住房和城乡建设部、交通运输部、水利部、人力资源和社会保障部联合印发《监理工程师职业资格制度规定》和《监理工程师职业资格考试实施办法》，并规定国家设置监理工程师准入类职业资格，纳入国家职业资格目录。作为交通运输工程专业监理从业人员，要按照交通运输部编制的《建设工程目标控制》科目考试大纲的要求进行考试。

本书编者结合多年从事公路工程监理工程师培训和职业资格考试辅导的经验，按照交通运输工程专业《建设工程目标控制》科目考试大纲的内容和排列顺序，精心编写了本书，以便考生考前复习和做题练习。本书各章节均配有重点知识讲解，详细剖析各考点核心知识和考试特点；同时配有典型例题和详细解析，以帮助考生快速巩固重点知识，掌握考题特点和做题技巧。本书各节还配有自测模拟题，并给出了参考答案和解析，可供考生考前练习。本书配有电子书和在线题库，读者可刮开封面增值贴，扫描二维码，关注"注考大师"微信公众号兑换使用。

本书第一章由重庆长安汽车股份有限公司魏恺编写，第二章由重庆交通大学丁静声、李松青、张宝玉编写，第三、五、六章由重庆交通大学魏道升编写，第四章由魏道升、重庆两新实业发展有限公司邓春春和重庆轨道交通（集团）有限公司胡佳编写，全书由魏道升和丁静声统稿。

限于编写时间和编者水平，书中难免存在疏漏和不妥之处，敬请读者批评指正。

编　者

2022年12月

版权声明

本书所有文字、数据、图像、版式设计、插图及配套数字资源等，均受中华人民共和国宪法和著作权法保护。未经作者和人民交通出版社股份有限公司同意，任何单位、组织、个人不得以任何方式对本作品进行全部或局部的复制、转载、出版或变相出版，配套数字资源不得在人民交通出版社股份有限公司所属平台以外的任何平台进行转载、复制、截图、发布或播放等。

任何侵犯本书及配套数字资源权益的行为，人民交通出版社股份有限公司将依法严厉追究其法律责任。

举报电话：（010）85285150

人民交通出版社股份有限公司

目　录

备考指南 ··· 1
  第一节　全真模拟试题 ·· 1
  第二节　复习方法和考试攻略 ·· 14
    一、复习方法 ··· 14
    二、考试攻略 ··· 14

第一章　公路工程目标控制概述 ·· 19
  第一节　工程项目的特点 ·· 19
    一、项目的概念和特点 ·· 19
    二、工程建设项目的概念及其特点 ··· 19
    三、公路工程建设项目划分 ·· 20
  第二节　工程项目管理目标体系、基本原理和管理模式 ·································· 22
    一、工程项目管理的目标体系 ··· 22
    二、工程项目管理的基本原理 ··· 23
    三、工程项目管理的管理模式 ··· 24
  第三节　工程项目的建设程序 ·· 29
    一、建设程序的概念 ·· 29
    二、公路工程基本建设程序 ·· 29
    三、设计阶段 ··· 30
    四、项目后评价（后评估） ·· 31
  第四节　工程目标控制的内涵、任务、目标、相互关系及相关制度 ··················· 34
    一、工程目标控制的内涵和任务 ·· 34
    二、目标控制常见的几种控制类型和方法 ··· 34
    三、公路工程施工监理的目标 ··· 36
    四、工程项目质量、进度和费用三大目标间的关系 ·································· 36
    五、推进交通强国建设的监理工作目标 ··· 36
    六、公路工程建设项目相关制度 ·· 36

第二章 公路工程质量目标控制 ·· 42

第一节 质量目标控制的通用知识 ·· 42

一、全面质量管理 ·· 42

二、ISO 质量管理体系 ·· 44

三、工程质量责任体系和参建各方的责任及义务 ·· 47

四、工程质量事故、事故隐患与质量缺陷 ··· 51

五、工程质量统计分析方法 ··· 55

六、工程质量试验检测的通用方法 ··· 60

七、建设平安百年品质工程 ··· 67

第二节 质量监理工作 ··· 72

一、公路工程监理工作概述 ··· 72

二、路基工程施工质量监理 ··· 90

三、路面工程施工质量监理 ··· 123

四、桥梁工程施工质量监理 ··· 150

五、隧道工程施工质量监理 ··· 197

六、公路交通安全设施施工质量监理 ·· 231

七、公路机电工程施工质量监理 ·· 248

第三章 公路工程进度目标控制 ·· 268

第一节 公路工程进度控制基础知识 ·· 268

一、施工组织管理 ··· 268

二、施工过程的组织原则、流水施工的组织原理及参数计算 ···································· 274

三、工程施工计划管理的特点、作用及工作程序 ··· 285

四、双代号、单代号、时间坐标网络图的绘制规则和绘制方法 ································ 288

五、网络计划时间参数的计算 ··· 297

六、关键线路和关键工作确定 ··· 312

七、工程网络计划优化（简单浏览） ·· 322

第二节 进度监理工作 ··· 330

一、进度监理的概念、依据、作用、任务、控制目标、基本方法、控制程序和控制措施 ····· 330

二、进度计划的编制原则、依据、内容及编制要求 ··· 340

三、施工组织设计中总体进度计划的编制、审批、检查、调整与控制 ······················ 347

四、进度计划的审查步骤和审查内容 ·· 352

五、工程施工中进度检查方法（简单浏览） ··· 355

六、进度偏差与调整以及工程延期事件处理程序、原则和方法 ································ 370

第四章 公路工程费用目标控制 ·· 383

第一节 费用控制的基础知识 … 383
- 一、资金的时间价值 … 383
- 二、经济分析的基本方法 … 397
- 三、不确定性分析 … 419
- 四、价值工程 … 426
- 五、公路工程总投资构成与计算 … 442
- 六、公路工程建设项目投资估算（简单浏览） … 445
- 七、公路工程建设项目概算预算 … 447
- 八、竣工决算 … 461
- 九、投融资模式 … 465
- 十、工程量清单与招标限价、投标报价 … 467

第二节 费用监理工作 … 479
- 一、费用控制的依据、目标、任务及措施 … 479
- 二、费用监理的作用、原则与方法 … 482
- 三、监理工程师在费用支付中的职责和权限 … 485
- 四、工程计量的依据、程序、内容、时间、方式与计量规则（含计量用表） … 487
- 五、费用支付的基本原则、支付程序、支付报表、支付依据 … 497
- 六、费用支付的清单支付项目和合同支付项目 … 502
- 七、安全、环保措施费及标准化建设费用控制及支付审核（简单浏览） … 517

第五章 公路工程安全生产管理目标控制 … 522

第一节 安全生产管理的基础知识 … 522
- 一、我国公路工程安全监理的相关法律法规和方针政策 … 522
- 二、建设单位、勘察设计单位、施工单位、监理单位的安全责任 … 531
- 三、监理单位应建立的安全管理制度 … 540
- 四、施工单位应建立的安全生产管理体系和相关管理制度的监理审查要点 … 541
- 五、工程安全隐患及处理 … 545
- 六、双重预防性工作机制建设有关内容 … 548
- 七、工程安全事故等级标准、处理的依据和程序 … 560

第二节 安全监理工作 … 564
- 一、安全监理的依据和目标 … 564
- 二、安全技术交底、安全教育培训 … 565
- 三、生产安全事故应急救援预案体系的构成及合同段各类应急预案审查、演练效果评估 … 569
- 四、建设项目施工安全风险总体风险评估报告、合同段施工安全专项风险评估报告审查 … 573
- 五、公路桥梁和隧道工程施工安全风险评估报告审查 … 576
- 六、高速公路路堑高边坡工程施工安全风险评估报告审查 … 579

七、危险性较大的分部分项工程划分及专项施工方案的内容与审查 ·················· 582
　　八、施工准备阶段对施工安全生产条件审查的程序、方法和内容 ·················· 588
　　九、施工阶段日常安全监理的工作程序、方法和内容 ························· 590
　　十、交（竣）工验收和缺陷责任期阶段安全监理 ····························· 592
　　十一、监理工程师施工过程巡视检查的重点 ································· 595
　　十二、"平安工地"建设监理内容 ··· 599

第六章 公路工程环境保护目标控制 ··· 605

第一节 环境保护监理的基础知识 ··· 605
　　一、我国公路工程环境保护管理的相关法律法规和方针政策 ···················· 605
　　二、公路施工对环境的影响因素 ··· 608
　　三、环境影响评价和水土保持报告书有关内容 ································ 610
　　四、实施绿色公路建设的主要内容（简单浏览） ······························ 613

第二节 环境保护监理工作 ··· 616
　　一、工程环境保护监理的目标 ··· 616
　　二、公路施工环境保护监理的概念、依据、任务、范围、内容和程序 ·············· 617
　　三、路基、路面、桥梁、隧道、交安工程施工的环境保护监理 ··················· 623
　　四、施工环境保护监理的工作制度、监理措施 ································ 629
　　五、绿化工程、声屏障、环境保护、水土保持工程监理 ························ 632

备考指南

第一节　全真模拟试题

为了帮助考生快速熟悉《建设工程目标控制》科目的考试特点和考试难度，编者按照考试真题的形式精心编写了一套全真模拟试题，请考生利用3小时完成以下试题。

（一）单项选择题（每题1分，共80分。每题的备选项中，只有1个最符合题意，错选或不选均不得分）

1. 建立、健全质量体系的首要条件是（　　）。
   A. 全员参与　　　　B. 教育培训　　　　C. 领导决策　　　　D. 组织协调
2. 监理单位与施工单位串通，谋取非法利益，给建设单位造成损失的，应当承担（　　）。
   A. 违约责任　　　　B. 连带责任　　　　C. 质量责任　　　　D. 监理责任
3. 施工单位应对分项工程、分部工程和单位工程进行质量（　　）。
   A. 验收　　　　　　B. 移交　　　　　　C. 自评　　　　　　D. 鉴定
4. 涵洞、砌筑防护工程为路基工程的分部工程，其划分依据是（　　）。
   A. 延米　　　　　　B. 路段　　　　　　C. 工艺　　　　　　D. 数量
5. 质量评定时，台背填土应纳入（　　）分部工程进行评定。
   A. 基础及下部构造　　　　　　　　　　B. 桥梁防护工程
   C. 上部构造现场浇筑　　　　　　　　　D. 桥梁引道工程
6. 关于质量缺陷的修补与加固，下列说法错误的是（　　）。
   A. 应先由承包人提出修补方案及方法，经监理工程师批准后方可进行
   B. 应通过设计单位提出处理方案及方法，由承包人进行修补
   C. 修补措施及方法要保证质量控制指标和验收标准
   D. 能满足设计和使用要求时，可不进行加固或变更处理
7. 某高速公路发生工程质量事故，造成某长隧道结构坍塌，该事故的等级是（　　）。
   A. 一般质量事故　　　　　　　　　　　B. 较大质量事故
   C. 重大质量事故　　　　　　　　　　　D. 特别重大质量事故
8. 寻找影响质量主次因素的统计方法为（　　）。
   A. 控制图法　　　　B. 直方图法　　　　C. 排列图法　　　　D. 相关图法
9. 在进行土基现场加州承载比（CBR）测试时，当贯入量为5.0mm时的CBR大于2.5mm时的CBR时，应（　　）。
   A. 取贯入量为5.0mm时的CBR
   B. 取贯入量为2.5mm时的CBR
   C. 取贯入量为5.0mm与2.5mm时的CBR的平均值
   D. 重新试验

10. 在进行沥青混合料马歇尔稳定度试验时，稳定度的单位为（　　）。
   A. MPa B. 0.001mm C. kN D. 无单位

11. 采用抽芯法取得压实沥青混合料试件，当吸水率大于2%时，应使用（　　）。
   A. 表干法 B. 水中重法 C. 蜡封法 D. 体积法

12. 在水泥净浆加水搅拌后，可能发生异常凝结现象，下列说法不正确的是（　　）。
   A. 这种早期凝结主要分为假凝和瞬凝
   B. 假凝的原因是水泥浆表面与空气接触后，只在试模表面处的水泥凝结，造成凝结的假象
   C. 瞬凝的原因是CaO含量过高，而水泥中为掺入石膏或掺入的石膏中SO_3过低引起的
   D. 瞬凝的主要特征是当水泥加入水中时，大量放热，很快失去流动性

13. 在检查项目验收过程中，一般项目的合格率应不低于（　　）。
   A. 80% B. 85% C. 90% D. 95%

14. 沥青混凝土面层的质量检验实测项目中，不属于关键项目的是（　　）。
   A. 矿料级配 B. 弯沉值 C. 沥青含量 D. 压实度

15. 质量监理的主要任务不包括（　　）。
   A. 做好中间质量验收工作
   B. 确认施工单位资质
   C. 审查确认施工分包单位
   D. 优化工程变更方案

16. 对从基准点引出的工程控制桩的重点桩位应复测不少于（　　）。
   A. 20% B. 30% C. 40% D. 50%

17. 山坡陡峭的路堑不宜采用（　　）。
   A. 柱板式锚杆挡土墙
   B. 加筋土挡土墙
   C. 重力式挡土墙
   D. 壁板式锚杆挡土墙

18. 袋装砂井处理软基的工艺流程中，"沉入砂袋"的前一道工序是（　　）。
   A. 打入套管
   B. 机具定位
   C. 埋砂袋头
   D. 摊铺下层砂垫层

19. 热拌沥青碎石配合比设计采用（　　）设计。
   A. 正交试验
   B. 针入度试验
   C. 马歇尔试验
   D. 洛杉矶磨耗试验

20. 关于透层施工，下列说法错误的是（　　）。
   A. 气温低于10℃或大风、即将降雨时不得喷洒透层油
   B. 透层油洒布后应自由流淌，应渗入基层一定深度，在表面形成油膜
   C. 应按设计喷油量一次均匀洒布，当有漏洒时，应人工补洒
   D. 在摊铺沥青时，应将局部尚有多余的未渗入基层的沥青清除

21. 钻孔灌注桩均匀性检测不宜采用（　　）。
   A. 钻芯取样法
   B. 超声波法
   C. 机械阻抗法
   D. 回弹仪法

22. 在流沙严重时，一般不能采用的基坑排水方法是（　　）。
   A. 井点排水法
   B. 集水坑排水法
   C. 沉井法
   D. 帷幕法

23. 下列关于明挖扩大基础基坑开挖的说法，错误的是（　　）。
    A. 基坑顶缘四周适当距离处应设置截水沟
    B. 开挖机械距离基坑边缘应大于0.5m
    C. 基坑开挖经过不同土层时，边坡坡度可分层而异，视情况留平台
    D. 基坑自开挖起，应尽量连续施工直至基础完成

24. 梁式桥的净跨径是（　　）。
    A. 设计洪水位上相邻两个桥墩（或桥台）之间的净距
    B. 桥跨结构相邻两个支座中心之间的距离
    C. 相邻两个桥墩（或桥台）最低点之间的水平距离
    D. 桥跨结构一跨之间的梁长

25. 隧道施工独头掘进长度超过150m时，必须采用（　　）。
    A. 风管通风　　B. 巷道通风　　C. 自然通风　　D. 机械通风

26. 隧道爆破掘进的炮眼有：①掏槽眼；②辅助眼；③周边眼。预裂爆破正确的起爆顺序是（　　）。
    A. ①②③　　B. ③②①　　C. ③①②　　D. ①③②

27. 下列关于标线施工技术要求的说法，错误的是（　　）。
    A. 标线工程正式开工前，应进行标线车自动行驶试验
    B. 在正式画标线前，应保证路面表面清洁干燥
    C. 应根据设计图纸行放样
    D. 通过画线机的行驶速度控制好标线厚度

28. 交通安全设施中的视线诱导设施主要包括线性诱导标、轮廓标和（　　）等。
    A. 指示标志　　B. 限速标志　　C. 禁令标志　　D. 分合流标志

29. 表土全部铺设面积应具有均匀间隔的沟槽，其方向宜（　　）。
    A. 垂直于天然水流　　　　　　B. 平行于天然水流
    C. 与天然水流成一定角度　　　D. 与天然水流成45°

30. 承包人应在绿化区表土铺设前至少（　　）通知监理人。
    A. 5天　　B. 7天　　C. 10天　　D. 14天

31. 水泥混凝土路面中，对于严重断裂、裂缝处有严重剥落，面板被分割成3块以上且裂块已开始活动的断板，最合适的处理方法是（　　）。
    A. 扩缝灌注法　　　　　B. 裂缝灌浆封闭
    C. 整块板更换　　　　　D. 压注灌浆法

32. 钢筋混凝土结构构造裂缝形成的原因不包括（　　）。
    A. 集料含泥量过大
    B. 混凝土搅拌及运输时间长
    C. 采用了水灰比大的混凝土
    D. 采取了推迟水化热峰值出现的措施

33. 组成"水泥混凝土路面面层"这个操作过程的工序是（　　）。
    A. 拌和混凝土　　　　　B. 运输混凝土
    C. 摊铺振捣抹平　　　　D. 切缝养护

34. 某施工工地，土石方总工作量为10000m³，每个机械台班的计划工作量为500m³，其中有4台相同型号机械进行施工，该土石方施工的流水节拍为（   ）天。

   A. 2　　　　　　　B. 3　　　　　　　C. 4　　　　　　　D. 5

35. 某段公路由土方、路基、路面三道工序，各组织一个施工队，分四段组织流水施工。设备个工序在每段施工的持续时间相同，分别为土方20天、路基15天、路面25天。则路基、路面分别在第一段开始施工的时间是第（   ）天末后。

   A. 15，35　　　　B. 20，35　　　　C. 25，40　　　　D. 35，50

36. 编制施工计划的基础是（   ）。

   A. 概算定额　　　　　　　　　　　B. 预算定额
   C. 施工定额　　　　　　　　　　　D. 工程量清单

37. 某双代号网络计划如图所示，下列说法正确的是（   ）。

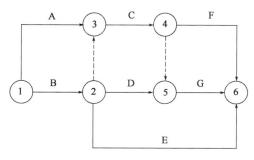

题37图

   A. 工作C、D应同时完成
   B. 工作B的紧后工作只有工作C、D
   C. 工作C、D完成后即可进行G
   D. 工作D完成后即可进行工作F

38. 在计算双代号网络图时间参数时，工作的最早开始时间应是其所有紧前工作（   ）。

   A. 最早完成时间的最小值　　　　　B. 最早完成时间的最大值
   C. 最迟完成时间的最小值　　　　　D. 最迟完成时间的最大值

39. 网络计划中，工作的总时差等于（   ）。

   A. 该工作的最迟完成时间与其最早完成时间之差
   B. 该工作的紧后工作的最迟开始时间与本工作最迟完成时间之差
   C. 该工作的紧后工作的最早开始时间与本工作最迟完成时间之差
   D. 该工作的最迟开始时间与其最早开始时间之差

40. 当计划工期减计算工期为零，关键线路的特性说法错误的是（   ）。

   A. 关键线路只有一条
   B. 关键线路上各工作的总时差均为零
   C. 当非关键线路延长的时间超过它的总时差，关键线路就转变为非关键线路
   D. 非关键工作如果将总时差全部用完，就会转化为关键工作

41. 当变化工期，特别是缩短工期而不影响资源的变化，甚至不增加资源，最理想的网络计划优化方法是（   ）。

   A. 资源优化　　　　B. 费用优化　　　　C. 工期优化　　　　D. 时间成本优化

42. 进度监理应在保证工程质量和安全的基础上，以（　　）主线进行。
    A. 编制进度计划　　　　　　　　　　B. 监督施工单位进度计划控制
    C. 执行进度计划　　　　　　　　　　D. 审批施工单位进度计划

43. 下列进度控制方法中，可以使得工序安排紧凑，便于抓住关键，保证施工机械、人力、财力、时间，均能获得合理的分配和利用的是（　　）。
    A. 工程进度曲线法　　　　　　　　　B. 进度表法
    C. 工程进度管理曲线法　　　　　　　D. 网络计划技术法

44. 作为进度监理依据的是（　　）。
    A. 总体进度计划　　　　　　　　　　B. 年度进度计划
    C. 月进度计划　　　　　　　　　　　D. 合同进度计划

45. 在施工总进度计划编制程序中，关于确定各施工项目的施工时间和顺序时主要考虑的要求说法，错误的是（　　）。
    A. 对某些技术复杂的工序，尽可能安排提前施工
    B. 施工周期较长的项目可晚些施工
    C. 主要工种和主要施工机械设备尽可能连续施工
    D. 同一时期施工的项目不宜过多

46. 按割线法计算，某工作的误期值＝工作延误值－工作总时差＝8天，说明（　　）。
    A. 工程工期提前8天　　　　　　　　B. 工程工期提前至少8天
    C. 工程工期拖延8天　　　　　　　　D. 工程工期拖延至少8天

47. 建立进度协调工作制度、召开进度协调会议是属于进度控制的（　　）措施。
    A. 经济　　　　　B. 合同　　　　　C. 技术　　　　　D. 组织

48. 下列原则中，不属于施工进度计划编制原则的是（　　）。
    A. 合理安排施工顺序　　　　　　　　B. 采用可靠的施工方法
    C. 工期最短　　　　　　　　　　　　D. 节约施工成本

49. 当名义年利率一定时，下列表述中正确的是（　　）。
    A. 计息期数越多，有效年利率越高
    B. 计息期数越多，有效年利率越低
    C. 有效年利率的数值与计息期数成正比
    D. 有效年利率的数值与计息期数成反比

50. 若A、B两个具有常规现金流量的方案互斥，其净现值$NPV(i)_A > NPV(i)_B$，则（　　）。
    A. $IRR_A > IRR_B$　　　　　　　　　B. $IRR_A = IRR_B$
    C. $IRR_A < IRR_B$　　　　　　　　　D. IRR_A与IRR_B的关系不确定

51. 现有四个施工方案可供选择，其功能评分和寿命周期成本相关数据见下表，则根据价值工程原理应选择的最佳方案是（　　）。

题51表

方案	甲	乙	丙	丁
功能评分	9	8	7	6
寿命周期成本（万元）	100	80	90	70

A. 甲   B. 乙   C. 丙   D. 丁

52. 可行性研究报告投资估算是编制（ ）限制条件。
    A. 项目建议书投资估算
    B. 一阶段施工图预算
    C. 施工图预算
    D. 施工预算

53. 某公司购买一批材料，已知材料未含税原价 2500 元/t，现购买 5t，装卸费 800 元，其他杂费 500 元，运输费 2000 元，包装回收价值为 200 元，采购及保管费率 2%，则该批材料的预算价格是（ ）元。
    A. 15906
    B. 15916
    C. 16322.5
    D. 17773.5

54. 公路工程竣工决算是发生在（ ）。
    A. 交工验收前
    B. 交工验收后
    C. 交工验收后且竣工验收前
    D. 竣工验收后

55. 某高速公路项目一个合同段设计图中，有一段与铁路交叉的下穿顶进桥工程。作为招标人，将此进桥工程作为（ ）工程对其最为便利。
    A. 暂列金额
    B. 暂估价
    C. 独立合同段
    D. 计日工

56. 监理机构应按（ ）核定价格调整和计日工。
    A. 定额
    B. 协商结果
    C. 合同约定
    D. 建设单位规定价格

57. 根据《公路工程标准施工招标文件（2018 年版）》规定，监理人应在收到承包人提交的工程量报表后的 7 天内进行复核，监理人未在约定时间内复核的，承包人提交的工程量报表中的工程量视为承包人实际完成的工程量，据此计算工程价款。该规定体现了费用监理的（ ）原则。
    A. 依法办事
    B. 恪守合同
    C. 公正公平
    D. 准确及时

58. 工程计量时，应以（ ）为准。
    A. 图纸给定的数量
    B. 工程量清单数量
    C. 实际完成的数量
    D. 实际完成并经监理签认的数量

59. 承包人在预应力混凝土浇筑时需扣除混凝土体积的是（ ）。
    A. 直径为 180mm 的两个孔洞
    B. 直径为 199mm 的一个孔洞
    C. 钢筋的体积
    D. 锚固件钢材体积

60. 下列说法正确的是（ ）。
    A. 费用支付是需要进行工程计量的最关键手段
    B. 费用支付是需要进行工程计量的最关键方法
    C. 费用支付是需要进行工程计量的最关键原因
    D. 费用支付是需要进行工程计量的最关键途径

61. 某工程于 2013 年签订合同，2014 年相对于 2013 年的材料综合物价指数为 110%，2015 年相对于 2014 年的材料综合物价指数为 132%。计算 2015 年 1000 万元材料费的实际结算价为（ ）万元。
    A. 1100
    B. 1320
    C. 1420
    D. 1452

62. 根据《公路工程标准施工招标文件（2018 年版）》规定，下列不属于工程变更范围的是（ ）。

A. 更改工程有关的高程、位置、尺寸
B. 业主要求追加的额外工作
C. 改变合同中某一项工作的质量
D. 改变工程施工的时间和顺序

63. 下列索赔事件中，承包人可以索赔利润的是（　　）。
   A. 不利的物质条件　　　　　　　　　B. 图纸提交不及时
   C. 材料价格上涨　　　　　　　　　　D. 执行监理人指示

64. 在施工中如果遇到文物，承包人因停工损失或保护文物的费用提出索赔。这种索赔应归类于（　　）。
   A. 不利的外界障碍　　　　　　　　　B. 业主违约责任
   C. 不利的自然条件　　　　　　　　　D. 业主风险

65. 承包人在隧道独头挖掘150m后无通风掘进，承包人拒不执行暂时停工令时，监理单位应（　　）。
   A. 责令立即整改　　　　　　　　　　B. 报告建设单位
   C. 报告建设主管部门　　　　　　　　D. 报告有关主管部门

66. 根据《公路水运工程安全生产监督管理办法》规定，专职安全员的配置类型是按照（　　）进行设置。
   A. 签约合同金额　　　　　　　　　　B. 年合同金额
   C. 专业要求　　　　　　　　　　　　D. 建设单位要求

67. 根据《公路水路行业安全生产事故隐患治理暂行办法》规定，造成的重特大事故且整改难度较大的隐患是（　　）隐患。
   A. 特大　　　　B. 重大　　　　C. 较大　　　　D. 一般

68. 某项目工地死亡2人，重伤49人，属于（　　）安全事故。
   A. 特别重大　　B. 重大　　　　C. 较大　　　　D. 一般

69. 下列合同中不作为安全监理依据的工程有关合同是（　　）。
   A. 施工承包合同　　　　　　　　　　B. 承包人的材料采购合同
   C. 监理委托合同　　　　　　　　　　D. 甲供材的材料采购合同

70. 安全技术交底实行分级交底制度，纵向延伸到最底层是（　　）。
   A. 施工单位的项目部　　　　　　　　B. 施工队
   C. 施工班组　　　　　　　　　　　　D. 施工班组的作业人员

71. 按照《公路工程施工监理规范》（JTG G10—2016）规定，审查应急预案是（　　）的职责。
   A. 总监理工程师　　　　　　　　　　B. 驻地监理工程师
   C. 安全监理工程师　　　　　　　　　D. 专业监理工程师

72. 监理机构在审查施工组织设计的同时，应审查（　　）。
   A. 安全技术措施　　　　　　　　　　B. 专项施工方案
   C. 安全隐患治理报告　　　　　　　　D. 安全风险评估报告

73. 对需经专家论证的论述错误的是（　　）。
   A. 实行施工总承包的，由施工总承包单位组织召开专家论证会

B. 专家论证前专项施工方案应当通过施工单位审核和总监理工程师审查

C. 专家论证会应对专项施工方案提出通过、修改后通过或者不通过的一致意见

D. 经专家论证结论为需修改后通过的，施工单位根据论证报告修改完善后应重新组织专家论证

74. 在日常巡视检查时，如发现情况严重的安全事故隐患，应立即（   ）要求施工单位整改。

A. 召开监理工地例会 B. 开具整改指令单
C. 召开监理专题会议 D. 报告有关主管部门

75. 路面施工时，灰土拌和是对（   ）环境影响的主要因素。

A. 生态 B. 声 C. 水 D. 大气

76. 可能造成重大环境影响的，应当编制（   ），对产生环境影响进行全面评价。

A. 环境影响报告表 B. 环境影响登记表
C. 环境影响报告书 D. 环境保护措施和建议

77. 公路工程环保监理最重要的依据是（   ）。

A. 环境行动计划 B. 环境保护监理工作报告
C. 环保实施方案 D. 环境影响报告书批复

78. 从环保角度考虑，路基填筑时，只有分层控制填料压实度，才能保证（   ）。

A. 达到设计压实度指标 B. 控制水土流失量
C. 路基不变形 D. 达到路基设计标准

79. 不是施工环境保护监理工作制度的是（   ）。

A. 报告制度 B. 监理工地例会制度
C. 工作记录制度 D. 文件审核审批制度

80. 通过开挖边坡，修筑阶梯或平台，达到相对截短坡长，改变坡形、坡度、坡比，降低荷载重心，维持边坡稳定目的的工程护坡措施是（   ）。

A. 削坡措施 B. 工程护坡措施
C. 开级措施 D. 综合护坡措施

（二）多项选择题（每题2分，共80分。每题的备选项中，有2个或2个以上符合题意，至少有1个错项。错选，本题不得分；少选，所选的每个选项得0.5分）

1. 关于监理单位的质量责任，下列说法正确的有（   ）。

A. 应当按合同约定设立现场监理机构
B. 应当按规定程序和标准进行工程质量检查、检测和验收
C. 应当对试验检测数据和报告的真实性、客观性、准确性负责
D. 对发现的质量问题在允许范围内可适当降低工程质量标准
E. 公路工程交工验收前，应当对工程质量进行检查验证

2. 发生不属于项目监理机构处理的质量事故时，下列做法正确的有（   ）。

A. 监理工程师应立即向承包人发出工程暂时停工指令
B. 监理工程师应尽快提出质量事故报告并按规定上报有关部门
C. 监理工程师应积极配合质量事故调查组进行质量事故调查
D. 监理工程师指示承包人按照批准的工程质量事故处理方案对事故进行处理

E. 监理工程师对承包人实施质量事故处理方案，或对加固、返工、重建的工程进行监理

3. 属于质量事故书面报告内容的有（　　）。
   A. 工程项目投资总额
   B. 事故发生的时间、地点
   C. 直接经济损失初步估计
   D. 事故发生原因的初步判断
   E. 事故报告单位

4. 质量控制中比较常用而有效的统计方法有（　　）。
   A. 控制图法
   B. 直方图法
   C. 相关图法
   D. 树状图法
   E. 排列图法

5. 在工程质量控制中，直方图可用于（　　）。
   A. 判断质量分布状况
   B. 分析质量变异状况
   C. 估算生产过程的不合格品率
   D. 分析生产过程是否稳定
   E. 评价过程控制能力

6. 沥青的三大指标是指（　　）。
   A. 针入度
   B. 延度
   C. 稳定度
   D. 硬度
   E. 软化点

7. 钢筋进场后，应首先检查（　　）。
   A. 出厂质量证明书
   B. 试验报告单
   C. 发票
   D. 运货单
   E. 出厂合格证

8. 质量保证资料应包括（　　）。
   A. 材料配合比、拌和加工控制检验和试验数据
   B. 所用原材料、半成品和成品质量检验结果
   C. 返工、加固、补强或调测后重新检验的资料
   D. 地基处理、隐蔽工程施工记录和桥梁、隧道施工监控资料
   E. 施工过程中遇到的非正常情况记录及其对工程质量影响分析评价资料

9. 施工阶段监理工程师巡视的主要内容包括（　　）。
   A. 施工现场管理人员特别是质量、安全管理人员是否到位，特种作业人员是否持证上岗
   B. 使用的原材料或混合料、构配件和主要施工机械设备是否与批准的一致
   C. 技术标准、设计文件、批准的施工组织设计和方案是否满足合同要求
   D. 质量、安全、环保和施工标准化等措施是否落实
   E. 施工自检和工序交接是否符合规定

10. 拟作为路堤填料的材料应取样试验，土的试验项目有（　　）。
    A. 液限
    B. 塑限
    C. CBR值
    D. 弯沉
    E. 天然含水率

11. 粉煤灰路堤的组成包括（　　）。
    A. 路堤主体部分
    B. 封顶层
    C. 透水层
    D. 隔离层
    E. 排水系统

12. 水泥稳定材料生产配合比设计的内容有（　　）。
    A. 确定料仓供料比例
    B. 确定结合料类型及掺配比例
    C. 确定结合料剂量的标定曲线
    D. 确定水泥稳定材料的容许延迟时间
    E. 确定混合料的最佳含水率、最大干密度

13. 水泥稳定碎石基层施工，确定每日施工作业段长度时考虑的因素有（　　）。
    A. 施工季节和气候条件
    B. 减小施工接缝的数量
    C. 水泥的终凝时间和延迟时间
    D. 施工人员数量及操作熟练程度
    E. 施工机械和运输车辆的生产效率和数量

14. 承台混凝土浇筑直接倾卸高度超过2m时，应通过（　　）等设施下落。
    A. 串筒
    B. 滑槽
    C. 溜槽
    D. 振动溜管
    E. 宽口料斗

15. 钻孔灌注桩钻孔前埋设的护筒作用包括（　　）。
    A. 稳定孔壁
    B. 隔离地表水
    C. 固定桩孔位置
    D. 保护孔内混凝土
    E. 钻头导向作用

16. 仰拱施工前，对超挖回填要求正确的有（　　）。
    A. 超挖在允许范围内时，可采用片石混凝土或洞渣材料进行回填
    B. 超挖在允许范围内时，应采用与衬砌相同强度等级的混凝土进行浇筑
    C. 超挖大于规定时，应按设计要求回填，可采用洞渣材料回填
    D. 超挖大于规定时，应按设计要求回填，不得采用洞渣材料回填
    E. 严禁片石侵入仰拱断面

17. 采用台阶法进行隧道开挖时，上台阶每循环开挖支护进尺符合要求的有（　　）。
    A. Ⅱ级围岩不应大于2榀钢架间距
    B. Ⅲ级围岩不应大于2榀钢架间距
    C. Ⅳ级围岩不应大于2榀钢架间距
    D. Ⅴ级围岩不应大于1榀钢架间距
    E. Ⅵ级围岩不应大于1榀钢架间距

18. 导致路基行车带压实不足，甚至局部出现"弹簧"现象的主要原因有（　　）。
    A. 压路机质量偏小

B. 填料含水率过大

C. 透水性差的土壤包裹于透水性好的土壤

D. 填土松铺厚度过大

E. 压路机碾压速度过慢

19. 可能造成水泥稳定碎石基层产生裂缝的原因有（   ）。

   A. 在保证强度的情况下，尽量降低水泥稳定碎石混合料的水泥用量

   B. 碾压时混合料含水率偏大，不均匀

   C. 混合料碾压成型后及时洒水养护

   D. 增加碎石级配中细粉料的含量

   E. 混合料碾压成型后马上铺筑封层

20. 在组织流水施工，划分施工段应满足的基本要求包括（   ）。

   A. 应保证拟建工程结构整体的完整性

   B. 流水施工段的大小应保证施工有足够的作业空间

   C. 施工段的数量应与施工过程的数量相等

   D. 各流水施工段上的工程量应相等

   E. 流水段的多少应与主导施工过程相协调

21. 某双代号网络图如下图所示（图中粗实线为关键工作），若计划工期等于计算工期，则自由时差一定等于总时差且不为零的工作有（   ）。

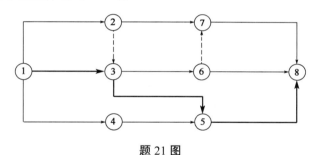

题 21 图

   A. ①→② B. ③→⑤ C. ②→⑦ D. ④→⑤

   E. ⑥→⑧

22. 在工程网络计划中，关键线路是指（   ）的线路。

   A. 双代号网络计划中没有虚箭线

   B. 时标网络计划中没有波形线

   C. 单代号网络计划中相邻两项工作之间间隔均为零

   D. 双代号网络计划中由关键节点组成

   E. 线路上总持续时间最长

23. 网络计划资源优化的目标有（   ）。

   A. 资源有限，使工期最短   B. 资源有限，使质量最好

   C. 工期最短资源，使用最少   D. 工期规定，使资源均衡

   E. 工期固定，使费用最少

24. 关于进度监理的论述正确的有（   ）。

A. 进度管理曲线指出了施工管理过程中的偏差，它呈 S 形曲线
B. 工程进度曲线不仅可以反映工程进展的总体情况，还能反映各工作的进展情况
C. 监理人在进行进度控制（监理）时，要明确进度计划不变是相对的，变是绝对的
D. 在施工过程中，监理工程师有权检查进度计划的执行情况，但无权指令修改计划
E. 进度管理曲线指出了施工进度允许偏差范围和所应满足的进度曲线变动区域

25. 审查施工进度计划应包括的内容有（　　）。
    A. 是否符合施工合同工期管理约定
    B. 阶段性施工进度计划是否满足年度进度目标控制要求
    C. 主要工程项目是否有遗漏
    D. 劳动力、材料、机械设备等是否满足进度需要
    E. 是否适合建设单位提供的资金、施工场地等条件

26. 下列压缩关键工作措施中，属于技术措施的有（　　）。
    A. 增加关键工作的资源投入
    B. 采用更先进的施工方法，以缩短施工过程的时间
    C. 改进施工工艺，缩短工艺要求的间歇时间
    D. 采用先进的施工机械
    E. 对所采取的技术措施给予相应经济补偿

27. 根据下面现金流量图，时值 W 计算正确的有（　　）。

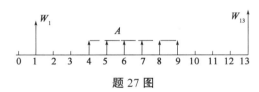

题 27 图

A. $W_1 = A(P/A, i, 5)(P/F, i, 3)$　　B. $W_1 = A(P/A, i, 6)(P/F, i, 2)$
C. $W_1 = A(F/A, i, 6)(P/F, i, 8)$　　D. $W_{13} = A(P/A, i, 6)(F/P, i, 10)$
E. $W_{13} = A(F/A, i, 6)(F/P, i, 4)$

28. 若基准收益率等于方案的内部收益率，则有（　　）。
    A. 方案的净现值 $NPV > 0$
    B. 方案的净现值 $NPV = 0$
    C. 方案的净现值 $NPV < 0$
    D. 动态投资回收期等于方案的寿命周期
    E. 动态投资回收期大于方案的寿命周期（即计算期）

29. 建筑安装工程费中不属于措施费的有（　　）。
    A. 企业管理费　　　　　　　　B. 工程监理费
    C. 建设单位管理费　　　　　　D. 勘察设计费
    E. 专项费用

30. 工程计量的依据包括（　　）。
    A. 工程量清单及说明
    B. 合同图纸

C. 工程变更令及修订的工程量清单

D. 合同条件

E. 工程分项开工申请批复单

31. 工程计量的方法有（　　）。
   A. 工程量清单计算法　　　　　　B. 图纸计算法
   C. 估算法　　　　　　　　　　　D. 实地量测计算法
   E. 现场记录法

32. 采用价格指数法进行价格调整时，其进度款不包括（　　）。
   A. 预付款的扣回　　B. 预付款的支付　　C. 工程变更费用　　D. 质保金扣留
   E. 其他金额

33. 承包人在完成较小附加工程后申请计日工支付时，应提供（　　）。
   A. 用工清单　　B. 材料清单　　C. 设备清单　　D. 费用计算单
   E. 工程量清单

34. 监理注册执业人员未执行法律、法规和工程建设强制性标准的（　　）。
   A. 责令限期改正
   B. 责令停止执业3个月以上1年以下
   C. 情节严重的，吊销执业资格证书，5年内不予注册
   D. 造成重大安全事故的，终身不予注册
   E. 构成犯罪的，依照刑法有关规定追究刑事责任

35. 无伤亡的一般事故，可以由（　　）进行调查。
   A. 地市级安全监管部门　　　　　B. 地市级政府
   C. 县级安全监管部门　　　　　　D. 事故单位
   E. 县级政府

36. 施工单位新进人员和作业人员进入新的施工现场应进行（　　）安全教育。
   A. 公司级　　B. 工厂级　　C. 项目级　　D. 车间级
   E. 班组级

37. 合同段应急预案有（　　）。
   A. 综合应急预案　　　　　　　　B. 特别应急预案
   C. 专项应急预案　　　　　　　　D. 现场处置方案
   E. 应急处置方案

38. 根据《公路工程施工安全技术规范》（JTG F90—2015）的规定，危险性较大、应当编制专项施工方案的工程包括（　　）。
   A. 爆破工程　　　　　　　　　　B. 涵洞基础
   C. 高瓦斯隧道　　　　　　　　　D. 水下焊接
   E. 滑坡和高边坡处理

39. 水土保持方案报告书的内容有（　　）。
   A. 建设项目概况　　　　　　　　B. 建设项目周围环境概况
   C. 方案实施保证措施　　　　　　D. 项目建设过程水土流失预测

E. 建设项目对环境影响的经济损益分析

40. 沥青拌和场运行潜在的环境影响为（　　）等。

A. 噪声
B. 烘干筒热辐射
C. 漏油
D. 沥青挥发、泄漏有害气体
E. 粉尘的排出

全真模拟试题参考答案

（一）单项选择题（共80题）

1. C 2. B 3. C 4. B 5. A 6. B 7. B 8. C 9. D 10. C
11. C 12. B 13. A 14. B 15. D 16. B 17. B 18. A 19. C 20. B
21. D 22. B 23. B 24. A 25. D 26. C 27. A 28. D 29. A 30. B
31. C 32. D 33. D 34. D 35. D 36. C 37. C 38. B 39. A 40. A
41. C 42. D 43. D 44. D 45. B 46. D 47. D 48. C 49. A 50. A
51. B 52. C 53. C 54. C 55. C 56. C 57. C 58. C 59. C 60. C
61. D 62. B 63. C 64. C 65. D 66. C 67. B 68. B 69. B 70. D
71. C 72. D 73. D 74. C 75. D 76. C 77. D 78. B 79. B 80. C

（二）多项选择题（共40题）

1. ABDE 2. ACDE 3. BCDE 4. ABCE 5. AC 6. ABE 7. ABE
8. ABDE 9. ABDE 10. ABCE 11. ABDE 12. ACDE 13. ABDE 14. ABCD
15. ABCE 16. BDE 17. CDE 18. ABCD 19. BDE 20. ABE 21. DE
22. BCE 23. AD 24. CE 25. ACDE 26. BCD 27. BCDE 28. BD
29. AE 30. ABCD 31. BDE 32. ABD 33. ABCD 34. BCDE 35. DE
36. ACE 37. ACD 38. ACDE 39. ABCD 40. ABDE

第二节　复习方法和考试攻略

一、复习方法

（1）根据模拟试题参考答案自己进行估分。
（2）根据自己存在的问题，按本书知识点进行记忆和做题，多做练习题增强记忆。
（3）建议：越是简单、短小的内容，越要记牢。
（4）应对考试的学习方法：考试就是考记忆，对于成年人可采用"联想记忆法"，尽量与自己熟悉的内容关联。结合自己的特点和擅长方面，将知识点记忆分为三个层次，即牢记、一般记忆、有点印象。

二、考试攻略

（一）记忆的重点

一般情况下，考生记忆力有限，要掌握重点（有所得），也要舍弃次要（有所弃）；建议重点掌握下列内容：

（1）考试涉及公路质量与技术的内容多、重要性高，可以选择材料和材质检验、施工工艺、质量检验与评定、质量通病的防治这几方面记忆。

（2）进度控制中流水施工、网络计划、进度计划检查和延期处理等，重在理解，不需死记硬背；而进度计划的内容、编制、审批要求等需记牢。

（3）费用控制中基础知识的资金等值计算一定要理解，虽然分值不多，但是直接影响经济评价和有些经济案例的理解与掌握。费用监理工作的计量支付、工程变更、价格调整、索赔是重点要掌握的内容。

（4）安全监理中相关法律法规，监理单位的安全责任，专项施工方案审批和专家论证要求，风险评估管控以及隐患排查治理等。

（5）环保监理中公路施工期对环境的影响因素，环境影响评价和水土保持报告有关内容，路基、路面、桥涵、隧道工程的环保监理等。

（二）考试的一些技巧

所有的试题应全部完成，如果不会也不要空白，可以在排除法的基础上猜测，可根据下列技巧进行。

1. 单项选择题的技巧

单项选择题只能选择一个最合适的选项；其他选项对于该题目（题干）的内容来说，不一定是错误项，一般称之为干扰项，会有一定的干扰度，在选择有困难时，考生可以采用一些技巧。

（1）归类法

四个选项中有三个选项都属于同一类，而另一个不是该类时，此时往往该选项是正确项。例如，例1是2004年公路工程监理工程师执业资格考试《合同管理》第4题。

例1 工程一切险中的意外事故，包括火灾和（　　）或飞机坠毁。

　　A. 地震　　　　B. 雷击　　　　C. 地崩　　　　D. 飞行物体坠落

解析：本题答案是D。因为地震、雷击、地崩3项都属于自然界的灾害，唯独飞行物体坠落不属于自然界。因此，如果考生在未看到或未记住教材的内容时，可根据技巧进行猜测。实际上，该题目的题干中"或飞机坠毁"如去掉，对读者的干扰会更大。

例2 在下列选项中，不属于要式合同的是（　　）。

　　A. 建设工程设计合同　　　　　　B. 企业与银行之间的借款合同

　　C. 法人之间签订的保证合同　　　D. 自然人之间签订的借款合同

解析：本题答案是D。因为选项ABC这三个选项中的合同当事人都应是法人，唯独选项D是自然人。

例3 下列基坑围护结构中，采用钢支撑时可以不设置围檩的是（　　）。

　　A. 钢板桩　　　　　　　　　　　B. 钻孔灌注桩

　　C. 地下连续墙　　　　　　　　　D. SMW桩

解析：本题答案是C。即使不清楚围檩的概念，就凭"三桩一墙"也能猜出。围檩就是冠梁，围护采用桩结构时需要冠梁以便支撑；而地下连续墙不需围檩（冠梁），任意位置都可以支撑。

例4 插设塑料排水板可采用的设备是（　　）。

　　A. 潜孔钻机　　　　　　　　　　B. 动力螺旋钻机

　　C. 喷粉桩机　　　　　　　　　　D. 袋装砂井打设机

解析：本题答案是D。三转一打即选项ABC三种施工工艺要旋转，选项D的工艺是击打。

例5　下列关于高性能混凝土使用的减水剂性能的要求，错误的是（　　）。
　　A. 减水率低　　　　　　　　　　　　B. 能明显改善混凝土耐久性能
　　C. 坍落度损失小　　　　　　　　　　D. 与水泥的相容性好

解析：本题答案是 A。三好一坏，即选项 BCD 对混凝土强度都是有利的，而选项 A 减水率低对强度是不利的。

例6　环境绿化上，按园林景观进行绿化的是（　　）。
　　A. 高速公路分车绿带　　　　　　　　B. 边坡防护绿带
　　C. 服务区、收费站的绿化　　　　　　D. 简单立体交叉绿化

解析：本题答案是 C。三动一静，即对行车者来说，选项 ABD 三个绿化，汽车行进时人的视觉受到一定影响对绿化要求不太高；而选项 C 服务区、收费站的绿化，此时汽车停止，人的视觉正常状态下对绿化要求高于行车道周边的绿化。

对于如何分析出三个为同类而另一个不是该类，可以在做练习是注意归纳总结和有意识地进行猜测训练。当然这种技巧只能提高一些命中概率，但是常常有例外情况。只有在掌握了基础和专业知识的前提下，才能使用一些技巧。下面的例 7 是施工单位 ABC 三类人员安全考题，请考生先自己作答，该题答案和解析放在第 18 页最后，通过这道题考生可以检验是否掌握了这种技巧。

例7　安全业绩中的主动测量是指（　　）。
　　A. 检查事故多少　　　　　　　　　　B. 检查遵守法律法规的程度
　　C. 检查职业病发病情况　　　　　　　D. 检查不完善的安全情况

解析：本题答案是 B。三个检查坏的，一个检查好的，即选项 ACD 都是检查结果是坏的，而选项 B 是检查好的结果。如果读者这道题做对了，说明基本掌握了这个技巧。

（2）排除法

可以将选项中的错误项尽量排除。当排除三个时，无法排除的项往往就是正确项。

例8　支撑施工时不符合施工质量规定或要求的是（　　）。
　　A. 沟槽开始支撑的开挖深度不得超过 3.0m
　　B. 撑板安装应与沟槽槽壁紧贴，有空隙时应填实
　　C. 支撑后沟槽中心线每侧的净宽应不小于施工设计的规定
　　D. 支撑不得妨碍下管和稳管

解析：本题答案是 A。因为选项 BCD 从专业知识角度，比较容易判断出是正确表示，符合施工要求；而选项 A 中 3.0m 不容易记住是否正确。通过排除就能选出选项 A 说法不符合要求。

例9　下列关于斜拉桥受力特点的说法，错误的是（　　）。
　　A. 主梁为多点弹性支撑
　　B. 主梁高跨比小，自重轻
　　C. 斜拉索相当于减小了偏心距的体外索
　　D. 斜拉索的水平分力相当于梁体混凝土的预压力

解析：本题答案是 C。选项 ABD 三项从专业知识角度，比较容易判断出是正确表示；而选项 C 中"减小了偏心距的体外索"有难度，也记不住减少还是增加。通过排除就能判断选项 C 说法错了。

（3）按照原理猜

例10　连续梁桥可以实现较大跨径是由于其利用负弯矩来减小（　　）弯矩，跨内的内力分配更

合理。

　　A. 固定端　　　　　　　　　　B. 自由端
　　C. 铰接点　　　　　　　　　　D. 跨中

解析：本题答案是 D。根据专业知识，通过解图分析，连续梁中间支座处形成负弯矩，"抬高"了弯矩图，自然是减小了两个支座间的跨中弯矩，很容易就能作出正确判断。

题 10 解图

例11　透层和封层一般按基层顶面面积计算，黏层按需要铺洒黏层油的两面层的（　　）。

　　A. 下层的顶面　　　　　　　　B. 下层的底面
　　C. 上层的底面　　　　　　　　D. 上层的顶面

解析：本题答案是 C。计量规则规定，透层和黏层按"m²"计量，依据图纸所示沥青品种、规格、喷油量，按照洒布面积计量。参考解图就能容易作出正确判断。

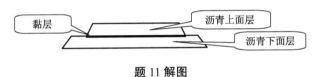

题 11 解图

2. 多项选择题

（1）有把握才选，少选也得分，每选对一个 0.5 分。如果已经选对 3 个时一定要谨慎。

例12　网络计划的工期优化过程中，压缩关键工作的持续时间应优先选择（　　）。

　　A. 有充足备用资源　　　　　　B. 对质量影响较大
　　C. 所需增加费用最少　　　　　D. 持续时间最长
　　E. 紧后工作最少

解析：本题答案是 AC。选项 D 干扰度大，没把握情况下不选就逃过一劫。"持续时间相对长"优先选择是在同等条件下的，是有前提的。

（2）多项选择题的选项要注意"选大不选小"的规则。

例13　对路面的基本要求有（　　）。

　　A. 强度和刚度　　　　　　　　B. 稳定性
　　C. 平整度　　　　　　　　　　D. 抗滑性
　　E. 表面性能

解析：本题答案是 ABE，而选项 C 平整度和选项 D 抗滑性都属于选项 E 表面性能，所以只能选 E 而不能选 C 和 D。

例14　公路工程施工期间（　　）均接受质量监督部门的管理和监督检查。[2007年公路工程监理工程师考试真题]

　　A. 供货商　　　　B. 监理单位　　　　C. 建设单位　　　　D. 承包商
　　E. 施工人员

解析：本题答案是 ABCD。而选项 E "施工人员"属于选项 D "承包商"，所以只能选 D 而不能选

E。同时选项 ABCD 都是单位，而选项 E"施工人员"是人员，从归类角度也不该选 E。

例15 进度监理的基本方法有（　　）。[2003 年和 2004 年公路工程监理工程师考试真题]

A. 横道图法　　　　　　　　B. S 曲线法

C. 斜条图法　　　　　　　　D. 网络计划图法

E. 计划评审法

解析： 本题答案是 ABCD。选项 D 网络计划图法已经包含了选项 E 的计划评审法，只选大不选小。

第一章 公路工程目标控制概述

第一节 工程项目的特点

重 点 知 识

一、项目的概念和特点

1. 项目的概念

项目是指在一定的约束条件下具有专门组织和特定目标的一次性任务。

按照运输方式的不同，交通运输工程项目一般分为公路工程、水运工程、铁路工程和航空工程项目。

2. 项目的特点（共6点，按4点记忆）

（1）目标性：由产出目标（即成果性目标）和工作本身目标（即约束性目标，如安全、质量、费用、进度等）组成。目标性是项目最重要的特点，也最需要引起项目管理者注意。

（2）制约性：项目的制约性是决定一个项目成功与失败的关键特性。

（3）一次性（包含单件性以及独特性和不确定性）：项目作为一次性任务，其成果具有明显的单件性。项目的独特性是指项目所生成的产品或服务，与其他产品或服务相比所具有的特殊性。项目的不确定性主要是由项目的独特性造成的。首先，项目一般需要创新，而创新包括各种不确定性；其次，项目的非重复性也是造成项目不确定性的原因；另外，项目的环境多数是开放的，而且相对变动较大，这也是造成项目不确定性的主要原因之一。项目成果的单件性和实施过程的一次性，都会给项目管理带来较大的风险。

（4）时限性（生命周期）：项目成果的单件性和实施过程的一次性决定了每个项目都具有自己的生命周期。

（5）独特性和不确定性：不确定性是由项目的独特性造成的。

3. 项目管理

项目管理是指在一定的约束条件下，为达到项目的目标对项目所实施的计划、组织、协调和控制的过程。项目管理的4特征：目标明确、项目经理负责制、授权保证系统、具有全面项目管理职能。具体详细内容参见《公路监理培训教材》（第三版）（以下简称《监理教材》）、《监理概论》，2020年版公路工程监理工程师考试用书《公路工程目标与质量控制》（以下简称《目标与质量控制》）没有大纲的该章内容。

二、工程建设项目的概念及其特点

1. 工程建设项目的概念

工程建设项目是最为常见也是最为典型的项目类型，是项目管理的重点。工程建设项目是指按照一个总体设计进行施工，由一个或几个相互有内在联系的单项工程组成，经济上实行统一核算、行政上实行统一管理的建设实体（即工程建设的计量单位）。

一个建设项目是指一项固定资产投资项目，可能是新建或改、扩建的基本建设项目，也可能是为了节约资金、提高质量的技术改造项目。建设项目的实现是指投入一定量的资金，经过决策、实施等一系列程序，在一定的约束条件下形成固定资产的一次性过程。

工程建设项目也称为工程项目。一个工程项目可以是一个单项工程，也可以是一个系统的群体工程。

2. 工程建设项目的条件或特点

工程项目的必备条件（6点，分4个记忆点）：

（1）工程要有明确的建设目的和投资的理由，即成果性目标。

（2）工程要有明确的建设任务量：要有确定的建设范围、具体内容及质量目标；投资条件要明确，即总投资量及其资金来源明确（费用目标）；进度目标要明确。共三大约束性目标。

（3）工程各组成部分之间要有明确的组织关系，应是一个系统。

（4）项目实施的一次性。

三、公路工程建设项目划分

1. 公路工程建设项目划分

建设项目由一个或多个单项工程组成；一个单项工程由一个或多个单位工程组成；一个单位工程由一个或多个分部工程组成；一个分部工程由一个或多个分项工程组成。

（1）建设项目：符合国家总体规划，独立发挥生产功能，有项目建议书和可行性研究。

（2）单项工程：具有独立设计文件，建成竣工后能独立发挥生产能力和效益，一般是指一个合同段。

（3）单位工程：在合同段中，具有独立施工条件和结构功能的工程；它也有独立设计文件，但建成竣工后不能独立发挥生产能力和效益。

（4）分部工程：单位工程中，按路段长度（一般3km）、结构部位、施工特点划分的工程。

（5）分项工程：分部工程中，按施工工序、工艺或材料等划分的工程；与定额和工程量清单的子目相似。

2. 单项工程与单位工程的异同点

（1）相同：具有独立设计文件，独立组织施工。

（2）不同点：单项工程建成竣工后能独立发挥生产能力和效益，而单位工程却不能。

例 题

例1 项目作为一次性任务，其成果具有明显的（　　）。
  A. 约束性　　　　B. 时限性　　　　C. 单件性　　　　D. 独特性

例2 项目的特点中最重要和最需要项目管理者注意的是（　　）。
  A. 目标性　　　　B. 时限性　　　　C. 一次性　　　　D. 独特性

例3 项目产出目标有（　　）目标。
  A. 安全性　　　　B. 质量　　　　　C. 费用　　　　　D. 功能
  E. 使用寿命

例4 项目管理的基本职能有（　　）。

A. 计划　　　　B. 组织　　　　C. 分配　　　　D. 协调

E. 控制

例 题 解 析

例1　一次性包含单件性、独特性和不确定性。故选 C。

例2　项目的目标性是最重要和最需要项目管理者注意的特点。故选 A。

例3　项目产出目标（成果性目标）有功能、特性、使用寿命、安全性等指标，项目工作本身目标（即约束性目标）是过程目标（安全、质量、费用、进度目标等）。故选 ADE。

例4　对于项目管理的定义，管理职能即计划、指挥（领导）、组织、协调和控制。故选 ABDE。

自 测 模 拟 题

（一）单项选择题

1. 决定一个项目成功与失败的关键特性是（　　）。

   A. 一次性　　　B. 目标性　　　C. 制约性　　　D. 独特性

2. 项目的不确定性主要是由项目的（　　）造成的。

   A. 一次性　　　B. 制约性　　　C. 目标性　　　D. 独特性

3. 单位工程是具有单独设计、独立施工条件和（　　）的工程。

   A. 施工特点　　B. 结构部位　　C. 路段长度　　D. 结构功能

4. 单项工程与单位工程的最主要不同点是（　　）。

   A. 路段长度的不同

   B. 建成后是否能独立发挥生产能力和效益

   C. 结构部位的不同

   D. 是否具有独立设计文件

5. 项目成果的单件性和实施过程的一次性，也是项目形成（　　）的原因或因素。

   A. 系统性　　　B. 制约性　　　C. 不确定性　　D. 目标性

6. 最为常见也是最为典型的项目类型是（　　）。

   A. 公路工程项目　　　　　　　　B. 工程改造项目

   C. 工程建设项目　　　　　　　　D. 工程扩建项目

7. 公路工程项目一般工期长，这更能反映工程项目的（　　）特点。

   A. 系统性　　　B. 制约性　　　C. 不确定性　　D. 独特性

8. 公路工程项目包括路基、路面、桥涵、隧道等。各类工程的施工内容差异很大，这决定了公路工程项目管理的（　　）和管理的综合性。

   A. 投资大特性　　　　　　　　　B. 技术复杂特性

   C. 线性工程特性　　　　　　　　D. 工期较长特性

（二）多项选择题

1. 公路工程中的单项工程可进一步划分为（　　）。

   A. 单体工程　　B. 群体工程　　C. 单位工程　　D. 分部工程

   E. 分项工程

2. 公路工程项目的主要特点有（　　）。

A. 公路工程项目属于线性工程
B. 公路工程的结构物较为简单
C. 公路工程项目构成复杂
D. 公路工程项目建设投资巨大
E. 公路工程施工过程多、工作面有限、工期长

3. 分部工程一般是按单位工程中（   ）划分的。
   A. 结构部位　　　B. 所用材料　　　C. 路段长度　　　D. 施工特点
   E. 施工工艺

4. 公路工程建设项目可依次划分为（   ）。
   A. 单项工程　　　B. 单位工程　　　C. 分部工程　　　D. 分项工程
   E. 分层工程

5. 项目管理和工程建设项目管理共同具有的特点有（   ）。
   A. 目标明确　　　　　　　　　　B. 进度优化
   C. 项目经理负责制　　　　　　　D. 信息化管理
   E. 质量保证

参考答案及解析

（一）单项选择题

1. C　2. D　3. D　4. B　5. C　6. C　7. C　8. B
2. **解析**：一次性是其次原因，不能选。

（二）多项选择题

1. CDE　2. ACDE　3. ACD　4. ABCD　5. AC
5. **解析**：项目管理的4特征中目标明确、项目经理负责制与工程项目管理特点相同。

第二节　工程项目管理目标体系、基本原理和管理模式

重点知识

一、工程项目管理的目标体系

工程项目管理是运用系统的理论和方法，对工程项目进行的计划、组织、指挥、协调和控制等专业化活动，简称为项目管理。工程项目管理的5特征：目标明确、系统管理、项目经理负责制和权责统一原则、应用现代化的管理方法和技术手段、在管理过程中实施动态控制。

1. 工程项目管理目标体系的内容

工程项目管理目标体系由成果性目标和约束性目标构成。

（1）成果性目标（也称为项目目标、产品目标、产出物目标）

成果性目标被分解为项目具体的功能性要求，是主导目标，成果性目标是项目的来源，也是项目的最终目标，由一系列功能、**特性**、**使用寿命**、**安全性**等技术指标来定义。

（2）约束性目标（也称为管理目标、过程目标）

约束性目标就是限制性条件，是项目实施过程中管理的主要目标。工程项目管理的目标即要在一定的时间、费用的限制条件下完成满足一定质量要求的工程产品。构成工程项目管理的三大绩效目标可以归结为进度、质量、费用。此外，安全和环境保护也被纳入工程项目管理目标体系，构成一个多目标系统。实施工程项目管理应对这个有机的多目标系统进行整体的控制，寻求目标系统的整体最优化。

2. 工程项目管理目标体系的特点

（1）多元性：至少由项目的投资（费用）、进度、质量（技术性能）三个最主要的基本目标构成的一个目标系统。三大目标对所有参与方都适用。安全目标主要对施工单位，其次监理单位。目标与任务在概念上还是有区别的。

（2）相关性：各基本目标之间并非彼此独立，而是相互联系、相互制约、既对立又统一的一个有机整体。

（3）优先级：一个项目目标又分为多个小目标，目标在不同阶段和不同对象受制约的重要性不一样，即优先级不一样。成功的项目管理者，会采取适当措施进行权衡，尽量满足所有约束条件的同时，要优先满足某个最为重要或最苛刻的约束条件。

（4）均衡性：工程项目管理目标体系是一个稳定的、均衡的目标体系。工程项目管理的过程即是从系统的角度对项目基本目标之间的冲突进行调解的过程。

（5）层次性：项目各参与方管理的任务不同。项目建设单位（业主）为主导，项目其他参与单位根据业主的要求，组织好项目管理团队，建立科学、规范的管理规章制度，有计划、协调实现各项管理目标。

（6）动态性：工程项目管理目标是一个完整的目标体系，并随着外部环境的不断变化或不可预见事件的发生进行不断调整、优化、完善。

二、工程项目管理的基本原理

工程项目管理的基本原理主要是系统管理和过程管理，过程管理即 PDCA 循环四阶段（2022 年考点，真题见第二章第一节第一点），具体就是约束性目标控制（在本章第三节和后续章节阐述）。

1. 工程项目的系统管理原理

系统是由若干个相互作用和相互依赖的要素组合而成，且有特定功能的整体。任何一个项目都是一个系统，具有鲜明的系统特征，它是由技术、物质、组织、行为和信息等要素组成的复杂系统。

2. 系统的目标与系统的组织的关系

系统的目标决定了系统的组织，组织是目标实现的决定性因素，这是组织论的一个重要结论。如果将一个工程项目的项目管理视为一个系统，其目标决定了项目管理的组织，而项目管理的组织是项目管理的目标能否实现的决定性因素，由此可见项目管理的组织的重要性。组织作为生产力的第四要素与其他三要素（人、劳动对象、劳动工具）有其不可替代的特点。

3. 组织论和组织工具

组织论是一门学科，它主要研究系统的组织结构模式、组织分工和工作流程组织，它是与项目管理学相关的一门非常重要的基础学科。组织论的基本内容如图 1-2-1 所示。

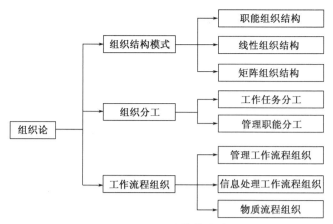

图 1-2-1　组织论的基本内容

（1）组织结构模式

组织结构模式主要有直线式、职能式、直线职能式、矩阵式。

（2）组织工具

组织工具有组织结构图、任务分工表、管理职能分工表、工作流程图、项目结构图。

（3）组织构成因素

①组织构成的四大因素：管理层次、管理跨度、管理部门、管理职能。

②四大因素之间的关系：管理层次与管理跨度的反比关系；管理层次分为决策层、协调层、执行层、操作层，四个层次为宝塔关系。

（4）组织设计原则

①目的性原则；②管理跨度和分层统一原则(有效管理跨度原则)；③集权与分权相结合原则；④"责、权、力、效、利"相匹配的原则；⑤统一指挥原则；⑥适应性原则。

三、工程项目管理的管理模式

工程项目管理的管理模式就是项目承发包模式（PMC）和咨询模式（PM），承发包模式不同，合同结构不同，监理模式也相应不同。工程项目管理的管理模式常用的主要有以下几种：

（1）平行承发包模式（设计和施工分离的平行承发包）也称为传统的项目管理模式（DBB 模式），即设计—招标—施工（Design-Bid-Build）模式。

（2）设计或施工总承包模式（设计和施工分别总承包，不是设计施工总承包）。

（3）工程项目总承包，可以进一步分为设计—施工（DB）总承包和设计—采购—施工（EPC）总承包（交钥匙工程）。该模式合同关系简单、协调工作量较小；对进度控制和投资控制有利。

（4）工程项目总承包管理模式。亦称"工程托管"。工程项目总承包管理单位在从业主处承揽了工程项目的设计和施工任务之后，经过业主的同意，再把承揽的全部设计和施工任务转让（注：此处即发包含义，《监理概论》用"转包"易给人造成误解，因为转包是违法行为）给其他单位。

项目总承包管理与项目总承包的不同之处在于：前者不直接进行设计与施工，没有自己的设计和施工力量，而是将承接的设计与施工任务全部分包出去，专门致力于工程项目管理；后者有自己的设计、施工力量，直接进行设计、施工、材料和设备的采购等工作。

（5）建设管理（Construction Management，以下简称 CM）模式又称为阶段发包模式，即边设计边施工模式。其最大的优点就是"进度快"。

（6）合伙（Partnering）模式：它一般要求业主与参建各方在相互信任、资源共享的基础上达成一种短期或长期的协议，合伙协议并不仅仅是业主与施工单位双方之间的协议，而需要建设工程参与各方共同签署，包括业主、总包商、分包商、设计单位、咨询单位、主要的材料设备供应单位等。

例 题

例1 工程项目管理目标体系由项目的（　　）构成。
　　A. 成果性目标和约束性目标　　　　B. 功能性目标和假设性目标
　　C. 利益性目标和预定型目标　　　　D. 客观性目标和期望值目标

例2 在生产力的几个要素中，具有不可替代性特点的要素是（　　）。
　　A. 劳动者　　　B. 组织　　　C. 劳动对象　　　D. 劳动工具

例3 命令源最多的组织结构是（　　）。
　　A. 直线式　　　B. 职能式　　　C. 矩阵式　　　D. 直线职能式

例4 工程项目施工管理中，不是建设单位约束性目标的是（　　）。
　　A. 安全目标　　　B. 进度目标　　　C. 质量目标　　　D. 费用目标

例5 工程项目施工过程中，对于施工单位，在约束性目标中最重要的目标是（　　）。
　　A. 安全目标　　　B. 进度目标　　　C. 质量目标　　　D. 费用目标

例6 直线式项目监理组织形式具有（　　）特点。
　　A. 不能发挥职能部门的专家作用
　　B. 命令单一，责任分明
　　C. 决策迅速，提高办事效率
　　D. 有利于减少决策失误
　　E. 有利于减少横向部门之间相互扯皮，互相推诿的现象

例7 如图所示的项目监理组织有（　　）特点。

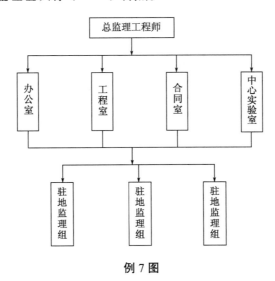

例7 图

　　A. 集中领导，权力集中，完全统一
　　B. 多头领导易造成职责不清
　　C. 目标控制分工明确

D. 发挥职能机构的专业管理作用

E. 有利于管理人员业务能力的培养

例 题 解 析

例1 工程项目管理目标体系由成果性目标和约束性目标构成的目标系统。故选 A 项。

例2 组织作为生产力的第四要素与其他三要素（人、劳动对象、劳动工具）有其不可替代的特点。故选 B 项。

例3 直线式和直线职能式命令源都是一个，矩阵式命令源为两个，职能式命令源为多个。故选 B项。

例4 工程项目管理约束性目标是安全、质量、进度、费用。在施工现场主要是监理代表对建设单位对施工管理。所以作为建设单位，可以不将安全作为约束目标，但是施工单位应将安全放在首位。故选 A 项。

例5 项目约束性目标是过程目标（安全、质量、费用、进度目标等），对于施工单位来说在施工过程中最重要的是安全目标。故选 A。

例6 直线式的特点有，权力集中、只有一个命令源、决策迅速、指挥灵便，专业分工差、横向联系困难；适用于技术简单、专业分工不细的中小型项目，大型项目因指令路径过长不适合。故选 ABCE。直线式专业能力不强，不利于减少决策失误，不能选选项 D。

例7 该题有一定难度，首先要先根据组织结构图判断属于职能式组织结构模式。职能式的特点有，传统组织结构模式、发挥各职能部门的专长、有利于生产专业化和人才培养；多个命令源政出多门、责任不清、互相矛盾、协调困难；适用于工作内容多、技术专业化强、管理分工细的企业组织。故选 BCDE。

自 测 模 拟 题

（一）单项选择题

1. 不是反映成果性目标的指标是（ ）。
   A. 功能　　　　　B. 使用寿命　　　　C. 费用低　　　　D. 安全性
2. 管理跨度与管理层次的关系是（ ）。
   A. 成正比关系　　B. 成反比关系　　　C. 数目相等关系　D. 没有关系
3. 监理组织结构的四个层次中，人数最少的是（ ）。
   A. 协调层　　　　B. 决策层　　　　　C. 操作层　　　　D. 执行层
4. 在监理组织结构的各个层次中，人数最多的是（ ）。
   A. 协调层　　　　B. 决策层　　　　　C. 操作层　　　　D. 执行层
5. 总监理工程师为调动下属的工作积极性，把其权力全部授予其下属，此行为违背了组织设计的（ ）原则。
   A. 目的性
   B. 集权与分权相结合
   C. 统一指挥
   D. "责、权、力、效、利"相匹配
6. （ ）是一种强调专业分工的大跨度组织结构模式。
   A. 直线制　　　　B. 矩阵制　　　　　C. 职能制　　　　D. 直线职能制
7. 职能部门与指挥部门易产生矛盾的监理组织形式是（ ）组织。
   A. 直线制　　　　B. 职能制　　　　　C. 矩阵制　　　　D. 直线职能制

8. 管理跨度是指（　　）。
   A. 一个管理者直接的上级领导的人数
   B. 一个上级职位指挥和协调下级职位的数目
   C. 组织形式
   D. 组织要素

9. 在工程项目承发包的组织模式中，组织协调工作量最大的是（　　）。
   A. 平行承发包模式
   B. 设计或施工总承包模式
   C. 工程项目总承包模式
   D. 工程项目总承包管理模式

10. 对工程质量控制最有利的工程承发包模式是（　　）。
    A. 项目总承包   B. 独立承包
    C. 设计和施工分别总承包   D. 平行承发包

11. 采用（　　）模式，在征得业主同意的前提下，承包单位可以把承揽的全部设计和施工任务转让给其他单位。
    A. 平行承发包   B. 设计或施工总承包
    C. 工程项目总承包   D. 工程项目总承包管理

12. 在下列建设工程组织管理模式中，不能独立存在的是（　　）。
    A. 总分包模式   B. 项目总承包模式
    C. 阶段发包 CM 模式   D. Partnering 模式

（二）多项选择题

1. 工程项目管理的直接绩效目标主要有（　　）。
   A. 效益目标   B. 费用目标   C. 进度目标   D. 质量目标
   E. 环境目标

2. 一个系统的组织结构包括（　　）。
   A. 组织结构模式   B. 物质流程组织
   C. 信息流程组织   D. 任务分工
   E. 管理职能分工

3. 组织结构的基本模式有（　　）。
   A. 直线式   B. 职能式   C. 直线职能式   D. 矩阵式
   E. 职能矩阵式

4. 矩阵式监理组织形式的主要优点是（　　）。
   A. 权力集中，隶属关系明确
   B. 命令统一，决策迅速
   C. 发挥职能机构的专业管理作用
   D. 机动性大，适应性好

5. 直线式组织结构的优点有（　　）等。
   A. 结构简单   B. 专业化分工强

C. 职责明确 D. 横向联系方便

E. 权力集中

6. 组织设计的原则包括（　　）。

   A. 目的性原则 B. 有效管理跨度原则

   C. 精简原则 D. 集权与分权相结合原则

   E. "责、权、力、效、利"相匹配原则

7. 组织构成一般是上小下大的形式，由（　　）等因素组成。

   A. 管理层次 B. 管理跨度 C. 管理制度 D. 管理部门

   E. 管理职能

8. 符合统一指挥原则的组织结构模式有（　　）。

   A. 直线式 B. 职能式

   C. 混合式 D. 矩阵式

   E. 直线职能式

9. 平行承发包模式的优缺点有（　　）。

   A. 有利于缩短工期 B. 有利于质量控制

   C. 投资控制难度大 D. 有利于组织管理

   E. 总报价较高

10. 工程项目平行承发包模式的优点是（　　）。

    A. 有利于缩短工期 B. 有利于减少合同数量

    C. 有利于质量控制 D. 有利于选择承建单位

    E. 有利于投资控制

11. 工程项目总承包模式的缺点有（　　）。

    A. 招标发包工作难度大 B. 投资控制难度大

    C. 质量控制难度大 D. 对进度控制不力

    E. 业主选择承包商范围小

12. 属于项目总承包模式优点的有（　　）。

    A. 合同关系简单 B. 招标发包工作难度小

    C. 协调工作量小 D. 质量控制难度小

    E. 对投资控制有利

13. 属于平行承发包模式优点的是（　　）。

    A. 合同管理简单 B. 有利于缩短工期

    C. 协调工作量小 D. 有利于质量控制

    E. 有利于繁荣建设市场

参 考 答 案

（一）单项选择题

1. C 2. B 3. B 4. C 5. B 6. C 7. B 8. B 9. A 10. D

11. D 12. D

(二) 多项选择题

1. BCD 2. ADE 3. ABCD 4. ABCD 5. ACE 6. ABDE 7. ABDE
8. AE 9. ABC 10. ACD 11. ACE 12. ACE 13. BDE

第三节　工程项目的建设程序

重 点 知 识

一、建设程序的概念

建设程序也称为基本建设程序，是指建设项目从设想、选择、评估、决策、设计、施工到竣工验收、投入使用的整个建设过程中，各项工作必须遵循的先后次序的法则。下面介绍公路工程主要内容。

二、公路工程基本建设程序

《公路建设监督管理办法》（交通部令，2006年第6号）第9条、第10条分别对政府、企业投资公路建设项目的实施规定了公路建设具体程序，政府投资公路建设项目程序的主要内容如下：

（1）根据规划，编制项目建议书。
（2）根据批准的项目建议书，进行工程可行性研究，编制可行性研究报告。
（3）根据批准的可行性研究报告，编制初步设计文件。
（4）根据批准的初步设计文件，编制施工图设计文件。
（5）根据批准的施工图设计文件，组织项目招标。
（6）根据国家有关规定，进行征地拆迁等施工前准备工作，并向交通主管部门申报施工许可。
（7）根据批准的项目施工许可，组织项目实施。（编者注：交通部相关文件中的项目实施指施工，住建部相关文件中的项目实施指项目设计加施工，所以对科目一和科目二中概念要正确理解）
（8）项目完工后，编制竣工图表、工程决算和竣工财务决算，办理项目交、竣工验收和财产移交手续。
（9）竣工验收合格后，组织项目后评价。

企业投资公路建设项目的实施程序将上述内容的前三点改为：根据规划，编制工程可行性研究报告；组织投资人招标工作，依法确定投资人；投资人编制项目申请报告，按规定报项目审批部门核准（2022年考点）；根据核准的项目申请报告，编制初步设计文件，其中涉及公共利益、公众安全、工程建设强制性标准的内容应当按项目隶属关系报交通主管部门审查。

政府投资的公路建设程序细化内容如图1-3-1所示。

住建部往往将工程建设程序简化为三阶段，即决策阶段、实施（设计和施工）阶段、使用阶段，主要是决策阶段和实施阶段。建设监理工作内容还涉及设计阶段，而公路施工监理不涉及设计阶段。建设程序还可参考第一门考试课程建设工程监理理论和法规教材中的建设程序内容，根据《国务院关于投资体制改革的决定》（国发[2004]20号），政府投资工程实行审批制；非政府投资工程实行核准制或登记备案制（注：重大项目和限制类项目属于在政府核准的投资项目目录内实行核准制，目录外项目实行备案制）。

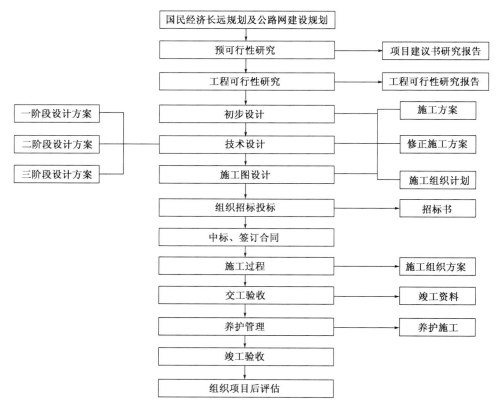

图 1-3-1 公路建设程序图

三、设计阶段

公路工程基本建设项目一般采用两阶段设计，即初步设计和施工图设计。对于技术简单、方案明确的小型建设项目，可采用一阶段设计，即一阶段施工图设计；技术复杂、基础资料缺乏和不足的建设项目或建设项目中的特大桥、长隧道、大型地质灾害治理等，必要时采用三阶段设计，即初步设计、技术设计和施工图设计。

高速公路、一级公路必须采用两阶段设计。

初步设计是设计工作的第一阶段，初步拟订施工方案及工期安排，编制预算。如果总概算超过工程可行性研究报告确定的总投资估算 10%以上或其他主要指标需要变更时，要重新报批工程可行性研究报告。初步设计文件应按规定报交通主管部门审批，初步设计文件批准后，即可要求列入年度基本建设计划，并开始进行下阶段设计。

技术设计应根据批准的初步设计和补充初测（或定测）资料，对重大、复杂的技术问题通过科学试验、专题研究，加深勘探调查及分析比较，解决初步设计中遗留的问题，落实技术方案，计算工程数量，提出修正的施工方案，编制修正概算。技术设计文件也应按规定报主管部门审批后，开始进行下阶段设计。

施工图设计应根据批准的初步设计（或技术设计）和定测资料，进一步对审定的修建原则、设计方案、技术措施加以具体和深化，最终确定工程数量，提出文字说明和适应施工需要的图表资料及施工组织计划，编制施工图预算。施工图设计文件在交付施工前，须经项目法人或由项目法人委托有相应工程咨询或者设计资质的单位审查，并由项目法人按照项目管理隶属关系将施工图设计文件报交通主管部门审批。

四、项目后评价（后评估）

建设项目后评价是工程项目竣工验收（一般两年）后，再对项目全过程进行系统评价的一种技术经济活动。通过建设项目后评价达到肯定成绩、总结经验、研究问题、吸取教训、提出建议、改进工作、不断提高项目决策水平和投资效果等目的。

项目后评价的主要内容如下。

（1）影响评价：项目投产后对各方面的影响进行评价。

（2）经济效益评价：对项目投资、国民经济效益、财务效益、技术进步和规模效益、可行性研究深度等进行评价。

（3）过程评价：对项目的立项、设计施工、建设管理、竣工投产、生产运营等全过程进行评价。

（4）持续运营评价：对项目持续运营的预期效果评价。

项目后评价一般按三个层次组织实施，即项目法人的自我评价、项目行业的评价、计划部门（或主要投资方）的评价。

例 题

例1 公路工程建设项目程序中施工许可申报是（　　）。
① 施工单位；② 建设单位；③ 交通建设主管部门；④ 项目所在地质量监督部门
A. ①向②　　　　B. ②向③　　　　C. ①向③　　　　D. ②向④

例2 公路工程监理是（　　）阶段的监理。
A. 项目可行性　　B. 项目设计　　　C. 项目施工　　　D. 项目后评价

例3 公路工程项目法人的成立是在（　　）批准后。
A. 项目建议书　　　　　　　　　B. 预可行性研究报告
C. 可行性研究报告　　　　　　　D. 设计任务书

例4 不论一阶段设计还是二阶段设计甚至三阶段设计，必须进行的设计是（　　）。
A. 初步设计　　　　　　　　　　B. 技术设计
C. 施工图设计　　　　　　　　　D. 施工组织规划设计

例5 关于交通工程项目建设程序，下列说法正确的是（　　）。[2022年真题]
A. 政府投资交通建设项目和企业投资交通建设项目实行审批制
B. 政府投资交通建设项目和企业投资交通建设项目实行核准制
C. 政府投资交通建设项目实行审批制，企业投资交通建设项目实行核准制
D. 政府投资交通建设项目实行核准制，企业投资交通建设项目实行备案制

例6 项目后评价一般按一定层次组织实施，具体有（　　）。
A. 项目效益的评价　　　　　　　B. 项目法人的自我评价
C. 项目行业的评价　　　　　　　D. 计划部门的评价
E. 主要投资方的评价

例 题 解 析

例1 施工许可申报是建设单位的职责，不是施工单位的职责；申报的对象是具体建设主管部门。故选B。建设单位要向质量监督部门申报质量监督，但不是施工许可。

例2 公路工程项目监理称为施工监理，所以只在施工阶段不同于建设监理。故选C。

例3 工程项目可行性研究报告批准后，应正式成立项目法人，并按项目法人责任制实行项目管理。故选C。

例4 三阶段是初步设计、技术设计、施工图设计。二阶段少技术设计。当一阶段设计时，只进行施工图设计。故选C。

例5 政府投资工程实行审批制；非政府投资工程实行核准制或登记备案制。由于交通建设项目在目录内实行核准制。故选C。

例6 项目后评价一般按三个层次组织实施，即项目法人的自我评价、项目行业的评价、计划部门（或主要投资方）的评价。故选BCDE。选项A，项目效益的评价是项目后评价的内容。

自测模拟题

（一）单项选择题

1. 项目法人筹备组的成立是在（　　）批准后。
   A. 项目建议书　　　　　　　　B. 预可行性研究报告
   C. 可行性研究报告　　　　　　D. 设计任务书

2. 公路工程项目进入设计阶段的标志是（　　）的批准。
   A. 项目建议书　　　　　　　　B. 预可行性研究报告
   C. 可行性研究报告　　　　　　D. 设计任务书

3. 企业投资项目采用（　　）。
   A. 审批制　　　B. 核准制　　　C. 备案制　　　D. 注册制

4. 建设项目开工准备阶段，作为建设拨款的依据是（　　）。
   A. 投资估算　　　　　　　　　B. 总概算
   C. 施工图预算　　　　　　　　D. 年度基本建设计划

5. 对技术进步和可行性研究深度进行评价是（　　）。
   A. 影响评价　　　　　　　　　B. 持续运营评价
   C. 经济效益评价　　　　　　　D. 过程评价

6. 项目投产后对公路周围环境情况进行评价是（　　）。
   A. 影响评价　　B. 持续运营评价　　C. 经济效益评价　　D. 过程评价

7. 对项目的立项、设计施工、建设管理、竣工投产、生产运营等情况进行评价是（　　）。
   A. 影响评价　　B. 持续运营评价　　C. 经济效益评价　　D. 过程评价

8. 初步设计提出的总概算超过工程可行性研究报告确定的总投资估算（　　）以上或其他主要指标需要变更时，要重新报批工程可行性研究报告。
   A. 5%　　　　　B. 10%　　　　　C. 15%　　　　　D. 20%

9. 技术设计阶段编制的造价文件是（　　）。
   A. 概算　　　　B. 修正概算　　　C. 施工图预算　　D. 施工预算

10. 施工图设计阶段编制的施工组织设计文件是（　　）。
    A. 施工方案　　B. 修正施工方　　C. 施工组织计划　　D. 施工总体计划

（二）多项选择题

1. 不论二阶段设计还是三阶段设计，必须进行的设计是（　　）。

A. 初步设计　　　　B. 技术设计　　　　C. 招标图设计　　　　D. 施工图设计
E. 施工组织规划设计

2. 需经交通主管审批的设计文件有（　　）。
A. 初步设计文件　　B. 技术设计文件　　C. 概念设计文件　　D. 施工图设计文件
E. 施工组织设计文件

3. 项目后评价的主要内容包括（　　）。
A. 影响评价　　　　B. 行业评价　　　　C. 经济效益评价　　D. 过程评价
E. 持续运营评价

4. 设计阶段由设计单位编制的施工组织设计文件有（　　）。
A. 施工方案　　　　B. 修正施工方　　　C. 施工组织计划　　D. 标前施工组织设计
E. 实施性施工组织设计

5. 下列属于初步设计内容的有（　　）。
A. 环境保护
B. 设计标准和任务依据
C. 筑路材料
D. 施工准备工作的意见
E. 施工方案即施工组织规划设计

6. 下列属于可行性研究报告的内容有（　　）。
A. 建设项目的依据和现实背景
B. 筑路材料来源及运输条件
C. 评价建设项目对环境的影响
D. 建设项目所在地区的经济特征
E. 预测交通量、运输量的发展水平

参考答案及解析

（一）单项选择题

1. A　2. C　3. B　4. D　5. C　6. A　7. D　8. B　9. B　10. C

2. **解析**：公路工程项目将工可报告的批准替代了设计任务书；竣工验收是指交工验收；项目实施阶段仅是指施工阶段。所以不能选 D 项。

（二）多项选择题

1. AD　2. ABD　3. ACDE　4. ABC　5. BCE　6. BCD

5. **解析**：根据《公路工程基本建设项目设计文件编制办法》（2007 年版）第 3.2 条规定，初步设计文件包括 12 篇，选项 A 是总体设计说明书的内容，选项 D 是施工图设计中施工组织计划的内容。

6. **解析**：项目可行性研究报告的主要内容包括：①建设项目的依据、历史背景；②建设地区综合运输现状和建设项目在交通运输网中的地位和作用，原有公路的技术状况及适应程度；③论述建设项目所在地区的经济特征，研究建设项目与经济发展的内在联系，预测交通量、运输量的发展水平；④建设项目的地理位置、地形、地质、地震、气候、水文等自然特征；⑤筑路材料来源及运输条件；⑥论证不同建设方案的路线起讫点和主要控制点、建设规模、标准，提出推荐性意见；⑦评价建设项目对环境的影响；⑧测算主要工程数量、征地拆迁数量，估算投资，提出资金筹措方案，提出勘察、设计、施工计划安排；⑨确定运输成本及相关经济参数，进行国民经济评价、敏感性分析、财务分析；⑩提出存在的问题及建议。

第四节 工程目标控制的内涵、任务、目标、相互关系及相关制度

重 点 知 识

一、工程目标控制的内涵和任务

1. 工程目标控制的概念或内涵

工程监理的中心工作是进行项目目标控制。要实现工程项目的各项目标，就必须对工程项目实施有效控制。目标控制就是按照计划目标和组织系统，对系统各个部分进行跟踪检查，以保证协调实现总体目标。项目目标控制是一项系统工程。

2. 目标控制的任务

目标控制的主要任务，是把计划执行情况与计划目标进行比较，找出差异，对比较结果进行分析，排除和预防产生差异的原因，使总体目标得以实现。控制的流程如图 1-4-1 所示。

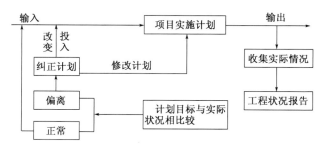

图 1-4-1 控制流程图

项目的目标控制是一个有限的循环过程，它可以划分为投入、转换、反馈、对比、纠正五个基本环节，且每个环节不能缺失和出现问题。为了进行有效的目标控制，必须做好两项前提工作：一是目标规划和计划，二是目标控制的组织。

二、目标控制常见的几种控制类型和方法

由于控制的方式和方法不同，控制可分为多种类型。

1. 按照控制措施作用于控制对象的时间分类

①事前控制；②事中控制；③事后控制。

2. 按照纠正措施或控制信息的来源分类

①前馈控制（开环控制）；②反馈控制（闭环控制）。

3. 按照控制措施制订的出发点分类

①主动控制：先分析，然后防偏差（事前，事先，前馈）。②被动控制：先出现偏差，再分析原因，然后纠偏（事中和事后，反馈）。

4. 动态控制

主动控制与被动控制合称为动态控制。被动控制与主动控制的关系如图 1-4-2 所示。

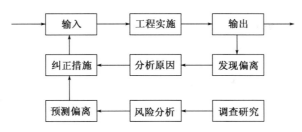

图 1-4-2 被动控制与主动控制的关系示意图

5. 动态控制的基本步骤和要点

目标的动态控制是监理工程师对工程项目目标控制的基本方法，是一个有限的循环过程，应贯穿于工程项目实施阶段的全过程。

（1）动态控制的核心和步骤

动态控制的核心是纠偏。动态控制的过程可分为三个基本步骤：确定目标→检查成效→纠正偏差。具体细化为大三步和小三步，应注意区别。

①项目实施前，确定目标值（一般是计划值）。

②检查成效（项目实施过程中小三步如图 1-4-3 所示）：a. 收集实际值；b. 计划值与实际值比较；c. 分析偏差大小。如有偏差很小在允许的范围，例如工作的延误小于其总时差，可以不需纠偏；超出允许范围但是还可控制，例如延误超过总时差不多，则分析原因后，转到步骤③采取一定的措施进行纠正，纠正的是实际值（例如承包人自己原因在后续工作中适当加快）。

③纠正偏差。但是如果偏差大到简单纠偏无法达到目标值，则需调整计划，转到步骤①确定新目标值（编制新的后续工程计划，此时纠正的是计划值）。

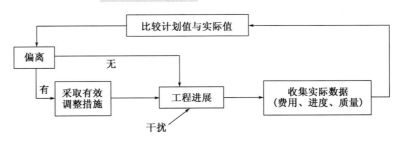

图 1-4-3 动态控制原理图

（2）动态控制八大要点

动态控制应在监理计划指导下进行，其要点如下：

①控制是一定的主体为实现一定的目标而采取的一种行为。要实现最优化控制，必须首先满足两个条件：一是要有一个合格的主体；二是要有明确的系统目标。

②控制是按事先拟订的计划目标值进行的。偏差的范围决定采取控制纠正偏差措施。

③控制的方法是检查、分析、监督、引导和纠正。

④控制是针对被控系统而言的，既要对被控系统进行全过程控制，又要对其所有要素进行全面控制。

⑤控制是动态的。

⑥提倡主动控制为主，辅之以被动控制的方法。

⑦对工程项目的控制应强调目的性、及时性、有效性。

⑧控制是一个大系统，控制系统包括组织、程序、手段、措施、目标和信息六个分系统，其中信息分系统贯穿于项目实施的全过程。

三、公路工程施工监理的目标

公路工程施工监理的目标：以合同为依据，采取技术、经济、组织、合同等措施，对施工安全、工程质量、进度、费用和施工环境保护实施进行有效的监理，从而确保工程项目总体目标最合理实现，使之达到合同文件规定的要求。

对一个工程项目而言，最重要的目标值是安全、质量、进度和费用。

四、工程项目质量、进度和费用三大目标间的关系

1. 正确处理好三大目标关系的要点

作用与反作用，对立与统一。作用或对立（即矛盾）是质量高、费用高、工期相对长；反作用或统一是质量完成得好，减少了返工，节省了费用和时间。

2. 三大目标之间的重要性顺序（重点是优先保证的目标安全、功能、质量）

一般情况下，三大目标（质量、进度、费用）之间是同等重要的，但在不同时期重要程度不同，工程施工监理优先保证的目标是与质量相关的安全可靠、使用功能、质量合格。

五、推进交通强国建设的监理工作目标

1. 监理工作总目标

重大工程要高质量建设好，要全力打造精品工程、样板工程、平安工程、廉洁工程。在推进交通强国建设过程中，监理单位和监理工程师要把"建设平安百年品质工程"作为开展监理工作的总目标，或称为综合目标、终极目标、提升目标。

2. 监理工作分目标

监理工作总目标可分解为：质量控制、安全生产管理、环保管理、进度控制、费用控制监理工作目标。相对于总目标而言这些目标称为基础性目标或保证性目标。

六、公路工程建设项目相关制度

公路建设项目应当实行项目法人责任制度、招标投标制度、工程监理制度和合同管理制度。这些制度相互关联、相互支持，共同构成了公路工程建设项目管理制度体系，其中以项目法人责任制为核心，招标投标制和工程监理制为服务体系，合同管理制为手段。

1. 项目法人责任制

（1）实行项目法人责任制的目的，是要使各类投资主体形成自我发展、自主决策、自担风险和讲求效益的建设和运营机制，使各类投资主体成为从项目建设到生产经营均独立享有民事权利和独立承担民事义务的法人。

（2）项目法人的主要职责是，对项目的策划、资金筹措、建设实施、生产经营、债务偿还及资产的保值增值，实行全过程负责。项目法人是工程建设投资行为的主体，要承担投资风险，并对投资效果全面负责，必然要委托高智能的监理单位为其提供技术咨询和管理服务。

（3）实行项目法人责任制是推行工程建设管理体制改革的关键，是全面实行工程招标投标制和工程

监理制的必要条件。在质量保证体系中项目法人处于主体地位，政府监督处于龙头主导地位。

2. 招标投标制

招标投标制是市场经济体制下买卖双方的一种主要的竞争性交易方式。推行招标投标制，目的是在建设领域引进竞争机制，形成公开、公正、公平的市场交易方式，择优选择承包单位，促使设计、施工、材料设备生产供应等企业不断提高技术和管理水平。

3. 工程监理制

工程监理制作为一种科学的管理制度，它是以专门从事工程建设管理服务的工程监理单位，受项目法人的委托，对工程建设实施的管理。工程监理处于工程管理体制中的核心地位。在质量保证体系中，施工企业占有特别重要的地位。

实行工程监理制，可培养专业化、高水平的建设项目管理队伍，提高工程建设管理水平；强调建设市场各主体之间的合同关系及监督、制约与协调的机能，提高工程建设项目管理的科学性与公正性。

根据《公路工程施工监理规范》（JTG G10—2016）的规定，公路工程监理工作应遵循公正、科学、诚信、自律的原则。公路工程监理的主要依据应包括：①有关法律法规、技术标准；②监理合同；③施工合同、工程设计文件等。监理合同中应明确各方的职责和权限，应避免责权不清或交叉。自行监理的亦应以文件形式明确监理机构及其职责和权限。

4. 合同管理制

为了使勘察、设计、施工、监理和材料设备供应单位切实履行各自的责任和义务，在工程建设中必须实行合同管理制。合同是约束和规范合同双方行为的重要依据和手段。

例 题

例1　（　　）就是预先分析目标偏离的可能性，并拟订和采取各项预防性措施，以使计划目标得以实现。

　　A. 全面控制　　B. 主动控制　　C. 被动控制　　D. 反馈控制

例2　每一个控制过程都是经过投入、转换、（　　）、对比、纠正等基本步骤。

　　A. 检查　　B. 分析　　C. 反馈　　D. 决策

例3　动态控制的基本步骤是（　　）。

　　A. 检查成效→纠正偏差

　　B. 确定目标→检查成效→纠正偏差

　　C. 检查成效→分析原因→纠正偏差

　　D. 确定目标→检查成效→分析原因→纠正偏差

例4　当提高工程项目的功能和使用要求时，通常会引起（　　）。

　　A. 投资增加、工期延长　　　　B. 投资增加、工期缩短

　　C. 投资减少、工期延长　　　　D. 投资减少、工期缩短

例5　在工程项目建设中，始终处于主要负责者地位的是（　　）。

　　A. 项目法人　　　　　　　　　B. 监理单位

　　C. 承包人　　　　　　　　　　D. 政府建设主管部门

例6　在工程项目建设中，处于工程管理体制中的核心地位的是（　　）。

　　A. 项目法人　　　　　　　　　B. 监理单位

　　C. 承包人　　　　　　　　　　D. 政府建设主管部门

例7 在工程项目建设监理的目标中，（　　）必须优先予以保证。
  A. 安全可靠性　　　B. 投资费用　　　C. 使用功能　　　D. 施工质量
  E. 工程进度

例8 监理目标控制的前提工作是（　　）。
  A. 目标规划和计划　　　　　　　　　B. 落实好控制机构、人员和职能
  C. 与被监理单位的充分协商　　　　　D. 与业主合作监理
  E. 落实全部项目建设资金

例9 根据《公路工程施工监理规范》（JTG G10—2016）的规定，公路工程监理工作应遵循（　　）的原则。
  A. 公正　　　B. 依法　　　C. 科学　　　D. 诚信
  E. 自律

例 题 解 析

例1　该题是公路工程监理工程师考试 2004 年和 2005 年真题。预先分析目标偏离的可能性，并拟订和采取各项预防性措施是主动控制的特点。故选 B 项。被动控制的特点是出现偏差后纠偏。选项 D 是属于被动控制。

例2　该题是公路工程监理工程师考试 2004 年真题。项目的目标控制是一个有限的循环过程，它可以划分为投入、转换、反馈、对比、纠正等基本步骤。故选 C 项。该题来自住建部的监理考试题，当年公路监理培训教材第二版《监理概论》没有这个内容，第三版才增加这个内容。所以考生要注意某些考题会超出公路监理教材培训的。

例3　该题是公路监理工程师资格考试 2006 年真题。按照监理教材《监理概论》答案是 B 项。选项 D 虽然更全面，不过分析原因含在纠正偏差中。故选 B 项。

例4　该题是公路工程监理工程师考试 2006 年真题。"通常"就是指作用或对立的关系，题干要求是"提高工程项目的功能和使用要求"就是提高质量的意思，所以不能选 C、D 项。故选 A 项。

例5　该题是公路工程监理工程师考试 2004 年真题。考点是四项制度中项目法人制。项目法人在质量保证体系中处于主体地位；四项制度中，以项目法人责任制为核心。故选 A 项。

例6　该题考点是四项制度中工程监理制。工程监理处于工程管理体制中的核心地位。故选 B 项。

例7　该题是公路工程监理工程师考试 2004 年和 2005 年真题。考点是控制目标中的顺序。一般情况下三大目标（质量、进度、费用）之间是同等重要的，但在不同时期重要程度不同，工程施工监理优先保证的目标是与质量相关的安全可靠、使用功能、质量合格。故选 ACD 项。

例8　该题是公路工程监理工程师考试 2005 年真题。考点是目标动态控制要点的第一点。控制是一定的主体为实现一定的目标而采取的一种行为。要实现最优化控制，必须首先满足两个条件：一是要有一个合格的主体；二是要有明确的系统目标。故选 AB 项。

例9　根据《公路工程施工监理规范》（JTG G10—2016）第 1.0.5 条规定，公路工程监理工作应遵循公正、科学、诚信、自律的原则。故选 ACDE 项。

自 测 模 拟 题

（一）单项选择题

1. 按照控制信息的来源，可将控制分为（　　）。

A. 事前控制和事后控制　　　　　　　　B. 前馈控制和反馈控制
   C. 开环控制和闭环控制　　　　　　　　D. 主动控制和被动控制
2. 预先分析、估计工程项目可能发生的偏离，采取预防措施进行控制，称为（　　）。
   A. 反馈控制　　　　B. 主动控制　　　　C. 被动控制　　　　D. 动态控制
3. 当发现目标产生了偏离，分析原因，采取措施，称为（　　）。
   A. 被动控制　　　　B. 主动控制　　　　C. 前馈控制　　　　D. 静态控制
4. 在计划的实际执行中发现目标产生偏离，分析原因，采取措施进行控制，称为（　　）。
   A. 前馈控制　　　　B. 事前控制　　　　C. 被动控制　　　　D. 主动控制
5. 在下列工作中，属于目标控制中的被动控制工作的是（　　）。
   A. 制订备用方案　　　　　　　　　　　B. 从工程实施中发现问题
   C. 采取预防措施　　　　　　　　　　　D. 目标控制风险分析
6. 工程质量是施工出来的，而不是检验出来的，因此质量管理的重点要贯彻（　　）的原则。
   A. 动态控制　　　　B. 工序控制　　　　C. 被动控制　　　　D. 预防为主
7. 目标的动态控制是一个有限的循环过程，应贯穿于工程项目实施阶段的全过程，动态控制应该提倡（　　）。
   A. 负反馈控制　　　B. 反馈控制　　　　C. 被动控制　　　　D. 主动控制
8. 监理工程师对工程施工过程的管理应强调（　　）。
   A. 大量抽查数据　　　　　　　　　　　B. 主动控制及事前控制
   C. 事后的质量检查与评定　　　　　　　D. 多下监理指令
9. 当检查过程发现偏差超过允许范围，决定采取纠偏措施时，首选的措施是（　　）。
   A. 组织措施　　　　　　　　　　　　　B. 技术措施
   C. 经济措施　　　　　　　　　　　　　D. 合同措施
10. 工程项目质量、进度、费用三大目标在实施过程中（　　）。
    A. 质量目标最重要，一切应围绕质量目标开展工作
    B. 进度目标最重要，一切应围绕进度目标开展工作
    C. 费用目标最重要，一切应围绕费用目标开展工作
    D. 三者既对立又统一，力争最优化
11. 公路工程监理的主要内容"五监控二管理"是指（　　）。
    A. 质量监理、进度监理、费用监理、安全监理、环保监理、合同管理、工程管理
    B. 质量监理、进度监理、费用监理、安全监理、环保监理、材料管理、设备管理
    C. 质量监理、进度监理、费用监理、安全监理、环保监理、信息管理、工程管理
    D. 质量监理、进度监理、费用监理、安全监理、环保监理、合同管理、信息管理
12. 有关目标控制论述正确的是（　　）。
    A. 主动控制，是监理工程师对监理过程中出现的偏差，主动提出纠偏措施，从而正确实现目标
    B. 前馈控制与反馈控制的区别在于信息提供时间的先后
    C. 在实施控制的过程中，一旦发现实际情况与计划目标之间存在偏差，则应立即采取措施纠正偏差
    D. 目标的动态控制是一个有限的循环过程，应贯穿于工程项目实施阶段的全过程

13. 在项目目标动态控制的工作程序中，第一步工作内容是（　　）。
    A. 项目决策策划　　　　　　　　　B. 制订纠偏措施
    C. 目标分解　　　　　　　　　　　D. 收集实际数据
14. 在项目目标动态控制的实施控制过程中，第一步工作内容是（　　）。
    A. 项目决策策划　　　　　　　　　B. 制订纠偏措施
    C. 目标分解　　　　　　　　　　　D. 收集实际数据
15. 工程项目目标动态控制的核心是（　　）。
    A. 合理确定计划值　　　　　　　　B. 认真收集实际值
    C. 适当调整工程项目目标　　　　　D. 比较分析然后采取纠偏措施

（二）多项选择题

1. 在下列工作中，属于目标控制中的主动控制工作的有（　　）。
    A. 制订备用方案　　　　　　　　　B. 从工程实施中发现问题
    C. 采取预防措施　　　　　　　　　D. 目标控制风险分析
    E. 采取纠偏措施
2. 主动控制措施包括（　　）。
    A. 下达停工整改令　　　　　　　　B. 制订目标控制的有关计划
    C. 制订防止目标偏离的备用方案　　D. 建立目标控制组织
    E. 目标控制风险分析
3. 被动控制是一种（　　）控制，即若发现目标偏离后，分析原因，采取纠错措施。
    A. 事后　　　　　　　　　　　　　B. 前馈
    C. 开环　　　　　　　　　　　　　D. 面对过去已发生事件
    E. 事前
4. 动态控制的基本步骤包括（　　）。
    A. 策略分析　　B. 确定目标　　C. 规划对策　　D. 检查成效
    E. 纠正偏差
5. 工程项目的动态控制包含有（　　）。
    A. 事前控制　　B. 主动控制　　C. 事后控制　　D. 被动控制
    E. 全面控制
6. 要实现最优化控制，必须首先满足的条件有（　　）。
    A. 合格的主体　　　　　　　　　　B. 明确的系统目标
    C. 先进的技术设备　　　　　　　　D. 严格的组织纪律
    E. 提倡主动控制
7. 工程项目目标控制的方式有（　　）。
    A. 搜集信息　　B. 被动控制　　C. 前馈控制　　D. 反馈控制
    E. 主动控制
8. 工程项目施工过程中监理的任务有（　　）。
    A. 控制工程费用　　　　　　　　　B. 控制工程工期
    C. 控制工程质量　　　　　　　　　D. 施工安全监理

E. 环境保护监理

9. 有关工程监理三大目标的叙述，正确的有（　　）。
   A. 质量控制最重要
   B. 费用控制最重要
   C. 进度控制最重要
   D. 通常是一样重要
   E. 在不同时期其重要性不同

10. 工程项目质量、进度、费用之间的关系是（　　）。
    A. 相互依存
    B. 相互独立
    C. 相互制约
    D. 相互对立
    E. 相互影响

11. 对一个工程项目而言，最重要的是（　　）目标值的确定，只有确定了其目标值，监理单位才能采取各种有效措施和手段，对工程项目进行有效的监督管理。
    A. 安全
    B. 质量
    C. 费用
    D. 工期
    E. 环保

12. 下列有关目标控制的论述正确的有（　　）。
    A. 目标控制是控制论与工程项目管理相结合的产物，具有很强的实用性
    B. 被动控制就是目标发生了偏离，分析原因，采取纠偏的措施
    C. 只有确定了安全、质量、进度和费用的目标值，监理单位才能对工程项目进行有效监督管理
    D. 在质量目标控制体系中项目法人处于主体地位，政府监督处于龙头主导地位
    E. 只要确定了明确及合理的系统控制目标，就能够实现最优化的控制

参考答案及解析

（一）单项选择题

1. B　2. B　3. A　4. C　5. B　6. D　7. D　8. B　9. A　10. D
11. D　12. D　13. C　14. D　15. D

12. **解析**：选项 C 错在偏差很小，例如延误小于总时差就不需纠偏。

14. **解析**：与第 13 题的不同是在项目实施过程中，即在施工过程计划已经编制完成了，所以要注意时间段。

（二）多项选择题

1. ACD　2. BCDE　3. AD　4. BDE　5. ABCD　6. AB　7. BCDE
8. ACDE　9. DE　10. ACE　11. ABC　12. ABCD

11. **解析**：进度包括工期，除了时间指标还有工程量或工作量等。

第二章　公路工程质量目标控制

质量是指一组固有特性满足要求的程度。"固有特性"包括了明示的和隐含的特性，明示的特性一般以书面阐明或明确向顾客指出，隐含的特性是指惯例或一般做法。"满足要求"是指满足顾客和相关方的要求，包括法律法规及标准规范的要求。

公路工程质量简称工程质量，是指公路工程满足相关标准规范和合同约定要求的程度，包括其在安全、使用功能及其在耐久、节能与环境保护等方面所有明示和隐含的固有特性。

第一节　质量目标控制的通用知识

一、全面质量管理

重 点 知 识

质量管理的发展大致经历了三个阶段，即检验质量控制阶段、统计质量控制阶段和全面质量管理阶段。

全面质量管理（Total Quality Management，TQM）是一个组织以质量为中心，以全员参与为基础，目的在于通过让顾客满意和本组织所有成员及社会受益而达到长期成功的管理途径。

全面质量管理的基本原理就是强调在企业或组织最高管理者的质量方针指引下，实行全面、全过程和全员参与的质量管理，即"三全"管理。

全面质量管理常用的工作流程为"PDCA 循环"。"PDCA 循环"流程的基本内容是在做某事前先制订计划然后按照计划去执行，并在执行过程中进行检查和调整，在计划执行完成时进行总结处理。P 阶段是计划阶段：发现适应用户的要求，并以取得最经济的效果为目标，通过调查、设计、试制、制订技术经济指标、质量目标、管理项目以及达到这些目标的具体措施和方法。D 阶段是执行阶段：按照所制订的计划和措施去付诸实施。C 阶段是检查阶段：对照计划，检查执行的情况和效果，及时发现计划实施过程中的经验和问题。A 阶段是总结处理阶段：根据检查的结果采取措施、巩固成绩、吸取教训，不断改进工作。

例　题

例1　全面质量管理常用的工作流程为（　　）。
　　A. ACDP 循环　　　　　　　　　　　　B. PDCA 循环
　　C. PADC 循环　　　　　　　　　　　　D. DCAP 循环

例2　"三全"管理是指（　　）。
　　A. 全企业质量管理　　　　　　　　　　B. 全员参与质量管理

C. 全过程质量管理　　　　　　　　　　D. 全面质量管理

E. 全方法质量管理

例3 （　　）是指使用一组实践方法、技术和工具来策划、控制和改进过程的效果、效率和适应性，包括过程策划、过程实施、过程监测（检查）和过程改进（处置）四个部分。[2022年真题]

A. 过程管理　　　　　　　　　　　　B. 系统管理

C. 项目管理　　　　　　　　　　　　D. 监督管理

例4 （　　）在于将质量的目标值，通过生产要素的投入、作业技术活动和产出过程转化为质量的实际值。[2022年真题]

A. 计划　　　　　　　　　　　　　　B. 实施

C. 检查　　　　　　　　　　　　　　D. 处理

例 题 解 析

例1　全面质量管理常用的工作流程为PDCA循环。故选B。

例2　"三全"管理即实行全面、全过程和全员参与的质量管理。故选BCD。

例3　过程管理是指使用一组实践方法、技术和工具来策划、控制和改进过程的效果、效率和适应性，包括过程策划（P）、过程实施（D）、过程监测（检查）（C）和过程改进（处置）（A）四个部分，即PDCA循环四阶段。故选A。

例4　实施在于将质量的目标值，通过生产要素的投入、作业技术活动和产出过程转化为质量的实际值。故选B。

自 测 模 拟 题

（一）单项选择题

1. 质量检验的实质是（　　）。

A. 事前预防　　　B. 事中检查　　　C. 事后把关　　　D. 全面控制

2. 不属于产品质量特性的是（　　）。

A. 性能　　　　　B. 寿命　　　　　C. 生态性　　　　D. 安全性

3. 影响工程质量的主要因素不包括（　　）。

A. 工序检查　　　B. 机械设备　　　C. 工程材料　　　D. 环境条件

4. 质量控制中的PDCA循环是指（　　）。

A. 计划—实施—对比—处理　　　　　B. 计划—实施—检查—纠偏

C. 计划—实施—对比—纠偏　　　　　D. 计划—实施—检查—处理

（二）多项选择题

1. 全面质量管理的"四一切"是指（　　）。

A. 一切为用户着想　　　　　　　　　B. 一切以预防为主

C. 一切以数据说话　　　　　　　　　D. 一切按照PDCA循环进行

E. 一切以安全性为主

2. 一般在实践过程中把全面质量管理概括为"三全管理"，"三全管理"指的是（　　）。

A. 全过程管理　　　　　　　　　　　B. 全员管理

C. 全组织管理　　　　　　　　　　　D. 全面管理

E. 全方位管理

3. 工程项目质量的内涵包括（   ）。
   A. 工程项目的实体质量　　　　B. 工作质量
   C. 功能和使用价值质量　　　　D. 服务质量
   E. 单位工程质量

4. 施工人员素质是影响工程质量的主要因素之一，除此之外还有（   ）。
   A. 工程材料　　　B. 机械设备　　　C. 企业业绩　　　D. 环境条件
   E. 工艺方法

5. 公路工程质量的特点包括（   ）。
   A. 影响因素多　　　　　　　　B. 质量波动性大
   C. 容易产生第一次判断错误　　D. 竣工验收的局限性
   E. 不会出现系统因素变异

参 考 答 案

（一）单项选择题

1. C　　2. C　　3. A　　4. D

（二）多项选择题

1. ABCD　　2. ABD　　3. ABCD　　4. ABDE　　5. ABD

二、ISO 质量管理体系

重 点 知 识

（一）建立质量体系的原则性工作

企业建立质量体系包括以下几项基本的原则性工作：确定质量环；明确和完善质量体系结构；质量体系文件化；定期质量体系审核；质量体系的评审和评价。

1. 确定质量环

质量环是从产品立项到产品使用全过程各个阶段中影响质量相互作用的活动的概念模式，这些阶段如市场调研、设计、采购、售后服务等，构成了产品形成与使用的全过程。

2. 明确和完善质量体系结构

企业决策层领导及有关管理人员要负责质量体系的建立，完善、实施和保持各项工作的开展，使企业质量体系达到预期目标。质量体系的有效运行要依靠相应的组织机构网络。

3. 质量体系文件化

质量体系文件化是很重要的工作特征。质量体系文件主要分为质量手册、质量计划、工作程序文件与质量记录等几项分类文件。

4. 定期质量体系审核

质量体系能够发挥作用，并不断改进和提高工作质量，主要是在建立体系后应坚持体系审核和评审（评价）活动。

5. 质量体系的评审和评价

质量体系的评审和评价是由上级领导亲自组织的，对质量体系、质量方针、质量目标等工作所开展的适合性评价。

（二）建立和完善质量体系的程序

按照国际质量体系 ISO 9000 和《质量管理体系基础与术语》（GB/T 19000—2016）建立一个新的质量体系，或更新、完善现行的质量体系，一般都经历以下步骤：

1. 企业领导决策

建立质量体系是涉及企业内部很多部门的一项全面性工作，如果没有企业主要领导亲自领导、亲自实践和统筹安排，是很难搞好这项工作的。因此，领导真心实意地要求建立质量体系，是建立、健全质量体系的首要条件。

2. 编制工作计划

工作计划包括培训教育、体系分析、职能分配、配备仪器仪表设备等内容。

3. 分层次教育培训

组织学习 ISO 9000 和《质量管理体系基础与术语》（GB/T 19000—2016）系列标准，结合本企业的特点，了解建立质量体系的目的和作用，详细研究与本职工作有直接联系的要素，提出控制要素的办法。

4. 分析企业特点

结合施工企业的特点和具体情况，确定采用哪些要素和采用程度。要素要对控制过程实体质量起主要作用，能保证过程的适用性、符合性。

5. 落实各项要素

企业在选好合适的质量体系要素后，要展开二级要素，制订实施二级要素所必需的质量活动计划，并把各项质量活动落实到具体部门或个人。

6. 编制质量体系文件

质量体系文件按其作用可分为法规性文件和见证性文件两类。质量体系法规性文件是供方向需方证实质量体系适用性的证据；质量体系的见证性文件记载了各质量要素的实施情况和工程实体质量的状态，是质量体系运行的见证。

（三）质量体系的运行

质量体系的有效运行是依靠体系的组织机构进行组织协调、实施质量监督、开展质量信息管理、进行质量体系审核和评审实现的。

1. 组织协调

质量体系运行是借助于质量体系组织结构的组织和协调来进行运行的。组织和协调工作是维护质量体系运行的动力。质量体系的运行涉及企业众多部门的活动，必须在目标、分工、时间和联系方面协调一致，责任范围不能出现空档，保持体系的有序性，需要通过组织和协调工作来实现。

2. 质量监督

质量体系在运行过程中，各项活动及其结果不可避免地会发生偏离标准的可能。为此，必须实施质量监督。质量监督有企业内部监督和外部监督两种，需方或第三方对企业进行的监督是外部质量监督。

3. 质量信息管理

质量信息系统是质量体系的神经系统，是保证质量体系正常运行的重要系统。在质量体系的运行中，通过质量信息反馈系统对异常信息的反馈和处理，进行动态控制，从而使各项质量活动和工程实体质量保持受控状态。

4. 质量体系审核与评审

开展质量体系审核和评审是保持质量体系持续有效运行的主要手段。

例 题

例1 建立、健全质量体系的首要条件是（ ）。
    A. 全员参与   B. 教育培训   C. 领导决策   D. 组织协调

例2 建立质量体系基本的原则性工作包括（ ）。
    A. 确定质量环   B. 质量体系的评审和评价
    C. 质量体系文件化   D. 定期质量体系审核
    E. 互利的供方关系

例 题 解 析

例1 领导真心实意地要求建立质量体系，是建立、健全质量体系的首要条件。故选C。

例2 企业建立质量体系包括以下几项基本的原则性工作：确定质量环；明确和完善质量体系结构；质量体系文件化；定期质量体系审核；质量体系的评审和评价。故选ABCD。

自 测 模 拟 题

（一）单项选择题

1. 维护质量体系运行的动力是（ ）。
    A. 组织协调   B. 质量监督   C. 培训教育   D. 领导决策

2. 由组织的最高管理者正式发布的该组织总的质量宗旨和方向称为（ ）。
    A. 质量目标   B. 质量方针   C. 质量监督   D. 质量方案

3. 质量管理体系文件要求为规范全体员工的（ ）提出一致性标准。
    A. 质量作业   B. 质量目标   C. 质量监督   D. 质量行为

（二）多项选择题

1. 质量管理体系离不开理解组织环境过程，而这个理解过程不仅要考虑内部因素，也要考虑外部因素，下列选项中属于其外部因素的有（ ）。
    A. 法律   B. 技术   C. 文化   D. 竞争
    E. 绩效

2. 工程监理单位的质量管理文件构成有（ ）。
    A. 质量手册   B. 程序文件   C. 指令文件   D. 作业文件
    E. 检测文件

3. 关于质量管理体系的审核，下列说法正确的有（ ）。
    A. 为获得质量管理体系的审核证据并对其进行客观的评价
    B. 确定满足审核准则所进行的、独立的并形成文件的过程
    C. 内部审核由监理单位审核人员进行审核
    D. 外部审核由建设单位或第三方审核员进行审核
    E. 外部审核的范围一般比内部审核的范围大

参 考 答 案

（一）单项选择题

1. A   2. B   3. D

(二)多项选择题

1. ABCD   2. ABD   3. ABCD

三、工程质量责任体系和参建各方的责任及义务

重 点 知 识

(一)工程质量责任体系

要严格落实工程质量责任：全面落实各方主体的工程质量责任，特别要强化建设单位的首要责任和勘察、设计、施工单位的主体责任。严格执行工程质量终身责任制，在建筑物明显部位设置永久性标牌，公示质量责任主体和主要责任人。

要全面提高监管水平：完善工程质量安全法律法规和管理制度，健全企业负责、政府监管、社会监督的工程质量安全保障体系。

(二)参建各方的质量责任和义务

1. 建设单位的质量责任和义务

（1）建设单位应当将工程发包给具有相应资质等级的单位，并不得将建设工程肢解发包。

（2）建设单位应当依法对工程建设项目的勘察、设计、施工、监理以及与工程建设有关的重要设备、材料等的采购进行招标。

（3）建设单位必须向有关的勘察、设计、施工、工程监理等单位提供与建设工程有关的原始资料。原始资料必须真实准确、齐全。

（4）建设工程发包单位不得迫使施工单位以低于成本的价格竞标，不得任意压缩合理工期；不得明示或者暗示设计单位或者施工单位违反工程建设强制性标准，降低建设工程质量。

（5）建设单位应当将施工图设计文件上报县级以上人民政府建设行政主管部门或者其他有关部门审查。施工图设计文件未经审查批准的，不得使用。

（6）实行监理的建设工程，建设单位应当委托具有相应资质等级的工程监理单位进行监理。

（7）建设单位在领取施工许可证或者开工报告前，应当按照国家有关规定办理工程质量监督手续。

（8）按照合同约定，由建设单位采购建筑材料、建筑构配件和设备的，建设单位应当保证建筑材料、建筑构配件和设备符合设计文件和合同要求。建设单位不得明示或者暗示施工单位使用不合格的建筑材料、建筑构配件和设备。

（9）涉及建筑主体和承重结构变动的装修工程，建设单位应当在施工前委托原设计单位或者具有相应资质等级的设计单位提出设计方案；没有设计方案的，不得施工。房屋建筑使用者在装修过程中，不得擅自变动房屋建筑主体和承重结构。

（10）建设单位收到建设工程竣工报告后，应当组织设计、施工、工程监理等有关单位进行竣工验收。建设工程经验收合格的，方可交付使用。

（11）建设单位应当严格按照国家有关档案管理的规定，及时收集、整理建设项目各环节的文件资料，建立健全建设项目档案，并在建设工程竣工验收后，及时向建设行政主管部门或者其他有关部门移交建设项目档案。

2. 勘察、设计单位的质量责任和义务

（1）从事建设工程勘察、设计的单位应当依法取得相应等级的资质证书，在其资质等级许可的范围内承揽工程，并不得转包或者违法分包所承揽的工程。

（2）勘察、设计单位必须按照工程建设强制性标准进行勘察、设计，并对其勘察，设计的质量负责。注册建筑师、注册结构工程师等注册执业人员应当在设计文件上签字，对设计文件负责。

（3）勘察单位提供的地质、测量、水文等勘察成果必须真实、准确。

（4）设计单位应当根据勘察成果文件进行建设工程设计。设计文件应当符合国家规定的设计深度要求，注明工程合理使用年限。

（5）设计单位在设计文件中选用的建筑材料，建筑构配件和设备，应当注明规格、型号、性能等技术指标，其质量要求必须符合国家规定的标准。除有特殊要求的建筑材料、专用设备、工艺生产线等外，设计单位不得指定生产、供应商。

（6）设计单位应当就审查合格的施工图设计文件向施工单位作出详细说明。

（7）设计单位应当参与建设工程质量事故分析，并对因设计造成的质量事故，提出相应的技术处理方案。

3. 施工单位的质量责任和义务

（1）施工单位应当依法取得相应等级的资质证书，在其资质等级许可的范围内承揽工程，并不得转包或者违法分包工程。

（2）施工单位对建设工程的施工质量负责。施工单位应当建立质量责任制，确定工程项目的项目经理、技术负责人和施工管理负责人。建设工程实行总承包的，总承包单位应当对全部建设工程质量负责；建设工程勘察、设计，施工，设备采购的一项或者多项实行总承包的，总承包单位应当对其承包的建设工程或者采购的设备的质量负责。

（3）总承包单位依法将建设工程分包给其他单位的，分包单位应当按照分包合同的约定对其分包工程的质量向总承包单位负责，总承包单位与分包单位对分包工程的质量承担连带责任。

（4）施工单位必须按照工程设计图纸和施工技术标准施工，不得擅自修改工程设计，不得偷工减料。施工单位在施工过程中发现设计文件和图纸有差错的，应当及时提出意见和建议。

（5）施工单位必须按照工程设计要求、施工技术标准和合同约定，对建筑材料、建筑构配件、设备和商品混凝土进行检验，检验应当有书面记录和专人签字；未经检验或者检验不合格的，不得使用。

（6）施工单位必须建立、健全施工质量的检验制度，严格工序管理，做好隐蔽工程的质量检查和记录。隐蔽工程在隐蔽施工前，施工单位应当通知建设单位和建设工程质量监督机构。

（7）施工人员对涉及结构安全的试块、试件以及有关材料，应当在建设单位或者工程监理单位监督下现场取样，并送具有相应资质等级的质量检测单位进行检测。

（8）施工单位对施工中出现质量问题的建设工程或者竣工验收不合格的建设工程，应当负责返修。

（9）施工单位应当建立健全教育培训制度，加强对职工的教育培训；未经教育培训或者考核不合格的人员，不得上岗作业。

4. 工程监理单位的质量责任和义务

（1）工程监理单位应当依法取得相应等级的资质证书，在其资质等级许可的范围内承担工程监理业务，并不得转让工程监理业务。

（2）工程监理单位与被监理工程的施工承包单位以及建筑材料，建筑构配件和设备供应单位有隶属关系或者其他利害关系的,不得承担该项建设工程的监理业务。

(3)工程监理单位应当依照法律、法规以及有关技术标准、设计文件和建设工程承包合同,代表建设单位对施工质量实施监理,并对施工质量承担监理责任。

(4)工程监理单位应当选派具备相应资格的总监理工程师和监理工程师进驻施工现场。未经监理工程师签字,建筑材料、建筑构配件和设备不得在工程上使用或者安装,施工单位不得进行下一道工序的施工。未经总监理工程师签字,建设单位不得拨付工程款,不得进行竣工验收。

(5)监理工程师应当按照工程监理规范的要求,采取旁站、巡视和平行检验等形式,对建设工程实施监理。

例 题

例1 下列质量事故中,属于建设单位责任的是( )。
A. 商品混凝土未经检验造成的质量事故
B. 总包和分包职责不明造成的质量事故
C. 使用了禁止使用的材料造成的质量事故
D. 地下管线资料不全造成的质量事故

例2 监理单位与施工单位串通,谋取非法利益,给建设单位造成损失的,应当承担( )。
A. 违约责任　　　　　　　　　B. 连带责任
C. 质量责任　　　　　　　　　D. 监理责任

例3 根据《建设工程质量管理条例》,以下属于建设单位质量责任和义务的是( )。
A. 办理工程质量监督手续　　　B. 抽样检测现场试块
C. 建立健全教育培训制度　　　D. 组织竣工预验收

例4 设计单位在设计文件中选用的建筑材料、建筑构配件和设备,应当注明( )等技术指标。
A. 规格　　B. 能耗　　C. 型号　　D. 重量
E. 性能

例5 关于勘察、设计单位的质量责任和义务的内容,下列说法错误的是( )。[2022年真题]
A. 勘察、设计单位在其资质等级许可的范围内承揽工程,并不得转包或者违法分包所承揽的工程。
B. 设计单位应当根据勘察成果文件进行建设工程设计
C. 勘察、设计单位必须按照工程建设强制性标准进行勘察、设计,并对其勘察、设计的质量负责
D. 设计文件应当符合国家规定的设计深度要求,注明工程最长使用年限。

例6 因设计缺陷造成的质量问题,由( )提出处理方案。[2022年真题]
A. 建设单位　　　　　　　　　B. 施工单位
C. 设计单位　　　　　　　　　D. 监理单位

例 题 解 析

例1 根据《建设工程质量管理条例》第二章第九条,建设单位必须向有关的勘察、设计、施工、工程监理等单位提供与建设工程有关的原始资料。原始资料必须真实、准确、齐全。故选D。

例2 监理单位与施工单位串通,谋取非法利益,给建设单位造成损失的,应当承担连带赔偿责任。

故选 B。

例3 根据《建设工程质量管理条例》第十三条，建设单位在领取施工许可证或者开工报告前，应当按照国家有关规定办理工程质量监督手续。故选 A。

例4 根据《建设工程质量管理条例》第三章第二十二条。设计单位在设计文件中选用的建筑材料、建筑构配件和设备，应当注明规格、型号、性能等技术指标，其质量要求必须符合国家规定的标准。故选 ACE。

例5 根据《建设工程质量管理条例》第三章第二十一条，选项 D 错误，设计文件应当符合国家规定的设计深度要求，注明工程合理使用年限。故选 D。

例6 根据《建设工程质量管理条例》第三章第二十四条，设计单位应当参与建设工程质量事故分析，并对因设计造成的质量事故，提出相应的技术处理方案。故选 C。

自 测 模 拟 题

（一）单项选择题

1. 公路工程施行质量责任（　　）。
   A. 监督制　　　　B. 负责制　　　　C. 问责制　　　　D. 终身制
2. 建设单位对工程质量负（　　）责任。
   A. 施工　　　　B. 管理　　　　C. 监理　　　　D. 设计
3. 施工单位应对分项工程、分部工程和单位工程进行质量（　　）。
   A. 验收　　　　B. 移交　　　　C. 自评　　　　D. 鉴定
4. 根据《建设工程质量管理条例》，未经（　　）签字，建筑材料、建筑构配件不得在工程上使用或安装。
   A. 建筑师
   B. 监理工程师
   C. 建造师
   D. 建设单位项目负责人

（二）多项选择题

1. 建设、勘察、设计、施工、监理等单位应当书面明确（　　）。
   A. 环保负责人
   B. 项目负责人
   C. 安全负责人
   D. 变更负责人
   E. 质量负责人
2. 关于施工单位的质量责任，下列说法正确的有（　　）。
   A. 应当按合同约定设立现场质量管理机构
   B. 应当配备工程技术人员和质量管理人员
   C. 应当对分项工程、分部工程和单位工程进行质量自评
   D. 对施工中出现的质量问题或者验收不合格的工程，应当负责返工处理
   E. 对在保修范围和保修期限内发生质量问题的工程，无须履行保修义务
3. 关于监理单位的质量责任，下列说法正确的有（　　）。
   A. 应当按合同约定设立现场监理机构
   B. 应当按规定程序和标准进行工程质量检查、检测和验收
   C. 应当对试验检测数据和报告的真实性、客观性、准确性负责
   D. 对发现的质量问题在允许范围内，可适当降低工程质量标准

E. 公路工程交工验收前，应当对工程质量进行检查验证
4. 公路工程质量保证体系应实行（　　）。
   A. 政府监管　　　　　　　　B. 法人管理
   C. 社会监督　　　　　　　　D. 企业自检
   E. 企业负责

参 考 答 案

（一）单项选择题

1. D　　2. B　　3. C　　4. B

（二）多项选择题

1. BE　　　2. ABCD　　3. ABDE　　4. ACE

四、工程质量事故、事故隐患与质量缺陷

重 点 知 识

（一）工程质量事故与事故隐患

1. 工程质量事故的含义

根据《公路水运建设工程质量事故等级划分和报告制度的通知》（交办安监〔2016〕146号）的规定，所谓公路工程质量事故，是指公路建设工程项目在缺陷责任期结束前，由于施工或勘察设计等原因使工程不满足技术标准及设计要求，并造成结构损毁或一定直接经济损失的事故。

2. 工程质量事故的等级划分

根据直接经济损失或工程结构损毁情况（自然灾害所致除外），公路建设工程质量事故分为特别重大质量事故、重大质量事故、较大质量事故和一般质量事故四个等级，见表2-1-1；直接经济损失在一般质量事故以下的为质量问题。

公路工程质量事故等级　　　　　　　　　　　　　　表2-1-1

质量事故等级	直接经济损失（万元）	或桥梁工程	或隧道工程	或路基工程
特别重大质量事故	损失≥10000			
重大质量事故	5000≤损失<10000	特大桥主体结构垮塌	特长隧道结构坍塌	无
较大质量事故（桥隧结构路基仅涉及高速公路）	1000≤损失<5000	中桥或大桥主体结构垮塌	中隧道或长隧道结构坍塌	路基（行车道宽度）整体滑移
一般质量事故（桥隧结构仅涉及非高速公路）	100≤损失<1000			

3. 质量事故报告的规定时限、流程

（1）一般质量事故及以上的工程质量事故均应报告。事故报告责任单位应在应急预案或有关制度中明确事故报告责任人。事故报告应及时、准确，任何单位和个人不得迟报、漏报、谎报或瞒报。

事故发生后，现场有关人员应立即向事故报告责任单位负责人报告。事故报告责任单位应在接报2h内，核实、汇总并向负责项目监管的交通运输主管部门及其工程质量监督机构报告。接收事故报告的单位和人员及其联系电话应在应急预案或有关制度中予以明确。

（2）重大及以上质量事故，省级交通运输主管部门应在接报 2h 内进一步核实，并按工程质量事故快报统一报交通运输部应急办，转部工程质量监督管理部门；出现新的经济损失、工程损毁扩大等情况的应及时续报。省级交通运输主管部门应在事故情况稳定后的 10 日内汇总、核查事故数据，形成质量事故情况报告，报交通运输部工程质量监督管理部门。

（3）对特别重大质量事故，交通运输部将按《交通运输部突发事件应急工作暂行规范》，由交通运输部应急办会同部工程质量监督管理部门及时向国务院应急办报告。

（4）工程质量事故发生后，事故发生单位和相关单位应按照应急预案规定及时响应，采取有效措施防止事故扩大。同时，应妥善保护事故现场及相关证据，任何单位和个人不得破坏事故现场。因抢救人员、防止事故扩大及疏导交通等原因需要移动事故现场物件的，应做出标识，保留影像资料。监理工程师应配合调查处理工作。

4. 质量事故调查处理过程中的监理工作措施（或程序）

（1）签发《工程暂停令》。

（2）督促施工单位提交质量事故调查报告。

（3）审批施工单位提交的质量事故处理方案。

（4）监督质量事故处理过程。

（5）验收质量事故处理结果并审核复工申请，签发《工程复工令》。

（6）质量事故责任判定和事故处理费用审核。

5. 重大事故隐患的排查治理

（1）工程建设重大事故隐患是指在建设过程中，可能导致发生重大及以上等级的生产安全事故的环境或物的不安全状态、人的不安全行为及管理存在的缺陷。

（2）重大事故隐患未经排查治理，易引发坍塌、火灾、爆炸、起重伤害等事故。

（3）公路路基工程施工过程中，含岩堆、松散岩石或滑坡地段的高边坡开挖、排险、防护措施不足的隐患易引起坍塌事故；桥墩施工未搭设施工作业平台、梁板安装未采取防倾覆措施的隐患易引起坍塌事故；隧道施工过程中未按施工方案要求初喷及支护、拱架和锚杆等材质不符合要求的隐患，以及仰拱一次开挖长度不符合方案要求、Ⅲ级围岩仰拱距掌子面的距离大于 90m、Ⅳ级围岩仰拱距掌子面的距离大于 50m、Ⅴ围岩仰拱距掌子面的距离大于 40m、仰拱拱架未闭合的隐患也易引起坍塌事故等。

（二）工程质量缺陷

1. 工程质量缺陷的含义和分类

工程质量缺陷是指工程不符合国家或行业的有关技术标准、质量标准、设计文件和合同中对工程质量的要求。

工程质量缺陷可分为施工过程中的质量缺陷和成品实体永久的质量缺陷。施工过程中的质量缺陷又可分为可整改的质量缺陷和不可整改的质量缺陷。

2. 质量缺陷的修补和加固

（1）对因施工原因产生的质量缺陷的修补和加固，应由施工单位提出处理方案，经监理工程师批准后方可进行；对因设计原因产生的质量缺陷，应通过建设单位或设计单位提出处理方案，由施工单位进行处理。

（2）修补和加固的措施应不降低工程质量控制指标和验收标准，并应是技术规范允许的或是行业公认的良好工程技术方法。

（3）当已完工程的缺陷对工程安全并不构成危害且能满足设计和使用要求时，经征得建设单位或设计单位同意，可不进行修补和加固处理。

3. 质量缺陷处理中的监理工作措施（或程序）

（1）当工程质量缺陷处在萌芽状态时，监理人员应要求施工单位立即更换不合格的材料、设备，或要求立即改变不正确的施工方法及操作工艺、不符合施工质量要求的施工机械或养护、保护方式等。

（2）当发生工程质量缺陷时，监理工程师应要求施工单位立即进行处理，必要时向施工单位发出《监理临时书面指令》或《工程暂停令》，督促施工单位查找原因，并要求施工单位提交书面的处理方案，监理机构进行审批，或经建设单位、设计单位认可后审查批准。

（3）督促施工单位按照已经审批的处理方案进行缺陷处理，监理机构应安排监理人员旁站、巡视和进行测量、试验检查，做好监理记录。

（4）工程质量缺陷处理完毕后，施工单位应自检，自检合格后报请监理机构检查验收。监理工程师应对工程质量缺陷的处理情况进行现场复查、验收。验收合格后方可进行下一工序或其他分项工程的施工。需要完善复工手续的，总监理工程师应签发《工程复工令》。

（三）工程质量事故、质量缺陷的处理方案和鉴定验收

1. 质量事故、质量缺陷处理的可能方案

（1）修补处理。修补处理是最常用的质量事故处理方案，如对结构混凝土表面的麻面、蜂窝、露筋等进行表面处理。

（2）更换构配件、结构补强。

（3）返工、拆除后重新制作。

（4）不做处理。如不影响结构安全和正常使用的、经有资质的第三方检测单位鉴定合格的，虽经鉴定达不到设计要求，但经原设计单位核算仍能满足结构安全和使用功能的。

2. 鉴定验收的可能结论

凡涉及结构强度、承载力等使用安全和其他重要性处理工作，应做必要的试验和检验鉴定工作。鉴定验收的结论，通常包括以下几种：

（1）事故已经排除，可以继续施工。

（2）隐患已经消除，结构安全有保证。

（3）经修补处理后，完全能够满足使用要求。

（4）基本上满足使用要求，但在使用过程中应有附加限制条件，例如限制荷载等。

（5）对耐久性的结论。

（6）对工程实体外观影响的结论。

（7）对短期内难以作出结论的，可以提出进一步的观测、检验、保护意见等。

3. 质量事故或缺陷处理方案的辅助决策方法

常用的辅助决策方法包括试验验证法、定期观测法、专家论证法、方案比较法。

例　题

例1　某高速公路施工质量事故，直接经济损失达到 5000 万元，则此事故等级为（　　）。

　　A. 一般质量事故　　　　　　　　　B. 较大质量事故

　　C. 重大质量事故　　　　　　　　　D. 特别重大质量事故

例2　质量缺陷的处理时，监理工程师具有（　　）。
　　A. 质量监督权　　　　　　　　　　B. 质量否决权
　　C. 质量处理权　　　　　　　　　　D. 质量评定权

例3　根据直接经济损失或工程结构损毁情况（自然灾害所致除外），公路建设工程质量事故分为（　　）。
　　A. 较小质量事故　　　　　　　　　B. 一般质量事故
　　C. 较大质量事故　　　　　　　　　D. 重大质量事故
　　E. 特别重大质量事故

例4　发生不属于项目监理机构处理的质量事故时，下列做法正确的有（　　）。
　　A. 监理工程师应立即向承包人发出工程暂时停工指令
　　B. 监理工程师应尽快提出质量事故报告并按规定上报有关部门
　　C. 监理工程师应积极配合质量事故调查组进行质量事故调查
　　D. 监理工程师指示承包人按照批准的工程质量事故处理方案对事故进行处理
　　E. 监理工程师对承包人实施质量事故处理方案或对加固、返工、重建的工程进行监理

例5　直接经济损失为7500万元的特大桥主体结构垮塌，属于（　　）质量事故。[2022年真题]
　　A. 特别重大　　　　　　　　　　　B. 重大
　　C. 较大　　　　　　　　　　　　　D. 一般

例题解析

例1　根据《公路水运建设工程质量事故等级划分和报告制度的通知》（交办安监〔2016〕146号），重大质量事故，是指造成直接经济损失5000万元以上1亿元以下，或者特大桥主体结构垮塌、特长隧道结构坍塌。故选C。

例2　监理工程师具有质量否决权。故选B。

例3　根据《公路水运建设工程质量事故等级划分和报告制度的通知》（交办安监〔2016〕146号），根据直接经济损失或工程结构损毁情况（自然灾害所致除外），公路建设工程质量事故分为特别重大质量事故、重大质量事故、较大质量事故和一般质量事故四个等级。故选BCDE。

例4　选项B错误，监理工程师要求承包人尽快提出质量事故报告并按规定上报有关部门。故选ACDE。

例5　根据《公路水运建设工程质量事故等级划分和报告制度的通知》（交办安监〔2016〕146号），重大事故指造成直接经济损失5000万元以上且1亿元以下或者特大桥主体结构垮塌、特长隧道结构坍塌，或者大型水运工程主体结构垮塌、报废的事故。故选B。

自测模拟题

（一）单项选择题

1. 某高速公路发生工程质量事故，造成某长隧道结构坍塌，该事故的等级是（　　）。
　　A. 一般质量事故　　　　　　　　　B. 较大质量事故
　　C. 重大质量事故　　　　　　　　　D. 特别重大质量事故

2. 承包人对质量缺陷的处理方案和措施必须经过（　　）批准方可实施。
　　A. 项目总经理　　　　　　　　　　B. 项目总工程师

C. 监理工程师　　　　　　　　　　D. 总监理工程师

3. 关于质量缺陷的修补与加固，下列说法错误的是（　　）。

   A. 应先由承包人提出修补方案及方法，经监理工程师批准后方可进行

   B. 应通过设计单位提出处理方案及方法，由承包人进行修补

   C. 修补措施及方法要保证质量控制指标和验收标准

   D. 能满足设计和使用要求时，可不进行加固或变更处理

4. 事故发生后，现场有关人员应（　　）向事故报告责任单位负责人报告。

   A. 立即　　　　　　　　　　　　B. 2小时内

   C. 2天内　　　　　　　　　　　D. 10天内

（二）多项选择题

1. 关于因施工原因而产生的质量缺陷的修补与加固，下列说法正确的有（　　）。

   A. 由建设单位提出修补方案及方法

   B. 由施工单位提出修补方案及方法

   C. 由设计单位提出修补方案及方法

   D. 经监理工程师批准后方可进行

   E. 经项目总工程师批准后方可进行

2. 质量事故发生后，应坚持"四不放过"的原则，即（　　）。

   A. 事故原因不清不放过

   B. 事故责任者和群众没有受到教育不放过

   C. 没有及时修补与加固不放过

   D. 没有防范措施不放过

   E. 相关责任人没有受到处理不放过

3. 属于质量事故书面报告内容的有（　　）。

   A. 工程项目投资总额　　　　　　B. 事故发生的时间、地点

   C. 直接经济损失初步估计　　　　D. 事故发生原因的初步判断

   E. 事故报告单位

参 考 答 案

（一）单项选择题

1. B　　2. C　　3. B　　4. A

（二）多项选择题

1. BD　　2. ABDE　　3. BCDE

五、工程质量统计分析方法

重 点 知 识

（一）数理统计基础

1. 质量数据的修约

（1）拟舍去的数字中，其最左面的第一位数字小于5时，则舍去，留下的数字不变。

（2）拟舍去的数字中，其最左面的第一位数字大于5时，则进1，即所留下的末位数字加1。

（3）拟舍去的数字中，其最左面的第一位数字等于5，而后面的数字并非全部为0时，则进1，即所留下的末位数字加1。

（4）拟舍去的数字中，其最左面的第一位数字等于5，而后面无数字或全部为0时，所保留的数字末位数为奇数（1、3、5、7、9）则进1，如为偶数（0、2、4、6、8）则舍去。

2. 数据的统计特征量

用来表示统计数据分布及其某些特性的特征量分为两类：一类表示数据的集中位置，例如算术平均值、中位数等；一类表示数据的离散程度，主要有极差、标准离差、变异系数等。

（1）算术平均值

如果n个样本的算术平均值为x_1、$x_2 \cdots x_n$，那么，样本的算术平均值为：

$$\overline{x} = \frac{1}{n}(x_1 + x_x + \cdots + x_n) = \frac{1}{n}\sum_{i=1}^{n} x_i$$

（2）中位数

在一组数据x_1、$x_2 \cdots x_n$中，按其大小次序排序，以排在正中间的一个数表示总体的平均水平，称之为中位数，或称中值。

$$\tilde{x} = \begin{cases} x_{\frac{n+1}{2}} & (n\text{为奇数}) \\ \frac{1}{2}\left(x_{\frac{n}{2}} + x_{\frac{n+1}{2}}\right) & (n\text{为偶数}) \end{cases}$$

（3）极差

在一组数据中最大值$x_{\max}$和最小值$x_{\min}$之差，称为极差，记作R：

$$R = x_{\max} - x_{\min}$$

（4）标准偏差

标准偏差有时也称标准离差、标准差或称均方差，是衡量样本数据波动性（离散程度）的指标。样本的标准偏差按式（2-1-4）计算。

$$S = \sqrt{\frac{(x_1 - \overline{x})^2 + (x_2 - \overline{x})^2 + \cdots + (x_n - \overline{x})^2}{n-1}} = \sqrt{\frac{\sum_{i=1}^{n}(x_i - \overline{x})^2}{n-1}}$$

（5）变异系数

标准偏差用于反映样本数据的绝对波动状况，当测量较大的量值时，绝对误差一般较大；测量较小的量值时，绝对误差一般较小。因此，用相对波动的大小，即变异系数更能反映样本数据的波动性。变异系数用C_v表示，是标准偏差与算术平均值的比值，即：

$$C_v = \frac{S}{\overline{x}} \times 100\%$$

3. 可疑数据的取舍方法

（1）拉依达法（又称3S法）

由正态分布的3σ原则可知，对于每个测量值落在区间$(\overline{x} - 3S, \overline{x} + 3S)$的概率为99.73%，而落在这个区间之外的概率仅为0.27%，也就是在近400次试验中才能遇到1次，一旦有这样的数据出现，就认为该测量数据是不可靠的，应予以剔除。拉依达法正是基于这一原则提出的，故也称3S准则。拉依达法简单方便，不需查表，但要求较宽，当试验检测次数较多（$n > 50$）或要求不高时可以应用，当试验检测次数较少（如$n < 10$）时，在一组测量值中即使混有异常值，也无法舍弃。

（2）肖维纳特法

进行n次试验，其测量值服从正态分布，以概率$1/(2n)$设定一判别范围$(-k_n \cdot S, k_n \cdot S)$，当离差（测量值$x_i$与其算术平均值$\bar{x}$之差）超出该范围时，就意味着该测量值$x_i$是可疑的，应予舍弃。

肖维纳特法改善了拉依达法，但从理论上分析，当$n \to \infty$时，$k_n \to \infty$，此时所有异常值都无法舍弃。此外，肖维纳特系数与置信水平之间无明确联系，已逐渐被格拉布斯法所代替。

（3）格拉布斯法

格拉布斯法假定测量结果服从正态分布，根据顺序统计量来确定可疑数据的取舍。利用格拉布斯法每次只能舍弃一个可疑值。

（二）常用的数理统计方法与工具

质量控制中比较常用而有效的统计方法有直方图法、排列图法、因果分析图法、控制图法、分层法、相关图法和统计调查分析法等。

1. 直方图法

频数直方图即质量分布图，简称直方图，是把收集到的质量数据，按顺序分成若干间隔相等的组，以组距为横坐标，以落入各组的数据频数为纵坐标，按比例构成的若干矩形条排列的图。直方图适用于对大量计量值数据进行整理加工、找出其统计规律，即分析数据分布的形态，以便对其总体分布特征进行推断的方法。

直方图的应用有估算可能出现的不合格率、考察工序能力、判断质量分布状态、判断施工能力。

2. 控制图法

控制图法又称为管理图，是典型的动态质量管理方法，目前已成为质量控制常用的统计分析工具。动态质量管理是过程控制的重要手段，旨在对生产过程进行实时监控，科学区分出生产过程中产品质量的随机波动与异常波动，从而对生产过程的异常趋势及时提出预警，以便生产管理人员及时采取措施，消除异常，提高或恢复施工过程的质量稳定性，从而达到提高和控制质量的目的。

根据质量数据种类，控制图分为两大类：计量值控制图和计数值控制图。常用的是单值移动—极差控制图与平均值—极差控制图。

与直方图相比，控制图最大的特点是引入了时间序列或样本序列，通过观察样本点相关统计值是否在控制限内以判断过程是否受控，通过观察样本点排列是否随机从而及时发现异常。换句话说，控制图比直方图在质量预防和过程控制能力方面大幅度改进。

3. 相关图法

相关图又称为散布图，就是将两个非确定性关系变量的数据对应列出，标记在坐标图上，从点的散布情况来分析研究两种数据之间关系的图。在质量控制中借助相关图进行相关分析，可研究质量结果和原因之间的关系，进一步弄清楚影响质量特性的主要因素。

相关图可以用来分析两个因素之间的相关关系和分析影响质量特性的主要因素。根据相关图，可进行回归分析（仅讨论一元线性回归），确定两因素之间的定量表达式——回归方程，并根据相关系数r判断线性相关性。

例　题

例1　在工程质量统计分析中，用来描述数据离散趋势的特征值是（　　）。

　　A. 平均数与标准偏差　　　　　　　　　　B. 中位数与变异系数

C. 标准偏差与变异系数　　　　　　D. 中位数与标准偏差

例2 用来显示两种质量数据之间关系图形的工程质量统计分析方法称为（　　）。
A. 控制图法　　　　　　　　　　B. 统计调查分析法
C. 相关图法　　　　　　　　　　D. 因果分析图法

例3 把收集到的质量数据，按顺序分成若干间隔相等的组，以组距为横坐标，以落入各组的数据频数为纵坐标，按比例构成的若干矩形条排列的图称为（　　）。
A. 控制图　　　B. 直方图　　　C. 相关图　　　D. 排列图

例4 可用来了解产品质量波动情况，掌握产品质量特性分布规律的是（　　）。
A. 因果分析图法　　B. 直方图法　　C. 相关图法　　D. 排列图法

例5 工程质量统计分析中，寻找影响质量主次因素的有效方法是（　　）。
A. 调查表法　　　B. 控制图法　　　C. 排列图法　　　D. 相关图法

例6 根据数据统计规律，进行材料强度检测随机抽样的样本容量较大时，其工程质量特性数据均值服从的分布是（　　）。
A. 二项分布　　　B. 正态分布　　　C. 泊松分布　　　D. 非正态分布

例7 在工程质量控制中，直方图可用于（　　）。
A. 估算可能出现的不合格率　　　　B. 考察工序能力
C. 判断质量分布状态　　　　　　　D. 判断施工能力
E. 评价过程控制能力

例8 质量控制中比较常用而有效的统计方法有（　　）。
A. 控制图法　　　B. 直方图法　　　C. 相关图法　　　D. 树状图法
E. 排列图法

例9 下列关于修约的说法，错误的是（　　）。[2022年真题]
A. 拟舍去的数字中，其最左面的第一位数字小于5时，则舍去
B. 拟舍去的数字中，其最左面的第一位数字大于5时，则进1
C. 拟舍去的数字中，其最左面的第一位数字等于5，后面的数字为0时，则进1
D. 实行数据修约时，应在确定修约位数后一次完成

例 题 解 析

例1 描述数据离散程度的特征值主要有：极差、标准偏差、变异系数。故选C。

例2 相关图又称为散布图，就是将两个非确定性关系变量的数据对应列出，标记在坐标图上，从点的散布情况来分析研究两种数据之间关系的图。故选C。

例3 频数直方图即质量分布图，简称直方图，是把收集到的质量数据，按顺序分成若干间隔相等的组，以组距为横坐标，以落入各组的数据频数为纵坐标，按比例构成的若干矩形条排列的图。故选B。

例4 频数直方图即质量分布图，简称直方图，是把收集到的质量数据，按顺序分成若干间隔相等的组，以组距为横坐标，以落入各组的数据频数为纵坐标，按比例构成的若干矩形条排列的图。故选B。

例5 排列图的全称是"主次因素排列图"，是用来寻找影响产品质量的各种因素中主要因素的一种方法，由此可以用来确定质量改进的方向。故选C。

例6 概率数理统计在对大量统计数据研究中，归纳总结出许多分布类型，如一般计量值数据服从正态分布，计件值数据服从二项分布，计点值数据服从泊松分布等。材料强度属于计量值数据，应符合

正态分布。故选 B。

例7 直方图的应用主要有：估算可能出现的不合格率；考察工序能力；判断质量分布状态；判断施工能力。故选 ABCD。

例8 质量控制中比较常用而有效的统计方法有直方图法、排列图法、因果分析图法、控制图法、分层法、相关图法和统计调查分析法等。故选 ABCE。

例9 拟舍去的数字中，其最左面的第一位数字等于5，而后面无数字或全部为0时，所保留的数字末位数为奇数（1、3、5、7、9）则进1，如为偶数（0、2、4、6、8）则舍去。故选 C。

自 测 模 拟 题

（一）单项选择题

1. 工程质量统计分析中，用来描述样本数据集中趋势的特征值的是（　　）。
   A. 算数平均数和标准偏差　　　　　　B. 中位数和变异系数
   C. 算数平均数和中位数　　　　　　　D. 中位数和标准偏差

2. 工程质量特征值的正常波动是由（　　）引起的。
   A. 单一性原因　　B. 必然性原因　　C. 系统性原因　　D. 偶然性原因

3. 材料强度测定值分别为 21.0MPa、23.4MPa、19.2MPa、19.6MPa、20.4MPa、21.6MPa，则该材料的中位数为（　　）。
   A. 19.4MPa　　　B. 20.2MPa　　　C. 20.7MPa　　　D. 20.9MPa

4. 中间高，两侧低，左右接近对称的直方图为（　　）。
   A. 双峰型　　　　B. 绝壁型　　　　C. 正常型　　　　D. 折齿型

5. 通过对一个变量的观察控制，去估计控制另一个变量的数值，以达到保证产品质量目的的统计分析方法称为（　　）。
   A. 控制图法　　　B. 直方图法　　　C. 排列图法　　　D. 相关图法

6. 寻找影响质量主次因素的统计方法为（　　）。
   A. 控制图法　　　B. 直方图法　　　C. 排列图法　　　D. 相关图法

7. 相关图中散布点形成由左向右向下的一条直线带构成变量关系类型为（　　）。
   A. 不相关　　　　B. 正相关　　　　C. 弱相关　　　　D. 负相关

8. 进行工程质量统计分析时，因分组组数不当绘制的直方图可能会形成（　　）直方图。
   A. 折齿型　　　　B. 孤岛型　　　　C. 双峰型　　　　D. 绝壁型

9. 质量数据就其本身的特性来说，可分为计量值数据和计数值数据，以下描述错误的是（　　）。
   A. 计量值数据是可以连续取值的数据，表现形式是连续性的
   B. 长度、厚度、直径、强度、化学成分是计量值数据
   C. 在工程质量检验中得出的原始检验数据大部分是计数值数据
   D. 计数值数据是指不能连续取值，只能计算个数的数值

（二）多项选择题

1. 关于控制图法，下列说法正确的有（　　）。
   A. 是典型的动态质量管理方法
   B. 可判明生产过程是否处于稳定状态
   C. 旨在对生产过程进行实时监控

D. 引入了时间序列或样本序列

E. 判断产品质量特性分布状况

2. 工程质量控制中，采用控制图法的目的有（　　）。

　　A. 找出薄弱环节　　　　　　　　B. 进行过程控制

　　C. 评价过程能力　　　　　　　　D. 进行过程分析

　　E. 掌握质量分布规律

3. 相关图中两个变量关系的类型包括（　　）。

　　A. 不相关　　　B. 弱正相关　　　C. 非线性相关　　　D. 弱负相关

　　E. 线性相关

参 考 答 案

（一）单项选择题

1. C　2. D　3. C　4. C　5. D　6. C　7. D　8. A　9. C

（二）多项选择题

1. ABCD　2. BD　3. ABCD

六、工程质量试验检测的通用方法

重 点 知 识

（一）监理试验检测的工作内容

监理基本试验工作包括验证试验、标准试验、工艺试验、抽样试验、验收试验与见证取样等。

（1）验证试验是对材料或商品构件进行预先鉴定，以决定是否可以用于工程。

（2）标准试验包括各种标准击实试验、集料的级配试验、混合料的配合比试验、结构的强度试验。

（3）工艺试验是依据技术规范的规定，在动工之前对路基、路面及其他需要通过预先试验方能正式施工的分项工程预先进行工艺试验，然后依其试验结果全面指导施工。

（4）抽样试验是对各项工程实施中的实际内在品质进行符合性的检查，内容包括各种材料的物理性能、土方及其他填筑施工的密实度，混凝土及沥青混凝土强度等的测定和试验。

（5）验收试验是对各项已完工程的实际内在品质做出评定。

（6）见证取样是对项目现场工地试验室不能试验检测的工程材料，在监理人员的见证下，由施工单位现场试验人员进行取样，送样至有检测资质的单位进行检测的监督行为。

（二）主要原材料的试验检测方法及相关要求

1. 水泥

（1）水泥进场后主要检查产品合格证、出厂检验报告和进场复验报告。

（2）当在使用中对水泥质量有怀疑或水泥出厂超过三个月（快硬硅酸盐水泥超过一个月）时，应进行复验，并按复验结果使用。水泥进场复验通常只做安定性、凝结时间和胶砂强度三项。

（3）检验数量：按同一生产厂家、同一等级、同一品种、同一批号且连续进场的水泥、袋装不超过200t为一批、散装不超过500t为一批、每批抽样不少于一次。

（4）不同品种的水泥，不得混合使用。

（5）凡水泥的氧化镁含量、三氧化硫含量、初凝时间、安定性中的任一项不符合相应产品标准规定时，均为废品。

（6）凡水泥的细度、终凝时间、不溶物和烧失量中的任一项不符合相应产品标准规定或混合材料掺加量超过最高限量或强度低于商品强度等级时，为不合格品。

（7）水泥包装标志中水泥品种、强度等级、生产厂家名称和出厂编号不全的，属于不合格品。

（8）强度低于标准相应强度等级规定指标时为不合格品。对于强度低于相应标准的不合格品水泥，可按实际复验结果降级使用。

2. 粗集料

（1）配制混凝土应采用质地坚硬的碎石、卵石或碎石与卵石的混合物作为粗集料，其强度可用岩石立方体抗压强度或压碎值指标进行检验。常用的石料质量控制可用压碎指标进行检验。

（2）粗集料主要检测项目：颗粒级配、针片状颗粒含量、含泥量、泥块含量、有害物质含量、压碎指标、坚固性、碱活性等指标。

（3）检验数量：粗集料进场检验应以同一产地、同一规格、每 400m^3 或 600t 为一批，不足 400m^3 或 600t 也按一批计；当质量比较稳定进料数量较大时，可定期检验。

3. 细集料

（1）拌制混凝土应采用质地坚固、粒径在 5mm 以下的砂作为细集料，海水环境工程中严禁采用碱活性细集料。淡水环境工程中所用细集料具有碱活性时，应采用碱含量小于 0.6%的水泥并采取其他措施，经试验验证合格后方可使用。

（2）细集料主要检测项目：筛析、细度模数、堆积密度、含泥量、泥块含量、机制砂的石粉含量、氯离子含量、有害物质含量、坚固性、碱活性。

（3）细集料进场检验应以同一产地、同一规格、每 400m^3 或 600t 为一批，不足 400m^3 或 600t 也按一批计；当质量比较稳定进料数量较大时，可定期检验。

4. 拌和用水

（1）混凝土拌和用水不得影响水泥正常凝结、硬化或促使钢筋锈蚀，钢筋混凝土和预应力混凝土均不得采用海水拌和。素混凝土有抗冻要求时水灰比应降低 0.05。

（2）拌和用水主要检测项目：pH 值、氯离子含量、硫酸盐、不溶物、硫化物含量、碱含量可溶物。

5. 掺合料

常见的矿物掺合料包括粉煤灰、矿渣粉、钢渣粉、磷渣粉、硅灰、沸石粉等。

6. 外加剂

常用的混凝土外加剂有减水剂、缓凝剂、早强剂、抗冻剂及复合外加剂。

7. 石灰

（1）生石灰和消石灰分为Ⅰ、Ⅱ、Ⅲ三个等级。

（2）生石灰主要的检测项目包括有效 CaO＋MgO 含量、未消化残渣含量、钙镁石灰分类界限的 MgO 含量。

（3）消石灰的主要检测项目包括有效 CaO＋MgO 含量、含水率、细度、钙镁石灰分类界限的 MgO 含量。

8. 钢筋

（1）钢筋进场时，应按国家相关标准的规定抽取试件进行力学性能和重量偏差检验。检验数量要求每批钢筋应由同一牌号、同一炉罐号、同一规格、同一交货状态组成，并不得大于60t。当试样中有一个试验项目不符合要求时，应另取双倍数量的试件对不合格项目进行第二次试验；当仍有一根试件不合格时，则该批钢筋应判定为不合格。

（2）钢筋焊接接头的基本力学性能试验方法包括拉伸试验、抗剪试验和弯曲试验三种。钢筋机械连接接头的现场检验应按验收批进行，同一施工条件下采用同一批材料的同等级、同形式、同规格接头，应以500个为一个验收批进行检验与验收，不足500个也应作为一个验收批。对接头的每一验收批，必须在工程结构中随机截取3个接头试件做抗拉强度试验，按设计要求的接头等级进行评定。

（3）预应力混凝土用螺纹钢筋每批均应按规定进行化学成分、拉伸试验、松弛试验、疲劳试验、表面检查和重量偏差等项目的检验。

9. 钢绞线

（1）每批钢绞线应由同一钢号、同一规格、同一生产工艺的钢绞线组成，并不得大于60t。

（2）钢绞线应逐盘进行表面质量、直径偏差和捻距的外观检查。

（3）力学性能的抽样检验。应从每批钢绞线中任选3盘取样送检。在选定的各盘端部正常部位截取一根试样进行拉力试验。当试验结果有一项不合格时，除该盘应判定为不合格外，还应从未试验过的钢绞线盘中取双倍数量的试样进行复验。当仍有一项不合格时，则该批钢绞线应判定为不合格。

（三）水泥混凝土结构物的试验检测方法及相关要求

1. 混凝土拌合物性能

（1）普通混凝土拌合物性能试验包括混凝土拌合物和易性的检验和评定、泌水性试验、凝结时间测定、堆积密度测定、均匀系数试验、捣实因数试验、含气量测定水灰比分析等。

（2）表示混凝土拌合物的施工操作难易程度和抵抗离析作用的性质称为和易性。通常采用测定混凝土拌合物的流动性，辅以直观经验评定黏聚性和保水性来测定和易性。混凝土流动性大小用"坍落度"或"维勃稠度"指标表示。

（3）坍落度试验主要步骤：用水湿润坍落度筒及其他用具；将混凝土试样用小铲分三层均匀地装入筒内，使捣实后每层高度为筒高的1/3左右；垂直平稳地在5～10s内提起坍落度筒；测量筒高与坍落后混凝土试体最高点之间的高度差，即为混凝土拌合物的坍落度值；观察坍落后混凝土拌合物试体的黏聚性和保水性。

（4）用捣棒在已坍落的混凝土拌合物截锥体侧轻轻敲打，如果截锥体逐渐下沉（或保持原状），则表示黏聚性良好；如果倒坍、部分崩裂或出现离析现象，表示黏聚性不好。坍落度筒提起后，如有较多稀浆从底部析出，锥体部分的混凝土拌和也因失浆而集料外露，则表明其保水性能不好；如坍落度筒提起后无稀浆或仅有少量稀浆自底部析出，则表示其保水性良好。

2. 普通混凝土物理力学性能试验

（1）普通混凝土的主要物理力学性能包括抗压强度、抗拉强度、抗折强度、握裹强度、疲劳强度、静力受压弹性模量、收缩、徐变等。

（2）普通混凝土立方体抗压强度试验完成后，取3个试件测值的算术平均值作为该组试件的抗压强度值。3个测定值的最大值或最小值中如有一个与中间值的差值超过中间值的15%时，则将最大值与最小值一并舍除，取中间值为该组抗压强度值。如有两个测定值与中间值的插值均超过中间值的15%，则该组试件的试验结果无效。

（3）普通混凝土立方体抗压强度试验应取150mm×150mm×150mm试件的抗压强度值为标准值。

用其他尺寸试件测得的强度值均乘以尺寸换算系数，其值对 200mm×200mm×200mm 试件为 1.05，对 100m×100mm×100mm 试件为 0.95。

3.混凝土结构实体强度检测

（1）回弹仪法适用于检测一般建筑构件、桥梁及各种混凝土构件（板、梁、柱、桥架）的强度，为单个检测和批量检测。批量检测时，抽检数量不得少于同批构件总数的 30%且不得少于 10 个。

（2）超声回弹综合法是根据实测声速值和回弹值综合推定混凝土强度的方法，是目前我国使用较广的一种结构中混凝土强度非破损检验方法，它较之单一的超声或回弹非破损检验方法具有精度高、适用范围广等优点。

（3）取芯法是利用专用钻机，从结构混凝土中钻取芯样以检测混凝土强度或观察混凝土内部质量的方法，直观、可靠、准确，但对混凝土结构造成局部损伤，是一种半破损检测方法，成本较高，其应用往往受到一定限制。

4.受力钢筋的保护层厚度检测

（1）一般利用钢筋保护层厚度测定仪检测钢筋混凝土受力钢筋的混凝土保护层厚度。必要时，采用局部剥离实测受力钢筋保护层厚度。

（2）每测点测试两遍，每次读取保护层厚度测定仪显示的最小值；当设计保护层厚度值于 50mm 时，两次重复测量允许偏差为 1mm；当设计保护层厚度值不小于 50mm 时，两次重复测量允许偏差为 2mm。

（四）钢结构工程的试验检测方法及相关要求

钢结构工程涉及钢材、焊接材料、紧固件（普通螺栓、大六角头高强螺栓、扭剪型高强螺栓等）、焊接球、螺栓球、封板、锥头、套筒、金属压型板、涂装材料等各种材质，涉及焊接、紧固件连接、零部件加工、预拼装、钢结构安装、钢结构涂装等各个工序。

（五）地基承载力的试验检测方法及相关要求

1.承压板现场试验法

（1）地基土承载力试验方法可以用承压板现场试验法确定地基土的承载力。

（2）承压板法地基土荷载现场试验，当出现下列情况之一时，即可终止加载：

①承压板周围的土明显地侧向挤出、隆起或产生裂缝。

②本级荷载的沉降量大于前级荷载的沉降量的 5 倍荷载与沉降曲线出现陡降段。

③在某一荷载下，24h 内沉降速率不能达到稳定标准。

④总沉降量超过承压板宽度或直径的 1/12。

⑤总加载量已达到设计要求值的 2 倍以上。

当满足前三种情况之一时，其对应的前一级荷载定为极限荷载。

2.动力触探试验法

（1）明挖基础、扩大基础的地基承载力试验可以用动力触探试验法确定地基土的承载力。

（2）动力触探法又分为标准贯入试验和圆锥动力触探，圆锥动力触探包括轻型动力触探、重型动力触探、超重型动力触探等三种方法。

（六）桩基础承载力的试验检测方法及相关要求

1.静载试验

（1）桩的静承载力试验，在同一条件下，试桩数不宜少于总桩数的 1%并不应少于 3 根，工程总桩数50根以下不少于2根。

（2）试验内容有单桩抗压承载力试验、单桩抗拔承载力试验、单桩水平静承载力试验等。

2. 基桩完整性检测

（1）高应变法可用于检测混凝土预制桩、灌注桩、钢桩以及组合桩的单桩轴向抗压承载力和桩身完整性，也可用于监测打入桩沉桩时的桩身应力和锤击能量。检测数量：检测桩的数量应根据地质条件和桩的类型确定宜取总桩数的2%～5%，并不得少于5根。对地质条件复杂、桩的种类较多或其他特殊情况，宜取上限。

（2）低应变法可用于检测混凝土预制桩、灌注桩的桩身完整性，判定桩身缺陷的程度及位置。低应变法检测应采用反射波法，其有效检测桩长范围应通过现场试验确定。检测数量：对单节预制混凝土桩，检测桩数不得低于总桩数的10%，且不得少于10根；对多节预制混凝土桩，检测桩数不得低于总桩数的20%，且不得少于10根；对混凝土灌注桩，当采用低应变动力检测法检测桩身完整性时，检测桩数应为总桩数的100%。

（3）声波透射法可用于混凝土灌注桩的桩身完整性检测，判定桩身缺陷的位置范围和程度。声测管应沿钢筋笼内侧呈对称形状布置，声测管埋设数量为：声测管内径$D \leqslant 800$mm，不少于2根管；800mm$< D \leqslant 1600$mm，不少于3根管；$D > 1600$mm，不少于4根管。

例　题

例1 采用挖坑灌砂测试压实度时，试洞的深度应（　　）测试层厚度。

A. 大于　　　　B. 等于　　　　C. 小于　　　　D. 不等于

例2 进行土基现场加州承载比（CBR）测试时，当贯入量为5.0mm时的CBR大于2.5mm时的CBR时，应（　　）。

A. 取贯入量为5.0mm时的CBR

B. 取贯入量为2.5mm时的CBR

C. 取贯入量为5.0mm与2.5mm时的CBR的平均值

D. 重新试验

例3 在沥青混合料马歇尔稳定度试验时，稳定度的单位为（　　）。

A. MPa　　　　B. 0.01mm　　　　C. kN　　　　D. 无单位

例4 桥涵施工阶段检验性的试桩试验内容包括（　　）。

A. 工艺试验　　　　　　　　　　　B. 静压、静拔和静推试验

C. 预压试验　　　　　　　　　　　D. 平衡试验

E. 动力试验

例5 沥青的三大指标是指（　　）。

A. 针入度　　　　B. 延度　　　　C. 稳定度　　　　D. 硬度

E. 软化点

例6 钢筋接头的弯曲试验，对接头的每一个验收批，应在工程结构中随机截取（　　）个接头试件做抗拉强度试验。[2022年真题]

A. 2　　　　B. 3　　　　C. 4　　　　D. 5

例7 下列关于混凝土拌合物坍落度性能的说法错误的是（　　）。[2022年真题]

A. 用捣棒在已坍落的混凝土拌合物截锥体侧面轻轻敲打，如果截锥试体逐渐下沉，表示黏

聚性不好

B. 用捣棒在已坍落的混凝土拌合物截锥体侧面轻轻敲打，如果出现离析现象，表示黏聚性不好

C. 坍落度筒提起后无稀浆，则表示其保水性能良好

D. 坍落度筒提起后仅有少量稀浆自底部析出，则表示其保水性能良好

例 题 解 析

例1 根据《公路路基路面现场测试规程》（JTG 3450—2019），试洞的深度应等于测试层厚度。故选 B。

例2 根据《公路路基路面现场测试规程》（JTG 3450—2019），当贯入量为 5.0mm 时的 CBR 大于 2.5mm 时的 CBR 时，应重新试验。故选 D。

例3 根据《公路工程沥青及沥青混合料试验规程》（JTG E20—2011），稳定度的单位为 kN。故选 C。

例4 根据《公路桥涵施工技术规范》（JTG/T 3650—2020）附录 L，桥涵施工阶段检验性的试桩试验内容包括工艺试验、动力试验及静压、静拔和静推试验。故选 ABE。

例5 沥青的三大指标是指针入度、延度和软化点。故选 ABE。

例6 根据《公路桥涵施工技术规范》（JTG/T 3650—2020）第 4.3.5 条，对接头的每一个验收批，应在工程结构中随机截取 3 个试件做抗拉强度试验，当 3 个接头试件的抗拉强度符合相应等级要求时，该验收批评定为合格。故选 B。

例7 用振捣棒在已坍落的混凝土拌合物截锥体侧面轻轻敲打，如果截锥试体逐渐下沉（或保持原状），则表示黏聚性良好；如果倒坍、部分崩裂或出现离析现象，表示黏聚性不好。坍落度筒提起后，如有较多稀浆从底部析出，锥体部分的混凝土拌和也因失浆而集料外露，则表明其保水性能不好；如坍落度筒提起后无稀浆或仅有少量稀浆自底部析出，则表示其保水性能良好。故选 A。

自 测 模 拟 题

（一）单项选择题

1. 采用抽芯法取得压实沥青混合料试件，当吸水率大于 2% 时，应使用（　　）。

    A. 表干法　　　　　　　　　　　　B. 水中重法

    C. 蜡封法　　　　　　　　　　　　D. 体积法

2. 钢筋连接开始前及施工过程中，应对每批进场钢筋进行接头工艺检验，工艺检验每种规格钢筋的接头试件不应少于（　　）根。

    A. 1　　　　　B. 2　　　　　C. 3　　　　　D. 6

3. 在水泥净浆加水搅拌后，可能发生异常凝结现象，下述表达不正确的是（　　）。

    A. 这种早期凝结主要分为假凝和瞬凝

    B. 假凝的原因是水泥浆表面与空气接触后，只在试模表面处的水泥凝结，造成凝结的假象

    C. 瞬凝的原因是 CaO 含量过高，而水泥中为掺入石膏或掺入的石膏中 SO_3 过低引起的

    D. 瞬凝的主要特征是当水泥加入水中时，大量放热，很快失去流动性

4. 为了确定路基填土的最大干密度和最佳含水率，应做（　　）试验。

    A. 液、塑限　　　　　　　　　　　B. 回弹模量

    C. 重型击实　　　　　　　　　　　D. 颗粒分析

5. 水泥混凝土路面的材料强度指标是以 28d 龄期的（　　）强度试验结果为依据。
   A. 抗压　　　　B. 抗折　　　　C. 抗剪　　　　D. 抗拉

6. 硅酸盐水泥最适用于（　　）工程。
   A. 大体积混凝土　　　　　　　　B. 干燥环境中的混凝土
   C. 耐热混凝土　　　　　　　　　D. 水泥混凝土路面

7. 车辙试验主要是用来评价沥青混合料的（　　）。
   A. 高温稳定性　　　　　　　　　B. 低温抗裂性
   C. 耐久性　　　　　　　　　　　D. 抗滑性

8. 关于见证取样工作的说法，正确的是（　　）。
   A. 见证取样项目和数量应按施工单位编制的检测试验计划执行
   B. 选定的检测机构应在工程质量监督机构备案
   C. 施工单位取样人员不能由专职质检人员担任
   D. 负责见证取样的监理人员应有资格证书

9. （　　）是对材料或商品构件进行预先鉴定，以决定是否可以用于工程。
   A. 验证试验　　　B. 标准试验　　　C. 工艺试验　　　D. 抽样试验

（二）多项选择题

1. 混凝土中掺入减水剂后的效果是（　　）。
   A. 保持水泥和水的用量不变，提高混凝土的强度
   B. 保持坍落度不变，降低单位用水量
   C. 保持混凝土的强度不变，节约水泥用量
   D. 保持养护条件不变，加速硬化
   E. 保持水灰比不变，节省水泥用量

2. 钢筋进场后，应首先检查（　　）。
   A. 出厂质量证明书　　　　　　　B. 试验报告单
   C. 发票　　　　　　　　　　　　D. 运货单
   E. 出厂合格证

3. 钢筋原材的试验指标包括（　　）。
   A. 弯曲荷载　　B. 伸长率　　C. 极限荷载　　D. 弯心率
   E. 断裂荷载

4. 砾类土适合的压实度检测方法为（　　）。
   A. 灌砂法　　　B. 灌水法　　　C. 环刀法　　　D. 蜡封法
   E. 核子密度仪

5. 路基填方土一般进行（　　）等试验。
   A. 液塑限、塑性指数　　　　　　B. 含水率
   C. 击实　　　　　　　　　　　　D. CBR
   E. 烧失量

6. 砂中云母含量过大，会影响混凝土拌合物和硬化混凝土的（　　）性质。
   A. 拌合物和易性　　　　　　　　B. 保水性

C. 抗冻性 D. 抗渗性
E. 渗透性

7. 水泥混凝土试配强度计算涉及（　　）。
A. 混凝土设计强度等级 B. 水泥强度等级
C. 施工水平 D. 强度保证率
E. 混凝土强度

参 考 答 案

（一）单项选择题
1. C　2. C　3. B　4. C　5. B　6. C　7. A　8. B　9. A
（二）多项选择题
1. BC　2. ABE　3. BC　4. AB　5. ABCD　6. ABCD　7. ACD

七、建设平安百年品质工程

重 点 知 识

（一）打造品质工程

1. 打造品质工程的理念

打造品质工程是公路水运建设贯彻落实"五大发展理念"和建设"四个交通"的重要载体，是深化交通运输基础设施供给侧结构性改革的重要举措，是今后一个时期推动公路水运工程质量和安全水平全面提升的有效途径，是推进实施现代工程管理和技术创新升级的不竭动力，对进一步推动我国交通运输基础设施建设向强国迈进具有重要意义。

2. 品质工程的内涵

（1）四个理念：即在建设理念上，体现以人为本、本质安全、全寿命周期管理、价值工程等理念。

（2）五化管理：即在管理举措上，体现精益建造导向，突出责任落实和诚信塑造，深化人本化专业化、标准化、信息化和精细化。

（3）五个提升：即在工程技术上，展现科技创新与突破，先进技术理论和方法得以推广运用，包括先进适用的新技术、新工艺、新材料、新装备和新标准的探索与完善。

（4）四个质量：即在质量管理上，以保障工程耐久性为基础，体现建设与运营维护相协调、工程与自然人文相和谐，工程实体质量、功能质量、外观质量和服务质量均衡发展。

（5）三个安全：即在安全管理上，以追求工程本质安全和风险可控为目标，促进工程结构安全、施工安全和使用安全协调发展。

（6）三个成效：即在环保生态上，工程建设坚持可持续发展，体现在生态环保、资源节约和节能减排等方面取得明显成效。

3. 创建品质工程的主要措施

从工程设计水平、工程管理水平、科技创新能力、工程质量水平、安全保障水平、绿色环保水平和软实力7个方面以及26条具体措施，打造公路水运品质工程。

（1）提升工程设计水平

①强化系统设计；②注重统筹设计；③倡导设计创作。

（2）提升工程管理水平

①推进建设管理专业化；②推进工程施工标准化；③推进工程管理精细化；④推进工程管理信息化；⑤推进班组管理规范化。

（3）提升科技创新能力

①积极推广应用"四新技术"；②发挥技术标准先导作用；③探索建立全产业链继承与创新体系。

（4）提升工程质量水平

①落实工程质量责任；②推进质量风险预防管理；③加强过程质量控制；④强化工程耐久性保障措施。

（5）提升安全保障水平

①加强工程安全风险管理基础体系建设；②提升工程结构安全；③深化"平安工地"建设；④提升工程安全服务水平。

（6）提升绿色环保水平

①注重生态环保；②注重资源节约；③注重节能减排。

（7）提升品质工程软实力

①加强管理人员素质建设；②提升一线工人队伍素质；③培育品质工程文化；④实施品牌战略。

4.品质工程评价范围与内容

列入国家和地方交通基本建设计划的在建和已交工或竣工验收的公路工程项目，均可参加品质工程评价，不局限于工程建设规模和等级。

品质工程评价分为示范创建项目品质工程评价、交竣工品质工程示范项目评价、农村公路品质工程示范项目评价，评价对象为工程项目整体。

（1）示范创建项目品质工程评价

示范创建项目品质工程评价是以在建的二级及以上公路工程项目（含独立桥梁和独立隧道）。评价以设计和施工阶段为主，主要对工程建设过程中落实打造品质工程主要措施及阶段性成果的综合评价。评价应在项目主体工程完成建安费的50%后且交工验收前进行。

（2）交竣工品质工程示范项目评价

交竣工品质工程示范项目评价是指对工程管理或技术达到行业同时期同类工程的领先水平、示范引导作用显著的项目进行评价，以已交工验收的二级及以上公路工程项目（含独立桥梁和独立隧道）为评价对象。评价包括设计阶段、施工阶段和运营阶段，主要对工程建设成果"优质耐久、安全舒适、经济环保、社会认可"等方面的综合评价。公路工程评价应在工程项目完成交工验收满2年且不超过5年进行，同时项目还应经过试运营且通过国家规定的专项验收；公路工程评价工作结合工程竣工验收质量鉴定工作一并进行。

（3）农村公路品质工程示范项目评价

农村公路品质工程示范项目评价是以已经竣工验收的三、四级农村公路项目为评价对象，主要对工程建设成果"实、安、绿、美"等方面的综合评价。评价应在工程项目竣工验收后且不超过2年进行。

5.品质工程评价标准

（1）公路水运品质工程评价是对工程建设过程及成果进行的综合评价。评价为公路水运品质工程的项目，应当满足优质耐久、安全舒适、经济环保、社会认可的建设目标，工程管理或技术达到行业同时期同类工程的领先水平，示范引导作用显著。

（2）公路水运品质工程评价标准分为示范创建项目品质工程评价标准、交竣工品质工程示范项目评价标准、农村公路（三四级）品质工程示范项目评价标准三类，均由基本要求、评价指标、加分指标、总体评价等四部分构成。

（3）基本要求为控制指标。其中有一项不满足要求的，工程项目不具备申报资格。

（4）评价指标是对项目落实《指导意见》各项措施取得的实效进行量化评分，由二级或三级指标体系构成，相应评分方法见评价说明。评价指标满分均为1000分。申报部级品质工程项目的，高速公路和大型水运工程评价指标分数不得低于800分，其他工程评价指标分数不得低于700分。

（5）加分指标是鼓励项目结合自身优势和功能属性开展重点攻坚与创新突破，对管理或技术创新取得明显优于同类工程水平、且示范作用显著的做法进行加分。同时，对交工或竣工项目获得国家、省部级奖项或荣誉进行加分。其中，示范创建项目和农村公路项目（三四级）加分指标满分为200分，交竣工项目加分指标满分为300分。

（6）总体评价是对项目在打造品质工程中的特色做法、主要经验、实施效果、示范作用等方面的概括性评价，不设分值。对于申报部级品质工程项目的，省级交通运输主管部门负责提出项目总体评价的初步意见，由部组织专家组根据核实情况作出最终总体评价。

（7）项目总得分为评价指标得分和加分指标得分之和。

（8）公路水运品质工程除符合本标准的规定外，还应符合工程建设强制性标准等有关要求。

（二）建设平安百年品质工程

1. 建设百年工程

（1）建设百年工程的理念

2017年9月5日，中共中央、国务院印发了《关于开展质量提升行动的指导意见》（中发〔2017〕24号），提出了"确保重大工程建设质量和运行管理质量，建设百年工程"的理念。

（2）建设百年工程的主要措施

①激发质量创新活力；②推进全面质量管理；③加强全面质量监管；④着力打造中国品牌；⑤推进质量全民共治；⑥加强质量制度建设；⑦健全质量人才教育培养体系；⑧健全质量激励制度。

2. "平安百年品质工程"的建设推进要求

（1）充分认识建设"平安百年品质工程"的重要意义

国家重大工程要高质量建设好，全力打造精品工程、样板工程、平安工程、廉洁工程。《中共中央国务院关于开展质量提升行动的指导意见》（中发〔2017〕24）号明确要求，要确保重大工程建设质量，建设百年工程。

（2）指导思想

以习近平新时代中国特色社会主义思想为指导，深入贯彻落实党的十九大、十九届二中、三中全会精神，坚持高质量发展，以交通强国、质量强国建设为统领，以品质工程建设为基础，大力提升公路水运基础设施使用寿命和耐久性，研究建设"平安百年品质工程"。充分发挥基础设施最大经济效益，更好地满足经济社会发展和人民群众安全便捷出行的需求，为从交通大国向交通强国迈进奠定基础。

（3）基本原则

理论实践结合、成本效益平衡、对标对表国际、立足成果落地。

（4）工作目标

以材料、设计、工艺工法、装备、监测、养管以及信息技术为研究方向，集中开展专题研讨和学术交流，推进实验室和实体工程验证，逐步形成一整套适用于工程建设耐久性的技术和标准，为建设质量耐久、安全可靠、经济环保、传承百年的高品质交通基础设施持续提供技术支撑。

（5）研究内容与推进机制

分省、分专业类别，建立"行业引导、省为主体、院校支撑、专家咨询"的"平安百年品质工程"建设研究推进机制。公路工程具体内容分为：桥梁工程、隧道工程、路基路面工程及高边坡工程、公路工程高质量评价指标体系。

（三）"建设平安百年品质工程"的监理措施

（1）提升监理工作的专业化、精细化、提升工程管理水平。

监理单位应将打造品质工程的目标、根据措施等纳入监理计划（或规划），明确管理目标。积极推行质量健康安全环境（QHSE）管理体系，完善管理制度、推进管理专业化。明确质量安全提升目标，围绕精细化管理，建立过程控制和结果考核精细化管理机制。

（2）建立健全监理单位的质量管理体系，加强质量风险预防管理，强化过程质量控制，提升工程质量水平。

①监理单位应建立质量关键人（总监理工程师、副总监理工程师、专业监理工程师）质量登记制度，落实关键人履职责任。对责任人质量履职信息建档落实质量责任终身制。

②监理单位应加强质量风险预防管理。开展工程质量风险评估，发现质量隐患及时督促施工单位整改并建立问题处置清单。做好施工组织设计和专项方案论证、审查、审批工作。

③监理单位应加强过程质量控制。质量监理记录真实完整、闭环可追溯；推行首件过程制；建立原材料和产品质量管理制度。

（3）落实施工安全举措提升安全保障水平。深化平安工地建设，督促施工安全标准建设，提高机械化作业程度以减少人员操作。建立安全风险分级管控和隐患治理双重预防体系。

（4）注重生态环保、资源节约和节能减排，提升绿色环保水平。

（5）加强监理人员素质建设，培养品质工程文化，提升品质工程软实力。

例 题

例1 品质工程的评价对象为（   ）。
   A. 单位工程   B. 项目整体
   C. 单项工程   D. 合同段

例2 示范创建项目品质工程评价应在项目主体工程（   ）进行。
   A. 完成建安费的90％后且交工验收前
   B. 完成建安费的90％后且竣工验收前
   C. 完成建安费的50％后且交工验收前
   D. 完成建安费的50％后且竣工验收前

例3 平安百年品质工程是（   ）。
   A. 追求内在质量和外在品味的有机统一
   B. 突出技术方面的突破
   C. 以优质耐久、安全舒适为目标
   D. 以经济环保、社会认可为目标

例4 公路品质工程的评价项目有（　　）。
   A. 示范创建项目
   B. 交竣工品质工程示范项目
   C. 高等级公路品质工程示范项目
   D. 农村公路（二级）品质工程示范项目
   E. 农村公路（三、四级）品质工程示范项目

例5 品质工程评价的标准包含（　　）。[2022年真题]
   A. 基本要求   B. 评价指标
   C. 加分指标   D. 外观指标
   E. 减分指标

例 题 解 析

例1 品质工程评价分为示范创建项目品质工程评价、交竣工品质工程示范项目评价、农村公路（三、四级）品质工程示范项目评价，评价对象为工程项目整体。故选B。

例2 根据《公路水运品质工程评价标准（试行）》，示范创建项目品质工程评价应在项目主体工程完成建安费的50%后且交工验收前进行。故选C。

例3 选项ACD是品质工程的追求与目标，选项B才是平安百年品质工程的要求，平安是底线，百年是高限，品质则反映了人民群众对美好生活的向往。故选B。

例4 根据《公路水运品质工程评价标准（试行）》，公路水运品质工程评价标准分为示范创建项目品质工程评价标准、交竣工品质工程示范项目评价标准、农村公路（三、四级）品质工程示范项目评价标准三类。故选ABE。

例5 根据《公路水运品质工程评价标准》（试行）（交办安监〔2017〕199号），品质工程评价的标准由基本要求、评价指标、加分指标、总体评价等四部分构成。故选ABC。

自 测 模 拟 题

（一）单项选择题

1. 申报部级品质工程项目的，高速公路和大型水运工程评价指标分数不得低于（　　）。
   A. 800分   B. 850分
   C. 900分   D. 950分

2. 农村公路品质工程评价应在工程项目竣工验收后且不超过（　　）进行。
   A. 1年   B. 2年   C. 3年   D. 4年

3. 公路交竣工品质工程示范项目的评价对象是（　　）。
   A. 在建的项目   B. 已交工验收的项目
   C. 已建的项目   D. 已竣工验收的项目

（二）多项选择题

1. 评价为公路水运品质工程的项目，应当满足（　　）的建设目标。
   A. 优质耐久   B. 安全舒适   C. 经济环保   D. 社会认可
   E. 以人为本

2. "平安百年品质工程"建设遵循的基本原则包括（　　）。

A. 激发创新活力　　B. 理论实践结合　　C. 成本效益平衡　　D. 对标对表国际

E. 立足成果落地

3. 建设百年工程的主要措施包括（　　）。

　　A. 推进全面质量管理　　　　　　B. 加强全面质量监管

　　C. 着力打造中国品牌　　　　　　D. 推进质量全民共治

　　E. 加强安全制度建设

4. "建设平安百年品质工程"的监理措施包括（　　）。

　　A. 提升监理工作的专业化、精细化、提升工程管理水平

　　B. 充分认识建设"平安百年品质工程"的重要意义

　　C. 落实施工安全举措提升安全保障水平

　　D. 注重生态环保、资源节约和节能减排，提升绿色环保水平

　　E. 加强施工人员素质建设，培养品质工程文化，提升品质工程软实力

参 考 答 案

（一）单项选择题

1. A　　2. B　　3. B

（二）多项选择题

1. ABCD　　2. BCDE　　3. ABCD　　4. ACD

第二节　质量监理工作

一、公路工程监理工作概述

重 点 知 识

（一）监理工作阶段划分与监理工作原则

1. 监理工作阶段划分

根据公路工程建设项目的运行规律和《公路工程施工监理规范》（JTG G10—2016），将公路工程监理工作过程划分为以下三个阶段：

（1）施工准备阶段的监理。监理合同签订之日至工程开工令确定的合同工程开工之日，为施工准备阶段。

（2）施工阶段的监理。合同工程开工之日至工程交工验收申请受理之日，为施工阶段。

（3）验收与缺陷责任期阶段的监理。合同工程交工验收申请受理之日至缺陷责任终止证书签发之日，为验收与缺陷责任期阶段。

对于公路工程建设项目中的机电工程，还包括试运行期监理阶段。

2. 公路工程监理工作原则

（1）公正、科学、诚信、自律的原则。

（2）总监理工程师负责制原则。

（3）监理职责权限一致的原则。

(4)事前控制、主动控制的原则。

(5)实事求是、审慎决定的原则。

(二)监理工作总程序

(1)设置监理机构、配备监理人员。

(2)收集并熟悉监理文件资料。

(3)编制监理计划、召开监理交底会议和召开第一次工地会议。

(4)编制监理细则并规范化地开展监理工作。

(5)参加交工验收。

(6)开展缺陷责任期阶段的监理工作、参加竣工验收。

(7)移交监理资料。

(三)监理工作内容及其工作方式(监理行为方式)

1.施工准备阶段的主要监理工作

(1)编制监理计划

监理机构应编制公路工程的监理计划,经监理单位审核后报建设单位批准。公路工程监理工作应在建设单位批准的监理计划指导下进行。

(2)参加设计交底

监理工程师应参加建设单位组织的设计交底,掌握工程设计意图、设计标准和要点,了解对施工质量、安全和环保控制的要求,澄清有关问题。

(3)参加工程交桩,核查工程量清单

监理工程师应参加工程交桩,对施工单位提交的原始基准点的复测结果进行核查和平行复测,对工程量清单复核结果及土石方工程量计算资料进行核查。

(4)填写工程质量责任登记表,审核施工单位的工程质量责任登记表。

①监理机构应填写工程质量责任登记表,如实登记监理人员。

②监理机构应审核施工单位的工程质量责任登记表,对施工单位的技术、质量、安全、环保等保证体系的建立情况进行检查。

(5)审批施工组织设计,审查施工组织设计中的安全技术措施或专项施工方案、应急预案

①监理机构审查施工单位报审的施工组织设计,总监应在规定的期限内批复,并报送建设单位。

②安全监理工程师应审查施工组织设计中的安全技术措施或专项施工方案是否符合工程建设强制性标准,应同时审查应急预案、桥梁隧道施工安全风险评估报告。

(6)参加危险性较大工程的专项施工方案的专家论证、审查

对危险性较大的分部分项工程的专项施工方案中需要组织专家论证、审查的,应督促施工单位组织专家论证、参加论证并检查施工单位的组织实施情况。

(7)审核工程划分

总监办应审核批准施工单位提交的单位、分部、分项工程划分,并报送建设单位。必要时,应报送质量安全监督机构。

(8)召开监理交底会

总监理工程师应在合同段开工前主持召开由施工单位项目经理和技术、质量、安全负责人,工地试

验室负责人，其他主要管理人员及主要监理人员等参加的监理交底会，介绍监理计划的相关内容。

（9）召开第一次工地会议

总监理工程师应主持召开第一次工地会议，会签并签发会议纪要。

（10）签发合同工程开工令

总监办收到施工单位提交的合同段开工申请后，应对合同段的开工条件进行核查。具备开工条件的，总监应签发合同工程开工令，并报送建设单位。

（11）编制监理细则

监理机构应编制监理细则，经总监审核批准后实施。

2.施工阶段的主要监理工作

（1）审批分部工程、主要分项工程的开工申请。

监理机构应对施工单位提交的分部工程、主要分项工程的开工申请进行审查，并在规定期限内批复。

（2）监督检查质量安全保证体系。

监理机构应对施工单位主体责任落实情况，施工合同执行情况和质量安全等保证体系的运行情况进行监督检查。

（3）"试验段（首件工程）"的审批、旁站、总结。

现场监理过程中，监理机构应审批"首件工程"的开工报审表，明确"试验段（首件工程）"的施工目标和目的，现场旁站并见证"试验段（首件工程）"的施工过程、施工资源投入、施工进度、质量检验等，督促施工单位及时总结"试验段（首件工程）"的施工参数，及时审批施工单位提交的"试验段（首件工程）"施工总结。

（4）巡视监理并填写巡视记录。

监理工程师应采取以巡视为主的监理方式进行施工现场监理，按计划定期或不定期地巡视施工现场，对施工的主要工程每天不少于1次巡视，并填写巡视记录。巡视应包括下列主要内容：

①施工现场管理人员特别是质量、安全管理人员是否到位，特种作业人员是否持证上岗。

②使用的原材料或混合料、构配件和主要施工机械设备是否与批准的一致。

③是否按技术标准、工程设计文件、批准的施工组织设计和方案施工。

④质量、安全、环保和施工标准化等措施是否落实，施工自检和工序交接是否符合规定。

（5）旁站监理并填写旁站记录。

监理机构应安排监理人员对表2-2-1所列旁站项目的施工过程进行旁站，对主要工程的关键项目进行检测见证，并填写旁站记录，签认检测见证结果。

监 理 旁 站 表　　　　　　　　　表 2-2-1

单位工程	分部工程	分项工程	旁站项目
路基工程	土石方工程	土方路基、石方路基	试验段
		软土地基处治、土工合成材料处治层	试验段
路面工程	路面工程	基层、底基层	试验段
		沥青面层	试验段
		水泥混凝土面层	试验段，摊铺

续上表

单位工程	分部工程	分项工程	旁站项目
桥梁工程	基础及下部构造	桩基	试桩，钢筋笼安放、首盘混凝土浇筑
		地下连续墙	首盘混凝土浇筑
		沉井	定位、下沉、浇筑封底混凝土
	上部构造 预制和安装	预应力筋加工和张拉	试验工程，首次张拉、首次压浆
		转体施工梁、拱	桥体预制、接头混凝土浇筑
		吊杆制作和安装	穿吊杆、预应力束张拉、首次压浆
	上部构造 现场浇筑	预应力筋加工和张拉	张拉、首次压浆
		悬臂浇筑梁、主要构件浇筑	主梁段混凝土浇筑、首次压浆
		劲性骨架混凝土拱、钢管混凝土拱	混凝土浇筑
	桥面系及附属工程	桥面铺装	试验段
		钢桥面上沥青混凝土铺装	试验段，沥青混凝土摊铺
		大型伸缩装置安装	首件安装
隧道工程	洞身衬砌	支护、钢支撑	试验段
		混凝土衬砌	试验段
	路面	面层	同路面工程
交通工程	交通安全设施	护栏	混凝土护栏	首段混凝土浇筑
	机电工程	监控、通信、收费、配电、隧道机电设施的主要分项工程	首件施工
	附属设施	服务区、收费站等建筑工程的地基与基础、主体结构	首件施工

（6）监理抽检并填写抽检记录。

监理机构应在施工单位自检合格的基础上按照下列规定进行抽检，并填写抽检记录：

①对钢筋、水泥、沥青、石灰和碎石等原材料及水泥混凝土、沥青混合料和无机结合料稳定材料等混合料，抽检频率按批次应不低于规定施工检验频率的10%。

②对分项工程中的关键项目和结构主要尺寸，抽检频率应不低于规定施工检验频率的20%。

③当监理工程师对工程材料或实体质量有疑问时，应进行抽检。

④对施工单位外部采购和委托制作的主要工程构配件或设备，监理工程师应核查产品合格证明文件和施工单位的自检报告，进场后应对关键项目进行抽检，验收合格后方可使用。对在施工现场不具备检测条件的，监理工程师应按合同约定到厂监督检验。

（7）签发监理指令单、审签监理指令回复单。

①在监理工作过程中，监理机构发现工程施工不符合法律法规、技术标准、技术规范及施工合同约定的，应当要求施工单位改正，并符合下列规定：

a. 质量不合格的材料构配件不得在工程上使用。

b. 对工程质量缺陷，监理机构应签发监理指令单，要求施工单位整改。

c. 对质量不合格的工程，监理机构应签发监理指令单，要求施工单位返工处理。

d. 对可能危及结构安全或存在重大隐患的质量问题，应签发停工令并向建设单位报告。

e. 当发生质量事故时，监理机构应依法按有关规定报告和处理。

f. 监理机构应建立质量问题处理台账。

②监理机构应检查施工单位危险性较大工程的专项施工方案实施的实施情况，发现未按专项施工方案实施的，应签发监理指令单，要求施工单位整改。

③监理机构发现存在安全事故隐患的，应要求施工单位整改。

④监理机构发现施工违反有关环保法律法规、未按合同要求落实环保措施的，应要求施工单位整改。

⑤对总体进度起控制作用的分项工程的实际施工进度严重滞后时，监理机构应签发监理指令单，要求施工单位采取措施保证工程进度，并向建设单位报告工期延误的风险。

（8）签发停工令，编写专题监理报告。

①对可能危及结构安全或存在重大隐患的质量问题，应签发停工令并向建设单位报告。当发生工程质量事故时，监理机构应依法按照有关规定报告和处理。

②监理机构发现存在安全事故隐患，情况严重的，应要求施工单位停止施工并报告建设单位。施工单拒不整改或拒不停止施工的，监理机构应及时向有关监管部门报告。

③监理机构发现施工违反有关环保法律法规，未按合同要求落实环保措施，情况严重的，应签发停工令要求施工单位停工，并向建设单位报告。

④对总体进度起控制作用的分项工程的实际施工进度严重滞后时，监理机构应签发监理指令单，要求施工单位采取措施保证工程进度，并向建设单位报告工期延误的风险。

（9）评定工程质量、签发分项工程（中间）交工证书。

①驻地办在收到分项工程交工或中间交工验收申请后，应对施工单位的检验评定资料进行检查，组织施工单位在监理抽检、检测见证和隐蔽工程验收基础上进行质量评定，对评定合格的签发《分项工程（中间）交工证书》。同一个分项工程中间验收不宜超过2次。

②驻地办应及时对已完分部工程进行质量检验评定，总监办应及时组织对单位工程和合同段进行质量评定。

③分项工程交验时，安全事故的现场处理未完成的，不得签发《分项工程（中间）交工证书》。

（10）计量与支付。

①监理机构应以质量合格、手续齐全且符合结构安全和环保要求作为计量支付的先决条件。

②监理机构应及时审核施工单位提交的支付申请，编制支付证书，经总监审核签发后报送建设单位。监理机构编制的支付证书，未经总监签字，建设单位不得向施工单位支付工程款。

（11）审批进度计划。

监理机构应审批施工单位提交的进度计划，总体进度计划由总监审批，月进度计划等由驻地监理工程师审批并报总监办。

（12）建立监理工作台账。

监理机构应建立质量问题处理台账；监理机构应建立安全监理台账；监理机构应建立计量支付台账。

（13）填写监理日志。

（14）编写监理月报。

3.竣（交）工验收阶段的主要监理工作

（1）审查交工验收申请、编写监理工作报告

监理机构应审查施工单位提交的合同段交工（工程拟投入使用、运营前的）验收申请，按照工程验收办法等规定完成合同段工程质量评定、归集整理工程监理资料、编写监理工作报告，并参加建设单位组织的交工验收工作、签认交工验收证书。

（2）参加建设单位组织的交工验收

监理机构应参加交工验收工作，协助建设单位检查施工合同执行情况，并接受对监理合同执行情况的检查。

（3）参加建设单位组织的竣工验收

监理机构应参加建设单位组织的竣工验收，提交监理工作报告和工程监理资料，配合竣工验收检查。

（四）监理文件资料管理

（1）监理资料包括监理管理文件、质量监理文件、安全监理文件、环保监理文件、费用监理文件、进度监理文件、合同事项管理文件，以及监理日志、旁站记录、巡视记录、监理月报、监理工作报告等其他监理文件和影像资料。

（2）监理资料应齐全、真实、准确、完整。

（3）监理机构应建立健全监理资料管理制度，宜采用信息化手段进行管理。

（4）除了人员签字部分和现场抽检记录外，监理资料可打印。现场原始记录应留存备查。

（五）工程质量检验评定与竣（交）工验收的监理工作

1.一般规定

（1）公路工程划分。

①在合同段中，具有独立施工条件和结构功能的工程为单位工程。

②在单位工程中，按路段长度、结构部位及施工特点等划分的工程为分部工程。

③在分部工程中，根据施工工序、工艺或材料等划分的工程为分项工程。

（2）单位工程、分部工程和分项工程应在施工准备阶段按评定标准的规定由施工单位进行划分，并报监理机构批准后报送建设单位、质量监督机构备案。施工单位、监理单位和建设单位应按相同的工程项目划分进行工程质量的检验和评定。

（3）分项工程完工后，应根据评定标准进行检验，对工程质量进行评定。隐蔽工程在隐蔽前应检查合格。

（4）分部工程、单位工程完工后，应汇总所属分项工程、分部工程质量资料，检查外观量，对工程质量进行评定。

2.工程质量检验

（1）公路工程质量检验评定以分项工程为单元，应按基本要求、实测项目、外观质量和质量保证资料等检验项目分别检查。实测项目采用合格率法进行质量评定。

（2）分项工程质量应在所使用的原材料、半成品、成品及施工控制要点等符合基本要求的规定，无外观质量限制缺陷且质量保证资料真实齐全时，方可进行检验评定。

（3）基本要求检查应符合：

①分项工程应对所列基本要求逐项检查，经检查不符合规定时，不得进行工程质量的检验评定。

②分项工程所用的各种原材料的品种、规格、质量及混合料配合比和半成品、成品应符合有关技术标准规定，并满足设计要求。

（4）实测项目检验应符合：

①对检查项目按规定的检查方法和频率进行随机抽样检验并计算合格率。

②以路段长度规定的检查频率为双车道路段的最低检查频率，对多车道应按车道数与双车道之比相应增加检查数量。

③应按下式计算检查项目合格率：

$$检查项目合格率（\%）= \frac{合格的点（组）数}{该检查项目的全部检查点（组）数} \times 100\%$$

（5）检查项目合格判定应符合：

①关键项目的合格率应不低于95%（机电工程为100%），否则该检查项目为不合格。

②一般项目的合格率应不低于80%，否则该检查项目为不合格。

③有规定极值的检查项目，任一单个检测值不应突破规定极值；否则该检查项目为不合格。

（6）外观质量应进行全面检查，并满足规定要求；否则该检验项目为不合格。

（7）工程应有真实、准确、齐全、完整的施工原始记录、试验检测数据、质量检验结果等质量保证资料。质量保证资料应包括下列内容：

①所用原材料、半成品和成品质量检验结果。

②材料配合比、拌和加工控制检验和试验数据。

③地基处理、隐蔽工程施工记录和桥梁、隧道施工监控资料。

④质量控制指标的试验记录和质量检验汇总图表。

⑤施工过程中遇到的非正常情况记录及其对工程质量影响的分析评价资料。

⑥施工过程中如发生质量事故，经处理补救后达到设计要求的认可证明文件等。

（8）检验项目评为不合格的，应进行整修或返工处理，直至合格。

3. 工程质量评定

（1）工程质量等级分为合格与不合格。

（2）分项工程质量评定合格应符合：

①检验记录应完整。

②实测项目应合格。

③外观质量应满足要求。

（3）分部工程质量评定合格应符合：

①评定资料应完整。

②所含分项工程及实测项目应合格。

③外观质量应满足要求。

（4）单位工程质量评定合格应符合：

①评定资料应完整。

②所含分部工程应合格。

③外观质量应满足要求。

（5）评定为不合格的分项工程、分部工程，经返工、加固、补强或调测，满足设计要求后，可重新进行检验评定。

（6）所含单位工程合格，该合同段评定为合格；所含合同段合格，该建设项目评定为合格。

4. 公路工程交工验收

（1）工程交工验收工作一般按合同段进行，并应具备以下条件：

①合同约定的各项内容已全部完成。

②施工单位按《公路工程质量检验评定标准》及相关规定对工程质量自检合格。

③监理单位对工程质量评定合格。

④质量监督机构按《公路工程质量鉴定办法》对工程质量进行检测，并出具检测意见。检测意见中需整改的问题已经处理完毕。

⑤竣工文件按交通运输部规定的内容编制完成。

⑥施工单位、监理单位已完成本合同段的工作总结报告。

（2）交工验收程序：

①施工单位完成合同约定的全部工程内容，且经施工自检和监理检验评定均合格后，提出合同段交工验收申请报监理单位审查。交工验收申请应附自检评定资料和施工总结报告。

②监理单位根据工程实际情况、抽检资料以及对合同段工程质量评定结果，对施工单位交工验收申请及其所附资料进行审查并签署意见。监理单位审查同意后，应同时向项目法人提交独立抽检资料、质量评定资料和监理工作报告。

③项目法人对施工单位的交工验收申请、监理单位的质量评定资料进行核查，必要时可委托有相应资质的检测机构进行重点抽查检测，认为合同段满足交工验收条件时应及时组织交工验收。

④对若干合同段完工时间相近的，项目法人可合并组织交工验收。对分段通车的项目，项目法人可按合同约定分段组织交工验收。

⑤通过交工验收的合同段，项目法人应及时颁发"公路工程交工验收证书"。

⑥各合同段全部验收合格后，项目法人应及时完成"公路工程交工验收报告"。

（3）交工验收的主要工作内容：

①检查合同执行情况。

②检查施工自检报告、施工总结报告及施工资料。

③检查监理单位独立抽检资料、监理工作报告及质量评定资料。

④检查工程实体，审查有关资料，包括主要产品的质量抽（检）测报告。

⑤核查工程完工数量是否与批准的设计文件相符，是否与工程计量数量一致。

⑥对合同是否全面执行、工程质量是否合格做出结论。

⑦按合同段分别对设计、监理、施工等单位进行初步评价。

（4）各合同段的设计、施工、监理等单位参加交工验收工作，由项目法人负责组织。路基工程作为单独合同段进行交工验收时，应邀请路面施工单位参加。拟交付使用的工程，应邀请运营、养护管理等相关单位参加。交通运输主管部门、公路管理机构、质量监督机构视情况参加交工验收。

（5）合同段工程质量评分采用所含各单位工程质量评分的加权平均值。即工程各合同段交工验收后，由项目法人对整个工程项目进行工程质量评定，工程质量评分采用合同段工程质量评分的加权平均值。即工程质量等级评定分为合格和不合格，工程质量评分值大于或等于75分的为合格，小于75分的为不合格。

（6）交工验收备案、试运营期

各合同段验收合格后，项目法人应按交通运输部规定的要求及时完成项目交工验收报告，并向交通运输主管部门备案。国家、部、重点公路工程项目中100km以上的高速公路、独立特大型桥梁和特长隧道工程向省级人民政府交通运输主管部门备案，其他公路工程按省级人民政府交通运输主管部门的规定向相应的交通运输主管部门备案。

公路工程各合同段验收合格后，质量监督机构应向交通运输主管部门提交项目的检测报告。交通运输主管部门在15天内未对备案的项目交工验收报告提出异议，项目法人可开放交通进入试运营期。试运营期不得超过3年。

（7）交工验收不合格的工程应返工整改，直至合格。交工验收提出的工程质量缺陷等遗留问题，由施工单位完成。

（8）对通过交工验收的工程，应及时安排养护管理。

5. 公路工程竣工验收

（1）公路工程竣工验收应具备以下条件：

①通车试运营2年以上。

②交工验收提出的工程质量缺陷等遗留问题已全部处理完毕，并经项目法人验收合格。

③工程决算编制完成，竣工决算已经审计，并经交通运输主管部门或其授权单位认定。

④竣工文件已按相关规定完成。

⑤对需进行档案、环保等单项验收的项目，已经有关部门验收合格。

⑥各参建单位已按交通运输部规定的内容完成各自的工作报告。

⑦质量监督机构已按规定办法对工程质量检测鉴定合格，并形成工程质量鉴定报告。

（2）竣工验收准备工作程序：

①公路工程符合竣工验收条件后，项目法人应按照公路工程管理权限及时向相关交通运输主管部门提出验收申请，其主要内容包括：

a. 交工验收报告。

b. 项目执行报告、设计工作报告、施工总结报告和监理工作报告。

c. 项目基本建设程序的有关批复文件。

d. 档案、环保等单项验收意见。

e. 土地使用证或建设用地批复文件。

f. 竣工决算的核备意见、审计报告及认定意见。

②相关交通运输主管部门对验收申请进行审查，必要时可组织现场核查。审查同意后报负责竣工验收的交通运输主管部门。

③以上文件齐全且符合条件的项目，由负责竣工验收的交通运输主管部门通知所属的质量监督机构开展质量鉴定工作。

④质量监督机构按要求完成质量鉴定工作，出具工程质量鉴定报告，并审核交工验收对设计单位、施工单位、监理单位初步评价结果，报送交通运输主管部门。

⑤工程质量鉴定等级为合格及以上的项目，负责竣工验收的交通运输主管部门及时组织竣工验收。

（3）竣工验收主要工作内容：

①成立竣工验收委员会。

②听取项目法人、设计单位、施工单位、监理单位工作报告。

③听取质量监督机构的工作报告及工程质量鉴定报告。

④检查工程实体质量、审查有关资料。

⑤按交通运输部规定的办法对工程质量进行评分，确定工程质量等级。

（4）竣工验收委员会由交通运输主管部门、公路管理机构、质量监督机构、造价管理机构等单位代表组成。大中型项目及技术复杂工程，应邀请有关专家参加。国防公路应邀请军队代表参加。

项目法人、设计、施工、监理、接管养护等单位应参加竣工验收工作，配合竣工验收检查。

（5）参加竣工验收工作各方的主要职责：

①竣工验收委员会负责对工程实体质量及建设情况进行全面检查。按交通运输部规定的办法对工程质量进行评分，对各参建单位进行综合评价，对建设项目进行综合评价，确定工程质量和建设项目等级，形成工程竣工验收鉴定书。

②项目法人负责提交项目执行报告及验收工作所需资料，协助竣工验收委员会开展工作。

③设计单位负责提交设计工作报告，配合竣工验收检查工作。

④监理单位负责提交监理工作报告，提供工程监理资料，配合竣工验收检查工作。

⑤施工单位负责提交施工总结报告，提供各种资料，配合竣工验收检查工作。

（6）竣工验收工程质量评分采取加权平均法计算，其中交工验收工程质量得分权值为0.2，质量监督机构工程质量鉴定得分权值为0.6，竣工验收委员会对工程质量的评分权值为0.2。

对于交工验收和竣工验收合并进行的小型项目，质量监督机构工程质量鉴定得分权值为0.6，监理单位对工程质量评定得分权值为0.1，竣工验收委员会对工程质量的评分权值为0.3。

工程质量评分大于等于90分为优良，小于90分且大于等于75分为合格，小于75分为不合格。

（7）对建设项目出现以下特别严重问题的合同段，整改合格后，合同段工程质量不得评为优良，质量鉴定得分按照整改前的鉴定得分，超出75分的按75分计，不足75分的按原得分；建设项目竣工验收工程质量等级和综合评定等级直接确定为合格。

①路基工程的大段落路基沉陷、大面积高边坡失稳。

②路面工程车辙深度大于10mm的路段累计长度超过该合同段车道总长度的5%。

③特大桥梁主要受力结构需要或进行过加固、补强。

④隧道工程渗漏水经处治效果不明显，衬砌出现影响结构安全裂缝，衬砌厚度合格率小于90%或有小于设计厚度1/2的部位，空洞累计长度超过隧道长度的3%或单个空洞面积大于$3m^2$。

⑤出现重大质量事故或严重质量缺陷，造成历史性缺陷的工程。

（8）对建设项目出现以下严重问题的合同段，整改合格后，合同段工程质量不得评为优良，质量鉴定得分按75分计算；并视对建设项目的影响，由竣工验收委员会决定建设项目工程质量是否评为优良。

①路基工程的重要支挡工程严重变形。

②路面工程出现修补、唧浆、推移、网裂等病害路段累计长度超过路线的3%或累计面积大于总面积的1.5%；竣工验收复测路面弯沉合格率小于90%。

③大桥、中桥主要受力结构需要或进行过加固、补强。

（9）竣工验收委员会对项目法人及设计单位、施工单位、监理单位工作进行综合评价。评定得分大于或等于90分且工程质量等级优良的为好，小于90分且大于或等于75分为中，小于75分为差。

（10）竣工验收建设项目综合评分采取加权平均法计算，其中竣工验收工程质量得分权值为0.7，参建单位工作评价得分权值为 0.3（项目法人占 0.15，设计单位、施工单位、监理单位各占 0.05）。

评定得分大于或等于 90 分且工程质量等级优良的为优良，小于 90 分且大于或等于 75 分为合格，小于 75 分为不合格。

（11）发生过重大及以上生产安全事故的建设项目综合评定等级不得评为优良。

6. 竣（交）工验收阶段的监理工作

（1）监理机构应按规定审查施工单位提交的合同段交工验收申请、审核施工单位编制的竣工图，应根据监理工作情况及工作质量评定结果，对是否同意交工验收进行审查并签署意见。

（2）监理机构应依据《公路工程质量检验评定标准》（JTG F80/1—2017），结合交通运输部办公厅印发的《交通运输部办公厅关于公路工程验收执行新版公路工程质量检验评定标准有关事宜的通知》（交办公路〔2018〕136号）的规定，从工程项目各合同段的分部工程开始进行工程质量评定，依次进行并完成分部工程、单位工程、合同段工程的质量检验评定工作。

监理机构根据独立抽检资料对工程质量进行评定，当监理按规定完成的独立抽检资料不能满足评定要求时，可以采用经监理确认的施工自检资料。合同段所含全部单位工程质量评定为合格，该合同段质量评定为合格；建设项目所含全部合同段的工程质量评定为合格，该建设项目工程质量评定为合格。

例 题

例1 在合同段中，具有独立施工条件和结构功能的工程称为（　　）。
A. 分项工程　　B. 分部工程　　C. 单位工程　　D. 单项工程

例2 不属于路基工程的分部工程是（　　）。
A. 防护支挡工程　　　　　　B. 涵洞
C. 路基土石方工程　　　　　D. 垫层

例3 涵洞、砌筑防护工程为路基工程的分部工程，其划分依据是（　　）。
A. 延米　　B. 路段　　C. 工艺　　D. 数量

例4 按规定的项目和频率对工程材料或实体质量进行的平行或随机检验活动称为（　　）。
A. 抽检　　B. 抽查　　C. 抽测　　D. 抽验

例5 对从基准点引出的工程控制桩的重点桩位应复测不少于（　　）。
A. 20%　　B. 30%　　C. 40%　　D. 50%

例6 驻地办应及时对已完（　　）进行质量检验评定。
A. 分项工程　　B. 分部工程　　C. 单位工程　　D. 单项工程

例7 分项、分部工程交工验收时，如安全事故的现场处理未完成，监理工程师不得签发（　　）。
A. 交工证书　　B. 中间交工证书　　C. 复工令　　D. 支付证书

例8 在检查项目验收过程中，一般项目的合格率应不低于（　　）。
A. 80%　　B. 85%　　C. 90%　　D. 95%

例9 实测项目检验时，对检查项目按规定的检查方法和频率进行随机抽样检验并计算（　　）。
A. 重复率　　B. 合格率　　C. 不合格率　　D. 优良率

例10 公路工程交工验收工作，由（　　）负责组织。
A. 施工单位　　B. 设计单位　　C. 项目法人　　D. 监理单位

例11 交工验收工程质量等级评定为合格时，工程质量评分值应大于或等于（　　）。
A. 60 分　　B. 75 分　　C. 80 分　　D. 95 分

例12 路面工程的分项工程包括（　　）。
　　A. 面层　　　　　B. 路肩　　　　　C. 边沟　　　　　D. 基层
　　E. 垫层

例13 交通安全设施的分部工程包括（　　）。
　　A. 护栏
　　B. 避险车道
　　C. 绿化工程
　　D. 里程碑和百米桩
　　E. 声屏障

例14 监理机构应对施工单位提交的分部工程及主要分项工程开工申请进行审查，审查的基本内容包括（　　）。
　　A. 质量、安全管理人员是否到位，特种作业人员是否持证上岗
　　B. 施工方案及主要施工工艺控制要点等是否符合有关技术标准
　　C. 使用的原材料或混合料、构配件和主要施工机械设备是否与批准的一致
　　D. 技术、质量和安全管理人员及主要操作人员等的配备是否满足施工需要
　　E. 技术、质量和安全管理人员及主要操作人员等的配备是否满足施工合同要求

例15 施工阶段监理工程师巡视的主要内容包括（　　）。
　　A. 施工现场管理人员特别是质量、安全管理人员是否到位，特种作业人员是否持证上岗
　　B. 使用的原材料或混合料、构配件和主要施工机械设备是否与批准的一致
　　C. 技术标准、设计文件、批准的施工组织设计和方案是否满足合同要求
　　D. 质量、安全、环保和施工标准化等措施是否落实
　　E. 施工自检和工序交接是否符合规定

例16 关于抽检，下列说法符合规范规定的有（　　）。
　　A. 对钢筋、水泥、沥青、石灰和碎石等原材料，抽检频率按批次应不低于规定施工检验频率的10%
　　B. 对水泥混凝土、沥青混合料和无机结合料稳定材料等混合料，抽检频率按批次应不低于规定施工检验频率的15%
　　C. 对分项工程中的关键项目和结构主要尺寸，抽检频率应不低于规定施工检验频率的20%
　　D. 监理机构应在施工单位自检合格的基础上按下列规定进行抽检
　　E. 当监理工程师对工程材料或实体质量有疑问时，应进行抽检

例17 在工程质量评定中，工程质量等级分为（　　）。
　　A. 优秀　　　　　B. 良好　　　　　C. 中等　　　　　D. 合格
　　E. 不合格

例18 水泥稳定料粒基层质量检验的实测项目中，属于关键项目的有（　　）。
　　A. 厚度　　　　　B. 压实度　　　　C. 横坡　　　　　D. 平整度
　　E. 强度

例19 分部工程质量评定合格应符合的规定包括（　　）。
　　A. 检验记录应完整
　　B. 评定资料应完整
　　C. 实测项目应合格
　　D. 外观质量应满足要求
　　E. 所含分项工程合格

例20 根据《公路工程竣（交）工验收办法实施细则》，交工验收阶段主要工作有（　　）。

A. 检查施工合同的执行情况

B. 评价工程质量

C. 对各参建单位工作进行初步评价

D. 对工程质量、参建单位和建设项目进行综合评价

E. 对工程建设项目作出整体性综合评价

例21 公路工程进行竣工验收应具备的条件有（　　）。

A. 交工验收提出的工程质量缺陷等遗留问题已全部处理完毕，并经项目总工程师验收合格

B. 工程决算编制完成，竣工决算已经审计，并经交通主管部门或其授权单位认定

C. 档案、环保等单项验收合格，土地使用手续已办理

D. 质量监督机构对工程质量检测鉴定合格，并形成工程质量鉴定报告

E. 通车试运营3年以上

例22 监理工程师应对施工单位的工艺试验进行全过程的（　　），并应做出详细记录。[2022年真题]

A. 巡视　　　　B. 旁站　　　　C. 抽检　　　　D. 平行试验

例23 根据《公路工程施工监理规范》（JTG G10—2016）的规定，公路工程监理工作应遵循（　　）的原则。[2022年真题]

A. 公正　　　　B. 依法　　　　C. 科学　　　　D. 诚信

E. 自律

例24 路面工程中属于监理旁站项目有（　　）。[2022年真题]

A. 底基层试验段　　　　　　　　B. 基层试验段

C. 沥青面层摊铺作业　　　　　　D. 混凝土路面试验段

E. 透层、黏层试验段

例 题 解 析

例1 根据《公路工程质量检验评定标准　第一册　土建工程》（JTG F80/1—2017）第3.1.1条，在合同段中，具有独立施工条件和结构功能的工程单位称为单位工程。故选C。

例2 根据《公路工程质量检验评定标准　第一册　土建工程》（JTG F80/1—2017）附录A，选项D属于路面工程的分项工程。故选D。

例3 根据《公路工程质量检验评定标准　第一册　土建工程》（JTG F80/1—2017）附录A，涵洞、砌筑防护工程按1～3km路段划分分部工程。故选B。

例4 根据《公路工程施工监理规范》（JTG G10—2016）第2.0.11条，抽检是指监理机构按规定的项目和频率对工程材料或实体质量进行的平行或随机检验活动。故选A。

例5 根据《公路工程施工监理规范》（JTG G10—2016）第5.2.1条，监理工程师应审查施工单位提交的施工测量放线数据和成果，对从基准点引出的工程控制桩的重点桩位应复测不少于30%，经复测不符合规定时应要求其重新测设。故选B。

例6 根据《公路工程施工监理规范》（JTG G10—2016）第5.2.7条，驻地办应及时对已完分部工程进行质量检验评定，总监办应及时组织对单位工程和合同段进行质量评定。故选B。

例7 根据《公路工程施工监理规范》（JTG G10—2016）规定，分项、分部工程交工验收时，如安

全事故的现场处理未完成，不得签发《中间交工证书》。故选 B。

例8 根据《公路工程质量检验评定标准 第一册 土建工程》（JTG F80/1—2017）第 3.2.5 条，一般检查项目的合格率不得低于 80%，否则该检查项目为不合格。故选 A。

例9 根据《公路工程质量检验评定标准 第一册 土建工程》（JTG F80/1—2017）第 3.2.4 条，对检查项目按规定的检查方法和频率进行随机抽样检验并计算合格率。故选 B。

例10 根据《公路工程竣（交）工验收办法实施细则》（交公路发〔2010〕65 号）第七条，各合同段的设计、施工、监理等单位参加交工验收工作，由项目法人负责组织。故选 C。

例11 根据《公路工程竣（交）工验收办法实施细则》（交公路发〔2010〕65 号）第九条，交工验收工程质量等级评定分为合格和不合格，工程质量评分值大于或等于 75 分的为合格，小于 75 分的为不合格。故选 B。

例12 根据《公路工程质量检验评定标准 第一册 土建工程》（JTG F80/1—2017）附录 A，选项 C 为排水工程的分项工程。故选 ABDE。

例13 根据《公路工程质量检验评定标准 第一册 土建工程》（JTG F80/1—2017）附录 A，选项 C 和选项 E 属于单位工程。故选 ABD。

例14 根据《公路工程施工监理规范》（JTG G10—2016）第 5.1.1 条，审查应包括下列基本内容：①施工方案及主要施工工艺控制要点等是否符合有关技术标准；②技术、质量和安全管理人员及主要操作人员等的配备是否满足施工合同要求和施工需要。故选 BDE。

例15 根据《公路工程施工监理规范》（JTG G10—2016）第 5.1.3 条，选项 C 错误，应为是否按技术标准、工程设计文件、批准的施工组织设计和方案施工。故选 ABDE。

例16 根据《公路工程施工监理规范》（JTG G10—2016）第 5.2.3 条，选项 B 错误，对钢筋、水泥、沥青、石灰和碎石等原材料及水泥混凝土、沥青混合料和无机结合料稳定材料等混合料，抽检频率按批次应不低于规定施工检验频率的 10%。故选 ACDE。

例17 根据《公路工程质量检验评定标准 第一册 土建工程》（JTG F80/1—2017）第 3.3.1 条，工程质量等级应分为合格与不合格。故选 DE。

例18 根据《公路工程质量检验评定标准 第一册 土建工程》（JTG F80/1—2017）第 7.7.2 条，检查项目压实度、厚度和强度相应的项次有标识"△"，为关键项目。故选 ABE。

例19 根据《公路工程质量检验评定标准 第一册 土建工程》（JTG F80/1—2017）第 3.3.3 条，选项 A 为分项工程质量评定合格的规定。故选 BCDE。

例20 根据《公路工程竣（交）工验收办法实施细则》（交公路发〔2010〕65 号）第二条，选项 D 和选项 E 为竣工验收阶段的工作。故选 ABC。

例21 根据《公路工程竣（交）工验收办法实施细则》（交公路发〔2010〕65 号）第十三条，选项 A 错误，交工验收提出的工程质量缺陷等遗留问题已全部处理完毕，并经项目法人验收合格；选项 E 错误，通车试运营 2 年以上。故选 BCD。

例22 根据《公路工程施工监理规范》（JTG G10—2016）第 5.1.4 条，监理机构应安排监理人员对旁站项目的施工过程进行旁站，对主要工程的关键项目进行检测见证，并填写旁站记录，签认检测见证结果。故选 B。

例23 根据《公路工程施工监理规范》（JTG G10—2016）第 1.0.5 条，公路工程监理工作应遵循公正、科学、诚信、自律的原则。故选 ACDE。

例24 根据《公路工程施工监理规范》（JTG G10—2016）附录 A，路面工程监理旁站项目有：基层、底基层试验段；沥青面层试验段；水泥混凝土路面试验段、摊铺。故选 ABD。

自 测 模 拟 题

（一）单项选择题

1. 在单位工程中，按照路段长度、结构部位及施工特点等划分的工程为（　　）。
   A. 单位工程　　　B. 单项工程　　　C. 分项工程　　　D. 分部工程

2. 在分部工程中，根据施工工序、工艺或材料等划分的工程为（　　）。
   A. 单位工程　　　B. 单项工程　　　C. 分项工程　　　D. 分部工程

3. 排水工程为路基工程的分部工程，其划分依据是（　　）。
   A. 工序　　　B. 材料　　　C. 路段　　　D. 数量

4. 质量评定时，台背填土应纳入（　　）分部工程进行评定。
   A. 基础及下部构造
   B. 桥梁防护工程
   C. 上部构造现场浇筑
   D. 桥梁引道工程

5. 监理工程师对施工现场进行的定期或不定期的巡回检查活动称为（　　）。
   A. 旁站　　　B. 巡检　　　C. 巡视　　　D. 抽检

6. 监理机构应审查施工单位报审的原材料和混合料试验资料，对主要原材料独立取样进行（　　）。
   A. 平行试验　　　B. 见证试验　　　C. 重复试验　　　D. 核对试验

7. 对分项工程中的关键项目和结构主要尺寸，抽检频率应不低于规定施工检验频率的（　　）。
   A. 10%　　　B. 20%　　　C. 30%　　　D. 40%

8. 同一个分项工程中间验收不宜超过（　　）。
   A. 1次　　　B. 2次　　　C. 3次　　　D. 4次

9. 监理工程师应采取以（　　）为主的方式进行施工现场监理。
   A. 旁站　　　B. 抽检　　　C. 抽查　　　D. 巡视

10. 监理机构按照合同约定，在施工现场对工程项目的重要部位和关键工序的施工，实施连续性的全过程检查、监督与管理，称之为（　　）。
    A. 跟踪检验
    B. 旁站检查
    C. 巡视检验
    D. 见证检验

11. 根据《公路工程质量检验评定标准　第一册　土建工程》（JTG F80/1—2017），不属于填石路基实测项目的是（　　）。
    A. 横坡　　　B. 弯沉　　　C. 强度　　　D. 宽度

12. 分项工程质量评定合格应符合的规定不包括（　　）。
    A. 检验记录应完整
    B. 评定资料应完整
    C. 实测项目应合格
    D. 外观质量应满足要求

13. 下列关于工程质量等级的说法正确的是（　　）。
    A. 工程质量等级分为优、良、差三个等级
    B. 评定为不合格的分项工程、分部工程，经返工、加固、补强或调测，满足设计要求后，可重新进行检验评定

C. 所含单位工程合格，该建设项目评定为合格

D. 所含合同段合格，该建设项目评定不一定为合格

14. 不属于石灰稳定碎石基层质量检查项目的是（ ）。

    A. 横坡度   B. 厚度   C. 渗水系数   D. 强度

15. 沥青混凝土面层的质量检验实测项目中，不属于关键项目的是（ ）。

    A. 矿料级配   B. 弯沉值   C. 沥青含量   D. 压实度

16. 关于公路工程质量检验评定的说法，错误的是（ ）。

    A. 分项工程完工后，对工程质量进行评定

    B. 工程质量等级分为合格与不合格两个等级

    C. 工程监理单位应按规定要求对工程质量进行独立抽检

    D. 建设单位应对公路工程质量进行最终检测评定

17. 施工单位完成合同约定的全部工程内容，且经施工自检和监理检验评定均合格后，提出合同段交工验收申请报（ ）审查。

    A. 设计单位   B. 建设单位   C. 项目法人   D. 监理单位

18. 公路工程竣工验收时，通车试运营（ ）。

    A. 1 年以上   B. 2 年以上   C. 3 年以上   D. 4 年以上

19. 竣工验收工程质量评分计算采取（ ）。

    A. 数理统计法   B. 中位数法   C. 加权平均法   D. 合格率法

20. 路基工程的重要支挡工程严重变形，整改后该合同段不得评为（ ）。

    A. 优良   B. 中等   C. 合格   D. 不合格

21. 属于公路工程交工验收工作内容的是（ ）。

    A. 对工程质量进行评分

    B. 听取公路工程质量监督报告

    C. 检查监理工作报告及质量评定资料

    D. 听取施工总结报告

22. 关于公路工程交工验收施工合同段工程质量等级评定的说法，正确的是（ ）。

    A. 工程质量评分值大于或等于 90 分为优质工程

    B. 工程质量评分值大于或等于 85 分为优良工程

    C. 工程质量评分值大于或等于 80 分为中等工程

    D. 工程质量评分值大于或等于 75 分为合格工程

23. 下列工作中，属于竣工验收内容的是（ ）。

    A. 检测施工合同的执行情况

    B. 评价工程质量是否符合技术标准和设计要求

    C. 评价工程质量是否满足通车要求

    D. 对工程质量、参建单位和建设项目进行综合评价

24. 根据《公路工程竣（交）工验收办法实施细则》，不能作为竣工验收委员会成员的是（ ）。

    A. 交通运输主管部门代表   B. 质量监督机构代表

    C. 造价管理机构代表   D. 设计代表

（二）多项选择题

1. 分项工程是指在分部工程中，根据（　　）等划分的工程。
   A. 施工工序　　B. 工程材料　　C. 施工条件　　D. 路段长度
   E. 施工工艺

2. 分部工程是指在单位工程中，按（　　）等划分的工程。
   A. 结构部位　　B. 工程材料　　C. 施工特点　　D. 路段长度
   E. 施工工艺

3. 属于单位工程的包括（　　）。
   A. 5km 路基工程　　　　　　　　B. 3km 路基土石方工程
   C. 3km 路面工程　　　　　　　　D. 10km 路面工程
   E. 1 座简支梁桥

4. 属于路基工程的分部工程包括（　　）。
   A. 1km 排水工程　　　　　　　　B. 1 座小桥
   C. 15m 人行天桥　　　　　　　　D. 1 座涵洞
   E. 1 处大型挡土墙

5. 工程质量监理的主要方法有（　　）。
   A. 旁站　　B. 试验　　C. 验收　　D. 评定
   E. 测量

6. 驻地办在收到分项工程交工或中间交工验收申请后，下列做法正确的有（　　）。
   A. 应及时对分项工程进行质量评定
   B. 应对施工单位的检验评定资料进行检查
   C. 组织施工单位在监理抽检、检测见证和隐蔽工程验收基础上进行质量评定
   D. 对评定合格的签发《分项工程（中间）交工证书》
   E. 对评定合格的签发《分部工程（中间）交工证书》

7. 监理工程师质量监理时，计量与支付的先决条件包括（　　）。
   A. 已完分项、分部工程质量经过施工单位自检
   B. 已完分项、分部工程质量经过监理单位评定
   C. 监理验收并确认工程质量合格
   D. 质量保证资料、评定资料齐全有效
   E. 符合安全和环保监理的规定

8. 根据《公路工程施工监理规范》（JTG G10—2016）规定，下列说法正确的有（　　）。
   A. 质量不合格的材料、构配件不得在工程上使用
   B. 对工程质量缺陷，监理机构应签发监理指令单，要求施工单位整改
   C. 对质量不合格的工程，监理机构应签发监理指令单，要求施工单位返工处理
   D. 对可能危及结构安全或存在重大隐患的质量问题，要求施工单位返工处理
   E. 当发生质量事故时，监理机构应依法按有关规定报告和处理

9. 预应力筋加工和张拉时，监理工程师旁站项目有（　　）。
   A. 试验工程　　B. 首次浇筑　　C. 首次张拉　　D. 首次封锚

E. 首次压浆

10. 工程质量检验时，分项工程的检验项目包括（　　）。
    A. 基本要求
    B. 原材料的品种
    C. 实测项目
    D. 质量保证资料
    E. 外观质量

11. 单位工程质量评定合格应符合的规定包括（　　）。
    A. 所含分项工程应合格
    B. 检验记录应完整
    C. 所含分部工程应合格
    D. 评定资料应完整
    E. 外观质量应满足要求

12. 质量保证资料应包括（　　）。
    A. 材料配合比、拌和加工控制检验和试验数据
    B. 所用原材料、半成品和成品质量检验结果
    C. 返工、加固、补强或调测后重新检验的资料
    D. 地基处理、隐蔽工程施工记录和桥梁、隧道施工监控资料
    E. 施工过程中遇到的非正常情况记录及其对工程质量影响的分析评价资料

13. 关于检查项目合格判定，下列说法正确的有（　　）。
    A. 关键项目的合格率应不低于100%，否则该检查项目为不合格
    B. 关键项目的合格率应不低于95%，否则该检查项目为不合格
    C. 一般项目的合格率应不低于90%，否则该检查项目为不合格
    D. 一般项目的合格率应不低于80%，否则该检查项目为不合格
    E. 有规定极值的检查项目，任一单个检测值不应突破规定极值，否则该检查项目为不合格

14. 关于工程质量检验，下列说法正确的有（　　）。
    A. 应对所列基本要求逐项检查，经检查不符合规定时，不得进行工程质量的检验评定
    B. 对检查项目按规定的检查方法和频率进行随机抽样检验并计算代表值
    C. 有规定极值的检查项目，任一单个检测值不应突破规定极值；否则该检查项目为不合格
    D. 外观应该全面进行检查，并且满足规范要求；否则为不合格
    E. 检验项目评为不合格的，应进行整修或返工处理直至合格

15. 竣工验收委员会由（　　）等单位代表组成。
    A. 公路管理机构
    B. 造价管理机构
    C. 质量监督机构
    D. 招标代理机构
    E. 交通运输主管部门

16. 整改合格后，建设项目工程质量不得评为优良的有（　　）。
    A. 路基工程的大段落路基沉陷、大面积高边坡失稳
    B. 路基工程的重要支挡工程严重变形
    C. 路面工程车辙深度大于10mm的路段累计长度超过该合同段车道总长度的5%
    D. 特大桥梁主要受力结构需要或进行过加固、补强
    E. 隧道工程渗漏水经处治效果不明显，衬砌出现影响结构安全裂缝

17. 公路工程交工验收工作一般按合同段进行，应具备的条件包括（　　）。

A. 合同约定的各项内容已全部完成，各方就合同变更的内容达成书面一致意见

B. 质量监督机构的检测意见中需整改的问题已经处理完毕

C. 设计单位对工程质量评定合格

D. 监理单位对工程质量评定合格

E. 施工单位对工程质量自检合格

18. 关于公路工程竣（交）工验收的说法，正确的是（　　）。

A. 竣工验收委员会由交通运输主管部门、项目法人、质量监督机构等单位代表组成

B. 通车试运营 2 年以上方可进行竣工验收

C. 竣工验收质量等级评定分为合格和不合格

D. 通过交工验收的合同段，项目法人应及时颁发"公路工程交工验收证书"

E. 批准的项目建议书是竣工验收的重要依据

19. 根据《公路工程竣（交）工验收办法实施细则》，公路工程交工验收应具备的条件有（　　）。

A. 通车试运营 2 年以上

B. 施工单位按《公路工程质量检验评定标准　第一册　土建工程》（JTG F80/1—2017）及相关规定对工程质量自检合格

C. 监理单位对工程质量评定合格

D. 质量监督机构按《公路工程质量鉴定办法》对工程质量进行检测，并出具检测意见，检测意见中需整改的问题已经处理完毕

E. 档案、环保等单项验收合格

参考答案

（一）单项选择题

1. C　2. D　3. C　4. A　5. C　6. A　7. B　8. B　9. D　10. B
11. C　12. B　13. B　14. C　15. B　16. D　17. D　18. B　19. C　20. A
21. C　22. D　23. D　24. D

（二）多项选择题

1. ABE　2. ACD　3. DE　4. ABE　5. ABE　6. BCD　7. ACDE
8. ABCE　9. ACE　10. ACDE　11. CDE　12. ABDE　13. BDE　14. ACDE
15. ABCE　16. ACDE　17. ABDE　18. BDE　19. BCD

二、路基工程施工质量监理

重点知识

（一）路基工程的基础知识

1. 路基的分类

（1）根据填方、挖方的不同，路基的形式分为路堤、路堑，介于两者之间的路基又分为半填半挖路基和零填路基。

①填方路基。公路纵断面设计高程高于原地面的填方路基称为路堤。在结构上，路堤分为上路堤、下路堤，上路堤是指路床以下 0.7m 厚度范围内的填方部分，下路堤是指上路堤以下的填方部分。路床

是指路面结构层以下 0.8m 或 1.2m 范围内的路基部分，分为上路床和下路床两层。上路床厚度为 0.3m；下路床厚度在轻、中及重交通公路为 0.5m，特重、极重交通公路为 0.9m。

②挖方路基。低于原地面的挖方路基称为路堑。

（2）根据路基的填筑高度、挖方深度划分，路基的形式分为高路堤、陡坡路堤和深挖路堑。

①高路堤。高路堤是指路基填土边坡高度大于 20m 的路堤。

②陡坡路堤。陡坡路堤是指地面斜坡陡于 1∶2.5 的路堤。

③深挖路堑。深挖路堑是指边坡高度超过 20m 的土质路堑或边坡高度超过 30m 的岩石路堑。

（3）根据路基的填筑材料划分，路基的形式分为填石路堤、土石路堤和填土路堤。

①填石路堤。填石路堤是指用粒径大于 40mm 且含量超过总质量 70% 的石料填筑的路堤。

②土石路堤。土石路堤是指用石料含量占总质量 30%～70% 的土石混合材料填筑的路堤。

③填土路堤。填土路堤是指石方材料含量占总质量 30% 以下甚至纯土方材料填筑的路堤。

（4）位于特殊土地段、不良地质地段，受水、气候等自然因素影响强烈的路基，被称为特殊路基。特殊路基分为若干种，主要包括沿河地段路基、滑坡地段路基、崩塌地段路基、雪害地段路基、涎流冰地段路基和黄土地区路基、膨胀土地区路基、风沙地区路基、泥石流地区路基、采空区路基、软土地区路基、岩溶地区路基、红黏土与高液限土地区路基、多年冻土地区路基、季节性冻土地区路基等。

2. 路基的干湿类型划分

路基在最不利季节的干湿状态，被称为路基的干湿类型。共分为四类，即干燥、中湿、潮湿和过湿。原有路基的干湿类型可根据路基的分界相对含水率或分界稠度划分；新建公路路基的干湿类型可用路基临界高度来判别。高速公路的路基应保持干燥或中湿的状态，不得处于潮湿和过湿状态。

3. 路基应满足的基本要求

为保证路基的全寿命周期质量和路面的正常使用功能，要求路基断面尺寸必须符合设计规范，同时，路基应满足设计要求的强度、稳定性（整体稳定性与水稳定性）和耐久性。

4. 构成路基的几何要素

构成路基的几何要素主要是指路基宽度、路基高度和路基边坡坡度。

5. 路基土的分类及其工程特性

（1）路基土的分类

依据土的颗粒组成特征、土的塑性指标和土的有机质含量的情况，可将土分为巨粒土、粗粒土、细粒土和特殊土等 4 大类，并进一步细分为 13 种土。

巨粒土分为漂石土、卵石土；粗粒土分为砾类土砂类土；细粒土分为粉质土黏质土、有机质土；特殊土分为黄土、膨胀土、红黏土、盐渍土、冻土、软土。

土是由土颗粒（固相）、水（液相）及气体（气相）三种物质组成的集合体。反映土的物理性质的指标有密度、比重、含水率、干密度、饱和密度、浮密度、孔隙比、饱和度等。其中，土的密度试验常用环刀法、蜡封法、灌砂法、灌水法确定。

饱和度（S_r）用来描述土中水充满孔隙的程度，当 $S_r = 0$ 时，土是完全干燥的；当 $S_r = 1$ 时，土是完全饱和的；当 $0.5 < S_r \leqslant 0.8$ 时，土处于潮湿状态。

（2）路基土的工程性质

①巨粒土具有很高的强度和稳定性，是良好的填筑路基的材料。

②砾类土级配良好时，密实程度好，强度和稳定性均能满足要求。

③砂类土无塑性，透水性强，毛细水上升高度小，具有较大的内摩擦角，强度和水稳定性均好，但砂类土黏结性小，易于松散，压实困难。砂类土级配较好时，既含有一定数量的粗颗粒，又含有一定数量的细颗粒，强度、稳定性等都能满足要求，是理想的路基填筑材料。

④粉质土属于不良的公路用土。如必须用粉质土填筑路基，则应采取技术措施改良土质并加强排水或隔离水等。

⑤对于黏质土，如在适当含水率时加以充分压实，并设置良好的排水设施，筑成的路基也能获得稳定。

⑥高液限黏土不透水，黏聚力特别强，塑性很大，干燥时很坚硬，施工时难以挖掘与破碎。

（二）路基施工准备

1. 施工测量与放样

（1）控制测量

①平面控制测量应采用卫星定位测量、导线测量、三角测量或三边测量方法进行。

②高程控制测量应采用水准测量或三角高程测量的方法进行。

（2）导线复测

①原有导线点不能满足施工需要时，应增设满足相应精度要求的附合导线点。

②同一建设项目内相邻施工段的导线应闭合，并满足同等级精度要求。

③可能受施工影响的导线点，施工前应加固或改移，并应保持其精度。

④监理工程师应要求对导线桩点进行不定期检查和定期复测，复测周期应不超过6个月，并做好抽检工作。

（3）水准点复测与加密

①同一建设项目应采用同一高程系统，并应与相邻项目高程系统相接。

②公路沿线每500m宜有1个水准点。高速公路、一级公路宜加密，每200m设置1个水准点。在结构物附近、高填深挖路段、工程量集中及地形复杂路段，宜增设水准点。临时水准点应符合相应等级的精度要求，并与相邻水准点闭合。

③对可能受施工影响的水准点，要求施工前应加固或改移，并应保持其精度。

④水准点应进行不定期检查和定期复测，复测周期应不超过6个月，监理工程师应做好抽检。

（4）路基中线放样

路基开工前，施工单位应进行全段中线放样并应固定路线主要控制桩，测量放样方法有切线支距法、偏角法、坐标法、GPS-RTK技术放样等，宜采用坐标法进行测量放样。

（5）路基施工放样

①施工前应对原地面进行复测，核对或补充横断面。经过复测，对持有异议的原地面高程，施工单位应向监理机构提交一份列出有误的高程和相应的修正高程表，经监理机构和建设单位、设计单位确定出正确的高程之后方可扰动原地面。

②施工前应设置标识桩，将路基用地界、路堤坡脚、路堑坡顶、取土坑、护坡道、弃土堆等的具体位置标识清楚。

③对于深挖高填路段，每挖填3~5m或者一个边坡平台应复测一次中线和横断面。

2. 施工便道

（1）施工主便道应设置为双车道，路基宽度宜不小于7.5m，路面宽度宜不小于6.5m。单车道施工便道的路基宽度宜不小于4.5m，并适当设置错车道。错车道应设置在视野良好的地段，间距宜不小于300m亦不大于400m。设置错车道的路段，其施工便道的路面宽度宜不小于6.5m，有效长度宜不小于20m。

（2）施工便道上应设置必要的警示标志。

（3）对于施工便桥，应设置限载、限宽、限速标志，验收后方可使用。

3. 原地表处理

（1）路基清表后填筑前，监理机构应督促施工单位对路基基底的原状土进行取样试验。取样试验的频率是每公里应至少取2个点，并应根据土质变化增加取样点数。

（2）施工单位应及时对拟作为路堤填料的材料进行取样试验，每5000m³或土质发生变化时进行取样试验。土样试验项目包括天然含水率、液限（W_L）、塑限（W_P）、塑性指数（I_P）、天然稠度、颗粒分析、击实（确定最大干容重、最佳含水率）、承载比（CBR值）试验等。对于高速公路、一级公路还应做相对密度、有机质含量、易溶盐含量、冻胀和膨胀量等试验。

4. 路基原地表清理与填前压实

（1）路基用地范围内的垃圾、有机物残渣及取土坑原地面表层（100～300mm）腐殖土、草皮、农作物的根系和表土应予以清除。二级及二级以上公路路堤或填方高度小于1m的公路路堤，应将路基基底范围内的树根全部挖除并将坑穴填平夯实；填方高度大于1m的二级以下公路路堤，可保留树根，但不得露出地面。

（2）场地清理完成后，应全面进行填前碾压。二级及二级以上公路，一般土质的压实度应不小于90%；三、四级公路，压实度应不小于85%。

（3）低路堤应对地基表层土进行超挖、分层回填和压实，其处理深度应不小于路床厚度，必要时进行翻拌晾晒或者洒水湿润。

5. 试验路段

（1）路基工程需要进行试验路段的情形

试验路段亦称首件工程，已被建设单位普遍认可和推行，也是交通运输部创建品质工程的要求内容之一，做成标准件后又称"样板工程"。对于下列情况的路基，施工单位应做路基填筑的试验路段：

①二级及二级以上公路的路堤（即高速公路和一级、二级公路的路堤填筑）。

②填石路堤、土石路堤。

③特殊填料路堤。

④特殊路基。

⑤拟采用新技术、新工艺、新材料、新设备的路基填筑。

（2）试验路段的目的

为了保证路基填筑质量，检验施工方案和机械设备，为随后的施工积累经验和取得有关参数，检验和提高施工人员的施工水平和管理水平，监理工程师应督促施工单位进行路堤填方工程的试验段施工。进行试验路段的主要目的有：

①确定压路机型号以及各种机械的使用最佳配合。

②确定松铺厚度、压实厚度。

③确定压实工艺、碾压遍数。

④确定不同含水率的压实工艺。

⑤检验施工组织管理和相关人员的配合情况。

（3）试验路段的长度

路堤填方试验路段应在路基主线上选择地质条件路基断面形式等具有代表性的地段进行试验，试验路段的长度宜不小于200m。

（三）一般路基

1. 一般规定

（1）路基填料的选择宜选用级配好的砾类土、砂类土等粗粒土作为填料。含草皮、生活垃圾、树根、腐殖质的土严禁作为填料。泥炭土、淤泥、冻土、强膨胀土、有机质土及易溶盐超过允许含量的土等，不得直接用于填筑路基；确需使用时，应采取技术措施进行处理，经检验满足要求后方可使用。粉质土不宜直接用于填筑二级及二级以上公路的路床，不得直接用于填筑冰冻地区的路床及浸水部分的路堤。

（2）路基填料最小承载比和最大粒径应符合表2-2-2的规定。

路基填料最小承载比和最大粒径要求 表2-2-2

填料应用部位（路面底面以下深度）(m)				填料最小承载比CBR（%）			填料最大粒径（mm）
				高速公路、一级公路	二级公路	三、四级公路	
填方路基	上路床		0～0.30	8	6	5	100
	下路床	轻、中及重交通	0.30～0.80	5	4	3	100
		特重、极重交通	0.30～1.20				
填方路基	上路堤	轻、中及重交通	0.8～1.5	4	3	3	150
		特重、极重交通	1.2～1.9				
	下路堤	轻、中及重交通	>1.5	3	2	2	150
		特重、极重交通	>1.9				
零填及挖方路基	上路床		0～0.30	8	6	5	100
	下路床	轻、中及重交通	0.30～0.80	5	4	3	100
		特重、极重交通	0.30～1.20				

注：1. 表列承载比是根据路基不同填筑部位压实标准的要求，按《公路土工试验规程》（JTG 3430—2020）试验方法规定浸水96h确定的CBR。
2. 三、四级公路铺筑沥青混凝土和水泥混凝土路面时，应采用二级公路的规定。
3. 表中上、下路堤填料最大粒径150mm的规定不适用于填石路堤和土石路堤。

（3）路床填料应符合表2-2-2的规定。高速公路、一级公路路床填料宜采用砂砾、碎石等水稳性好的粗粒料，也可采用级配好的碎石土、砾石土等；粗粒料缺乏时，可采用无机结合料改良细粒土。路床填筑，每层最大压实厚度宜不大于300mm，路床顶面最后一层压实后的厚度应不小于100mm。路床底面以下400mm范围内的填料粒径应小于150mm。

（4）零填、挖方路段路床范围为过湿土时，应进行换填处理；高速公路、一级公路换填厚度宜为0.8～

1.2m，若过湿土的总厚度小于1.5m，则宜全部换填；二级公路的换填厚度宜为0.5~0.8m。

（5）高速公路、一级公路路床范围为崩解性岩石或强风化软岩时，应进行换填处理，换填厚度宜为0.3~0.5m。

2. 取土与弃土

（1）路基取土应不占或少占耕地，取土深度应结合地下水等因素综合考虑，原地面耕植土应先集中存放。桥头两侧不宜设置取土场。

（2）路基弃土宜集中堆放，并与周边环境相协调。弃土宜分层填筑，分层压实，弃土场的边坡不得陡于1：1.5，顶面宜设置不小于2%的排水坡。

（3）严禁在贴近桥梁墩台、涵洞口处弃土。不得向水库、湖泊、岩溶漏斗及暗河口处弃土。

（4）弃土作为路基反压护道时，宜与路基同步填筑。

（5）在地面横坡陡于1：5的路段，路堑顶部高侧不得设置弃土场。

3. 挖方路基

（1）施工工艺流程

路基中线和坡顶边线测量放样→开挖路基坡顶截水沟→路基清表并确认清表后、填筑前的纵断高程→选择适用的方法开挖→土（石）方外运→路床土挖松晾晒和分层压实→开挖路基排水边沟→路床质量检验，直至路床整修、验收和移交。

（2）土方开挖方法

①横向挖掘法

单层横向全宽挖掘法：从开挖路堑的一端或两端按断面全宽一次性挖到设计高程，逐渐向纵深挖掘，挖出的土方一般都是向两侧运送。该方法适用于挖掘浅且短的路堑。

多层横向全宽挖掘法：从开挖路堑的一端或两端按断面分层挖到设计高程，适用于挖掘深且短的路堑。

②纵向挖掘法

分层纵挖法：沿路堑全宽，以深度不大的纵向分层进行挖掘，适用于较长的路堑开挖。

通道纵挖法：先沿路堑纵向挖掘一通道，然后将通道向两侧拓宽以扩大工作面，并利用该通道作为运土路线及场内排水的出路。该层通道拓宽至路堑边坡后，再挖下层通道，如此向纵深开挖至路基高程，该方法适用于较长、较深、两端地面纵坡较小的路堑开挖。

分段纵挖法：沿路堑纵向选择一个或几个适宜处，将较薄一侧堑壁横向挖穿，使路堑分成两段或数段，各段再纵向开挖。该方法适用于过长、弃土运距过远、一侧堑壁较薄的傍山路堑开挖。

③混合式挖掘法

多层横向全宽挖掘法和通道纵挖法混合使用。先沿路线纵向挖通道，然后沿横向坡面挖掘，以增加开挖面。该方法适用于路线纵向长度和挖深都很大的路堑开挖。

（3）土方开挖规定

①土方开挖应自上而下逐级进行，不得乱挖或超挖，严禁用爆破法施工或掏洞取土。

②开挖至零填、路堑路床部分后，应及时进行路床施工；如不能及时进行，宜在设计路床顶高程以上预留至少300mm厚的保护层。

③土方开挖遇到地下水时，应采取排导措施，将水引入路基排水系统，不得随意堵塞泉眼。

（4）石方开挖的常用方法

①直接用机械开挖法。适用于场地开阔、大方量的软岩石。

②钻爆开挖法。爆破是石质路基施工最有效的施工方法。

路基施工爆破的方法有光面爆破、预裂爆破、微差爆破、定向爆破和硐室爆破等。

③静态破碎法。该方法适用于在设备附近、高压线下以及开挖与浇筑过渡段等特定条件下的开挖。

（5）石方开挖施工规定

①石方开挖应逐级开挖，逐级按设计要求进行防护。

②施工过程中，每挖深3～5m应进行边坡边线和坡率的复测。

③严禁采用硐室爆破，靠近边坡部位的硬质岩应采用光面爆破或预裂爆破。

4．填土路基

（1）施工工艺流程

路基中线和边线测量放样→开挖路基排水沟→路基清表并确认清表后、填筑前的压实质量→选择并挖运适宜的路基填料→分层铺土、整平→分层碾压、局部翻浆（松散）处理→分层质量检验，直至路床整修、验收和移交。

（2）零填挖路基的施工技术规定

零填挖及挖方路床顶面以下 0～800（或 1200）mm 范围内的压实度，对于高速公路和一级公路不应小于 96%；对于二级公路，不应小于 95%。对于三、四级公路，零填挖及挖方路床顶面以下 0～300mm 范围内的压实度，不应小于 94%，但当三、四级公路采用沥青混凝土或水泥混凝土路面时，其路床顶面以下 0～800mm 范围内的压实度不应小于 95%。

（3）填土路堤的填筑技术规定

填方路堤必须按路面平行线分层控制填土高程。每层填料铺设宽度应超出每层路堤的设计宽度 300mm。路堤填筑时应从最低处起分层填筑，性质不同的填料，应水平分层分段铺料、分段整平、分层压实。同一水平层路基的全宽应采用同一种填料，不得混合填筑。每种填料的填筑层压实后的连续厚度宜不小于 500mm。填筑路床顶最后一层时，压实后的厚度应不小于 100mm。路基上部宜采用水稳性好或冻胀敏感性小的填料。每种填料的松铺厚度应通过试验确定。

路堤填土高度小于 800mm 时，对于原地面清理与挖除后的土质路基基底，应将表面翻松深 300mm 后整平压实。

路堤填筑应从最低处分层填筑、逐层压实。地面自然横坡陡于 1∶5 时或纵坡陡于 12%时，应将原地面挖成台阶，台阶宽度应满足摊铺和压实设备的操作需要，且不得小于 2m。台阶顶面应做成向内并大于 4%的内倾斜坡。砂类土上不挖台阶，但将原地面以下 200～300mm 的表土翻松。

填方作业分段施工时，如两个相邻段接头部位不能在同一时间填筑（即不能交替填筑），则先填筑路段应按 1∶1～1∶1.2 的坡度分层预留台阶；如能交替填筑，应分层相互搭接，搭接长度应不小于 2m。

（4）土质路基的压实原则

填土方路基的碾压原则为"先压边缘后压中间，先慢后快，先静压后振动"。第一遍静压，然后先慢、后快，由弱振至强振，由外向内、纵向进退式进行。

（5）土质路基的压实度标准.

压实度标准应符合表 2-2-3 的规定。

土质路基压实度标准 表2-2-3

填筑部位（路面底面以下深度）(m)				压实度（%）		
				高速、一级公路	二级公路	三、四级公路
填方路基	上路床		0~0.30	≥96	≥95	≥94
	下路床	轻、中及重交通	0.30~0.80	≥96	≥95	≥94
		特重、极重交通	0.30~1.20			—
	上路堤	轻、中及重交通	0.8~1.5	≥94	≥94	≥93
		特重、极重交通	1.2~1.9			
	下路堤	轻、中及重交通	>1.5	≥93	≥92	≥90
		特重、极重交通	>1.9			
零填及挖方路基	上路床		0~0.30	≥96	≥95	≥94
	下路床	轻、中及重交通	0.30~0.80	≥96	≥95	—
		特重、极重交通	0.30~1.20			

注：1. 表列压实度以《公路土工试验规程》（JTG 3430—2020）重型击实试验法为准。
2. 三、四级公路铺筑水泥混凝土路面或沥青混凝土路面时，其压实度应采用二级公路的规定值。
3. 路堤采用特殊填料或处于特殊气候地区时，压实度标准在保证路基强度要求的前提下根据试验路段和当地工程经验确定。
4. 特殊干旱地区的压实度标准可降低2~3个百分点。

（6）路基压实度的检验方法

①挖坑灌砂测试压实度法。本方法适用于现场测试路基结构和路面基层或底基层、砂石路面的压实度，以评价结构层的压实质量。本方法不适用于填石路堤等有大孔洞或大空隙的结构层压实度测试。

②核子密湿度仪测试压实度法。本方法适用于用核子密湿度仪测试路基、路面材料的密度和含水率，并计算施工压实度，以评价结构层的压实质量。本方法可采用散射和直接透射两种方式进行。其中，散射方式宜用于测试沥青混合料面层的压实密度或硬化混凝土等难以打孔材料的密度。直接透射方式宜用于测试厚度不大于30cm的土基、基层材料或非硬化水泥混凝土等可以打孔材料的密度和含水率。

核子仪应每12个月进行一次校验。密度的测试范围为1.12~2.73kg。

核子仪在使用前应在试验路段上确定与标准方法的相关性，其相关系数R应不小于0.95。

③环刀测试压实度法。本方法适用于现场测试细粒土及龄期不超过2d的无机结合料稳定细粒土结构的密度，并计算施工压实度，以评价结构层的压实质量。

④钻芯测试路面压实度法。本方法适用于测试从压实的沥青路面上钻取沥青混合料芯样的密度，并计算施工压实度，以评价结构层的压实质量。

⑤无核密度仪测试压实度法。本方法适用于现场无核密度仪快速测试当日铺筑且未开放交通的沥青路面各层沥青混合料的密度，并计算压实度。测试结果不宜用于评定验收。

⑥土石路堤或填石路堤压实沉降差测试方法。本方法适用于通过测量土石路堤或填石路堤碾压过程中的沉降变化量，结合施工工艺参数，测试土石路堤或填石路堤的压实程度。

⑦地质雷达法，是利用探地雷达仪的反射波检测压实度的一种先进方法。地质雷达法可用于土方路

基等匀质材料压实后的压实度检测。

（7）质量检验

土方路基实测项目有：压实度（△）、弯沉（△）、纵断高程、中线偏位、宽度、平整度、横坡、边坡坡度。

5. 填石路基

（1）施工工艺流程（同填土路基施工工艺流程）

（2）填料选择要求

在公路路基土石挖方中，如用不小于 112.5kW 推土机单齿松动器无法松动，须用爆破或钢锲大锤或气钻方法开挖的，以及体积大于或等于 $1m^3$ 的孤石为石方，余为土方。路基的土石分类应以设计为依据由监理工程师确定。

①硬质岩石、中硬岩石可用于路堤和路床填筑；软质岩石可用于路堤填筑，不得用于路床填筑；膨胀岩石、易溶性岩石和盐化岩石不得用于路基填筑。

②路基的浸水部位，应采用稳定性好、不易膨胀崩解的石料填筑。

③填石路堤填料中的石块最大粒径应不大于 500mm，并不宜超过层厚的 2/3，不均匀系数宜为 15～20。路床底面以下 400mm 范围内，填料最大粒径不得大于 150mm，其中小于 5mm 的细料含量应不小于 30%。

（3）填石路堤施工质量监理要点

①填石路堤应分层填筑压实。在陡峻山坡地段施工特别困难时，三级及三级以下砂石路面公路的下路堤可采用倾填方式填筑。

②岩性相差大的填料应分层或分段填筑，软质石料与硬质石料不得混合使用。

③填石路堤顶面与细粒土填土层之间应填筑过渡层或铺设无纺土工布隔离层。

④压实机械宜选用自重不小于 18t 的振动压路机。

⑤中硬、硬质石料填筑路堤时，应进行边坡码砌。码砌防护的石料强度、尺寸应满足设计要求。边坡码砌与路基填筑应基本同步进行。

（4）压实度标准

填石路堤的压实质量标准采用孔隙率作为控制指标，并符合表 2-2-4 的要求。孔隙率的检测应采用水袋法进行。

填石路堤压实质量标准　　　　　　　　表 2-2-4

分　区	路床顶面以下深度（m）	硬质石料孔隙率（%）	中硬石料孔隙率（%）	软质石料孔隙率（%）
上路堤	0.80～1.50	≤23	≤22	≤20
下路堤	>1.50	≤25	≤24	≤22

（5）质量检验

填石路堤实测项目有：压实（△）、弯沉（△）、纵断高程、中线偏位、宽度、平整度、横坡、边坡坡度和平顺度。成形后的质量检验程序同填土路基。

对于填石路堤，还应特别注意外观质量检查，检查是否达到规定的标准，包括路堤表面应无明显孔洞；大粒径石料应不松动；边坡码砌紧贴、密实无松动，砌块间承接面向内倾斜，坡面平顺；路基边线与边坡不应出现单向累计长度超过 50m 的弯折；上边坡不得有危石等。

第二章 公路工程质量目标控制

6. 土石路基

（1）施工工艺流程（同填土路基施工工艺流程）

（2）填料选择要求

膨胀岩石、易溶性岩石等不宜直接用于路基填筑，崩解性岩石和盐化岩石等不得用于路基填筑。

天然土石混合填料中，中硬、硬质石料的最大粒径不得大于压实层厚的2/3；石料为强风化石料或软质石料时，其CBR值应符合规定，石料最大粒径不得大于压实层厚。

（3）土石路堤施工质量监理要点

①压实机械宜选用自重不小于18t的振动压路机。

②应分层填筑压实，不得采用倾填法施工，分层压实厚度不得超过400mm。

③应使大粒径石料均匀分散在填料中，石料间孔隙应填充小粒径石料和土。

④土石混合料来自不同料场，其岩性或土石比例相差大时，宜分层或分段填筑。

⑤填料由土石混合材料变化为其他填料时，土石混合材料最后一层的压实厚度应小于300mm，该层填料最大粒径宜小于150mm，压实后表面应无孔洞。

⑥中硬、硬质石料填筑土石路堤时，宜进行边坡码砌，码砌与路堤填筑宜同步进行，软质石料土石路堤的边坡按土质路堤边坡处理。

⑦采用强夯、冲击压路机进行补压时，应避免对附近构造物造成影响。

（4）质量检验

路基成形后质量标准与实测项目与土方路基要求一致。

对于土石混填路堤，还应特别注意外观质量检查，检查是否达到规定的标准，包括路基表面无明显孔洞；大粒径填石应不松动；中硬硬质石料土石路基边坡应码砌紧贴、密实无松动，砌块间承接面应向内倾斜坡面平顺等。

7. 高路堤与陡坡路基

（1）高填方路堤的路段应优先安排施工宜预留1个雨季或6个月以上的沉降期，然后施工路面。

（2）高路堤施工中应按设计要求预留高度与宽度，并进行动态监控。

（3）高路堤宜每填筑2m冲击补压一次，或每填筑4～6m强夯补压一次。

（4）高路堤填筑过程中应进行沉降和位移（稳定性）观测。

（5）当地面自然横坡度陡于1∶5时，或纵坡陡于12%时，应将原地面挖成台阶，台阶的宽度应满足摊铺和压实设备的操作需要，且不得小于2m。台阶定应做成向内并大于4%的内倾斜坡。砂类土上则不挖台阶，但应将原地面以下200～300mm的表土翻松。

8. 路堤沉降观测

（1）二级及二级以上公路路堤施工，应进行沉降和稳定的动态观测。

（2）观测要求应符合表2-2-5的规定。

沉降和稳定动态观测　　　　表2-2-5

观测项目	常用仪器	观测内容及目的
地表沉降量	沉降板	根据测定数据调整填土速率；预测沉降趋势，确定预压卸载时间和结构物及路面施工时间；提供施工期间沉降土方量的计算依据
地表水平位移量及隆起	地表水平位移桩	监测地表水平位移及隆起，确保路堤施工的安全和稳定
土体深层水平位移	测斜仪	监测土体深层水平位移，推定土体剪切破坏的位置

（3）施工期间，填筑期每填一层应观测一次。两次填筑间隔时间长时，每3～5d观测一次。路堤填筑完成后，堆载预压期间第一个月宜每3d观测一次，第二、第三个月宜每7d观测一次，从第四个月起宜每15d观测一次，直至预压期结束。

9.特殊填料的路堤施工质量控制

（1）粉煤灰路堤

①粉煤灰可用于各级公路路堤填筑，不得用于高速公路、一级公路的路床和二级公路的上路床。用于路基填筑的粉煤灰的烧失量应不大于20%，SO_3含量宜不大于3%。粉煤灰中不得含团块、腐殖质及其他杂质。

②路堤高度超过4m时，可在路堤中部设置土质夹层。粉煤灰路堤应进行包边防护，包边土应与粉煤灰同步施工，宽度宜不小于2m。包边土和顶面封层土，应采用塑性指数不小于12的黏性土。

（2）土工泡沫塑料路堤

①土工泡沫塑料可用于软土地基上路堤、桥涵与挡土墙构造物台背路堤、拓宽路堤和修复失稳路堤等。

②现场加工时，宜用电热丝进行切割。

③铺筑前应设置垫层，垫层宽度宜超过路基边缘0.5～1.0m，垫层顶面应保持干燥。

④土工泡沫塑料路堤两边应进行土质包边，包边法向厚度应不小于0.25m，并应分层夯实，防渗土工膜宜分级回包。

（3）泡沫轻质土路堤

①泡沫轻质土施工湿重度应符合设计要求，设计未规定时泡沫轻质土施工最小湿重度应不小于$5.0kN/m^3$，施工最大湿重度宜不大于$11.0kN/m^3$。

②泡沫轻质土施工流动度宜为170～190mm。特重极重交通高速公路及一级公路路床部位的泡沫轻质土配合比宜采用掺砂配合比，流动度宜为150～170mm，且砂与水泥的质量比宜控制在0.5～2.0。

③泡沫轻质土路堤施工前，应将路基划分为面积不大于$400m^2$、长轴不超过30m的浇筑区，每个浇筑区单层浇筑厚度宜为0.3～1.0m。轻质土路堤每隔10～15m应设置一道变形缝。

④泡沫宜采用压缩空气与发泡剂水溶液混合的方式生产，不得采用搅拌发泡法生产泡沫。

⑤原材料配合比计量应采用电子计量，泡沫剂、水泥、水、外加剂和外掺料计量精度均为±2%。

⑥用于制备泡沫轻质土的料浆在储料装置中的停滞时间宜不超过1.5h。

⑦泡沫轻质土在浇筑过程中应做湿重度现场检测，检测方法应采用容量筒法，每一浇筑区浇筑层检测次数应不低于6次。

（4）煤矸石路堤

①煤矸石可用于公路路堤填筑，不宜用于高速公路、一级公路上路堤，不得用于路床。需要保护的水源地区域不宜采用煤矸石进行路堤填筑。

②煤矸石填料CBR值应大于8%，耐崩解性指数应大于60%，硫化铁含量宜小于3%。

③未经充分氧化与陈化的煤矸石用于路堤填筑时，每填筑2～3m应设置300mm厚的细粒土隔离层，路堤顶面应进行封闭处理。应采用细粒土进行包边防护，包边土应与煤矸石同步施工，宽度宜不小于2m，包边土底部0.5m范围宜采用透水性填料。煤矸石路堤发生自燃时可灌注石灰浆、水泥浆进行封闭处理。

（5）工业废渣路堤

①工业废渣可用于公路路堤填筑，不得用于高速公路、一级公路路床和路堤浸水部位。

②调节工业废渣含水率应在渣场中进行。

③应采用细粒土进行包边防护，包边土应与工业废渣同步施工，宽度宜不小于2m，包边土底部0.5m范围宜采用透水性填料。

④每填筑2~3m应设置300mm厚的细粒土隔离层，路堤顶面应进行封闭处理。

（6）填砂路堤

①砂料可用于公路路堤填筑，不宜直接用于路床填筑。含有草皮、生活垃圾、树根、腐殖质的砂料不得作为路基填料，砂料中有机质含量应不超过5%。

②在填筑前先填筑黏土或石灰改良土下封层，下封层厚度宜不小于400mm，应分两层施工。

③应全断面分层填筑和压实，最大松铺厚度宜不超过400mm，施工作业段长度宜为400~500m，超填宽度每侧宜不小于50mm。

（四）特殊地区路基

1. 软土地区路基

（1）浅层置换施工规定

厚度小于3.0m的软土宜采用浅层置换。置换宜选用强度高的砂砾、碎石土等水稳性和透水性好的材料。施工时，应分层填筑、分层压实。

（2）浅层改良施工规定

①对非饱和黏质土的软弱表层，可添加石灰、水泥等进行改良处置。

②石灰、水泥等应与土拌和均匀，严格控制含水率。施工时，应分层填筑、压实。

（3）抛石挤淤施工规定

①应采用不易风化的片石块石，石料直径宜不小于300mm。

②当软土地层平坦，横坡缓于1∶10时，应沿路线中线向前呈等腰三角形抛填，渐次向两侧对称抛填至全宽，将淤泥挤向两侧；当横坡陡于1∶10时，应自高侧向低侧渐次抛填，并在低侧边部多抛投形成不小于2m宽的平台。

③当抛石高出水面后，应采用重型机具碾压密实。

（4）爆炸挤淤施工规定

①宜采用布药机进行布药。当淤泥顶面高、露出水面时间长，且装药深度小于2.0m时，可采用人工简易布药法。

②爆炸挤淤施工应采取控制噪声、有害气体和飞石，减少粉尘、冲击波等环境保护措施。

③爆炸挤淤后应采用钻孔或物探方法探测检查置换层厚度、残留混合层厚度。置换层底面和下卧地基层设计顶面之间的残留淤泥碎石混合层厚度应不大于1m。

（5）砂砾、碎石垫层施工规定

①砂砾、碎石垫层宜采用级配好的中、粗砂，砂砾或碎石，含泥量应不大于5%，最大粒径宜小于50mm。

②垫层应水平铺筑，分层铺筑压实。可采用振动法（平振、插振、夯实等）、碾压法、水撼法。当地形有起伏时，应开挖台阶，台阶宽度宜为0.5~1m。

③垫层宽度应宽出路基坡脚0.5~1m，两侧宜用片石护砌或采用其他方式防护。

（6）铺设土工合成材料施工规定

①土工合成材料在存放及铺设过程中不得在阳光下长时间暴露。与土工合成材料直接接触的填料中不得含强酸性、强碱性物质。

②施工中应采取措施防止土工合成材料受损，出现破损时应及时修补或更换。

（7）袋装砂井施工规定

①宜采用中、粗砂，粒径大于 0.5mm 颗粒的含量宜大于 50%，含泥量应小于 3%，渗透系数应大于 5×10^{-2} mm/s。

②套管起拔时应垂直起吊，防止带出或损坏砂袋。发生砂袋带出或损坏时，应在原孔位边缘重打。

③砂袋在孔口外的长度应不小于 300mm，并顺直伸入砂砾垫层。

（8）塑料排水板施工规定

①塑料排水板露天堆放时应有遮盖。

②施工中应防止泥土等杂物进入套管内。

③塑料排水板不得搭接，预留长度应不小于 500mm，并及时弯折埋设于砂垫层中。

（9）真空预压、真空堆载联合预压施工规定

①密封膜应采用抗老化性能好、韧性好抗穿刺能力强的不透气材料。

②密封膜连接宜采用热合黏结缝平搭接，搭接宽度应不小于 15mm。

③滤管应不透砂。滤管距泥面、砂垫层顶面的距离均应大于 50mm。滤管周围应采用砂填实，不得架空、漏填。

④密封膜的周边应埋入密封沟内。密封沟的宽度宜为 0.6～0.8m，深度宜为 1.2～1.5m。

⑤真空表测头应埋设于砂垫层中间，每块加固区应不少于 2 个真空度测点。

⑥真空预压施工应按排水系统施工、抽真空系统施工、密封系统施工及抽气的顺序进行。

⑦采用真空堆载联合预压时，应先抽真空，当真空压力达到设计要求并稳定后，再进行堆载，并继续抽气。堆载时应在膜上铺设土工布等保护材料。

⑧施工监测，预压过程中，应进行膜下真空度、孔隙水压力、表面沉降深层沉降及水平位移等预压参数的监测。膜下真空度每隔 4h 测一次，表面沉降每 2d 测一次。当连续五昼夜实测地面沉降小于 0.5mm/d，地基固结度已达到设计要求的 80%时，经验收，即可终止抽真空。停泵卸荷后 24h，应测量地表回弹值。

（10）粒料桩施工规定

①施工前应进行成桩工艺和成桩挤密试验，试桩数量不应小于 5 根。

②砂桩宜采用中、粗砂，粒径大于 0.5mm 颗粒含量宜占总质量的 50%以上，含泥量应小于 3%，渗透系数应大于 5×10^{-2} mm/s；也可使用砂砾混合料，含泥量应小于 5%。

③碎石桩宜采用级配好不易风化的碎石或砾石，最大粒径宜不大于 50mm，含泥量应小于 5%。

④粒料桩可采用振冲置换法或振动沉管法，宜从中间向外围或间隔跳打。邻近结构物施工时，应沿背离结构物的方向施工。

⑤碎石桩密实度抽查频率应为 2%，用重Ⅱ型动力触探测试，贯入量为 100mm 时，击数应大于 5 次。

（11）加固土桩施工规定

①加固土桩的固化剂宜采用生石灰或水泥。生石灰应采用磨细Ⅰ级生石灰，应无杂质，最大粒径应小于 2mm。水泥宜采用强度等级不低于 32.5 级的普通硅酸盐水泥。

②加固土桩施工前应进行成桩试验，桩数宜不少于 5 根。应取得满足设计喷入量的各种技术参数，如钻进速度、提升速度、搅拌速度、喷气压力、单位时间喷入量等。

③施工中发现喷粉量或喷浆量不足，应整桩复打，复打的量应不小于设计用量。中断施工时，应及时记录深度，并在 12h 内进行复打，复打重叠长度应大于 1m；超过 12h，应采取补桩措施。

（12）水泥粉煤灰碎石桩（CFG 桩）施工规定

①集料可采用碎石或砾石，泵送混合料时砾石最大粒径宜不大于 25mm，碎石最大粒径宜不大于 20mm；振动沉管灌注混合料时，集料最大粒径宜不大于 50mm。水泥宜选用 32.5 级普通硅酸盐水泥。粉煤灰宜选用袋装Ⅱ、Ⅲ级粉煤灰。

②施工前应进行成桩试验，试桩数量宜为 5～7 根。成桩试验需要确定施工工艺、速度、投料数量和质量标准。

③群桩施工，应合理设计打桩顺序控制打桩速度，宜采用隔行隔桩跳打的打桩顺序，相邻桩打桩间隔时间应不小于 7d。桩顶设 500mm 保护桩长，施工完成 7d 后方可开挖至设计高程，截去保护桩长，施工 28d 后方可填筑路基。

④冬季施工时，混合料入孔温度不得低于 5℃，对桩头和桩间土应采取保温措施。

（13）现浇混凝土大直径管桩施工规定

①粗集料宜优先选用卵石。采用碎石时，宜适当增加含砂率。集料最大粒径宜不大于 63mm。混凝土坍落度宜为 80～100mm，在运输和灌注过程中无离析、泌水。

②桩尖、桩帽混凝土强度等级宜不低于 C30。桩尖表面应平整、密实，桩尖内外面圆度偏差不得大于 1%，桩尖端头支承面应平整。

③邻近有建筑物或构造物时，应采取有效的隔振措施。

④群桩施工，应合理设计打桩顺序、控制打桩速度，防止影响邻桩成桩质量。

（14）预制管桩施工规定

①预制管桩宜采用静压方式施工，也可采用锤击沉桩方式施工。

②桩的打设次序宜由路基中心线向两侧打设，由结构物向路堤方向打设。

③沉桩过程中应严格控制桩身的垂直度。

④每根桩宜一次性连续沉至设计高程。

⑤中止沉桩宜采用贯入度控制。

⑥桩帽钢筋笼应插入管桩内，连接混凝土应与桩帽混凝土一起灌注。

（15）强夯与强夯置换施工规定

①强夯置换材料应采用级配好的片石、碎石、矿渣等坚硬的粗颗粒材料，粒径宜不大于夯锤底面直径的 0.2 倍，含泥量宜不大于 10%，粒径大于 300mm 的颗粒含量宜不大于总质量的 30%。

②施工前应选择有代表性并不小于 500m² 的路段进行试夯，确定最佳夯击能、间歇时间、夯间距等参数。

③夯点可采用正方形或等边三角形布置，间距宜为 5～7m。在强夯能级不变的条件下，宜采用重锤、低落距。

④强夯和强夯置换施工前应在地表铺设一定厚度的垫层。强夯施工垫层材料宜采用透水性好的砂、砂砾、石屑、碎石土等，强夯置换施工垫层材料宜与桩体材料相同。垫层宜分层摊铺压实。

⑤强夯施工结束 30d 后，应通过标准贯入、静力触探等原位测试，测量地基的夯后承载能力是否达

到设计要求。

（16）软土地区路堤施工规定

①施工期间，路堤中心线地面沉降速率 24h 应不大于 10～15mm，坡脚水平位移速率 24h 应不大于 5mm。应结合沉降和位移观测结果综合分析地基稳定性。填筑速率应以水平位移控制为主，超过标准应立即停止填筑。

②应按设计要求的预压荷载、预压时间进行预压。堆载预压的填料宜采用上路床填料，并分层填筑压实。

③反压护道宜与路堤同时填筑。分开填筑时，应在路堤达到临界高度前完成反压护道施工。

2. 滑坡地段路基

（1）应在滑坡后缘的稳定地层上，修筑具有防渗功能的环形截水沟、排水沟。

（2）有地下水时，应设置截水渗沟。反滤材料采用碎石时，碎石粒径应符合要求，含泥量应小于 3%。

（3）抗滑桩与挡土墙共同支挡时，应先施作抗滑桩。挡土墙后有支撑渗沟及其他排水工程时应先施工。

（4）抗滑桩、锚索施工应从两端向滑坡主轴方向逐步推进。

（5）各种支挡结构的基底应置于滑动面以下，并应嵌入稳定地层。

3. 崩塌与岩堆地段路基

（1）施工时应做好崩塌与岩堆地段渗入水及地下水的截水、排水及防渗设施。

（2）岩堆地区路基施工，应进行动态监控和巡视。填筑路基时，不宜使用振动碾压设备。

（3）处于发展中的岩堆地段路基，应减少开挖，并按设计要求采取挡土墙、坡面封闭等防护措施，也可设置拦石墙与落石槽或修建明洞、棚洞等遮挡构造物。

4. 泥石流地区路基

（1）泥石流地区路基施工，应采取措施加强监测。

（2）采用桥梁形式跨越泥石流地段时，应按设计要求及时完成防护加固设施。

（3）排导构造物平面线形应圆滑、渐变，上下游应有足够长的衔接段，行进段沟槽不宜过分压缩，出口不宜突然放宽。流向改变处的转折角不宜超过 15°，避免因急弯突然收缩和扩大而造成淤塞。

5. 岩溶地区路基

（1）岩溶水的疏导、引排不得堵塞与地下河连通的岩溶漏斗、冒水洞溶洞等地下通道。

（2）对路基上方的岩溶泉和冒水洞，应采用排水沟将水截流至路基外。

（3）对出水点多、水流分散的岩溶水，可设置渗沟、截水墙与截水洞等截流设施。截流位置应设置得当，截排顺畅。

（4）对水流集中的长流或间歇性岩溶水，可设置明沟、涵管与泄水洞等排水设施。过水断面应设置合理，引排顺畅。

（5）对路基基底处的岩溶泉和冒水洞，宜设置桥涵等排水设施将水排出路基外。

（6）位于路基基底的裸露和埋藏浅的溶洞，可采取回填封闭、钢筋混凝土盖板跨越、支撑加固或结构物跨越等处理措施。

（7）对有充填物的溶洞，可采取注浆法、旋喷法等加固措施。不能满足要求时，宜采用结构物跨越。

（8）覆盖层中土洞埋藏浅时，可采取回填夯实或强夯等处理措施；覆盖层中土洞埋藏深时，宜采取注浆、复合地基等处理措施。

（9）对岩溶洼地或地下水丰富处的软土地基，软土厚度小时可采用片石、碎石或砾石等换填处理；软土厚度大时可采取旋喷桩、CFG 桩、粉喷桩等其他软基处理措施。

6. 红黏土与高液限土地区路基

（1）高填方、陡坡路基不宜采用红黏土与高液限土填筑；路基浸水部分桥台背、挡土墙背、涵洞背等部位不得采用红黏土与高液限土填筑。

（2）红黏土与高液限土的击实、CBR试验应采用湿法试验。

（3）红黏土与高液限土路堤边坡防护可采用拱形护坡等常规的防护方式。

（4）高速公路、一级公路红黏土与高液限土零填及挖方段，当红黏土与高液限土厚度不大于 1.5m 时，应将红黏土与高液限土全部清除并换填，当红黏土与高液限土厚度大于 1.5m 时，应将路床范围内的红黏土与高液限土挖除并换填。

7. 膨胀土地区路基

（1）膨胀土的击实、CBR试验应采用湿法试验。

（2）膨胀土的分级应符合表 2-2-6 的规定。

膨胀土分级 表 2-2-6

项次	分级指标	弱膨胀土	中等膨胀土	强膨胀土
1	自由膨胀率F_s（40%）	$40 \leq F_s < 60$	$60 \leq F_s < 90$	$F_s \geq 90$
2	塑性指数I_p	$15 \leq I_p < 28$	$28 \leq I_p < 40$	$I_p \geq 40$
3	标准吸湿含水率w_f（%）	$2.5 \leq w_f < 4.8$	$4.8 \leq w_f < 6.8$	$w_f \geq 6.8$

注：标准吸湿含水率指在标准温度（通常25℃）和标准相对湿度（通常60%）时，膨胀土试样恒重后的含水率。

（3）中等膨胀土、弱膨胀土的适用范围应符合表 2-2-7 规定。膨胀土掺拌石灰改良后可用作路基填料，掺灰处置后的膨胀土不宜用于高速公路、一级公路的路床和二级公路的上路床。

中等膨胀土、弱膨胀土的适用范围 表 2-2-7

位置	高速公路、一级公路	二级公路	三级公路
上路床	—	—	—
下路床	—	—	弱
上路堤		中、弱	中、弱
下路堤	中、弱	中、弱	中、弱

（4）高填方、陡坡路基不宜采用膨胀土填筑。强膨胀土不得作为路基填料。路基浸水部分不得用膨胀土填筑。桥台背、挡土墙背、涵洞背等部位严禁采用膨胀土填筑。

8. 黄土地区路基

（1）换填法处理湿陷性黄土地基时，宜采用石灰土垫层或水泥土垫层，也可采用素土垫层。垫层应分层摊铺碾压，每层厚度宜不大于 300mm，压实度应符合所在部位的标准要求。

（2）冲击碾压法处理湿陷性黄土地基时，冲压处理的施工长度应不小于 100m；与结构物的安全距离不满足要求时宜开挖隔振沟；地基土的含水率应控制在最佳含水率±3%范围内；应采用排压法进行冲压；过程中应对地基的沉降值、压实度进行检测。

（3）强夯法处理湿陷性黄土地基时，同一强夯能级宜采用重锤、低落距的方式进行；地基土的含水率宜控制在 8%～24%之间；宜分主夯、副夯、满夯三遍实施，两遍夯击之间宜有一定的时间间歇；夯点的夯击次数应按试夯得到的夯击次数和夯沉量关系曲线确定；与结构物安全距离不满足要求时应开挖隔振沟。

（4）挤密桩法处理湿陷性黄土地基，深度在 12m 之内时，宜采用沉管法成孔；超过 12m 时，可采用预钻孔法进行成孔。石灰土挤密桩不得采用生石灰。干拌水泥碎石挤密桩所用石屑粒径宜为 0～5mm，碎石粒径宜为 5～20mm，含泥量应不大于 5%。填料前应夯实孔底。成桩回填应分层投料分层夯击，填料的压实度宜不小于 93%。挤密桩完成后，应及时进行桩顶石灰土垫层的施工。

（5）采用桩基础法进行湿陷性黄土地基处理时，桩顶的桩帽应采用水泥混凝土现场浇筑，桩顶进入桩帽的长度宜不小于 50mm；桩帽顶的加筋石灰土垫层应及时施工，土工格栅应采用绑扎连接，铺设时应拉紧并锚固，铺设后应及时用石灰土覆盖；过程中应对桩位偏差桩体质量、桩帽质量、土工格栅的原材料及铺设质量、垫层的质量进行检验；有要求时应进行单桩承载力试验，预制桩应在成桩 15d 后进行，灌注桩应在成桩 28d 后进行。

（6）对危及路基安全的黄土陷穴，应根据其埋藏深度和大小选用适当的方法进行处理，陷穴处理方法见表 2-2-8。

陷穴处理方法　　　　　　　　　　　　　表 2-2-8

处理方法	回填夯实	明挖回填夯实	开挖导洞或竖井回填夯实	实注浆或爆破回填	灌砂
适用条件	明陷穴	陷穴埋藏深度≤3m	3m＜陷穴埋藏深度≤6m	陷穴埋藏深度＞6m	陷穴埋藏深度≤3m，直径≤2m，洞身较直

（7）黄土路堤填筑施工时，黄土碾压的含水率宜控制在最佳含水率±2%范围内。

9. 盐渍土地区路基

（1）盐渍土路堤应分层填筑压实，松铺厚度宜不超过 300mm，碾压时宜按最佳含水率±2%控制。粗粒土的压实层厚宜不超过 300mm，风积沙的压实层厚宜不超过 400mm。雨天不宜施工。

（2）桥、涵两侧台背不宜采用盐渍土填筑。

（3）盐渍土路堤的施工，应从基底处理开始连续施工。在设置隔断层的地段，宜连续填筑到隔断层的顶部。

（4）地下水位高的黏性盐渍土地区，宜在夏季施工；砂性盐渍土地区，宜在春季和夏初施工；强盐渍土地区，宜在表层含盐量低的春季施工。

（5）设有护坡道的路段，护坡道也宜分层填筑，压实度应不小于 90%。

（6）土工合成材料隔断层施工时，在土工膜上填筑粗粒土的路段，应设上保护层，上保护层厚度宜不小于 200mm。保护层摊平后先碾压 2 或 3 遍，再铺一层粗粒土，与上保护层一起碾压，两者的厚度之和应不超过 400mm。

10. 采空区路基

（1）注浆法处理采空区时，试验注浆孔数应不小于总孔数的 3%。成孔钻机、压浆设备、试验检测设备、成孔和注浆工艺、浆液的各种参数应通过试验路段选择确定。

（2）采空区呈大体水平状况时，同一地段的成孔和注浆，应按先帷幕孔、后注浆孔的顺序进行施工；采空区呈倾斜状况时，应按先深层部位、后浅层部位的顺序进行施工。帷幕注浆应分序间隔进行。

（3）干砌片石或浆砌片石支撑法处理采空区时，施工时应采取通风措施，并按从里到外的顺序进行。片石的最小尺寸应不小于 100mm，母岩抗压强度应不小于 30MPa。

（4）强夯法处理采空区时，施工前应在典型地段进行试夯，经检测满足要求后方可正式施工。施工时应按要求的夯点间距、夯击能、点夯次数、夯击遍数进行控制。

11.滨海地区路基

（1）斜坡式路堤的护坡，坡面平整，块体接触面向内倾斜，紧贴坡面。胸墙应在路堤的沉降基本完成后再进行修筑。

（2）直墙式路堤应采用块石填筑，石块应嵌、码交错施工。采用抛石方法形成的明基床或暗基床应满足设计要求。

12.季节性冻土地区路基

（1）高速公路、一级公路的土质路堤以及半填半挖地段、填挖交界处，不得在冰冻期施工。

（2）已完工路基，越冬时应覆盖素土并碾压，并做好顶面及地表排水等保护措施。

（3）路堤填筑前应在路基两侧挖出排水沟或边沟，并结合永久排水先做渗沟、渗井等地下排水设施。

（4）挖方路段应提前填筑拦水埂，并及时疏通排水沟渠。

（5）石质挖方段不宜超挖，超挖和清除软层后的凹凸面宜采用水稳性好的砂砾料或混凝土回填找平。

（6）挡土墙基础最小埋置深度应不小于1m，且应设置在冻结线以下不小于0.25m。应将基底至冻结线以下0.25m深度范围内的地基土换填为非冻胀材料。

13.沿河地段路基

（1）路基施工不应压缩河道，弃方应妥善处理，严禁向河中倾弃。

（2）受水位涨落影响及常水位以下的路堤，宜用水稳定性好、不宜风化的透水性材料填筑，粒径不宜大于300mm。常水位以下坡脚宜用装石钢筋笼进行防护处理。

（五）路基排水

1.地表排水工程

（1）截水沟先行施工，与其他排水设施衔接平顺，纵坡宜不小于0.3%。

（2）排水沟线形应平顺，转弯处宜为弧线形。排水沟的出水口应设置跌水或急流槽，水流应引出路基或引入排水系统。

（3）急流槽应分节砌筑，分节长度宜为5~10m，接头处应采用防水材料填缝。混凝土预制块急流槽的分节长度宜为2.5~5m，接头应采用榫节。

（4）无消力池的跌水，其台阶高度应小于600mm，每个台阶高度与长度之比应与原地面坡度相协调。

（5）蒸发池池底宜设0.5%的横坡，入口处应与排水沟连接平顺。蒸发池四周应采用隔离栅进行防护，高度应不低于1.8m，并设置警示牌。

2.地下排水工程

（1）排水垫层的厚度宜不小于300mm，垫层材料应采用天然砂砾或中粗砂，含泥量应不大于5%。垫层宜分层摊铺压实或夯实。

（2）中央分隔带采用铺面封闭时，铺面层下应采取防水措施，铺面层的横坡与道路横坡一致。中央分隔带未采用铺面封闭时，施工时排水管应采用反挖法。应检查铺设高度、横坡及防水布的铺设，不得破坏漏水。沟槽回填应采用种植土，施工中应做好临时排水。

（3）暗沟沟底应埋入不透水层内，沟壁最低一排渗水孔应高出沟底200mm以上。进口应采取截水措施。寒冷地区的暗沟应做好防冻保温处理，出水口坡度宜不小于5%。暗沟顶面应设置混凝土盖板或石料盖板，板顶上填土厚度应不小于500mm。

（4）渗沟应设置排水层、反滤层和封闭层。渗沟基底应埋入不透水层内不小于 0.5m，沟壁的一侧应设反滤层汇集水流，另一侧用黏土夯实或用浆砌片石拦截水流。渗沟沟底不能埋入不透水层时，两侧沟壁均应设置反滤层。粒料反滤层应分层填筑。坑壁土质为黏质土、粉砂、细砂，采用无砂混凝土板作反滤层时，在无砂混凝土板的外侧，应加设 100~150mm 厚的中粗砂或渗水土工织物。渗沟顶部封闭层宜采用干砌片石水泥砂浆勾缝或浆砌片石等，寒冷地区应设保温层，并加大出水口附近纵坡。保温层可采用炉渣、砂砾、碎石或草皮等。

（5）边坡渗沟的基底应设置在潮湿土层以下的干燥地层内，阶梯式泄水坡坡度宜为 2%~4%，基底应铺砌防渗层，沟壁应设反滤层，其余部分用透水性材料填充。

（6）支撑渗沟的基底埋入滑动面以下宜不小于 500mm，排水坡度宜为 2%~4%。当滑动面缓时，可做成台阶式支撑渗沟，台阶宽度宜不小于 2m。渗沟侧壁及顶面宜设反滤层。出水口宜设置端墙。端墙内的出水口底高程，应高于地表排水沟常水位 200mm 以上，寒冷地区宜不小于 500mm。承接渗沟排水的排水沟应进行加固。

（7）渗井应边开挖边支撑，井壁与填充料之间应设反滤层，填充料与反滤层应分层同步施工。渗井顶部四周应采用黏土填筑围护，并应加盖封闭。

（六）防护支挡工程

1. 路基防护工程

（1）路基防护工程应与路基挖填方工程紧密、合理衔接，应开挖一级防护一级。

（2）路基植物防护包括坡面植物防护、湿法客土喷播防护、三维植物网防护、水泥混凝土骨架防护、水泥混凝土空心预制块骨架防护等形式。

（3）坡面工程防护包括坡面喷浆、坡面喷射混凝土、锚杆挂网喷射混凝土干砌片石护坡、浆砌片石护坡、水泥混凝土预制块护坡、浆砌片石护面墙等形式。

2. 路基边坡支挡工程

路基边坡支护工程包括边坡锚固、重力式挡土墙、石笼式挡土墙、锚杆挡土墙、锚定板挡土墙、加筋土挡土墙、悬臂式和扶壁式挡土墙抗滑桩、土钉支护、柔性防护网系统等形式。支挡及石砌防护构造物施工一般分为基坑开挖及其地基承载力检验、构造物砌筑和墙背回填等工序。以下重点介绍挡土墙工程。

（1）挡土墙的基坑开挖

①重力式挡土墙的基坑开挖宜分段跳槽进行，分段位置宜结合伸缩缝、沉降缝等设置进行确定。

②应严格控制基底高程，不得超挖填补，特别是设计的挡土墙基底为倾斜面时。

（2）挡土墙的基础砌筑

①在硬质岩石上的浆砌片石基础宜满坑砌筑。浆砌片石底面应卧浆铺砌，立缝要填浆补实，不得有空隙和立缝贯通现象。

②对于台阶式基础，宜与墙体连续砌筑，基底及墙趾台阶转折处不得砌成垂直通缝，砌体与台阶壁间的缝隙砂浆应饱满。

③基础周边应在基础砂浆强度达到设计强度的 75% 后及时分层回填夯实。回填应在表面预留 3% 的向外斜坡。

（3）挡土墙的墙身施工

①砌石墙身应分层错缝砌筑，咬缝应不小于砌块长度的 1/4 且不得出现贯通竖缝。

②片石、砌块应大面朝下砌筑，砌块不应直接接触，间距宜不小于20mm。
③混凝土墙身应水平分层浇筑分层振捣。分层厚度应不超过300mm。
④混凝土浇筑应连续进行。如间断，间断时间应小于前层混凝土的初凝时间，否则，应按施工缝处理。浇筑过程中应专人检查模板、支撑情况。
⑤挡土墙端部伸入路堤或嵌入挖方部分应与墙体同时砌筑。挡土墙顶应找平抹面或勾缝。

（4）挡土墙的墙背回填

挡土墙砂浆强度或混凝土强度达到设计强度的75%以上时，方可进行墙背回填。距墙背0.5～1.0m内不得使用重型振动压路机进行碾压。

墙背填料应符合下列规定：

①宜采用设计要求的填料。设计未规定时，选用砂性土、卵石土、砾石土或块石土等透水性好、抗剪强度高的材料。
②采用黏质土作为填料时，应在墙背设置厚度不小于300mm的砂砾或其他透水性材料排水层。排水层顶部应采用黏质土层封闭，土层厚度宜不小于500mm。
③填料中不得含有机物、冰块、草皮、树根等杂物或生活垃圾。不得使用膨胀土、高液限黏土腐殖土、盐渍土、淤泥、冻土块、白垩土、硅藻土、生活垃圾、有机质等作为墙背填料。

（5）质量检验

挡土墙的施工质量标准与实测项目，包括砂浆强度或混凝土强度（△）、平面位置、墙面坡度、断面尺寸（△）、顶面高程、表面平整度等指标。

（七）涵洞、通道和小桥、人行天桥工程

1. 混凝土管涵

（1）施工工艺流程：施工准备→测量放样→基坑开挖→下承面准备→垫层施工→基础施工→管节安装→沉降缝处理→养护→基坑回填。

（2）管节宜在工厂内集中预制，仅当不具备集中预制的环境和条件时，方可在工地设置预制场进行制作。管节可采用振动制管法、离心法、悬辊法或立式挤压法等方法制作。

（3）制作完成的管节，内外侧表面应平直圆滑，端面应平整并与其轴线垂直；斜交管涵进出水口管节的外端面，应按斜交角度进行处理。管节尺寸允许偏差为：长度−5mm，0mm；内径不少于设计值；管节厚度不小于−3mm；顺直度的矢度不大于0.2%管节长。

（4）管涵基础的顶面应设置混凝土管座，管座的弧形面应与管身紧密贴合，使管节受力均匀。当管节直接放置在天然地基上时，应按照设计要求将管底的土层夯压密实或设置砂垫层，并做成与管身弧度密贴的弧形管座。

2. 拱涵、盖板涵

（1）施工工艺流程：施工准备→测量放样→基坑开挖→下承面准备→垫层施工→基础施工→涵身混凝土浇筑（或砌筑墙身）→拱顶（盖板）浇筑、砌筑或安装→沉降缝处理→养护→基坑回填。

（2）拱圈和出入口拱上端墙的砌筑施工，应由两侧向中间同时对称进行。

（3）拱涵、盖板涵混凝土的现场浇筑施工在涵长方向宜连续进行；当涵身较长不能一次连续完成时，可沿长度方向分段进行浇筑，施工缝应设在涵身的沉降缝处。现浇混凝土拱圈时，应对称浇筑，最后浇筑拱顶，或在拱顶预留合龙段最后浇筑并合龙。

（4）就地浇筑的拱涵和盖板涵，宜采用钢模板或胶合板模板。

（5）预制拱圈和盖板的安装，应符合下列规定：

①预制构件的混凝土强度应达到设计强度的85%后，方可搬运安装，设计有规定时应从其规定。

②安装前，应检查构件及拱座、涵台的尺寸；安装后，拱圈和盖板上的吊装孔，应以砂浆填塞密实。

③拱座与拱圈、拱圈与拱圈的拼装接触面，应先拉毛或凿毛（沉降缝处除外），安装前应浇水湿润，再以M10水泥砂浆砌筑。

3. 箱涵、箱通

（1）施工工艺流程：施工准备→测量放样→基坑开挖→下承面准备→垫层施工→基础施工→涵身混凝土→沉降缝处理→养护→基坑回填。

（2）预制混凝土施工应符合混凝土预制施工的相关规定，箱节完成后要进行验收和试拼装。预制钢筋混凝土箱涵（箱通）节段拼装时，接缝两侧的混凝土表面应采用清水冲洗干净，再按设计要求进行拼接施工。设计未规定时，预制构件的混凝土强度应达到设计强度的85%，方可吊运、安装。构件安装前，应完成地基、定位测量等验收工作。

（3）就地浇筑的箱涵（箱通）可视具体情况分阶段施工，且宜先进行底板和梗肋的混凝土浇筑，然后再完成剩余部分的混凝土浇筑。本阶段施工时前一阶段的混凝土强度要求以及施工缝的处理，应符合规定。

（4）采用支架施工时，混凝土强度达到设计强度的85%时，方可拆除支架。

（5）混凝土达到设计强度的100%后，方可进行涵侧、涵顶回填土。设计有具体要求的应从其规定。

4. 桥涵台背与挡土墙墙背的路基回填

（1）选择合适的填料

填料宜采用透水性材料、轻质材料、无机结合料稳定材料等，非透水性材料、崩解性岩石、膨胀土不得用于回填。填料粒径宜小于100mm，涵洞两侧的回填填料粒径宜小于50mm。

（2）审查是否具备开工条件

砌筑式桥台的台身砌筑砂浆强度达到设计强度的85%以上，浇筑式桥台的混凝土强度达到设计强度的85%以上，且背墙的防、排水满足设计要求。

对于防护支挡工程（如挡土墙等），结构物已经完成，墙身砌筑砂浆强度达到设计强度的75%以上且背墙反滤层的材料、铺设范围满足设计要求。

（3）台背回填的范围

台背回填的范围应符合图纸要求。当设计未规定时，顺路方向的长度，底部距基础内缘不小于2m，顶部距离翼墙尾端不小于台高加2m。

对于拱形桥涵，台背回填长度不应小于台高的3~4倍。对于涵洞回填长度，每侧不应小于2倍孔径长度。

（4）施工过程质量规定

①二级及二级以上公路应按设计做好过渡段，过渡段路堤压实度应不小于96%；二级以下公路的路堤与回填的联结部，应预留台阶。

②台背和锥坡的回填宜同步进行。

③台背与墙背1.0m范围内回填宜采用小型夯实机具压实。

④部位狭窄时，可采用低强度等级混凝土、浆砌片石等材料回填。

⑤涵洞两侧应对称分层回填压实。

⑥回填部分的路床宜与路堤路床同步填筑。

（5）质量检验

①对于桥涵构造物的台背回填，其实测项目包括压实度和填土长度。分层压实厚度宜不大于150mm，压实度应不小于96%，填筑长度应不小于设计值。

②对于加筋挡土墙等防护支挡工程的墙背回填，其实测项目包括距面板1m范围内的压实度和反滤层厚度。压实度应不小于96%，反滤层厚度应不小于设计厚度。

（八）路基工程的改扩建

1. 一般路堤拓宽改建

（1）拓宽路堤填筑前，应拆除原有排水沟隔离栅等设施。拓宽部分的基底清除厚度自原地表以下应不小于0.3m，淤泥应全部清除，清理后的场地应进行平整压实。老路堤坡面，清除的法向厚度应不小于0.3m。

（2）既有路堤的护脚挡土墙及抗滑桩可不拆除。路肩式挡土墙路基拼接时，上部支挡结构物应予拆除，宜拆除至路床底面以下。

（3）既有路基有包边土时，宜去除包边土后再进行拼接。

（4）从老路堤坡脚向上开挖台阶时，应随挖随填，台阶高度应不大于1.0m，宽度应不小于1.0m。

（5）拼接宽度小于0.75m时，可采取超宽填筑再削坡或翻挖既有路堤等措施。

（6）宜在新、老路基结合部铺设土工合成材料。

（7）路基拼接部位碾压。将拼接结合部作为施工控制重点，填筑时应加强拼接台阶结合处的碾压，宜采用高吨位的静力压路机进行碾压，同时应较普通路段多碾压3~4遍。应达到无漏压、无死角，确保碾压均匀。重型压路机压不到的施工作业面边角部位，须采用小型振动夯夯压密实。

（8）消除和减小新旧路基不均匀沉降，可适当将拼宽路基压实度提高。

2. 挖方路基拓宽改建

（1）应在既有路基边缘设置防止飞石或落石的安全防护措施，并应设置警示标志。

（2）边通车边施工时，宜采用机械开挖或静力爆破方式进行开挖。

（3）采用爆破方式时，应按爆破施工单位上报方案组织施工，宜统一规定爆破时间段，爆破时应临时封闭交通。

（九）冬期、雨期施工

1. 冬期施工

在反复冻融地区，当昼夜平均温度连续10d以上在−3℃以下时，或者昼夜平均温度虽在−3℃以上但冻土没有完全融化时，均应按季节性冻土地区的规定进行冬期施工。

（1）高速公路、一级公路的土质路堤，不宜在冬期施工，地质不良地区的公路路堤不宜在冬期施工。土质路堤路床以下1m范围内，不得进行冬期施工。半填半挖地段、填挖交界处不得在冬期施工。路基防护工程不得在昼夜平均气温低于+5℃或石料受冻的情况下进行浆砌砌体的施工。

（2）冬期允许施工的填方路堤施工规定

①路堤填料应选择未冻结的砂类土、碎石、卵石土、石渣等透水性好的材料，不得用含水率大的黏质土。

②填筑路堤应按横断面全宽平填，每层松铺厚度比正常施工减少20%~30%。且松铺厚度不得超过

300mm。当天填土应当天完成碾压。

③中途停止填筑时，应整平填层和边坡，并进行覆盖防冻。恢复施工时应将表层冰雪清除并补充压实。

④当填筑高程距路床底面1m时，碾压密实后应停止填筑。在顶面覆盖防冻保温层，待冬期过后整理复压，再分层填至设计高程。

⑤冬期过后应对填方路堤进行补充压实。

（3）冬期允许的路基挖方施工规定

①挖方的边坡，不得一次挖到设计线，应预留一定厚度的覆盖层，待到正常施工季节再修整到设计线。

②路基挖至路床顶面以上1m时，完成临时排水沟后应停止开挖，待冬期过后再施工。

2. 雨期施工规定

（1）雨期来临前，应督促施工单位尽量将路基填筑出高于原地面0.5m以上。

（2）路堤填筑施工规定

①填料应选用透水性好的碎石土、卵石土、砂砾、石渣和砂类土等。利用挖方土作填料，含水率符合要求时，应随挖随填，及时压实。含水率过大难以晾晒的土，不得用作雨期施工填料。

②每一填筑层表面应做成2%～4%双向路拱横坡，以利于排水。低洼地段或高出设计洪水位0.5m以下部位应选用透水性好、饱水强度高的填料分层填筑，并及时施作护坡、护脚等防护工程。

③雨期填筑路基需要借土施工时，取土坑的设置应满足路基稳定的要求。

④路堤应分层填筑，并及时碾压。

（3）挖方路基施工规定

①对于挖方边坡，不宜一次挖到设计坡面，应预留一定厚度的覆盖层，待雨期过后再修整至设计坡面，目的是防止地面水冲坏已成形的边坡。

②对于路堑开挖，当挖至路床顶面以上300～500mm时应停止开挖，并在两侧挖好临时排水沟，待雨期过后再施工，目的是防止地面水破坏路床。

③雨期开挖岩石路基，宜水平设置炮眼。

（十）路基整修与验收、交接

1. 路基整修

路基工程完工交接验收前，应对外观质量进行整修，对局部缺陷进行处理。

路基整修工作包括施工单位自检后的整修和交接验收后的整修。路基表面的整修，应根据质量缺陷的具体情况采用合理的施工方案与工艺。补填的土层，压实厚度应不小于100mm，压实后的表面应平整，不得有松散、起皮现象。整修后的坡面应顺适、美观、牢固，坡度应满足设计要求。

2. 路基验收、交接

路基工程的交接验收主要是指路基工程（也可能包括桥涵、隧道）施工单位向路面工程施工单位的交接验收。

路基工程交接验收前，监理机构应督促施工单位恢复施工合同段内的导线点、水准点，以及验收中要求和可能需要的其他标志桩。督促施工单位自检自评。施工单位自评合格后，应编制符合要求的交接资料，向监理机构提交交接验收申请文件。

监理机构应按工程验收评定办法等规定完成监理工程师对相应路基工程合同段的质量评定工作，

根据监理工作情况和评定结果决定是否同意交接验收。总监或驻地监理工程师同意验收且验收合格的，应会同施工单位一起签署《路基分项工程交工证书》，作为"合同工程交接"或"内部阶段交接"的依据文件，以便转入路面工程施工阶段。

例 题

例1 路基填方材料最小强度控制指标是（　　）。
 A. 回弹模量　　　　B. 压实度　　　　C. CBR值　　　　D. 塑性指数

例2 一般土质路基中，低路堤应对地基表层土（　　）、分层回填压实，其处理深度不应小于路床深度。
 A. 超挖
 B. 振动压实
 C. 掺粉煤灰拌和
 D. 整平

例3 单层横向全宽挖掘法适用于挖掘（　　）的土质路堑。
 A. 浅且短
 B. 深且短
 C. 长且一侧堑壁较薄
 D. 深且长

例4 填石路基采用强力夯实法施工时，填补夯坑的填料应选用（　　）。
 A. 碎石土
 B. 砂性土
 C. 软质石料
 D. 与路基同类型石质填料

例5 填石路堤压实质量标准的控制指标宜采用（　　）。
 A. 孔隙率　　　　B. 压实度　　　　C. 沉降差　　　　D. 密度

例6 袋装砂井处理软基的工艺流程中，"沉入砂袋"的前一道工序是（　　）。
 A. 打入套管
 B. 机具定位
 C. 埋砂袋头
 D. 摊铺下层砂垫层

例7 砂井套管法施工工艺中，拔管的紧前工序是（　　）。
 A. 加料压实　　　　B. 桩管沉入　　　　C. 插入套管　　　　D. 机具移位

例8 软土地区路堤施工时，填筑速率应以（　　）控制为主，超过标准应立即停止填筑。
 A. 路堤中心线地面沉降速率　　　　B. 坡脚水平位移速率
 C. 路堤边线地面沉降速率　　　　D. 坡口水平位移速率

例9 土工泡沫塑料块体现场加工时，其切割工具宜采用（　　）。
 A. 切割机　　　　B. 电锯　　　　C. 乙炔割炬　　　　D. 电热丝

例10 关于季节性冻土地区路基施工质量要求的说法，错误的是（　　）。
 A. 春融期路基宜在完全解冻融化后施工
 B. 高速公路的土质路堤不得在冰冻期施工
 C. 冰冻期路基挖至路床顶面以上1m时应停止开挖
 D. 挡土墙基础最小埋置深度应不小于0.5m，且应设置在冻结线以下不小于0.5m

例11 山坡陡峭的路堑不宜采用（　　）。
 A. 柱板式锚杆挡土墙
 B. 加筋土挡土墙
 C. 重力式挡土墙
 D. 壁板式锚杆挡土墙

例12 GPS-RTK技术用于道路中线施工放样时，应先计算出线路上里程桩的（　　）。
 A. 方位角　　　　B. 坐标　　　　C. 距离　　　　D. 象限角

例13 关于圆管涵施工主要工序，正确的是（   ）。

A. 测量放样→下承面准备→基坑开挖→基础施工→垫层施工→管节安装→沉降缝处理→养护→基坑回填

B. 测量放样→基坑开挖→垫层施工→下承面准备→基础施工→管节安装→养护→沉降缝处理→基坑回填

C. 测量放样→基坑开挖→垫层施工→下承面准备→基础施工→沉降缝处理→管节安装→养护→基坑回填

D. 测量放样→基坑开挖→下承面准备→垫层施工→基础施工→管节安装→沉降缝处理→养护→基坑回填

例14 设计文件未做具体要求时，对箱涵进行涵顶回填土时，其混凝土强度应达到设计强度的（   ）。

A. 85%　　　　　B. 90%　　　　　C. 95%　　　　　D. 100%

例15 拟作为路堤填料的材料应取样试验，土的试验项目有（   ）。

A. 液限　　　　　B. 塑限　　　　　C. CBR值　　　　D. 弯沉

E. 天然含水率

例16 粉煤灰路堤的组成包括（   ）。

A. 路堤主体部分　　　　　　　　B. 封顶层

C. 透水层　　　　　　　　　　　D. 隔离层

E. 排水系统

例17 路基施工中，深孔爆破的判断依据有（   ）。

A. 炮孔成水平或略有倾斜　　　　B. 孔径大于75mm

C. 深度在5m以上　　　　　　　　D. 采用延长药包

E. 采用一次烘膛

例18 粉煤灰可用于公路路基填筑的地方有（   ）。

A. 高速公路下路床　　　　　　　B. 高速公路路堤

C. 三级公路下路床　　　　　　　D. 二级公路的上路床

E. 一级公路的路床

例19 排除滑坡地段地表水的方法有（   ）。

A. 设置环形截水沟　　　　　　　B. 设置支撑渗沟

C. 设置平孔　　　　　　　　　　D. 设置树枝状排水沟

E. 平整夯实滑坡体表面的土层，形成排水顺坡

例20 根据《公路工程质量检验评定标准　第一册　土建工程》（JTG F80/1—2017）的规定，锚杆施工的实测项目有（   ）。[2022年真题]

A. 锚杆数量　　　　　　　　　　B. 锚杆长度

C. 锚杆抗拔力　　　　　　　　　D. 锚杆距离

E. 孔位、孔深、孔径

例21 地下排水设施包括（   ）。[2022年真题]

A. 排水垫层　　　　　　　　　　B. 渗井

C. 边沟 D. 暗沟

E. 蒸发池

例22 关于填方路基的说法，正确的有（　　）。[2022年真题]

A. 上路堤是指路床以下0.7m厚度范围内的填方部分

B. 上路堤是指路床以下0.8m厚度范围内的填方部分

C. 上路床厚度为0.3m

D. 上路床厚度为0.5m

E. 路床是指路面结构层以下0.8m或1.2m范围内的路基部分

例23 根据《公路路基施工技术规范》的规定，（　　）路段宜增设水准点。[2022年真题]

A. 结构物附近 B. 高填路段

C. 深挖路段 D. 工程量集中路段

E. 强夯施工路段

例24 关于路基施工准备阶段正确的是（　　）。[2022年真题]

A. 对路基基底的原状土进行取样试验，每公里应至少取2个点

B. 同一建设项目相邻施工段水准导线不用闭合

C. 可能受施工影响的导线点，施工前应加固或改移

D. 公路沿线每500m宜有一个水准点

E. 对导线的复测周期应不超过3个月

例 题 解 析

例1 根据《公路路基施工技术规范》(JTG/T 3610—2019)规定，路基的填料强度要求是按CBR值确定。回弹模量作为土基抗压强度的指标；压实度是反映土基压实程度的一个指标；塑性指数是流限和塑限间的质量含水率差值，是表征细粒土物理性能一个重要特征，它也是表征材料接触状态的指标，选项A、B、D错误。故正确选项是C。

例2 本题的关键词是"低路堤"，路基范围内的原地基应在路基施工前进行处理，低路堤应对地基表层土进行超挖、分层回填压实，其处理深度应不小于路床厚度。地基表层碾压处理压实度控制标准为：二级及二级以上公路一般土质应不小于90%；三、四级公路应不小于85%。故正确选项是A。

例3 土质路堑横向挖掘可采用人工作业，也可机械作业，横向挖掘法分为两种：①单层横向全宽挖掘法：从开挖路堑的一端或两端按断面全宽一次性挖到设计高程，逐渐向纵深挖掘，挖出的土方一般都是向两侧运送。该方法适用于挖掘浅且短的路堑。②多层横向全宽挖掘法：从开挖路堑的一端或两端按断面分层挖到设计高程，适用于挖掘深且短的路堑。故正确选项是A。

例4 填石路堤每一分层连续挤密式夯击，夯后形成夯坑，夯坑以同类型石质填料填补。采用碎石土、砂性土、软质石料填补夯坑，由于土石性质与原填料不一样，路基宜形成不均匀沉降。选项A、B、C错误。本题的正确项只能是D。

例5 填石路堤的压实质量标准宜采用孔隙率作为控制指标。施工压实质量可采用孔隙率与压实沉降差或施工参数（压实功率、碾压速度、压实遍数、铺筑层厚等）联合控制。压实度是土方路堤的压实质量标准。密度是物质每单位体积内的质量，每种材料的密度不一样，不能反映压实质量。选项B、C、D错误。本题的正确项只能是A。

例6 袋装砂井按整平原地面→摊铺下层砂垫层→机具定位→打入套管→沉入砂袋→拔出套管→

机具移位→埋砂袋头→摊铺上层砂垫层的施工工艺流程进行，故正确选项为 A。

例7 砂井套管法施工工艺为整平原地面→机具定位→桩管沉入→加料压实→拔管，故正确选项为 A。

例8 软土地区路堤施工施工期间，路堤中心线地面沉降速率 24h 应不大于 10～15mm，坡脚水平位移速率 24h 应不大于 5mm。应结合沉降和位移观测结果综合分析地基稳定性。填筑速率应以水平位移控制为主，超过标准应立即停止填筑。故正确选项为 B。

例9 土工泡沫塑料块体非标准尺寸土工泡沫塑料块体宜在生产车间加工。现场加工时，宜用电热丝进行切割。故选 D。

例10 挡土墙基础最小埋置深度应不小于 1m，且应设置在冻结线以下不小于 0.25m，应将基底至冻结线以下 0.25m 深度范围内的地基土换填为非冻胀材料。故正确选项是 D。

例11 柱板式锚杆挡土墙、重力式挡土墙、壁板式锚杆挡土墙均可用于路堑。加筋土挡土墙一般应用于地形较为平坦且宽敞的填方路段上，在挖方路段或地形陡峭的山坡，由于不利于布置拉筋，一般不宜使用。故正确选项为 B。

例12 全球定位系统（GPS）载波相位差分技术又称为 RTK 技术，是将两个测站的载波相位进行实时处理，及时解算出观测点的三维坐标或地方平面直角坐标，并达到厘米级的精度。观测时基准站通过数据链实时将其载波相位观测量及基准站坐标信息一同转送给流动站。流动站接受 GPS 卫星的载波相位和来自基准站的载波相位，并组成相位差分观测值进行实时处理，解算出厘米级的定位结果。GPS-RTK 技术用于道路中线的施工放样，将有别于全站仪或其他传统的放样方法，这种方法简单实用，它不受地形条的限制，高精度、快速测设出道路中线上各里程桩位置。GPS-RTK 技术具有多种放样功能。在进行道路中线施工放样之前，首先要计算出线路上里程桩的坐标，然后才能用 GPS-RTK 的放样功能解算放样点的平面位置。所以，本题的正确选项是 B。

例13 圆管涵施工主要工序为：施工准备→测量放样→基坑开挖→下承面准备→垫层施工→基础施工→管节安装→沉降缝处理→养护→基坑回填。选项 A、B、C 顺序错误。故正确选项为 D。

例14 根据《公路桥涵施工技术规范》（JTG/T 3650—2020）规定，箱涵混凝土达到设计强度的 100% 后，方可进行涵侧、涵顶回填土。设计有具体要求的应从其规定。故正确选项为 D。

例15 土的试验项目包括天然含水率、液限、塑限、标准击实试验、CBR 试验等，必要时应做颗粒分析、密度、有机质含量、易溶盐含量、冻胀和膨胀量等试验。弯沉一般是指路基或路面表面在规定标准车的荷载作用下轮隙位置产生的总垂直变形值（总弯沉）或垂直回弹变形值（回弹弯沉），单位为 0.01mm，反映路基刚度的指标，选项 D 错误。故本题正确选项是 ABCE。

例16 粉煤灰路堤一般由路堤主体部分、护坡和封顶层以及隔离层、排水系统等组成。粉煤灰应包在里面，防止水浸入使粉煤灰流失，选项 C 错误。故本题正确选项是 ABDE。

例17 深孔爆破是孔径大于 75mm、深度在 5m 以上、采用延长药包的一种爆破方法。判断深孔爆破依据必须是上述三个条件，分别对应本题 BCD 选项。故本题正确选项是 BCD。

例18 粉煤灰可用于各级公路路堤填筑，不得用于高速公路、一级公路的路床和二级公路的上路床，选项 A、D、E 错误。其余选项均符合《公路路基施工技术规范》（JTG/T 3610—2019）的要求，故本题正确选项是 BC。

例19 滑坡排水措施包括：①环形截水沟；②树枝状排水沟；③平整夯实滑坡体表面的土层；④排除地下水：包括支撑渗沟、边坡渗沟、暗沟、平孔等。本题要求排除滑坡地段地表水，设置支撑渗沟、平孔属于排除地下水措施，选项 B、C 错误。故本题的正确选项是 ADE。

例20 根据《公路工程质量检验评定标准 第一册 土建工程》（JTG F80/1—2017）的规定，锚杆施工的实测项目有锚杆数量、锚杆抗拔力、孔位、孔深、孔径，其中锚杆数量与锚杆抗拔力属于关键项目。故正确选项是 ACE。

例21 路基排水工程主要分为地面排水设施和地下排水设施。其中地面排水设施包括边沟、截水沟、排水沟、跌水、急流槽、拦水缘石、蒸发池和油水蒸发池等；地下排水设施包括排水垫层、暗沟暗道、渗沟、渗井、排水隧道等，渗沟也可分为填石渗沟、管式渗沟和洞式渗沟三种形式。故正确选项是 ABD。

例22 公路纵断面设计高程高于原地面的填方路基称为路堤。在结构上，路堤分为上路堤、下路堤，上路堤是指路床以下 0.7m 厚度范围内的填方部分，下路堤是指上路堤以下的填方部分。路床是指路面结构层以下 0.8m 或 1.2m 范围内的路基部分，分为上路床和下路床两层。上路床厚度为 0.3m；下路床厚度在轻、中及重交通公路为 0.5m，特重、极重交通公路为 0.9m。故正确选项是 ACE。

例23 公路沿线每 500m 宜有一个水准点。高速公路、一级公路宜加密，每 200m 一个水准点。在结构物附近、高填深挖路段、工程量集中及地形复杂路段，宜增设水准点。临时水准点应符合相应等级的精度要求，并与相邻水准点闭合。故正确选项是 ABCD。

例24 选项 B 错误，同一建设项目内相邻施工段的导线应闭合，并满足同等级精度要求。选项 E 错误，监理工程师应要求对导线桩点进行不定期检查和定期复测，复测周期应不超过 6 个月，并做好抽检工作。故正确选项是 ACD。

自 测 模 拟 题

（一）单项选择题

1. 应进行试验路段施工的情况不包括（   ）。
   A. 二级公路填土路堤   B. 三级公路填石路堤
   C. 四级公路黄土路堑   D. 四级公路土石路堤
2. 路基填前碾压前，应对路基基底原状土进行取样试验，每公里应至少取（   ）个点。
   A. 1   B. 2   C. 2   D. 4
3. 低路堤应对地基表层土进行超挖、分层回填压实，其处理深度应不小于（   ）。
   A. 路床厚度   B. 路面厚度
   C. 垫层厚度   D. 路基最小填土高度
4. 不宜直接用于路堤填筑的填料是（   ）。
   A. 强风化石料   B. 崩解性岩石
   C. 盐化岩石   D. 易溶性岩石
5. 用于公路路基的填料要求强度较高，其中确定其强度要求的指标是（   ）。
   A. 密度   B. 回弹模量   C. 弯沉   D. CBR 值
6. 严禁作为填料的土石材料是（   ）。
   A. 泥炭   B. 强膨胀土   C. 冻土   D. 腐殖质的土
7. 对路堤沉降观测时，观测土体深层水平位移的仪器是是（   ）。
   A. 全站仪   B. 测斜仪   C. 沉降板   D. GPS
8. 在地形艰险及爆破量较小地段（如打水沟、挖基坑等），应优先选择以下爆破方式的是（   ）。
   A. 钢钎炮   B. 深孔爆破   C. 药壶炮   D. 猫洞炮

117

9. 炮洞直径为0.2~0.5m，洞穴成水平或略有倾斜，深度小于5m，集中用药于炮洞中进行爆炸的方法称为（   ）。

  A. 钢钎炮   B. 猫洞炮   C. 药壶炮   D. 深孔爆破

10. 当采用预裂爆破时，炮眼的布置方式为（   ）。

  A. 梅花形   B. 方格形   C. 一字形   D. 丁字形

11. 水准点应进行不定期检查和定期复测，复测周期应不超过（   ）。

  A. 2个月   B. 3个月   C. 6个月   D. 9个月

12. 轻质土路堤每隔（   ）应设置一道变形缝。

  A. 5~10m   B. 10~15m   C. 15~20m   D. 50~100m

13. 砂料可用于公路路堤填筑，砂料中有机质含量应不超过（   ）。

  A. 2%   B. 3%   C. 4%   D. 5%

14. 根据《公路路基施工技术规范》（JTG/T 3610—2019）规定，洞式渗沟顶部必须设置（   ）。

  A. 反滤层   B. 封闭层   C. 透水层   D. 保温层

15. 关于软土的特点，错误的是（   ）。

  A. 孔隙比大   B. 抗剪强度低

  C. 透水性强   D. 压缩性高

16. 为排除滑体坡面上的径流，应设置（   ）。

  A. 环形截水沟   B. 树枝状排水沟

  C. 支撑渗沟   D. 渗井

17. 关于抗滑支挡工程施工的说法，正确的是（   ）。

  A. 挡土墙后有支撑渗沟及其他排水工程时应先施工

  B. 抗滑桩、锚索施工应从主轴方向向两端滑坡逐步推进

  C. 各种支挡结构的基底应置于滑动面以下0.5m

  D. 抗滑桩与挡土墙共同支挡时，应先施作挡土墙

18. 根据《公路路基施工技术规范》（JTG/T 3610—2019）的要求，当地面坡度陡于（   ）时，应对孤石进行处理。

  A. 1∶0.2   B. 1∶0.5   C. 1∶1   D. 1∶1.5

19. 关于抛石挤淤施工规定的说法，正确的是（   ）。

  A. 应采用不易风化的片石、块石，石料直径宜不小于300mm

  B. 当横坡缓于1∶10时，应沿路线中线向前呈矩形抛填

  C. 当横坡陡于1∶10时，应自低侧向高侧渐次抛填

  D. 当抛石高出水面后，应采用轮胎压路机碾压密实

20. 相邻抗滑桩不得同时开挖。开挖桩群应从两端沿滑坡主轴间隔开挖，桩身强度达到设计强度的（   ）后方可开挖邻桩。

  A. 70%   B. 75%   C. 80%   D. 85%

21. 高程控制测量的方法应采用三角高程测量或（   ）。

  A. 水准测量   B. 三边测量   C. 卫星定位测量   D. 导线测量

22. 关于粒料桩施工规定的说法，正确的是（   ）。

A. 施工前应进行成桩工艺和成桩插打试验，试桩数量不应小于 2 根

B. 砂桩宜采用中、细砂

C. 粒料桩可采用振冲置换法或振动沉管法成桩

D. 碎石桩宜采用开级配的碎石或砾石

23. 盖板涵的预制盖板在安装结束后，对其吊装孔的正确处理方式是（　　）。

    A. 可不做任何处理　　　　　　　　　　B. 以砂浆填塞密实

    C. 以水泥浆填塞密实　　　　　　　　　D. 以热沥青浆填塞密实

24. 高速公路、一级公路中线放样主要依据的设计表格是（　　）。

    A. 路基设计表　　　　　　　　　　　　B. 水准点表

    C. 交点固定表　　　　　　　　　　　　D. 逐桩坐标表

25. 导线桩点应进行不定期检查和定期复测，复测周期应不超过（　　）。

    A. 3 个月　　　　B. 6 个月　　　　C. 9 个月　　　　D. 12 个月

26. 路床填筑，每层的最大压实厚度宜不大于 300mm，顶面最后一层压实厚度应不小于（　　）。

    A. 100mm　　　　B. 150mm　　　　C. 180mm　　　　D. 200mm

27. 压实作业应遵循的原则是（　　）。

    A. 先轻后重、先边后中、先慢后快　　　B. 先重后轻、先边后中、先慢后快

    C. 先轻后重、先中后边、先慢后快　　　D. 先轻后重、先边后中、先快后慢

28. 为了确定路基填土的最大干密度和最优含水率，应做（　　）试验。

    A. 液、塑限　　　B. 重型击实　　　C. 回弹模量　　　D. 颗粒分析

29. 为使路基压实取得最佳压实效果，较经济而有效的方法是（　　）。

    A. 增大压实功率　　　　　　　　　　　B. 增大土的含水率

    C. 改善土质　　　　　　　　　　　　　D. 使土处于最佳含水率

30. 填方分几个作业段施工时，如能交替填筑，应分层相互交替搭接，搭接长度应不小于（　　）。

    A. 1m　　　　　　B. 2m　　　　　　C. 2.5m　　　　　D. 3m

（二）多项选择题

1. 填石路堤填料要求的指标有（　　）。

    A. 填料不均匀系数　　　　　　　　　　B. 填料粒径

    C. 塑性指数　　　　　　　　　　　　　D. 液限

    E. 含水率

2. 高速公路、一级公路路床填料宜采用（　　）。

    A. 砂砾　　　　　　　　　　　　　　　B. 碎石

    C. 粉质土　　　　　　　　　　　　　　D. 级配好的碎石土、砾石土

    E. 黄土

3. 石方填筑路堤工艺流程有（　　）。

    A. 洒水晾晒　　　B. 振动碾压　　　C. 路基成型　　　D. 摊铺平整

    E. 路基整修

4. 不得直接用于填筑路基，确需使用时，应采取技术措施进行处理，经检验满足要求后方可使用的土有（　　）。

A. 泥炭土 B. 冻土
C. 强膨胀土 D. 有机质土
E. 含草皮的土

5. 边沟施工应符合的规定有（　　）。
   A. 路堤靠山一侧的坡脚应设置不渗水的边沟
   B. 挖方地段和填土高度小于边沟深度的填方地段均应设置边沟
   C. 平曲线处边沟施工时，沟底纵坡应与曲线前后沟底纵坡平顺衔接，允许曲线内侧有积水，但不允许外溢现象发生
   D. 曲线外侧边沟应适当加深，其增加值等于超高值
   E. 土质地段的边沟纵坡大于3%时应采取加固措施

6. 关于急流槽施工要求的说法，正确的有（　　）。
   A. 对超挖、局部坑洞，应采用相同材料与急流槽同时施工
   B. 浆砌片石砌体应砂浆饱满，砌缝应不大于40mm，槽底表面应粗糙
   C. 混凝土预制块急流槽，分节长度宜为2.5~5.0m，接头应采用榫接
   D. 基础应嵌入稳固的基面内，底面应按设计要求砌筑抗滑平台或凸榫
   E. 汇集路面水流的水簸箕底口不得低于接口的路肩表面

7. 截水沟施工应符合的规定有（　　）。
   A. 截水沟应先行施工，与其他排水设施衔接时应平顺，纵坡宜不大于3%
   B. 截水沟挖出的土，可在路堑与截水沟之间修成土台并夯实，台顶应筑成2%倾向截水沟的横坡
   C. 路基上方有弃土堆时，截水沟应距离弃土堆脚1~5m
   D. 山坡上路堤的截水沟距离路堤坡脚至少2.0m
   E. 截水沟长度超过500m时应选择适当的地点设出水口，将水引至山坡侧的自然沟中或桥涵进水口

8. 关于土方路堤填筑要求正确的有（　　）。
   A. 性质不同的填料，应水平分层、分段填筑，分层压实
   B. 同一水平层路基的全宽应采用同一种填料，不得混合填筑
   C. 每种填料的填筑层压实后的连续厚度不宜小于500cm
   D. 对潮湿或冻融敏感性小的填料应填筑在路基下层
   E. 每一填筑层压实后的宽度应等于设计宽度

9. 填石路基填筑方法有（　　）。
   A. 倾填法 B. 分层压实法
   C. 冲击压实法 D. 浆砌法
   E. 强力夯实法

10. 控制填石路基施工压实质量的施工参数有（　　）。
    A. 压实功率 B. 碾压速度 C. 压实遍数 D. 压实度
    E. 铺筑层厚

11. 路堑爆破施工中，钢钎炮特征有（　　）。

A. 炮眼直径大于 7cm   B. 深度小于 5m
C. 炮眼直径小于 7cm   D. 深度大于 5m
E. 用钢钎装药

12. 关于台背与墙背填筑施工技术的说法，正确的有（   ）。
    A. 二级及二级以上公路应按设计做好过渡段，过渡段路堤压实度应不小于 96%
    B. 台背和锥坡的回填宜同步进行
    C. 台背与墙背 1.0m 范围内回填宜采用大型夯实机具压实
    D. 分层压实厚度宜不大于 200mm，填料粒径宜小于 100mm
    E. 回填部分的路床宜与路堤路床同步填筑

13. 泡沫轻质土施工质量应检查的项目有（   ）。
    A. 强度   B. 干密度   C. 顶面高程   D. 轴线偏位
    E. 宽度

14. 关于一般路堤拓宽施工规定的说法，正确的有（   ）。
    A. 爆破拓宽部分的基底清除原地表土应不小于 0.3m
    B. 既有路基有包边土时，宜去除包边土后再进行拼接
    C. 从老路堤坡脚向上开挖台阶时，应随挖随填，台阶高度应不大于 1.0m，宽度应不小于 1.0m
    D. 宜在新、老路基结合部铺设土工合成材料
    E. 既有路堤的路肩挡土墙及抗滑桩可不拆除

15. 路基工程的地下排水设施主要有（   ）。
    A. 排水沟   B. 倒虹吸   C. 暗沟   D. 渗沟
    E. 淌沟

16. 当地下水位较高，潜水层埋藏不深，为了截流地下水及降低地下水位，可采用的排水设施有（   ）。
    A. 渗沟   B. 渗井   C. 排水沟   D. 检查井
    E. 截水墙

17. 关于软基处理中竖向排水体的说法，正确的有（   ）。
    A. 竖向排水体可采用袋装砂井和塑料排水板
    B. 袋装砂井宜采用矩形套管
    C. 竖向排水体可按正方形或等边三角形布置
    D. 袋装砂井和塑料排水板可采用沉管式打桩机施工
    E. 塑料排水板宜采用矩形套管，也可采用圆形套管

18. 关于滑坡排水的说法，正确的有（   ）。
    A. 必须在滑动面以内修筑 1~2 条环形截水沟
    B. 应平整夯实滑坡体表面的土层
    C. 地下水可采用暗沟排出或对地下水进行封闭
    D. 坡面上有裂缝时应直接用黏质土回填夯实
    E. 树枝状排水沟的主要作用是排除滑体坡面上的径流

19. 滑坡防治的工程措施类别主要有（   ）。

A. 排水　　　　　　　　　　　　B. 力学平衡

C. 改变滑带土　　　　　　　　　D. 降温

E. 换填

20. 袋装砂井施工质量检验的实测项目有（　　）。

　　A. 地基承载力　　B. 井长　　　C. 井径　　　D. 灌砂率

　　E. 井距

21. 关于盐渍土施工技术要求的说法，正确的有（　　）。

　　A. 干涸盐湖地段填筑路堤可利用岩盐作为填料

　　B. 填料不得夹有草根、盐块及其他杂物，有机质含量宜不大于1%

　　C. 砂砾、碎石隔断层压实应由路基中间向两侧碾压

　　D. 桥、涵两侧台背不宜采用盐渍土填筑

　　E. 砂性盐渍土地区宜在冬季施工

22. 重力式挡土墙的组成有（　　）。

　　A. 墙身　　　　B. 基础　　　　C. 面板　　　　D. 排水设施

　　E. 沉降、伸缩缝

23. 中线放样采用坐标法时，需要的仪器和资料有（　　）。

　　A. 水准仪　　　　　　　　　　B. 全站仪

　　C. 导线点　　　　　　　　　　D. 逐桩坐标表

　　E. 控制测量成果表

24. 填石路堤质量检验的实测项目有（　　）。

　　A. 压实度　　　　　　　　　　B. 弯沉

　　C. 横坡　　　　　　　　　　　D. 纵断高程

　　E. 平整度

25. 箱涵的施工工艺流程包括有（　　）。

　　A. 涵身混凝土施工　　　　　　B. 垫层施工

　　C. 沉降缝处理　　　　　　　　D. 下承面准备

　　E. 管节安装

参 考 答 案

（一）单项选择题

1. A　2. B　3. A　4. D　5. D　6. D　7. B　8. A　9. B　10. C
11. C　12. B　13. D　14. B　15. C　16. B　17. A　18. D　19. A　20. B
21. A　22. C　23. B　24. D　25. B　26. A　27. A　28. B　29. D　30. B

（二）多项选择题

1. AB　　2. ABD　　3. BCDE　　4. ABCD　　5. ABDE　　6. ABCD　　7. BCDE
8. AB　　9. ABCE　　10. ABCE　　11. BC　　12. ABE　　13. ACDE　　14. ABCD
15. ACD　　16. AB　　17. ACDE　　18. BE　　19. ABC　　20. BCDE　　21. ABD

22. ABDE   23. BCDE   24. BCDE   25. ABCD

三、路面工程施工质量监理

重 点 知 识

（一）基础知识

1. 路面的分类

从路面结构的力学特性的相似性出发，可以将路面结构划分为沥青混凝土路面、复合式路面和水泥混凝土路面三类。根据基层材料类型及组合的不同，又将沥青混凝土路面划分为柔性基层沥青路面、半刚性基层沥青路面、组合式基层沥青路面、刚性基层沥青路面。

（1）沥青结合料类基层、粒料类基层（也称柔性基层）沥青路面

柔性基层沥青路面的总体结构刚度较小，在车辆荷载作用之下产生的表面变形较半刚性基层沥青路面大。柔性基层沥青路面主要包括各种未经处理的粒料基层和各类沥青层组成的路面结构。

（2）无机结合料类基层（也称半刚性基层）沥青路面

用水泥、石灰等无机结合料处治的土或碎（砾）石及含有水硬性结合料的工业废渣修筑的基层。

（3）组合式基层沥青路面

沥青路面的基层含有无机结合料稳定材料、水泥混凝土材料等刚度较大或相对较大的材料，但是在沥青层与刚度相对较大的材料之间夹有柔性材料。

（4）水泥混凝土基层（也称刚性基层）沥青路面

复合式路面是用水泥混凝土做基层，沥青混凝土做面层的路面结构。复合式路面具有良好的使用性能和耐久性。

（5）水泥混凝土路面（也称刚性路面）

水泥混凝土路面主要指用水泥混凝土做面层的路面结构。水泥混凝土的强度高，与其他筑路材料相比，抗弯拉强度高，并且有较高的弹性模量，故呈现出较大的刚性。

2. 路面应满足的基本要求

（1）强度和刚度。指路面整体结构能够抵抗各种外力综合作用，而不发生破坏和过大变形的性能。

（2）稳定性。指路面在日光、大气、温度、湿度等自然因素影响下，其整体强度不致迅速降低的性能。

（3）耐久性。指路面在自然因素和行车荷载多次重复作用下，材料不致迅速衰变，结构不致因疲劳而破坏的性能。

（4）表面性能。指路面表面的平整度和粗糙度，平整度用路面纵向凹凸量的偏差值表示，而粗糙度则用路面与轮胎的摩擦系数和路表纹理深度表示。

3. 构成路面的结构层位

路面结构层次自上而下可分为面层、基层、功能层，有时在面层之下还设有联结层。

（1）面层

面层应具备较高的结构强度以抵抗垂直应力作用；较高的抗变形能力以抵抗剪切作用；较好的水稳定性以抵抗水损害和很好的温度稳定性以抵抗车辙；其表面还应有良好的抗滑性和平整度。

（2）基层

基层是指直接位于沥青路面面层下的主要承重层，或直接位于水泥混凝土面板下的结构层。底基层是指在沥青路面基层下铺筑的次要承重层或在水泥混凝土路面基层下铺筑的辅助层。

基层应具有一定的强度和刚度，并具有良好的抵抗疲劳破坏的能力。基层结构应具有足够的水稳定性。基层表面虽不直接供车辆行驶，但仍然要求有较好的平整度。

（3）功能层（垫层）

它的功能一方面是改善土基的湿度和温度状况，以保证面层及基层的强度、刚度和稳定性不受土基水文状况变化所造成的不良影响。另一方面的功能是将基层传下的车辆荷载应力加以扩散，以减小土基产生的应力和变形。同时也能阻止路基土挤入基层中，影响基层结构的性能。

（二）施工准备

路面施工准备主要包括路面材料选择和试验路段铺筑等，相关内容详见路面基层和路面面层。

（三）路面基层

1. 原材料要求

（1）水泥及添加剂。所用水泥初凝时间应大于3h，终凝时间应大于6h且小于10h。在水泥稳定材料中掺加缓凝剂或早强剂时，应对混合料进行试验验证。

（2）石灰。高速公路和一级公路的基层，宜采用磨细消石灰。二级以下公路使用等外石灰时，有效氧化钙含量应在20%以上，且混合料强度应满足要求。

（3）粉煤灰等工业废渣。干排或湿排的硅铝粉煤灰和高钙粉煤灰等均可用作基层或底基层的结合料。煤矸石、煤渣、高炉矿渣、钢渣及其他冶金矿渣等工业废渣可用于修筑基层或底基层，使用前应崩解稳定，且宜通过不同龄期条件下的强度和模量试验以及温度收缩和干湿收缩试验等评价混合料性能。水泥稳定煤矸石不宜用于高速公路和一级公路。

（4）水。拌和使用的非饮用水应进行水质检验。养护用水可不检验不溶物含量。

（5）粗集料。应选择适当的碎石加工工艺，用于破碎的原石粒径应为破碎后碎石公称最大粒径的3倍以上。高速公路基层用碎石，应采用反击破碎的加工工艺。级配碎石或砾石类材料中宜掺加石屑、粗砂等材料。

（6）细集料。细集料应洁净、干燥、无风化、无杂质，并有适当的颗粒级配。级配碎石或砾石细集料的塑性指数应不大于12。不满足要求时，可加石灰、无塑性的砂或石屑掺配处理。

2. 基层混合料配合比设计

（1）一般规定

①无机结合料稳定材料组成设计应包括原材料检验、混合料的目标配合比设计、混合料的生产配合比设计和施工参数确定四部分。

②原材料检验应包括结合料、被稳定材料及其他相关材料的试验。

③目标配合比设计应包括下列技术内容：a. 选择级配范围；b. 确定结合料类型及掺配比例；c. 验证混合料相关的设计及施工技术指标。

④生产配合比设计应包括下列技术内容：a. 确定料仓供料比例；b. 确定水泥稳定材料的容许延迟时间；c. 确定结合料剂量的标定曲线；d. 确定混合料的最佳含水率、最大干密度。

⑤施工参数确定应包括下列技术内容：a. 确定施工中结合料的剂量；b. 确定施工合理含水率及最大干密度；c. 验证混合料强度技术指标。

（2）半刚性基层（底基层）配合比设计方法

①制备同一种土样、不同结合料剂量的混合料。

②采用重型击实试验确定各种混合料的最佳含水率和最大干密度。

③按工地预定达到的压实度，分别计算不同结合料剂量时试件应有的干密度。

④按最佳含水率和计算得到的干密度制备试件，进行强度试验。

⑤在规定温度下保湿养护 6d，浸水 1d，进行无侧限抗压强度试验，试验温度为：冰冻地区 20℃±2℃，非冰冻地区 25℃±2℃。

⑥根据强度标准，选定合适的结合料剂量。

3. 试验路段

（1）基层和底基层正式施工前，均应铺筑试验段。试验段应设置在生产路段上，长度宜为 200～300m。

（2）试验段铺筑阶段应对下列关键工序、工艺进行评价：

①拌和设备各档材料的进料比例、速度及精度。

②结合料的进料比例和精度。

③含水率的控制精度。

④松铺系数合理值。

⑤拌和、运输、摊铺和碾压机械的协调和配合。

⑥压实机械的选择和组合，压实的顺序、速度和遍数。

⑦对人工拌和工艺，应确定合适的拌和设备、方法、深度和遍数。

⑧对人工摊铺碾压工艺，应确定适宜的整平和整形机具和方法。

（3）试验段施工后，应及时总结，总结报告应包括下列内容：

①试验段检测报告。

②试验段总体效果评价。

③施工关键参数的推荐值，包括配合比、含水率、松铺系数、碾压工艺等。

④确定每一作业段的合适长度。

4. 基层施工质量监理

（1）一般规定

①稳定材料层宽 11～12m 时，每一流水作业段长度以 500m 为宜。

②对水泥稳定材料或水泥粉煤灰稳定材料，宜在 2h 之内完成碾压成型，应取混合料的初凝时间与容许延迟时间两者较短的时间作为施工控制时间。

③石灰稳定材料或石灰粉煤灰稳定材料层宜在当天碾压完成，最长不应超过 4d。

④宜在气温较高的季节组织施工。无机结合料稳定材料施工期的日最低气温应在 5℃以上，在有冰冻的地区，应在第一次重冰冻到来的 15～30d 之前完成施工。宜避免在雨季施工，且不应在雨天施工。

⑤对级配碎石材料，基层压实度应不小于 99%，底基层压实度应不小于 97%。

⑥高速公路和一级公路在极重、特重交通荷载等级下，基层和底基层的压实标准可提高 1～2 个百分点。

（2）混合料基层施工技术要求

①混合料的拌和能力与混合料摊铺能力应相匹配。

②高速公路基层的混合料拌和时，宜采用两次拌和的生产工艺，也可采用间歇式拌和生产工艺，拌

和时间应不少于15s。

③在拌和过程中，应实时监测各个料仓的生产计量，对高速公路和一级公路，应每10min打印各档料仓的使用量。某档材料的实际掺加量与设计要求值相差超过10%时，应立即停机检查原因，正常后方可继续生产。料仓包括结合料的料仓和加水仓。

④应根据工程量的大小和运距的长短，配备足够数量的混合料运输车。混合料运输车装好料后，应用篷布将厢体覆盖严密，直到摊铺机前准备卸料时方可打开。

⑤对高速公路和一级公路，水泥稳定材料从装车到运输至现场，时间宜不超过1h，超过2h时应作为废料处置。

⑥应采用摊铺功率不低于120kW的沥青混凝土摊铺机或稳定材料摊铺机摊铺混合料。

⑦采用两台摊铺机并排摊铺时，两台摊铺机的型号及磨损程度宜相同。在施工期间，两台摊铺机的前后间距宜不大于10m，且两个施工段面纵向应有300～400mm的重叠。

⑧水泥稳定材料结构层施工时，应在混合料处于或略大于最佳含水率的状态下碾压。气候炎热干燥时，碾压时的含水率可比最佳含水率增加0.5%～1.5%。

⑨石灰稳定材料和石灰粉煤灰稳定材料碾压时应处于最佳含水率或略大于最佳含水率状态，含水率宜增大1%～2%。

⑩在碾压过程中出现软弹现象时，应及时将该路段混合料挖出，重新换填新料碾压。

⑪碾压过程中，压路机严禁随意停放，应停放在已碾压完成的路段。

⑫混合料摊铺时，应保持连续。对水泥稳定材料，因故中断时间大于2h时，应设置横向接缝，并应符合下列规定：

a. 人工将末端含水率合适的混合料整齐，紧靠混合料末端放两根方木，方木的高度应与混合料的压实厚度相同，整平紧靠方木的混合料。

b. 方木的另一侧用砾石或碎石回填约3m长，其高度应高出方木2～3cm，并碾压密实。

c. 在重新开始摊铺混合料之前，应将砾石或碎石和方木除去，并将下承层顶面清扫干净。

d. 摊铺机应返回到已压实层的末端，重新开始摊铺混合料。

e. 摊铺中断大于2h且未按上述方法处理横向接缝时，应将摊铺机附近及其下面未经压实的混合料铲除，并将已碾压密实且高程和平整度符合要求的末端挖成与路中心线垂直并垂直向下的断面，再摊铺新的混合料。

⑬摊铺时宜避免纵向接缝，分两幅摊铺时，纵向接缝处应加强碾压。存在纵向接缝时，纵缝应垂直相接，严禁斜接，并应符合下列规定：

a. 在前一幅摊铺时，宜在靠中央的一侧用方木或钢模板做支撑，方木或钢模板的高度应与稳定材料层的压实厚度相同。

b. 应在摊铺另一幅之前拆除支撑。

⑭无机结合料稳定材料的养护期宜不少于7d，养护期宜延长至上层结构开始施工的前2d。

⑮养护可采取洒水养护、薄膜覆盖养护、土工布覆盖养护、铺设湿砂养护、草帘覆盖养护、洒铺乳化沥青养护等方式，宜结合工程实际情况选择适宜的方式。

⑯养护期间应封闭交通，除洒水车和小型通勤车辆外严禁其他车辆通行。

⑰无法安排施工便道而需要车辆通行时，应符合下列规定：

a. 合理安排施工工序，保障7～15d的养护期。

b. 宜在硬路肩或临时停车带的位置划出专门车道，专人指挥车辆通行。

c. 无机结合料稳定材料应适当提高早期强度。

d. 限定载重车辆的轴载，应不大于 13t。

⑱无机结合料稳定材料层之间的处理

a. 在上层结构施工前，应将下层养护用材料彻底清理干净。

b. 应采用人工、小型清扫车及洒水冲刷的方式将下层表面的浮浆清理干净，下承层局部存在松散现象时，也应彻底清理干净。

c. 下承层清理后应封闭交通。在上层施工前 1～2h，宜撒布水泥或洒铺水泥净浆。

d. 可采用上下结构层连续摊铺施工的方式，每层施工应配备独立的摊铺和碾压设备，不得采用一套设备在上下层来回施工。

e. 稳定细粒材料结构层施工时，根据土质情况，最后一道碾压工艺可采用凸块式压路机碾压。

⑲基层收缩裂缝的处理

a. 基层在养护过程中出现裂缝，经过弯沉检测，结构层的承载能力满足设计要求时，可继续铺筑上面的沥青面层。

b. 也可采取下列措施处理裂缝：在裂缝位置灌缝；在裂缝位置铺设玻璃纤维格栅；洒铺热改性沥青。

（3）填隙碎石施工技术要求

①填隙碎石可采用干法或湿法施工。干旱缺水地区宜采用干法施工。单层填隙碎石的压实厚度宜为公称最大粒径的 1.5～2.0 倍。填隙碎石施工时，应符合下列规定：

a. 填隙料应干燥。

b. 宜采用振动压路机碾压，碾压后，表面集料间的空隙应填满，但表面应看得见集料。填隙碎石层上为薄沥青面层时，宜使集料的棱角外露 3～5mm。

c. 碾压后基层的固体体积率宜不小于 85%，底基层的固体体积率宜不小于 83%。

d. 填隙碎石基层未洒透层沥青或未铺封层时，不得开放交通。

②应根据各路段基层或底基层的宽度、厚度及松铺系数，计算各段需要的集料数量，并应根据运料车辆的车厢体积，计算每车料的堆放距离。填隙料的用量宜为集料质量的 30%～40%。

③用平地机或其他合适的机具将集料均匀地摊铺在预定的范围内，表面应平整，并有规定的路拱。应同时摊铺路肩用料。

④填隙碎石的干法施工应符合下列规定：

a. 初压宜用两轮压路机碾压 3 或 4 遍，使集料稳定就位，初压结束时，表面应平整，并具有规定的路拱和纵坡。

b. 应采用振动压路机慢速碾压，将全部填隙料振入集料间的空隙中。无振动压路机时，可采用重型振动板。路面两侧宜多压 2 或 3 遍。

c. 填隙碎石表面空隙全部填满后，宜再用重型压路机碾压 1～2 遍。在碾压过程中，不应有任何蠕动现象。在碾压之前，宜在表面洒少量水，洒水量宜不少于 3kg/m²。

⑤填隙碎石的湿法施工应按下列要求操作：

a. 宜用重型压路机跟在洒水车后碾压。应将湿填隙料及时扫入出现的空隙中；必要时，宜再添加新的填隙料。

b. 应洒水碾压至填隙料和水形成粉浆，粉浆应填塞全部空隙，并在压路机轮前形成微波纹状。

c. 碾压完成的路段应让水分蒸发一段时间，结构层变干后，应将表面多余的细料以及细料覆盖层扫除干净。

（四）沥青混凝土路面

沥青混凝土路面指的是用沥青混凝土作面层的路面。由适当比例的粗集料、细集料以及填料与沥青在严格控制条件下拌制而成的混合料（以 AC 表示）。

1. 沥青混合料分类

（1）按密实类型分：密级配沥青混凝土混合料、开级配沥青混合料、半开级配沥青混合料、间断级配沥青混合料 SMA、沥青稳定碎石混合料（密级配沥青稳定碎石基层混合料 ATB、开级配排水式沥青稳定基层混合料 ATTB、半开级配沥青稳定碎石混合料 AM）。

（2）按沥青结合料分：普通沥青和改性沥青混合料、乳化沥青碎石混合料、沥青玛蹄脂碎石混合料、沥青玛蹄脂、沥青胶浆。

（3）按颗粒最大粒径和级配分：砂粒式沥青混合料、细粒式沥青混合料、中粒式沥青混合料、粗粒式沥青混合料、特粗式沥青混合料。

（4）按沥青生产工艺分：热拌热铺沥青混合料、再生沥青混合料。

（5）按强度构成原则分：按嵌挤原则构成的结构、按密实级配原则构成的结构。

2. 沥青混合料结构类型

（1）密实—悬浮结构。稳定性较差，密实、疲劳和低温性能强。

（2）骨架—空隙结构。高温稳定性较好，抗水损害、疲劳和低温性能较差。

（3）密实—骨架结构。高温稳定性较好，抗水损害、疲劳和低温性能较好。

3. 沥青混合料的使用范围

（1）密级配沥青混凝土混合料（AC）适用于各级公路沥青面层的任何层次。

（2）沥青马蹄脂碎石混合料（SMA）适用于新建公路的表面层、中面层或旧路面加铺磨耗层。

（3）设计空隙率为 6%～12% 的半开级配的沥青碎石混合料（AM）仅适用于三级及三级以下公路、乡村公路，且沥青混合料拌和设备缺乏添加矿粉的装置和人工炒拌的情况。

（4）设计空隙率为 3%～6% 粗粒式及特粗式的密级配沥青稳定碎石混合料（ATB）适用于基层。

（5）设计空隙率大于 18% 的粗集料及特粗式排水式沥青稳定碎石混合料（ATPB）适用于基层。

（6）设计空隙率大于 18% 的细粒式排水式沥青稳定碎石混合料（OGFC、PAC）适用于高速行车、多雨潮湿、不宜被尘土污染、非冰冻地区铺筑排水式沥青路面磨耗层。

4. 沥青路面工程材料选择

（1）道路石油沥青各个沥青等级的适用范围应符合表 2-2-9 的规定。

道路石油沥青的适用范围　　　　表 2-2-9

沥青等级	适用范围
A 级沥青	各个等级的公路，适用于任何场合和层次
B 级沥青	（1）高速公路、一级公路沥青下面层及以下层次，二级及二级以下公路的各个层次； （2）用作改性沥青、乳化沥青、改性乳化沥青、稀释沥青的基质沥青
C 级沥青	三级及三级以下公路的各个层次

对高速公路、一级公路，夏季温度高、高温持续时间长、重载交通、山区及丘陵区上坡路段、服务

区、停车场等行车速度慢的路段，尤其是汽车荷载剪应力大的层次，宜采用稠度大、黏度大的沥青，也可提高高温气候分区的温度水平选用沥青等级；对冬季寒冷的地区或交通量小的公路、旅游公路宜选用稠度小、低温延度大的沥青；对温度日温差、年温差大的地区宜注意选用针入度指数大的沥青。当高温要求与低温要求发生矛盾时应优先考虑满足高温性能的要求。

（2）粗集料可以采用碎石、破碎砾石和矿渣等。矿渣及软质集料不得用于防滑表层。钢渣仅限于一般道路，且应有6个月以上的存放期。酸性岩石的石料如花岗岩、石英岩等用于高速公路、一级公路、城市快速路、主干路时，宜使用针入度较小的沥青，并采用抗剥离措施，使其对沥青的黏附性符合要求：①用干燥的生石灰或消石灰粉、水泥作为填料的一部分，其用量宜为矿料总量的1%～2%；②在沥青中掺加抗剥离剂；③将粗集料用石灰浆处理后使用。

（3）细集料可采用天然砂、机制砂、石屑。高速公路、一级公路、城市快速路、主干路沥青混凝土面层及抗滑表层的石屑用量不得超过砂的用量。

（4）矿粉必须采用石灰岩或岩浆岩中的强基性岩石（憎水性石料）经磨细得到。回收粉尘的用量不得超过填料总量的25%，掺入粉尘填料的塑性指数不得大于4%。

（5）改性沥青宜在固定式工厂或在现场设厂集中制作，也可在拌和厂现场边制造边使用，加工温度不宜超过180℃。胶乳类改性剂和制成颗粒的改性剂可直接投入拌和缸中生产改性沥青混合料。用作改性剂的SBR胶乳中的固体物含量宜少于45%，使用中严禁长时间暴晒或遭冰冻。

5. 沥青混合料配合比设计

（1）沥青混合料与集料有关的有：集料毛体积密度、视密度、有效密度和粗集料间隙率；与沥青混合料有关的有：沥青混合料的最大密度、压实混合料毛体积密度、有效沥青含量、空隙率以及矿料间隙率（VMA）等。

（2）热拌沥青混合料配合比设计采用沥青混合料马歇尔试验方法，按照目标配合比设计阶段、生产配合比设计阶段、生产配合比验证阶段、确定施工级配允许波动范围四个步骤进行。

（3）热拌沥青混合料配合比设计方法步骤：材料准备→矿质混合料的配合比组成设计→矿质混合料配合比计算→马歇尔试验→确定沥青最佳用量。

（4）按照马歇尔试验方法确定最佳沥青用量后，依据规范或设计要求尚需进行水稳定性检验、高温稳定性检验、低温抗裂性检验和钢渣活性检验。

6. 沥青路面试验路段

（1）在铺筑试验路段之前28d，施工单位应安装好与本项工程有关的全部试验仪器和设备（包括沥青、石料、混合料等以及多项室内外试验的配套仪器，设备及取芯机等），配备足够数量的熟练试验技术人员，并报请监理工程师审查批准。

（2）在工程开工前14d，施工单位应在监理工程师批准的现场并在监理工程师的监督下，采用备齐并投入该项工程的全部机械设备及每种沥青混合料各铺筑一段长约100～200m（单幅）的试验路段。

（3）试验段的目的是证实混合料的稳定性，拌和、摊铺和压实设备的效率以及施工方法、施工组织的适应性。

（4）热拌热铺沥青混合料路面试验段包括试拌、试铺两个阶段，具体包括下列试验内容：
①检验各种施工机械的类型、数量及组合方式是否匹配。
②通过试拌确定拌和机的操作工艺，考察计算机打印装置的可信度。
③通过试铺确定透层油的喷洒方式和效果、摊铺、压实工艺，确定松铺系数等。

④验证沥青混合料生产配合比设计，提出生产用的标准配合比和最佳沥青用量。

⑤建立用钻孔法与核子密度仪无破损检测路面密度的对比关系。确定压实度的标准检测方法。核子仪等无破损检测在碾压成型后热态测定，取 13 个测点的平均值为 1 组数据，一个试验段的数据不得少于 3 组。钻孔法在第 2 天或第 3 天以后测定，钻孔数不少于 12 个。

⑥检测试验段的渗水系数。

（5）沥青混合料压实 12h 以后，应对其厚度、密实度进行抽样试验。

（6）铺筑结束后，施工单位应就各项试验内容提出完整的试验路施工、检测报告，取得监理机构的批复。如未能取得监理机构得批准，施工单位应破碎试验路，重新铺筑试验路，并承担其费用。

（7）经监理工程师批准得试验路应成为比较的标准，正式工程应按批准的同一方法和同一标准施工。

7. 热拌沥青混合料路面施工质量控制要点

热拌沥青混凝土路面施工工艺流程如图 2-2-1 所示。

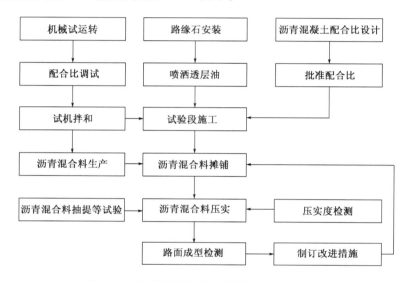

图 2-2-1 热拌沥青混凝土路面施工工艺流程图

（1）沥青混合料的拌和

①粗、细集料应分类堆放和供料，取自不同料源的集料应分开堆放。

②拌和应将集料包括矿粉充分地烘干。

③沥青加热温度、石料加热温度、混合料的出厂温度、运到施工现场的温度均应满足规范要求。

④所有过度加热的混合料，或已经炭化、起泡和含水的混合料都应废弃。拌和后的混合料必须均匀一致，无花白、无粗细料离析和结块现象，否则不得用于工程项目。

（2）混合料的运送

①已经离析或结成不能压碎的硬壳、团块或在运料车辆卸料时留于车上的混合料，以及低于规定铺筑温度或被雨水淋湿的混合料都应废弃，不得用于工程项目。

②运至铺筑现场的混合料，应在当天或当班完成压实。

（3）混合料的摊铺

①为消除纵向接缝，应采用全路摊铺。当采用两台摊铺机组成梯队联合摊铺的方式时，两台摊铺机前后的距离以前面摊铺的混合料尚未冷却为准，一般为 10～30m。

②沥青混合料的摊铺温度应随沥青的标号及气温的不同通过试验确定，并进行调节。正常施工，摊铺温度不低于 125℃，但不得超过 160℃。

③摊铺机应以均匀的速度行驶。摊铺机的输出量和沥青混合料的运送量相匹配，以保证混合料均匀、不间断地摊铺。摊铺过程中不得随意变换速度，避免中途停顿，影响施工质量。

④对外形不规则，路面厚度不同，空间受到限制以及人工构造物接头等摊铺机无法工作的地方，经监理工程师批准可以采用人工铺筑混合料。

（4）混合料的压实

①压实分初压、复压和终压。初压应采用钢轮压路机或振动压路机（静压）。初压后应检查平整度和路拱，必要时应予以修整。复压应采用串联式双轮振动压路机或轮胎压路机。终压应采用光面钢轮压路机或振动压路机（静压）。

②碾压作业时混合料的温度，初压温度不应低于120℃。碾压终了的温度，对于钢轮压路机不得低于60℃，对于轮胎压路机不得低于70℃，对于振动压路机不得低于55℃。

③碾压应纵向并由低边向着高边慢速均匀地进行。相邻碾压至少重叠宽度为：双轮30cm，三轮为后轮宽度的1/2。

④碾压时，压路机不得中途停留、转向或制动。当压路机来回交替碾压时，前后两次停留地点应相距10m以上，并应驶出压实起始线3m以外。

⑤压路机不得停留在温度高于60℃的已经压过的混合料上。同时，应采取有效措施，防止油料、润滑脂、汽油或其他杂质在压路机操作或停放期间落在路面上。

⑥压实时，如接缝处的混合料温度已不能满足压实温度要求，应采用加热器提高混合料的温度，压实温度达到要求后，再压实到无缝迹为止。否则，必须垂直切割混合料并重新铺筑后立即共同碾压到无缝迹为止。

⑦在压路机压不到的其他地方，应采用振动夯板、手夯或机夯把混合料充分压实。已经完成碾压的路面，不得修补表皮。

⑧当层厚等于或大于40mm时，监理工程师可使用核子密度仪进行现场密实度检验，以代替试验室试样测定。但每读10个核子密度仪读数，必须钻取一个试样送交试验室进行密度试验，以检验核子密度仪的准确性。

（5）接缝的处理

①纵向接缝应是热接缝，并应连续和平行，缝边垂直并形成直线。

②纵缝上的混合料，应在摊铺机的后面立即用一台静力钢轮压路机以静力进行碾压。

③纵向接缝与横坡变坡线的重合应在15cm以内，与下层接缝应错开15cm以上。

④当由于工作中断，摊铺混合料的末端已经冷却，或者在第二天恢复工作时，就应做成一道与铺筑方向大致成直角的横向接缝。横向接缝在相连的层次和相邻的行程间均应至少错开1m。

（6）气候条件

①沥青混合料的摊铺应避免在雨季进行。当路面滞水时，应暂停施工。

②施工气温低于10℃时，应停止摊铺，或摊铺时采取措施，并经监理工程师同意方可继续摊铺。否则在气温还没有上升到10℃以上之前，不得开始摊铺，当气温下降到15℃以下时，应控制混合料的最大运距，保证碾压温度在规定的范围以内。

③未经压实即遭雨淋的沥青混合料应全部清除，更换新料。所发生的一切费用由承包人负担。

（7）取样和试验

①沥青混合料应按统计法取样，以测定集料级配、沥青含量、压实度等，集料取样地点应在沥青掺入前的热拌设备旁，沥青含量试验应在摊铺机后面及压路机前面，从已摊铺的混合料中取样。压实度试

验应从压好的路面上钻取试样。

②混合料的试样，应在施工现场每天进行一次，或拌 500t 混合料取一次并按规范进行检验。

③所有的试验结果均应报监理工程师审批，所发生的一切费用由承包人自理。

8. 沥青表面处治施工质量控制要点

（1）沥青表面处治宜选择在干燥和较热的季节施工，并在雨季前及日最高气温低于 15℃到来之前半个月结束。

（2）沥青表面处治宜采用层铺法施工，厚度不宜大于 3cm，可采用沥青洒布机及集料撒铺机联合作业。

（3）施工工序紧密衔接，沥青洒布长度与石料撒铺相配合，避免浇油后等待较长时间才撒铺石料。

（4）碾压应在沥青和集料撒铺后立即进行，并在当日完成。撒铺一段集料后即用 6～8t 轮胎或双轮压路机碾压，每层集料应按集料撒铺的全宽初压一遍，并应按需要进行补充碾压以使盖面集料适当就位，碾压时每次轮迹重叠约 30cm，从路边逐渐移向路中心，然后再从另一边开始移向路中心，以此作为一遍，一般全宽的碾压不少于 3～4 遍，以不大于 2km/h 的速度进行碾压。

9. 沥青贯入式路面施工质量控制要点

沥青贯入式路面根据沥青贯入深度的不同，可分深贯式及浅贯式。深贯式厚 6～8cm；浅贯入式厚 4～5cm。

（1）施工准备。下承层沥青贯入式路面施工前，基层必须清扫干净，贯入式使用乳化沥青时，必须洒透层或黏层沥青。

（2）撒料。撒主层集料时，应注意撒铺均匀，避免颗粒大小不均，并不断检查松铺厚度和校验路拱。撒布集料后，严禁车辆通行。

（3）碾压。主层集料撒布后，先用 6～8t 压路机以 2km/h 的初速度碾压 3～4 遍，使集料基本稳定，无显著推移为止，然后再用 10～12t 压路机以 3～4km/h 的速度进行碾压，直至主层集料嵌挤稳定。

（4）浇洒第一层沥青。主层集料碾压完毕后，应立即浇洒第一层沥青。

（5）撒布第一层嵌缝料。主层沥青浇洒后应立即均匀撒布第一层嵌缝料。当使用乳化沥青时，嵌缝料的撒布必须在乳液破乳前完成。

（6）再碾压。嵌缝料扫匀后立即用 8～12t 钢筒式压路机碾压 4～6 遍，直至稳定为止，碾压时应随压随扫，使嵌缝料均匀嵌入。

（7）浇洒第二层沥青→撒布第二层嵌缝料→碾压→浇洒第三层沥青→撒布封层料→最后碾压。

10. 透层与黏层施工质量控制要点

（1）透层

①沥青透层可采用煤油稀释沥青或慢裂的洒布型乳化沥青。

②透层宜在基层表面稍干后浇洒。当基层完工后时间较长，表面过于干燥时，应对基层进行清扫，并在基层表面少量洒水，等表面稍干后浇洒透层沥青。

③洒布的透层沥青应渗入基层一定深度，不应在表面流淌，且不得形成油膜。

④如遇大风或即将降雨时不得喷洒透层沥青。气温低于 10℃时，不宜喷洒透层沥青。

⑤应按沥青用量一次喷洒均匀，当有遗漏时，应采用人工补洒。

⑥喷洒透层沥青后，严禁车辆、行人通过。

⑦在铺筑沥青面层前，当局部有多余的透层沥青未渗入基层时，应予清除。

⑧透层洒布后应尽早铺筑沥青面层。当用乳化沥青做透层时,洒布后应待其充分渗透,水分蒸发后方可铺筑沥青面层,其时间间隔不宜少于 24h。

(2)黏层

①高速公路路面工程中在中面层与下面层之间,应浇洒黏层,并在与新铺沥青混合料接触的路缘石、雨水进水口、检查井等的侧面也应洒黏层。

②黏层的沥青材料采用乳化沥青或改性乳化沥青。

③洒布沥青材料的气温不应低于 10℃,风速适度。浓雾或下雨路面潮湿时不应施工。

④喷洒黏层油时,喷油管宜与路表面形成约 30°角,并有适当高度,以使路面上喷洒的透层油或黏层油形成重叠。

⑤黏层沥青应在铺筑覆盖层之前 24h 内洒布或涂刷。

⑥喷洒黏层沥青后严禁除沥青混合料运输车外的其他车辆、行人通过。黏层沥青洒布后应紧接铺筑沥青层。当使用乳化沥青作黏层时,应待破乳、水分蒸发完后铺筑。

(五)水泥混凝土路面

水泥混凝土路面俗称白色路面,它是以水泥与水拌和成的水泥浆为结合料,以碎(砾)石、砂为集料,再加适当的掺合料及外掺剂,拌和成水泥混凝土混合料而筑成的路面。

1. 水泥混凝土路面的分类

(1)按照使用的材料不同划分,水泥混凝土路面可分为普通水泥混凝土面层、钢筋混凝土面层、连续配筋混凝土面层、钢纤维混凝土面层等路面形式。

(2)按照铺筑施工方式不同划分,可分为铺筑型、碾压型、预制混凝土块的砌块型等路面形式。

(3)按照所使用的施工机械、机具(或施工工艺)不同划分,可分为滑模摊铺机法、三辊轴机组法、小型机具法等铺筑的混凝土面层等。

目前广泛采用水泥混凝土路面多指现场铺筑的普通水泥混凝土路面,简称水泥混凝土路面或混凝土路面。所谓普通水泥混凝土路面,是指除接缝区和局部范围(边缘和角隅)配置钢筋外,其他位置不配置钢筋的水泥混凝土路面。

2. 水泥混凝土路面的优点、缺点

(1)与其他类型的路面相比,水泥混凝土路面具有强度高、稳定性好、耐久性好、有利于夜间行车、小修小补施工简单等优点。

(2)水泥混凝土路面的缺点,是施工阶段的施工工序多,对水泥和水的需要量大,因其抗弯强度要求高使得开放交通较迟。成品路面设有缩缝和胀缝,且接缝数量较多易导致行车不适感,因其刚度大会产生行车噪声,开放交通后大面积、长距离修补施工困难等。

3. 水泥混凝土路面的铺筑工艺

水泥混凝土路面可分为机铺型、碾压型、砌块型混凝土路面。机铺型水泥混凝土路面,按照其施工工艺的不同,可分为滑模摊铺机铺筑工艺、三辊轴机组铺筑工艺和小型机具铺筑工艺。

(1)滑模摊铺机铺筑工艺是指采用滑模摊铺机铺筑水泥混凝土面层的施工工艺,其特点是不需要另外架设轨道和边缘固定模板,布料、摊铺、振捣密实、挤压成型、抹面修饰等施工流程在摊铺机行进过程中连续完成。

(2)三辊轴机组铺筑工艺是指采用振捣机具和三辊轴整平机配合铺筑水泥混凝土面层的施工工艺,其特点是需要架设边缘固定模板,模板同时兼具三辊轴整平机轨道的功能。

（3）小型机具铺筑工艺是指采用振捣机具和整平梁铺筑水泥混凝土面层的施工工艺，其特点是需要架设边缘固定模板。

4. 水泥混凝土路面的材料选择

（1）极重、特重、重交通荷载等级公路面层水泥混凝土应采用旋窑生产的道路硅酸盐水泥、硅酸盐水泥、普通硅酸盐水泥，中、轻交通荷载等级公路面层水泥混凝土可采用矿渣硅酸盐水泥。高温期施工宜采用普通型水泥，低温期宜采用早强型水泥。

（2）选用面层水泥混凝土的水泥时，应根据所配制的混凝土弯拉强度、耐久性、工作性指标选择适宜的水泥品种和强度等级。

（3）采用滑模摊铺机铺筑时，宜选用散装水泥。高温期施工时，散装水泥的入罐最高温度不宜高于60℃；低温期施工时，水泥进入搅拌缸前的温度不宜低于10℃。

（4）面层水泥混凝土可掺用合格的粉状低钙粉煤灰、矿渣粉或硅灰等掺合料，不得掺用结块的或潮湿的粉煤灰、矿渣粉或硅灰。

（5）粗集料应使用质地坚硬、耐久、干净的碎石、破碎卵石或卵石。

（6）细集料应使用质地坚硬、耐久、洁净的天然砂或机制砂，不宜使用再生细集料。面层水泥混凝土使用的天然砂细度模数宜在2.0~3.7，机制砂细度模数宜在2.3~3.1。

（7）饮用水可直接作为水泥混凝土的搅拌和养护用水，非饮用水应进行水质检验。

（8）外加剂应经有相应资质的检测机构检验合格并提供检验报告后方可使用。

（9）钢筋不得有裂纹、断伤、刻痕、油污和锈蚀。

（10）钢纤维抗拉强度等级不应低于600级，钢纤维应进行有效的防锈蚀处理。

（11）高速公路、一级公路胀缝板宜采用塑胶板、橡胶（泡沫）板或沥青纤维板；其他等级公路也可采用浸油木板。

（12）硅酮类、聚氨酯类常温施工式填缝料可用于各等级公路水泥混凝土面层；橡胶沥青、改性沥青类填缝料可用于二级及二级以下公路；道路石油沥青类填缝料可用于三、四级公路。

（13）养护剂应采用由石蜡、适宜高分子聚合物与适量稳定剂、增白剂经胶体磨制成的水乳液，不得使用以水玻璃为主要成分的养护剂。

5. 水泥混凝土路面的配合比设计

（1）公路面层水泥混凝土的配合比设计应满足其弯拉强度、工作性、耐久性要求，兼顾经济性。

（2）混凝土配合比设计宜采用正交试验法。二级及二级以下公路可采用经验公式法。

（3）混凝土配合比设计应包括目标配合比设计、施工配合比设计两个阶段。目标配合比设计应确定混凝土的水泥用量、集料用量、水灰比、外加剂掺量。施工配合比设计应通过拌和楼（机）试拌验证、确定拌和参数。

6. 试验路段铺筑

（1）二级及二级以上公路水泥混凝土面层施工前，应制订试验路段的施工方案和质量检测计划，并应铺筑试验路段。试验路段长度不应短于100m，高速公路、一级公路宜在主线路面以外进行试铺。

（2）审查试验路段铺筑应达到的目的：

①确定拌和楼的拌和参数、实际生产能力和配料精度。

②检验混凝土的施工性能、技术参数和实测强度。

③检验铺筑机械、工艺参数及与拌和能力匹配情况。

④检验施工组织方式、质量控制水平和人员配备等。

（3）旁站、检测见证试铺过程中应确定的内容：

①主要铺筑设备的工艺性能、质量指标和生产能力满足要求；辅助设备的配备是否合理、适用；模板架设固定方式是否能保证高程和厚度控制要求。

②实测试验路段的松铺系数、摊铺速度、振捣时间与频率、滚压遍数，拉杆与传力杆置入方式、精度，抗滑构造深度、摩擦系数、接缝顺直度等是否达到质量标准。

③验证施工各工艺环节操作要领，确定各关键岗位的作业指导书。

④检验施工组织形式和人员编制是否合理。

⑤通信联络、生产调度指挥及应急管理系统是否满足施工组织要求等。

7. 水泥混凝土路面施工质量监理

（1）混凝土拌和

①应根据工程规模、施工工艺、日进度要求等合理配备拌和设备，及拌和楼或拌和机。拌和站的搅拌能力配置包括最小生产能力、总设计标称搅拌能力两个指标。

②水泥混凝土拌和楼（机）应优先采用间歇式拌和楼（机），或配料计量精度满足要求的连续式拌和楼（机），不宜使用自落式滚筒搅拌机。高速公路、一级及二级公路水泥混凝土面层施工时，应采用配备计算机自动控制的间歇式强制拌和楼（机）。

③每台拌和楼在投入生产前，必须进行标定和试拌。在标定有效期满或拌和楼（机）搬迁安装后，应重新标定。施工中应每15d校验一次拌和楼（机）计量精度。

④搅拌时间应根据拌合物的黏聚性、匀质性及搅拌机类型，经试拌后确定。

⑤可溶解的外加剂应充分溶解、搅拌均匀后加入搅拌锅，并扣除溶液中的加水量。有沉淀的外加剂溶液，应每天清除一次沉淀物。

⑥混凝土中掺有引气剂时，拌和楼（机）一次搅拌量不应大于其额定搅拌量的90%。

（2）混凝土运输

①应选配车况优良、载质量2~20t的自卸车，自卸车后挡板应关闭紧密，运输时不漏浆撒料，车厢板应平整光滑。

②运输车辆的数量应根据产量、运距等计算，且不应少于3辆，高速公路和一级公路施工时不得少于5辆。

③混凝土的运输应保证达到现场的拌合物具有适宜摊铺的工作性。运输过程中应防止漏浆、漏料和污染，防止拌合物离析。

④混凝土拌合物从搅拌机出料到运抵现场的允许最长时间应符合规定。不满足时，可调整缓凝剂的剂量。

（3）滑模摊铺机法摊铺

①滑模摊铺工艺宜用于高速、一级、二级公路普通水泥混凝土面层、配筋或纤维混凝土面层、钢筋混凝土桥面、隧道混凝土面层和混凝土路缘石、路肩石及护栏等滑模施工。

②路线上坡的纵坡大于5%、下坡的纵坡大于6%的路段以及半径小于50m或超高超过7%的路段，不宜采用滑模摊铺机进行摊铺。

③高速公路、一级公路宜选用能一次摊铺不少于2个车道宽度的滑模摊铺机。

④滑模摊铺机首次作业前，应挂线对铺筑位置、几何参数和机架水平度进行设置、调整和校准，满

足要求后方可用于摊铺作业。

⑤滑模摊铺机前布料，应采用机械完成，布料高度应均匀一致，不得采用翻斗车直接卸料方式。

⑥滑模摊铺机起步时，应先开启振捣棒，调整振捣频率使进入挤压底板前缘的拌合物振捣密实，无大气泡冒出破灭，方可开动滑模机平稳推进摊铺。

⑦滑模摊铺应缓慢、匀速、连续作业。摊铺速度可在 0.75～2.5m/min 之间选择，宜采用 1m/min。

⑧严禁快速推进、随意停机与间歇摊铺。每天摊铺结束时应设置横向施工缝。因故停工 30min 以上时、当拌合物严重离析或离散时、更换振捣棒时、天气条件不允许摊铺时，应停止摊铺并设置横向施工缝，不能被振实的拌合物应予铲除废弃。

⑨振捣时，振捣频率可在 100～183Hz 调整，宜为 150Hz，以保证拌合物不过振、欠振和漏振。

⑩当滑模摊铺机停机等料时间预计会超过运至现场混凝土的初凝时间，致使拌合物不能振实时，应将滑模摊铺机迅速开出摊铺工作面，及时制作横向施工缝。横向施工缝可采用架设端模板的方法施作，并应与胀缝或隔离缝合并设置；不能与胀缝合并设置时，应与缩缝合并设置。

⑪摊铺过程中，应经常检查振捣棒的工作情况和位置。摊铺面层上出现条带麻面现象时，应停机检查振捣棒是否损坏；出现发亮的砂浆条带时，应检查振捣棒位置是否异常。

⑫抗滑纹理做毕，应立即开始保湿养护。养护龄期不应少于 5d，且混凝土强度满足要求后，方可连接摊铺相邻车道面板。

（4）三辊轴机组法铺筑

①三辊轴机组铺筑工艺可用于二级及二级以下公路水泥混凝土路面的面层施工、隧道水泥混凝土面层的施工、桥面铺装的施工，也可用于高速、一级公路的硬路肩、匝道、收费广场边板、封闭式中央分隔带、弯道超高加宽段硬路肩及局部异形面板等处的施工。

②三辊轴机组法铺筑水泥混凝土路面面层时，应按照"水泥混凝土拌合物的搅拌→运输→支模、安装钢筋→布料→振捣、三辊轴整平、精平成型→养护→刻槽（拉毛）→切缝和填缝→继续养护→开放交通"的施工工艺流程进行。

③模板应采用钢材、槽钢或方木制成。模板的高度应为混凝土面板设计厚度相符，直线段模板长度不宜小于 3m。模板数量应满足拆模周期周转需要，模板总量不宜少于两次周转的需要。

④模板应固定牢固，在振捣机、三辊轴整平机、滚杠等设备、机具往复作用下，不得出现推移、变形、跑模等现象。模板固定后应满足封模砂浆固化要求，不得漏浆，不得出现错茬和错台。

⑤纵缝处的拉杆，应在边缘模板上预留孔插入，并振实粘牢。松动的拉杆，在连接摊铺前应重新植入。

⑥横缝处的传力杆，应采用预设钢筋支架法安装并使之固定，不得手工设置。支架范围内的混凝土宜早铺筑和早振实，可用手持振捣棒专门振实。

⑦应全断面布料，松铺高度符合要求后，再使用振捣机开始振捣。振捣机应匀速缓慢、连续地行进作业。纵坡路段宜向上坡方向铺筑。振捣机振实后，料位应高出模板顶面 5～15mm。

⑧整平作业时，应处理整平轴前料位的高低情况，过高时应铲除，轴下如有间隙应采用混凝土补平。

⑨滚压完成后，应升起振动辊，用甩浆辊抛浆整平一遍，再用整平轴前、后静滚整平，直到平整度符合要求，表面砂浆厚度均匀为止。表层砂浆的厚度宜控制为 4mm±1mm。

⑩三辊轴整平机整平后，应采用 3～5m 刮尺，纵、横两个方向精平饰面，纵向不少于 3 遍，横向不少于 2 遍，也可采用旋转抹面机进行密实精平饰面 2 遍，直到平整度符合要求。

⑪三辊轴整平、精平、饰面完成后，应立即开始保湿养护或保湿保温双重养护。

（5）小型机具施工

①小型机具铺筑工艺可用于三、四级公路水泥混凝土面层的施工，不得用于隧道水泥混凝土面层、桥面铺装的施工。

②采用小型机具法铺筑水泥混凝土路面面层时，应按照"水泥混凝土拌合物的搅拌→运输→支模、安装钢筋→混凝土卸料→振捣、整平成型→养护→拉毛（刻槽）→切缝和填缝→继续养护→开放交通"的施工工艺流程进行。

③插入式振捣棒振捣施工时，混凝土铺筑整平后，应依次使用振捣棒、振动板、振动梁三遍振捣，使之密实。

④每车道应配备不少于3根振捣棒，沿横断面连续振捣密实，板底处、内部和边角处不得欠振或漏振。振捣棒移动距离不应大于有效作用半径的1.5倍，并不大于500mm，每处振动时间不宜短于30s。

⑤每车道应配备不少于2块振动板。每个振动板应由两名工人提位振动，不得自由放置或持续振动。振动板移位时应重叠100～200mm，每处振动时间不应少于15s。应纵、横向交错振动两遍，不得过振或漏振，应控制振动板底部泛浆厚度为4mm±1mm。

⑥振动梁振实，应配备1根振动梁。振动板振实长度达到10m后，可垂直路面中线纵向人工拖动振动梁，在模板顶面往复拖行2～3遍，使表面泛浆均匀平整。

（6）面层接缝施工

①当一次铺筑宽度小于面层加硬路肩总宽度时，应按设计图纸设置纵向施工缝。纵向施工缝宜采用平缝加拉杆型。

②采用滑模摊铺机施工时，纵向施工缝的拉杆宜采用支架法安设。也可采用侧向拉杆液压装置一次推入。

③采用固定模板施工时，应从侧模预留孔中插入拉杆并振实。插入的侧向拉杆应牢固，避免松动和漏插。

④每天摊铺结束收工时或摊铺中断时间超过30min时，应设置横向施工缝。横向施工缝应尽量设置在缩缝位置，也可采用平缝加传力杆型。缩缝传力杆应优先使用前置支架法设置。横向施工缝与胀缝重合时，应按胀缝施工，胀缝两侧补强钢筋笼宜分两次安装。

⑤春秋季施工时，两端构造物间距大于500m时，宜在顺直路段中间设一道或若干道胀缝。低温期施工时，两端构造物间距大于350m时，宜设置顺直路段胀缝。高温期施工时，顺直路段中可根据设计要求减少胀缝的设置。

⑥采用前置钢筋支架法施工时，应预先安装和固定胀缝钢筋支架，并使用手持振捣棒振实胀缝板两侧的混凝土后再摊铺。胀缝板应连续完整、顺直，其两侧的混凝土不得相粘连。

⑦缩缝的切缝方式有硬切缝、硬软结合切缝、软切缝三种，切缝应根据当地昼夜温差选用适宜的切缝方式进行切缝，并达到切缝深度要求，面层开始切缝的时间应以切缝时不啃边、铺筑后的温度小时不超过250℃·h，并以第二天及施工初期不出现断板为控制原则。

⑧灌缝前应清洁接缝，宜采用飞缝机清除接缝中夹杂的砂石、凝结的泥浆等杂物。灌缝前缝内及缝壁应洁净、干燥，以擦不出水、泥浆或灰尘为可灌缝标准。

（7）抗滑构造施工

①细观纹理宜在精平后的湿软表面，使用钢支架拖挂1～3层叠合麻布、帆布等布片拖出。用抹面机修整过较干硬的光面，可采用较硬的竹扫帚扫出细观纹理。已经硬化后的光滑表面可采用钢刷刷毛、

喷砂打毛、喷钢丸打毛、稀盐酸腐蚀、高压水射流等方式制作细观纹理。

②极重、特重和重交通荷载等级公路的水泥混凝土面层应采用刻槽法制作宏观抗滑构造。中、轻交通荷载等级公路水泥混凝土面层可使用拉槽法制作宏观抗滑构造。

（8）面层养护与开放交通条件

①高速公路、一级公路混凝土面层宜采用养护剂加覆膜养护。现场养护用水充足的情况下，可采用节水保湿养护膜、土工毡、土工布、麻袋、草袋、草帘等养护，并及时洒水保湿养护。缺水条件下，宜采用覆盖节水保湿养护膜养护，并应洒透第一遍养护水。

②实测混凝土强度大于设计强度的80%后，可停止养护。

③面层养护初期，人、畜、车辆不得通行，达到设计弯拉强度40%后可允许与工程施工有关的行人通行。面层混凝土的实际弯拉强度达到设计弯拉强度的100%后，方可开放交通。

（9）特殊天气条件下的施工管理

水泥混凝土面层施工期间，如遇到下列天气情况之一的，必须停止施工：

①风力达到6级以及6级以上的强风天气，或瞬间强风。

②现场气温高于40℃，或拌合物摊铺温度高于35℃。

③现场连续5昼夜的平均气温低于5℃，或夜间最低气温低于−3℃。

④现场降雨、雷阵雨、冰雹或降雪。

（六）路面附属工程

（1）路缘石、排水设施等附属工程设施应预先安装，防止对沥青路面造成污染。

（2）喷洒沥青或铺筑混合料前，应采取措施防止污染附属工程设施。

（3）横向PVC排水管及超高段横向钢筋混凝土圆管埋设过程中，管道内应始终保持洁净，埋设完毕后，进出水口宜采取有效措施，防止泥沙等进入管道，影响排水功能。当横向排水有困难时，宜适当调整出水口位置。

（5）路缘石安装应稳固，表面应平整，不应有坍塌、裂缝现象，应与路线线形一致。

（6）路缘石采用混凝土预制，混凝土应按试验确定的配合比进行拌制和预制。

（七）路面工程的改扩建

（1）硬路肩挖除必须采用铣刨机铣刨沥青路面，水泥混凝土层必须采用深层切割机先切割顺直后，再进行挖除。

（2）铣刨完成的路槽，要加强监管，并尽快进行路床加固，避免雨水浸泡、车辆碾压。严控路床换填碾压施工，路床加固处理后顶面回弹弯沉值不得低于设计值。

（八）冬雨期施工

（1）横向裂缝是沥青混凝土路面冬季施工质量控制重点和难点所在，为了尽可能减少路面的横向裂缝，必须要控制好沥青混凝土材料的摊铺温度。此外，为了避免施工缝对后期的路面成型效果产生不利影响，必须要合理计算并控制每一层沥青混凝土的摊铺长度，最好不低于1.5km。

（2）蓄热法是水泥混凝土冬季施工最简单的养护方法。蓄热法是在混凝土表面用保温材料进行保温，使在受凉前混凝土达到要求的强度。电热法施工是在混凝土结构内外部设置电极，混凝土电阻使电能转为热能。蒸汽法为热源对混凝土进行加热养护，其能耗成本较低。

（3）雨季进行沥青混凝土路面施工时，搅拌场应注意防止雨水侵害，地势低洼部位应在雨季来临之前修建好排水沟或预备好抽排水设施。

（4）雨季进行水泥混凝土路面施工，原材料及混凝土搅拌站应注意防止雨水侵害。地势低洼的搅拌站、水泥仓备件库及砂石料堆放场，应按汇水面积修建排水沟或预置好抽排水设施。

例 题

例1 高速公路和一级公路基层或底基层不宜采用（　　）。
A. 水泥稳定高炉矿渣　　　　　　B. 水泥稳定煤渣
C. 水泥稳定煤矸石　　　　　　　D. 水泥稳定钢渣

例2 无机结合料稳定材料的养护期宜不少于7d，养护期宜延长至上层结构开始施工的（　　）。
A. 前1d　　　　　　　　　　　　B. 前2d
C. 前3d　　　　　　　　　　　　D. 前7d

例3 热拌沥青碎石配合比设计采用（　　）设计。
A. 正交试验　　　　　　　　　　B. 针入度试验
C. 马歇尔试验　　　　　　　　　D. 洛杉矶磨耗试验

例4 沥青混合料中掺和的矿物纤维稳定剂宜采用（　　）制造。
A. 石灰岩　　　B. 玄武岩　　　C. 花岗岩　　　D. 页岩

例5 公路面层水泥混凝土可采用矿渣硅酸盐水泥的交通等级是（　　）。
A. 极重交通荷载等级　　　　　　B. 特重交通荷载等级
C. 重交通荷载等级　　　　　　　D. 中交通荷载等级

例6 不属于水泥混凝土路面配合比设计指标的是（　　）。
A. 弯拉强度　　　　　　　　　　B. 抗压强度
C. 工作性　　　　　　　　　　　D. 耐久性

例7 沥青贯入式路面中深贯入式厚（　　）。
A. 2～3cm　　　B. 3～4cm　　　C. 4～6cm　　　D. 6～8cm

例8 沥青混合料的分类中公称最大集料粒径为16mm或19mm的沥青混合料称为（　　）。
A. 粗粒式沥青混合料　　　　　　B. 细粒式沥青混合料
C. 中粒式沥青混合料　　　　　　D. 砂粒式沥青混合料

例9 无机结合料稳定材料目标配合比设计中，应选择不少于（　　）结合料剂量。
A. 3个　　　B. 5个　　　C. 7个　　　D. 9个

例10 水泥稳定碎石基层混合料配合比设计时，无侧限抗压强度试验温度为（　　）。
A. 冰冻地区20℃±1℃，非冰冻地区25℃±1℃
B. 冰冻地区25℃±1℃，非冰冻地区20℃±1℃
C. 冰冻地区20℃±2℃，非冰冻地区25℃±2℃
D. 冰冻地区25℃±2℃，非冰冻地区20℃±2℃

例11 与连续级配相比较，单级配集料用于水泥混凝土的主要缺点是（　　）。
A. 水泥用量大　　　　　　　　　B. 拌合物易离析
C. 混凝土砂率小　　　　　　　　D. 单位用水量低

例12 关于水泥混凝土面层摊铺施工的说法，错误的是（　　）。
A. 摊铺前应对基层表面进行风干处理，保持基层表面干燥

B. 摊铺过程中，间断时间应不大于混凝土的初凝时间

C. 每日工作结束，施工缝应设置在胀缝或缩缝处

D. 因机械故障或其他原因中断浇筑时，可设临时工作缝

例13 高速公路、一级公路水泥混凝土面层养护宜采用（　　）。

A. 养护剂加覆膜　　　　　　　　B. 节水保湿养护剂

C. 土工苫加覆膜　　　　　　　　D. 土工布加养护剂

例14 水泥稳定碎石基层混合料试验项目包括（　　）。

A. 重型击实　　　　　　　　　　B. 承载比

C. 延迟时间　　　　　　　　　　D. 压碎值

E. 抗压强度

例15 水泥稳定碎石基层检测项目中，属于关键项目的有（　　）。

A. 压实度　　　　　　　　　　　B. 平整度

C. 厚度　　　　　　　　　　　　D. 强度

E. 宽度

例16 对公路路面的基本要求包括（　　）。

A. 足够的强度和刚度　　　　　　B. 足够的稳定性

C. 足够的耐久性　　　　　　　　D. 良好的表面性能

E. 足够的保温性

例17 沥青混合料加入抗剥落剂的作用是（　　）。

A. 提高沥青混合料的高低温稳定性

B. 提高沥青混合料与矿料的黏结力

C. 提高沥青混合料的抗水损害能力

D. 减少沥青用量

E. 减少用水量

例18 关于透层沥青的表述中，下列选项正确的有（　　）。

A. 沥青路面各类基层都必须喷洒透层油

B. 宜选择渗透性好的液体沥青、乳化沥青、煤沥青作透层油

C. 透层油的用量宜通过试洒确定

D. 透层油渗透入基层的深度宜不小于5mm～10mm

E. 透层油洒布后应能在表面形成油膜

例19 为避免沥青混合料在施工过程中发生离析，可采取的措施有（　　）。

A. 降低沥青黏度　　　　　　　　B. 改善矿料级配

C. 采用窄幅摊铺　　　　　　　　D. 提高拌和温度

E. 降低拌和温度

例20 滑模摊铺机铺筑水泥混凝土路面面层时，摊铺速度应根据（　　）确定。

A. 板厚　　　　　　　　　　　　B. 碾压能力

C. 布料能力　　　　　　　　　　D. 振捣混凝土排气效果

E. 混凝土工作性能

例21 关于水泥混凝土面板横向接缝的表述，下列选项正确的有（   ）。

A. 横向接缝分为横向施工缝、横向缩缝和横向胀缝

B. 横向施工缝，其位置通常应避开横向胀缝和横向缩缝

C. 横向缩缝一般采用不设传力杆的假缝形式，即只在面板的上部设缝隙

D. 横向胀缝应采用滑动传力杆，并设置支架或其他方式予以固定

E. 设置在横向缩缝处的横向施工缝应采用平缝加传力杆型

例22 水泥稳定材料生产配合比设计的内容有（   ）。

A. 确定料仓供料比例

B. 确定结合料类型及掺配比例

C. 确定结合料剂量的标定曲线

D. 确定水泥稳定材料的容许延迟时间

E. 确定混合料的最佳含水率、最大干密度

例23 高速公路沥青混凝土路面的下封层一般宜采用的施工方法有（   ）。

A. 挤密法
B. 层铺法
C. 人工喷洒法
D. 沥青贯入法
E. 稀浆封层法

例24 根据路面结构的力学特性，分为（   ）。[2022年真题]

A. 柔性路面
B. 混凝土路面
C. 刚性路面
D. 沥青路面
E. 半刚性路面

例25 生产配合比设计应包括的技术内容有（   ）。[2022年真题]

A. 确定料仓供料比例

B. 确定水泥稳定材料的容许延迟时间

C. 确定结合料剂量的标定曲线

D. 确定施工参数

E. 确定混合料的最佳含水率、最大干密度

例26 基层收缩裂缝的处理措施有（   ）。[2022年真题]

A. 扩缝回填原材料
B. 灌沥青浆液
C. 灌水泥砂浆
D. 铺设玻璃纤维格栅
E. 洒铺改性沥青

例 题 解 析

例1 根据《公路路面基层施工技术细则》(JTG/T F20—2015) 第3.4.4条，水泥稳定煤矸石不宜用于高速公路和一级公路。故选C。

例2 根据《公路路面基层施工技术细则》(JTG/T F20—2015) 第6.1.2条，无机结合料稳定材料的养护期宜不少于7d，养护期宜延长至上层结构开始施工的前2d。故选B。

例3 根据《公路沥青路面施工技术规范》(JTG F40—2004) 第5.3.3条，采用马歇尔试验配合比设计方法，沥青混合料技术要求应符合规定，并有良好的施工性能。当采用其他方法设计沥青混合料时，应按本规范规定进行马歇尔试验及各项配合比设计检验，并报告不同设计方法的试验结果。故选C。

例4 根据《公路沥青路面施工技术规范》（JTG F40—2004）第4.11.3条，矿物纤维宜采用玄武岩等矿石制造，易影响环境及造成人体伤害的石棉纤维不宜直接使用。故选B。

例5 根据《公路水泥混凝土路面施工技术细则》（JTG/T F30—2014）第3.1.1条，极重、特重、重交通荷载等级公路面层水泥混凝土应采用旋窑生产的道路硅酸盐水泥、硅酸盐水泥、普通硅酸盐水泥，中、轻交通荷载等级公路面层水泥混凝土可采用矿渣硅酸盐水泥。高温期施工宜采用普通型水泥，低温期宜采用早强型水泥。故选D。

例6 根据《公路水泥混凝土路面施工技术细则》（JTG/T F30—2014）第4.1.1条，公路面层水泥混凝土的配合比设计应满足其弯拉强度、工作性、耐久性要求，兼顾经济性。故选B。

例7 根据沥青贯入深度的不同，可分为深贯入式及浅贯入式；深贯入式厚6~8cm，浅贯入式厚4~5cm。故选D。

例8 沥青混合料按颗粒最大粒径和级配又可以分成5个不同级别：①砂粒式沥青混合料是公称最大集料粒径小于或等于4.75mm的沥青混合料，也称为沥青石屑或沥青砂；②细粒式沥青混合料是公称最大集料粒径为9.5mm或13.2mm的沥青混合料；③中粒式沥青混合料是公称最大集料粒径为16mm或19mm的沥青混合料；④粗粒式沥青混合料是公称最大集料粒径为26.5mm或31.5mm的沥青混合料；⑤特粗式沥青混合料是公称最大粒径大于或等于37.5mm的沥青混合料。故选C。

例9 根据《公路路面基层施工技术细则》（JTG/T F20—2015）第4.6.2条，在目标配合比设计中，应选择不少于5个结合料剂量，分别确定各剂量条件下混合料的最佳含水率和最大干密度。故选B。

例10 试件在规定温度下保湿养护6d，浸水1d，进行无侧限抗压强度试验，试验温度为：冰冻地区20℃±2℃，非冰冻地区25℃±2℃。故选C。

例11 间断级配集料中颗粒粒径分布不连续，粗细颗粒之间存在粒径缺失，直接导致较大的差异，因而间断级配集料用于水泥混凝土，得到的拌合物更容易产生离析。为了保证施工质量，防止集料离析，水泥路面混凝土中不得使用没有级配的通货集料。故选B。

例12 混凝土摊铺前应对基层表面进行洒水润湿，但不能有积水。故选A。

例13 根据《公路水泥混凝土路面施工技术细则》（JTG/T F30—2014）第11.4.2条，高速公路、一级公路混凝土面层宜采用养护剂加覆膜养护。故选A。

例14 根据《公路路面基层施工技术细则》（JTG/T F20—2015）第8.2.9条，基层和底基层混合料试验项目有：重型击实、承载比、抗压强度、延迟时间、绘制EDTA标准曲线。故选ABCE。

例15 根据《公路工程质量检验评定标准 第一册 土建工程》（JTG F80/1—2017）第7.7.2条，稳定粒料基层和底基层检测项目有：压实度、平整度、纵断高程、宽度、厚度、横坡、强度，其中关键项目为：压实度、厚度、强度。故选ACD。

例16 路面应具有的性能包括：强度和刚度、稳定性、耐久性、表面性能（平整度、粗糙度）。故选ABCD。

例17 抗剥落剂，主要是指沥青抗剥离剂。其作用是使沥青与集料表面形成物理吸附或依靠其特殊的化学结构使其与集料进行化合反应，从而形成强而有力的化学纽带，提高沥青与集料的黏附性，使其具有良好的抗热老化性及抗水损害性。也就是说：增强沥青与集料（酸性石料）之间的黏附力，及抗水损害的强度，延长路面的使用寿命。故选BC。

例18 选项E错误，透层油洒布后应不致流淌，应渗入基层一定深度，不得在表面形成油膜。故选ABCD。

例19 在施工中离析的表现是多种多样的,如集料粗细颗粒组成的离析;装卸、运输和摊铺过程中造成的粗细颗粒离析;混合料温度不均匀导致的离析;混合料拌和不均匀产生的离析等等。在摊铺宽度较大时,应采用多幅摊铺的方式,每幅宽度最好不超过6~7m,这样可以降低离析。故选BC。

例20 根据《公路水泥混凝土路面施工技术细则》(JTG/T F30—2014)第7.4.5条,滑模摊铺应缓慢、匀速、连续不间断地作业。滑模摊铺速度应根据板厚、混凝土工作性、布料能力、振捣排气效果等确定,可在0.75~2.5m/min之间选择,宜采用1m/min。故选ACDE。

例21 根据《公路水泥混凝土路面设计规范》(JTG D40—2011)第5.3.1条,选项B错误,每日施工结束或因临时原因中断施工时,必须设置横向施工缝,其位置宜选在缩缝或胀缝处。设在缩缝处的施工缝,应采用加传力杆的平缝形式;设在胀缝处的施工缝,其构造应与胀缝相同。故选ACDE。

例22 根据《公路路面基层施工技术细则》(JTG/T F20—2015)第4.1.5条,选项B属于目标配合比设计的技术内容。故选ACDE。

例23 根据《公路沥青路面施工技术规范》(JTG F40—2004)第6.4.2条,下封层宜采用层铺法表面处治或稀浆封层法施工。稀浆封层可采用乳化沥青或改性乳化沥青作结合料。下封层的厚度不宜小于6mm,且做到完全密水。故选BE。

例24 在工程设计中主要从路面结构的力学特性和设计方法的相似性出发,将路面划分为柔性路面、刚性路面和半刚性路面三类。故选ACE。

例25 生产配合比设计应包括下列技术内容:①确定料仓供料比例;②确定水泥稳定材料的容许延迟时间;③确定结合料剂量的标定曲线;④确定混合料的最佳含水率、最大干密度。故选ABCD。

例26 根据《公路路面基层施工技术细则》(JTG/T F20—2015)第6.6.1条,基层在养护过程中出现裂缝,经过弯沉检测,结构层的承载能力满足设计要求时,可继续铺筑上面的沥青面层,也可采取下列措施处理裂缝:在裂缝位置灌缝;在裂缝位置铺设玻璃纤维格栅;洒铺热改性沥青。故选BCDE。

自 测 模 拟 题

(一)单项选择题

1. 不属于无机结合料稳定材料的目标配合比设计内容的是( )。
   A. 选择级配范围
   B. 确定结合料剂量的标定曲线
   C. 确定结合料类型及掺配比例
   D. 验证混合料相关的设计及施工技术标准

2. 关于液体石油沥青施工说法,正确的是( )。
   A. 液体石油沥青宜采用针入度较小的石油沥青
   B. 与沥青稀释混合加热,再搅拌、稀释制成
   C. 掺配比例根据使用要求由经验确定
   D. 基质沥青的加热温度严禁超过140℃

3. 关于透层施工,下列说法错误的是( )。
   A. 气温低于10℃或大风、即将降雨时不得喷洒透层油
   B. 透层油洒布后应自由流淌,应渗入基层一定深度,在表面形成油膜
   C. 应按设计喷油量一次均匀洒布,当有漏洒时,应人工补洒
   D. 在摊铺沥青时,应将局部尚有多余的未渗入基层的沥青清除

4. 关于填隙碎石基层施工技术要求的说法，错误的是（　　）。
   A. 填隙碎石层上为薄沥青面层时，碾压后宜使集料的棱角外露 3～5mm
   B. 填隙料应干燥
   C. 宜采用胶轮压路机静压，碾压时，表面集料间应留有空隙
   D. 填隙碎石基层未洒透层沥青或未铺封层时，不得开放交通

5. 无机结合料稳定土的无侧限抗压强度试验的试件为（　　）。
   A. 100mm×100mm×100mm的立方体
   B. 150mm×150mm×150mm的立方体
   C. 高度：直径 = 2：1 的圆柱体
   D. 高度：直径 = 1：1 的圆柱体

6. 关于填隙碎石基层施工的说法错误的是（　　）。
   A. 填隙碎石的施工工艺中，撒布填隙料应在初压之前进行
   B. 粗碎石可以用强度合格的各种岩石轧制而成
   C. 粗碎石可以用稳定的矿渣轧制而成
   D. 填隙料可以采用石屑或最大粒径小于 10mm 的砂砾料或粗砂

7. 采用滑模摊铺机施工法铺筑连续配筋混凝土路面时，布料最适合采用（　　）。
   A. 正向上料的挖掘机　　　　　　　B. 侧向上料的推土机
   C. 正向上料的装载机　　　　　　　D. 侧向上料的供料机

8. 按矿料级配分类，属于开级配沥青混合料的是（　　）。
   A. SMA　　　　B. AM　　　　C. AC-16　　　　D. OGFC

9. 沥青贯入碎石路面施工步骤包括：①撒布主层集料；②压路机碾压；③浇洒沥青；④撒布嵌缝料；⑤撒布封层料。正确的施工顺序是（　　）。
   A. ①→②→③→④→②→③→④→②→③→⑤→②
   B. ①→③→④→②→③→④→②→③→⑤→②
   C. ①→②→④→②→③→④→②→③→⑤→②
   D. ①→③→②→④→②→③→④→②→③→⑤→②→③

10. 无机结合料稳定材料组成设计流程正确的是（　　）。
    A. 施工参数规定→生产配合比设计→目标配合比设计→原材料检验
    B. 施工参数规定→目标配合比设计→生产配合比设计→原材料检验
    C. 原材料检验→生产配合比设计→目标配合比设计→施工参数确定
    D. 原材料检验→目标配合比设计→生产配合比设计→施工参数确定

11. 路面透水性排水基层施工中，在连续长纵坡段或凹形竖曲线路段，排水层内渗流的自由水有可能被堵封或渗流路径超过 45～60m 时，为拦截水流及缩短渗流长度应增设（　　）。
    A. 纵向排水管　　　　　　　　　B. 横向排水管
    C. 纵向集水管　　　　　　　　　D. 横向跌水井

12. 无机结合料稳定土基层摊铺完成后，紧跟摊铺机及时碾压的设备宜选用（　　）。
    A. 重型振动压路机　　　　　　　B. 三轮压路机
    C. 轻型两轮压路机　　　　　　　D. 轮胎压路机

第二章 公路工程质量目标控制

13. 路面基层排水层的透水材料，透水性从高到低排序正确的是（　　）。
    A. 未经处治的开级配碎石集料>沥青处治的碎石集料>水泥处治的碎石集料
    B. 水泥处治的碎石集料>未经处治的开级配碎石集料>沥青处治的碎石集料
    C. 沥青处治的碎石集料>水泥处治的碎石集料>未经处治的开级配碎石集料
    D. 未经处治的开级配碎石集料>水泥处治的碎石集料>沥青处治的碎石集料

14. 属于加热施工式填缝料的是（　　）。
    A. 橡胶沥青类
    B. 聚氨乙烯胶泥类
    C. 硅塑胶类
    D. 氯丁橡胶泥类

15. 沥青路面透层施工中，透层油洒布后待充分渗透，一般不少于（　　）后才能摊铺上层。
    A. 12h　　　　B. 24h　　　　C. 36h　　　　D. 48h

16. 重交通公路水泥混凝土路面邻近横向胀缝的3条缩缝应采用的形式是（　　）。
    A. 设传力杆平缝型
    B. 设传力杆假缝型
    C. 设拉杆企口缝型
    D. 设拉杆平缝型

17. 关于石灰稳定土基层施工备料的说法，正确的是（　　）。
    A. 当生石灰堆放时间较长时，应露天堆放，不得覆盖
    B. 消石灰应保持一定的湿度，但不可过湿成团
    C. 生石灰应在加水消解后马上使用，不得隔夜使用
    D. 消石灰无须过筛即可使用

18. 在旧水泥混凝土路面上加铺沥青混凝土结构层时，在两者之间应设置（　　）。
    A. 透层　　　　B. 黏层　　　　C. 封层　　　　D. 防水层

19. 关于顺直路段水泥混凝土路面胀缝设置的说法，正确的是（　　）。
    A. 高温期施工时，应增加胀缝的设置
    B. 春秋季施工时，两端构造物距离大于500m时，宜设置胀缝
    C. 常温期施工时，两端构造物间距大于350m时，宜设置胀缝
    D. 低温期施工时，两端构造物间距小于350m时，宜设置胀缝

20. 无机结合料稳定材料组成设计中，施工参数确定不包含（　　）。
    A. 确定施工中结合料的剂量
    B. 验证混合料强度技术指标
    C. 确定结合料剂量的标定曲线
    D. 确定施工合理含水率及最大干密度

21. 可以作为压实度评价标准密度的试验方法是（　　）。
    A. 轻型击实试验法
    B. 振动型试验法
    C. 重型击实试验法
    D. 马歇尔试验法

22. 水泥稳定材料结构层施工时，应在混合料处于或略大于（　　）的状态下碾压。
    A. 最小干容重
    B. 最大饱和度
    C. 最小孔隙比
    D. 最佳含水率

23. 对高速公路和一级公路，水泥稳定材料从装车到运输到现场，超过（　　）时应作为废料处理。
    A. 1h
    B. 2h

C. 3h   D. 4h

24. 沥青混合料生产的每个环节中，质量控制的首要因素是（   ）。
   A. 温度控制   B. 压实度控制
   C. 离析控制   D. 含水率控制

25. 热拌沥青混合料摊铺温度须（   ）。
   A. >125℃，<160℃   B. >80℃，<120℃
   C. >100℃，<140℃   D. >140℃，<180℃

26. 沥青混合料生产过程中主要应检查（   ）。
   A. 矿料级配、混合料出料温度及油石比
   B. 矿料含量、出料温度及油石比
   C. 拌和温度及石油比
   D. 石料含泥量、油石比及出料温度

27. 水泥混凝土路面面层实测混凝土强度大于设计强度的（   ）后，可停止养护。
   A. 70%   B. 75%
   C. 80%   D. 85%

（二）多项选择题

1. 基层和底基层用土试验项目包括（   ）。
   A. 液限、塑限   B. 级配
   C. 颗粒分析   D. 含水率
   E. 有机质和硫酸盐含量

2. 计算沥青混合料摊铺机生产率时，应考虑的参数有（   ）。
   A. 摊铺厚度   B. 摊铺带宽
   C. 材料运输速度   D. 沥青混合料密度
   E. 时间利用参数

3. 煤矸石、高炉矿渣、钢渣用于修筑基层或底基层之前应崩解稳定，为评价混合料性能，宜采用的试验有（   ）。
   A. 强度试验   B. 干湿收缩试验
   C. 级配试验   D. 温度收缩试验
   E. 模量试验

4. 热拌沥青混合料配合比设计应通过目标配合比设计、生产配合比设计及生产配合比验证三个阶段以确定沥青混合料的（   ）。
   A. 材料品种   B. 配合比   C. 矿料级配   D. 渗水系数
   E. 最佳沥青用量

5. 基层和底基层用水泥试验项目包括（   ）。
   A. 强度等级   B. 初凝时间   C. 残渣含量   D. 终凝时间
   E. 延迟时间

6. 沥青混凝土路面施工质量关键控制点有（   ）。
   A. 沥青材料检查与试验

B. 沥青混凝土配合比设计和试验

C. 沥青混凝土的拌和、运输及摊铺温度控制

D. 沥青混凝土施工机械设备配置与压实方案

E. 沥青混凝土摊铺厚度及水灰比的控制

7. 水泥稳定碎石基层施工，确定每日施工作业段长度时考虑的因素有（　　）。

   A. 施工季节和气候条件

   B. 减小施工接缝的数量

   C. 水泥的终凝时间和延迟时间

   D. 施工人员数量及操作熟练程度

   E. 施工机械和运输车辆的生产效率和数量

8. 无机结合料稳定材料基层、底基层施工过程中的内在质量控制有（　　）。

   A. 拌和质量控制　　　　　　　　　　B. 原材料质量控制

   C. 摊铺质量控制　　　　　　　　　　D. 配合比质量控制

   E. 碾压质量控制

9. 关于水泥稳定土基层路拌法的说法，正确的有（　　）。

   A. 细粒土应经一夜闷料

   B. 摊铺长度应按日进度的需要量控制

   C. 被稳定材料应在摊铺水泥的当天摊铺

   D. 可采用农用旋转耕作机与平地机配合拌和

   E. 已整平的土含水率过小时，应在土层上洒水闷料

10. 石油沥青加工及沥青混合料施工温度应该根据（　　）确定。

    A. 沥青标号　　　　　　　　　　　　B. 铺装层厚度

    C. 气候条件　　　　　　　　　　　　D. 沥青软化点

    E. 沥青黏度

11. 检验沥青混合料的水稳定性方法有（　　）。

    A. 冻融劈裂试验　　　　　　　　　　B. 高温稳定性检验

    C. 渗水系数检验　　　　　　　　　　D. 浸水马歇尔试验

    E. 针入度试验

12. 关于人工摊铺沥青混合料，下列说法正确的有（　　）。

    A. 边摊铺边用刮板整平，刮平时应轻重一致

    B. 半幅施工时，路中一侧宜事先设置挡板

    C. 沥青混合料可直接卸在基层上，摊铺时应扣锹布料

    D. 摊铺不得中途停顿，并加快碾压

    E. 低温施工时，每次卸下的混合料应覆盖苫布保温

13. 在施工过程中改性沥青质量检查的项目包括（　　）。

    A. 针入度　　　　B. 弹性恢复　　　　C. 含蜡量　　　　D. 低温延度

    E. 软化点

14. 沥青路面施工厚度的检测方法有（　　）。

A. 利用摊铺过程在线控制，即不断地用插尺或其他工具插入摊铺层测量松铺厚度

B. 利用拌和厂沥青混合料总生产量与实际铺筑的面积计算平均厚度进行总量检验

C. 利用地质雷达等无破损检验设备，连续检测路面厚度

D. 待路面完全冷却后，钻孔测量沥青层的厚度

E. 利用试验室标准密度和试验段密度的平均值反算厚度

15. 面层混凝土可单独或复配掺用的掺合料有（　　）。

A. 矿渣粉　　　　　　　　　　　B. 低钙粉煤灰

C. 硅灰　　　　　　　　　　　　D. 高钙粉煤灰

E. 石灰

16. 正交试验法进行面层水泥混凝土配合比设计时，选用的因素有（　　）。

A. 水泥用量　　　　　　　　　　B. 水灰比

C. 基准胶材总量　　　　　　　　D. 用水量

E. 砂率或粗集料填充体积率

17. 水泥混凝土路面试验路段铺筑应达到的目的有（　　）。

A. 确定拌和楼的拌和参数、实际生产能力和配料精度

B. 检验铺筑机械、工艺参数及与拌和能力匹配情况

C. 检验混凝土的施工性能、技术参数和实测强度

D. 检验施工组织方式、质量控制水平和人员配备

E. 检验混凝土试件弯拉强度是否满足要求

18. 水泥混凝土面层施工时，必须停工的天气条件有（　　）。

A. 现场为浓雾天气

B. 现场降雨或下雪

C. 风力达到6级及6级以上的强风天气

D. 现场气温高于40℃，或拌合物摊铺温度高于35℃

E. 摊铺现场连续5昼夜平均气温低于5℃或夜间最低气温低于−3℃

19. 水泥混凝土面层采用纵向抗滑构造槽的有（　　）。

A. 水平直线路段，桥面、隧道路面

B. 水平弯道路段，桥面、隧道路面

C. 组合坡度小于3%，无要求减噪的路段

D. 组合坡度小于3%，且要求减噪的路段

E. 组合坡度大于或等于3%的纵坡路段

20. 基层（底基层）试验段铺筑阶段施工关键工序、工艺审查内容包括（　　）。

A. 集料的配合比

B. 松铺系数合理值

C. 机械类型与组合

D. 含水率的控制精度

E. 确定最小压实厚度

21. 某高速公路正在进行水泥稳定碎石底基层施工，承包人的下列说法不符合《公路路面基层施工

技术细则》的有（　　）。

　　A. 混合料可以采用路拌法或厂拌法拌和

　　B. 拌和时混合料的含水率应低于最佳含水率 0.5%～1.5%

　　C. 碾压时，直线段由两侧向中心碾压，超高段由内侧向外侧碾压

　　D. 从加水拌和到碾压终了的延迟时间不得超过水泥的终凝时间

　　E. 工地气温低于 5℃时不应进行施工

22. 用于基层的无机结合料稳定材料，强度满足要求时，尚宜检验（　　）。

　　A. 抗变形性能　　　　　　　　　　B. 抗滑性能

　　C. 抗冲刷性能　　　　　　　　　　D. 抗裂性能

　　E. 抗冲击性能

23. 热拌热铺沥青混合料路面试验段的试验内容包括（　　）。

　　A. 施工机械的类型、数量及组合

　　B. 拌和机的操作工艺及打印机的可靠度

　　C. 摊铺、碾压工艺和松铺系数

　　D. 提出标准配合比和最佳沥青用量

　　E. 混合料的车辙试验

24. 沥青改性剂的主要技术要求有（　　）。

　　A. 制造改性沥青的基质沥青应与改性剂有良好的配伍性

　　B. 用作改性剂的 SBS 乳胶中固体物含量不宜小于 45%

　　C. 乳胶类改性剂不可直接投入拌和缸中生产改性沥青混合料

　　D. 改性沥青的加工温度越高越有利于改性剂作用的发挥

　　E. 改性沥青适合在温度较低的天气情况下施工

25. 道路石油沥青分为 A 级沥青、B 级沥青、C 级沥青，其中 B 级沥青适用范围是（　　）。

　　A. 三级及三级以下公路的各个层次

　　B. 各个等级的公路，适用于任何场合和层次

　　C. 高速公路、一级公路沥青下面层及以下层次

　　D. 用作改性沥青、乳化沥青、改性乳化沥青、稀释沥青的基质沥青

　　E. 二级及二级以下公路的各个层次

26. 关于沥青碎石路面的说法，正确的是（　　）。

　　A. 冬季不易产生冻缩裂缝

　　B. 沥青用量多，且需要添加矿粉

　　C. 孔隙率较大，路面容易渗水和老化

　　D. 热拌沥青碎石可用于高速公路面层

　　E. 高温稳定性好，路面不易产生波浪

27. 关于沥青路面施工接缝，下列说法正确的有（　　）。

　　A. 沥青路面的施工不得产生明显的接缝离析

　　B. 摊铺时采用梯队作业的纵缝应采用热接缝

　　C. 半幅施工产生冷接缝时宜采用切割机作纵向切缝

D. 相邻两幅及上、下层的横向接缝均应错位 1m 以上

E. 高速公路和一级公路的表面层横向接缝应采用垂直的平接缝

28. 采用小型配套机具进行水泥混凝土面层摊铺时，使用插入式振动棒振实时应注意（　　）。

A. 振动棒在每一处的持续时间一般不小于 30s

B. 振动棒的移动间距不宜大于 500mm

C. 振动棒应慢插快提

D. 振动棒严禁在拌合物中推行

E. 振动棒至模板边缘的距离不宜大于 200mm

29. 水泥混凝土路面常用的胀缝类型有（　　）。

A. 传力杆滑动型　　　　　　　　　B. 边缘钢筋型

C. 厚边型　　　　　　　　　　　　D. 假缝传力杆型

E. 拉杆滑动型

参 考 答 案

（一）单项选择题

1. B　2. D　3. B　4. C　5. D　6. A　7. D　8. D　9. A　10. D
11. B　12. C　13. A　14. A　15. B　16. A　17. B　18. B　19. B　20. C
21. C　22. D　23. B　24. A　25. A　26. A　27. C

（二）多项选择题

1. ACDE　2. ABDE　3. ABDE　4. ABCE　5. ABD　6. ABCD　7. ABDE
8. ABCE　9. ABDE　10. ABCE　11. AD　12. ABDE　13. ABDE　14. ABCD
15. ABC　16. ADE　17. ABCD　18. BCDE　19. BD　20. ABCD　21. ABD
22. CD　23. ABCD　24. AB　25. CDE　26. ACE　27. ABDE　28. ABD
29. ABC

四、桥梁工程施工质量监理

重 点 知 识

（一）桥梁工程的基础知识

1. 桥梁的组成

桥梁工程一般由下部结构、支座、上部结构和附属设施等四个基本部分组成。上部结构通常又称为桥跨结构，是主要承重结构；下部结构包括桥墩、桥台和基础；支座常用的有板式橡胶支座、盆式支座、球型支座等类型；桥梁附属设施包括桥面系、伸缩缝、桥头搭板和锥形护坡等，桥面系包括桥面铺装、排水防水系统、栏杆、灯光照明等。

2. 桥梁的分类

（1）按桥梁全长和跨径的不同，分为特大桥、大桥、中桥和小桥，见表 2-2-10。涵洞是用来宣泄路堤下水流的构造物。通常在建造涵洞处路堤不中断。为了区别于桥梁，凡是多孔跨径的全长不到 8m 和单孔跨径不到 5m 的结构物，均称为涵洞。

桥梁按总长和跨径分类 表2-2-10

桥涵分类	特大桥	大桥	中桥	小桥
多孔跨径总长L	$L > 1000$	$100 \leqslant L \leqslant 1000$	$30 < L < 100$	$8 \leqslant L \leqslant 30$
单孔跨径L_k（m）	$L_k > 150$	$40 \leqslant L_k \leqslant 150$	$20 \leqslant L_k < 40$	$5 \leqslant L_k < 20$

注：1. 单孔跨径指标准跨径。
2. 梁式桥、板式桥的多孔跨径总长为多孔标准跨径的总长；拱式桥为两岸桥台内起拱线间的距离；其他形式桥梁为桥面系车道长度。
3. 标准跨径：梁式桥、板式桥以两桥墩中线间距离或桥墩中线与台背前缘间距为准；拱式桥以净跨径为准。

（2）按承重构件受力体系情况，桥梁有梁、拱、索三大基本体系，其中梁式桥以受弯为主，拱桥以受压为主，悬索桥以受拉为主。随着建造技术的发展和实际需要，由三大基本体系的相互组合衍生出在受力上也具有组合特征的多种桥型，如刚架桥（刚构桥）、斜拉桥等组合体系桥。

（3）按行车道位置分，分为上承式桥、中承式桥和下承式桥等。

3. 桥梁工程的有关术语

（1）止水帷幕：用以减少渗流水量，减少地下水水力坡度，防止流沙、管涌、潜蚀等，在基坑边线外设置的隔水结构。

（2）大直径灌注桩：直径大于或等于2.5m的灌注桩。

（3）超长灌注桩：桩长大于或等于90m的灌注桩。

（4）高强混凝土：强度等级C60及以上的混凝土。

（5）高性能混凝土：采用混凝土的常规材料常规工艺，在常温下以低水胶比、大掺量优质掺合料和严格的质量控制措施制作的，具有良好的施工工作性能且硬化后具有高耐久性、高尺寸稳定性及较高强度的混凝土。

（6）大体积混凝土：体积较大的、可能由胶凝材料水化热引起的温度应力导致有害裂缝的结构混凝土。

（7）结构物的表面系数：结构物冷却面积与结构体积的比值。

（8）高墩：高度大于或等于40m的桥墩。

（9）大节段钢箱梁：整跨安装或节段安装长度不小于50m的钢箱梁。

（10）预拱度：为抵消梁、拱、桁架等结构在设计荷载及施工荷载作用下产生的位移（挠度），在施工或制造时预留的与位移方向相反的校正量。

（11）移动模架逐跨现浇法：采用可在墩台上纵向移动的支架及模板，在其上逐跨现浇梁体混凝土，并逐跨施加预应力的施工方法。

（12）悬臂浇筑法：在以桥墩为中心的顺桥向两侧，采用专用设备对称平衡地逐段向跨中浇筑混凝土梁体，并逐段施加预应力的施工方法。

（13）悬臂拼装法：在以桥墩为中心的顺桥向两侧，采用专用设备对称平衡地逐段向跨中拼装混凝土梁体预制块件，并逐段施加预应力的施工方法。

（14）预制节段逐跨拼装法：将预制好的梁体混凝土块件利用专用设备逐跨进行拼装，并逐跨施加预应力的施工方法。

（15）顶推施工法：梁体逐段浇筑或拼装，在梁前端安装导梁，采用专用设备纵向顶推或牵引，使梁体到达各墩顶设计位置的施工方法。

（16）顶进施工法：利用千斤顶等设备将预制的箱形或圆管形构造物逐渐顶入路基，以构成立体交叉通道或涵洞的施工方法。

（17）转体施工法：利用地形地貌预制两个半孔的桥跨结构，在桥墩或桥台上旋转就位、跨中合龙的施工方法。

（二）施工准备

1. 桥梁工程施工测量

（1）一般规定

①施工前应由勘察设计单位对控制性桩点进行现场交桩，施工单位应在复测原控制网的基础上，根据施工需要适当加密、优化，建立施工测量控制网。监理工程师要做好抽检、审查。

②对测量控制点，应编号绘于施工总平面图上，并应采取有效措施妥善保护。施工过程中，应对控制网（点）进行不定期的检测和定期复测，定期复测周期不应超过6个月。

（2）桥涵工程施工平面控制测量

①各等级平面控制测量，其最弱点点位中误差为±50mm，最弱相邻点间相对点位中误差为±30mm，最弱相邻点边长相对中误差不得大于表2-2-11的规定。

平面控制测量精度要求　　　　　　　　　　　　　　　　　表2-2-11

测量等级	最弱相邻点边长相对中误差	测量等级	最弱相邻点边长相对中误差
二等	1/100000	四等	1/35000
三等	1/70000	一级	1/20000

②桥梁工程平面控制测量的等级不得低于表2-2-12的规定，同时桥梁轴线精度尚应符合表2-2-13的规定。对特大跨径及特殊结构桥梁，应根据其施工允许误差，确定控制测量的精度和等级。

平面控制测量等级　　　　　　　　　　　　　　　　　　　表2-2-12

多跨桥梁总长L（m）	单跨桥梁跨径L_k（m）	其他构造物	测量等级
$L \geqslant 3000$	$L_k \geqslant 500$	—	二等
$2000 \leqslant L < 3000$	$300 \leqslant L_k < 500$	—	三等
$1000 \leqslant L < 2000$	$150 \leqslant L_k < 300$	高架桥	四等
$L < 1000$	$L_k < 150$	—	一级

桥梁轴线相对中误差　　　　　　　　　　　　　　　　　　表2-2-13

测量等级	桥梁轴线相对中误差	测量等级	桥梁轴线相对中误差
二等	$\leqslant 1/150000$	四等	$\leqslant 1/60000$
三等	$\leqslant 1/100000$	一级	$\leqslant 1/40000$

③大桥、特大桥以及特殊结构桥梁的平面控制测量坐标系，其投影长度变形值不应大于10mm/km，投影分带位置不得选在桥址处。

④当采用独立坐标系、抵偿坐标系时，应确认与国家坐标系的转换关系。

⑤在布设面控制点时，四等及以上平面控制网中相邻点之间的距离不得小于500m；一级平面控制

网中相邻点之间的距离在平原、微丘区不得小于200m，重丘、山岭区不得小于100m；最大距离不应大于平均边长的2倍。特大桥及特殊结构桥梁的每一端应至少埋设3个平面控制点。

⑥平面控制测量应采用卫星定位、导线测量、三角测量或三边测量等方法进行。

（3）桥涵工程施工高程控制测量

①同一工程项目应采用同一高程系统，并应与相邻工程项目的高程系统相衔接。桥位水准点的高程测量应与路线控制高程联测。

②用于跨越水域或深谷的大桥、特大桥的高程控制网最弱点高程中误差为±10mm。

③高程控制网每千米观测高差中误差和附合（环线）水准路线长度应小于表2-2-14的规定。

高程控制测量的技术要求　　　　　　　　　　　　　　表2-2-14

测量等级	每千米高差中数中误差（mm）		附合或环线水准路线长度（km）
	偶然中误差	全中误差M_W	
二等	±1	±2	100
三等	±3	±6	10
四等	±5	±10	4

注：控制网节点间的长度不应大于表中长度的0.7倍。

④桥梁工程的高程控制测量等级不得低于表2-2-15的规定。

高程控制测量等级　　　　　　　　　　　　　　表2-2-15

多跨桥梁总长L（m）	单跨桥梁跨径L_k（m）	其他构造物	测量等级
$L \geqslant 3000$	$L_k \geqslant 500$	—	二等
$1000 \leqslant L < 3000$	$150 \leqslant L_k < 500$	—	三等
$L < 1000$	$L_k < 150$	高架桥	四等

⑤高程控制测量应采用水准测量或三角高程测量。施工水准网中的各水准点，对于大桥和特大桥应构成连续闭合水准环。大桥和特大桥的每端应至少设置2个水准点，作为水准网的控制点。

⑥宽阔水域和海上桥涵工程的卫星定位测量平面控制网宜分为首级网、首级加密网、一级加密网和二级加密网4个等级，首级和首级加密网宜由勘察设计单位布设，一级和二级加密网宜由施工单位布设。

⑦宽阔水域和海上桥涵工程的高程控制网应采用全桥统一的高程基准。对首级网点、首级加密网点和全桥高程贯通测量，应采用不低于国家二等水准测量的精度进行联测；对一级和二级加密网点，应采用不低于国家三等水准测量的精度进行联测。先行施工桥墩的高程控制宜采用卫星定位测量，其间的其他桥墩、桥塔及上部结构可根据跨海贯通测量的成果，采用常规的高程测量方法进行测量。

⑧特大桥以及特殊结构的桥梁，在施工过程中宜对主要墩、台（或索塔、锚碇）的沉降变形、倾斜度等进行监测。

2. 原材料的选择与检验

（1）一般规定

钢筋混凝土工程所用的各种原材料，施工单位应做好施工选料和自检，监理单位应做好抽检和平行检测，经审核批准后方可使用。

①在进行试配和质量检测时，混凝土的抗压强度应以边长为150mm的立方体尺寸标准试件测定，

且应取其保证率为95%。试件应以同龄期者3个为一组。

②混凝土的抗压强度应以标准方式成型的试件，置于标准养护条件下（温度20℃±2℃，相对湿度不低于95%）养护28d所测得的抗压强度值（MPa）进行评定。对采用蒸汽养护的混凝土，其测试抗压强度的试件应先随构件同条件蒸汽养护，再转入标准条件下养护，累计养护时间应为28d。

（2）钢筋的选择与检验

①钢筋应具有出厂质量证明书和试验报告单，进场时除应检查其外观和标志外，尚应按不同的钢种、等级、牌号、规格及生产厂家分批抽取试样进行力学性能检验，检验试验方法应符合国家和行业现行标准的规定。钢筋经进场检验合格后方可使用。

②钢筋分批检验时，可由同一牌号、同一炉罐号、同一尺寸的钢筋进行组批，每批的质量不宜大于60t，超过60t的部分，每增加40t（或不足40t的余数）应增加一个拉伸和一个弯曲试验试样；钢筋的进场检验亦可由同一牌号、同一冶炼方法、同一浇筑方法的不同炉罐号组成混合批进行，但各炉罐号的含碳量之差应不大于0.02%，含锰量之差应不大于0.15%。

③钢筋在运输过程中应避免锈蚀、污染或被压弯或变形；在工地存放时，应按不同品种、规格，分批分别堆置整齐，不得混杂，并应设立识别标志，存放的时间不宜超过6个月。存放场地应有防水、排水设施，且应垫高或堆置在台座上，防止水浸和雨淋。

④钢筋的级别、种类和直径应按设计规定采用。当需要代换时，应得到设计单位（设计代表）的书面认可，监理工程师要进行审批。

（3）水泥的选择与检验

水泥的品种和强度等级应通过混凝土配合比试验选定，且其特性应不会对混凝土的强度、耐久性和工作性能产生不利影响。当混凝土中采用碱活性集料时，宜选用含碱量不大于0.6%的低碱水泥。

水泥进场时，应附有生产厂的品质试验检验报告等合格证明文件，并应按批次对同一生产厂、同一品种、同一强度等级及同一出厂日期的水泥进行强度、细度、安定性和凝结时间等性能的检验。散装水泥应以每500t为一批，袋装水泥应以每200t为一批，不足500t或200t时，亦按一批计。当对水泥质量有怀疑或受潮或存放时间超过3个月时，应重新取样复验，监理工程师审批后，应按其复验结果使用。

（4）细集料的选择与检验

细集料宜采用级配良好、质地坚硬、颗粒洁净的河砂；当河砂不易得到时，可采用符合规定的其他天然砂或机制砂；细集料不得采用海砂。

细集料宜按同产地、同规格、连续进场数量不超过400m³或600t为一验收批，小批量进场的宜以不超过200m³或300t为一验收批进行检验；当质量稳定且进料量较大时，可以1000t为一验收批。检验内容应包括外观、筛分、细度模数、有机物含量、含泥量、泥块含量及机制砂的石粉含量等；必要时尚应对坚固性、有害物质含量、氯离子含量、碱活性及放射性等指标进行检验。

砂根据细度模数可分为粗砂（细度模数3.7～3.1）、中砂（细度模数3.0～2.3）、细沙（细度模数2.2～1.6）。细集料技术指标应符合要求。

（5）粗集料的选择与检验

粗集料宜采用质地坚硬、洁净、级配合理、粒形良好、吸水率小的碎石或卵石；宜根据混凝土最大粒径采用连续两级配或连续多级配；单粒粒级宜组合成满足要求的连续粒级。

粗集料最大粒径宜按混凝土结构情况及施工方法选取，但最大粒径不得超过结构最小边尺寸的1/4和钢筋最小净距的3/4；在两层或多层密布钢筋结构中，最大粒径不得超过钢筋最小净距的1/2，同时不得超过 75.0mm。混凝土实心板的粗集料最大粒径不宜超过板厚的 1/3 且不得超过 37.5mm。泵送混凝土的粗集料最大粒径，除应符合上述规定外，碎石不宜超过输送管径的 1/3，卵石不宜超过输送管径的 1/2.5。

施工前应对所用粗集料进行碱活性检验，在条件许可时宜避免采用有碱活性反应的粗集料，必须采用时应采取必要的抑制措施。粗集料的进场检验组批与细集料相同。检验内容应包括外观、颗粒级配、针片状颗粒含量、含泥量、泥块含量、压碎值指标等。

（6）水的选择与检验

符合国家标准的饮用水，可直接作为水泥混凝土的拌制和养护用水。当采用其他水源或对水质有疑问时，应对水质进行检验。水的品质指标，包括 pH 值、氯化物含量、硫酸盐含量、碱含量应符合规定。严禁使用海水拌制和养护结构混凝土。

（7）外加剂的选择与检验

公路桥涵工程使用的外加剂，与水泥、矿物掺合料之间应具有良好的相容性。

外加剂的品种和掺量应根据使用要求、施工条件混凝土原材料的变化等通过试验确定。混凝土用的其他材料发生变化时，要对外加剂的性能重新进行适配，满足要求后方可继续使用。

（8）掺合料的选择与检验

混凝土中需要掺用粉煤灰、粒化高炉矿渣粉、硅灰等掺合料时，其掺入量应在使用前通过试验确定，严禁不经试配使用。

掺合料在运输和储存中，应有明显标识，严禁与水泥等其他粉状材料混淆。存放过程中要有防潮、防雨、防污染的措施。

3. 模板和支架的设计、制作、安装与拆除

（1）一般规定

模板宜采用钢材、胶合板或其他适宜的材料制作，支架宜采用钢材或常备式定型钢构件等材料制作。模板和支架应符合下列规定：

①模板和支架应具有足够的强度、刚度和稳定性，应能承受施工过程中产生的各种荷载。

②模板板面应平整，接缝处应严密，保证不漏浆。模板和混凝土的接触面应涂刷隔离剂或脱模剂。模板支设应符合结构尺寸线形及外形要求，并且有足够的刚度。

③支架应稳定、坚固，应能抵抗在施工过程中可能发生的振动和偶然撞击，支架不得与应急通道相连接。

（2）模板、支架的设计

结构表面外露的模板，其挠度不应超过跨度的 1/400；结构表面隐蔽的模板，不应超过跨度的 1/250。支架受载后挠曲的杆件（横梁、纵梁），其弹性挠度为相应结构计算跨度的 1/400。钢模板的面板变形为 1.5mm，钢棱和柱箍变形为 $L/500$ 和 $B/500$（其中 L 为计算跨径，B 为柱宽）。验算模板、支架在自重和风荷载等作用下的抗倾覆稳定性时，其抗倾覆稳定系数应不小于 1.3。

设计模板、支架时，应考虑下列荷载，并应按表 2-2-16 的规定进行荷载组合：

①模板、支架的自重。

②新浇筑混凝土、钢筋、预应力筋或其他圬工结构物的重力。

③施工人员及施工设备、施工材料等荷载。

④振捣混凝土时产生的振动荷载。

⑤新浇筑混凝土对模板侧面的压力。
⑥混凝土入模时产生的冲击荷载。
⑦设于水中的支架所承受的水流压力、波浪力、流冰压力、船只及其他漂浮物的撞击力。
⑧其他可能产生的荷载，如风荷载、雪荷载、冬季保温设施荷载、温度应力等。

模板、支架设计计算的荷载组合　　　　　　表 2-2-16

模板、支架结构类别	荷载组合	
	强度计算	刚度验算
梁、板的底模板以及支承板、支架等	①+②+③+④+⑦+⑧	①+②+⑦+⑧
缘石、人行道、栏杆、柱、梁、板等的侧模板	④+⑤	⑤
基础、墩台等厚大结构物的侧模板	⑤+⑥	⑤

（3）模板、支架的制作和安装

①模板应按设计要求准确就位，且不宜与脚手架直接连接。

②高支架应设置足够的斜向连接、扣件或缆风绳，横向稳定应有保证措施。

③为保证支架的安全性，一般通过预压的方式，消除支架地基的不均匀沉降和支架的非弹性变形，并获取弹性变形参数作为支架支立的依据。预压荷载宜为支架需承受全部荷载的 1.05～1.10 倍，预压荷载的分布应模拟需承受的结构荷载及施工荷载。对位于刚性地基上的刚度较大且非弹性变形可确定控制在一定范围内的支架，经过计算确认满足强度、刚度稳定性等要求时，经过监理工程师审核批准，可不进行预压。

（4）模板、支架的拆除

①非承重侧模板应在混凝土抗压强度达到 2.5MPa 且能保证其表面及棱角不致因拆模而受损坏时，方可拆除。

②芯模和预留孔道的内模，应在混凝土强度能保证其表面不发生塌陷或裂缝现象时，方可拆除。

③承重模板、拱架和支架，应在混凝土强度能承受其自重荷载及其他可能的叠加荷载时，方可拆除。

④对预应力混凝土结构，在混凝土抗压强度达到 2.5MPa 的条件下，其侧模应在预应力钢束张拉前拆除；底模及支架应在结构建立预应力后方可拆除。

⑤模板、支架的拆除应遵循后支先拆、先支后拆的原则按顺序进行。墩、台的模板宜在其上部结构施工前拆除。

⑥拆除梁、板等结构的承重模板时，在横向应同时卸落，在纵向应对称均衡卸落。简支梁、连续梁结构的模板，宜从跨中向支座方向依次循环卸落；悬臂梁结构的模板宜从悬臂端开始顺序卸落。

4. 混凝土配合比设计

（1）一般规定

①水泥混凝土的配合比应以质量比表示，以抗压强度为标准，并通过计算和试配选定。

②混凝土的坍落度等工作性能宜根据结构物情况和施工工艺要求确定，在满足工艺要求的前提下，宜采用低坍落度的混凝土施工。通过设计和试配确定的配合比，应经监理工程师批准后方可使用，且应在混凝土拌制前将理论配合比换算为施工配合比。监理工程师应根据监理平行或验证试验结果对施工单位的配合比报告进行审批。

（2）在混凝土中掺入外加剂时应符合的规定

①在钢筋混凝土和预应力混凝土中，均不得掺用氯化钙、氯化钠等氯盐成分超标的材料。

②减水剂宜采用聚羧酸类减水剂。

③各种外加剂中的氯离子总含量宜不大于混凝土中胶凝材料总量的0.02%，硫酸钠含量宜不大于减水剂干重的15%。

④掺入引气剂的混凝土，其含气量应按不同环境类别和作用等级确定。

（3）泵送混凝土

①胶凝材料的用量宜不少于 300kg/m³。水泥宜选用硅酸盐水泥、普通硅酸盐水泥、矿渣硅酸盐水泥或粉煤灰硅酸盐水泥；细集料宜采用中砂，通过0.3mm筛孔的砂不宜少于15%，砂率宜控制在35%～45%范围内；粗集料宜采用连续级配，其针片状含量不大于10%。应考虑粗集料的最大公称粒径与输送管道的管径比例符合规定。

②试配时考虑坍落度经时损失。

③宜通过试验掺加适量的减水剂泵送剂和掺合料，原材料变化时要及时进行配合比的调整。

（4）大体积混凝土

①宜选用低水化热和凝结时间长的水泥品种。粗集料宜采用连续级配，细集料宜采用中砂。宜掺用可降低混凝土早期水化热的外加剂和掺合料，外加剂宜采用缓凝剂减水剂；掺合料宜采用粉煤灰、粒化高炉矿渣粉等。

②进行配合比设计时，在保证混凝土强度、和易性及坍落度要求的前提下，宜采取改善粗集料级配、提高掺合料和粗集料的含量降低水胶比等措施，减少单方混凝土的水泥用量。

（5）高强度混凝土

①高强度混凝土原材料的选用应符合的规定：

a. 水泥宜选用硅酸盐水泥和普通硅酸盐水泥。

b. 细集料宜选用质地坚硬、级配良好的中砂，细度模数应为2.6～3.0，含泥量应不大于2.0%，泥块含量不大于0.5%；配制C70及以上等级混凝土时，含泥量应不大于1.5%，且不应有泥块存在，必要时应冲洗后使用。

c. 粗集料宜选用质地坚硬、级配良好、无风化颗粒的碎石。粗集料的最大粒径不宜大于25mm，含泥量不应大于0.5%，泥块含量不大于0.2%，针片状颗粒含量不宜大于5%；配制C80及以上等级混凝土时，最大粒径不宜大于20mm。

d. 所采用的减水剂应为高效减水剂或高性能减水剂，其掺量应根据试验确定。

e. 掺合料可选用粉煤灰、粒化高炉矿渣粉和硅灰等，粉煤灰等级应不低于II级，掺量应根据试验确定。

②高强度混凝土配合比设计应符合的规定：

a. 配制高强度混凝土所用砂率、外加剂，矿物掺合料的品种、掺量等，均应通过试验确定。

b. 高强度混凝土的水泥用量宜不大于500kg/m³，胶凝材料总量宜不大于600kg/m³。

c. 高强度混凝土的设计配合比确定后，尚应采用该配合比进行不少于6次的重复试验进行论证，其平均值应不低于配制强度。

③高强度混凝土的施工技术要求：

a. 混凝土应采用强制式搅拌机拌制，不得采用自落式搅拌机搅拌。

b. 搅拌混凝土时高效减水剂或高性能减水剂宜采用后掺法，且宜制成溶液后再加入，并在混凝土用水量中扣除溶液用水量。加入减水剂后，混凝土拌和料在搅拌机中继续搅拌的时间宜不少于30s。

c. 高强度混凝土保湿养护的时间应不少于7d。

（6）高性能混凝土

①水泥宜选用品质稳定标准稠度需水量低、强度等级不低于42.5的硅酸盐水泥或普通硅酸盐水泥，不宜采用矿渣硅酸盐水泥、火山灰质硅酸盐水泥及粉煤灰硅酸盐水泥或复合硅酸盐水泥，不宜采用早强水泥。

②细集料宜选用级配良好、质地均匀坚固、吸水率低、空隙小、细度模数2.6~3.2的洁净天然中粗河砂，或符合要求的机制砂，不得使用山砂和海砂。

③粗集料宜选用质地均匀坚硬粒形良好、级配合理、线胀系数小的洁净碎石或卵石，不宜采用砂岩加工成的碎石，且应采用连续两级配或连续多级配。粗集料的压碎指标应不大于10%；坚固性试验结果失重率对钢筋混凝土结构应小于8%，对预应力混凝土结构应小于5%。吸水率应小于2%，当用于干湿循环、冻融循环下的混凝土时应小于1%。粗集料的最大粒径不宜超过26.5mm（大体积混凝土除外），且不得超过保护层厚度的2/3。

④外加剂应选用高效减水剂、高性能减水剂或复合减水剂，并应选择减水率高、坍落度损失小、适量引气、与水泥之间具有良好的相容性、能明显改善或提高混凝土耐久性能且质量稳定的产品；引气剂或引气型外加剂应有良好的气泡稳定性。用于提高混凝土抗冻性的引气剂、减水剂和复合外加剂中均不得掺有木质硫磺盐组分，并不得采用含有氯盐的防冻剂。

⑤矿物掺合料应选用品质稳定、来料均匀的粉煤灰、粒化高炉矿渣粉和硅灰等。

⑥高性能混凝土的配合比应根据原材料品质、设计强度等级、耐久性以及施工工艺对工作性能的要求，通过计算、试配和调整等步骤确定。进行配合比设计时应符合下列规定：

a. 对不同强度等级混凝土的胶凝材料总量应进行控制，C40以下不宜大于400kg/m³；C40~C50不宜大于450kg/m³；C60及以上的非泵送混凝土不宜大于500kg/m³，泵送混凝土不宜大于530kg/m³。胶凝材料浆体体积宜不大于混凝土体积的35%。水胶比应根据混凝土的配置强度、抗氯离子渗透性能和抗冻性能等要求确定。

b. 混凝土中宜适量掺加优质的粉煤灰、粒化高炉矿渣粉或硅灰等矿物掺合料，用以提高其耐久性，改善其施工性能和抗裂性能，其掺量宜根据混凝土的性能要求通过试验确定，且不宜小于胶凝材料总量的20%。当混凝土中粉煤灰掺量大于30%时，混凝土的水胶比不得大于0.45；在预应力混凝土及处于冻融环境的混凝土中，粉煤灰的掺量不宜大于30%，且粉煤灰的含碳量不宜大于2%。对暴露于空气中的一般构件混凝土，粉煤灰的掺量不宜大于20%，且单方混凝土胶凝材料中的硅酸盐水泥用量不宜小于240kg。

c. 对耐久性有较高要求的混凝土结构，试配时应进行混凝土和胶凝材料抗裂性能的对比试验，并从中优选抗裂性能良好的混凝土原材料和配合比。

d. 冻融环境下的混凝土宜采用引气混凝土。冻融环境作用等级D级及以上的混凝土必须掺用引气剂；对处于其他环境作用等级的混凝土，亦可通过掺加引气剂（含气量不小于4%）提高其耐久性。

（三）桥梁基础

1. 一般规定

（1）施工至一定深度但暂时不进行作业的桩孔，应对其孔口进行遮蔽防护，防止人员或物件坠入孔内。

（2）钻孔或挖孔时，相邻两桩孔不得同时施工，应间隔交错进行作业。

（3）基坑开挖时，应根据其等级和规模，对基坑结构的受力、变形、稳定性、坑外重要构筑物和地下管线的位移变形进行监测控制，以保证施工安全以及周边重要构筑物和地下管线的安全。对危险性较大的基坑，除应按"边开挖、边支护"的原则进行施工外，还应建立信息化实时监控系统，以指导施工。

（4）基坑边缘的顶面应设置防止水流进入基坑的设施。在基坑较深影响安全时，要在四周设置安全护栏，必要时在夜间设置警示灯。

（5）基坑开挖时，应对基坑边缘顶面的各种荷载进行严格控制，并应在基坑边缘与荷载之间设置护道。

2. 基坑

（1）基坑开挖

①基坑开挖应符合下列规定：

a. 挖基施工宜安排在枯水或少雨季节进行。基坑的开挖应连续施工。

b. 在开挖过程中进行排水时，应不对基坑的安全产生影响，在确认基坑坑壁稳定的情况下，方可进行基坑内的排水。排水困难时，宜采用水下挖基方法，但应保持基坑中的原有水位高程。

c. 采用机械开挖时应避免超挖，宜在挖至基底前预留一定厚度，再由人工开挖至设计高程；如超挖，则应将松动部分清除，并应对基底进行处理。地基超挖后严禁回填虚土。

d. 基坑开挖施工完成后不得长时间暴露、被水浸泡或被扰动，应及时检验其尺寸、高程和基底承载力，检验合格后应立即进行基础工程的施工。对于长时间暴露的基底，在下次施工前要进行基底承载力的检测。

②对坑壁采取不支护措施（不支护坑壁）进行基坑开挖施工时应符合下列规定：

a. 当基坑有地下水时，地下水位以上部分可放坡开挖；地下水位以下部分，若土质易坍塌或水位在基坑底以上较高时，应采用加固土体或降地下水位等方法后，再进行开挖。

b. 基坑为渗水性的土质基底时，坑底的平面尺寸应根据排水要求（包括排水沟、集水井、排水管网等）和基础模板所需基坑大小确定。

③对坑壁采取支护措施进行基坑开挖施工时应符合下列规定：

a. 基坑较浅且渗水量不大时，可采用竹排木板、混凝土板或钢板等对坑壁进行支护；基坑深度小于或等于4m且渗水量不大时，可采用槽钢、H型钢或工字钢等进行支护；地下水位较高，基坑开挖深度大于4m时，宜采用锁口钢板桩或锁口钢管桩围堰进行支护；在条件许可时亦可采用水泥土墙、混凝土围圈或桩板墙等支护方式。

b. 对支护结构应进行设计计算，当支护结构受力过大时应加设临时支撑，支护结构和临时支撑的强度、刚度及稳定性应满足基坑开挖施工的要求。

c. 基坑坑壁可采用喷射混凝土、锚杆喷射混凝土、预应力锚索和土钉支护等方式进行加固。加固施工时应符合技术规定。

（2）基坑的降排水

基坑的降排水可采用集水坑排水法、井点降水法、止水帷幕防渗法等方式。

井点降水法宜用于粉砂、细砂、地下水位较高、有承压水挖基较深、坑壁不易稳定的土质基坑，在无砂的黏质土中不宜采用。井点降水曲线应低于基底设计高程或开挖高程至少0.5m。应做好沉降及边坡位移监测。

止水帷幕是用以减少渗流水量，减小地下水水力坡度，防止流砂、管涌、潜蚀等，在基坑边线外设置的隔水结构。采用止水围幕防渗方法施工时，应进行施工设计，帷幕防渗层的厚度应满足基坑防渗的要求，止水帷幕的渗透系数宜小于10×10^{-6}mm/s。

（3）基底的处理

①对符合设计要求的细粒土特殊土等基底，经修整完成后，应尽快进行基础的施工，不得使基底浸水或长期暴露；基坑开挖后如基底的地质情况与设计不符，应按程序进行设计变更处理。地基处理的范围应宽出基础之外不小于0.5m。

②对强度低、稳定性差的细粒土及特殊土地基，处理时应视该类土的处治深度和含水率等情况，采取固结、换填等措施，使之满足设计要求。

③岩层基底的处理。对风化的岩层，应挖至设计高程并满足地基承载力要求后尽快进行封闭，防止其继续风化；在未风化的平整岩层上，基础施工前应先将淤泥、苔藓松动的石块、杂物等清除干净，并凿除新鲜岩面；坚硬的倾斜岩层，应将岩层面凿平。倾斜度较大，无法凿平时，应凿成多级台阶。台阶的宽度宜不小于0.3m。

④多年冻土地基的处理。基础不应置于季节性冻融土层上，并不得直接与冻土接触；基础的基底修筑于多年冻土层（即永冻土）上时，基底之上应设置隔温层或保温层材料，且铺筑宽度应在基础外缘加宽1m；按保持冻结的原则设计的明挖基础，其多年平均地温等于或高于−3℃时，应于冬季施工；多年平均地温低于−3℃时，可在其他季节施工，但应避开高温季节。施工时，明水应在距坑顶10m之外修排水沟。排水沟中水应引流远离坑顶并及时排出融化水。

⑤溶洞地基的处理。影响基底稳定的溶洞，不得堵塞溶洞水路；干溶洞可用砂砾石、碎石、干砌或浆砌片石及灰土等回填密实；基底干溶洞较大，回填处理有困难时，可采用桩基处理，桩基应进行设计，并经监理工程师和设计单位批准。

⑥泉眼地基的处理。可将有螺口的钢管紧紧打入泉眼，盖上螺帽并拧紧，阻止泉水流出，或向泉眼内压注速凝的水泥砂浆，再打入木塞堵眼；堵眼有困难时，可采用引流，将水引流至集水坑排出或在基底下设盲沟引流至集水坑排出，待基础圬工完成后，再向盲沟压注水泥浆堵塞。不论采用何种方法处理，都不应使基底饱水。

（4）基底的检验

地基基底的检验应包括：基底的平面位置、尺寸和基底高程；基底的承载力是否与设计要求相符；基底的地质情况是否与设计资料相符；基底处理和排水情况是否符合规范要求；施工记录及有关试验资料等。

特大桥或特殊结构桥梁的地基检验应符合设计规定。其他可按桥涵大小、地基土质复杂情况及结构对地基有无特殊要求等采用以下检验方法：

①小桥涵的地基检验可采用直观或触探方法，必要时可进行土质试验。

②大、中桥和地基土质复杂、结构对地基有特殊要求的地基检验，宜采用触探和钻探（钻深至少4m）取样做土工试验，或按设计的特殊要求进行荷载试验。

3. 浅基础、承台

（1）浅基础

①浅基础一般可分为扩大基础、单独基础或联合基础、条形基础、筏板基础和箱形基础、壳体基础等。

②浅基础的施工工艺流程：测量放样→围堰施工→基坑开挖→检验地基承载力→基底处理和基底

检验→基础施工（钢筋加工和绑扎、模板支立、混凝土浇筑等）→基础养护→基坑回填。

③浅基础的施工宜采用钢模板。一般基础宜在整个平截面范围水平分层进行浇筑，当浇筑量过大或大体积混凝土有温控需要时，可分块分层进行浇筑。

（2）承台

①承台的施工工艺流程：测量放样→围堰施工（如有）→基坑开挖→桩基检验→基底处理→测量放样→钢筋绑扎→模板支立→混凝土浇筑施工→承台养护→基坑回填。

②承台施工采取围堰作为挡水（土）设施时，应符合下列要求：

a. 围堰的设计与施工应根据承台的结构尺寸、安装及放样误差等确定，且宜满足承台施工操作空间的需要，围堰内侧距承台边缘的净距不宜小于1m。

b. 对围堰结构进行计算时，除应考虑施工荷载及结构重力、水流压力、浮力、土压力等荷载外，尚应根据现场的具体情况考虑可能出现的冲刷、风力、波浪力、流冰压力、船舶或漂浮物撞击力等作用。

c. 围堰结构应根据施工过程中的各种工况，按最不利荷载组合进行强度、刚度及稳定性计算。

d. 钢围拆除时，除应采取措施防止撞击墩身外，对水下按设计规定可不拆除的结构，尚应保证其不会对通航产生不利影响。一般要求按原样恢复地貌。

③承台施工前应进行桩基等隐蔽工程的质量验收，桩顶的混凝土面应按水平施工缝的要求凿毛，桩头预留钢筋上的泥土及鳞锈等应清理干净。承台基底为软弱土层时，应按设计要求采取措施，避免在浇筑承台混凝土过程中产生不均匀沉降。

④承台模板宜用钢模，模板的加工要符合要求，支立后要进行验收，保证稳定、安全和强度。

4. 灌注桩

（1）钻孔灌注桩

①施工工艺流程

施工准备→桩位测量放样→搭建工作平台和埋设护筒→钻机就位→钻孔→清孔→成孔检查→安放钢筋笼→灌注混凝土→凿桩头。

②施工前工作

施工前应制订专项施工技术方案和安全技术方案、环境保护方案。对工程地质、水文地质或技术条件特别复杂的灌注桩，宜在施工前进行工艺试桩，包括施工工艺、机械设备、工程进度、质量控制等内容，并编写试桩总结，经监理工程师旁站、检查、验收批准后方可展开钻孔灌注桩的大面积施工。

③平台搭建

桩位处于旱地时，可在原地适当平整并填土压实形成工作平台；位于浅水区时，宜采用筑岛法形成平台施工；位于深水区时，宜搭设钢制平台，当水位变动不大时可采用浮式工作平台；在水流急或潮位涨落较大的水域，应搭设固定平台。平台应进行专项设计，并应符合有关规定。

④埋设护筒

钻孔应采用埋设护筒的方法，对钻机进行导引和固定孔口、保持泥浆水头。桩位处于旱地或位于浅水区时，做好定位；在深水区设置护筒时，要确保护筒埋设后的稳定，四周宜用黏土围护，防止漏跑浆。

a. 护筒宜采用钢板卷制。在陆上或浅水区筑岛处的护筒，其内径应大于桩径至少200mm，壁厚应能使护筒保持圆筒状且不变形。

b. 护筒在埋设定位时，除设计另有规定外，护筒中心与桩中心的平面位置偏差应不大于50mm，护筒在竖直方向的倾斜度应不大于1%；对深水基础中的护筒，在竖直方向的倾斜度应不大于1/150，平面位置的偏差可适当放宽，但不应大于80mm。在旱地和筑岛处设置护筒时，可采用挖坑埋设法实测定位，且护筒的底部和外侧四周应采用黏质土回填并分层夯实，使护筒底口处不致漏失泥浆；在水中沉设护筒时，宜采用导向架定位，并应采取有效措施保证其平面位置倾斜度的准确，以及护筒接长连接处的焊接质量，焊接连接处的内壁应无凸出物，且应耐拉、耐压、不漏水。

c. 护筒顶宜高于地面0.3m或水面1.0~2.0m，同时应高于桩顶设计高程1m。在有潮汐影响的水域，护筒顶应高出施工期最高潮水位1.5~2.0m，并应在施工期间采取稳定孔内水头的措施；当孔内有承压水时，护筒顶应高于稳定后的承压水位2.0m以上。

d. 护筒的埋置深度在旱地或筑岛处宜为2~4m，在水中或特殊情况下应根据设计要求或桩位的水文、地质情况经计算确定。对有冲刷影响的河床，护筒宜沉入施工期局部冲刷线以下1.0~1.5m，且宜采取防止河床在施工期过度冲刷的防护措施。

e. 护筒宜在混凝土浇筑完成后拔出，有留置护筒要求的除外。

⑤钻孔用泥浆

a. 泥浆的配合比和配制方法宜通过试验确定，其性能应与钻孔方法、土层情况相适应。

b. 钻孔泥浆宜进行循环处理后重复使用，减少排放量。对重要工程的钻孔桩施工，宜采用泥浆处理器进行泥浆的循环。

c. 施工完成后废弃的泥浆应采取先集中沉淀再处理的措施，严禁随意排放，污染环境和水域。

⑥钻孔

a. 钻机的选型宜根据孔径、孔深、桩位处的水文和地质情况、施工环境条件等因素综合确定。

b. 不论采用何种方法钻孔，开孔的孔位均必须准确；开钻时应慢速钻进，待导向部位或钻头全部进入地层后，方可正常钻进。钻机在钻进施工时不应产生位移或沉陷，否则应及时处理。分级扩孔钻进施工时，应保持桩轴线一致。

c. 采用正、反循环回旋钻机（含潜水钻）钻孔时，宜根据成孔的不同阶段、不同地层及岩层坡面等情况，采取不同的钻进工艺。减压钻进时，钻机的主吊钩始终应承受部分钻具的重力，孔底承受的钻压不应超过钻具重力之和（扣除浮力）的80%。

d. 采用冲击钻机冲击成孔时，应小冲程开孔，并应使初成孔的孔壁坚实、竖直、圆顺，能起到导向的作用。待钻进深度超过钻头全高加冲程后，方可进行正常的冲击。冲击钻进过程中，应采取有效措施防止塌孔。掏取钻渣和停钻时，应及时向孔内补浆，保持水头高度。

e. 采用全护筒法钻进时，钻机应安装平正，压进的首节护筒应竖直。钻孔开始后应随时检测护筒的水平位置和竖直线，如发现偏移超出允许范围，应将护筒拔出，调整后重新压入钻进。

f. 采用旋挖钻机钻孔时，应根据不同的地质条件选用相应的钻头。钻进过程中应采取有效措施严格控制钻进速度，避免进尺过快造成塌孔埋钻事故。钻头的升降速度宜控制在0.75~0.80m/s，在粉砂层或亚砂土层中，升降速度应更加缓慢。泥浆初次注入时，应垂直向桩孔中间进行注浆。

g. 在钻孔排渣、提钻头除土或因故停钻时，应保持孔内具有规定的水位及要求的泥浆相对密度和黏度。处理孔内事故或因故停钻时，必须将钻头提出孔外。

⑦清孔

a. 钻孔深度达到设计高程后，应对孔径、孔深和孔的倾斜度进行检验，符合设计要求或监理工程师要求后，方可进行清孔。清孔的方法应根据设计要求、钻孔方法、机具设备条件、地层情况决定。不论采用何种清孔方法，在清孔排渣时，必须保持孔内水头，以防止塌孔。

b. 清孔后，泥浆的相对密度宜控制在1.03～1.10，对于冲击成孔的桩，可适当提高，但不超过1.15。黏度宜为17～20Pa·s；含砂率小于2%；胶体率宜大于98%。清孔后的泥浆指标，一般是从桩孔的顶、中、底部分别取样进行检测并取其平均值。

清孔后，孔底沉淀厚度不得超过设计规定。设计未规定时，对桩径小于或等于1.5m的摩擦桩宜不大于200mm；对桩径大于1.5m，或桩长大于40m以及土质较差的摩擦桩宜不大于300mm；对于支承桩宜不大于50mm。

c. 在吊入钢筋骨架后，灌注水下混凝土之前，应再次检查孔内泥浆的性能指标和孔底沉淀厚度，如超过上述规定，应进行第二次清孔，符合要求后方可灌注水下混凝土。

d. 不得采用加深钻孔深度的方式代替清孔。

⑧钢筋笼的制作、安放

钢筋笼的加工宜集中进行，采用数值化控制工艺。安装钢筋骨架，应将其吊挂在孔口的钢护筒上，或在孔口地面上设置扩大受力面积的装置进行吊挂，不得直接将钢筋骨架支承在孔底。安装时应采取有效的定位、固定措施，减少钢筋骨架中心与桩中心的偏位，保证混凝土浇筑时不得上浮和偏移。

⑨灌注水下混凝土

水下混凝土宜采用钢导管灌注，导管的内径宜为200～350mm。导管使用前应进行水密承压和接头抗拉试验，严禁采用压气试压法。进行水密试验的水压应不小于孔内水深1.3倍的压力，也不应小于导管壁和焊缝可能承受灌注混凝土时最大内压力的1.3倍。

a. 水下混凝土的灌注时间不得超过首批混凝土的初凝时间。混凝土运至灌注地点时，应检查其均匀性和坍落度等，不符合要求时不得使用。

b. 首批灌注混凝土的数量应能满足导管首次埋置深度1.0m以上的需要，所需混凝土数量可根据需要计算。首批混凝土入孔后，混凝土应连续灌注，不得中断。

c. 在灌注过程中，应保持孔内的水头高度；导管的埋置深度宜控制在2～6m，并应随时测探桩孔内混凝土面的位置，及时调整导管埋深；在确保能将导管顺利提升的前提下，方可根据现场实际情况适当放宽导管的埋深，但最大埋深应不超过9m。应将桩孔内溢出的水或泥浆引流至适当地点处理，不得随意排放。

d. 灌注时应采取措施防止钢筋骨架上浮。当灌注的混凝土顶面距钢筋骨架底部1m左右时，宜降低灌注速度；混凝土顶面上升到距骨架底部4m以上时，宜提升导管，使其底口高于骨架底部2m以上后再恢复正常灌注速度。

e. 对变截面桩，应在灌注过程中采取措施，保证变截面处的水下混凝土灌注密实。

f. 采用全护筒钻机施工的桩在灌注水下混凝土时，护筒应随导管的提升逐步上拔，上拔过程中除应保证导管的埋置深度外，同时应使护筒底口始终保持在混凝土面以下。施工时应边灌注、边排水，并应保持护筒内的水位稳定。

g. 混凝土灌注至桩顶部位时，应采取措施保持导管内的混凝土压力，避免桩顶泥浆密度过大而产生泥团或桩顶混凝土不密实、松散等现象；在灌注将近结束时，应核对混凝土的灌入数量，确定所测混凝土的灌注高度是否正确。灌注的桩顶高程应比设计高程高出不小于0.5m，当存在地质较差、孔内泥浆密度过大、桩径较大等情况时，应适当提高其超灌高度；超灌的多余部分在承台施工前或接桩前应凿除，凿除后的桩头应密实、无松散层。

h. 混凝土灌注的过程要做好灌注记录，核对有关数据。

⑩桩检验

钻孔灌注桩在终孔后，应对桩孔的孔位、孔径、孔形、孔深和倾斜度进行检验，清孔后，应对孔底的沉淀厚度进行检验。钻孔灌注桩质量检查实测项目包括混凝土强度（△）、桩位、孔深、孔径、钻孔倾斜度、沉淀厚度、桩身完整性（△）。

（2）挖孔灌注桩

①挖孔桩的适用情形

在无地下水或有少量地下水且较密实的土层或风化岩层中，或无法采用机械成孔或机械成孔非常困难且水文地质条件允许的地区，可以采用人工挖孔施工。在岩溶地区、采空区，不宜采用人工挖孔施工；孔内空气污染物超过三级标准浓度限值且无通风措施时，不得采用人工挖孔施工；桩径或最小边宽度小于1200mm时，不得采用人工挖孔施工。

②施工工艺流程

施工准备→桩位测量放样→平整场地→浇筑垫层→挖第一节桩土、支模浇筑护壁混凝土→检查桩位轴线→架设垂直运输、照明、通风等设备→挖第二节桩土、支模、浇筑混凝土→依次开挖、护壁直至设计高程→成孔检查→安放钢筋笼→灌注混凝土。

③人工挖孔的施工安全应符合的规定

a. 桩孔内的作业人员必须戴安全帽、系安全带，人员上下时必须系安全绳。

b. 桩孔内应设防水带罩灯泡照明，电压应为安全电压，电缆应为防水绝缘电缆并应设置漏电保护器。设置的水泵、电钻等动力设备应严格接地。

c. 孔深大于10m或空气质量不符合要求时，孔内作业必须采取机械强制通风措施。

d. 桩孔内遇到岩层需要爆破作业时，应进行爆破的专项设计，且宜采用浅眼松动爆破法。孔深大于5m时，必须采用导爆索或电雷管引爆。桩孔内爆破后应先通风排烟15min并检查无有害气体后，方可进入孔内继续作业。

e. 相邻两桩孔不得同时开挖，应间隔交错跳挖。

④挖孔桩施工应符合的规定

a. 应因地制宜选择孔壁的支护方式。

b. 孔口处应设置高出地面不小于300mm的护圈，并应设置临时排水沟，防止地表水流入孔内。

c. 采用混凝土护壁支护的桩孔，护壁混凝土的强度等级，当桩径不大于1.5m时应不低于C25，桩径大于1.5m时应不低于C30。挖孔作业时，必须挖一节浇筑一节护壁，护壁的节段高度必须严格按照专项方案执行。护壁外侧与孔壁间应保证密实。

d. 挖孔桩径应符合设计规定，孔壁支护不得占用桩径尺寸。

e. 挖孔的弃土应及时转运，妥善处置，孔口四周不得堆积弃土和其他杂物。

f. 孔内无积水时，混凝土的灌注可进行干法施工；孔内有积水且无法排净时，宜按照水下混凝土的要求施工。

（3）沉入桩

①施工工艺流程：施工准备→桩位测量放样→桩基就位→起吊插桩→沉桩→接桩→沉桩→到位验收。

②沉桩主要有钢筋混凝土桩、预应力混凝土桩、钢管桩等，其预制和制作质量要符合规范及设计要求，外购或自行制作的成品桩，均应有出厂合格证明、质量检验等资料。

③试桩。沉桩工程应在施工前进行工艺试桩和承载力试桩，确定沉桩的施工工艺、技术参数和检验桩的承载力。

④沉桩。沉桩根据施工方法可分为锤击沉桩振动沉桩、射水沉桩等，要根据不同的设计、地质、技术、环境等条件选用。

沉桩顺序宜由一端向另一端进行，当基础尺寸较大时，宜由中间向两端或四周进行；如桩埋置有深浅，宜先沉深的，后沉浅的；在斜坡地带，应先沉坡顶的，后沉坡脚的。在桩的沉入过程中，应始终保持锤、桩帽和桩身在同一轴线上。

5.沉井施工

（1）施工工艺流程：施工准备→工程测量定位、放线→基坑开挖或筑岛→刃脚垫层施工→分节制作沉井→第一次下沉→分节接高沉井→第二节下沉→……→沉井封底→井内填充、盖板施工→质量验收。

（2）制作沉井的岛面、平台面和开挖基坑的坑底高程，应比施工期可能的最高水位（包括波浪影响）高出0.5~0.7m。有流冰时，应再适当加高。

（3）在浮运、就位的任何时间内，沉井露出水面的高度均不应小于1.5m，并应考虑预留防浪高度或采取防浪措施。

（4）沉井下沉与着床应根据水文、地质情况和沉井的结构特点确定其下沉的施工方法，并应按照下沉的不同工况进行必要的验算。正常下沉时，应自井孔中间向刃脚处均匀对称除土。

（5）沉井的水下混凝土封底宜全断面一次连续灌注完成；对特大型沉井，可划分区域进行封底，但任一区域的封底工作均应一次连续灌注完成。

6.地下连续墙施工

（1）施工工艺流程：施工准备→测量定位放线→修筑平台、导墙→挖槽→清槽及清刷→下放钢筋笼→吊放接头管→浇筑混凝土→拔出接头管。

（2）槽壁式地下连续墙槽孔宜分段施工，开挖前应按已划分的单元槽段，决定各段开挖的先后次序，相邻槽孔之间留有足够的安全距离。挖槽施工开始后应连续进行，直到槽段完成。

（3）钢筋骨架主筋的接长宜采用机械连接，骨架中间应留出上下贯通的导管位置。吊放钢筋骨架时，应使其中心对准单元槽段中心。钢筋骨架下放时不得使骨架发生摆动。全部钢筋骨架入槽后，应固定在导墙上，并应使骨架顶端高程符合设计要求。

（4）水下混凝土应采用导管法灌注。单元槽段长度小于4m时，可采用1根导管灌注；单元槽段长度超过4m时，宜采用2或3根导管同时灌注；采用多根导管灌注时，导管间净距不宜大于3m，导管距节段端部不宜大于1.5m；各导管灌注的混凝土表面高差不宜大于0.3m；导管内径不宜小于200mm。

（四）桥梁下部结构

1.现浇混凝土墩台

施工工艺流程：施工准备→测量放样→下承面准备→钢筋绑扎→模板安装→混凝土浇筑→养护。

（1）高度小于40m的桥墩

①应尽量缩短首节桥墩墩身与承台之间浇筑混凝土的间隔时间，间歇期宜不大于10d。墩身平面尺寸较大时，首节墩身可与承台同步施工。

②桥墩高度小于或等于10m时可整体浇筑施工；高度超过10m时，可分节段施工，节段的高度宜根据施工环境条件和钢筋定尺长度等因素确定。上一节段施工时，已浇节段的混凝土强度应不低于2.5MPa。各节段之间浇筑混凝土的间歇期宜控制在7d以内。

③在模板安装前，应在基础顶面放出桥墩的轴线及边缘线；对分节段施工的桥墩，其首节模板安装的平面位置和垂直度应严格控制。模板在安装过程中应通过测量监控措施保证桥墩的垂直度，并应有防倾覆的临时措施；对风力较大地区的墩身模板，应考虑其抗风稳定性。

④浇筑混凝土时，串筒、溜槽等的布置应便于混凝土的摊铺和振捣，并应明确划分工作区域。混凝土浇筑完成后，应及时进行养护，养护时间应不少于7d。

（2）高度大于或等于40m的高墩

①混凝土的垂直输送宜采用泵送方式，泵管可沿已施工完成的墩身或搭设专用支架进行布设，而不应布设在塔吊和施工电梯上。

②每一节段混凝土的养护时间应不少于7d。养护用的水管可布设在墩身上，且应与电缆分开设置。

③高墩施工前应编制测量控制方案，施工过程中应对墩身的平面位置和垂直度进行监控，条件具备时宜采用激光铅垂仪进行控制。

（3）桥台

①混凝土或钢筋混凝土重力式台身宜一次连续浇筑完成，当台身较长或截面积过大，一次连续浇筑完成难以保证混凝土质量时，可分段或分层浇筑。分段浇筑时，其接缝宜设置在沉降缝处；分层浇筑时应采取有效措施控制接缝的外观质量，防止产生过大的层间错台。

②薄壁轻型桥台施工时，对混凝土的浇筑应采取有效措施，保证其浇筑质量。对设置有支撑梁的，应在支撑梁安装完成后再填土。

2. 预制安装墩台身、盖梁

施工工艺流程：施工准备→预制台座准备→钢筋绑扎→模板支立→混凝土浇筑→现场下承面准备→预制块运输、吊装→现浇部分钢筋绑扎→模板安装→混凝土浇筑→养护→预应力施工（如有）。

预制安装墩台身和盖梁的施工应制订专项施工方案，其施工方法、施工工艺、临时设施和设备等宜根据结构的构造特点和施工环境条件综合确定，施工中使用的受力装置和受力临时结构应进行专门设计和验算，监理工程师做好审批。

3. 现浇墩台帽、盖梁、系梁和挡块

（1）墩台帽、盖梁、系梁和挡块的施工应在墩、台身质量检验合格后方可进行。

（2）对墩台帽、盖梁和系梁施工所采用的托架、支架或抱箍等临时结构，应进行受力分析计算与验算。支架宜直接支承在承台顶部；当必须支承在承台以外的软弱地基上时，应对地基进行妥善加固处理，并应对支架进行预压。

（3）在墩台帽、盖梁和系梁与墩身的连接处，模板与墩台身之间应密贴，不得出现漏浆现象。钢筋安装施工时，应避免在钢筋的接头处起弯，并应保证钢筋的混凝土保护层厚度。对支座垫石的预埋钢筋及上部结构所需要的预埋件，其位置应准确。

（五）上部结构

1. 预应力混凝土工程

（1）预应力筋

①预应力筋应保持清洁，在存放和搬运过程中应避免使其产生机械损伤和有害锈蚀。进场后的存放时间宜不超过6个月，且宜存放在干燥、防潮通风良好、无腐蚀气体和介质的仓库内。

②下料长度应通过计算确定，计算时应考虑结构的台座长度或孔道长度、锚夹具厚度、千斤顶长度、镦头预留量、冷拉伸长值、弹性回缩值、张拉伸长值和张拉工作长度等因素。

③预应力筋的下料,应采用切断机或砂轮锯切断,严禁采用电弧切割。

④预应力筋的表面质量要求其表面不得有裂纹、小刺、机械损伤、氧化铁皮及油迹;回火成品表面允许有回火颜色。

(2)锚具、夹具和连接器

①锚具应满足分级张拉、补张拉以及放松预应力的要求;锚固多根预应力筋的锚具除应具有整束张拉的性能外,尚应具有单根张拉的性能;用于承受低应力或动荷载的夹片式锚具应具有防松性能;锚具的锚口摩阻损失率宜不大于6%。

②夹具应具有良好的自锚性能松锚性能和安全的重复使用性能,主要锚固零件应具有良好的防锈性能,可重复使用的次数应不少于300次。

③在混凝土结构或构件中的永久性预应力筋连接器,应符合锚具的性能要求;用于先张法施工,且在张拉后还需进行放张和拆卸的连接器,应符合夹具的性能要求。锚垫板应具有足够的强度和刚度,且宜设置锚具对中止口以及压浆孔或排气孔,压浆孔的内径宜不小于20mm。

(3)管道

①在后张有黏结预应力混凝土结构或构件中,预应力筋的孔道宜由浇筑在混凝土中的刚性或半刚性管道构成,或采用钢管抽芯、胶管抽芯及金属伸缩套管抽芯等方法进行预留。

②波纹管的存放时间宜不超过6个月。

(4)施加预应力

①预应力张拉用的机具设备和仪表,应符合下列规定

a. 预应力筋的张拉宜采用穿心式双作用千斤顶,整体张拉或放张宜采用具有自锚功能的千斤顶;张拉千斤顶的额定张拉力宜为所需张拉力的1.5倍且不得小于1.2倍。与千斤顶配套使用的压力表应选用防振型产品,其最大读数应为张拉力的1.5~2.0倍,标定精度应不低于1.0级。张拉机具设备应与锚具产品配套使用,并应在使用前进行校正、检验和标定。

b. 张拉千斤顶与压力表应配套标定、配套使用,标定应在经国家授权的法定计量技术机构定期进行,标定时千斤顶活塞的运行方向应与实际张拉工作状态一致。当处于下列情况之一时应重新进行标定:使用时间超过6个月;张拉次数超过300次;使用过程中千斤顶或压力表出现异常情况;千斤顶检修或更换配件后以及其他需要标定的情况。

c. 采用测力传感器测量张拉力时,测力传感器应按相关国家标准的规定,每年送检一次。

②对预应力筋施加预应力时,应符合的规定

a. 千斤顶安装时,工具锚应与前端的工作锚对正,工具锚和工作锚之间的各根预应力筋不得错位、扭绞。实施张拉时,千斤顶与预应力筋、锚具的中心线应位于同一轴线上。

b. 预应力筋的张拉顺序和张拉控制应力应符合设计规定。当施工中需要对预应力筋实施超张拉或计入锚圈口预应力损失时,可比设计规定提高5%,但在任何情况下均不得超过设计规定的最大张拉控制应力。

c. 预应力筋张拉采取应力和伸长率双控。采用应力控制方法张拉时,应以伸长值进行校核。实际伸长值与理论伸长值的差值应符合设计规定;设计未规定时,其偏差应控制在±6%以内,否则应暂停张拉,待查明原因并采取措施予以调整后,方可继续张拉。对环形筋、U形筋等曲率半径较小的预应力束,其实际伸长值与理论伸长值的偏差宜通过试验确定。

d. 预应力筋的理论伸长值应通过计算确定,在材料、现场条件发生变化时应重新计算。

e. 预应力筋张拉时，应先调整到初应力σ_0，初应力宜为张拉控制应力σ_{con}的10%～25%，伸长值应从初应力时开始量测。预应力筋的实际伸长值除量测的伸长值外，尚应加上初应力来推算伸长值。

f. 预应力筋张拉控制应力的精度为±1.5%。

g. 预应力筋的锚固，应在张拉控制应力处于稳定状态下进行。锚固阶段张拉端锚具变形预应力筋的内缩量和接缝压缩值，应不大于设计规定或规范容许值。

h. 预应力筋在实施张拉或放张作业时，应采取有效的安全防护措施，预应力筋两端的正面严禁站人和穿越。

i. 预应力筋张拉、锚固及放松时，均应整理施工记录。

③预应力智能张拉

宜采用智能张拉和压浆技术。智能张拉系统主要是由以下三部分组成，分别是计算机、位移传感器和压力传感器。智能张拉系统在进行工作的时候，应将应力作为其控制的主要指标，将伸长量作为其校核的辅助目标，通过计算机的智能操纵，实现自动张拉的目的。

（5）混凝土浇筑

预应力结构混凝土的浇筑除符合普通混凝土的规定外，还应符合下列要求：

①浇筑混凝土时，宜根据结构或构件的不同形式选用插入式、附着式或平板式等振动器进行振捣。对箱梁腹板与底板及顶板连接处的承托、预应力筋锚固区及其他预应力钢束与钢筋密集的部位，应采取有效措施加强振捣。

②用于判断现场强度的混凝土试件，应置于现场与结构或构件同环境、同条件养护。混凝土强度尚未达到设计及规范要求时，不得拆除模板。

（6）先张法

①施工工艺流程：施工准备→钢筋和预应力筋的加工→钢筋和预应力筋的安装→模板安装→预应力筋的张拉→混凝土浇筑→混凝土养护→预应力放张→移运出槽。

②先张法工作开始前，施工单位应向监理工程师提交先张法施工方案，包括拟采用的预应力张拉台、横梁以及智能张拉设备或普通张拉设备。预应力张拉台需要有足够的强度和刚度，抗倾覆系数不小于1.5，抗滑系数不小于1.3。横梁需要有足够的刚度，受力后挠度不应大于2mm。

③预应力筋的安装宜自下而上进行，并应采取措施防止其被台座上涂刷的隔离剂污染。预应力筋与锚固横梁间的连接，宜采用张拉螺杆。

④先张法预应力张拉程序见表2-2-17。

先张法预应力筋张拉程序　　　　　表2-2-17

预应力筋种类		张拉程序
钢丝、钢绞线	夹片式等具有自锚性能的锚具	低松弛预应力筋：0→初应力→σ_{con}（持荷5min锚固）
	其他锚具	0→初应力→1.05σ_{con}（持荷5min）→0→σ_{con}（锚固）
螺纹钢筋		0→初应力→1.05σ_{con}（持荷5min）→0.9σ_{con}→σ_{con}（锚固）

注：1. 表中σ_{con}为张拉时的控制应力值，包括预应力损失值。
　　2. 超张拉数值超过规定的最大超张拉应力限值时，应按规定的限制张拉应力进行张拉。
　　3. 张拉螺纹钢筋时，应在超张拉并持荷5min后放张至0.9σ_{con}时再安装模板、普通钢筋及预埋件等。

⑤张拉时，预应力筋的断丝数量不得超过表2-2-18的规定。

先张法预应力筋断丝限制 表 2-2-18

预应力筋种类	检查项目	控 制 值
钢丝、钢绞线	同一构件内断丝数不得超过钢丝总数的百分比	1%
螺纹钢筋	断筋	不容许

⑥预应力筋张拉完毕后，其位置与设计位置的偏差应不大于 5mm，同时应不大于构件最短边长的 4%，且宜在 4h 内浇筑混凝土。

⑦预应力筋放张时，构件混凝土的强度和弹性模量（或龄期）应符合设计规定；当设计未规定时，混凝土的强度应不低于设计强度等级值的 80%；弹性模量应不低于混凝土 28d 弹性模量的 80%，当采用混凝土龄期代替弹性模量控制时应不少于 5d。

⑧预应力筋的放张顺序应符合设计规定；设计未规定时，应分阶段、均匀、对称、相互交错地放张。放张后，预应力筋在构件端部的内缩值宜不大于 1.0mm。预应力筋放张后，对钢丝和钢绞线，应采用机械切割的方式进行切断；对螺纹钢筋，可采用乙炔—氧气切割，但应采取必要措施防止高温对其产生不利影响。

（7）后张法

①施工工艺流程：施工准备→钢筋和预应力筋的加工→钢筋安装和管道→模板安装→混凝土浇筑→混凝土养护→预应力筋的安装→预应力筋的张拉→管道压浆→封锚混凝土浇筑→混凝土养护→移运出槽。

②管道的规格、尺寸应符合设计规定，且其内横截面积应不小于预应力筋净截面积的 2 倍；对长度大于 60m 的管道，宜通过试验确定其面积比是否可以进行正常的压浆作业。

③管道应按设计规定的坐标位置进行安装，并应采用定位钢筋固定，使其能牢固地置于模板内的设计位置，且在混凝土浇筑期间不产生位移。管道与普通钢筋重叠时，应移动普通钢筋，不得改变管道的设计坐标位置。固定各种成孔管道用的定位钢筋的间距，对钢管宜不大于 1.0m，波纹管宜不大于 0.8m；位于曲线上的管道和扁平波纹管道应适当加密。定位后的管道应平顺，其端部的中心线应与锚垫板相垂直。

④管道接头处的连接管宜采用大一级直径的同类管道，其长度宜为被连接管道内径的 5~7 倍。

所有管道均应在每个顶点设排气孔，以及需要时在每个低点设排水孔，在每个顶点和两端设检查孔。压浆管、排气管和排水管应是最小内径为 20mm 的标准管或适宜的塑性管，与管道之间的连接应采用金属或塑料结构扣件，长度应足以从管道引出结构物以外。

⑤采用胶管抽芯法制孔时，胶管内应插入芯棒或充以压力水增加刚度；采用钢管抽芯法制孔时，钢管表面应光滑，焊接接头应平顺。抽芯时间应通过试验确定，以混凝土抗压强度达到 0.4~0.8MPa 时为宜，抽拔时不得损伤结构混凝土。抽芯后，应采用通孔器或压气、压水等方法对孔道进行检查，如发现孔道堵塞或有残留物或与邻孔有串通，应及时处理。

⑥预应力筋可在浇筑混凝土之前或之后穿入孔道，穿束前应检查锚垫板和孔道，锚垫板的位置应准确。孔道内应畅通，无水和其他杂物。采用蒸汽养护混凝土时，在养护完成之前不应安装预应力筋。

⑦张拉时，结构或构件混凝土的强度、弹性模量（或龄期）应符合设计规定；当设计未规定时，混凝土的强度应不低于设计强度等级值的 80%，弹性模量应不低于混凝土 28d 弹性模量的 80%，当采用混凝土龄期代替弹性模量控制时应不少于 5d。

⑧预应力筋的张拉顺序应符合设计规定；当设计未规定时，宜采用分批、分阶段的方式对称张拉。

⑨预应力筋张拉端的设置应符合设计要求；当设计未要求时，应符合下列规定：对钢束长度小于20m的直线预应力筋可在一端张拉；对曲线预应力筋或钢束长度大于或等于20m的直线预应力筋，应采用两端张拉。当同一截面中有多束一端张拉的预应力筋时，张拉端宜分别交错设置在结构或构件的两端。预应力筋采用两端张拉时，宜两端同时张拉；或先在一端张拉锚固后，再在另一端补足预应力值进行锚固。两端张拉时，各千斤顶之间同步张拉力的允许误差宜为±2%。

⑩后张预应力筋的张拉程序应符合设计规定；设计未规定时，可按表2-2-19的规定进行。

后张法预应力筋张拉程序　　　　　　　　　　表2-2-19

锚具和预应力筋类别		张拉程序
夹片式等具有自锚性能的锚具	钢绞线束、钢丝束	低松弛力筋：0→初应力→σ_{con}（持荷5min锚固）
其他锚具	钢绞线束	0→初应力→1.05σ_{con}（持荷5min）→σ_{con}（锚固）
	钢丝束	0→初应力→1.05σ_{con}（持荷5min）→0→σ_{con}（锚固）
螺母锚固锚具	螺纹钢筋	0→初应力→σ_{con}（持荷5min）→0→σ_{con}（锚固）

注：1. 表中σ_{con}为张拉时的控制应力，包括预应力损失值。
　　2. 两端同时张拉时，两端千斤顶升降压、画线、测伸长等工作应基本一致。
　　3. 超张拉数值超过规定的最大超张拉应力限值时，应按该条规定的限值进行张拉。

⑪后张预应力筋断丝及滑移的数量不得超过表2-2-20的控制值。

后张预应力筋断丝、滑移限制　　　　　　　　　表2-2-20

类　　别	检查项目	控　制　数
钢丝束、钢绞线束	每束钢丝断丝或滑丝	1根
	每束钢绞线断丝或滑丝	1丝
	每个断面断丝之和不超过该断面钢丝总数的百分比	1%
螺纹钢筋	断筋或滑移	不容许

注：1. 钢绞线断丝系指单根钢绞线内钢丝的断丝。
　　2. 超过表列控制数时，原则上应更换；当不能更换时，在许可的条件下，可采取补救措施，如提高其他束预应力值，但必须满足设计各阶段极限状态的要求。

⑫预应力筋在张拉控制应力达到稳定后方可锚固。对夹片式锚具，锚固后夹片顶面应平齐，其相互间的错位宜不大于2mm，且露出锚具外的高度应不大于4mm。锚固完毕并经检验确认合格后方可切割端头多余的预应力筋，切割时应采用砂轮锯，严禁采用电弧进行切割，同时不得损伤锚具。

⑬切割后预应力筋的外露长度应不小于30mm，且应不小于1.5倍预应力筋直径。锚具应采用封端混凝土保护，当需长期外露时，应采取防止锈蚀的措施。

（8）后张孔道压浆及封锚

①后张法施工的孔道压浆，应优先采用智能压浆设备。

②预应力筋张拉锚固后，孔道应尽早压浆，且应在48h内完成。预应力孔道应采用专用压浆料或专用压浆剂配制的浆液进行压浆。

③压浆时，每一工作班应制作留取不少于3组试样，标准养护28d，进行抗压强度、抗折强度试验，作为质量评定依据。

④施工单位应记录保留完整的压浆记录,包括每个管道的压浆材料、配合比、压浆日期、搅拌时间、出机时流动度浆液温度、环境温度、稳压压力、稳压时间、真空度(如有)需要补做的工作。这些记录应在压浆后报送监理工程师审查。

2. 梁式桥

(1) 支架法现浇施工

①施工工艺流程:施工准备→测量放样→地基处理→支架搭设→支架预压→模板安装→钢筋绑扎→芯模安装→混凝土浇筑→养护→预应力施加(如有)→支架拆除。

②梁式桥梁、板的现场浇筑可采用满布支架或梁式支架。支架位于水中时,其基础宜采用桩基或排架。满布支架位于坡地上时,宜将地基的坡面挖成台阶并硬化。对现浇梁式桥支架,一般要进行预压。应根据支架的类型和结构形式、地基的沉降量和承载能力,以及荷载大小等因素,确定是否采取预压措施。

③梁式桥现浇施工时,梁体混凝土在顺桥向宜从低处向高处进行浇筑,在横桥向宜对称进行浇筑。混凝土浇筑过程中,应对支架的变形、位移、节点和卸架设备的压缩及支架地基的沉降等进行监测,如发现超过预警值的变形、变位,应及时采取措施予以处理。

④在支架上浇筑混凝土时,应根据混凝土及支架的弹性和非弹性变形设置施工预拱度。

⑤全部混凝土宜在最初浇筑的混凝土初凝前浇筑完。若跨径较大,混凝土数量较多,不能在最初浇筑的混凝土初凝前浇筑完,应考虑新浇混凝土对已初凝混凝土的影响或设置工作缝,或按施工顺序分段浇筑。

⑥箱形梁段混凝土的浇筑,应分多次进行浇筑。先浇筑底板至承托顶部以上30cm,其次浇筑腹板,最后浇筑顶板及翼板。混凝土浇筑完成并初凝后,应开始养护。

⑦在混凝土的强度未达到图纸规定值之前,不得拆除支架。

⑧就地浇筑梁、板的施工质量实测项目包括混凝土强度(△)、轴线偏位、梁与板顶面高程、断面尺寸(△)、长度、与相邻梁段间错台、横坡、平整度。

(2) 预制装配式施工

①施工工艺流程:施工准备→场地处理→预制底座施工→钢筋绑扎→模板安装→混凝土浇筑→养护→预制件移运→支座安装→预制件安装→湿接缝或连接混凝土施工→养护。

②装配式梁、板等构件在脱底模、移运、存放和安装时,混凝土的强度应不低于设计规定的吊装强度;设计未规定时,应不低于设计强度的80%。

③对分层分段安装的构件,应在先安装的构件可靠固定且受力较大的接头混凝土达到设计强度的80%后,方可继续安装;设计有规定时,应从其规定。

④分段拼装梁的接头混凝土或砂浆,其强度应不低于构件的设计强度;不承受内力的构件的接缝砂浆,其强度等级应不低于M10。

⑤腹板底部为扩大断面的T形梁和I形梁,应先浇筑扩大部分并振实后,再浇筑其上部腹板。

⑥U形梁可上下一次浇筑或分两次浇筑。一次浇筑时,宜先浇筑底板至底板承托顶面,待底板混凝土振实后再浇筑腹板;分两次浇筑时,宜先浇筑底板至底板承托顶面,按施工缝处理后,再浇筑腹板混凝土。

⑦箱形梁宜一次浇筑完成,且宜先浇筑底板至底板承托顶面,待底板混凝土振实后再浇筑腹板、顶板。

⑧采用架桥机进行梁板构件的安装作业时，其抗倾覆稳定系数应不小于1.3。架桥机过孔时，应将起重小车置于对稳定最有利的位置，且抗倾覆稳定系数应不小于1.5；不得采用将梁板吊挂在架桥机后部配重的方式进行过孔作业。

⑨安装在同一孔跨的梁板，其预制施工的龄期差宜不超过10d，特殊情况应不超过30d。梁、板上有预留相互对接的预应力孔道的，其中心应在同一轴线上，偏差应不大于4mm。梁、板之间的横向湿接缝，应在一孔梁、板全部安装完成后方可进行施工。

⑩箱形连续梁的安装，箱形梁段移运时的吊点位置应符合设计规定。如设计无规定时，一般采用两点吊运。对于上、下面有相同配筋的等截面直杆构件，吊点位置可设在距端头0.21L（L为构件长）处，或根据配筋情况经计算确定。

⑪梁、板或梁段的预制施工质量实测项目包括混凝土强度（△）、梁长度、断面尺寸、平整度、横系梁及预埋件位置、横坡、斜拉索锚面。梁、板安装施工质量实测项目包括支承中心偏位、梁、板顶面高程、相邻梁、板顶面高差。

（3）移动模架施工法

①施工工艺流程：移动模架安装就位→调整模板→（钢筋制作）安装底板及腹板钢筋→安装预应力管道→安装内模→绑扎顶板钢筋→浇筑混凝土→混凝土养护→预应力筋下料、穿束→张拉预应力筋→封锚、压浆→模架前移就位进行下一段施工。

②移动模架宜采用定型产品，设计制造厂家应提供模架的产品出厂质量合格证书，以及操作手册等相关技术文件。当采用非定型模架用于中小跨径梁、板的施工时，应对模架进行专门的设计计算，并应进行荷载试验，确认能保证施工的安全和质量后方可投入使用。

③模架的拼装完成后应对其拼装质量进行检验，并应在首孔梁的浇筑位置就位后进行荷载试压试验，检验和试压合格后方可正式使用。

④模架应设置预拱度，预拱度值应经计算并参考荷载试验结果确定。

⑤首孔梁的混凝土在顺桥向宜从桥台（或过渡墩）开始向悬臂端进行浇筑，中间孔宜从悬臂端开始向已浇梁段推进浇筑，末孔宜从一联中最后一个墩位处向已浇梁段推进浇筑，最终与已浇梁段接合；梁体混凝土在横桥向应对称浇筑。连续梁逐跨现浇的纵向分段接缝位置应符合设计规定；设计未规定时，宜设在1/5跨的弯矩零点附近。

⑥任一孔梁的混凝土浇筑施工完成后，内模中的侧向模板应在混凝土抗压强度达到2.5MPa后，顶面模板应在混凝土抗压强度达到设计强度的75%后，方可拆除；外模架应在梁体建立预应力后方可卸落。

⑦模架横移和纵向移动过孔前，应解除作用于模架上的全部约束。纵向移动时两侧的承重钢梁应保持基本同步，不同步的最大距离偏差应符合产品设计的规定，且应有限位和紧急制动装置；移动到下一孔位置后，应立即对模架进行准确就位并固定。模架在移动过孔时的抗倾覆稳定系数应不小于1.5。

（4）悬臂浇筑法

①施工工艺流程：挂篮安装就位→调平模板→（钢筋制作）安装底板及腹板钢筋→安装内模→绑扎顶板钢筋→安装预应力管道→浇筑混凝土→混凝土养护、拆膜及接缝处理→预应力筋下料、穿束→张拉预应力筋→封锚、压浆→挂篮前移就位。

②挂篮安装完成后要进行验收，对挂篮进行质量检查，并做载重试验，以测定各构件变形量，尽可能消除非弹性变形，并为悬臂浇筑的预拱度提供数据，预压荷载要满足设计及施工要求。

③挂篮前移及在其上浇筑混凝土时，抗倾覆稳定系数应不小于1.5。

④悬臂浇筑前，待浇筑段的前端底板高程和桥面板高程，应根据挂篮前端垂直挠度，各施工阶段的弹、塑性挠度（包括待浇及后浇各梁段的重量、预应力、混凝土的收缩与徐变施工设备荷载、桥面系恒载体系转换引起的挠度）及1/2静活载挠度，设置预拱度。

⑤浇筑梁段混凝土自前端开始向后浇筑，最后浇筑梁段根部与前一浇筑段的接合部。前后两段模板的接缝应加强紧密接合。

⑥连续梁各跨的合龙，一般自两边跨向中跨进行。自桥端至合龙跨的所有支座均要解除固定，保证为活动支座。在合龙段合龙时，合龙段的两端应予临时固定并施加必要的预应力，临时固定装置应能承受上述活动支座的摩阻力。

⑦连续刚构合龙段两端的临时固定装置及墩身，应能承受合龙段浇筑时段内的温度变化影响力及截面温差影响力。

⑧合龙段的施工，在两端临时固定完成后应尽快在短时间内完成，混凝土浇筑应在一天中最低温度时进行，设计规定的除外。

⑨悬臂浇筑施工前应编制施工监控方案，进行结构分析复核，确定主梁施工监控目标高程和应力控制标准。

（5）预制节段逐跨拼装法

①施工工艺流程：施工准备→节段预制→场地试拼→试拼面处理→运至现场→节段拼装→湿接缝处理→施加预应力→进行下一节段拼装。

②施工前应对起吊设备进行起重能力、刚度和稳定性验算，其安全系数应不小于2。起吊安装前，应对起吊设备进行全面安全技术验收，并应分别进行1.25倍设计荷载的静载和1.1倍设计荷载的动载试验。

③墩顶节段安装前，对每联各墩顶节段安装的平面位置和高程进行测量放样，X、Y两个方向的放样精度宜不大于1mm，Z方向的放样精度宜不大于2mm。安装时，应对其安装精度进行严格控制。

④节段悬臂拼装时，桥墩两侧的节段应对称起吊，且应保证桥墩两侧平衡受力，最大不平衡力应符合设计和安全的规定。

⑤拼装时应检查各节段与匹配节段的预应力孔道连接顺畅，在接缝处，孔道位置不应有超过2mm的错台现象，要保证孔道密封性。

⑥节段拼装完成并施加预应力后，应进行支承的转换，转换顺序应通过计算确定。

（6）顶推施工法

①施工工艺流程：在桥台后面的引道上或在刚性好的临时支架上设置制梁场，集中现浇或预制装配梁段，待有两三段后，在上、下翼板内施加预应力，然后用水平千斤顶等顶推设备将支承在滑道（一般用氟塑料板与不锈钢板）上的箱梁向前推移，推出一段再接长一段，这样周期性的反复操作，直至最终位置，进而调整预应力，使满足加恒载和活载内力的需要，最后将滑道支承移置成永久支座，至此施工完毕。

②预制台座的地基或引桥的强度、刚度和稳定性应符合图纸要求，并做好台座地基的防水、排水设施以防沉降。在荷载作用下，台座顶面最大变形应不大于2mm。

③台座轴线应与桥梁轴线的延长线重合，台座的纵坡应与桥梁的纵坡一致。台座的施工中线偏差应不大于5mm。相邻两支承点上台座中滑移装置的纵向顶面高程差应不大于2mm。同一个支承点上滑移装置的横向顶面高程差应不大于1mm。台座（包括滑移装置）和梁段底模板顶面高程差应不大于1mm。

④梁段预制时，应严格控制截面尺寸、底面平整度和梁端部的垂直度，严格控制钢筋、预应力筋的孔道位置及预埋件位置和混凝土浇筑质量，应采取措施提高混凝土的早期强度，缩短顶推周期。

⑤顶推施工前宜根据主梁长度、设计顶推跨度、桥墩能承受的水平推力、顶推设备和滑动装置等条件，选择单点顶推法或多点顶推法。采用多点顶推法必须确保同步。

⑥水平千斤顶的实际总顶推力，不应小于计算顶推力的2倍，墩台顶上水平千斤顶的反力座必须坚固，应能抵抗顶推时的总反力。在顶推过程中，各桥墩的纵向位移值不得超过图纸规定。

⑦当水平千斤顶顶推一个行程，用竖向千斤顶将梁顶高，以便拉回滑块时，其最大顶升高度不超过图纸规定。如图纸无规定时，不得超过10mm。

⑧主梁被顶推前进时，如梁的中线偏离较大，应用导梁装置纠偏。

⑨顶推时至少应在两个墩上设置保险千斤顶，如遇到滑移故障用千斤顶处理时，起顶的反力值不得大于计算反力的1.1倍，起顶高度不得大于10mm。

⑩落梁前应拆除墩、台上的滑动装置和导梁。拆除时各支点宜均匀顶起，其顶力应按设计支点反力控制，相邻墩各顶点的高差不得大于5mm，同墩两侧梁底顶起高差不得大于1mm。

3. 拱桥

（1）施工工艺流程：施工准备→测量放样→地基处理→支架搭设→支架预压→模板安装→钢筋绑扎→混凝土浇筑→养护→支架拆除。

（2）拱架的设计、制作、安装

①拱架应进行专门设计。要对拱架的强度、刚度、稳定性进行验算，拱架的地基与基础承载力也要进行验算。

②拱架在安装前，应对桥轴线、拱轴线、跨径和高程等进行校核。拼装应根据拱架的构造确定适宜的方法进行，分片或分段拼装时应有保证拱架稳定的临时措施，必要时应设置缆风绳进行固定。拱架拼装时尚应设置足够的平联、斜撑和剪刀撑，保证其横向的稳定。

③拱架应设置施工预拱度和卸落装置。拱架安装完成后，应按设计荷载进行预压；并应对其平面位置、顶部高程、节点连接及纵横向的稳定性进行全面检查。

④现浇混凝土拱圈的拱架，其拆除期限要求和拆除方式应符合设计规定；设计未规定时，应在拱圈混凝土强度达到设计强度的85%。卸落拱架应按提前拟定的卸落程序进行，且宜分步卸落；在纵向应对称均衡卸落，在横向应同时一起卸落。卸落拱架时，应设专人对拱圈的挠度和墩台的位移等情况进行监测，当有异常时，应暂停卸落，查明原因并采取相应措施后方可继续进行。

⑤对浆砌石拱桥，应待砂浆强度达到设计强度的85%后方可卸落；设计另有规定时，应从其规定。对跨径小于10m的小拱桥，宜在拱上建筑全部完成后卸架；中等跨径的实腹式拱桥，宜在护拱砌完后卸架；跨径较大的空腹式拱，宜在拱上小拱横墙砌好（未砌小拱圈）后卸架。

（3）混凝土拱圈的现场浇筑

①跨径较小的拱圈或拱肋，应按拱圈的全宽从两端拱脚向拱顶对称地连续浇筑混凝土，并应在拱脚混凝土初凝前全部完成。跨径较大的拱圈或拱肋，应沿拱跨方向分段对称浇筑，分段的位置应以拱架受力对称、均匀和变形小为原则，且宜设置在拱顶、$L/4$部位、拱脚及拱架节点等处；各段的接缝面应与拱轴线垂直，各分段点应预留间隔槽，其宽度宜为0.5~1.0m，槽内有钢筋接头时，其宽度尚应满足钢筋接头的需要。

②浇筑拱圈混凝土时，应严格按照预先制定的浇筑程序对称于拱顶进行，并应控制两端的浇筑速

度，避免产生过大的偏差。分段浇筑时，各分段内的混凝土宜一次连续浇筑完成，因故中断时，应浇筑成垂直于拱轴线的施工缝；如已浇筑成斜面，应凿成垂直于拱轴线的平面或台阶式结合面。

③间隔槽混凝土的浇筑应符合设计规定。设计未规定时，应在拱圈混凝土的强度达到设计强度的 85%后，由拱脚向拱顶对称进行浇筑；拱顶及拱脚间隔槽的混凝土应在最后封拱时浇筑。

④大跨径拱圈采用分环（层）、分段法浇筑混凝土时，纵向钢筋宜分段设置，且其接头应设在最后的几个间隔槽内，待浇筑间隔槽混凝土时再连接。

⑤大跨径钢筋混凝土箱形拱圈采用在拱架上组装部分预制部件，然后现浇混凝土的方法进行施工时，组装和现浇均应从两拱脚向拱顶对称进行。箱形拱圈的底板施工时，应按拱架的变形情况设置间隔缝，缝内的混凝土应在底板合龙时浇筑；拱圈的底、腹板混凝土强度达到设计强度的 85%后方可安装盖板，铺设钢筋，现浇顶板混凝土。

⑥拱圈合龙的温度应符合设计要求。设计未要求时，宜选择夜间气温较稳定时段的温度。拱圈合龙前如采取千斤顶对两侧拱圈施加压力的方法调整拱圈应力时，拱圈混凝土的强度应达到设计规定的强度。

⑦拱圈在浇筑过程中，应随时监测拱架的变形，如变形量超过计算值，应及时查明原因，并采取加固拱架或调整施加载荷顺序的措施，保证施工安全。

（4）拱圈的预制

①拱肋宜采用立式方法预制，宜先在样台上放出拱肋大样，然后制作样板。放样时，应将横隔板、吊孔、接头位置准确放出。

②箱形拱预制时，可先预制横隔板、腹板，然后在拱胎上进行组装，并浇筑底、顶板和接头混凝土。混凝土强度达到设计强度的 85%后，方可起吊运输到存放和吊装。

（5）无支架或少支架安装

①采用缆索吊装法进行拱桥的无支架安装施工时，吊装前应对吊装系统进行检查验收，并应按设计荷载进行试吊，检验其安全性和可靠性，检验合格后方可用于正式吊装。

②拱肋安装时，各段拱肋的高程和线形应根据施工控制的要求确定，且宜从拱脚段开始，依次向拱顶分段吊装就位。扣索的扣挂应稳妥可靠，应使拱肋断面不产生扭斜，且各段拱肋的上端头均应通过扣索的调整使其略高于设计高程。多跨拱桥安装时，应根据桥墩承受不平衡水平推力的能力，计算确定相邻孔拱肋的安装顺序。松索的流程应根据施工控制的要求经计算确定，松索前应校正拱轴线位置及各接头高程符合要求。松索应按拱脚段扣索、次拱脚段扣索起重索三者的先后顺序，并按比例定长、对称、均匀地松卸。

③拱圈采取单肋吊装或单肋合龙时，单肋的横向稳定必须满足安全验算的要求，且其稳定安全系数应不小于 4；当不能满足时，应采用双肋合龙松索成拱的方式施工，且应在双肋合龙后采取有效的横向联结措施，增强其稳定性。

④设于河中的支架，应验算基础的冲刷深度，并应有可靠的防冲刷和防漂浮物影响的措施。支架基础不得设置在有冰胀影响的地层。吊装构件时，应结合实际情况和设备条件采用适宜的起吊设备和起吊方式进行吊装。拱肋分段吊装到支架上后，其接头的连接处理应符合设计规定。

⑤当拱肋接头混凝土及拱肋横向联结构件混凝土的强度符合设计规定或达到设计强度的 85%时，方可开始卸架。卸架宜在主拱圈安装完成后，分次缓慢卸落，使拱圈及墩、台逐渐成拱受力，卸架时应监测拱圈挠度和墩、台变位等情况，并应避免拱圈发生较大变形。

（6）拱上结构的施工

①对大跨径拱桥的拱上结构，施工时应严格按设计加载程序进行，设计未提供加载程序时，应根据施工验算由拱脚至拱顶均衡、对称加载。

②对在支架或拱架上浇筑拱圈的中、小跨上承式拱桥，当不卸除支架或拱架进行拱上结构施工时，其主拱圈的混凝土强度应全部达到设计规定的强度；对下承式或中承式拱桥，其悬吊桥面系的混凝土应在支架或拱架卸落后进行浇筑，吊杆混凝土应在桥面系完成后再对称浇筑。

4. 钢结构工程

（1）施工工艺流程

钢材选料→零件制造→厂家试拼→进场检验→工地试拼→工地安装→构件涂装→桥梁验收。

（2）工地安装要求

①在支架上拼装钢梁时，冲钉和粗制螺栓总数不得少于孔眼总数的 1/3，其中冲钉不得多于 2/3。孔眼较少的部位，冲钉和粗制螺栓总数不少于 6 个或将全部孔眼插入冲钉或粗制螺栓。用悬臂或半悬臂法拼装钢梁时，联结处所需冲钉数量应按所承受荷载计算决定，但不得少于孔眼总数的一半，其余孔眼布置精制螺栓。冲钉和精制螺栓应均匀的安放。高强螺栓栓合梁拼装时，冲钉数量应符合上述规定，其余孔眼布置高强度螺栓。吊装杆件的吊钩，必须等杆件完全固定后方可卸去。

②拼装用的冲钉直径（中段圆柱部分）应较孔眼设计直径小 0.2～0.3mm，其长度应大于板束厚度。

拼装用精制螺栓直径应较孔眼设计直径小 0.4mm，拼装板束用的粗制螺栓直径应较孔眼直径小 1.0mm。冲钉和螺栓可用 35 号碳素结构钢制造。

③钢桥安装过程中，每完成一节间应测量其位置、高程和预拱度，如不符合要求应进行校正。

④钢梁安装后应检查轴线偏位、梁底高程、固定支座顺桥向偏差、连接、焊缝尺寸、焊缝探伤、高强螺栓扭矩等项目是否符合允许偏差要求。

（3）高强度螺栓连接的规定

①由制造厂处理的钢桥杆件的摩擦面，安装前应复验所附试件的抗滑移系数，合格后方可安装，并应符合设计要求。

②施工前，高强度螺栓连接副应按出厂批号复验扭矩系数，每批号抽验不少于 8 套，其平均值和标准偏差应符合设计要求。设计无要求时平均值应在 0.11～0.15 范围内，其标准偏差应小于或等于 0.01。测定数据应作为施拧的主要参数。

③安装钢梁的高强度螺栓的长度必须与安装图一致。安装时，高强度螺栓应顺畅穿入孔内，不得强行敲入，穿入方向应全桥一致。高强度螺栓不得作为临时安装螺栓。被栓合板束的表面应垂直于螺栓轴线，否则应在螺栓垫圈下面加垫斜坡垫板。

④用扭矩法拧紧高强度螺栓连接副时，初拧、复拧和终拧应在同一工作日内完成。初拧扭矩应由试验确定，一般为终拧扭矩的 50%。

⑤高强度螺栓终拧完毕应按下列规定进行质量检查：

a. 检查应由专职质量检查员进行，检查扭矩扳手必须标定，其扭矩误差不得大于使用扭矩的+3%，且应进行扭矩抽查。

b. 松扣、回扣法检查，先在螺栓与螺母上做标记，然后将螺母退回 30°，再用检查扭矩扳手把螺母重新拧至原来位置测定扭矩，该值不小于规定值的 10% 时为合格。

c. 对主桁节点及板梁主体及纵、横梁连接处，每栓群以高强螺栓连接副总数的 5% 抽检，但不得少于 2 套,其余每个节点不少于 1 套进行终拧扭矩检查。

d. 每个栓群或节点检查的螺栓,其不合格者不得超过抽验总数的 20%,如超过此值,则应继续抽验,直至累计总数 80% 的合格率为止。然后对欠拧者补拧,超过者更换后重新补拧。

(4)工地焊缝连接和固定要求

钢桥工地焊缝连接分全焊连接和焊缝与高强度螺栓合用连接两类。

①钢桥杆件工地焊缝连接应按设计规定的顺序进行。设计无规定时,纵向宜从跨中向两端,横向宜从中线向两侧对称进行。

②工地焊接应设立防风设施,遮盖全部焊接处。雨天不得焊接(箱形梁内除外)。箱形梁内采用CO_2气体保护焊时,必须使用通风防护安全设施。

5. 钢混组合结构

主要指钢—混凝土组合梁、钢—混凝土接头和波形钢腹板梁等的施工。

(1)钢构件安装施工

①安装钢—混凝土组合梁中的钢构件之前,应对桥梁的墩台顶面高程、中线及各孔跨径进行复测;安装钢—混凝土接头中的钢构件之前,应对混凝土结合面的高程、纵横向轴线和表面平整度等进行复测。

②在支架上安装钢梁的时,钢梁节段安装顺序宜从一端向另一端顺序安装。安装过程中,每完成一节段的就位后应测量其纵横向平面位置、高程和预拱度,确保符合要求。拼装栓接连接的钢梁时,冲钉和粗制螺栓的总数不得少于栓孔总数的 1/3,其中冲钉不得多于 2/3;栓孔较少的部位,冲钉和粗制螺栓的总数应不少于 6 个或将全部栓孔插入冲钉或粗制螺栓。拼装高强度螺栓连接的钢梁时,冲钉数量应符合规定,其余栓孔宜布置高强度螺栓。拼装焊接连接的钢梁时,宜将节段之间拼接错台的偏差控制在 2mm 以内,并应严格控制钢梁的平面位置、高程和拱度。

③接头中钢构件的安装施工应符合下列规定:

a. 钢构件在安装前,应通过计算或模拟起吊试验确定其重心位置和吊点的位置;起吊安装时,应采取有效措施保证其空中姿态平稳,使其不产生过大的倾斜和摆动;安装就位时,应对其平面位置和高程进行准确控制,就位后应通过调节装置进行精确调整。

b. 对拱座等安装在倾斜混凝土结合面上的钢构件,安装时应设置必要的导向装置;正式起吊安装时,应使钢构件始终保持平稳状态,且在导向装置的引导下能顺利就位,就位后应尽快将其固定。

c. 对索塔塔柱、墩身等安装在水平混凝土结合面上的钢构件,安装前应设置必要的定位和调节装置;安装时应严格控制钢构件的平面位置和高程,安装精度应符合设计的规定。

d. 对混合梁中在竖直面上结合的钢—混凝土接头,钢构件应安装在稳定可靠的支架或吊架上,支架或吊架应进行专门设计,其强度、刚度和稳定性应满足接头施工时承载能力和使用的要求。

(2)混凝土桥面板施工

①桥面板混凝土的强度应在达到设计强度的 85% 后,方可从预制台座上起吊进行场内的移运。

②预制混凝土桥面板安装时应采用四点起吊并配置相应的吊具。起吊安装时,应保证各吊点的受力均衡,并应防止对桥面板产生碰撞或其他损伤。

③桥面板安装就位过程中,应使各桥面板中的预应力管道对准、顺直,与相邻桥面板预应力管道的错位偏差宜不超过 2mm。当安装桥面板的钢筋与相邻桥面板的钢筋、剪力钉或连接件等有位置上的冲突时,应采取适当的措施进行调整,且该调整应以弯折钢筋改变其位置为主,不得因桥面板就位困难而随意切断钢筋或破坏剪力连接装置。

④浇筑湿接缝混凝土时，应对其进行充分振捣，浇筑完成后，应对混凝土的顶面进行拉毛或采取其他增加粗糙度的处理措施。湿接缝混凝土的强度在未达到设计强度的85%之前，不得在桥面上通行车辆、堆放材料或进行影响其受力的其他施工作业。

⑤现场浇筑混凝土桥面板，应采用符合设计规定的混凝土，且其配合比应进行专门设计，并符合规范要求。

（3）钢—混凝土接头施工

①钢—混凝土接头中的混凝土应符合设计的规定，且宜采用经专门设计的高流动性、低收缩率的自密实混凝土。

②浇筑接头混凝土之前，应对混凝土梁的结合面进行严格凿毛处理，凿毛的深度应不小于8mm，凿毛后的结合面上不应有浮浆和光滑的表面；同时应对钢构件部分的浮锈和其他杂物等进行清洁处理。应将全部结合面清理干净，对混凝土的结合面应进行充分湿润。

③浇筑接头混凝土时，宜按规范大体积混凝土的要求进行温度控制，且宜选择在夜间温度场较为稳定的时段进行施工；宜采取有效措施，使新浇筑混凝土与钢构件、混凝土梁体及模板之间的温差小于15℃。浇筑完成后，应及时覆盖进行保温、保湿养护。

④预应力钢束张拉时，接头混凝土的强度、弹性模量（或龄期）应符合设计规定；设计未规定时，混凝土的强度应不低于设计强度的85%，弹性模量应不低于混凝土28d弹性模量的85%。预应力钢束的张拉应对称、均衡地进行。

6. 斜拉桥

（1）索塔

①混凝土斜拉桥施工时应避免塔梁交叉施工干扰。必须交叉施工时，施工单位应根据设计和施工方法采取保证塔梁质量和施工安全的措施，并报批。

②混凝土索塔横梁施工时应根据其结构、重量及支撑高度设置可靠的模板和支撑系统，考虑弹性和非弹性变形、支承下沉、温差及日照的影响。必要时应设支承千斤顶调控。体积过大的横梁可分次浇筑。

③索塔混凝土现浇应选用输送泵施工，超过一台泵的工作高度时，允许接力泵送，但必须做好接力储斗的设置，并尽量降低接力站台高度。

④混凝土塔柱和横梁可同步或异步施工，斜塔柱施工时，应对各施工阶段塔柱的强度和变形进行验算，分高度设置主动横撑或拉杆，保证线形、内力和倾斜度满足设计要求和施工期的结构安全。

（2）主梁

①施工监控测试内容和方案应报设计和监理工程师审批，除设计图纸另有规定外，一般应包括下列内容：

a. 变形：主梁线形、高程、轴线偏差索塔的水平位移。

b. 应力：拉索索力、支座力以及梁塔应力在施工过程中的变化。

c. 温度：温度场及指定测量时间内塔、梁、索的变化。

②混凝土主梁采用挂篮悬浇主梁时，挂篮的悬臂梁及挂篮全部构件制作后均应进行检验和试拼，合格后再于现场整体组装检验，并按设计荷载及技术要求进行预压，同时测定悬臂梁和挂篮的弹性挠度、调整高程性能及其他技术性能；挂篮设计和主梁浇筑时应考虑抗风振的刚度要求；拉索张拉时应对称同步进行，以减少其对塔与梁的位移和内力影响。

③混凝土主梁采用悬拼时，应在底模上调整主梁分段形体所受竖曲线的影响。拼装中多段累计的超

误差，可用湿接缝调整；湿接缝拼合面应进行表面凿毛和清扫，干接缝应保持结合面清洁，黏合料应涂刷均匀；采用垫片调整梁段拼装线形时，每次垫片调整的高程不应大于20mm。

④钢主梁（包括叠合梁和混合梁）施工时，应进行钢梁的连日温度变形观测对照，确定适宜的合龙温度及实施程序，并应满足钢梁安装就位时高强螺栓定位所需的时间。钢主梁应由符合资质要求的专业单位加工制作、试拼，经检验合格后安全运至工地。

（3）拉索

①施工中不得损伤索体保护层和索端锚头及螺纹，不得堆压弯折索体。

②施工中，拉索抗震的约束环和减振器未安装前，必须确保索管（特别是梁上索管）和锚端的防水、防腐和防污染。

③拉索张拉施工的设备和方法应根据设计的索型、锚具、布索方式，塔和梁的构造确定。

④拉索张拉的顺序、级次数和量值应按设计规定执行。应以振动频率计测定的索力或油压表量值为准，以延伸值作校核，并应视拉索防振圈以及弯曲刚度的状况对测值予以修正。

⑤拉索张拉可在塔端或梁端单端进行，也可顶升索鞍支座进行。平行钢丝拉索宜采用整体张拉，平行钢绞线拉索可用整体或分索张拉，分索张拉应按"分级""等力"的原则进行，单根张拉后各钢绞线索力的离散误差不宜超过±2%，整体张拉完成后，各钢绞线索力的离散误差不宜超过±1%。

⑥索塔顺桥向两侧的拉索（组）和桥横向对称的拉索（组）必须对称同步张拉；同步张拉的不同步索力的相差值不得超出设计规定；两侧不对称的或设计拉力不同的拉索，应按设计规定的索力分级同步张拉。

（六）桥面及附属工程

1. 桥面铺装

（1）施工工艺流程：施工准备→测量放样→下承面准备→钢筋绑扎安装→混凝土浇筑→养护。

（2）为使桥面铺装与下面的混凝土构件紧密结合，应对桥面铺装下面的混凝土凿毛，裸露新鲜混凝土面，并用高压水冲洗干净，浇筑前湿润。

（3）水泥混凝土桥面铺装前应使梁、板顶面粗糙，清洗干净，并应按设计要求铺设纵向接缝钢筋和桥面钢筋网。桥面铺装应在梁体的横向连接工作或湿接缝浇筑完成后进行。顶面应采取防滑措施，做面宜分两次进行。

（4）沥青混凝土桥面铺装前应对桥面进行检查，保证桥面平整、干净、粗糙、整洁。铺装前应做好防水层，应撒布黏层沥青。

（3）钢桥面铺装宜避开雨季施工，钢桥面铺装的每个层次均不得在雨天施工，施工中遇雨应立即停工。钢桥面铺装亦不宜在夜间施工。对钢桥面沥青混凝土铺装进行检测时，不得采用钻孔法，而应采用无损检测法。钢梁顶面在出厂时应按设计要求涂防锈漆，在桥面铺装施工前应喷丸或抛丸除锈并作防锈处理。

2. 伸缩装置

（1）施工工艺流程：施工准备→测量放样→下承面准备→伸缩装置安装→钢筋绑扎焊接→混凝土浇筑→养护→橡胶条安装。

（2）伸缩装置安装前应对预留槽口的混凝土进行凿毛并清理干净。

（3）伸缩装置宜在桥面铺装施工完成后，采用反开槽的方式进行安装；当采用先安装再铺装桥面的方式时，应采取有效措施对安装好的伸缩装置进行妥善保护。

（4）伸缩装置安装就位时，应使伸缩装置的中心线和桥梁中心线相重合，安装位置和高程应符合要求，应进行临时固定，设置横向水平连接筋，并与预埋钢筋焊接固定。

3. 支座

常用的支座有板式橡胶支座、盆式支座、球型支座等类型。

（1）支座在安装前，应对支座垫石的混凝土强度、平面位置、顶面高程、预留地脚螺栓孔和预埋钢垫板等进行复核检查，确认符合设计要求后方可进行安装。对先安装后填灌浆料的支座，其垫石的顶面应预留出足够的灌浆料层的厚度。

（2）支座安装时，应分别在垫石和支座上标出纵横向的中心十字线，就位后两者的中心十字线应对准，并应采取有效措施保证支座处于水平状态且支座的顶面高程符合设计要求。调整支座的顶面高程时，应采用钢垫片对支座进行支垫，支垫处在支座安装完成后留下的空隙应采用环氧树脂砂浆填实。

（3）安装双向活动或单向活动支座时，应保证支座滑板的主要滑移方向符合设计的要求。在安装活动支座的顶板时，宜考虑安装温度与设计要求不符时对位移的影响，必要时宜通过计算在顺桥向设置预偏量。

（4）支座安装完成，其顺桥向的中心线应与梁顺桥向的中心线水平投影重合或相平行，且与支座保持水平，不得有偏斜、不均匀受力的现象。安装完成后及时拆除支座上的各种临时固定构件和装置。

（5）当桥梁体系转换需要切割临时锚固装置，或施工过程中需要在支座附近进行焊接作业时，应在支座周围采取有效的隔热措施，避免损伤支座部件。

4. 桥面防护设施

（1）混凝土护栏应在桥面的两侧对称进行施工。对结构重心位于梁体以外的悬臂式防撞；护栏，应在主梁横向联结或拱上结构完成后方可施工。

（2）对就地现浇的防撞护栏，宜在顺桥向每间隔5～8m设1道断缝或假缝。温差相对较大的地区，断缝或假缝的设置间距可适当减少。

（3）模板宜采用钢模，支模时宜在其顶部和底部各设1道对拉螺杆，或采用其他固定模板的装置。

（4）宜采用坍落度较小的干硬性混凝土，浇筑时应分层进行，分层厚度不宜超过200mm；振捣时应采取适当的措施使模板表面的气泡逸出。

5. 桥头搭板

（1）钢筋混凝土搭板及枕梁宜采用就地浇筑的方式施工。

（2）搭板钢筋与其下的垫层间宜设置垫块，并应交错布置。在上、下两层钢筋之间应设置支撑，保证其位置的准确。

（3）浇筑搭板混凝土时，应按搭板的坡度由低处向高处进行，振捣时应避免碰撞钢筋、模板。

（七）桥梁工程的改扩建

1. 对新旧混凝土结合面的处理和拼接施工

（1）结合面凿毛要求：

①旧混凝土结合面的凿毛应凿至完全露出新鲜密实混凝土，清除浮渣，并应清洗干净。

②对较大体积的结构混凝土的结合面，应将其凿成台阶式，且阶长宜为阶高的2倍。

③对结合面处外露钢筋表面的锈皮、浮浆等，应采用适宜的工具刷净。

（2）拼接连接的方式应符合设计规定，设计未规定时，要符合以下要求：

①对竖向结合面的接缝，可采用新设接头钢筋再浇筑混凝土的方式进行拼接，接头钢筋的直径宜为

6～10mm，其所需截面面积宜为梁、板截面面积的0.2%～0.3%，插入长度新旧混凝土均为30倍钢筋直径，且在新混凝土的一端宜设弯钩。

②要在既有桥梁的梁、板上按一定的间距植入抗剪钢筋，植入的钢筋应采用环氧树脂或其他合适材料将其孔洞灌注密实。

（3）拼接施工界面处理要求：

①浇筑新混凝土前，应采用清水冲洗旧混凝土的表面使其保持湿润。

②需要在旧混凝土的结合面上涂刷界面剂时，应符合设计的规定；设计未规定时，宜通过试验确定。

（4）拼接连接新浇混凝土施工时或强度形成过程中，施工侧应封闭交通，同时严格控制施工区机械停放位置，避免产生振动或造成梁板挠动，影响接缝拼接质量。

2. 桥面铺装层的施工

（1）拓宽拼接的主体工程结构施工完成后，应先将既有桥梁的桥面铺装层全部凿除并清理干净，再进行全桥桥面铺装层施工。

（2）对既有桥梁原铺装层的结合面应进行处理，凿除原结构表面的浮浆，使集料外露，形成4～6mm自然凹凸粗糙面或采用机械刻槽形成糙面，并清洗干净；凿除和清理施工时不得损坏原结构混凝土，且不应有局部光滑结合面。

（3）凿除既有桥梁铺装层后，对存在缺陷的部位，应进行修补。对空洞和破损处，应在凿除疏松部分混凝土后，采用高一级强度的细石混凝土填筑密实；当有钢筋锈蚀引起混凝土胀裂时，应先剔除松动开裂的混凝土，再进行钢筋表面的除锈和防护等处理。

（4）桥面铺装新浇混凝土前，对原结构的结合面应充分湿润，但不应有明水。混凝土的养护时间宜不少于14d。

（八）冬期、雨期施工

1. 冬期施工

（1）配制混凝土时，宜选用硅酸盐水泥或普通硅酸盐水泥，水泥的强度等级不低于42.5，水胶比不宜大于0.5；采用蒸汽养护时，宜选用矿渣硅酸盐水泥；采用加热法养护掺加外加剂的混凝土时，严禁使用高铝水泥；使用其他品种的水泥时，应考虑其掺合材料对混凝土强度、抗冻抗渗等性能的影响。

（2）搅拌设备宜设在气温不低于10℃的厂房或暖棚内，拌制混凝土前及停止拌制后，应采用热水冲洗搅拌机的拌盘或鼓筒。

（3）冬期搅拌混凝土时，应严格控制混凝土的配合比和坍落度，集料不得带有冰雪和冻结团块。投料前，应先采用热水或蒸汽冲洗搅拌机。加料顺序应先为集料、水，稍加搅拌后再加入水泥，且搅拌时间应比常温时延长50%。混凝土拌合物的出机温度宜不低于10℃。

（4）混凝土的入模温度应不低于5℃。浇筑完成后开始养护时的温度，采用蓄热法养护时不得低于10℃，采用蒸汽法养护时不低于5℃，细薄结构不低于8℃。

（5）冬期施工在浇筑混凝土时，应在新混凝土浇筑前对接合面加热，其温度应保持在5℃以上。浇筑完成后，应采取措施使混凝土接合面继续保持正温，直至新浇混凝土达到规定的抗冻强度。浇筑预应力混凝土构件的湿接缝时，应适当降低水胶比。浇筑完成后应加热或连续保温养护，直至接缝混凝土或水泥砂浆抗压强度达到设计强度的75%。

（6）喷射混凝土作业区的环境温度和进入喷射机的材料温度应不低于5℃，已喷射混凝土的强度达到5MPa前不得受冻。

（7）混凝土的养护时间较常温下的养护时间延长 3～5d。

（8）混凝土的养护方法，宜根据技术、经济比较和热工计算确定。当室外最低温度不低于−15℃时，地面以下的工程或结构表面系数不大于 15m^{-1} 的结构，宜采用蓄热法养护；当蓄热法不能适应强度增长速度要求时，可根据情况，选用蒸汽加热、暖棚加热等方法进行养护。

（9）采用蓄热法养护混凝土时，应根据环境条件，在经计算能保证结构物不受冻害的情况下方可采用蓄热法养护混凝土。混凝土应采用较小的水胶比，养护过程中应采取加速混凝土硬化和降低混凝土冻结温度的措施。对容易冷却的结构部位，应特别加强保温，且不应往混凝土和覆盖物上洒水。

（10）采用蒸汽加热法养护混凝土时，混凝土的升、降温速度不得超过规定。采用普通硅酸盐水泥时，养护温度不宜超过 80℃；采用矿渣硅酸盐水泥时，养护温度可提高到 85℃。对大体积混凝土，养护时的升降温速度宜按温控设计的要求确定。

（11）采用暖棚加热法养护混凝土时，暖棚内的温度不得低于 5℃，且宜保持一定的湿度，湿度不足时，应向混凝土面及模板洒水。

（12）加热养护的结构模板和保温层，在混凝土表面冷却到 5℃以后，方可拆除。拆除后当混凝土表面温度与环境温度相差大于 20℃时，仍应对混凝土表面加以覆盖保温。对掺用防冻剂的混凝土，拆模后混凝土的表面温度与环境温度差大于 15℃时，仍应对混凝土表面采取覆盖保温的措施。

2. 雨期施工

（1）在位于山坡或山脚地质不良地段进行桩基础的施工时，相邻墩不宜同时钻、挖孔，宜间隔错开施工。

（2）雨期施工应增加砂、石集料含水率的检测次数，及时调整混凝土施工配合比，保证拌和质量；砂、石集料的含水率检测，每个台班应不少于 1 次，雨后拌制混凝土应先检测后拌和。

（3）新浇筑的混凝土在终凝前，不得被雨淋。桥面防水层不得在雨天进行铺设。

3. 热期施工

（1）当无其他特殊规定时，混凝土的入模温度宜控制在 30℃以下。

（2）热期混凝土浇筑完成后应加快表面混凝土的修整速度，修整时可采用喷雾器喷洒少量水防止表面干缩裂纹，但不得直接在混凝土表面浇水。

（3）砌筑砂浆宜随拌随用，气温超过 30℃时，宜在 2～3h 内使用完毕。砌筑砂浆宜有良好的和易性，用于石砌体时稠度宜为 50～70mm，气温较高时，在保证强度的条件下可适当增大。

例 题

例1 桥梁施工模板吊环设计计算拉应力应（　　）65MPa。

A. 不大于　　　　　　　　　　　　B. 不小于

C. 大于　　　　　　　　　　　　　D. 等于

例2 桥梁结构模板支架设计应考虑的荷载包括：①模板、支架自重；②新浇筑混凝土、钢筋、预应力筋或其他土工结构物的重力；③施工人员及施工设备、施工材料等荷载；④振捣混凝土时产生的振动荷载；⑤新浇筑混凝土对模板侧面的压力；⑥混凝土入模时产生的水平方向的冲击荷载；⑦设于水中的支架所承受的水流压力、波浪力、流冰压力、船只及其他漂浮物的撞击力；⑧其他可能产生的荷载，如风荷载、雪荷载、冬季保温设施荷载、温度应力等。其中现浇钢筋混凝土连续梁支架设计强度计算的荷载组合是（　　）。

A. ①＋②＋⑤＋⑥＋⑦＋⑧　　　　B. ①＋②＋⑥＋⑦＋⑧

C. ①+②+③+④+⑦+⑧ D. ②+③+④+⑥+⑦+⑧

例3 下列桥台中，不属于梁桥轻型桥台的是（　　）。
A. 埋置式桥台　　　　　　　　　　B. 靠背式框架桥台
C. 加筋土桥台　　　　　　　　　　D. 钢筋混凝土薄壁桥台

例4 预应力张拉用的千斤顶与压力表，不需要重新进行标定的情形是（　　）。
A. 使用时间达到3个月　　　　　　B. 张拉次数超过300次
C. 千斤顶检修后　　　　　　　　　D. 更换新压力表

例5 下列关于桥梁扩大基础特点的说法，错误的是（　　）。
A. 主要承受压力　　　　　　　　　B. 不能承受弯矩作用
C. 适用于地基承载力较好的土层　　D. 由地基反力承担上部荷载

例6 关于明挖扩大基础基坑开挖的说法，错误的是（　　）。
A. 基坑顶缘四周适当距离处应设置截水沟
B. 开挖机械距离基坑边缘应大于0.5m
C. 基坑开挖经过不同土层时，边坡坡度可分层而异，视情况留平台
D. 基坑自开挖起，应尽量连续施工直至基础完成

例7 钻孔灌注桩均匀性检测不宜采用（　　）。
A. 钻芯取样法　　　　　　　　　　B. 超声波法
C. 机械阻抗法　　　　　　　　　　D. 回弹仪法

例8 钻孔灌注桩施工中，钻孔至设计孔深后，其紧后工序是（　　）。
A. 下放导管　　　　　　　　　　　B. 清孔
C. 钢筋笼制作及安放　　　　　　　D. 灌注水下混凝土

例9 采用悬臂挂篮法浇筑桥梁上部结构混凝土时，需防止因后浇筑混凝土的重力引起挂篮变形，导致先浇筑的混凝土开裂，下列措施中，不能起到预防作用的是（　　）。
A. 根据混凝土重量变化调整吊带高度
B. 采用预抬高挂篮的后支点法
C. 水箱法中保持水箱水量不变
D. 混凝土一次浇筑法

例10 关于桥梁上部结构竖转法施工特点的说法，正确的是（　　）。
A. 在桥台处设置转盘，将两岸预制的整跨或半跨转至设计合龙位置
B. 转体重量大，施工中需设置转体平衡重
C. 主要适用于转体重量不大的拱桥
D. 主要针对大跨度拱桥施工，采用锚固体系代替平衡重

例11 卸落浆砌石拱桥的拱架，应待砂浆强度达到设计强度的（　　）后方可卸落。
A. 70%　　　　B. 75%　　　　C. 80%　　　　D. 85%

例12 斜拉桥索塔裸塔施工不宜采用的方法是（　　）。
A. 满堂支架法　　B. 爬模法　　C. 滑模法　　D. 翻模法

例13 关于斜拉桥受力特点的说法，错误的是（　　）。
A. 斜拉索相当于缩小了偏心距的体外索

B. 斜拉索发挥了抵抗负弯矩的能力

C. 斜拉索的水平分力相当于混凝土的预压力

D. 主梁为多点弹性支撑

例14 关于斜拉桥受力特点的说法，错误的是（   ）。

A. 主梁为多点弹性支承

B. 主梁高跨比小，自重轻

C. 斜拉索相当于减小了偏心距的体外索

D. 斜拉索的水平分力相当于梁体混凝土的预压力

例15 关于圆管涵施工主要工序，正确的是（   ）。

A. 测量放线→基坑开挖→砌筑圬工基础或现浇混凝土管座基础→涵洞回填及加固→安装圆管→出入口浆砌→防水层施工

B. 测量放线→基坑开挖→砌筑圬工基础或现浇混凝土管座基础→安装圆管→防水层施工→出入口浆砌→涵洞回填及加固

C. 测量放线→砌筑圬工基础或现浇混凝土管座基础→基坑开挖→安装圆管→出入口浆砌→防水层施工→涵洞回填及加固

D. 测量放线→基坑开挖→砌筑圬工基础或现浇混凝土管座基础→安装圆管→出入口浆砌→防水层施工→涵洞回填及加固

例16 关于圆管涵施工要求的说法，正确的是（   ）。

A. 管节不得现场就地制造

B. 当管壁厚度不一致时，应调整高度使内壁齐平

C. 插口管接口处不得使用沥青填塞

D. 每节管底出现反坡的坡度应小于3°

例17 下列桥梁设计计算荷载中，属于偶然作用的有（   ）。

A. 船舶的撞击作用   B. 汽车制动力

C. 汽车撞击作用   D. 地震作用

E. 冰压力

例18 为便于支架拆卸，选用落模设备考虑的主要因素有（   ）。

A. 施工队伍资质   B. 支架结构形式

C. 需要的卸落量   D. 施工季节

E. 承受的荷载大小

例19 关于地下连续墙的说法，正确的有（   ）。

A. 墙体刚度大   B. 不能承受竖向荷载

C. 不可作为永久性结构   D. 可作为施工过程中的防护结构

E. 施工中需采用膨润土泥浆护壁

例20 地下连续墙按成墙方式分为（   ）。

A. 组合式   B. 抓斗式   C. 回转式   D. 壁板式

E. 桩排式

例21 承台混凝土浇筑直接倾卸高度超过2m时，应通过（   ）等设施下落。

A. 串筒 B. 滑槽 C. 溜槽 D. 振动溜管
E. 宽口料斗

例22 关于钢筋混凝土梁桥预拱度偏差防治措施的说法，正确的有（　　）。
A. 提高现浇梁支架及模板的施工质量
B. 对预制梁需控制混凝土的弹性模量
C. 控制张拉的混凝土试块采用标准条件养护
D. 钢绞线伸长值的计算应采用供货商提供的弹性模量值
E. 预制梁应尽量延长存梁时间

例23 关于悬索桥锚碇的说法，错误的有（　　）。
A. 承担主塔的重力及下压力
B. 主要承担来自主缆的拉力
C. 是悬索桥的主要承载构件
D. 隧道式锚碇将其承担的荷载传递给基岩
E. 重力式锚碇主要借助基岩摩擦力抵抗主缆拉力

例24 公路水运工程淘汰危及生产安全施工工艺、设备和材料目录中，限制使用的工艺有（　　）。[2022年真题]
A. 卷扬机钢筋调值工艺
B. 空心板、箱型梁气囊内模工艺
C. 人工挖孔桩手摇井架出渣工艺
D. 基坑人工挖孔工艺

例25 钢筋接头的弯曲试验，对接头的每一验收批必须在工程结构中随机截取（　　）个接头试件做抗拉强度试验。[2022年真题]
A. 2 B. 3 C. 4 D. 5

例26 关于混凝土拌合物坍落度性能的说法，错误的是（　　）。[2022年真题]
A. 用捣棒在已坍落的混凝土拌合物截锥体侧面轻轻敲打，如果截锥试体逐渐下沉，表示黏聚性不好
B. 用捣棒在已坍落的混凝土拌合物截锥体侧面轻轻敲打，如果出现离析现象，表示黏聚性不好
C. 坍落度筒提起后无稀浆，则表示其保水性能良好
D. 坍落度筒提起后仅有少量稀浆自底部析出，则表示其保水性能良好

例27 下列分部分项工程不需要专家论证、审查的是（　　）。[2022年真题]
A. 深度5m的基坑
B. 深度15m的人工挖孔桩
C. 水深10m的围堰工程
D. 中桥的拆除工程

例28 关于模板、支架拆除说法，错误的是（　　）。[2022年真题]
A. 先拆非承重模板、后拆承重模板
B. 简支梁结构模板宜从支座向跨中方向依次循环卸落
C. 悬臂梁结构模板宜从悬臂端开始顺序卸落
D. 承重模板应横向同时、纵向对称均衡卸落

例29 按照受力体系分类，桥梁基础体系有（　　）。[2022年真题]
A. 梁式桥 B. 刚架桥 C. 拱式桥 D. 斜拉桥

E. 悬索桥

例30 钻孔灌注桩施工中可以用到的机械有（　　）。[2022年真题]

A. 振动沉桩机　　　　　　　　　B. 冲击钻机

C. 回旋钻机　　　　　　　　　　D. 旋挖钻机

E. 吊机

例31 关于桥梁布置和结构有关术语的说法，正确的有（　　）。[2022年真题]

A. 净跨径：对于梁式桥，是设计洪水位上相邻两个桥墩（或桥台）之间的净距

B. 计算跨径：对于有支座的桥梁，指桥跨结构相邻两个支座中心之间的距离

C. 标准跨径：对于梁式桥，是指两相邻桥墩中线之间的距离

D. 总跨径：多孔桥梁中各孔标准跨径的总和

E. 设计洪水位：桥梁设计中按规定的设计洪水频率计算所得的高水位

例32 关于预应力混凝土浇筑的规定的说法，正确的有（　　）。[2022年真题]

A. 浇筑混凝土时，应保持锚塞、锚固和垫板位置的准确、稳固

B. 在混凝土浇筑和预应力钢筋张拉前，锚具的所有支承表面应保持清洁

C. 拌和后超过45min的混凝土不得使用

D. 为了振捣密实，振捣器可触及管道振捣

E. 梁式空心板端部锚固区及预制构件，为了保证混凝土密实，可使用外部振捣器加强振捣

例33 关于预应力混凝土梁的悬臂浇筑的要求的说法，正确的有（　　）。[2022年真题]

A. 如梁体与桥墩非刚性连接，悬臂浇筑梁体混凝土时，应先将墩顶梁段与桥墩临时固定

B. 悬臂浇筑时桥墩两侧的浇筑进度应尽量做到对称、均衡

C. 悬臂浇筑用挂篮，在已完成的梁段上前移时，后端应有可靠的稳定措施

D. 合龙段合龙前应在合龙段两端的悬臂上加压，并于浇筑混凝土过程中逐步撤除，使悬臂挠度保持稳定

E. 合龙段的施工，混凝土浇筑应在一天中最高温度时进行

例题解析

例1 在模板上设置的吊环应采用HPB300钢筋，严禁采用冷加工钢筋制作。每个吊环应按两肢截面计算，在模板自重标准值作用下，吊环的拉应力应不大于65MPa。故选A。

例2 计算模板、支架和拱架时，应考虑下列荷载并按下表进行荷载组合：

（1）模板、支架自重。

（2）新浇筑混凝土、钢筋、预应力筋或其他土工结构物的重力。

（3）施工人员及施工设备、施工材料等荷载。

（4）振捣混凝土时产生的振动荷载。

（5）新浇筑混凝土对模板侧面的压力。

（6）混凝土入模时产生的水平方向的冲击荷载。

（7）设于水中的支架所承受的水流压力、波浪力、流冰压力、船只及其他漂浮物的撞击力。

（8）其他可能产生的荷载，如风荷载、雪荷载、冬季保温设施荷载、温度应力等。

模板、支架设计计算的荷载组合　　　　　　　　　　　　　　　例2解表

模板结构名称	荷载组合	
	强度计算	刚度验算
梁、板的底模板以及支承板、支架等	(1)+(2)+(3)+(4)+(7)+(8)	(1)+(2)+(7)+(8)
缘石、人行道、栏杆、柱、梁、板等的侧模板	(4)+(5)	(5)
基础、墩台等厚大建筑物的侧模板	(5)+(6)	(5)

故选 C。

例3　梁桥轻型桥台包括设有支撑梁的轻型桥台、埋置式桥台、钢筋混凝土薄壁桥、加筋土桥台，选项 A、C、D 不符合题意。靠背式框架桥台属于拱桥轻型桥台，故正确选项为 B。

例4　施加预应力所用的机具及设备要求：

（1）施加预应力所用的机具设备及仪表应由专人使用和管理，并应定期维护和校验。

（2）张拉用的千斤顶与压力表应配套标定、配套使用，标定应在经国家授权的法定计量技术机构定期进行，标定时千斤顶活塞的运行方向应与实际张拉工作状态一致。当处于下列情况之一时，应重新进行标定。

①使用时间超过 6 个月。

②张拉次数超过 300 次。

③使用过程中千斤顶或压力表出现异常情况。

④千斤顶检修或更换配件后。

故正确选项为 A。

例5　扩大基础按其材料性能特点可分为配筋与不配筋的条形基础和单独基础。无筋扩大基础常用的有混凝土基础、片石混凝土基础等，不配筋基础的材料都具有较好的抗压性，但抗拉、抗剪强度不高，设计时必须保证发生在基础内的拉应力和剪应力不超过相应的材料强度设计值。钢筋混凝土扩大基础的抗弯和抗剪性能良好，故正确选项为 B。

例6　基坑施工过程中的注意要点如下：

（1）在基坑顶缘四周适当距离处设置截水沟，并防止水沟渗水，以避免地表水冲刷坑壁，影响坑壁稳定性。

（2）坑壁边缘应留有护道，静荷载距坑边缘不小于 0.5m，动荷载距坑边缘不小于 1.0m；垂直坑壁边缘的护道还应适当增宽；水文地质条件欠佳时应有加固措施。

（3）应经常注意观察坑边缘顶面土有无裂缝，坑壁有无松散塌落现象发生。

（4）基坑施工不可延续时间过长，自开挖至基础完成，应抓紧时间连续施工。

（5）如用机械开挖基坑，挖至坑底时，应保留不小于 30cm 厚度的底层，在基础浇筑圬工前用人工挖至基底高程。

（6）基坑应尽量在少雨季节施工。

（7）基坑宜用原土及时回填，对桥台及有河床铺砌的桥墩基坑，则应分层夯实。

开挖机械属于动荷载，距坑边缘应不小于 1.0m，而不是大于 0.5m，故正确选项为 B。

例7　灌注桩质量检验可用钻取芯样法或超声波法、机械阻抗法、水电效应法等无破损检测法对桩的匀质性进行检测。回弹仪法是用于检验混凝土强度的无破损检测方法，故正确选项为 D。

例8 钻孔灌注桩施工的主要工序有：埋设护筒、制备泥浆、钻孔、孔径检查与清孔、钢筋笼制作与吊装以及灌注水下混凝土等。故正确选项为 B。

例9 一般可采用下列方法消除后浇筑混凝土引起的挂篮变形：

（1）水箱法：浇筑混凝土前先在水箱中注入相当于混凝土质量的水，在混凝土浇筑过程中逐渐放水，保持挂篮负荷和挠度基本不变。

（2）混凝土一次浇筑法。

（3）浇筑混凝土时，可根据混凝土重量的变化，随时调整吊带高度。

（4）抬高挂篮的后支点法。

采用水箱法时，在混凝土浇筑过程中逐渐放水，而不是保持水箱水量不变，故正确选项为 C。

例10 上部结构转体施工是跨越深谷、急流、铁路和公路等特殊条件下的有效施工方法，具有不干扰运输、不中断交通、不需要复杂的悬臂拼装设备和技术等优点，转体施工分为竖转法、平转法和平竖结合法。

平转法施工是将桥体上部结构整跨或从跨中分成两个半跨，利用两岸地形搭设排架(土胎模)预制，在桥台处设置转盘，将预制的整跨或半跨悬臂桥体置于其上，待混凝土达到设计强度后脱架，待桥台和锚碇体系或锚固桥体重力平衡，再用牵引系统牵引转盘，待桥体上部结构平转至对岸成跨中合龙。再浇灌合龙段接头混凝土，待其达到设计强度后，封固转盘，完成全桥施工。平转法分为有平衡重转体施工和无平衡重转体施工两种方法，平转法施工主要适用于刚构梁式桥、斜拉桥、钢筋混凝土拱桥及钢管拱桥。

竖转法施工主要适用于转体重量不大的拱桥或某些桥梁预制部件（塔、斜腿、劲性骨架）。混凝土拱肋、刚架拱、钢管混凝土拱，当地形、施工条件适合时，可选择竖转法施工。其转动系统由转动铰、提升体系（动、定滑轮组，牵引绳等）、锚固体系（锚索、锚碇顶）等组成。

所以，本题的正确选项是 C。

例11 现浇混凝土拱圈的拱架，其拆除期限应符合设计规定；设计未规定时，应在拱圈混凝土强度达到设计强度的 85% 后，方可卸落拆除。

石拱桥的拱架卸落时间为：浆砌石拱桥应待砂浆强度达到设计强度的 85% 后方可卸落；设计另有规定时，应从其规定。

故选 D。

例12 索塔的施工可视其结构、体形、材料、施工设备和设计综合考虑选用合适的方法。裸塔施工宜用爬模法，横梁较多的高塔宜用劲性骨架挂模提升法。

裸塔现浇施工主要采用翻模、滑模、爬模施工方法。

（1）翻模：应用较早，施工简单，能保证几何尺寸（包括复杂断面），外观整洁。但模板高空翻转，操作危险，沿海地区不宜采用此法。

（2）滑模：施工速度快，劳动强度小，但技术要求高，施工控制复杂，外观质量较差，且易污染。一般倾斜度较大，预留孔道及埋件多的索塔不宜采用此法。

（3）爬模：爬模兼有滑模和翻模的优势，适用于斜拉桥一般索塔的施工。施工安全，质量可靠，修补方便。国内外大多采用此法。

故正确选项为 A。

例13 斜拉桥受力特点为：

（1）斜拉索相当于增大了偏心距的体外索，能充分发挥抵抗负弯矩的能力，节约了钢材。

（2）斜拉索的水平分力相当于混凝土的预压力。

（3）主梁多点弹性支承，高跨比小，自重轻，提高跨径。故正确选项为A。

例14 斜拉桥受力特点有：

（1）斜拉索相当于增大了偏心距的体外索，充分发挥抵抗负弯矩的能力，节约了钢材。

（2）斜拉索的水平分力相当于混凝土的预压力。

（3）主梁多点弹性支承，高跨比小，自重轻，提高了跨径。

选项A、B、D说法正确，选项C说法错误，故正确选项为C。

例15 圆管涵施工主要工序为：测量放线→基坑开挖→砌筑圬工基础或现浇混凝土管座基础→安装圆管→出入口浆砌→防水层施工→涵洞回填及加固。选项A、B、C顺序错误。故正确选项为D。

例16 为保证涵管节的质量，管涵宜在工厂中成批预制，再运到现场安装，预制混凝土圆涵管可采用振动制管法、离心法、悬辊法和立式挤压法。在受运输条件限制时，也可在现场就地制造，选项A说法错误。对插口管，接口应平直，环形间隙应均匀，并应安装特制的胶圈或用20mm厚的沥青、麻絮材料填塞，不得有裂缝、空鼓、漏水等现象；对平接管，接缝宽度应不大于10~20mm，禁止用加大接缝宽度来满足涵洞长度要求；接口表面应平整，并用有弹性的不透水材料嵌塞密实，不得有间断、裂缝、空鼓和漏水等现象，选项C说法错误。每节管底的坡度均不得出现反坡，选项D说法错误。各管节应顺流水坡度安装平顺，当管壁厚度不一致时应调整高度使内壁齐平，管节必须垫稳坐实，管道内不得遗留泥土等杂物，B说法正确。故正确选项为B。

例17 公路桥涵设计采用的作用分为永久作用、可变作用、偶然作用和地震作用四类。汽车制动力和冰压力属于可变作用，选项B、E错误。地震作用为一种独立的作用，选项D错误。偶然作用包括船舶的撞击作用、汽车撞击作用和漂流物的撞击作用，故正确选项为AC。

例18 为便于支架和拱架的拆卸，应根据结构形式、承受的荷载大小及需要的卸落量，在支架和拱架适当部位设置相应的木楔、木马、砂筒或千斤顶等落模设备。选用落模设备同施工队伍资质与施工季节无关，无须考虑。选项AD错误。故正确选项为BCE。

例19 地下连续墙是采用膨润土泥浆护壁，用专用设备开挖出一条具有一定宽度与深度的沟槽，在槽内设置钢筋笼，采用导管法在泥浆中浇筑混凝土，筑成一单元墙段，依次顺序施工，以某种接头方法连接成的一道连续的地下钢筋混凝土墙。地下挡土墙墙体刚度大，主要承受竖向和侧向荷载，通常既要作为永久性结构的一部分，又要作为地下工程施工过程中的防护结构，选项B、C错误。故正确选项为ADE。

例20 地下连续墙分类如下：按成墙方式可分为桩排式、壁板式、组合式；按墙的用途可分为临时挡土墙、用作主体结构一部分兼作临时挡土墙的地下连续墙、用作多边形基础兼作墙体的地下连续墙；按挖槽方式大致可分为抓斗式、冲击式、回转式。回转式与抓斗式属于按挖槽方式分类，选项B、C错误。故正确选项为ADE。

例21 承台混凝土浇筑直接倾卸高度超过2m时，应通过串筒、溜管（槽）或振动溜管（槽）等设施下落；倾落高度超过10m时，应设置减速装置。故正确选项为ABCD。

例22 提高支架基础、支架及模板的施工质量，并按要求进行预压，确保模板的高程偏差在允许的范围内，选项A正确。

严格控制张拉时的混凝土强度，控制张拉的试块应与梁板同条件养护，对于预制梁还需控制混凝土的弹性模量，选项 B 正确，选项 C 错误。

钢绞线伸长值的计算应采用同批钢绞线弹性模量的实测值。预制梁存梁时间不宜过长，选项 D、E 错误。故正确选项为 AB。

例23 锚碇是悬索桥的主要承重构件，主要抵抗来自主缆的拉力，故选项 A 说法错误，选项 B、C 说法正确。隧道式锚碇的锚体嵌入地基基岩内，借助基岩抵抗主缆拉力，隧道式锚碇只适合在基岩坚实完整的地区，其他情况大多采用重力式锚碇或自锚式悬索桥，故选项 D 说法正确。重力式锚碇依靠自身巨大的重力抵抗主缆拉力，故选项 E 说法错误。故正确选项为 AE。

例24 公路水运工程淘汰危及生产安全施工工艺、设备和材料目录中，卷扬机钢筋调值工艺、空心板、箱型梁气囊内模工艺、人工挖孔桩手摇井架出渣工艺属于禁止使用的工艺，基坑人工挖孔工艺属于限制使用的工艺。故正确选项是 D。

例25 对接头的每一验收批必须在工程结构中随机截取 3 个接头试件做抗拉强度试验，按设计要求的接头等级进行评定。故正确选项是 B。

例26 用振捣棒在已坍落的混凝土拌合物截锥体侧面轻轻敲打，如果截锥试体逐渐下沉（或保持原状），则表示黏聚性良好；如果倒坍、部分崩裂或出现离析现象，表示黏聚性不好。坍落度筒提起后，如有较多稀浆从底部析出，锥体部分的混凝土拌和也因失浆而集料外露，则表明其保水性能不好；如坍落度筒提起后无稀浆或仅有少量稀浆自底部析出，则表示其保水性能良好。故正确选项是 A。

例27 选项 D 不需要专家论证、审查。大桥及以上桥梁拆除工程需要进行专家论证、审查，中桥是编制专项施工方案。故正确选项是 D。

例28 选项 ACD 做法错误，简支梁、连续梁结构模板宜从跨中向支座方向依次循环卸落。故正确选项是 B。

例29 按照受力体系分类，桥梁有梁、拱、索三大基本体系，其中桥梁以受弯为主，拱桥以受压为主，悬索桥以受拉为主。另外，由此三大基本体系的相互组合，派生出在受力上也具有组合特征的多种桥型，如刚架桥、斜拉桥、吊桥等组合体系桥。故正确选项是 ACE。

例30 钻孔桩的成孔工艺根据施工机械的不同可分为冲击钻、回旋钻、旋挖钻等成孔工艺，回旋钻又可分为正循环与反循环方式。故正确选项是 BCD。

例31 总跨径是多孔桥梁中各孔净跨径的总和。选项 D 说法错误，故正确选项是 ABCE。

例32 为避免孔道变形，不允许振捣器触及管道，选项 D 错误，故正确选项是 ABCE。

例33 合龙段的施工，在两端临时固定完成后应尽快在短时间内完成，混凝土浇筑应在一天中最低温度时进行。选项 E 错误，故正确选项是 ABCD。

自 测 模 拟 题

（一）单项选择题

1. 桥梁附属设施不包括（　　）。
   A. 桥头搭板　　　B. 桥头引道　　　C. 桥面系　　　D. 伸缩缝
2. 高墩是指桥墩高度大于或等于 40m（　　）。
   A. 30m　　　B. 35m　　　C. 40m　　　D. 50m
3. 多跨桥梁总长 2500m 的特大桥，其平面控制测量等级应采用（　　）。
   A. 一级　　　　　　　　　　　　　　B. 二级
   C. 三等　　　　　　　　　　　　　　D. 四等

4. 某梁式桥，桥面高程为 200m，梁高 2m，桥面铺装厚 0.5m，低水位 180m，常水位 185m，最大洪水位 190m，桥梁高度为（　　）m。

　　A. 2.5　　　　　　B. 10　　　　　　C. 15　　　　　　D. 20

5. 拱桥的承重结构以（　　）为主。

　　A. 受拉　　　　　B. 受压　　　　　C. 受弯　　　　　D. 受扭

6. 一般适用于松散、中密砂土、黏性土的沉入桩施工方法是（　　）。

　　A. 锤击沉桩法　　B. 振动沉桩法　　C. 射水沉桩法　　D. 静力压桩法

7. 相同跨径的桥梁结构承受相同的竖向荷载时产生弯矩最大的是（　　）。

　　A. 梁式桥　　　　B. 拱桥　　　　　C. 悬吊式桥　　　D. 组合体系桥

8. 人工挖孔桩施工时相邻两桩孔间净距离不得小于（　　）。

　　A. 3 倍桩径　　　B. 5 倍桩径　　　C. 3m　　　　　　D. 5m

9. 关于挖孔桩施工的技术要求，错误的是（　　）。

　　A. 桩孔间距小于 3 倍间距时必须间隔交错跳挖

　　B. 桩孔必须挖一节、浇筑一节护壁

　　C. 禁止任何车辆在桩孔边 5m 内行驶

　　D. 桩孔每挖一节后，应进行孔底处理

10. 关于钻孔灌注桩施工的主要工序，正确的是（　　）。

　　A. 钻孔→埋设护筒→制备泥浆→清底→钢筋笼制作与吊装→灌注水下混凝土

　　B. 埋设护筒→制备泥浆→钻孔→清底→钢筋笼制作与吊装→灌注水下混凝土

　　C. 钻孔→灌注水下混凝土→埋设护筒→制备泥浆→钻孔→清底→钢筋笼制作与吊装

　　D. 制备泥浆→埋设护筒→钻孔→钢筋笼制作与吊装→清底→灌注水下混凝土

11. 在流沙严重时，一般不能采用的基坑排水方法是（　　）。

　　A. 井点排水法　　B. 集水坑排水法　C. 沉井法　　　　D. 帷幕法

12. 当桥墩高度超过 10m 时，可分节段施工，节段的高度宜根据施工环境条件和钢筋定尺长度等因素确定。当下一节段施工时，已浇筑节段的混凝土强度应不低于（　　）MPa。

　　A. 2.5　　　　　　B. 5　　　　　　　C. 8　　　　　　　D. 10

13. 在基坑顶缘四周适当距离处设置（　　），并防止水沟渗水。

　　A. 渗水沟　　　　B. 截水沟　　　　C. 盲沟　　　　　D. 弃土沟

14. 双壁钢围堰拼焊后应进行焊接质量检验及（　　）。

　　A. 抗剪试验　　　B. 抗压试验　　　C. 水密试验　　　D. 抗拉试验

15. 对高度大于 30m 的桥墩，在钢筋安装时宜设置（　　）。

　　A. 缆风绳　　　　B. 劲性骨架　　　C. 横向保护钢筋　D. 加劲梁

16. 高大的后仰桥台，为平衡偏心，防止桥台后倾或前滑，应在浇筑台身混凝土之后，及时（　　）。

　　A. 填筑台后路堤土方　　　　　　　B. 填筑台前土方

　　C. 支撑　　　　　　　　　　　　　D. 台前配重

17. 螺纹钢筋后张法张拉时，采用螺母锚固锚具，其预应力筋张拉程序是（　　）。

　　A. 0→初应力→σ_{con}（持荷 5min 锚固）

　　B. 0→初应力→1.05σ_{con}（持荷 5min）→σ_{con}（锚固）

C. 0→初应力→1.05σ_con（持荷 5min）→0→σ_con（锚固）

D. 0→初应力→σ_con（持荷 5min）→0→σ_con（锚固）

18. 对支架进行预压时，预压荷载宜为支架所承受荷载的（　　）倍，预压荷载的分布宜模拟需承受的结构荷载及施工荷载。

  A. 1.01～1.05　 B. 1.05～1.10

  C. 1.10～1.15　 D. 1.15～1.25

19. 预制构件叠放的高度宜按构件强度、台座地基的承载力、垫木强度及叠放的稳定性等经计算确定，大型构件应不超过（　　）层。

  A. 2　 B. 3　 C. 4　 D. 5

20. 钻孔灌注桩在灌注水下混凝土过程中，导管的埋置深度宜控制在（　　）m。

  A. 1～3　 B. 2～3　 C. 2～6　 D. 3～8

21. 钢板桩围堰施打顺序一般是（　　）。

  A. 上游分两头向下游合龙　 B. 下游分两头向上游合龙

  C. 从下游按逆时针方向　 D. 上下游分两头合龙

22. 预应力张拉时，同一构件内预应力钢丝、钢绞线的断丝数量不得超过总数的（　　）。

  A. 0.5%　 B. 1%　 C. 1.5%　 D. 2%

23. 梁式桥现浇施工时，梁体混凝土在顺桥向宜（　　）进行浇筑。

  A. 从高处向低处　 B. 从低处向高处

  C. 对称　 D. 按桩号顺序

24. 支架法施工时应考虑施工预拱度，下列不属于施工预拱度的是（　　）。

  A. 支架在荷载作用下的弹性压缩挠度

  B. 支架在荷载作用下的非弹性压缩挠度

  C. 支架基底在荷载作用下的非弹性沉陷

  D. 卸架后上部构造本身及全部活载所产生的竖向挠度

25. 在现浇箱梁时，对支架地基处理主要是依据（　　）而定。

  A. 箱梁截面尺寸　 B. 箱梁长度

  C. 支架高度　 D. 支架跨径

26. 梁式桥现浇支架的预拱度一般按（　　）设置。

  A. 缓和曲线　 B. 高次抛物线

  C. 二次抛物线　 D. 双扭曲线

27. 在支架上拼装钢梁时，冲钉和粗制螺栓总数不得少于孔眼总数的1/3，其中冲钉不得（　　）。

  A. 多于1/6　 B. 少于1/6　 C. 多于2/3　 D. 少于2/3

28. 关于斜拉桥索塔施工的说法，错误的是（　　）。

  A. 体积过大的横梁可分次浇筑

  B. 允许接力泵送，但必须做好接力储斗的设置，并尽量提高接力站台高度

  C. 混凝土塔柱和横梁可同步或异步施工

  D. 混凝土斜拉桥施工时应避免塔梁交叉施工干扰

29. 根据桥梁涵洞按跨径分类标准，涵洞的单孔跨径小于（　　）m。

A. 3　　　　　B. 5　　　　　C. 6　　　　　D. 8

30. 模板设计强度计算时，荷载包括：……③施工人员及施工设备、施工材料等荷载；④振捣混凝土时产生的振动荷载；⑤新浇筑混凝土对模板侧面的压力；⑥混凝土入模时产生的冲击荷载；……。桥台侧模强度计算的荷载组合是（　　）。

　　A. ④＋⑤　　　B. ⑤＋⑥　　　C. ④＋⑤＋⑥　　　D. ③＋④＋⑤＋⑥

31. 高性能混凝土的水泥宜选用品质稳定标准稠度需水量低、强度等级不低于 42.5 的（　　）。

　　A. 矿渣硅酸盐水泥　　　　　　B. 普通硅酸盐水泥
　　C. 火山灰质硅酸盐水泥　　　　D. 复合硅酸盐水泥

32. 地下连续墙施工工艺流程的最后一步是（　　）。

　　A. 拔出接头管　　B. 浇筑混凝土　　C. 修筑导墙　　D. 修筑平台

33. 钻孔灌注桩施工工艺流程中，安放钢筋笼的紧前工序是（　　）。

　　A. 清孔　　　　　B. 凿桩头　　　　C. 埋设护筒　　　D. 成孔检查

34. 桥墩高度超过 10m 时，可分节段施工，上一节段施工时，已浇节段的混凝土强度应不低于 2.5MPa。（　　）。

　　A. 2.5MPa　　　　B. 3.0MPa　　　　C. 3.5MPa　　　　D. 4.0MPa

35. 冬期施工，当采用加热法养护掺加外加剂的混凝土时，配制混凝土时，严禁使用的水泥是（　　）。

　　A. 硅酸盐水泥　　B. 高铝水泥　　　C. 矿渣硅酸盐水泥　　D. 普通硅酸盐水泥

（二）多项选择题

1. 桥梁的基本组成包括（　　）。

　　A. 上部结构　　B. 支座系统　　C. 下部结构　　D. 附属设施
　　E. 中部结构

2. 桥梁的下部结构包括（　　）。

　　A. 桥跨结构　　B. 桥墩　　　　C. 桥台　　　　D. 基础
　　E. 桥面结构

3. 桥梁附属设施包括（　　）。

　　A. 监控系统　　B. 桥面系　　　C. 伸缩缝　　　D. 桥头搭板
　　E. 锥形护坡

4. 不与汽车制动力同时参与组合的作用有（　　）。

　　A. 流水压力　　　　　　　　　B. 冰压力
　　C. 支座摩阻力　　　　　　　　D. 波浪力
　　E. 汽车离心力

5. 为便于支架和拱架的拆卸，应根据结构形式、承受的荷载大小及需要的卸落量，在支架和拱架适当部位设置相应的（　　）等落模设备。

　　A. 横梁　　　　B. 木楔　　　　C. 砂筒　　　　D. 木马
　　E. 千斤顶

6. 无论使用何种材料的支架和拱架，均应进行施工图设计，并验算（　　）。

　　A. 挠度　　　　B. 强度　　　　C. 预拱度　　　D. 刚度

E. 稳定性

7. 高墩施工宜采用的模板类型有（　　）。
   A. 永久式模板　　　　　　　　　B. 固定式模板
   C. 翻转模板　　　　　　　　　　D. 爬升模板
   E. 滑升模板

8. 桥梁基坑开挖中，加固坑壁的措施有（　　）。
   A. 挡板支撑　　　　　　　　　　B. 钢木结合支撑
   C. 锚杆支护　　　　　　　　　　D. 混凝土护壁
   E. 砌石护坡

9. 梁式桥的现浇支架应进行强度和稳定验算的部位有（　　）。
   A. 支架整体　　B. 节点　　C. 脚手架　　D. 地基
   E. 其他支撑物

10. 正循环回转钻孔的特点有（　　）。
    A. 泥浆通过钻杆中心排至沉淀池内
    B. 钻进与排渣同时进行
    C. 施工占地较多
    D. 钻渣易堵塞管路
    E. 机具设备较复杂

11. 桥梁桩基础按施工方法可分为（　　）。
    A. 沉桩　　　B. 钻孔桩　　　C. 挖孔桩　　　D. 管桩
    E. 沉井

12. 无支护加固坑壁的基坑开挖的条件有（　　）。
    A. 在干枯无水河滩
    B. 地下水位高于基底
    C. 通过筑堤能排除地表水的河沟
    D. 地下水渗透量小，不影响坑壁的稳定
    E. 基础埋置较深

13. 无支护加固坑壁的基坑开挖时正确的做法有（　　）。
    A. 基坑开挖前应做好地面排水
    B. 坑缘边可留也可不留护道
    C. 注意观察坑缘顶地面有无裂纹
    D. 基坑施工应根据情况分阶段施工
    E. 相邻基坑深浅不等时，一般按先浅后深的顺序施工

14. 钻孔灌注桩钻孔前埋设的护筒的作用包括（　　）。
    A. 稳定孔壁　　　　　　　　　　B. 隔离地表水
    C. 固定桩孔位置　　　　　　　　D. 保护孔内混凝土
    E. 钻头导向作用

15. 钻孔灌注桩施工的主要工序有（　　）。

A. 埋设护筒 B. 钻孔 C. 制备泥浆 D. 清孔
E. 浇筑护壁

16. 沉入桩的施工方法主要有（　　）。
    A. 锤击沉桩 B. 振动沉桩 C. 射水沉桩 D. 自动沉桩
    E. 静力压桩

17. 确定套箱围堰的套箱顶高程应考虑的因素有（　　）。
    A. 浪高
    B. 封底混凝土厚度
    C. 承台高度
    D. 水的浮力
    E. 施工期间可能出现的最高水位

18. 套箱围堰应采用刚性导管进行水下混凝土封底，封底混凝土厚度应根据（　　）等计算确定。
    A. 桩周摩擦阻力
    B. 浮力
    C. 套箱
    D. 混凝土重力
    E. 承台高程

19. 桥梁承台基坑坑壁加固措施有（　　）。
    A. 挡板支护
    B. 砌体挡板支护
    C. 钢板桩支护
    D. 混凝土护壁
    E. 锚杆支护

20. 支架和拱架应预留施工拱度，在确定施工拱度值时，应考虑的因素有（　　）。
    A. 支架和拱架在荷载作用下的弹性压缩
    B. 支架和拱架在荷载作用下的非弹性压缩
    C. 由混凝土收缩及温度变化而引起的挠度
    D. 由结构重力以及汽车荷载引起的拱圈弹性挠度
    E. 支架和拱架基底在荷载作用下的非弹性沉陷

21. 支架设计时，应考虑的荷载有（　　）。
    A. 结构自重 B. 施工荷载 C. 温度影响力 D. 风力
    E. 雪荷载

22. 挂篮平衡方式可分为（　　）。
    A. 桁架式 B. 压重式 C. 自锚式 D. 滚动式
    E. 滑移式

23. 支架现浇箱梁施工中，预应力筋的下料长度要通过计算确定，计算时应考虑的因素有（　　）。
    A. 外露工作长度
    B. 孔道曲线长
    C. 千斤顶长度
    D. 锚夹具长度
    E. 梁板长度

24. 桥梁施工控制方法有（　　）。
    A. 自动控制法
    B. 事后控制法
    C. 参数识别修正法
    D. 预测控制法
    E. 最大宽容度控制法

25. 跨径较大的拱圈或拱肋，分段浇筑的分段位置宜设置在（　　）。

A. $L/4$ 部位　　B. $L/3$ 部位　　C. 拱架节点　　D. 拱脚
E. 拱顶

26. 斜拉桥混凝土主梁的施工方法有（　　）。
   A. 顶推法　　B. 平转法　　C. 竖转法　　D. 悬臂法
   E. 支架法

27. 支架预压的作用有（　　）。
   A. 消除支架地基的不均匀沉降　　B. 消除支架的非弹性变形
   C. 提高支架承载能力　　D. 消除支架的弹性变形
   E. 获取弹性变形参数作为支架支立的依据

28. 预应力筋下料长度应通过计算确定，计算时应考虑结构的台座长度或孔道长度以及（　　）等因素。
   A. 锚夹具厚度　　B. 千斤顶高度　　C. 镦头预留量　　D. 张拉伸长值
   E. 冷拉伸长值

29. 关于桥梁冬期施工的说法，正确的有（　　）。
   A. 搅拌设备宜设在气温不低于10℃的厂房或暖棚内
   B. 搅拌加料顺序应先为集料、水泥，稍加搅拌后再加入水，且搅拌时间应比常温时延长50%
   C. 混凝土的入模温度应不低于5℃
   D. 混凝土的养护时间较常温下的养护时间延长3~5d
   E. 混凝土的养护方法，宜根据按混凝土温度确定

30. 按行车道位置分，桥梁划分为（　　）。
   A. 上承式桥　　B. 中承式桥　　C. 下承式桥　　D. 刚架桥
   E. 斜拉桥

31. 混凝土中的掺合料主要有（　　）。
   A. 机制砂
   B. 粒化高炉矿渣粉
   C. 精细炉渣
   D. 硅灰
   E. 粉煤灰

32. 关于沉井施工的说法，正确的有（　　）。
   A. 沉井的水下混凝土封底宜全断面一次连续灌注完成
   B. 在浮运、就位的任何时间内，沉井露出水面的高度均不应小于1.5m
   C. 沉井正常下沉时，应自井孔刃脚处向中间均匀对称除土
   D. 制作沉井的岛面、平台面和开挖基坑的坑底高程，应比施工期可能的最高水位（包括波浪影响）高出0.5~0.7m
   E. 对特大型沉井，可划分区域进行封底，但任一区域的封底工作均应一次连续灌注完成

33. 就地浇筑梁、板的施工质量实测项目包括有（　　）。
   A. 混凝土强度
   B. 斜拉索锚面
   C. 轴线偏位
   D. 梁与板顶面高程
   E. 与相邻梁段间错台

34. 根据《公路桥涵施工技术规范》（JTG/T 3650—2020）规定，预应力筋的下料，应采用（　　）

切断。

A. 切断机　　B. 砂轮锯　　C. 气焊　　D. 乙炔-氧气火焰

E. 电弧

参 考 答 案

（一）单项选择题

1．B　2．C　3．C　4．D　5．B　6．A　7．A　8．A　9．D　10．B
11．B　12．A　13．B　14．C　15．B　16．A　17．D　18．B　19．B　20．C
21．A　22．B　23．B　24．D　25．D　26．C　27．C　28．B　29．B　30．B
31．B　32．A　33．D　34．A　35．B

（二）多项选择题

1．ABCD　2．BCD　3．BCDE　4．ABCD　5．BCDE　6．BDE　7．CDE
8．ABCD　9．ABDE　10．BCE　11．ABC　12．ACD　13．AC　14．ABCE
15．ABCD　16．ABCE　17．AE　18．ABCD　19．ACDE　20．ABCE　21．ABDE
22．BC　23．ABCD　24．BCDE　25．ACDE　26．ABDE　27．ABE　28．ACDE
29．ABCD　30．ABC　31．BDE　32．ABDE　33．ACDE　34．AB

五、隧道工程施工质量监理

重 点 知 识

（一）隧道工程的基础知识

隧道一种修筑在岩体、土体内或水底、海底、两端有出入口的通道，供车辆、行人、管线、电缆、水流、物流等通过的工程构筑物。

1．隧道分类

（1）按隧道修建地点所穿越地层地质情况，可分为岩石隧道、土质隧道、软土隧道。

（2）按隧道的建设长度，可分为特长隧道、长隧道、中隧道和短隧道，如表2-2-21所示。

公路隧道按长度分类　　表2-2-21

按长度分类	特长隧道	长隧道	中隧道	短隧道
长度L（m）	$L>3000$	$1000<L\leqslant 3000$	$500<L\leqslant 1000$	$L\leqslant 500$

（3）按隧道的建设跨度，可分为大跨度隧道、中等跨度隧道、一般跨度隧道和小跨度隧道，如表2-2-22所示。

公路隧道按跨度分类　　表2-2-22

按跨度分类	大跨度隧道	中等跨度隧道	一般跨度隧道	小跨度隧道
开挖跨度B（m）	$B\geqslant 18$	$14\leqslant B<18$	$9\leqslant B<14$	$B<9$

（4）按隧道断面大小，可分为超小断面隧道、小断面隧道、中等断面隧道、大断面隧道和特大断面隧道，如表2-2-23所示。

公路隧道按断面分类 　　表 2-2-23

按断面分类	净空面积 S（m^2）
超小断面	$S \leqslant 3$
小断面	$3 < S \leqslant 10$
中等断面	$10 < S \leqslant 50$
大断面	$50 < S \leqslant 100$
特大断面	$S > 100$

（5）多洞隧道按两洞之间的距离布置形式，可分为分离隧道、小净距隧道、连拱隧道和分岔隧道等。

（6）按隧道用途，可分为交通隧道（包括公路隧道、铁路隧道）、水工隧道、市政隧道和矿山巷道。

（7）按隧道埋置深度，可划分为浅埋隧道、深埋隧道。

（8）按隧道所处位置，可分为山岭隧道（还包括江底隧道、河底隧道、海底隧道）和城市隧道。

（9）按隧道所处不良地质和特殊性岩土地段，可分为富水软弱破碎围岩、岩溶、采空区、瓦斯、岩爆、流沙、黄土、膨胀岩隧道和寒区隧道等。

（10）按隧道修建方式，可划分为明挖隧道、暗挖隧道和沉管法隧道。

（11）按隧道开挖掘进方式，可划分为钻爆法隧道（也称"矿山法隧道"）、盾构法隧道、掘进机（TBM）法隧道、破碎机法隧道等。

2. 公路隧道的基本组成

（1）公路隧道结构除洞门和裸露明洞外，全部埋入地下，是由围岩、喷锚支护（初期支护）、模筑混凝土衬砌（二次衬砌）、仰拱衬砌、仰拱填充、防水层、排水盲管、深埋水沟、路侧边沟、路面结构、电缆沟及盖板、洞口洞门建筑等组成。

（2）根据隧道的长度不同，隧道内还有交通安全设施、照明、通风、监控、防火防灾救援设施、广播设施和管理设施等。

3. 公路隧道围岩分级

（1）围岩的基本分级应由岩石的坚硬程度、岩体完整程度两个因素确定。将围岩基本质量的定性特征和基本质量指标（BQ）相结合，按表 2-2-24 确定。

（2）隧道围岩分级应在岩体基本分级基础上，结合隧道工程的特点，考虑地下水出水状态、初始地应力状态、主要结构面产状状态等因素进行修正，并采取定性修正与定量修正相结合的方法，围岩定量修正应对围岩基本质量指标 BQ 进行修正，并以围岩基本质量指标修正值 $[BQ]$ 依据表 2-2-24 中的 BQ 值分级标准确定围岩级别。

公路隧道围岩级别划分 　　表 2-2-24

围岩级别	围岩或土体主要定性特征	围岩基本质量指标 BQ 或围岩修正质量指标 $[BQ]$
Ⅰ	坚硬岩，岩体完整	>550
Ⅱ	（1）坚硬岩，岩体较完整； （2）较坚硬岩，岩体完整	451～550
Ⅲ	（1）坚硬岩，岩体较破碎； （2）较坚硬岩，岩体较完整； （3）较软岩，岩体较完整，整体状或巨厚层状结构	351～450

续上表

围岩级别		围岩或土体主要定性特征	围岩基本质量指标BQ或围岩修正质量指标[BQ]
IV	围岩	(1)坚硬岩，岩体破碎； (2)较坚硬岩，岩体较破碎～破碎； (3)较软岩，岩体较完整～较破碎； (4)软岩，岩体完整～较完整	251～350
	土体	(1)压密或成岩作用的黏性土及砂性土； (2)黄土（Q_1，Q_2）； (3)一般钙质、铁质胶结的碎石土、卵石土、大块石土	
V	围岩	(1)较软岩，岩体破碎； (2)软岩，岩体较破碎～破碎； (3)全部极软岩和全部极破碎岩	≤250
	土体	一般第四系的半干硬～硬塑的黏性土及稍湿～潮湿的一般碎石土、卵石土、圆砾、角砾土及黄土（Q_3，Q_4）。非黏性土呈松散结构，黏性土及黄土呈松软结构	
VI		软塑状黏性土及潮湿、饱和粉细砂层、软土等	

注：本表不适用于特殊条件的围岩分级，如膨胀性围岩、多年冻土等。

（二）施工准备

1．一般规定

（1）施工场地布置应遵循因地制宜、统一规划、安全方便、节地环保的原则，并符合有关定。临时工程包括"四通一平"（通水、电、路、通信、平整场地）应在隧道开工前完成，布局安全合理。

（2）严禁将临时房屋和设施布置在受洪水、泥石流、塌方、滑坡及雪崩等自然灾害威胁的地段。

（3）隧道内供风、供水、供气管线和供电线路应分别架设，照明和动力线路应分层架设。

（4）供电线路架设应遵循"高压在上、低压在下，干线在上、支线在下，动力线在上、照明线在下"的原则。其中，110V以下线路距地面不得小于2m，380V线路距地面不得小于2.5m，6～10kV线路距地面不得小于3.5m。

（5）洞口应设专人负责进出人员的登记及材料、设备与爆破器材进出隧道记录和安全监控等工作。对于长、特长隧道和高风险隧道，应设置视频监控系统、门禁系统和人员识别定位系统。

（6）隧道不得使用以汽油为动力的机械设备。隧道内不得明火取暖。

（7）不良地质隧道地段，应遵循"早预报、预加固、弱爆破、短进尺、强支护、早封闭、勤测量、快衬砌"的原则施工。

（8）浅埋段隧道不宜采用全断面法施工。

2．施工测量

（1）隧道施工测量的平面坐标系、高程系统宜与定测隧道控制网坐标系、高程系统一致。平面控制网的运算及平差计算的基准平面应与定测控制网一致，或采用隧道纵断面设计高程的平均高程面。

（2）当洞内有瓦斯等易燃易爆气体时，应检测测站附近20m范围内的气体浓度，小于0.5%时方可进行测量作业；高瓦斯和煤（岩）与瓦斯突出隧道应采用防爆型测量仪器。

（3）在控制网误差调整时，不得将低等级平面和高程控制网的误差传入隧道控制网。

（4）平面控制测量可采用卫星定位测量、导线测量，隧道平面控制测量等级应按表2-2-25确定。

隧道平面控制测量等级　　表 2-2-25

隧道贯通长度L（m）	测量等级	隧道贯通长度L（m）	测量等级
L ≥ 6000	二等	1000 ≤ L < 3000	四等
3000 ≤ L < 6000	三等	L < 1000	一级

（5）洞内平面控制测量宜采用导线测量。洞内导线，应布置成多边形导线环。导线边长在直线地段不宜小于200m，在曲线地段不宜小于70m。

掘进长度超过2倍导线边长时，应进行一次洞内导线延伸测量。导线测量视线与障碍物距离不应小于0.2m。

（6）用导线法进行洞内控制测量的隧道，需要使用施工中线点放样时，应由洞内导线测设施工中线。

用中线法进行洞内测量，中线点点位横向偏差不得大于5mm。中线点间距曲线部分不宜小于50m，直线部分不宜小于100m。直线地段宜采用正倒镜延伸直线法。

（7）用中线法测量时，由两端向中间进行测量，并在贯通面上分别得出中线点，量出两点的横向和纵向距离，即为该隧道的实际贯通误差。贯通误差的极限应符合表2-2-26的规定。

贯通误差的极限　　表 2-2-26

不同贯通长度L（m）的横向贯通误差限值（mm）			高程中误差（mm）
L < 3000	3000 ≤ L < 6000	L ≥ 6000	
≤ 150	≤ 200	≤ 300	≤ 70

3. 超前地质预报

隧道开挖施工中的地质预报，主要报告已开挖的隧道地段的地质调查和各种探测方法取得的资料，用地质推断法预测掌子面前方一定距离范围内围岩的工程地质和水文地质条件，为预防突发事件、修改施工方案、变更隧道设计提供地质依据。

（1）超前地质预报内容

隧道超前地质预报应包括以下内容：

①地层岩性预报，包括对地层岩性、软弱夹层、破碎地层、煤层及特殊岩土体的岩性预报。

②地质构造预报，包括对断层、节理裂隙密集带、褶皱等影响岩体完整性的构造发育情况的预报。

③不良地质条件预报，包括对岩溶、采空区、人为坑洞、瓦斯等发育情况的预报。

④地下水状况预报，包括对岩溶管道水以及富水断层、富水褶皱轴、富水地层中裂隙水等发育情况的预报。

⑤对围岩级别变化的判断。

（2）超前地质预报一般按照预报距离的长度进行分类，可分为短距离预报、中距离预报和长距离预报三类。可采用的预报方法，如表2-2-27所示。

超前地质预报的分类及其可采用的预报方法　　表 2-2-27

按预报长度分类	预报长度L（m）	预报采用的方法
短距离预报	L < 30	可采用地质调查法、地质雷达法及超前钻探法等
中距离预报	30 ≤ L < 100	可采用地质调查法、弹性波反射法及超前钻探法等
长距离预报	L ≥ 100	可采用地质调查法、弹性波反射法及超前钻探法等

（3）应根据隧道工程地质与水文地质条件和复杂程度、地质因素对隧道施工影响程度、诱发环境问题程度等，针对不同类型地质问题，选择不同方法和手段，分段、分级进行超前地质预测预报。

①地质调查法应包括隧道地表补充地质调查和隧道内地质素描，可适用于各种地质条件下的隧道超前地质预报。

②弹性波反射法可适用于划分地层界线、查找地质构造、探测不良地质体的厚度和范围。

③地质雷达法可适用于岩溶、采空区、空洞、断层破碎带、软弱夹层等不均匀地质体的探测。

④超前地质钻探法应结合地质调查和物探报告综合预报。

⑤超前导洞法可采用平行超前导洞和主洞超前导洞，两座并行隧道可根据先行开挖的隧道预测后开挖隧道的地质条件。

（三）隧道开挖

1. 一般规定

（1）应根据隧道长度、跨度、结构形式、掌子面稳定性、地质条件等选择适宜的开挖方法，并应根据开挖方法选择配套的机械设备。

（2）隧道爆破应采用光面爆破。

（3）隧道对向开挖的两工作面相距达到4倍隧道跨度时，两端施工应加强联系，统一指挥，且两工作面不得同时起爆。土质和软弱破碎围岩，两开挖面间距达到3.5倍隧道跨度时，应改为单向开挖；围岩条件较好地段，两开挖面间距达到2.5倍隧道跨度时，应改为单向开挖。

2. 隧道开挖方法

（1）常见的隧道工程的开挖施工方法分类如表2-2-28所示。

隧道工程的开挖施工方法分类表　　　　表2-2-28

类别	施工方法	
明挖法	基坑开挖法	放坡开挖法、支挡开挖法、盖挖法等
	沉管法	
暗挖法	钻爆法	传统矿山法（MTM）、新奥法（NATM）、浅埋暗挖法、新意法、挪威法等
	机械开挖法	盾构法、掘进机法（TBM法）、顶进法、铣挖法等

（2）新奥法（钻爆法）施工

①新奥法是以隧道工程经验和岩体力学的理论为基础，将锚杆和喷射混凝土组合在一起作为主要支护手段，并通过对围岩的监控量测指导设计与施工，控制围岩变形，使围岩成为支护体系的一部分，以便充分发挥围岩的自承能力，保持围岩稳定的一种隧道修建方法。

②新奥法以光面爆破、喷锚支护、监控量测为三大要素，其核心思想是充分发挥围岩的自承载作用。

③新奥法施工的特点可概况为及时性、封闭性、黏结性和柔性。

④新奥法采用的支护体系是复合式衬砌，由初期支护、防水层和二次衬砌组合而成。

⑤新奥法施工的核心工艺流程：开控→第一次支护→洞身防水排水施工→第二次支护。第一次支护包括首次喷射混凝土、打锚杆、挂网、立钢拱架、复喷混凝土。

⑥新奥法的总体施工工艺流程：施工准备→测量放样→洞口开控与边仰坡防护→洞身开挖→装渣外运→洞身初期支护→仰拱开挖→洞身防水排水施工→二次衬砌→隧道路面→隧道机电工程施工等。

（3）基坑开挖法隧道施工

①基坑的开挖方法可分为放坡开挖法、支挡开挖法和盖挖法。

②基坑开挖法的施工工艺流程：基坑围护结构施工→地下水控制→基坑土体的开挖→修筑隧道的主体结构→回填并恢复地面或路面。

（3）沉管法隧道施工

①对于饱和软土的层中的水底隧道施工，常采用盾构法和沉管法。

②沉管隧道的施工工艺流程：管节预制→基槽开挖与航道疏浚、基槽清淤→管节浮运与沉放→管节水下连接、接头处理→地基与基础处理→回填覆盖→内部装修与机电设备安装。

（4）隧道掘进机施工

①与钻爆法开挖隧道相比，掘进机法开挖隧道的施工过程连续，实现了隧道工程施工的"工厂化"，具有安全、快速、经济、省工与降低劳动强度、排渣容易等优点。

②缺点是一次性投资大，对岩层变化的适应性差。

3. 洞口与浅埋段开挖

（1）隧道洞口开挖与进洞防护

①遵循"早进洞、晚出洞"的开挖原则，复核确认明暗分界位置的合理性，控制边仰坡开挖高度。

②洞口开挖和进洞施工宜避开雨季和融雪期。当不能避免时，应采取防止坍塌的安全保证措施。

③洞口边坡及仰坡应自上而下开挖，不得掏底开挖或上下重叠开挖。

④洞口截、排水设施应结合地形条件设置，应在雨季和融雪期之前完成。截水沟应采取防止渗漏和变形的措施。

⑤开挖进洞前，应完成管棚、地层加固、降水等设计要求的辅助工程施工。

⑥洞门墙宜在洞口衬砌施工完成后及时施作。洞口衬砌两侧端墙砌筑和墙背回填应对称施工。

（2）明洞工程施工

①明洞施工方法有拱墙整体灌注法、先墙后拱法、先拱后墙法、墙拱交替法。

②明洞边墙基础完成后应及时回填。严禁超挖后回填虚土。

③明洞拱背回填应在外模拆除、防水层和排水盲管施工完成后进行。人工回填时，拱圈混凝土强度应不小于设计强度的75%。机械回填时，拱圈混凝土强度应不小于设计强度。

④明洞两侧回填水平宽度小于1.2m的范围应采用浆砌片石或同级混凝土回填。

⑤明洞土石回填应对称分层夯实，分层厚度不宜大于0.3m，两侧回填高差不应大于0.5m。回填到拱顶以上1.0m后，方可采用机械碾压。回填土压实度应符合设计规定。

⑥回填料不宜采用膨胀岩土。顶面0.2m可用耕植土回填。

⑦单侧设有反压墙的明洞回填应在反压墙施工完成后进行。

⑧回填时不得倾填作业。

⑨明洞回填时，应采取防止损伤防水层的措施。

⑩洞门顶排水沟砌筑在填土上时，应在夯实后砌筑

（3）浅埋段工程施工

①浅埋段的开挖施工应遵循"管超前、严注浆、短开挖、强支护、早封闭、勤量测、速反馈、控沉陷"的原则。

②围岩自稳能力差或三车道及以上跨度隧道的浅埋段，可选择地表降水、地表加固、管棚、超前小

导管、预注浆等辅助工程措施。

③浅埋隧道应加强初期支护和减小爆破振动，及时施作初期支护、尽早施作二次衬砌。

4. 洞身开挖

（1）常规开挖方法

①应根据地质条件、隧道开挖断面和围岩稳定情况选择开挖方法。不同围岩条件和开挖断面适宜的开挖方法见表2-2-29。

②通常情况下，长台阶法的台阶长50m以上，短台阶法的台阶长度为5~50m，超短台阶法的台阶长度为3~5m，超短台阶法也称微台阶法。

不同围岩条件和开挖断面适宜的开挖方法　　　　表2-2-29

序号	开挖方法		围岩级别	
			双车道隧道	三车道隧道
1	全断面法		Ⅰ~Ⅲ	Ⅰ~Ⅱ
2	台阶法	长台阶法	Ⅲ~Ⅳ	Ⅱ~Ⅲ
		短台阶法	Ⅳ~Ⅴ	Ⅲ~Ⅳ
		超短台阶法（微台阶法）	Ⅴ	Ⅳ
3	分部开挖法	环形开挖留核心土法（两台阶或三台阶）	Ⅴ~Ⅵ	Ⅲ~Ⅳ
		单侧壁导坑法	Ⅴ~Ⅵ	Ⅲ~Ⅳ
		双侧壁导坑法	—	Ⅴ~Ⅵ
		中隔壁法（CD法）	Ⅳ~Ⅴ	Ⅳ~Ⅴ
		交叉中隔壁法（CBD法）	Ⅴ~Ⅵ	Ⅳ~Ⅵ

（2）全断面法开挖施工

①宜采用机械化作业，各种机械设备应合理配套。

②应控制一次同时起爆的单段最大爆破药量。

③应根据掌子面围岩稳定情况、爆破振动、钻孔和出渣效率、超挖控制等确定循环进尺：Ⅲ级围岩宜控制在3m左右；Ⅰ、Ⅱ级围岩，使用气腿式凿岩机时可控制在4m左右，使用凿岩台车时可根据围岩稳定情况适当调整。采用特殊设计的其他情况每循环进尺应符合设计规定。

（3）台阶法开挖施工

①台阶数量和台阶高度应综合考虑隧道断面高度、机械设备及围岩稳定性等因素确定。台阶开挖高度宜为2.5~3.5m。台阶数量可采用二台阶或者三台阶，不宜大于三个台阶。

②上台阶开挖每循环进尺，Ⅲ级围岩宜不大于3m；Ⅳ级围岩宜不大于2榀钢架间距；Ⅴ级围岩宜不大于1榀钢架间距。下台阶开挖每循环进尺，Ⅳ、Ⅴ级围岩下台阶每循环进尺宜不大于2榀钢架间距。下台阶单侧拉槽长度宜不超过15m。

③下台阶左、右侧开挖宜前后错开3~5m，同一榀钢架两侧不得同时悬空。

④下部施工应减少对上部围岩、支护的干扰和破坏。

⑤下台阶应在上台阶喷射混凝土强度达到设计强度的70%以后开挖。

⑥控制拱脚下沉可采用扩大拱脚、加强锁脚锚杆、加设临时仰拱等措施。

（4）环形开挖留核心土法施工

①台阶开挖高度宜为 2.5~3.5m。

②环形开挖每循环进尺，V级围岩宜不大于 1 榀钢架间距，IV级围岩宜不大于 2 榀钢架间距。中下台阶每循环进尺，不得大于 2 榀钢架间距。核心土面积宜不小于断面面积的 50%。

③上台阶钢架施工时，应采取有效措施控制其下沉和变形。

④拱部超前支护完成后，方可开挖上台阶环形导坑；留核心土长度宜为 3~5m，宽度宜为隧道开挖宽度的 1/3~1/2。

⑤各台阶留核心土开挖每循环进尺宜与其他分部循环进尺相一致。

⑥核心土与下台阶开挖应在上台阶支护完成且喷射混凝土强度达到设计强度的 70% 后进行。下台阶左、右侧开挖应错开 3~5m，同一榀钢架两侧不得同时悬空。

⑦仰拱施作应紧跟下台阶，以及时闭合成稳固的支护体系。

（5）超欠挖控制

①隧道开挖轮廓应根据设计开挖轮廓和围岩变形量确定。预留变形量可根据设计预测值或隧道施工技术规范推荐的预留变形量表选择初始值，并根据监控量测信息进行调整。

②当采用钢架支撑时，如围岩变形较大，宜适当加大开挖断面，预留支撑沉落量，保证衬砌设计厚度。

③应严格控制欠挖。当岩层完整、岩石抗压强度大于30MPa并确认不影响衬砌结构稳定和强度时，每 $1m^2$ 内欠挖面积不宜大于 $0.1m^2$，欠挖隆起量不得大于 50mm。拱脚、墙脚以上 1m 范围内及净空图折角对应位置严禁欠挖。

④宜减少超挖。超挖应回填密实。沿设计轮廓线的均匀超挖，有钢架时，可采用喷射混凝土回填，或增大钢架支护断面尺寸，使钢架贴近开挖轮廓，在施工二次衬砌时，以二次衬砌混凝土回填；无钢架时，可在施工二次衬砌时，以二次衬砌混凝土回填。局部超挖，超挖量不超过 200mm 时，宜采用喷射混凝土回填密实。边墙部位超挖，可采用混凝土或片石混凝土回填。

（6）钻爆设计与爆破施工

①钻爆设计应根据工程地质、地形环境、开挖断面、开挖方法、循环进尺、钻孔机具、爆破材料和出渣能力等因素综合考虑。

钻爆设计的内容宜包括爆破方法、炮孔（掏槽孔、辅助孔、周边孔）的布置、数目、深度和角度、炸药种类、装药量和装药结构、起爆方法、起爆器材和爆破顺序等。

钻爆设计图应包括炮孔布置图、周边孔装药结构图、钻爆参数表、主要技术经济指标及必要的说明。

②钻爆作业应按照钻爆设计实施。

③爆破周边眼的控制爆破施工应采用光面爆破法。光面爆破的炮眼起爆顺序是先引爆掏槽眼，再引爆辅助眼，最后引爆周边眼。而预裂爆破则是先引爆周边眼，使沿周边眼的连心线炸出平顺的预留面，之后引爆掏槽眼、辅助眼。

④光面爆破应符合：

a. 应根据围岩特点合理选择周边孔间距及周边孔的最小抵抗线。

b. 应严格控制周边孔的装药量，并使药量沿炮孔全长合理分布。

c. 周边孔宜采用小直径药卷不耦合装药或装填低威力炸药。可借助导爆索实现空气间隔装药。

d. 宜采用毫秒雷管微差顺序起爆，使周边爆破时产生临空面。

⑤炮孔布置应符合：

a. 掏槽孔宜布置在开挖断面的中央稍靠下部。

b. 开挖断面底面两隅处，宜合理布置辅助孔，适当增加药量。断面顶部应控制药量。

c. 两个掏槽孔间距不宜小于 200mm。

d. 在岩层层理或节理发育时，斜孔掏槽的炮孔方向宜与层理面或节理面垂直。

e. 掏槽孔宜比辅助孔孔底深 100～200mm。

⑥装药作业应符合：

a. 严禁装药与钻孔平行作业。

b. 严禁作业人员穿戴化纤衣服。

c. 应使用木质或竹质炮棍装药。已装药的炮孔应及时堵塞密封。

d. 严禁用块状材料、煤粉或其他可燃材料作炮泥。除膨胀岩土地段和寒区隧道外，炮泥宜采用水炮泥、黏土炮泥。

⑦爆破效果应达到围岩稳定、无大剥落或坍塌、块度适于出渣的要求。周边炮孔痕迹保存率ξ可按下式计算。不同岩质炮孔痕迹保存率ξ应符合：硬岩$\xi \geqslant 80\%$；中硬岩$\xi \geqslant 70\%$；软岩$\xi \geqslant 50\%$；松散岩土不规定炮孔痕迹保存率，但开挖周边轮廓平整圆顺。

$$周边炮孔痕迹保存率\xi = \frac{残留有痕迹的炮孔数}{周边孔总数} \times 100\%$$

⑧爆破作业应在上一循环喷射混凝土终凝不少于 3h 后进行。

（7）仰拱开挖、衬砌、回填和垫层

①仰拱开挖应符合：

a. 应控制仰拱到掌子面的距离。必要时，仰拱应紧跟掌子面。

b. 仰拱开挖时，应采取交通安全措施。

c. 仰拱开挖长度：土和软岩应不大于 3m，硬岩应不大于 5m。开挖后应及时施作仰拱初期支护、二次衬砌及填充。

d. 应做好排水设施，清除底面积水和松渣，严禁松渣回填。

②仰拱衬砌施工前应完成：

a. 应凿除欠挖。

b. 应清除隧底虚渣、杂物、淤泥，并抽干积水。

c. 隧底超挖可采用强度等级不低于 C15 的混凝土或 C20 喷射混凝土回填，回填后应再次检查断面形状、尺寸。

③仰拱初期支护施工应符合：

a. 仰拱初期支护应随开挖及时施作。

b. 仰拱初期支护喷射混凝土不得与仰拱混凝土衬砌一次浇筑。

c. 仰拱初期支护钢架应与拱墙钢架对齐，误差不应大于 20mm。

④仰拱混凝土衬砌施工应符合：

a. 仰拱混凝土衬砌应先于拱墙混凝土衬砌施工，超前距离不宜大于拱墙衬砌浇筑循环长度的 2 倍。

b. 应整幅一次浇筑成形，不得左右半幅分次浇筑，一次浇筑长度不宜大于 5m。

c. 仰拱混凝土应使用模板浇筑，模板应留振捣窗。

d. 仰拱混凝土衬砌和拱墙混凝土均为素混凝土时，仰拱与拱墙连接面应插连接钢筋，长度不应小于 500mm。

⑤仰拱填充施工应符合：

a. 仰拱填充混凝土不得与仰拱衬砌混凝土一次浇筑。

b. 仰拱填充混凝土施工前应清除仰拱表面积水、杂物等。

c. 仰拱衬砌横向施工缝与填充混凝土横向施工缝宜错开设置，错开距离不宜小于 0.5m。

d. 设有变形缝的位置，仰拱衬砌变形缝与填充混凝土变形缝应在同一断面位置。

e. 仰拱填充采用片石混凝土时，片石距挡头模板的距离应大于 50mm，片石间距应大于混凝土粗集料的最大粒径，并应分层掺放。

f. 仰拱和仰拱填充混凝土应在其强度达到 2.5MPa 后方可拆模。

⑥无仰拱地段隧道底部垫层混凝土施工应符合：

a. 隧底开挖高程应满足设计要求。

b. 应清除隧道底部的洞渣、淤泥、杂物、积水。

c. 对于隧道底部超挖采用垫层同级混凝土回填时，应与垫层混凝土同时浇筑。超挖较大时，可采用浆砌片石回填，承载力和稳定性应满足设计要求，不得采用洞渣回填。

d. 垫层顶面应平顺，坡度应符合设计规定。

e. 垫层混凝土可半幅浇筑，接缝应平顺。

f. 垫层混凝土底部应做好排水处理，必要时设置盲沟排水。

⑦仰拱、仰拱填充混凝土和垫层混凝土的浇筑，宜采用插入式振捣器振捣密实。

⑧仰拱填充和垫层混凝土强度达到设计强度 100% 后方可允许运渣车辆通行。

5. 监控量测

（1）监控量测应达到下列目的：掌握围岩和支护的动态信息并及时反馈，指导施工作业；通过对围岩和支护的变形应力量测，为修改设计提供依据；分析各项量测信息，确认或修正设计参数。

（2）在复合式衬砌和喷锚衬砌隧道施工时洞内外观察、周边位移、拱顶下沉、地表下沉和拱脚下沉等五项为必测项目。其作业应符合表 2-2-30 的规定。

隧道现场监控量测必测项目　　　　表 2-2-30

序号	项目名称	方法及工具	测点布置	精度	量测间隔时间			
					1～15d	16d～1个月	1～3个月	大于3个月
1	洞内、外观察	现场观测、地质罗盘等	开挖及初期支护后进行	—			—	
2	周边位移	各种类型收敛计、全站仪或其他非接触量测仪器	每 5～100m 一个断面，每断面 2～3 对测点	0.5mm（预留变形量不大于30mm时）；1mm（预留变形量大于30mm时）	1～2 次/d	1 次/2d	1～2 次/周	1～3 次/月
3	拱顶下沉	水准仪、钢钢尺、全站仪或其他非接触量测仪器	每 5～100m 一个断面		1～2 次/d	1 次/2d	1～2 次/周	1～3 次/月
4	地表下沉	水准仪、钢钢尺、全站仪	洞口段、浅埋段（h≤2.5b），布置不少于 2 个断面，每断面不少于 3 个测点	0.5mm	开挖面距量测断面前后 < 2.5b 时，1～2 次/d；开挖面距量测断面前后 < 5b 时，1 次/（2～3）d；开挖面距量测断面前后 ≥ 5b 时，1 次/（3～7）d			

续上表

序号	项目名称	方法及工具	测点布置	精度	量测间隔时间 1~15d	16d~1个月	1~3个月	大于3个月
5	拱脚下沉	水准仪、钢钢尺、全站仪	富水软弱破碎围岩、流沙、软岩大变形、含水黄土、膨胀岩土等不良地质和特殊性岩土段	0.5mm	仰拱施工前，1~2次/d			

注：b为隧道开挖宽度，h为隧道埋深。

（3）应根据设计要求、隧道横断面形状和断面大小、埋深、围岩条件、周边环境条件、支护类型和参数、施工方法等综合确定选测项目。选测项目量测作业应符合表2-2-31的规定。

隧道现场监控量测选测项目 表2-2-31

序号	项目名称	方法及工具	布置	测试精度	量测间隔时间 1~15d	16d~1个月	1~3个月	大于3个月
1	钢架内力及外力	支柱压力计或其他测力计	每代表性地段1~2个断面，每断面钢架内力3~7个测点，或外力1对测力计	0.1MPa	1~2次/d	1次/2d	1次/周	1~3次/月
2	围岩内部位移（洞内设点）	洞内钻孔中安设单点、多点杆式或钢丝式位移计	每代表性地段1~2个断面，每断面3~7个钻孔	0.1mm	1~2次/d	1次/2d	1次/周	1~3次/月
3	围岩内部位移（地表设点）	地面钻孔中安设各类位移计	每代表性地段1~2个断面，每断面3~5个钻孔	0.1mm	同地表下沉要求			
4	围岩压力	各种类型岩土压力盒	每代表性地段1~2个断面，每断面3~7个测点	0.01MPa	1~2次/d	1次/2d	1次/周	1~3次/月
5	两层支护间压力	压力盒	每代表性地段1~2个断面，每断面3~7个测点	0.01MPa	1~2次/d	1次/2d	1次/周	1~3次/月
6	锚杆轴力	钢筋计、锚杆测力计	每代表性地段1~2个断面，每断面3~7锚杆（索），每根锚杆2~4测点	0.01MPa	1~2次/d	1次/2d	1次/周	1~3次/月
7	支护、衬砌内应力	各类混凝土内应变计及表面应力解除法	每代表性地段1~2个断面，每断面3~7个测点	0.01MPa	1~2次/d	1次/2d	1次/周	1~3次/月
8	围岩弹性波速度	各种声波仪及配套探头	在有代表性地段设置	—	—			
9	爆破振动	测振及配套传感器	邻近建（构）筑物	—	随爆破进行			
10	渗水压力、水流量	渗压计、流量计	—	0.01MPa	—			

续上表

序号	项目名称	方法及工具	布置	测试精度	量测间隔时间			
					1～15d	16d～1个月	1～3个月	大于3个月
11	地表下沉	水准测量的方法，水准仪、钢钢尺等	有特殊要求段落	0.5mm	开挖面距量测断面前后<2.5b时，1～2次/d；开挖面距量测断面前后<5b时，1次/（2～3）d；开挖面距量测断面前后>5b时，1次/（3～7）d			
12	地表水平位移	经纬仪、全站仪	有可能发生滑移的洞口段高边坡	0.5mm	—			

注：b为隧道开挖宽度。

（4）监控量测应及时进行数据整理和数据分析，并绘制监控量测数据时态曲线和距开挖面距离变化曲线图；应绘制地表下沉值沿隧道纵向和横向变化量和变化速率曲线。

（5）对初期的时态曲线应进行回归分析，预测可能出现的最大值和变化速度，掌握位置变化的规律。数据异常时，应及时分析原因，提出对策和建议，并及时反馈有关单位。

（6）围岩稳定性的综合判别，应根据监控量测结果，按下列指标判定：

①实测位移值不应大于隧道的极限位移，并按表2-2-32位移管理等级管理。一般情况下，将隧道设计的预留变形量作为极限位移，设计变形量应根据检测结果不断修正。

位 移 管 理 等 级 表2-2-32

管理等级	管理位移（mm）	施工状态
III	$U < (U_0/3)$	可正常施工
II	$(U_0/3) \leqslant U \leqslant (2U_0/3)$	应加强支护
I	$U > (2U_0/3)$	应采取特殊措施

注：U为实测位移值，U_0为设计极限位移值。

②根据位移速率判断：速率大于1.0mm/d时，围岩处于急剧变形状态，应加强初期支护；速率变化在0.2～1.0mm/d时，应加强观测，做好加固的准备；速率小于0.2mm/d时，围岩达到基本稳定。在高地应力软岩、膨胀岩土、流变蠕变岩土和挤压地层等不良地质和特殊性岩土中，应根据具体情况制定判别标准。

③根据位移速率变化趋势判断：当围岩位移速率不断下降时，围岩处于稳定状态；当围岩位移速率保持不变时，围岩尚不稳定，应加强支护；当围岩位移速率上升时，围岩处于危险状态，必须立即停止掘进，采取应急措施。

④初期支护承受的应力、应变、压力实测值与允许值之比大于或等于0.8时，围岩不稳定，应加强初期支护；初期支护承受的应力、应变、压力实测值与允许值之比小于0.8时，围岩处于稳定状态。

（7）二次衬砌应在满足下列要求时方可进行施作：隧道水平净空变化速度及拱顶、底板垂直位移速度明显下降；隧道位移相对值已经达到相对位移量的90%以上时。对浅埋、软弱、高地应力围岩等特殊地段，应视现场情况确定。

6. 通风防尘与职业健康

（1）通风防尘

①通风方式有自然通风和强制机械通风两种方式。自然通风方式仅限于隧道长度小于400m或独头

掘进长度小于200m的情况下可以采用。强制机械通风方式，常见的管道通风和巷道通风方式。而管道通风，根据隧道内空气流向的不同，又可分为压入式、吸出式和混合式三种。

②隧道施工独头掘进长度超过150m时，应采用机械通风。长度超过1.5km时，宜进行通风设计。

③送风管宜采用软管，靠近风机的软风管应采用加强型。送风式的进风口宜在洞口30m以外。送排风并用式通风的进风口应错开20m左右。对于送风式风管的送风口距离开挖面不宜大于15m，对于排风式风管的吸风口距离开挖面不宜大于5m，靠近开挖面的风管应可移动，爆破前应从掌子面处移走。

④凿岩机钻孔时，应先送水后送风。放炮后应喷雾、洒水，出渣前应用水淋湿石渣和附近的岩壁。施工人员应佩戴防尘口罩。

⑤瓦斯隧道施工应坚持"加强通风、勤测瓦斯、严控火源"的基本原则。工作面附近20m以内风流中甲烷浓度必须小于1%，采用湿式钻孔法。严禁穿戴化纤服装进入瓦斯工区。

⑥隧道施工通风的最小风量，风速不得大于6m/s；每人应供应新鲜空气3m³/min；采用内燃机机械作业时，供风量不宜小于4.5m³/（min·kW）；全断面开挖时，风速不应小于0.15m/s。导洞内风速不应小于0.25m/s，但均不应大于6m/s。

⑦隧道施工作业过程中，空气中的氧气含量不得低于19.5%；不得用纯氧通风换气。

（2）职业健康

①施工过程中隧道内空气中的氧气含量应大于19.5%；不符合规定时，不应直接用纯氧换气，可通过加大通风量等措施提高和改善。

②高海拔隧道施工，可根据高程、洞内人员数量、制供氧条件等因素采取弥散式、分布式、单体便携式等方式供氧。

③隧道施工中，人员接触噪声40h等效声级应不大于85dB（A）。洞口位于居民区时，噪声声级限值应不大于70dB（A）。

④隧道内气温不宜高于28℃。隧道内气温高于28℃时，宜采取通风、洒水、加冰等措施降低温度。

（四）支护与衬砌

1. 一般规定

（1）支护与衬砌的强度、形状和尺寸应能保持围岩稳定、满足设计要求。

（2）隧道开挖后应及时施作喷锚支护。喷锚支护是薄型柔性支护结构，只有与围岩紧密贴合，才能与围岩共同工作，与围岩形成组合结构，起到加固围岩、控制围岩变形、充分利用和发挥围岩自承能力的作用。

（3）隧道衬砌施工的基本要求是隧道衬砌中线、高程应满足设计要求，施工误差（包括测量精度误差、超欠挖控制等）不得导致衬砌结构厚度减薄、侵入隧道设计内轮廓线。

（4）隧道衬砌施工应结合超前地质预报和现场监控量测结果，与设计配合对支护结构和开挖、支护方式进行合理调整，实行动态设计、动态施工。

2. 初期支护

（1）锚喷支护的方式

锚喷支护是喷射混凝土支护、喷射混凝土+锚杆支护、喷射混凝土+锚杆支护+钢筋网支护、喷射混凝土+锚杆支护+钢筋网支护+钢架支护等支护方式的统称。

（2）喷射混凝土施工

①应选用硅酸盐水泥或普通硅酸盐水泥。粗集料应采用坚硬耐久的碎石或卵石，粒径不宜大于

12mm。细集料应采用坚硬耐久的中砂或粗砂，细度模数宜大于2.5，集料级配宜采用连续级配。应选择速凝效果好，对喷射混凝土强度和收缩影响小的速凝剂，其初凝时间应不大于3min，终凝时间应不大于12min。

②钢纤维喷射混凝土粗集料粒径不宜大于10mm。钢纤维抗拉强度不得低于380MPa。钢纤维不得有油渍及明显的锈蚀。

③喷射混凝土混合料应采用机械搅拌，应拌和均匀，搅拌时间不应少于2min。钢纤维喷射混凝土的水泥、砂石料、钢纤维应先干拌，搅拌时间不得少于1.5min，加水后湿拌时间不应少于3min。

④喷射混凝土配合比应满足设计强度和喷射工艺的要求。喷射混凝土1d龄期的抗压强度不应低于8MPa。

⑤喷射混凝土施工宜采用湿喷工艺。

⑥喷射混凝土应直接喷在围岩面上，与围岩密贴，受喷面不得填塞杂物。

⑦应按初喷和复喷两个阶段分别进行，复喷混凝土可分层多次施作。喷射机一次喷射作业的长度不宜大于6m。

⑧喷射混凝土应分段、分片、分层由下而上顺序进行，拱部喷射混凝土应对称作业。

⑨初喷混凝土厚度宜控制在20～50mm，岩面有较大凹洼时，可结合初喷找平。

⑩复喷应根据喷射混凝土设计厚度、喷射部位和钢架、钢筋网设置情况确定采用一次作业或分层作业。复喷的最小厚度不宜小于50mm。拱顶部位每次复喷厚度不宜大于100mm，边墙部位每次复喷厚度不宜大于150mm。

⑪后一层喷射混凝土应在前一层喷射混凝土终凝后进行，若终凝后初喷射混凝土表面已蒙上粉尘时，后一层喷射作业前应将受喷面吹洗干净。

⑫未掺入速凝剂的混合料存放时间不宜大于2h。

⑬喷射混凝土作业时，喷嘴应与受喷面保持垂直，喷枪头到受喷面的距离宜为0.6～1.5m。喷射机工作压力宜根据混凝土坍落度、喷射距离、喷射机械、喷射部位确定，可先在0.2～0.7MPa之间选择，并根据现场试喷效果调整。

⑭喷射混凝土不得挂模喷射。喷射混凝土回弹物不得重新利用，所有的回弹混凝土应从工作面清除。

⑮喷射混凝土终凝2h后，应进行养护，养护时间不应少于7d。隧道内环境日均温度低于5℃时不得洒水养护。

（2）锚杆的种类与施作

①隧道的锚杆种类有：砂浆锚杆、药卷锚杆、中空注浆锚杆、自进式锚杆、组合中空锚杆、树脂锚杆、楔缝式端头锚固型锚杆等。砂浆锚杆、药卷锚杆、中空注浆锚杆、自进式锚杆、组合中空锚杆、树脂锚杆为全长黏结式锚杆。采用的锚杆种类应满足设计要求，锚杆杆体规格、性能应符合国家现行技术标准。

②锚杆孔宜采用锚杆钻孔机或（多臂）钻孔台车钻孔。系统锚杆钻孔方向应为设计开挖轮廓法线方向，垂直偏差不宜大于20°。局部锚杆应与岩层层面或主要结构面成大角度相交。锚杆钻孔直径应大于锚杆杆体直径15mm。

③锚杆安设后不得随意敲击，其端部3d内不得悬挂重物。

④锚杆孔内注浆应密实饱满、浆体强度不应低于M20。

⑤砂浆锚杆安装施工应符合下列规定：

a. 锚杆外露端应加工120～150mm的螺纹，锚杆前端应削尖。

b. 应配有止浆塞、垫板和螺母等配件。

c. 锚杆砂浆应拌和均匀、随拌随用，已初凝的砂浆不得使用。

d. 锚杆孔灌浆时，灌浆管应插至距孔底50～100mm处，并随砂浆的灌入缓慢匀速拔出。

e. 灌浆后应及时插入锚杆杆体，锚杆杆体插到设计深度时，孔口应有砂浆流出。孔口无砂浆流出或杆体插不到设计深度时，应将杆体拔出，清孔，重新安装。

f. 应及时安装止浆塞。

g. 砂浆终凝后应及时安装垫板、螺母，垫板应紧贴岩面，垫板与岩面不平整接触时，应用砂浆填实。螺母应拧紧。

⑥中空锚杆安装施工应符合下列规定：

a. 中空锚杆应有锚头、止浆塞、中空杆体、垫板、螺母等配件。

b. 插入中空锚杆后，应安装止浆塞。止浆塞应留有排气孔。

c. 应对锚杆中孔吹气或注水疏通。

d. 待排气孔出浆后，方可停止注浆。

e. 浆体终凝后应安装垫板、拧紧螺母。

⑦锁脚锚杆安装施工应符合下列规定：

a. 应在钢架安装就位后立即施作。

b. 安装位置应在钢架连接钢板以上100～300mm，采用型钢钢架时设于钢架两侧；采用格栅钢架时设在钢架主筋之间。

c. 锁脚锚杆方向应符合设计规定。

d. 锁脚锚杆杆体可采用螺纹钢或钢管，采用钢管时管内应注满砂浆。

e. 锁脚锚杆外露头与型钢钢架焊接时，可采用U形钢筋辅助焊接。

f. 上部台阶锁脚锚杆砂浆强度达到设计强度70%，方可进行下一台阶开挖。

（4）钢筋网的铺挂施工

①应在初喷混凝土后再进行钢筋网铺设。

②钢筋网应随受喷岩面起伏铺设，与初喷混凝土面的最大间隙不宜大于50mm，不宜将钢筋预焊成片后铺挂。

③采用双层钢筋网时，两层钢筋网间距应满足设计要求，第二层钢筋网应在第一层钢筋网被喷射混凝土全部覆盖后铺挂。

④钢筋网钢筋每节长度不宜小于2.0m，钢筋搭接长度不应小于30倍钢筋直径。

⑤钢筋网每个交点和搭接段均应绑扎或焊接。

⑥钢筋网应与锚杆或其他固定装置连接牢固，在喷射混凝土时不晃动。

（5）钢架的施工

①钢架应在初喷混凝土后安装，安装后复喷混凝土。

②安装前应清除钢架上的油污、铁锈和泥土等。应清除钢架拱脚虚渣，使之支承在稳固的地基上。锁脚锚杆应在钢架安装就位后立即施作。

③钢架节段与节段之间应通过连接钢板用螺栓连接。

④相邻两榀钢架之间应采用钢筋或型钢连接。

⑤钢架应垂直于隧道中线在竖直方向安装，竖向不倾斜、平面不错位、扭曲；上、下、左、右允许偏差为±50mm，钢架倾斜度允许偏差为±2°。

⑥钢架应贴近初喷射混凝土面安装。当钢架和围岩初喷射混凝土面之间有间隙时应采用钢楔块或木楔块楔紧，并用喷射混凝土充填密实。有多个楔块时，楔块和楔块的间距不宜大于2.0m。

⑦钢架安装宜采用机械设备配合进行。

3. 二次衬砌

（1）二次衬砌的开工条件

①施作二次衬砌前应铺设完成防水层。

②各测试项目所显示的位移率明显减缓，并已经基本稳定。

③已产生的名项位移已达到预计位移量的80%~90%。

④周边位移速率小于0.1~0.2mm/d，或拱顶下沉速率小于0.07~0.15mm/d。

（2）全断面衬砌模板台车支架、模板应满足混凝土浇筑过程中的强度、刚度和稳定性要求。

（3）采用模板台车浇筑的混凝土，一次浇筑长度宜为6.0~12.0m。

（4）衬砌混凝土应采用强制式混凝土搅拌机搅拌。自全部材料装入搅拌筒至开始出料的搅拌时间不应小于60s；含有粉煤灰等掺合料时，搅拌时间不应小于120s。

（5）混凝土出料口距浇筑面的垂直距离不应大于2.2m。

（6）混凝土应从两侧边墙向拱顶、由下向上依次分层对称浇筑，两侧混凝土浇筑面高差不应大于1.0m，同一侧混凝土浇筑面高差不应大于0.5m。

（7）混凝土浇筑至振捣窗下0.2m时，应关闭振捣窗。

（8）混凝土衬砌应连续浇筑，避免出现"冷缝"现象，避免隧道拱顶混凝土不密实现象，避免拱顶混凝土混合料不足现象。

（9）混凝土养护时间不得少于7d；掺加引气剂或引气型减水剂时，不得少于14d。隧道内空气湿度不小于90%时，可不进行洒水养护。

（10）隧道衬砌施工过程中安全管理应符合下列规定：

①软弱围岩及不良地质隧道的二次衬砌，应及时施作，二次衬砌距掌子面的距离Ⅳ级围岩不得大于90m，Ⅴ级及以上围岩不得大于70m。

②隧道内不得加工钢筋。

③衬砌钢筋应设临时支撑，临时支撑应牢固并有醒目的安全警示标志。

④钢筋焊接作业在防水板一侧应设阻燃挡板。

⑤衬砌台车应经专项设计，衬砌台车、台架组装调试完成后应组织验收并应试行走。

⑥拱架、墙架和模板拆除等应按隧道施工技术规范执行。

⑦仰拱应分段一次整幅浇筑，并应根据围岩情况严格限制分段长度。

（五）防水与排水

1. 一般规定

（1）隧道防排水措施应遵循"防、排、截、堵相结合，因地制宜，综合治理"的原则，应对地表水、地下水妥善处理，形成完整的防排水系统，应使防水可靠、排水畅通，达到衬砌不漏水、隧底不涌水、路面不积水的效果。

（2）二次衬砌施工前，应严格按设计做好衬砌背后的防排水设施，防水层不得有影响衬砌厚度的皱褶、绷弦现象，二次衬砌背后纵向盲管不得侵占二次衬砌结构空间。

（3）二次衬砌作为隧道防水体系的最后防水屏障，要求二次衬砌具有一定的自防水能力，混凝土抗渗等级应不小于设计规定。

2. 施工期间的排水控制

（1）隧道洞口边坡、仰坡坡顶的截水沟出水口应接入周边排水沟渠。截水沟应修建在洞口开挖线 5m 以外，拦截仰坡以上的坡面汇水。

（2）洞外路堑向隧道内为下坡时，路堑边沟应做成反坡，不应使洞外水流进洞内。洞顶排水沟应修建在洞门墙背后、洞口衬砌拱背以上，应与洞门结构同时完成。

（3）隧道施工为顺坡排水时，宜尽早修筑永久的排水沟并保持畅通。

（4）隧道施工为反坡排水时，应采取抽水措施。井下工作水泵的排水能力应不小于 1.2 倍正常涌水量，井下备用水泵排水能力应不小于工作水泵排水能力的 70%。

（5）隧道浅埋地段地下水位较高，且影响隧道施工时，可采用井点降水措施。降水井应布置在隧道两侧，降水井井底高程应在隧底高程以下 3~5m。隧道施工期间围岩地下水位应保持在开挖线以下 0.5m。

3. 排水结构

（1）路侧边沟断面尺寸、沟底高程和排水纵坡应符合设计规定。

（2）无仰拱地段中心水沟开挖宜采用切割开挖。中心水沟盖板顶面、滤水砂砾石层顶面在浇筑上部混凝土时应铺设隔离层。

（3）纵向排水盲管敷设的纵向坡度应与隧道纵坡一致，不得起伏不平，不得侵占衬砌结构空间。

（4）环向、竖向排水盲管与纵向排水盲管应采用三通连接方式，并应连接牢固。

（5）横向泄水管应采用硬质不透水管，横向泄水管与纵向排水盲管应采用三通连接，衬砌混凝土浇筑时应露出管头。

（6）横向导水管应采用切槽方式铺设，浇筑路面混凝土时，槽顶面应采取隔离措施。

4. 防水结构（防水层、防水板、止水带）

（1）防水层铺设应超前二次衬砌施工 1~2 个循环距离衬砌段，铺设前应检查初期支护的表面是否平顺，应无钢筋和锚杆的外露、尖硬物凸出、错台和急速凹凸现象。

（2）宜采用专用台车铺设防水层。防水层应环向整幅铺设，拱部和边墙应无纵向搭接。

（3）无纺布与防水板应分别铺挂，无纺布铺挂完成后再挂防水板。

（4）无纺布应采用射钉加热熔垫固定，防水板应采用无钉铺挂。无钉铺挂有无钉热合铺设法和绳索吊挂法两种方式。

（5）铺挂的固定点间距：拱部宜为 0.5~0.7m，侧墙宜为 0.7~1.0m，在凹处适当加密固定点。

（6）防水板铺挂时应适当松弛，松弛系数一般情况取 1.1~1.2。

（7）防水板采用环向整幅铺挂，每环之间的搭接应采用双焊缝。防水板的搭接宽度不应小于 100mm，应采用自动爬焊机双缝焊接，双缝焊每条焊缝宽度不应小于 10mm；无法采用自动爬焊机进行双缝焊接的个别位置，可采用手持焊枪焊接，焊缝宽度不应小于 20mm。

（8）双焊缝焊接质量应采用充气法检查，充气压力在 0.25MPa 保持 15min 后，压力下降应小于 10%。

（9）止水带的材质有橡胶止水带和塑料止水带两种。铺设方法有中埋式和背贴式两种。止水带常用的接头方式包括搭接式、复合接式、对接式，搭接长度一般不小于 100mm，焊接的缝宽一般不小于 50mm。

（10）中埋式止水带应埋设在衬砌结构设计厚度中央，平面应与衬砌表面平行、与衬砌端头模板正交，止水带中间空心圆环应顺施工缝、变形缝方向并与缝重合安装。

（11）背贴式止水带应在已铺挂的防水板上准确标出施工缝位置。在混凝土浇筑前，背贴式止水带应沿施工缝位置铺设，止水带中线应与施工缝重合，止水带两边应与防水板焊接，位置偏差应不大于10mm。

（六）不良地质地段和特殊性岩土地段隧道施工

1. 不良地质和特殊地段的概念

（1）不良地质是指对工程可能造成危害的地质作用或现象。这些不良地质包括：滑坡、崩塌体、岩溶、采空区、大变形、岩爆、瓦斯、断层、富水软弱破碎带、流沙、冻融循环土、盐渍岩土等。

（2）特殊性岩土是指在特定的地理环境或人为条件下形成的具有特殊物理力学性质和工程特征、特殊物质组成或者具有特殊构造的岩土，包括：堆积层、黄土、膨胀岩土、砂层、冻土等。

2. 一般规定

（1）不良地质和特殊性岩土地段隧道施工前应编制专项施工方案，专项施工方案应包括：应急预案、地质预报方案、监控量测方案。施工过程中实际与设计不符时，应及时调整。

（2）应加强监控量测工作，及时反馈量测结果，进行动态设计和动态施工。

3. 富水软弱破碎围岩施工应符合的规定

（1）富水软弱破碎围岩隧道施工宜选用超前注浆加固、超前小导管超前大管棚等辅助工程措施。

（2）采用超前大管棚时，管棚钢管直径不宜小于108mm、环向间距不宜大于350mm。采用超前小导管时，钢管环向间距不宜大于300mm。

（3）富水软弱破碎围岩隧道开挖应采用先治水、加固，后超前支护再开挖的施工顺序。

（4）富水软弱破碎围岩隧道二次衬砌应尽早施作。

4. 岩溶地段隧道施工应符合的规定

（1）宜采用分部开挖，当溶洞出现在隧道一侧，应先开挖该侧，待初期支护完成后，再开挖另一侧。在Ⅱ～Ⅲ级围岩中，仅出现稳定性较好的小溶洞、溶隙时，可采用全断面法开挖。

（2）应严格控制开挖循环长度，每循环炮眼钻孔宜多打眼、打浅眼。

（3）掌子面应有不少于5个加深探测炮孔。加深探测炮孔深度宜比装药炮孔深3m以上，直径宜与装药炮孔相同；不得在爆破残留孔中打设加深探测炮孔。

（4）应严格控制单段最大爆破药量，控制爆破振动。

5. 采空区地段施工应符合的规定

（1）对采空区进行加固或回填处理，经处理的采空区不应出现垮塌，不应造成隧道结构沉陷。

（2）采空区积水对隧道产生影响或潜在影响时，应进行封堵疏导、引排采空区积水。

（3）施工期间应进行隧道内气体实时检测，并应加强通风。

6. 瓦斯地段隧道施工应符合的规定

（1）工作面附近20m以内风流中甲烷浓度必须小于1%。应采用湿式钻孔。炮孔深度不应小于0.6m，岩层最小抵抗线不得小于0.3m，煤层最小抵抗线不得小于0.5m。装药前炮孔应清除干净。

（2）低瓦斯工区、高瓦斯工区和煤（岩）与瓦斯突出工区必须采用煤矿许用炸药和煤矿许用电雷管；低瓦斯煤层应采用安全等级不低于二级的煤矿许用炸药；高瓦斯煤层应采用安全等级不低于三级的煤矿许用炸药；煤（岩）与瓦斯突出工区揭露和穿过煤层时，应采用安全等级不低于三级的煤矿许用含水炸药。

（3）应使用煤矿许用瞬发电雷管、煤矿许用毫秒延期电雷管、数码雷管，严禁使用秒及半秒级电雷管以及火雷管，不应使用普通导爆索。使用毫秒延期电雷管时，最后一段延期时间不得超过130ms，应采用连续装药方式，雷管安放在最后一节炸药中，不得反向装药。

（4）起爆电源必须使用防爆型起爆器。起爆器应安装在新鲜风流中，起爆器20m以内风流中瓦斯浓度必须小于1.0%。起爆器与开挖面距离应根据爆破安全距离、预计煤（岩）与瓦斯突出强度、通风系统等，在施工方案中确定。同一开挖面不得同时使用两台及以上起爆器起爆。

（5）爆破网络必须采用绝缘母线单回路爆破，严禁利用轨道、金属管、金属网、水或大地等作为爆破回路，严禁将毫秒电雷管和瞬发电雷管接入同一串联网路中混合使用。

（6）炮孔封堵不严或不足时，不得进行爆破。

（7）高瓦斯围岩和煤（岩）与瓦斯突出工区每次爆破至少通风30min后，其他工区每次爆破至少通风15min后，应由瓦检员、放炮员、安全员一同进入工作面进行验炮工作，检查通风、瓦斯、煤尘、瞎炮、残炮等情况，遇到问题应立即处理。在确认甲烷浓度小于0.5%，二氧化碳浓度小于1.5%后，方可由瓦检员通知电工送电，方可允许施工人员进入工区开挖工作面作业。

7. 软岩大变形段施工应符合的规定

（1）宜采用开挖分部少可快速闭合的施工方法。分步开挖后，应及时封闭成环。

（2）应适当加大预留变形量，根据监控量测数据，及时调整开挖预留变形量。

（3）开挖进尺应按设计要求控制。开挖和支护应尽早完成全断面闭合。

（4）初期支护应及时施作。加长锚杆、双层初期支护等控制变形措施

（5）上台阶宜采用扩大拱脚措施加强对钢架的支撑。

（6）应采用锁脚导管等方式加强锁脚。

（7）上台阶钢架加工时应根据加大的断面轮廓进行，钢架接长时，应根据已经安装变形后的钢架轮廓加工。钢架宜尽早封闭成环。

（8）仰拱宜紧跟掌子面施工，仰拱与掌子面距离一般不超过2倍隧道开挖宽度。

（9）二次衬砌应根据"适当释放、控制变形、适时封闭"的原则和设计要求确定施工时机。洞口段施作不宜拖后。

8. 岩爆地段隧道应符合的规定

（1）开挖宜短进尺循环，每循环进尺宜为1.0~2.0m。

（2）应采用光面爆破技术，使隧道开挖周壁圆顺；同时应严格控制单段最大爆破药量。

（3）对岩爆强烈的开挖面，应按设计施工超前锚杆锁定前方围岩。

（4）拱部及边墙可布置预防岩爆锚杆。锚杆长度宜为2m、间距0.5~1.0m，并宜与网喷钢纤维混凝土联合使用。

（5）可采取在岩壁切槽的方法释放应力，降低岩爆强度。

9. 流沙地段隧道施工应符合的规定

（1）宜采取超前加固和超前支护措施。

（2）应严格控制开挖长度，防止上部两侧不均匀下沉。

（3）支护应及时，边挖边封闭，遇缝必堵，严防沙粒从支护缝隙中漏出。

（4）应观测支护的实际沉落量。如预留量过大或不足，应在下一环节施工中及时调整。

（5）宜采用超短台阶法、环形开挖留核心土法人工开挖，并严格控制开挖长度，防止上部两侧不均匀下沉。

（6）流沙出现后，应采用沙袋、喷射混凝土等措施迅速封堵。

（7）在流沙逸出口附近较干燥围岩处，应尽快打入锚杆或施作喷射混凝土层，加固围岩，防止逸出扩大。

（8）开挖地段的排水沟应浆砌，或用管、槽等将水引至洞外。

（9）可在洞内合适位置设蓄水池，将泥水经沉淀后排至洞外。蓄水池应采用圬工结构。

（10）沙层隧道仰拱应紧跟开挖面，适当缩短次浇筑长度，及时封闭成环。

10. 黄土地段隧道施工应符合的规定

（1）黄土隧道的施工应采用机械挖掘，不宜采用钻爆法施工。

（2）根据隧道断面大小、埋深等情况，黄土隧道的施工宜采用环形开挖留核心土法、双侧壁导坑法、中隔壁法等分部开挖法。不得采用长台阶法、中导洞超前法等分部独进开挖方法。

（3）黄土隧道施工防排水应采取"严防进入，加快排出"的原则，在雨季前按设计做好洞顶、洞门及洞口的防排水系统。应在雨季前做好隧道洞门。

（4）施工中应严格遵循"管超前、短进尺，强支护、早封闭、勤量测"的施工原则。

（4）墙脚、拱脚应预留300mm人工开挖，严禁超挖。

（5）根据不同围岩级别、含水率和自稳情况，开挖循环进尺可采用0.5~1.5m。

（6）基底承载力不足时，宜采用树根桩、锁脚锚杆、灰土挤密桩、注浆、换填等处理措施加固隧道基底。

11. 膨胀岩土地段隧道施工应符合的规定

（1）宜采用开挖分部少、可尽快全断面闭合的开挖方法。

（2）施工时应采取措施预防因分部开挖而引起围岩压力及偏压力增大。

（3）短进尺逐次开挖各分部断面，应依序紧跟，不得超前独进。

（4）隧道周壁开挖应圆顺，可优先采用人工或机械开挖。

（5）开挖后，应及时封闭暴露的岩体。

（6）预留变形量应适当加大，根据现场情况进行调整。

（7）膨胀岩土隧道开挖后，应对围岩及时采取支护措施并闭合成环，必要时可采取钢纤维喷射混凝土。

12. 寒区隧道施工应符合的规定

（1）冻土区隧道洞口宜在冬期或冻土地下冰未融化前进行开挖，开挖形成的边仰坡应采取防晒和隔热措施。

（2）寒区隧道开挖，应根据围岩级别、冻土地下冰含量确定开挖方法，应严格控制爆破振动和开挖进尺。

（3）寒区隧道在冬期进行模筑混凝土衬砌施工时，应采取措施保证混凝土浇筑时所需温度条件。

（七）隧道施工的辅助坑道与辅助工程措施

1. 辅助坑道

（1）隧道施工需要设置辅助坑道时，在施工前应进行现场核对优化，核对的内容应包括辅助坑道的类型、平面位置、断面尺寸、坡度、高程、支护类型和技术参数等。现场地形与设计不符时，应根据地形调整辅助坑道的洞口位置。

（2）斜井和竖井施工，应根据风险评估采取水害火灾防治措施。

（3）辅助坑道洞口的截、排水工程和场地周围防护设施应在辅助坑道施工前完成。坑道洞门应尽早建成。

（4）应加强辅助坑道中地质不良地段、井底调车场、错车道、作业洞室、辅助坑道与正洞连接处的风险控制。辅助坑道与正洞交角应符合设计规定，设计无规定时，辅助导坑中线与正洞中线交角可取40°～60°。正洞与辅助坑道交叉处钢架的锁脚锚杆打设方向应朝向两洞夹角平分线方向。

（5）辅助坑道废弃应按设计要求及时进行处理，设计无规定时，辅助坑道废弃可参考下列规定：

①横洞、平行导坑、斜井的洞口宜用浆砌片石封闭，无衬砌时封闭长度宜为3～5m，有衬砌时封闭长度不宜小于2m；竖井的井口宜用钢筋混凝土盖板封闭。

②横洞、平行导坑的横通道、竖井或斜井的连接通道，在靠近隧道15～20m范围内应进行永久支护或衬砌；与隧道正洞连接处宜用浆砌片石封闭，其长度不宜小于2m；竖井位于隧道顶部时，回填高度不应小于10m。

③横洞、平行导坑已进行衬砌或喷锚支护的地段，以及无初期支护但围岩稳定的地段可不作处理，其余地段宜根据地质情况分段做必要的支护。

④横洞和平行导坑封闭前应结合排水需要，先做暗沟，并应设置检查通道，竖井、斜井有水时，应将水引入隧道内排水沟。

⑤辅助坑道封闭时应设置安全检查设施。

（6）隧道施工有平行导坑或横洞时，应充分利用辅助坑道排水，降低正洞水位，使正洞水流通过辅助坑道引出洞外。必要时应设置永久排水沟，使坑道封闭后能保持水流畅通。

（7）斜井、竖井施工，应随开挖面挖集水坑，并及时将集水坑的水排出。竖井井壁渗水影响施工时，可用压浆堵水，固结地层后再进行开挖。

2. 辅助工程措施

（1）围岩加固措施

①围岩加固有两种途径，一是从地面对围岩进行加固，二是洞内对围岩进行加固。地面加固措施包括：地面砂浆锚杆、地表注浆、地面旋喷桩；洞内加固措施包括：围岩超前注浆、围岩径向注浆、超前水平旋喷桩、长锚杆、锚索等进行围岩加固。

②地面砂浆锚杆施工时，锚杆布置和锚杆长度应根据隧道覆盖层厚度、地层岩性分布、地层产状等确定。锚杆孔内应灌满砂浆。锚固砂浆强度达到设计强度70%后方可进行隧道开挖。

③地表注浆加固施工时，注浆管宜竖向设置，注浆管应采用钢花管，钢管直径不宜小于70mm，相邻孔不得同时施工，应在一孔注浆浆液终凝后，再进行相邻孔开孔。注浆强度达到设计强度70%后方可进行隧道开挖。

④超前注浆加固施工时，注浆孔的布置角度、深度及注浆孔间距应根据每循环加固范围、循环长度和浆液扩散半径确定，并应满足设计要求。注浆强度达到设计强度70%后方可进行隧道开挖。

⑤旋喷桩加固施工时，旋喷桩加固可选用地面竖直旋喷桩加固和水平旋喷桩加固，水平旋喷施工前，应先采用喷射混凝土封闭掌子面。旋喷作业应从孔底至孔口进行喷射注浆。旋喷施作完毕后，桩体强度和完整性满足设计要求后，方可进行隧道开挖。

⑥洞内径向注浆加固施工，应在初期支护完成，且喷射混凝土强度达到设计强度100%后，在防水

板铺挂之前实施。注浆施工顺序应按由低到高、由边墙至拱顶的顺序进行。注浆孔钻完一孔后应立即对该孔注浆,并应在一孔注浆浆液终凝后,再进行相邻孔开孔。注浆效果不满足设计要求时,应重新布孔注浆。

(2)稳定掌子面及超前支护措施

①在隧道掌子面自稳性差、掌子面开挖可能坍塌、拱顶掉块时,可采用封闭开挖面、超前锚杆支护、超前小导管支护、超前管棚支护、超前水平旋喷加固等措施。

②隧道开挖掌子面出现垮塌、溜坍、掉块、涌水、突泥、流沙等危及施工安全生产的迹象时,应在保证作业人员安全的条件下及时封闭掌子面。

③超前锚杆施工时,超前锚杆尾端应支撑于钢架上,并应焊接牢固。超前锚杆与被支撑围岩间出现间隙时,应采用喷射混凝土填满。超前锚杆施工完成8h后方可进行开挖。开挖时超前锚杆间仍有块时,应立即补打,加密间距,并应在下一环超前锚杆施工时适当加密。

④超前小导管施工时,超前小导管尾端应支撑于钢架上,并应焊接牢固。管口应设置止浆阀。超前小导管管内应注满砂浆。

⑤超前管棚支护施工时,管棚开孔前宜先施作导向墙,其纵向长度不应小于2m、厚度应不小于0.8m,并应有足够的强度和刚度,导向墙基础应置于稳定地基上。管棚钻孔不应侵入开挖范围,钻孔机械应具有纠偏功能。管棚超前支护施工流程为:浇筑导向墙(包括安设导向管)→钻孔→打设管棚钢管→插入钢筋笼→管棚钢管内注浆。

(3)涌水处理措施

①隧道涌水处理应符合"预防为主、疏堵结合、注重保护环境"的原则

②隧道涌水处理应根据现场情况,采取超前围岩预注浆堵水、开挖后径向注浆堵水、超前钻孔排水、坑道排水等措施。

③径向注浆应在初期支护完成后且混凝土强度达到设计强度100%后进行。注浆范围宜控制在开挖轮廓线以外3~6m。径向注浆孔深最小深度不应小于3m,注浆管直径不宜小于40mm。注浆顺序应从水少区域向水多区域方向进行,宜从上往下进行,可多孔同时注浆。

④径向单孔注浆满足注浆压力达到设计终压并稳定10min,且进浆速度小于初始速度的25%;或注浆量大于设计注浆量的80%;或总体注浆效果达到设计预期时,可结束注浆。

⑤超前注浆堵水施工,注浆钻孔深度应不小于设计要求,且应与地下水体连通。注浆作业面与注浆堵水段之间应有足够得地层安全防护厚度,当围岩稳定性较差时,应设止浆墙。止浆墙应为现浇混凝土墙,厚度不应小于0.8m。

⑥超前注浆后应对注浆效果进行检查,检测孔不少于3个,未达到设计预期应补孔注浆。注浆强度达到设计强度70%后,且检查出水量和压力满足设计时方可进行隧道开挖。

(4)隧底加固措施

①隧道底部采用预制桩、钢管桩、旋喷桩等进行加固时,应符合相关现行规范要求。

②隧道底部采用小导管注浆加固时,小导管应垂直于基底开挖设计轮廓线,小导管管壁应留出浆孔,管内应注满砂浆,钢管外露端应与仰拱钢架焊接牢固。

(八)隧道路面与附属设施工程

1.一般规定

(1)长隧道和特长隧道内路面的施工应根据隧道内的施工作业场地、进度要求、作业程序、施工环

境等编制单项施工组织设计。

（2）隧道路面施工过程中，隧道内应保持良好通风，采取防火、防烟措施，制定疏散和消防救援预案。

（3）隧道路面施工宜在排水系统施工完成后进行，施工过程中应注意保护排水设施，防止被堵塞和破坏。

2. 阻燃沥青混凝土路面施工

（1）阻燃剂的阻燃机理分为阻隔热量机理、气相阻燃机理、凝固相阻燃机理三类。

（2）常用的沥青阻燃剂有卤系阻燃剂及其协效剂、镁铝阻燃剂、硼酸锌及消烟剂。

3. 水泥混凝土路面施工

（1）隧道路面施工宜在排水系统施工完成后进行，施工过程应确保排水设施完好，排水通畅。隧道洞外转向车道路面应和洞内统筹安排，一并施工。

（2）在高速公路隧道水泥混凝土路面应推广使用滑模摊铺工艺，对特大隧道和总长超过 3km 的隧道群必须采用滑模施工。

（3）水泥混凝土路面应连续浇筑。应按设计要求设置伸缩缝、胀缝。

（4）水泥混凝土路面强度未达到设计要求前，不得开放交通。

4. 各类洞室、横通道及其他设施施工

（1）隧道边墙内的各类洞室及横通道等与正洞连接地段的开挖，应在正洞掘进至其位置时，与主洞同步进行。

（2）各类洞室及横通道的喷射混凝土、锚杆、钢架等支护应符合设计规定，开挖后及时施作。地质与设计不符时，应及时变更支护参数。与正洞连接地段支护施工应加强过程控制。

5. 防火涂料和洞门装饰施工

（1）防火涂料施工宜采用喷涂工艺。宜自上向下喷涂。

（2）洞门装饰施工时，隧道铭牌字样应美观、醒目，符合国家相关规定。采用面砖或料石时，应做到横缝通直、竖缝错开。面砖贴好后，外表面应平整，不得出现凹凸不平。黏结应牢固，背后不应有空洞。面砖材料不得使用反光材料。料石砌筑时，压顶料石应采取特殊加固措施防止脱落。

6. 预埋件及其他

（1）预埋钢板平行度应不大于1%。预埋钢板位置偏差应不大于10mm。

（2）水泵基础应稳固可靠，并按设计规定埋设预埋件或预留孔位。

（3）预埋管道处混凝土浇筑前应封堵管口。

（九）隧道工程的改扩建

1. 一般规定

（1）隧道改扩建工程施工前，应根据设计文件，隧道改建、扩建，增建隧道施工特点，结合现场实际情况，编制施工方案。

（2）隧道改扩建工程施工前，应对既有隧道的设计、施工、养护、维修和运营情况，以及工程影响范围内其他建（构）筑物和设施的现状等进行调查、核实。

（3）隧道改扩建工程施工时，应采取措施减小施工对既有建（构）筑物和设施的影响，必要时尚应采取保护、加固、改移措施。

（4）隧道改扩建工程施工，应对工程影响范围内的既有隧道及其他建（构）筑物制定监测计划。

2. 改扩建工程施工质量控制

（1）既有隧道改建施工应保持既有隧道主体结构的完整性，不应堵塞既有隧道的排水系统。

（2）既有隧道原位扩建施工应根据既有隧道的结构形式、结构状况、围岩条件等制定衬砌结构的拆除与扩挖施工施工方案。遂道拆除应先拆除二次衬砌、后拆除初期支护。初期支护拆除和扩挖可同步进行，扩挖后应立即进行新的初期支护施工。扩挖后的二次衬砌应及早施作。

（3）临近既有隧道增建新隧道施工时，减少对相邻既有隧道的影响。应根据围岩扰动影响与爆破振速控制的设计要求，确定增建隧道施工方法、循环进尺及爆破参数等。增建隧道施工期间，应按设计要求对既有隧道实施监测。

3. 交通警示

（1）应根据隧道改扩建方案和交通运输管理部门的要求，在施工影响区域设置交通警示和疏导标志，并应制定施工影响区段保持交通畅通的应急预案。

（2）应定期检查和维护交通警示和疏导标志，保持其醒目有效。

（十）冬雨期施工

1. 冬期施工的规定

（1）对于初期支护施工，应符合下列规定：

①喷射混凝土作业区的气温不宜低于 5℃。

②喷射混凝土强度未达到 6MPa 之前不得受冻。

③在结冰的层面上不得进行喷射混凝土作业。

④喷射混凝土的拌和条件应符合冬季施工方案的要求，喷射混凝土在洞内拌和时，应将原材料提前运至洞内。

⑤喷射混凝土的养护，当隧道内环境日均温度低于 5℃时，不得洒水养护。

（2）对于二次衬砌施工，应符合下列规定：

①冬期施工的混凝土，可掺加引气剂，并按冬期施工有关要求进行施工。掺加引气剂或引气型减水剂时，混凝土的养护时间不得少于 14d。

②衬砌混凝土的入模温度应控制在 5~32℃。

③隧道内空气湿度不小于 90%时，可不进行洒水养护。

（3）对于寒区隧道施工，应配备适应低温条件下能正常工作的施工机具，配备满足施工要求的加温设备和保温器材。寒区隧道的洞口施工应避开积雪期。

2. 雨期施工的规定

（1）对于膨胀土地区隧道，洞门施工应避开雨季。

（2）对于黄土地区的隧道施工应特别注意雨期影响。

例 题

例1 隧道围岩分级一般采用两步分级的综合评判方法，其初步分级考虑的基本因素是（　　）。

A. 围岩的坚硬程度和地下水

B. 围岩完整程度和初始应力

C. 岩石的坚硬程度和岩体的完整程度

D. 岩体的完整程度和地下水

例2 隧道施工独头掘进长度超过150m时，应采用（　　）。
　　A. 风管通风　　　B. 巷道通风　　　C. 自然通风　　　D. 机械通风

例3 根据《公路工程技术标准》(JTG B01—2014)，长度大于（　　）的高速公路隧道应设置照明。
　　A. 100m　　　　B. 150m　　　　C. 200m　　　　D. 250m

例4 下列隧道现场监控量测项目中，属于必测项目的是（　　）。
　　A. 围岩压力　　B. 锚杆压力　　C. 周边位移　　D. 爆破振动

例5 浅埋段的开挖施工应遵循的原则是（　　）。
　　A. 管超前、严注浆、短开挖、强支护、早封闭、勤量测
　　B. 管超前、严注浆、短开挖、弱支护、早封闭、勤量测
　　C. 管超前、严注浆、短开挖、强支护、早封闭、勤量测、速反馈、控沉陷
　　D. 管超前、严注浆、短开挖、弱支护、早封闭、勤量测、速反馈、控沉陷

例6 明洞土石回填应（　　）夯实。
　　A. 单侧分层　　B. 一次填满　　C. 多次填满　　D. 对称分层

例7 光面爆破中炮眼的起爆顺序为（　　）。
　　A. 周边眼、掏槽眼、辅助眼　　　　B. 掏槽眼、辅助眼、周边眼
　　C. 掏槽眼、周边眼、辅助眼　　　　D. 周边眼、掏槽眼、辅助眼

例8 系统锚杆钻孔方向应为设计开挖轮廓法线方向，垂直偏差不宜大于（　　）。
　　A. 10°　　　　B. 20°　　　　C. 30°　　　　D. 40°

例9 钢架安装后，监理工程师应检查的内容不包括（　　）。
　　A. 应清除钢架拱脚虚渣，使之支承在稳固的地基上
　　B. 钢架应垂直隧道中线，上下左右之间允许偏差为±50mm
　　C. 钢架节段与节段之间严禁通过连接钢板用螺栓连接
　　D. 钢架与围岩之间的间隙应采用钢楔块或木楔块楔紧

例10 喷射混凝土施工工艺宜采用（　　）。
　　A. 干喷　　　　B. 湿喷　　　　C. 潮喷　　　　D. 混合喷

例11 对锚杆拔力的检查除要求28d拔力平均值不小于设计值外，还要求（　　）。
　　A. 14d拔力平均值不小于1.5设计值
　　B. 7d拔力平均值不小于2.0设计值
　　C. 最小拔力不小于0.9设计值
　　D. 最小拔力不小于0.8设计值

例12 二级及二级以上公路隧道防排水工程质量要求有（　　）。
　　A. 拱部、边墙、设备箱洞不渗水
　　B. 路面无湿渍
　　C. 有冻害地段的隧道衬砌背后不积水、排水沟不冻结
　　D. 车行横通道、人行横通道等服务通道拱部不滴水，边墙不淌水
　　E. 洞外水不流入洞内

例13 防水层的铺设时间应为（　　）。
　　A. 初期支护变形基本稳定后　　　　B. 喷射混凝土养护7d后

C. 喷射混凝土养护 14d 后　　　　　D. 二次衬砌施工之前
E. 二次衬砌施作之后

例14　双洞隧道，每单洞作为一个单位工程，其分部工程包括（　　）。
A. 洞身开挖　　　　　　　　　　　B. 洞身衬砌
C. 防排水　　　　　　　　　　　　D. 隧道路面
E. 仰拱

例15　关于隧道开挖方法转换的规定，下列选项正确的有（　　）。
A. 应确认开挖方法和支护参数适用于前方围岩
B. 分部断面变大、支护变弱应在较差的围岩段中进行
C. 转换前应进行技术交底
D. 转换应逐渐过渡
E. 转换过程中各开挖分部应及时支护，及时闭合

例16　关于锁脚锚杆安装施工，下列选项正确的有（　　）。
A. 应在钢架安装就位前施作
B. 锚杆杆体可采用螺纹钢或钢管，钢管管内应注满砂浆
C. 锚杆外露头与型钢钢架焊接时，可采用 U 形钢筋辅助焊接
D. 采用型钢钢架时设于钢架两侧；采用格栅钢架时设在钢架主筋之间
E. 上部台阶锁脚锚杆砂浆强度达到设计强度 70%，方可进行下一台阶开挖

例17　判断是否产生岩爆的主要因素包括（　　）。
A. 岩石强度　　　　　　　　　　　B. 围岩级别
C. 原始地应力　　　　　　　　　　D. 瓦斯浓度
E. 隧道大小

例18　隧道供电线路架设应遵循的原则有（　　）。
A. 高压在上、低压在下　　　　　　B. 干线在上、支线在下
C. 高压在下、低压在上　　　　　　D. 干线在下、支线在上
E. 动力线在上、照明线在下

例19　关于喷射混凝土施工，下列说法正确的有（　　）。
A. 当喷射作业分层进行时，后一层喷射应在前一层混凝土终凝后进行
B. 喷射混凝土回弹物不得重新用作喷射混凝土材料
C. 混合料应随拌随喷
D. 喷射混凝土施工应采用干喷工艺
E. 冬季施工时，喷射作业区的气温不应低于 5℃

例20　关于模筑混凝土衬砌施工，下列说法符合规范规定的有（　　）。
A. 已经初凝的剩余混凝土，不得重新搅拌使用
B. 混凝土运送中不得产生离析、撒落及混入杂物
C. 应采用混凝土输送泵送料入模、均匀布料
D. 拱、墙混凝土应一次连续浇筑，不得采用先拱后墙浇筑
E. 衬砌背后空洞应采用衬砌同级混凝土回填密实

例21 关于瓦斯工区钻爆作业，下列说法正确的有（　　）。

A. 工作面附近50m以内风流中瓦斯浓度必须小于5%

B. 必须采用煤矿许用炸药和煤矿许用电雷管

C. 爆破网络必须采用绝缘母线单回路爆破

D. 同一开挖面不得同时使用两台及以上起爆器起爆

E. 炮眼封泥不严或不足时，不得进行爆破

例22 仰拱填充施工符合规范规定的有（　　）。

A. 仰拱填充混凝土不得与仰拱衬砌混凝土一次浇筑

B. 仰拱填充混凝土施工前应清除仰拱表面积水、杂物等

C. 仰拱衬砌横向施工缝与填充混凝土横向施工缝宜错开设置

D. 仰拱衬砌变形缝与填充混凝土变形缝应在同一断面位置

E. 仰拱严禁采用片石混凝土进行填充

例23 按照隧道的跨度划分，属于中等跨度隧道的开挖跨度有（　　）m。[2022年真题]

A. 9　　　　　　　　　　　　B. 12

C. 14　　　　　　　　　　　 D. 17

E. 18

例24 新奥法采用的支护体系是复合式衬砌，由（　　）组合而成。[2022年真题]

A. 初期支护　　　　　　　　　B. 超前支护

C. 防水层　　　　　　　　　　D. 管棚支护

E. 二次衬砌

例25 下列钻爆中装药作业的规定，正确的有（　　）。[2022年真题]

A. 严禁装药与钻孔平行作业

B. 装药时应使用木质或竹质炮棍进行装药

C. 严禁作业人员穿戴化纤衣物

D. 用块状材料、煤粉或其他可燃材料作炮泥

E. 膨胀岩土地段隧道和寒区隧道，炮泥材料宜采用水炮泥、黏土炮泥

例26 根据《公路工程质量检验评定标准　第一册　土建工程》（JTG F80/1—2017）的规定，锚杆施工的实测项目有（　　）。[2022年真题]

A. 锚杆数量　　　　　　　　　B. 锚杆长度

C. 锚杆拔力　　　　　　　　　D. 锚杆距离

E. 孔位、孔深、孔径

例27 隧道防排水施工应遵循（　　）的原则。[2022年真题]

A. 预防为主　　　　　　　　　B. 防、排、截、堵结合

C. 因地制宜　　　　　　　　　D. 综合治理

E. 以排为主

例 题 解 析

例1　根据《公路隧道设计规范　第一册　土建工程》（JTG 3370.1—2018）第3.6.1条，根据岩石的坚硬程度和岩体完整程度两个基本因素的定性特征和定量的岩体基本质量指标BQ，进行初步分级。

故选 C。

例2 根据《公路隧道施工技术规范》（JTG/T 3660—2020）第 13.1.1 条，隧道施工独头掘进长度超过 150m 时，应采用机械通风。故选 D。

例3 根据《公路工程技术标准》（JTG B01—2014）第 8.0.6 条，长度 $L>200m$ 的高速公路隧道、一级公路隧道应设置照明。故选 C。

例4 根据《公路隧道施工技术规范》（JTG/T 3660—2020）第 18.1.6 条，隧道现场监控量测必测项目有洞内外观察、周边位移、拱顶下沉、地表下沉、拱脚下沉。故选 C。

例5 根据《公路隧道施工技术规范》（JTG/T 3660—2020）第 6.3.1 条，浅埋段的开挖施工应遵循"管超前、严注浆、短开挖、强支护、早封闭、勤量测、速反馈、控沉陷"的原则。故选 C。

例6 根据《公路隧道施工技术规范》（JTG/T 3660—2020）第 6.2.4 条，明洞回填施工应遵循对称均衡原则，明洞土石回填应对称分层夯实，分层厚度不宜大于 0.3m。故选 D。

例7 光面爆破的炮眼起爆顺序是先引爆掏槽眼，再引爆辅助眼，最后引爆周边眼。故选 B。

例8 根据《公路隧道施工技术规范》（JTG/T 3660—2020）第 9.3.3 条，系统锚杆钻孔方向应为设计开挖轮廓法线方向，垂直偏差不宜大于 20°。故选 B。

例9 根据《公路隧道施工技术规范》（JTG/T 3660—2020）第 9.5.5 条，钢架节段与节段之间应通过连接钢板用螺栓连接。故选 C。

例10 根据《公路隧道施工技术规范》（JTG/T 3660—2020）第 9.2.4 条，喷射混凝土施工宜采用湿喷工艺。故选 B。

例11 根据《公路工程质量检验评定标准》（JTG F80/1—2017）第 10.8.2 条，锚杆拔力（kN）：28d 拔力平均值 $\geqslant$ 设计值；最小拔力 $\geqslant$ 0.9设计值。故选 C。

例12 根据《公路隧道施工技术规范》（JTG/T 3660—2020）第 11.4.1 条，高速公路、一级公路、二级公路隧道拱部、边墙、设备箱洞不渗水，路面无湿渍，有冻害地段的隧道衬砌背后不积水、排水沟不冻结，车行横通道、人行横通道等服务通道拱部不滴水，边墙不淌水。故选 ABCD。

例13 根据《公路隧道施工技术规范》（JTG/T 3660—2020）第 11.3.6 条，防水层铺设应超前二次衬砌施工 1～2 个循环距离衬砌段。初期支护表面应平顺。应无钢筋和锚杆头外露、尖硬物凸出、错台和急速凹凸现象。故选 AD。

例14 根据《公路工程质量检验评定标准 第一册 土建工程》（JTG F80/1—2017）附录 A 的规定，隧道分部工程划分为：总体及装修装饰、洞口工程、洞身开挖、洞身衬砌、防排水、路面、辅助通道等。故选 ABCD。

例15 根据《公路隧道施工技术规范》（JTG/T 3660—2020）第 7.2.9 条，选项 B 错误，分部断面变大、支护变弱应在较好的围岩段中进行。故选 ACDE。

例16 根据《公路隧道施工技术规范》（JTG/T 3660—2020）第 9.3.16 条，选项 A 错误，应在钢架安装就位后立即施作。故选 BCDE。

例17 判断产生岩爆的主要因素有 5 个方面：①岩石强度；②岩层原始地应力；③围岩级别；④隧道埋深；⑤岩石干燥无水，呈脆性，节理基本不发育。故选 ABC。

例18 根据《公路工程施工安全技术规范》（JTG F90—2015）第 9.1.4 条，供电线路架设应遵循"高压在上、低压在下，干线在上、支线在下，动力线在上、照明线在下"的原则。故选 ABE。

例19 根据《公路隧道施工技术规范》（JTG/T 3660—2020）第 9.2.4 条，选项 D 错误，喷射混凝土施工不得采用干喷工艺。故选 ABCE。

例20 根据《公路隧道施工技术规范》(JTG/T 3660—2020)第9.6.18条,选项 E 错误,边墙背后空洞深度小于或等于1.0m、拱部背后空洞深度大于0.5m 时,应采用衬砌同级混凝土回填密实,应与衬砌混凝土同时浇筑。故选 ABCD。

例21 根据《公路隧道施工技术规范》(JTG/T 3660—2020)第16.5.2条,选项 A 错误,工作面附近20m 以内风流中甲烷浓度必须小于1%。故选 BCDE。

例22 根据《公路隧道施工技术规范》(JTG/T 3660—2020)第9.7.4条,仰拱填充采用片石混凝土时,片石距挡头模板的距离应大于50mm。故选 ABCD。

例23 14m ≤ L < 18m 为中等跨度隧道。故选 CD。

例24 新奥法采用的支护体系是复合式衬砌,由初期支护、防水层和二次衬砌组合而成。故选 ACE。

例25 根据《公路隧道施工技术规范》(JTGT 3660—2020)第7.4.11条,选项 D 和选项 E 错误,已装药的炮孔应及时堵塞密封,除膨胀岩土地段和寒区隧道外,炮泥材料宜采用水炮泥、黏土炮泥。严禁用块状材料、煤粉或其他可燃材料作炮泥。故选 ABC。

例26 根据《公路工程质量检验评定标准 第一册 土建工程》(JTG F80/1—2017)第10.8.2条,锚杆的实测项目有数量(根)、锚杆拔力(kN)、孔位(mm)、孔深(mm)、孔径(mm)。故选 ACE。

例27 隧道防排水施工应遵循"防、排、截、堵"结合,因地制宜,综合治理的原则。故选 BCD。

自 测 模 拟 题

(一)单项选择题

1. 中、小型突水泥的地段地质灾害分级为( )。
   A. A级　　　　　B. B级　　　　　C. C级　　　　　D. D级

2. 湿式凿岩水、风操作正确的是( )。
   A. 先开水后开风,先关风后关水
   B. 先开水后开风,先关水后关风
   C. 先开风后开水,先关水后关风
   D. 先开风后开水,先关风后关水

3. 隧道爆破掘进的炮眼有:①掏槽眼;②辅助眼;③周边眼。预裂爆破正确的起爆顺序是( )。
   A. ①②③　　　　B. ③②①　　　　C. ①③②　　　　D. ①③②

4. 下列隧道支护措施中,不属于超前预支护措施的是( )。
   A. 搭设管棚
   B. 周边预注浆
   C. 径向注浆
   D. 超前小导管注浆

5. 下列隧道施工通风方式中,错误的是( )。
   A. 风管式通风
   B. 巷道式通风
   C. 风墙式通风
   D. 通道式通风

6. 下列施工机械中,属于隧道施工专用设备的是( )。
   A. 轴流风机
   B. 装载机
   C. 凿岩台车
   D. 混凝土喷射机

7. 适用于浅埋大跨度隧道及地表下沉量要求严格而围岩条件很差情况的开挖方法是( )。
   A. 台阶法
   B. CD 法
   C. CRD 法
   D. 双侧壁导坑法

8. 既适用于一般软弱破碎围岩,也适用于地下水丰富的松软围岩,且对围岩加固的范围和强度要求相对较小的预支护措施是（　　）。

  A. 超前锚杆预支护   B. 超前小导管注浆预支护

  C. 管棚预支护   D. 小钢管预支护

9. 关于隧道衬砌的说法，错误的是（　　）。

  A. 单层现浇整体式混凝土衬砌常用于Ⅱ、Ⅲ级围岩中

  B. 复合式衬砌中的二次衬砌，不承受软弱围岩的蠕变压力

  C. 全断面开挖成形的隧道衬砌施工应尽量使用模板台车灌注混凝土

  D. 衬砌施工多采用由下而上、先墙后拱的顺序连续浇灌

10. 关于涌水地段隧道超前钻孔排水施工的说法，错误的是（　　）。

  A. 应使用轻型探水钻机或凿岩机钻孔

  B. 钻孔孔位（孔底高程）应在水流下方

  C. 采取排水措施，保证钻孔排出的水迅速排出洞外

  D. 超前钻孔的孔底应超前开挖面1～2个循环进尺

11. 岩石隧道的爆破应采用光面爆破技术或（　　），减少对围岩的扰动。

  A. 钻孔爆破技术   B. 缓冲爆破技术

  C. 深孔爆破技术   D. 预裂爆破技术

12. 明洞主要分为拱式明洞和（　　）明洞两类。

  A. 端墙式   B. 棚式   C. 环框式   D. 遮光式

13. 公路隧道主要的开挖方法是（　　）。

  A. 钻爆法   B. 明挖法   C. 盾构法   D. 盖挖法

14. 隧道洞内地下水位较高时，宜采用（　　）处理。

  A. 设置急流槽   B. 表面排水

  C. 设置截水沟   D. 井点降水

15. 下列复合式隧道监控量测项目中，属于选测项目的是（　　）。

  A. 周边位移   B. 拱顶下沉

  C. 围岩压力   D. 地表下沉

16. 关于隧道开挖，下列说法不正确的是（　　）。

  A. 全断面法施工应控制一次同时起爆的炸药量

  B. 长度小于300m的隧道，起爆点应设在洞口侧面50m以内

  C. 隧道双向开挖面间相距超过10～30m时，应改为单向开挖

  D. 两座平行隧道开挖，同向开挖工作面纵向距离不宜小于1倍洞径

17. 隧道瓦斯地段输电线路应采用（　　）。

  A. 密封电缆   B. 矿物电缆   C. 橡套电缆   C. 铠装电缆

18. 隧道洞口边坡及仰坡应（　　）开挖。

  A. 自下而上   B. 掏底开挖   C. 自上而下   C. 上下重叠

19. 洞内反坡排水必须采用（　　）。

  A. 井点降水   B. 水泵抽水   C. 顺坡排水   C. 钻孔引水

20. 防水板搭接宽度不应小于（　　）。

A. 50mm B. 100mm C. 150mm D. 200mm

21. 洞外路堑向隧道内为下坡时，路堑边沟应做成（   ）。
    A. 反坡 B. 顺坡 C. 纵坡 D. 上坡

22. 不符合钢筋网铺设要求的是（   ）。
    A. 钢筋使用前应清除锈蚀和油渍
    B. 钢筋网每个交点和搭接段均应绑扎或焊接
    C. 钢筋网可采用应与锚杆或其他固定装置联结牢固，在喷射混凝土时不得晃动
    D. 钢筋网不得随受喷岩面起伏铺设，与初喷混凝土面的最大间隙不宜大于100mm

23. 不符合喷射混凝土的材料规定的是（   ）。
    A. 应选用硅酸盐水泥或普通硅酸盐水泥
    B. 粗集料应采用坚硬耐久的碎石或卵石，粒径不宜大于12mm
    C. 细集料应采用坚硬耐久的细砂或中砂，细度模数宜大于2.5
    D. 应选择速凝效果好，对喷射混凝土强度和收缩影响小的速凝剂

24. 衬砌混凝土应从两侧边墙向拱顶、由下向上依次（   ）浇筑。
    A. 分层交错 B. 前后交错 C. 分层对称 D. 前后对称

25. 防水层铺设时，对喷射混凝土层表面的要求不正确的是（   ）。
    A. 不得有锚杆头或钢筋断头外露
    B. 喷层表面漏水时，应及时引排
    C. 凹凸不平部位应修凿、喷补
    D. 喷层表面要用高压水洗净

（二）多项选择题

1. 关于出渣运输车辆，下列说法正确的有（   ）。
    A. 严禁人料混载
    B. 不准超载运输
    C. 不准超宽运输
    D. 不准超高运输
    E. 不准超长运输

2. 按隧道间的距离，隧道分为（   ）。
    A. 连拱隧道
    B. 小净距隧道
    C. 分离式隧道
    D. 极小断面隧道
    E. 分叉式隧道

3. 隧道现场监控量测项目中，属于选测项目的有（   ）。
    A. 周边位移
    B. 围岩压力
    C. 围岩体内位移
    D. 锚杆轴力
    E. 拱顶下沉

4. 二次衬砌施作前应满足的条件有（   ）。
    A. 渗水压力不超过设计值的1.1倍
    B. 各测试项目的位移速率明显收敛，围岩基本稳定
    C. 已产生的各项位移已达预计总位移量的80%～90%
    D. 二次衬砌距开挖面距离较长

E. 周边位移速率或拱顶下沉速率小于规定值

5. 关于小净距及连拱隧道施工，下列说法正确的有（　　）。
   A. 地质条件不同的两孔隧道，宜先开挖地质条件较差的隧道
   B. 小净距隧道先行洞与后行洞掌子面错开距离应大于2倍隧道开挖宽度
   C. 小净距隧道的后行隧道应先加固中岩墙和两隧道相邻侧拱架基础
   D. 连拱隧道主洞开挖时，左、右两洞开挖掌子面错开距离宜大于30m
   E. 连拱隧道应在先行洞模筑衬砌混凝土达到设计强度的75%后进行后行洞的开挖和衬砌

6. 隧道洞口石质边、仰坡不得采用（　　）。
   A. 深眼爆破　　　B. 药包爆破　　　C. 光面爆破　　　D. 预裂爆破
   E. 微差爆破

7. 含瓦斯隧道施工时，瓦斯检测的方法有（　　）。
   A. 综合指标法
   B. 瓦斯压力法
   C. R值指标法
   D. 瓦斯流量法
   E. 钻屑指标法

8. 关于不良地质和特殊岩土地段隧道施工，下列说法正确的有（　　）。
   A. 富水软弱破碎围岩隧道应严格控制开挖循环进尺，初期支护应及时施作
   B. 膨胀岩土地质隧道开挖后应尽快初喷混凝土封闭岩面
   C. 岩爆地质隧道宜在围岩内部应力释放前采用短进尺开挖
   D. 软岩大变形地质隧道应严格控制循环进尺，仰拱、二次衬砌应及时施作、封闭成环
   E. 黄土隧道宜在旱季开挖洞口，雨季施工应采取控制措施

9. 仰拱开挖施工，仰拱与掌子面的距离符合要求的有（　　）。
   A. Ⅱ级围岩不得超过90m
   B. Ⅲ级围岩不得超过90m
   C. Ⅳ级围岩不得超过50m
   D. Ⅴ级围岩不得超过50m
   E. Ⅵ级围岩不得超过40m

10. 采用台阶法进行隧道开挖时，上台阶每循环开挖支护进尺符合要求的有（　　）。
    A. Ⅱ级围岩不应大于2榀钢架间距
    B. Ⅲ级围岩不应大于2榀钢架间距
    C. Ⅳ级围岩不应大于2榀钢架间距
    D. Ⅴ级围岩不应大于1榀钢架间距
    E. Ⅵ级围岩不应大于1榀钢架间距

11. 软弱围岩隧道的二次衬砌应及时施作，二次衬砌距掌子面的距离符合要求的有（　　）。
    A. Ⅱ级围岩不得大于130m
    B. Ⅲ级围岩不得大于110m
    C. Ⅳ级围岩不得大于90m
    D. Ⅴ级围岩不得大于70m
    E. Ⅵ级围岩不得大于50m

12. 需进行超前地质预报的隧道类型包括（　　）。
    A. 岩溶地质隧道
    B. 小净距隧道
    C. 含水沙层隧道
    D. 含瓦斯隧道
    E. 岩爆地质隧道

13. 关于逃生通道，下列说法正确的有（   ）。
    A. 逃生通道刚度、强度及抗冲击能力应满足安全要求
    B. 逃生通道设置在开挖掌子面与仰拱之间
    C. 逃生通道离开挖掌子面不得大于 20m
    D. 逃生通道随开挖进尺不断前移
    E. 逃生通道内径不宜小于 0.5m

14. 关于混凝土保护层，下列说法正确的有（   ）。
    A. 对于直接接触土体浇筑的模筑钢筋混凝土衬砌，保护层厚度不应小于 70mm
    B. 对于直接接触喷射混凝土浇筑的模筑混凝土，保护层厚度不应小于 60mm
    C. 对于直接接触防水板浇筑的模筑混凝土，保护层厚度不应小于 50mm
    D. 对于内设钢架的喷射混凝土，临空面一侧的保护层厚度不宜小于 20mm
    E. 对于钢筋网喷射混凝土，保护层厚度不应小于 20mm

15. 关于瓦斯隧道施工通风，下列说法正确的有（   ）。
    A. 高瓦斯工区放炮后通风时间应不少于 30min
    B. 高瓦斯工区放炮后通风时间应不少于 25min
    C. 微瓦斯工区放炮后通风时间应不少于 20min
    D. 低瓦斯工区放炮后通风时间应不少于 15min
    E. 低瓦斯工区放炮后通风时间应不少于 10min

16. 台阶法施工应符合的规定包括（   ）。
    A. 台阶不宜多分层
    B. 采用大型机械配套作业
    C. 台阶长度不宜超过隧道开挖宽度的 1.5 倍
    D. 上台阶钢架施工时应采取有效措施控制其下沉和变形
    E. 下台阶应在上台阶喷射混凝土强度达到设计强度的 70% 后开挖

17. 隧道支护类型有（   ）等，以及上述几种类型加设钢架而成的联合支护。
    A. 锚杆支护
    B. 喷射混凝土支护
    C. 喷射混凝土与钢筋网联合支护
    D. 喷射混凝土与锚杆及钢筋网联合支护
    E. 土钉支护

18. 明洞常用的施工方法有（   ）。
    A. 先拱后墙法   B. 先墙后拱法
    C. 拱墙交替法   D. 分段浇筑法
    E. 整体灌注法

19. 不宜采用全断面法开挖的有（   ）。
    A. 隧道浅埋段   B. 小净距隧道
    C. 隧道洞口段   D. 三车道隧道
    E. 隧道偏压段

20. 台阶法按上台阶超前长度分为（　　）。
    A. 高台阶法　　　　　　　　　　B. 超长台阶法
    C. 长台阶法　　　　　　　　　　D. 超短台阶法
    E. 短台阶法

21. 明洞两侧回填水平宽度小于1.2m的范围应采用（　　）回填。
    A. 同级混凝土　　　　　　　　　B. 片石混凝土
    C. 浆砌片石　　　　　　　　　　D. 膨胀岩土
    E. 耕植土

22. 隧道超挖应回填密实，下列做法符合规范规定的有（　　）。
    A. 拱部坍塌形成的超挖处理应编制方案，并经审批后按方案处理
    B. 沿设计轮廓线的均匀超挖，有钢架时，可采用喷射混凝土回填
    C. 无钢架时，可在施工二次衬砌时，以二次衬砌混凝土回填
    D. 局部超挖，宜采用喷射混凝土或片石混凝土回填
    E. 边墙部位超挖，可采用混凝土或片石混凝土回填

23. 隧底超挖回填材料可采用（　　）。
    A. M5.0浆砌片石　　　　　　　　B. C15混凝土
    C. C20喷射混凝土　　　　　　　D. C20混凝土
    E. 隧道渣料

24. 喷射混凝土作业，复喷混凝土施工时，采用一次作业或多次作业应根据（　　）确定。
    A. 混凝土配合比　　　　　　　　B. 拌和均匀性
    C. 设计厚度　　　　　　　　　　D. 喷射部位
    E. 围岩性质

25. 初期支护与二次衬砌间空隙处理的方法有（　　）。
    A. 用同级混凝土回填　　　　　　B. 用浆砌片石回填
    C. 用片石混凝土回填　　　　　　D. 用渣石回填
    E. 不用回填处理

26. 关于喷射混凝土施工，下列说法正确的有（　　）。
    A. 后一层喷射混凝土应在前一层混凝土终凝后进行
    B. 喷射混凝土回弹物不得重新用作喷射混凝土材料
    C. 喷射混凝土应分段、分片、分层由上而下顺序进行
    D. 喷射混凝土施工应采用干喷工艺
    E. 冬季施工时，喷射混凝土作业区的气温不宜低于5℃

参 考 答 案

（一）单项选择题

1. B　2. A　3. C　4. C　5. D　6. D　7. D　8. B　9. C　10. B
11. D　12. B　13. A　14. D　15. C　16. D　17. A　18. C　19. B　20. C
21. A　22. D　23. C　24. C　25. D

(二)多项选择题

1. ABCD 2. ABC 3. BCD 4. BCE 5. ABD 6. AB 7. ABCE
8. ABDE 9. BCE 10. CDE 11. CD 12. ACDE 13. ACD 14. ABDE
15. AD 16. ACDE 17. ABCD 18. ABCE 19. ACE 20. CDE 21. AC
22. ABCE 23. ABCD 24. CD 25. ABC 26. ABE

六、公路交通安全设施施工质量监理

重 点 知 识

(一)公路交通安全设施的基础知识

1. 交通安全设施的分类

公路交通安全设施主要包括交通标志、交通标线、护栏、防眩设施、视线诱导设施、隔离栅、防落网、避险车道、里程碑及百米桩等。

公路交通安全设施具有主动引导、被动防护、全时保障、隔离封闭四种功能。主动引导设施包括交通标志、交通标线、视线诱导设施等；被动防护设施包括护栏、避险车道等；全时保障设施除主动引导设施外，还包括防眩设施等；隔离封闭设施包括隔离栅、防落网等。其中，主动引导、全时保障、隔离封闭设施可以起到事故预防作用，被动防护设施可以有效降低事故的严重程度。

(1) 交通标志

交通标志是用图形符号、颜色、形状和文字向交通参与者传递特定信息，用于管理交通的设施，主要起到提示、诱导、指示等作用，使道路使用者安全、快捷到达目的地，促进交通畅通。交通标志主要包括警告标志、禁令标志、指示标志、指路标志、旅游区标志、告示标志等主标志以及附设在主标志下的辅助标志。

公路交通标志按板面形状可分为方形、圆形、三角形和菱形等；按交通标志结构形式可为单柱支撑式、双柱支撑式、单悬臂(F形)、双悬臂(T形)、门架式和附着式六大类。除门架标志以外，其他均设置在公路路侧。标志面可采用反光膜、主动发光材料或照明设施，反光膜是目前最广泛使用的交通标志逆反射材料。

(2) 交通标线

交通标线的主要作用是传递有关道路交通的规则、警告和指引交通，它是由施划或安装于道路上的各种线条、箭头、文字、图案、立面标记、实体标记、突起路标等构成的交通设施。

公路交通标线分为雨夜标线和非雨夜标线两种，其使用的材料分为热熔型、双组分型和溶剂型(水性)涂料。按标线设置方式可分为纵向标线、横向标线和其他标线。

(3) 护栏

公路护栏设置于道路两侧或中央分隔带，按护栏在道路的安装部位可分为路基护栏、桥梁护栏、中央分隔带及其开口护栏。根据碰撞后变形的程度，公路护栏可分为刚性护栏、半刚性护栏和柔性护栏，其主要代表形式分别为混凝土护栏、波形梁护栏和缆索护栏。

刚性护栏几乎不变形，但当车辆与护栏的碰撞角度较大时，对于车辆和驾乘人员的伤害较大；半刚性护栏刚柔相兼，具有较强的吸收碰撞能量的能力，对车辆和驾乘人员的伤害相对较小；柔性护栏在受到碰撞后，由于变形较大，因此对车辆和驾乘人员的伤害最小。

(4) 隔离栅

隔离栅的主要作用是将公路用地隔离出来，防止非法侵占公路用地的设施，同时将可能影响交通安全的人和畜等与公路分离，保证公路的正常运营。按网片形式，隔离栅分为钢板网、编织网、电焊网和刺钢丝网。

（5）防落网

防落网包括防落物网和防落石网。防落物网主要设置于人行天桥或主线上跨铁路或等级较高的其他公路的分离立交上，用于防止杂物落在桥梁下方的道路行车道上，保证行车安全的防护设施，包括钢板网、电焊网、编织网和实体网等结构形式。防落石网是指设置于公路路堑边坡防止落石进入公路建筑限界内的柔性防护设施。

（6）防眩设施

防眩设施的主要作用是避免对向车辆前照灯造成的眩目影响，保证夜间行车安全。防眩设施主要包括防眩板、防眩网和绿植防眩等形式。

（7）视线诱导设施

视线诱导设施主要包括轮廓标、合流诱导标、线形诱导标、隧道轮廓带、示警桩、示警墩、道口标柱等设施。

①轮廓标

轮廓标以指示公路的前进方向和边缘轮廓为主要目的，设置于道路边缘。当路边无构造物时，轮廓标为柱体，独立设置于路边土路肩中，一般称为柱式轮廓标；当路边有护栏、桥梁栏杆等构造物时，轮廓标可附着于构造物的适当位置上，一般称为附着式轮廓标。

高速公路、一级公路的主线及其互通式立体交叉、服务区、停车区等处的进出匝道、连接道和避险车道应全线连续设置轮廓标，中央分隔带开口路段应连续设置轮廓标，隧道侧壁应设置双向轮廓标。轮廓标应在公路前进方向左右侧对称设置。高速公路、一级公路按行车方向配置白色反射体的轮廓标安装在公路右侧，配置黄色反射体的轮廓标安装在中央分隔带。避险车道轮廓标颜色为红色。轮廓标反射体面向交通流安装。

②合流诱导标、线形诱导标

合流诱导标属于警告标志，线形诱导标属于指路标志[《道路交通标志和标线 第2部分：道路交通标志》（GB 5768.2—2022）已将线形诱导标调整为警告标志]。

③隧道轮廓带

隧道轮廓带近年来在特长隧道、长隧道应用较多，主要用于指示隧道横断面轮廓。

④示警桩、示警墩

对于三、四级公路，达不到护栏设置标准但存在一定危险因素的路段，设置示警桩或示警墩。

⑤道口标柱

道口标柱设置在公路沿线较小平面交叉路口两侧。

（8）突起路标

公路突起路标是固定于路面上起标线作用的突起标记块，可用来标记对向行车道分界线，同向行车道分界线，行车道边缘线等，也可用来标记弯道、进出口匝道、导流标线、公路变窄、路面障碍物等危险路段。公路突起路标配合标线使用，也可以作为标线单独使用。

（9）避险车道

公路避险车道是指在长陡下坡路段行车道外侧增设的供速度失控（或制动失灵）车辆驶离正线安全减速的专用车道。

（10）里程标碑及百米桩

公路里程碑表示的是公路的里程数，用水泥混凝土或单柱式反光标志制作，每两块里程碑之间，每间隔100m设置百米桩，通常为附着于护栏上的反光标志或单柱式反光标志。

2. 公路交通安全设施施工质量监理基本要求

公路交通安全设施的材料及构件安装应符合设计和标准要求，金属材料必须做防腐处理。施工过程应有真实、准确、齐全、完整的施工原始记录、试验检测数据、质量检验结果等质量保证资料。质量保证资料应包括下列内容：

（1）材料和产品报验资料，包括产品出厂检验合格证明和有资质的检测机构出具的合格检测报告；

（2）所用主要原材料、产品的现场抽查质量检验结果，包括施工单位的委托送样及监理单位的抽检委托送样的检验报告；

（3）隐蔽工程验收记录及施工影像资料；

（4）施工过程中的检查检验记录，包括施工单位的自检记录和施工监理的抽检记录；

（5）其他应具备的资料，包括施工过程中遇到的非正常情况记录、根据工程实际情况必须具备的相关行业检测验收文件等。

3. 公路交通安全设施施工监理要点

施工监理要点包括材料及半成品检验、试验段、放样定位、施工过程控制、施工后控制。

（1）熟悉交通安全设施的合同文件、设施文件，掌握设施构件质量、设计要点。

（2）根据合同约定或施工进度情况，对工程项目购置的安全设施的产品或半成品进行工厂检验。

（3）检验进场的交通安全设施产品或半成品和原材料，根据国家或行业标准对产品和原材料进行全项性能检测并合格；现场不具备检测条件时，应送到有资质的检测机构进行检验。

（4）试验段。正式施工前，应先进行试验段的安装；试验段工程安装完工，进行试验段工程质量检验，确认试验段施工符合设计及标准规范要求后才能正式进行安全设施项目工程施工。

（5）放样定位。施工前应首先进行放样定位，部分设计桩号可能和公路上其他构造物、设施发生冲突或阻挡，施工单位应会同建设单位人员、设计代表和监理工程师现场共同确定其设置位置，确定后才可进行施工。

（6）施工及施工过程、工艺的质量控制。施工过程中，应按照现行施工标准规范进行施工。

（7）施工后的质量验收。施工结束后，应按照现行质量检验评定标准进行质量检验评定。

（二）交通标志

1. 基础

（1）交通标志基础应依据施工图位置放样，门架式交通标志两个立柱中心之间的连线应与道路中心线垂直，允许偏差为±1°。

（2）交通标志基础基坑尺寸、基础深度、钢筋绑扎、浇筑混凝土标准与施工工艺符合设计要求与标准规范的规定。

（3）基坑的地基承载力应满足设计文件的规定。设计文件中未规定时，地基承载力应不小于150kPa。

2. 标志支撑结构

（1）交通标志钢构件无变形或损坏，钢构件防腐层均匀、颜色一致，不得有流挂、滴瘤或多余结块，镀件表面无漏镀等缺陷。

（2）交通标志支撑结构应在基础混凝土强度达到设计强度的80%以上后才可安装。

(3)交通标志各部位连接螺栓齐全、拧紧程度应一致。

(4)交通标志架安装时应校正立柱竖直度,紧固螺栓,用水泥砂浆封闭加劲法兰盘与基础之间的缝隙。

3. 标志板

(1)交通标志逆反射材料的外观质量、光度性能、色度性能、抗冲击性能、耐溶剂性能、耐盐雾腐蚀性能、耐高低温性能、耐候性能等应符合现行规范的规定。

(2)小型交通标志在立柱安装固定后,应整体吊装安装门架、悬臂等交通标志板,紧固件的紧固方法应符合施工图设计要求,加劲法兰盘与底座法兰盘的安装应水平、密合,拧紧螺栓后支柱不得倾斜。

(3)大型标志板现场拼接时,拼缝应平顺、紧密,不得影响标志中图形、文字和重要符号的视认性,板面应保持平整,不得有错台,整体强度应不低于单板。

(4)调整交通标志板面平整度,根据设置地点公路的平、竖曲线线形调整标志板安装角度,标志板安装角度符合施工图设计要求。

4. 其他要求

(1)交通标志在安装施工过程中,对标志处的路缘石、路面等要用保护物进行覆盖保护,并对已完工程进行保护。

(2)交通标志分项工程有效的产品、材料检验合格报告或证书、隐蔽工程验收记录、工程检测记录和自检报告等工程质量保证资料齐全、完整。

5. 工程质量要求

(1)质量检查实测项目及要求

交通标志质量检查实测项目与质量标准见表 2-2-33。

交通标志实测项目与质量标准　　　　　　表 2-2-33

序号	检查项目	规定值或允许偏差
1	标志面反光膜逆反射系数[cd/(lx·m²)]	满足设计要求
2	标志板下缘至路面净空高度(mm)	+100,0
3	柱式标志板、悬臂式和门架式标志立柱的内边缘距土路肩边缘线距离(mm)	≥250
4	立柱竖直度(mm/m)	3
5	基础顶面平整度(mm)	4
6	标志基础尺寸(mm)	+100,-50

(2)外观质量

交通标志外观质量的要求:

①交通标志安装后标志面应平整,无裂缝、无刻痕。

②金属构件防腐层涂层应无损伤,颜色一致,不得有流挂、滴瘤或多余结块,表面应无缺漏、损伤等缺陷

③标志板底色和字符应清晰明亮,颜色均匀,不得出现明暗不均现象

（三）交通标线

1. 标线材料

（1）交通标线材料的性能、质量应符合现行标准规范的规定。

（2）交通标线的颜色、形状、文字、图案和尺寸应符合设计要求和现行标准规范的规定。

（3）进场的标线材料与施工专用机械设备符合合同要求。

2. 标线施工

（1）交通标线正式施划前应在试验路段进行试划，长度不宜短于200m。

（2）交通标线宜在白天施工。在雨、雪、沙尘暴、强风、气温低于材料规定施工温度的天气，应暂停施工。

（3）交通标线施划路面应清洁干燥，不得存在松散颗粒、灰尘、沥青渣、油污或其他有害材料。

（4）交通标线位置应以道路横纵断面图为基准进行放样，经检查符合设计要求后，方可开始施工。

（5）溶剂型涂料标线可用气动喷涂机或高压无气喷涂机等设备施工。采用气动喷涂机时，应控制好稀释剂用量和喷涂直径。条件允许时，宜采用高压无气喷涂机施工。施工完成后15min，不得受到车辆碾压。标线干燥后，可开放交通。

（6）热熔型涂料标线施工时，应在路面上先涂抹60～230g/m²的下涂剂。下涂剂不粘车轮胎、不粘附灰尘和砂石时，可进行标线涂布作业。根据热熔型涂料采用的树脂类型和配方，将热熔型涂料加热至180～220℃之间的合适温度后，可用划线机涂敷于路面，同时撒布玻璃珠。施工完成后5min，涂料不粘附轮胎时，可开放交通。

（7）水性涂料标线应采用专用设备施工。施工前应根据施工工艺要求对设备进行调试，施工过程中应注意对设备行驶速度等喷涂参数的控制。施工中如有间断或每天工作完成后，应对设备进行及时清洗。施工完成后15min不粘附轮胎时，可开放交通。

（8）双组分涂料标线应采用专用设备施工。施工前应将主剂、固化剂组分按产品说明书规定的比例搅拌均匀，其中固化剂组分用量应根据环境温度等进行调整。施工过程中应注意各组分出料量的控制，并结合实际情况对设备压力、喷嘴口径、涂料黏度等进行调整。施工完成后60min不粘附轮胎时，可开放交通。

（9）自带背胶型预成型标线带施工应先清理划线区域，然后进行铺装、压实；底胶、标线带分离式预成型标线带应先清理划线区域，然后涂布底胶，最后铺筑标线带并进行压实。

（10）交通标线施划过程中应对交通标线厚度、逆反射亮度系数等检查项目进行跟踪检测，检测频率宜为每150m检测1次。

（11）交通标线宽度、长度符合施工图设计要求，标线应与公路线形相协调，流畅美观。

3. 其他要求

（1）交通标线施工完成后，要对其进行保护，防止污染和破坏。

（2）交通标线分项工程有效的材料检验合格报告或证书、工程检测记录和自检报告等工程质量保证资料齐全、完整。

4. 工程质量要求

（1）质量检查实测项目及要求

交通标线质量检查实测项目与质量标准见《公路工程质量检验评定标准　第一册　土建工程》（JTG F80/1—2017）。

（2）外观质量

交通标线的外观质量应符合下列要求：

①交通标线应具有光洁、均匀及整齐的外观。

②交通标线涂料不应出现网状裂缝、断裂裂缝、气泡、变色、剥落、纵向有长的起筋或拉槽等现象。

③交通标线线形应流畅，其中曲线标线应圆滑，不得出现设计要求以外的弯折。

（四）护栏

1. 波形梁护栏

（1）波形梁护栏产品的检验包括外观检查、外观尺寸、定尺长度、螺孔尺寸及长度检查，立柱截面尺寸、定尺长度及螺孔定位，端头、防阻块、托架的外形尺寸检查，以及防腐层质量检查。现场不具备检验条件时应进行外委检验。

（2）对到场材料进行严格检查，需检查热浸镀锌外观及防腐层厚度，防腐层厚度可采用涂层测厚仪，按批量进行抽检。

（3）对立柱的放线进行检查，以桥梁、通道、涵洞、隧道、中央分隔带开口、立交、平交等作为控制点，特别要对桥梁、构造物处的放线进行重点检查。

（4）路肩和中央分隔带的土基压实度应不小于设计值。采用打入法、挖埋法或钻孔法安装波形梁钢护栏立柱，立柱高程符合施工图设计要求，不得损坏立柱端部。

（5）护栏板、端头梁、立柱的长度和宽度方向不允许焊接，构件不应出现裂缝。波形梁板、立柱和防阻块不得在现场焊割和钻孔。

（6）采用钻孔法施工时，可根据土质条件确定钻孔深度，立柱固定后缝隙应灌注砂浆或混凝土并夯实。

（7）采用挖埋法施工时，回填土应分层夯实，每层回填土厚度不应超过15cm，回填土的压实度不应小于设计值。

（8）位于小桥、通道、明涵等混凝土基础中的立柱，设置在预埋的套筒内时，可采用灌注砂浆或混凝土固定；通过地脚螺栓与混凝土连接时，应控制立柱的安装方向和高程。

（9）立柱放样时可利用调节板调节间距，并利用分配方法处理间距零头数。

（10）采用打入法打入过深时，不得将立柱部分拔出加以矫正，必须将其全部拔出，将基础压实后再重新打入。立柱无法打入到要求深度时，可以采用混凝土基础固定立柱，需要履行报批手续，严禁将立柱的地面以上部分焊割、钻孔，不得使用锯短的立柱。

（11）在铺有路面的路段设置立柱时，柱坑从路基至面层以下50mm处应采用与路基相同的材料回填并分层夯实，余下部分应采用与路面相同的材料回填并压实。

（12）护栏板拼接方向应与行车方向一致。拼接螺栓必须采用高强螺栓。护栏板在安装初期，拼接螺栓和连接螺栓不宜拧得过紧，以便在安装过程中充分利用护栏板上的长螺孔进行调整，使护栏线形顺直。所有的连接螺栓及拼接螺栓应在护栏的线形达到规定要求时才能拧紧。

（13）立柱间距不规则时，可利用调节板、梁进行调节，不得采用现场切割护栏板的方法。

（14）护栏各构件表面无漏镀、露铁、擦痕。施工过程中如有损伤波形梁护栏的防腐层，应在24h之内予以修补。

（15）设有横隔梁的中央分隔带护栏，应在立柱准确定位后安装横隔梁。

（16）波形梁钢护栏分项工程有效的产品、材料检验合格报告或证书、工程检测记录和自检报告等工程质量保证资料齐全、完整。

2.波形梁护栏质量要求

（1）质量检查实测项目及要求

波形梁护栏质量检查实测项目与质量标准见表2-2-34。

波形梁护栏实测项目与质量标准　　　　　　　　　　表2-2-34

序号	检查项目	规定值或允许偏差
1	波形梁板基底金属厚度（mm）	符合现行《波形梁钢护栏》（GB/T 31439）的规定
2	立柱基底金属壁厚（mm）	符合现行《波形梁钢护栏》（GB/T 31439）的规定
3	横梁中心高度（mm）	±20
4	立柱中距（mm）	±20
5	立柱竖直度（mm/m）	±10
6	立柱外边缘距土路肩边线距离（mm）	≥250或不小于设计要求
7	立柱埋置深度（mm）	不小于设计要求
8	螺栓终拧扭矩	±10%

（2）外观质量

波形梁护栏外观质量应符合下列要求：

①护栏各构件表面应无漏镀、露铁、擦痕。

②护栏线形应无凹凸、起伏现象。

3.混凝土护栏

（1）现场浇筑混凝土护栏

①对公路混凝土护栏的中心位置、高程、起止位置进行检查核对。检查钢筋质量及配筋符合设计要求，确认安装合格后，才允许浇筑混凝土。

②采用固定模板法施工时，模板宜采用钢模板，钢模板的厚度不应小于4mm。

③应根据环境温度、湿度和混凝土的具体要求等因素确定是否加入外加剂。

④两处伸缩缝之间的混凝土护栏必须一次浇筑完成，伸缩缝应与水平面垂直，宽度应符合图纸的规定，伸缩缝内不得连浆。

⑤拆模时间应根据气温和混凝土强度确定，夏季宜在混凝土终凝后24h，冬季应以混凝土强度不低于5MPa为宜，拆模不得破坏混凝土表面和棱角，并应保持模板的完好。

⑥采用滑膜施工法现场浇筑混凝土护栏时，应根据混凝土护栏基础、上部断面形式等因素选择滑膜机。滑膜施工前，应按设计文件准确放样，标示出护栏钢筋、接缝和排水等设施的位置。

⑦护栏表面气孔、局部麻面等缺陷可使用专用工具进行人工修正。

（2）预制混凝土护栏

①应采用钢模，每块预制混凝土护栏必须一次浇筑完成。

②拆模时间应根据气温和混凝土强度确定，夏季宜在混凝土终凝后24h，冬季应以混凝土强度不低于5MPa为宜，拆模不得破坏混凝土表面和棱角。

③起吊、运输和堆放过程中，不得损坏混凝土护栏构件的边角，否则在安装就位后，应采用高于混凝土护栏强度的材料及时修补。

④混凝土护栏的安装应从一端逐步向前推进，护栏的线形应与公路的平、纵线形相协调。

（3）钢筋混凝土墙式桥梁护栏

①宜采用现场浇筑的方法进行施工。

②桥梁护栏应在桥梁车行道板、人行道板施工完毕，跨中支架及脚手架拆除后桥跨处于独立支撑的状态时施工。

③护栏伸缩缝内清理干净后，应填满橡胶或沥青胶泥等弹性、不透水的材料。

④端部翼墙应根据图纸的要求加工模板，设置在桥梁上或路基段的端部翼墙应采用现场浇筑施工方法，并设置预埋件。

以上类型护栏施工时，还应符合下列要求：

①混凝土护栏施工时，不得损坏已完工的超高路段纵向排水沟、集水井、盲沟及管线等设施。

②混凝土护栏分项工程有效的产品、材料检验合格报告或证书、隐蔽工程验收记录、工程检测记录和自检报告等工程质量保证资料齐全、完整。

4.混凝土护栏质量要求

（1）质量检查实测项目及要求

混凝土护栏质量检查实测项目与质量标准见表2-2-35。

混凝土护栏实测项目与质量标准　　　　表2-2-35

序号	检查项目		规定值或允许偏差
1	护栏断面尺寸（mm）	高度	±10
		顶宽	±5
		底宽	±5
2	钢筋骨架尺寸（mm）		满足设计要求
3	横向偏位（mm）		±20或满足设计要求
4	基础厚度（mm）		±10%H（H为基础设计厚度）
5	护栏混凝土强度（MPa）		满足设计要求
6	混凝土护栏块件之间的错位（mm）		≤5

（2）外观质量

混凝土护栏外观质量应符合下列要求：

①混凝土护栏表面的蜂窝、麻面、裂缝、脱皮等缺陷面积不得超过该面面积的0.5%；深度不得超过10mm。

②混凝土护栏块件的损边、掉角长度每处不得超过20mm。

③护栏线形应无凹凸、起伏现象。

5.缆索护栏

（1）索护栏放样应根据施工图设计要求结合施工现场的桥梁、涵洞、通道、路线交叉、隧道等实际情况确定控制立柱的位置,并测定控制立柱之间的间距,据此调整端部立柱、中间端部立柱、中间立柱的设置位置。

(2)位于桥梁、涵洞、通道、挡土墙等构造物处的端部立柱和中间端部立柱预埋基础符合施工图设计要求。

(3)端部立柱、中间端部立柱和中间立柱定位准确,纵向和横向位置与公路线形一致。

(4)采用挖埋法施工时,回填土应分层夯实并达到规定压实度

(5)在端部立柱和中间端部立柱的混凝土基础达到设计强度的80%以上时才可架设缆索。

(6)缆索应支放在立柱的内侧,通过中间支架向另一端滚放。不得在路面上长距离拖拽缆索。

(7)应根据索端锚具的规格,切断多余的缆索,缆索切断面应垂直整齐,不得松散,牢固锚固在索端锚具上。

(8)缆索调整完毕后应拧紧各中间立柱、中间端部立柱托架上的夹扣螺栓。

(9)缆索护栏分项工程有效的产品、材料检验合格报告或证书、隐蔽工程验收记录、工程检测记录和自检报告等工程质量保证资料齐全、完整。

6.缆索护栏质量要求

(1)质量检查实测项目及要求

缆索护栏质量检查实测项目与质量标准见表2-2-36。

缆索护栏实测项目与质量标准　　　　表2-2-36

序号	检查项目	规定值或允许偏差
1	初张力	±5%
2	最下一根缆索的高度(mm)	±20
3	立柱中距(mm)	±20
4	立柱竖直度(mm/m)	±10
5	立柱埋置深度(mm)	不小于设计要求
6	混凝土基础尺寸	满足设计要求

(2)外观质量

缆索护栏外观质量应符合下列要求:

①缆索护栏各构件表面应无气泡、剥落、漏镀及划痕等表面缺陷。

②立柱顶部不应出现明显的变形、倾斜扭曲或卷边等现象。

③直线段护栏线形平顺,曲线段护栏线形圆滑顺畅。

④缆索护栏线形应无凹凸、起伏现象。

7.中央分隔带开口护栏

(1)中央分隔带开口护栏所采用的所有钢构件均应进行防腐处理。

(2)中央分隔带开口护栏基础应根据施工图设计放样,定位正确,并与中央分隔带护栏端头相协调。

(3)混凝土基础浇筑时应按施工图设计要求预埋连接件。基础施工完成后应采取预埋套管管口封堵措施。

(4)基础混凝土强度达到设计强度的80%以上后,才可安装中央分隔带开口护栏的钢构件,做好与相邻中央分隔带护栏的连接过渡处理。

（5）中央分隔带开口护栏按施工图设计要求与相邻中央分隔带护栏合理过渡，高度宜与两端护栏齐平，平纵线形与公路线形保持一致。

（6）中央分隔带开口护栏安装完成之后，应对开启与关闭功能进行测试，开启时间及开启长度应符合要求。

（7）中央分隔带开口护栏分项工程有效的产品、材料检验合格报告或证书、工程检测记录和自检报告等工程质量保证资料齐全、完整。

8.中央分隔带开口护栏质量要求

（1）质量检查实测项目及要求

中央分隔带开口护栏质量检查实测项目与质量标准见表2-2-37。

中央分隔带开口护栏实测项目与质量标准　　　　表2-2-37

序号	检查项目	规定值或允许偏差
1	高度（mm）	±20
2	涂层厚度（μm）	满足设计要求

（2）外观质量

中央分隔带开口护栏外观质量应符合下列要求：

①护栏各构件表面应无漏镀、露铁、擦痕。

②护栏高度与两端护栏齐平，平纵线形与公路线形一致。

（五）隔离栅及防落物网

1.隔离栅

（1）产品质量检验包括外观检查、尺寸检查、基底钢材的抗拉强度、屈服强度、延伸率和防腐层厚度测试。隔离栅和防落物网的所有钢构件均应进行热浸镀锌或锌铝合金涂层或浸塑以及双涂层等防腐处理。

（2）根据施工图设计按照公路的红线图进行施工放样，结合现场地形条件确定控制立柱的位置和立柱中心线，并按施工图设计要求准确标定柱位。

（3）立柱安装在现浇混凝土基础或预制混凝土基础内，安装牢固，立柱基础周围进行夯实处理。

（4）混凝土基础尺寸和埋深、立柱的竖直度和柱间距、网面高度以及混凝土立柱和基础的强度符合施工图设计要求。

（5）隔离栅宜在路基工程完成后尽早实施；承包人应在施工前制订详细的施工组织设计并送监理人审批。

（6）立柱的埋设应分段进行。可先埋设两端的立柱，然后拉线埋设中间立柱，控制立柱与中间立柱的平面投影应在一条直线上，保持基础高程的平顺过渡。

（7）混凝土基础强度达到设计强度的80%以上时，可安装隔离栅网片。

（8）从端头立柱开始安装刺钢丝网。刺钢丝之间应平行、平直，绷紧后应与立柱上的铁钩牢固绑扎，横向与斜向刺钢丝相交处也应绑扎牢固。

（9）编织网隔离栅纵向连接铺设，边铺边拉紧，并尽可能在立柱挂钩上扣牢。编织网要求卷网自如，弯钩时保证不变形。隔离栅安装完毕后，网面要平整，在任何方向均不得有明显的倾斜。各类隔离栅网片安装完毕后，立柱基础均应进行压实处理。隔离栅网片安装完毕后，应对基础周围进行夯实处理。

（10）隔离栅和防落物网的封闭应严密、牢固，不应出现缺口。

2. 防落物网

（1）防落物网的网片应牢固地安装在立柱上，网片应平整、绷紧，螺栓应在防落物网的线形达到规定要求时方能拧紧。

（2）防落物网应以上跨桥梁与公路、铁路等设施的交叉点为控制点，向两侧对称进行施工。当上跨桥梁为斜交时，防落物网的长度应根据设计文件的要求作相应调整。

（3）防落物网的防腐处理和防雷接地处理符合施工图设计要求。

3. 工程质量要求

（1）质量检查实测项目及要求

公路隔离栅及防落物网质量检查实测项目与质量标准见表 2-2-38。

公路隔离栅及防落物网实测项目与质量标准　　　　　　表 2-2-38

序号	检查项目		规定值或允许偏差
1	高度（mm）		±15
2	刺钢丝的中心垂度（mm）		≤15
3	立柱中距（mm）	焊接网	±30
		钢板网	±30
		刺钢丝网	±60
		编织网	±60
4	立柱竖直度（mm/m）		±10
5	立柱埋置深度		不小于设计要求

（2）外观质量

公路隔离栅及防落物网外观质量要求：

①混凝土立柱表面无裂缝、蜂窝。

②镀锌构件表面应均匀完整、颜色一致，无气泡、裂纹、疤痕、折叠和断面分层等缺陷。

（六）防眩设施

1. 设置于混凝土护栏上

（1）桥梁段或混凝土护栏上设置防眩板、防眩网时，应对预埋件的设置位置、强度和腐蚀程度进行检查，不符合要求的应整改。

（2）混凝土护栏强度达到设计强度的 80% 时，方可安装防眩板或防眩网。

（3）安装在混凝土护栏顶部的防眩板或防眩网应稳定、牢固，下缘与混凝土护栏顶部的间距符合施工图设计要求。

2. 设置于波形梁护栏上

（1）安装在波形梁护栏上的防眩板或防眩网应稳定、牢固，下缘与波形梁护栏顶面的间距符合施工图设计要求。

（2）施工过程中不应损伤波形梁护栏的防腐层，否则应在 24h 之内予以修补。

3. 独立设置立柱

（1）防眩板或防眩网单独设置立柱时，可根据所在位置将立柱埋入土中、设置混凝土基础或固定于桥梁、通道、明涵等构造物上。设置混凝土基础时，其强度应达到设计强度的80%以上时，方能在立柱上安装防眩板或防眩网。

（2）立柱施工时，不得破坏地下管线和排水设施。

4. 工程质量要求

公路防眩设施质量检查实测项目与质量标准见表2-2-39。

公路防眩设施实测项目与质量标准 表2-2-39

序号	检查项目	规定值或允许偏差
1	安装高度（mm）	±10
2	防眩板设置间距（mm）	±10
3	竖直度（mm/m）	±5
4	防眩网网孔尺寸	满足设计要求

（七）轮廓标

1. 柱式轮廓标

（1）柱式轮廓标在安装前，应对全线埋设条件、位置、数量进行核查，确认符合设计要求。

（2）柱式轮廓标安装时，柱体应垂直于水平面，三角形柱体的顶角平分线应垂直于公路中心线，柱体与混凝土基础之间可用螺栓连接。

（3）柱式轮廓标柱体表面应平整光滑，无毛刺、裂缝或气泡等缺陷，无明显凹痕或变形。柱体表面平面度公差不应大于1.0mm。

2. 附着式轮廓标

（1）附着于梁柱式护栏上的轮廓标可按立柱间距定位，附着于混凝土护栏和隧道侧墙上的轮廓标应量距定位。

（2）附着式轮廓标的后底板、支架，用铝合金板制作时，其最小实测厚度不应小于2.0mm。用钢板制作时，其最小实测厚度不应小于1.5mm。

（3）附着式轮廓标应安装牢固、角度准确、高度一致。反射器的安装角度符合施工图设计要求。

3. 工程质量要求

（1）质量检查实测项目及要求

公路轮廓标分项工程质量检查实测项目与质量标准见表2-2-40。

公路轮廓标实测项目与质量标准 表2-2-40

序号	检查项目	规定值或允许偏差
1	安装角度（°）	0～5
2	反射器中心高度（mm）	±20
3	柱式轮廓标竖直度（mm/m）	±10

（2）外观质量

轮廓标的外观质量要求：

①轮廓标表面应无污损。

②轮廓标与公路线形一致，线条流畅。

（八）突起路标

1. 突起路标主要监理要点

（1）突起路标质量检测包括色度性能、逆反射性能、抗冲击性能、抗压荷载测试。现场不具备检测条件时，进行外委试验。

（2）胶黏剂应通过检测单位的抗拉拔能力及抗衰老能力检测，检测合格。

（3）突起路标宜在交通标线施工完成后安装，且不得影响标线质量。

（4）突起路标施工前，路面应清洁、干燥。在降雨、风速过大或气温过高过低时，不进行设置。

（5）突起路标反射体应面向来车方向安装。

（6）突起路标和路面黏结后用橡皮锤敲击突起路标上表面，在其顶部施加压力，排除空气，并调整就位，保证黏结牢固。

（7）突起路标安装角度、纵向间距及横向偏位符合施工图设计要求。

（8）突起路标设置高度，顶部不得高出路面25mm。

（9）突起路标分项工程有效的产品、材料检验合格报告或证书、工程检测记录和自检报告等工程质量保证资料齐全、完整。

2. 工程质量要求

（1）质量检查实测项目及要求

公路突起路标质量检查实测项目与质量标准见表2-2-41。

公路突起路标实测项目与质量标准　　　　表2-2-41

序号	检查项目	规定值或允许偏差
1	安装角度（°）	±5
2	纵向间距（mm）	±50
3	横向偏位（mm）	±30

（2）外观质量

突起路标的外观质量要求：

①突起路标表面无污损。

②突起路标线形与公路线形一致，线条流畅。

（九）里程碑和百米桩

1. 主要监理要点

（1）里程碑及百米桩应按施工图设计要求的里程准确定位和设置，安装牢固。

（2）里程碑及百米桩在运输和安装过程中不得断裂和破损。

（3）里程碑及百米桩分项工程有效的产品、材料检验合格报告或证书、工程检测记录和自检报告等工程质量保证资料齐全、完整。

2. 工程质量要求

（1）质量检查实测项目及要求

里程碑和百米桩质量检查实测项目与质量标准见表2-2-42。

里程碑和百米桩质量检查实测项目与质量标准 表2-2-42

序号	检查项目		规定值或允许偏差
1	外形尺寸（mm）	高度	±10
		宽度	±5
		厚度	±5
2	字体及尺寸（mm）		满足设计要求
3	里程碑竖直度（mm/m）		±10

（2）外观质量

里程碑和百米桩的外观质量要求：里程碑和百米桩表面应无裂缝、蜂窝和破损。

（十）避险车道

1. 主要监理要点

（1）确认避险车道的施工定位符合施工图设计的要求。避险车道的结构尺寸、排水设施及交通安全设施的设置符合施工图设计要求和标准规范的规定。

（2）末端消能材料的设置位置及数量符合施工图设计要求。

（3）制动床铺装集料的规格及级配、卵（砾）石等制动集料的压碎值符合施工图设计要求。

（4）制动床表面不应有明显的突起及凹陷。

（5）避险车道分项工程的材料检验合格报告或证书、隐蔽工程验收记录、工程检测记录和自检报告等资料齐全、完整。

2. 工程质量要求

避险车道质量检查实测项目与质量标准见表2-2-43。

避险车道质量检查实测项目与质量标准 表2-2-43

序号	检查项目	规定值或允许偏差
1	避险车道宽度（m）	满足设计要求
2	制动床长度（m）	满足设计要求
3	制动床集料厚度（m）	满足设计要求
4	坡度（%）	满足设计要求

例 题

例1 下列关于标线施工技术要求的说法，错误的是（　　）。

A. 标线工程正式开工前，应进行标线车自动行驶试验

B. 在正式划标线前，应保证路面表面清洁干燥

C. 应根据设计图纸进行放样

D. 通过划线机的行驶速度控制好标线厚度

例2 下列设施中，不属于交通标志的是（　　）。

　　A. 里程标　　　　　B. 隔离栅　　　　　C. 公路界碑　　　　　D. 作业区指示牌

例3 护栏按结构可分为缆索护栏、波形梁护栏、混凝土护栏。其中，波形梁护栏板又分为双波和（　　）两种。

　　A. 半波　　　　　　B. 单波　　　　　　C. 三波　　　　　　D. 四波

例4 交通安全设施中的视线诱导设施主要包括线形诱导标、轮廓标和（　　）等。

　　A. 指示标志　　　　　　　　　　　　B. 限速标志

　　C. 禁令标志　　　　　　　　　　　　D. 合流标志

例5 当设计文件中未规定交通标志基坑的地基承载力时，则地基承载力应不小于（　　）。

　　A. 100kPa　　　　　B. 150kPa　　　　　C. 200kPa　　　　　D. 300kPa

例6 现浇混凝土护栏采用固定模板法施工时，钢模板的厚度不应小于（　　）。

　　A. 1mm　　　　　　B. 2mm　　　　　　C. 4mm　　　　　　D. 6mm

例7 护栏的主要作用有（　　）。

　　A. 将公路用地隔离出来，防止非法侵占公路用地

　　B. 防止失控车辆冲出路基，不致发生二次事故

　　C. 吸收能量以减轻事故车辆及人员的损伤程度

　　D. 警示驾驶员

　　E. 诱导视线

例8 公路交通安全设施中，属于主动引导设施的有（　　）。

　　A. 护栏　　　　　　　　　　　　　　B. 交通标线

　　C. 交通标志　　　　　　　　　　　　D. 视线诱导设施

　　E. 防眩设施

例9 公路工程质量检验评定时，在波形梁护栏的实测项目中，属于关键项目的有（　　）。

　　A. 立柱基底金属壁厚　　　　　　　　B. 横梁中心高度

　　C. 立柱竖直度　　　　　　　　　　　D. 立柱埋置深度

　　E. 立柱外边缘距土路肩边线距离

例10 下列关于轮廓标施工要求的说法，正确的有（　　）。

　　A. 柱式轮廓标安装时，柱体应垂直于水平面

　　B. 柱式轮廓标三角形柱体的顶角平分线应平行于公路中心线

　　C. 柱式轮廓标柱体与混凝土基础之间可用螺栓连接

　　D. 附着于梁柱式护栏上的轮廓标可按立柱间距定位

　　E. 附着于混凝土护栏上的轮廓标应目测定位

例11 波形梁钢护栏的安装方法有（　　）。

　　A. 打入法　　　　　　　　　　　　　B. 沉入法

　　C. 挖埋法　　　　　　　　　　　　　D. 滑移法

E. 钻孔法

例 题 解 析

例1 本题考查的是交通安全设施的施工技术要求。在标线工程正式开工前应进行实地试划试验，选项 A 错误。在正式划标线前，应首先清理路面，保证路面表面清洁干燥，然后根据设计图纸进行放样，并使用划线车进行划线。在进行划线时，应通过划线机的行驶速度控制好标线厚度。故本题选 A。

例2 本题考查的是各种交通安全设施的功能与构成。交通标志主要包括警告标志、禁令标志、指示标志、指路标志、旅游区标志、作业区标志等主标志，里程标、公路界碑属于特殊的交通标志。隔离栅属于隔离设施，故本题选 B。

例3 护栏按结构可分为缆索护栏、波形梁护栏、混凝土护栏、梁柱式护栏、组合式护栏等。其中，波形梁护栏板又分为双波和三波两种。故本题选 C。

例4 视线诱导设施包括合流标志、线形诱导标、轮廓标等。故本题选 D。

例5 交通标示施工时，基坑的地基承载力应满足设计文件的规定。设计文件中未规定时，地基承载力应不小于 150kPa。故本题选 B。

例6 现场浇筑混凝土护栏，采用固定模板法施工时，模板宜采用钢模板，钢模板的厚度不应小于 4mm。故本题选 C。

例7 护栏的主要作用是防止失控车辆越过中央分隔带或在路侧比较危险的路段冲出路基，不致发生二次事故。同时，还具有吸收能量，减轻事故车辆及人员的损伤程度，以及诱导视线的作用。故本题选 BCE。

例8 主动引导设施包括交通标志、交通标线、视线诱导设施等；护栏属于被动防护设施；防眩设施属于全时保障设施。故本题选 BCD。

例9 根据《公路工程质量检验评定标准 第一册 土建工程》(JTG F80/1—2017)，波形梁护栏实测项目中，关键项目包括波形梁板基底金属厚度、立柱基底金属壁厚、横梁中心高度。故本题选 AB。

例10 柱式轮廓标安装时，柱体应垂直于水平面，三角形柱体的顶角平分线应垂直于公路中心线，柱体与混凝土基础之间可用螺栓连接；附着于梁柱式护栏上的轮廓标可按立柱间距定位，附着于混凝土护栏和隧道侧墙上的轮廓标应量距定位。故本题选 ACD。

例11 位于土基中的立柱，宜采用打入法施工；位于石方区或填石区的立柱，宜采用钻孔法施工，也可采用挖埋法施工，或根据设计文件的要求设置混凝土基础。另外，波形梁护栏施工监理要点规定：采用打入法、挖埋法或钻孔法安装波形梁钢护栏立柱，立柱高程符合施工图设计要求，不得损坏立柱端部。故本题选 ACE。

自 测 模 拟 题

（一）单项选择题

1. 下列选项中，不属于交通安全设施的是（　　）。
   A. 交通标志 B. 交通标线
   C. 自动报警器 D. 隔离栅

2. 交通标线的主要作用是管制和引导交通，下列设施属于交通标线的是（　　）。
   A. 指路标志 B. 指示标志
   C. 路面突起路标 D. 防护栏

3. 波形梁护栏属于（   ）。
   A. 刚性护栏   B. 半刚性护栏
   C. 柔性护栏   D. 一般护栏

4. 防眩设施的主要作用是避免对向车灯造成的（   ）。
   A. 闪光   B. 眩光   C. 对射光   D. 强光

5. 下列不属于"护栏的主要作用"的选项是（   ）。
   A. 防止失控车辆越过中央分隔带
   B. 防止失控车辆在路侧比较危险的路段冲出路基，不致发生二次事故
   C. 具有吸收能量，减轻事故车辆及人员的损伤程度，以及诱导视线的作用
   D. 管制和引导交通

6. 预制混凝土护栏拆模时，混凝土强度不应低于设计强度的（   ）。
   A. 50%   B. 60%   C. 70%   D. 80%

7. 交通标志安装时，应根据设置地点公路的（   ）调整标志板安装角度。
   A. 填挖类型   B. 设计标高
   C. 平、竖曲线线形   D. 横断面宽度

8. 溶剂型涂料标线采用气动喷涂机时，应控制好（   ）。
   A. 固化剂用量和加热温度
   B. 稀释剂用量和加热温度
   C. 固化剂用量和喷涂直径
   D. 稀释剂用量和喷涂直径

9. 防眩设施施工过程中不应损伤波形梁护栏的防腐层，否则应在（   ）之内予以修补。
   A. 6h   B. 12h   C. 24h   D. 36h

10. 波形梁护栏采用挖埋法施工时，回填土应分层夯实，每层回填土厚度不应超过（   ）。
    A. 5cm   B. 10cm
    C. 15cm   D. 20cm

（二）多项选择题

1. 应全线连续设置轮廓标的路段有（   ）。
   A. 高速公路的主线
   B. 一级公路的主线
   C. 避险车道
   D. 中央分隔带开口路段
   E. 爬坡车道

2. 交通标线使用涂料的类型有（   ）。
   A. 单组份   B. 溶剂型
   C. 热熔型   D. 水性
   E. 双组份

3. 波形梁护栏安装时，关于质量控制的做法正确的是（   ）。
   A. 立柱无法打入到要求深度时，可将立柱的地面以上部分进行切割

B. 为降低碰撞伤害，护栏板拼接方向应与行车方向相反

C. 立柱间距不规则时，可利用调节板、梁进行调节

D. 所有的连接螺栓及拼接螺栓应在护栏的线形达到规定要求时才能拧紧

E. 采用打入法打入过深时，应立即将立柱部分拔出加以矫正

4. 中央分隔带开口护栏安装完成后应进行测试，其（　　）应符合要求。

A. 护栏高度

B. 防护等级

C. 开启时间

D. 开启宽度开启长度

E. 关闭速度

5. 突起路标质量检验包括（　　）测试。

A. 防腐层厚度　　　　　　　　　　B. 色度性能

C. 逆反射性能　　　　　　　　　　D. 抗冲击性能

E. 抗压荷载

参 考 答 案

（一）单项选择题

1. C　　2. C　　3. B　　4. B　　5. D　　6. D　　7. C　　8. D　　9. C　　10. C

（二）多项选择题

1. ABCD　　2. BCDE　　3. CD　　4. CD　　5. BCDE

七、公路机电工程施工质量监理

重 点 知 识

（一）公路机电工程概述

1. 公路机电工程的分类

公路机电工程包括公路监控设施、通信设施、收费设施、供配电设施、照明设施和隧道机电设施等工程项目。

（1）公路监控设施

公路监控设施由信息采集系统、信息处理系统及信息发布系统三大部分组成，应具备信息采集、信息处理和监控策略实施等功能。

省域高速公路监控管理体系架构包括省级监控中心、路段监控分中心和基层监控单元（隧道管理站、桥梁管理站等）。省域高速公路一般采用"省级监控中心—路段监控分中心—基层监控单元（外场监控设备）"三级或二级监控管理架构。公路监控管理体系架构从全国层面可分为"国家路网监控中心—省级监控中心—路段监控分中心—基层监控单元（外场监控设备）"四级或三级管理。

公路监控设施由省级监控中心设施、路段监控分中心设施、基层监控单元设施以及监控外场设备构成。

①省级监控中心设施：包括计算机系统、闭路电视监视系统、大屏幕显示系统、交通地理信息系统、公众信息服务系统、应急救援指挥系统、网络安全与管理系统、数据交换系统、附属设施等。

②路段监控分中心设施：包括监控计算机系统、闭路电视监视系统、大屏幕显示系统、附属设施等。

③基层监控单元设施：包括计算机系统、闭路电视监视系统、附属设施等。

④监控外场设备：主要包括信息采集设备、信息发布设备以及其他设备。信息采集设备主要包括车辆检测器、能见度检测器、气象检测器、交通事件检测设备、交通情况调查设备和沿线外场摄像机以及隧道、桥梁、高边坡的健康信息采集设备等；信息发布设备主要包括天棚式、门架式等大型可变信息标志，立柱式、悬臂式等小型可变信息标志以及路侧广播。

（2）通信设施

公路通信设施提供服务业务的形式包括语音服务、数据服务、图像服务等，图像分为数字图像及模拟图像两种类型。通信设施由传输网系统、业务网系统、支撑网系统、通信光电缆、通信电源系统、通信管道等组成。

①数字程控交换系统

公路通信网的数字程控交换系统是语音业务网的核心设备，主要由数字程控交换机、话务台、维护终端、计费终端、调度指令电话总机以及语音用户终端（话机）设备组成。

②SDH 数字光纤通信系统

SDH 数字光纤设备是数据传输网的核心设备，公路数字光纤传输系统分为干线传输系统和路段综合业务接入网系统两部分。

③呼叫服务中心系统

公路呼叫服务中心应采用省级呼叫服务中心、路段呼叫服务（分）中心两级架构。

④支撑网系统

公路通信网支撑网系统包括同步网系统、公共信令网系统和网络管理网系统。

⑤通信光、电缆线路

光缆线路由光缆、光纤连接和分歧设备及其保护设施设备构成；电缆线路由电缆连接和分歧设备及其保护设施设备构成。

⑥通信电源系统

通信电源设施由交流供电系统、直流供电系统、防雷接地系统、电源管理系统、蓄电池和电力电缆等构成。

⑦通信管道

公路通信管道主要为保护公路机电工程设施、交通信息化系统敷设的传输光缆、电缆，由主干管道、分歧管道、人（手）井（孔）及其他辅助性构件、材料组成。公路上使用的通信管道材料有水泥管块、聚氯乙烯和聚乙烯材料管道、硬聚氯乙烯和高密度聚乙烯材料管道、高密度聚乙烯 HDPE 硅芯管、COD 管、镀锌钢管等。

（3）收费设施

全国联网收费系统架构由交通运输部路网监测与应急处置中心收费公路联网结算管理中心、省（自治区、直辖市）联网结算管理中心、省内区域/路段中心（路公司）、ETC 门架、收费站、ETC 专用车道、ETC/MTC 混合车道等组成。

高速公路采用封闭式收费制式，全自动收费（ETC 电子不停车收费）方式为主，人工半自动收费（MTC）方式为辅。一级公路和独立收费的桥梁、隧道收费站采用开放式收费制式，采用 ETC 或 MTC 方式。

公路收费设施主要由收费公路联网结算管理中心、省联网收费结算中心、区域/路段收费分中心、收费站、FTC门架系统、收费车道设施组成。

各级收费设施分别由计算机系统、收费视频监视系统、内部对讲系统、紧急报警系统、计重系统、超限检测系统、车牌自动识别系统、电源系统与线缆等组成。

（4）供配电设施

公路供配电设施将国家电网提供的电能（10kV或35kV），转换为公路机电设备使用的电能（380V/220V），并提供给公路沿线设施（包括监控、通信、收费设施、养护服务设施及道路照明、隧道机电设施、沿线收费站、路段中心、服务区等用电设备）。

公路供配电设施主要由供配电设施、电力线路、防雷与接地系统，供配电监控系统等构成。

①供配电设施

a. 变电站

公路变电站的任务是接受电能、变换电压和分配电能。变电站内包括高压配电系统、变压器、有载调压分接开关、低压配电系统和发电机组，并配有值班室。

公路变电站根据用电容量、设置环境，有管理中心、收费站、服务区、养护工区变电站和隧道变电站，变电站的形式有室内变电站或预装箱式变电站。

公路变电站由变压器、断路器、负荷开关柜、计量柜、低压进线柜、低压馈线柜、双电源切换柜、柴油发电机、不间断电源、电力电缆、控制电缆等组成。变电站采用电力电容器进行无功补偿提高供电效率。

b. 高压供电系统

除特长隧道外，高压供电电压一般采用10kV供电系统。高压供电装置是由一组10kV交流金属封闭型开关柜组成。

c. 变压器

变压器的总容量不小于用电设备的总负荷；一般情况下只选择1～2台变压器；对于一级、二级负荷较多的变电站，为了满足供电可靠性要求，宜采用两台变压器，并应尽量考虑变压器型号一致。

d. 低压配电系统

低压配电装置由组合式抽屉柜或封闭式低压开关柜组成，设置在变电站内。低压供配电由380V/220V低压配电柜引出电缆到用电设备，引出电缆的方式有放射式、树干式和二者兼用的混合式以及链式四种供配电方式。

低压带电导体包括相线和中性线（N线及PEN线），但不包括PE线。低压配电常见的接线形式有单相二线制、两相三线制、三相三线制、三相四线制及三相五线制。

e. 备用电源系统（柴油发电机、UPS）

柴油发电机组主要由柴油机、发电机和控制屏三部分组成；有移动式和固定式两种安装形式。不间断电源（UPS）一般由整流器、蓄电池、逆变器、静态开关和控制系统组成。

②电力线路

a. 电力线路按电压高低分为高压线路（1kV以上）和低压线路（1kV以下）。公路10kV及以上的高压供电线路普遍采用架空线路，公路的低压供电线路已全部采用电缆供电线路。

b. 公路供配电线路主要采用电缆线路，其敷设方式主要有直接埋地敷设、电缆沟内敷设、电缆桥架内敷设和极少部分的架空敷设等。

c. 直接埋地敷设的电缆，应采用有外护层的铠装电缆，可采用混凝土包封保护措施。直埋电缆外皮至地面深度不得小于0.7m，当位于行车道下时应适当加深，不应小于1.0m。直埋电缆与公路交叉时应穿保护管，保护管应伸出路基两侧0.5m以上。

③防雷与接地系统

a. 防雷系统

防雷系统通常由闪接器（避雷针、避雷带、避雷线和避雷网）、引下线、接地装置（包括接地极和接地体）组成。

b. 接地系统

从工作性质上可分为保护接地（如防雷接地、防静电接地、设备接地等）、工作接地（如电力设施的发、送、配电接地等）两大类，此外，尚有进一步保证保护接地安全可靠的重复接地。

④电力监控系统

a. 电力监控系统的组成。公路电力监控系统的主要组成部分有间隔层、变电站现场通信网络、变电站管理层、通信通道、调度中心局域网系统等。

b. 电力监控系统的设备配置。包括控制中心系统和变电站自动化系统。

（5）公路照明设施

根据照明设施设置区域不同，公路照明设施可分为道路照明、公路管理业务及服务照明和景观照明等。

道路照明包括公路主线照明、互通立交照明、桥梁照明和隧道照明等；公路管理业务及服务照明分布于公路沿线设施场所（包括公路收费广场照明、收费雨棚照明、服务区照明、超限检测站与避险车道照明等）；景观照明主要适用于服务区、大中城市收费站和大型桥梁等。

公路照明形式主要有高杆照明、中杆照明、低杆照明、庭院照明等。公路照明布灯的基本方式有单侧布置、交错布置、对称布置、悬索式布置和中心对称布置等。

公路照明设施主要是由照明光源、灯具与电器附件等装置、配电与控制设施、安全防护设备、电缆等组成。

（6）隧道机电设施

公路隧道机电设施由信息采集系统、通风系统、照明系统、交通控制系统、闭路电视监视系统、火灾报警与消防系统以及中央控制系统等组成。

公路隧道机电设施包括通风设施、照明设施、交通监控设施、紧急呼叫设施、火灾探测报警设施、消防设施、供配电设施、中央控制管理系统、接地与防雷设施、线缆及相关设施。

①通风设施

隧道通风设施由通风机（射流风机、轴流风机、排烟风机）、通风环境检测设备（能见度检测器、CO浓度检测器、风速风向检测器、NO_2检测器）、通风区域控制器、配电箱（柜）、通风控制计算机（设在中央控制室）等组成。

隧道通风的控制方式主要有直接控制和间接控制。采用机械通风的隧道通风机均应具备手动、自动控制功能。

②隧道照明设施

隧道照明设施沿隧道分段设置分为入口段照明、过渡段照明、中间段照明、出口段照明，隧道照明还包括公路隧道紧急停车带和横通道照明、隧道应急照明和隧道引道照明。

隧道照明设施由隧道灯具、照明配电箱、电力电缆、控制光（电）缆、光检测器、区域控制器、照明控制计算机（设在中央控制室）等组成。

③交通监控设施

隧道交通监控设施包括交通监测、交通控制及诱导设施等。

公路隧道交通监测设施由车辆检测器、视频事件检测器、摄像机（隧道外摄像机、隧道内摄像机）、视频监视控制设备（设在中央控制室的视频事件检测计算机、交通控制计算机、监视器、视频切换矩阵、视频分配器、录像机等）等组成。

隧道交通控制及诱导设施由交通信号灯、车道指示器、可变信息标志、可变限速标志和交通区域控制器、交通控制计算机（设在中央控制室）、图形计算机（设在中央控制室）等组成。

④紧急呼叫设施

公路隧道紧急呼叫设施包括紧急电话设施和隧道广播设施。

隧道紧急电话设施由紧急电话机、紧急电话主机和光（电）缆等组成。公路隧道广播设施由扬声器、广播控制器（设在中央控制室）、电缆等组成。

⑤火灾探测报警设施

隧道火灾探测报警设施由火灾探测器（点型火焰探测器、线型感温火灾探测器、图像型火灾探测器）、手动报警按钮、火灾报警控制器、火灾声光警报器、火灾报警计算机（设在中央控制室）、光（电）缆等组成。

设置有火灾探测器且未设置有线广播的隧道，应设置火灾声光警报器；同时设置火灾声光警报器和有线广播的隧道宜设置火灾声光报警器。火灾探测报警系统应设有交流电源和蓄电池备用电源。

⑥消防设施

隧道消防设施由灭火器、消火栓（成组安装在消防箱内）、固定式水成膜泡沫灭火装置、隧道消防给水系统、消防水池、消防给水管道（热镀锌钢管、无缝钢管或内外涂塑钢管）、消防水泵、水位检测装置、消防控制计算机（设在中央控制室）、电力电缆、控制电缆等组成。

⑦供配电设施

隧道供配电设施设计内容应包括供电设施和配电设施。

⑧中央控制管理系统

隧道中央控制系统由交通控制计算机、通风及照明控制计算机、紧急呼叫计算机、火灾报警及消防控制计算机、电力监控计算机、视频事件检测计算机、图形计算机、专用服务器（具有计算机网络管理、数据信息存储功能等）、管理计算机、信息显示设备、中央控制计算机、计算机外设及网络设备、中央控制管理软件组成。

⑨接地与防雷设施

隧道接地与防雷设施设计内容包括接地设施和防雷设施两部分。隧道洞内接地设施的规定如下：

a. 隧道接地装置宜利用隧道支护内锚杆、钢筋网等自然接地体。

b. 在隧道两侧电缆沟内分别设置一条贯穿隧道的接地干线，接地干线宜与隧道自然接地体重复接地，其重复接地间距不宜大于200m。

c. 在隧道两端洞口附近应各设置一组接地装置。有监控设施的隧道，洞口接地装置接地电阻不应大于1Ω；无监控设施的隧道，洞口接地装置接地电阻不应大于4Ω；该接地装置应与隧道洞内的接地干线可靠连接。

⑩线缆及相关设施

隧道线缆及相关设施包括电缆桥架、支架、线槽、线缆管道、电（光）缆等。隧道使用的桥架、支架、线槽采用金属或非金属材料，钢制电缆桥架、支架、线槽以及其他钢制安装部件应采用热镀锌防腐措施。隧道内线缆路由宜采用镀锌钢管、可挠金属管或塑料管等预埋暗敷。

线缆选型应符合下列规定：

a. 隧道内桥架上敷设的消防设施、监控设施、应急疏散照明、电光标志回路所用的电缆应选用耐火电缆、桥架上敷设的其他线缆宜选用阻燃线缆。

b. 变配电站低压配电屏至隧道内配电箱的低压配电主供电电缆宜采用交联聚乙烯绝缘铜芯电缆。

2. 公路机电工程质量检验评定标准

机电工程质量检验评定应按分项工程、分部工程、单位工程逐级进行。机电工程质量检验时，所有项目合格率应为100%，否则应进行整修或返工处理直至符合要求。

公路机电工程的分项工程质量检验按基本要求、实测项目、外观质量和质量保证资料等检验项目分别检查。

3. 公路机电工程施工质量要求

（1）保证进场设备、设施、材料或构配件的质量，符合合同要求或技术标准规定。

（2）保证机电设备、设施、线缆安装位置正确，符合施工图设计要求。

（3）保证合同要求的设备、线缆全部安装到位，安装工艺规范、标准，工程质量符合设计与标准要求。

（4）已经安装就位的设施、设备应方便操作与维护、维修。

（5）保证公路机电工程外观质量符合标准要求。

（6）保证公路机电工程调试程序严谨、安全，调试工作全面系统，各系统调试顺序先空载、后负载，先单机、后联机。

（7）保证公路机电工程系统测试大纲包括机电工程建设项目设计的全部设施、系统与技术指标、功能。

（8）按监理工程师批准的公路机电工程测试大纲完成机电工程建设项目的各设施、系统测试，且测试指标、功能符合设计、标准要求。

（9）加强质量检查，保证公路机电工程质量符合设计与标准规范要求。发现工程缺陷，及时整改。

（10）保证公路机电建设项目按设计要求全面、精确地实现技术指标、功能与性能要求。

（11）应有真实、准确、齐全、完整的施工原始记录、试验检测数据、质量检验结果等质量保证资料。

（二）监控设施

公路监控设施施工划分的分项工程包括车辆检测器、气象检测器、闭路电视监视系统、可变标志、道路视频交通事件检测系统、交通情况调查设施、监控（分）中心设备及软件、大屏幕显示系统和监控系统计算机网络。

1. 车辆检测器

（1）线圈车辆检测器、微波车辆检测器、超声波车辆检测器、红外线车辆检测器、视频车辆检测器等车辆检测器设备及构配件的品牌、型号、规格、数量符合合同要求，部件完整，检验合格。

（2）环形线圈不得跨伸缩缝安装，埋设位置应避开金属物体；切缝应干燥、清洁。

（3）馈线与环形线圈为完整电缆；环形线圈电感量符合车辆检测器工作要求。

（4）微波车辆检测器探头波束投影范围与侦测车道方向垂直，水平轴不得倾斜。

(5)摄像机引出的电缆留有余量,不影响摄像机的转动。

2. 气象检测器

(1)风速风向传感器、能见度传感器、雨量传感器、温湿度传感器及路面检测单元等气象检测器设备及构配件的品牌、型号、规格、数量符合合同要求,部件完整,检验合格。

(2)气象检测设备定位应避开影响风速、风向等数据采集的高大建筑、树木、山丘等。

3. 闭路电视监视系统

(1)摄像机(云台)安装方位、高度符合施工图设计要求。

(2)摄像机云台防护罩和机箱的出线管与箱体连接处良好密封。

4. 可变标志

(1)显示屏、控制机箱的出线管与箱体连接处密封良好。

(2)控制机箱外部完整,门锁灵活。

(3)显示屏发光单元处于受控状态,失效率符合产品标准要求。

5. 道路视频交通事件检测系统

(1)摄像机安装位置符合施工图设计要求或与建设单位人员、设计代表和监理工程师共同确定的位置,摄像机镜头视场无遮挡监控区域的障碍物。

(2)摄像机镜头视场应覆盖设计要求的监控区域。

6. 交通情况调查设施

(1)传感器安装符合设计要求,检测区域正确。

(2)交通情况调查设施分项工程隐蔽工程验收记录、自检和设备调试记录、有效的设备检验合格报告或证书资料齐全。

7. 监控(分)中心设备及软件

(1)监控(分)中心机房整洁,通风、照明、环境温湿度条件良好。

(2)监控中心电源线缆与通信电线分开敷设,连接到位,防静电地板、设备机柜、设备接地线与机房接地线汇流排可靠连接。

(3)监控软件包括系统软件与应用软件,系统软件应合法授权、提交正式的授权使用证书,应用软件应提供软件开发、测试文件。

(4)监控(分)中心设备及软件分项工程自检和设备调试记录、有效的设备检验合格报告或证书资料齐全。

8. 大屏幕显示系统

(1)大屏幕外观应完整无损伤、屏幕平整整洁。

(2)大屏幕显示系统分项工程自检和设备调试记录、有效的设备检验合格证或证书等资料齐全。

9. 监控系统计算机网络

(1)插座、双绞线接头的压接形式(线对分配)符合现行 EIA/TIA 568A 或 568B 的规定,且在一个系统中只能选用一种压接形式,不得混用。

(2)监控系统计算机网络分项工程自检和设备调试记录、有效的设备检验合格证或证书等资料齐全。

(三)通信设施

1. 通信管道工程

(1)塑料管铺管及接续时,施工环境温度不宜低于 $-5℃$。

（2）硅芯管在敷设前，应将硅芯管端口用密封堵头堵塞。硅芯管在沟底应平整、顺直，沟坎及转角处应平缓铺设。遇有石质沟底，应在硅芯管上下方各铺 100mm 厚的碎土或沙土。硅芯管布放完后应尽快连接密封，对引入手孔的硅芯管应及时对端口封堵。

（3）硅芯管敷设转弯半径应满足管道的最小曲率半径。

（4）气吹管道的接口断面应平直、无毛刺，并应采用配套的密封接头件接续。接头件外面做防水处理。气吹管道布放前应使用专用堵头将管道两端封闭。

（5）金属管通过构筑物敷设时，螺纹连接或套管焊接的钢管两端宜采用专用接地卡固定保护连接导体，两卡间采用截面积不小于 $4mm^2$ 的多股铜芯软导线连接。

（6）桥架、线槽与支架间及与连接板的固定螺栓紧固无遗漏，螺母应位于桥架、线槽外侧；铝合金桥架、线槽与钢支架固定设有相互间绝缘的防电化腐蚀措施。

（7）桥架、线槽的所有非导电部分的铁件均应相互连接和跨接，使之成为一连续导体，并做好整体接地。

2.通信光缆、电缆线路工程

（1）确认管道与试通、人（手）井（孔）布置、引入位置及室内沟、槽建筑情况，发现问题及时提出并尽快解决。确认敷设光缆、电缆的管道疏通，管道内部无积水，无杂物堵塞。

（2）测试光电缆传输段、光中继段的衰减特性、电缆使用段的电性能指标，符合设计要求。OTDR（光时域反射仪）检测方法正确。

（3）光缆、电缆敷设的最小弯曲半径符合设计要求或规范规定。

（4）管道敷设光缆电缆时，不得损伤保护层，占用的管孔位置符合施工图设计要求，管口封堵良好。

（5）光缆在各类管材中穿放时，管材的内径应不小于光缆外径的 1.5 倍。

（6）直埋铺设光缆、电缆绑扎牢靠、松紧适度、紧密，绑扎线扣均匀、整齐、一致。敷设施工结束后应进行绝缘测试，绝缘电阻符合设计要求。

（7）光缆接续完毕，接头应有保护措施，接头盒应固定，具有良好的密封防水性能。

（8）光缆中继段接续完成后，在两端的光纤配线架内，测试光纤的线路衰耗和每个接头的接续损耗，符合设计要求。这段光纤检验测试记录全面、详细、数据准确。

（9）光纤成端应按纤序规定与尾纤熔接，成端后光纤序号有明显的标识。

（10）电缆敷设时，电缆应从盘的上端引出，不允许电缆在支架上及地面摩擦拖拉。

（11）通信电缆与电源电缆应分开敷设，避免绑扎在同一线束内；电缆应自然平直布放，不得产生扭绞、打圈、接头等现象，不得受外力挤压和损伤。

（12）桥架、线槽内线缆应排列整齐，不得拧绞；在线缆进出桥架、线槽部位、转弯处应绑扎固定；垂直桥架、线槽内线缆绑扎固定点间隔不宜大于 1.5m。槽道、托架应可靠接地连接。

（13）线缆两端应有防水、耐摩擦的永久性标签，标签书写应清晰、准确。电缆接头制作完成后，应测试其的绝缘电阻和相关性能指标，并符合设计要求。区段电缆检验测试记录全面、详细、数据准确。

3.同步数字体系（SDH）光纤传输系统

（1）同步数字体系（SDH）光纤传输系统设备应取得电信设备进网许可证，其型号规格、数量、配置应符合合同要求，部件完整，检验合格。

（2）安装工具符合防静电要求，单盘卡拆包装、插拔符合防静电操作规范。

（3）同步数字体系（SDH）光纤传输系统设备电源缆线与通信电缆分开敷设，防静电地板、设备机柜、设备接地线与机房地线汇流排可靠连接。

（4）电源电缆、地线、通信线缆按施工图设计要求连接到位，过墙、板、地下通道处安装保护套管，缆线留有适当余量。

（5）通信设备的通电调试遵循先单机、再系统的顺序进行，以确保设备安全。

（6）通信设施各系统的调测应先调试、再测试，保证通信设施的系统功能、技术指标符合设计要求。调测时做好测试记录。

4. IP 网络系统

（1）IP 网络系统设备取得电信设备进网许可证，其型号规格、数量、配置符合合同要求，部件完整，检验合格。

（2）IP 网络系统设备电源线缆与通信电缆分开敷设，防静电地板、设备机柜、设备接地线与机房地线汇流排可靠连接。

（3）安装工具符合防静电要求，单盘卡拆包装、插拔符合防静电操作规范。

（4）电源电缆、地线、通信线缆按施工图设计要求连接到位，过墙、板、地下通道处安装保护套管，缆线留有适当余量。

（5）通信设备的通电调试遵循先单机、再系统的顺序进行，以确保设备安全。

（6）通信设施各系统的调测应先调试、再测试，保证通信设施的系统功能、技术指标符合设计要求；调测时做好测试记录。

5. 波分复用（WDM）光纤传输系统

（1）传输系统设备应取得电信设备进网许可证，其型号规格、数量、配置应符合合同要求，部件完整，检验合格。

（2）电源线缆与通信电线分开敷设，防静电地板、设备机柜、设备接地线与机房地线汇流排可靠连接。

（3）安装工具符合防静电要求，单盘卡拆包装、插拔符合防静电操作规范。

（4）通信设备的通电调试遵循先单机、再系统的顺序进行，以确保设备安全。将通信设备按设计要求进行设置、调试使其达到最佳工作状态。

（5）通信设施各系统的调测应先调试、再测试，保证通信设施的系统功能、技术指标符合设计要求。调测时做好测试记录。

6. 固定电话交换系统

（1）固定电话交换系统设备取得电信设备进网许可证，其交换设备、辅助设备、控制台及各种电路板的型号规格、数量符合合同要求，部件完整，检验合格。

（2）安装工具符合防静电要求，单盘拆包装、插拔符合防静电操作规范。

（3）设备内部的电源电缆中间无接头，无接地现象。

（4）电源电缆与通信电缆分开敷设，防静电地板、设备机柜、设备接地线与机房地线汇流排可靠连接。

（5）固定电话交换系统设备机房主电源输入端子电源电压符合设计供电要求。

（6）交换机、配线架等各级可闻、可见告警装置工作正常，告警准确。

（7）交换机系统配置的时钟同步装置工作正常，时钟等级和性能参数符合相关的标准。

7. 通信电源系统

（1）通信电源正极、设备机柜、设备接地线与机房综合接地线可靠连接。

(2)整流器向蓄电池浮充或均充工作正常稳定。

(3)主备用电源自动切换,两路电源同时供电的互锁功能正确无误。

(四)收费设施

1. 入口/出口混合车道设备及软件

(1)通行信号灯安装角度根据现场实际情况调整,保证不同类型车辆驾驶人员的可视效果。

(2)车道设备保护接地及工作接地与车道地线可靠连接。

(3)收费车道系统设备机箱的出线管孔与箱体连接密封良好,金属机箱与安全保护地可靠连接。

(4)全部入口/出口混合车道设备安装、通电调试完成,车道设备及软件正常工作,技术要求检测合格。

(5)ETC 天线控制器与 OBU 单元通信正常,覆盖区域合理,无邻道干扰现象。

(6)ETC/MTC 混用车道同时支持 ETC 车道和 MTC 车道系统功能。

(7)入口/出口混合车道软件包括系统软件与应用软件,系统软件合法授权、提供正式的授权使用证书,应用软件提供软件开发、测试文件。

2. ETC 专用车道设备及软件

(1)通行信号灯安装角度根据现场实际情况调整,保证不同类型车辆驾驶人员的可视效果。

(2)设备机箱、立柱可靠接地。车道设备保护接地及工作接地与地线汇流排可靠连接。

(3)ETC 天线控制器与 OBU 单元通信正常,覆盖区域符合设计要求,无邻道干扰现象。

(4)ETC 专用车道软件包括系统软件与应用软件,系统软件合法授权、提供正式的授权使用证书,应用软件提供软件开发、测试文件。

3. ETC 门架收费系统

(1)门架基础结构、强度符合设计要求,门架安装结构稳定、牢固可靠,门架净空不小于 6m。

(2)RSU 正对车道中心线位置,安装位置、角度符合设计要求,安装牢固。通信区域调整在本车道行车范围内,对 OBU 的通信区域纵向距离宜为 30~40m,不得对相邻车道形成信号干扰。

(3)ETC 门架收费系统供电稳定可靠,保证 ETC 门架收费系统 24h 不间断工作。

(4)电源电缆与信息线缆分管布放,中间不得有电缆接头。

(5)ETC 门架收费系统软件包括系统软件与应用软件,系统软件合法授权、提供正式的授权使用证书,应用软件提供软件开发、测试文件。

4. 收费站设备及软件

(1)机柜前后空间分配合理,与整个机房通风良好。

(2)收费站操作台与电视墙应符合人机学原理要求。

(3)收费站设备连接线缆按强电线槽和弱电线槽分开布放。

(4)设备、屏蔽线缆的屏蔽层、防静电地板与机房接地母线可靠连接。

(5)正确配置收费站各计算机与服务器和收费车道控制机的网络地址。

(6)收费站软件包括系统软件与应用软件,系统软件合法授权、提交正式的授权使用证书,应用软件提供软件开发、测试文件。

5. 收费分中心设备及软件

(1)机柜前后空间分配合理,与整个机房通风良好。

(2)收费分中心操作台上设备布置合理、方便操作符合人机学原理要求。

（3）收费分中心设备连接线缆按强电线槽和弱电线槽分开布放。

（4）设备、屏蔽线缆的屏蔽层、防静电地板与机房接地母线可靠连接。

（5）正确配置收费分中心各计算机与服务器和外围设备的网络地址。

（6）收费分中心软件包括系统软件与应用软件，系统软件合法授权、提交正式的授权使用证书，应用软件提供软件开发、测试文件。

6. 联网收费管理中心（收费中心）设备及软件

（1）设备机柜前后空间分配合理，与整个机房通风良好。

（2）联网收费管理中心（收费中心）操作台上设备布置合理、方便操作符合人机学原理要求。

（3）联网收费管理中心（收费中心）设备连接线缆按强电线槽和弱电线槽分开布放。

（4）设备、屏蔽线缆的屏蔽层、防静电地板与机房接地母线可靠连接。

（5）正确配置联网收费管理中心（收费中心）各计算机与服务器和外围设备的网络地址。

（6）联网收费管理中心（收费中心）软件包括系统软件与应用软件，系统软件合法授权、提交正式的授权使用证书，应用软件提供软件开发、测试文件。

7. 内部有线对讲及紧急报警系统

（1）对讲分机接线牢固，留有余量，对讲分机位置可调整。

（2）报警开关的安装位置隐蔽，方便触发。

（3）电源电缆、通信线缆与接地线按施工图设计要求连接到位，全部内部有线对讲及紧急报警系统设备安装、通电调试完成，内部有线对讲及紧急报警系统设备工作正常，技术检测合格。调试记录详细、清晰，检测报告数据准确、项目齐全。

8. 超限检测系统

（1）设备机箱、立柱可靠接地。

（2）触发线圈、光栅分离器和轮轴识别器时，数据采集器应正确采集相关信息并做出正确反应。

（3）摄像机取景角度、监视范围达到设计要求。

（4）超限检测系统中使用的计重承载器应通过相关部门型式评价（定型鉴定）的检测，取得"计量器具制造许可证"；并通过省级计量部门的检定，取得相应证书且在有效期内。

9. 收费闭路电视监视系统

（1）摄像机云台防护罩和机箱的出线管与箱体连接处良好密封。

（2）控制机箱外部完整，门锁开闭灵活。

10. 收费站区光缆、电缆线路

（1）金属线槽、托架可靠接地连接，不可作为设备的接地导体。

（2）强、弱电线缆分别敷设于机电设施机房，安装于静电地板下分开设置的线槽内。

（3）设备机柜和线缆间应作密封防潮处理。

（4）电缆敷设时不可有中间接头；电缆接头应放入人（手）井（孔）或电缆沟内，严禁在导管内接头。

（5）电缆中间接头采用热塑型电缆接头，热塑接头规格尺寸应与电缆规格匹配；电缆中间接头或分岔也可采用电缆穿刺器进行连接；接头的制作应使得芯线间连接良好、绝缘可靠、密封良好。

（6）电缆始末端、分岔处、拐弯处、接头处、隧道口、桥架的出入口、电缆井等处挂设标志牌。标志牌应写明电缆编号、型号、规格、起止点、长度。标志牌规格宜统一，能防腐，字迹清晰，不易脱落。

（7）铠装电缆采用直埋敷设，力求路径最短。

（8）光缆敷设的曲率半径不得小于光缆外径的20倍。

（9）人（手）井（孔）内光缆应挂标志牌。标志牌内容应包括编号、型号、规格、起止方向，标志牌字迹应清晰，不易褪色。

（10）光缆接续应使用专用的接续材料，光缆接头应安装牢固，有清晰标识及编号。

（11）光缆接续完毕，接头应有保护措施，接头盒应具有良好的密封防水性能。

（12）电缆、光缆敷设时严禁产生绞拧、铠装压扁、护层断裂和表面严重划伤等缺陷。

11. 收费系统计算机网络

（1）插座、双绞线接头的压接形式（线对分配）应符合现行 EIA/TIA 568A 或 586B 的规定，且在一个系统中只能选用一种压接形式，不得混用。

（2）机柜安装牢固，与机房地线可靠连接。

（3）电源电缆与信号和控制电缆分开线槽道布放。

（五）供配电设施

公路供配电设施施工划分的分项工程是中压配电设备、中压设备电力电缆、中心（站）内低压配电设备、低压设备电力电缆、风/光供电系统和电力监控系统。

1. 中压配电设备

（1）电气设备外露可导电部分与接地装置可靠连接；成排的配电装置的两端均与接地线可靠相连。

（2）基础型钢、变压器箱体、干式变压器的支架或外壳、配电柜可靠接地。

（3）变压器的低压侧中性点与机房接地干线直接框可靠连接。

（4）母线支架和封闭式母线、插接式母线的外壳接地或接零良好。

（5）母线与电器接线端子连接，保证电器的接线端子不受其他外力。

（6）变配电所配电装置各回路的相序排列一致，硬导体涂刷相色油漆或相色标志。

（7）变压器的中、低压门宜与中压开关柜进行电气联锁。

（8）所有主回路、接地回路及辅助回路接点应牢固、准确；低压每个输出回路标记清晰，回路名称准确。

2. 中压设备电力电缆

（1）电缆敷设时，电缆应从盘的上端引出，不应使电缆在支架上及地面摩擦拖拉。

（2）三芯电力电缆在电缆中间接头处，其电缆铠装、金属屏蔽层应各自有良好的电气连接并相互绝缘；在电缆终端头处，电缆铠装、金属屏蔽层用接地线分别引出，并可靠接地。

（3）穿入管内的电源线不得有接头，穿线管在穿线后按设计要求将管口良好密封。

（4）电力电缆和控制电缆分层敷设；高低压电力电缆，强、弱电电缆按顺序分层配置。

（5）电缆进入电缆沟、隧道、竖井、建筑物、盘柜以及穿入管道时，出入口和管口封闭良好。

3. 中心（站）内低压配电设备

（1）变配电所、发电机组室通过安全、消防验收。

（2）低压成套开关设备应具有 CCC 认证标志。

（3）设备、列架内以及设备之间的连接布线符合施工图设计、规范要求。所有进出线标记正确清晰，并附有配电简图。

（4）电气设备外露可导电部分，与接地装置有可靠的电气连接。成排的配电装置的两端均与接地线可靠连接。

（5）进入配电（箱）柜的所有电缆接头按规范要求开剥、焊接、镀锡、绑扎、密封和热塑封合防潮处理。

（6）发电机本体和机械部分的可接近裸露导体可靠接地或接零，且有接地标识。

（7）发电机及控制箱接线连接可靠，馈电出线的相序与电网供电系统的相序一致。

（8）蓄电池安装平稳、排列整齐、间距均匀；接线准确，连接时使电池抽头不受额外应力。

（9）UPS 或 EPS 输出端的中性线，与接地装置直接引来的接地干线相连接，做重复接地。

（10）所有主回路、接地回路及辅助回路接点应牢固、准确；低压每个输出回路标记清晰，回路名称准确。

4.低压设备电力电缆

（1）设备、列架内以及设备之间的布线连接符合施工图设计、规范要求。所有进出线标记正确清晰，并附有配电简图。

（2）进入配电（箱）柜的所有电缆接头都按规范开剥、焊接、镀锡、绑扎、密封处理，并进行热塑封合防潮处理。

（3）电缆敷设时，电缆应从缆盘的上端引出，不应使电缆在支架上及地面摩擦拖拉。

（4）穿入管内的电源线不得有接头，穿线管在穿线后按施工图设计要求将管口良好密封。

（5）电缆进入电缆沟、隧道、竖井、建筑物、盘柜以及穿入管道时，出入口和管口封闭良好。

（6）直埋电缆埋深符合施工图设计要求，电缆两端铠装层接地处理措施得当，埋设电缆标识符合设计要求。

5.风/光供电系统

（1）太阳能板安装角度应确保产生最佳光能转换效果，太阳能板不得侵占建筑界限。

（2）蓄电池安装符合施工图设计要求，确认电池连接可靠。

（3）电力电缆、控制电缆的屏蔽护套接地连接可靠，与接地干线就近可靠连接，紧固件齐全。

6.电力监控系统

（1）电力监控工作站主机、通信管理机、服务器机柜、配电盘（箱）、打印机、UPS 机柜等安装牢固，可靠接地和接零。

（2）电源电缆、通信线缆（屏蔽双绞线）或光缆按施工图设计要求连接到位。线缆屏蔽层可靠接地。

（3）电力监控软件包括系统软件与应用软件，系统软件合法授权、提供正式的授权使用证书，应用软件提供软件开发、测试文件。

（六）照明设施

公路照明设施施工划分的分项工程是路段照明设施、收费广场照明设施、服务区照明设施和收费天棚照明设施。

1.路段照明设施

（1）立柱安装竖直、稳固，校正完成后对基础螺杆和杆件底座法兰包封。

（2）灯具接线牢固、排列整齐，灯具进出线孔密封，灯臂、灯盘、灯杆内的导线不得有接头。

（3）灯具外壳、杆体、配电箱（柜）、桥架和线缆屏蔽层可靠接地。

（4）电气设备的外露可导电部分应单独与保护导体相连接，不得串联连接，连接导体的材质、截面积符合施工图设计要求。

（5）灯杆、配电箱（柜）、桥架、照明电缆标识正确、清晰。

2.收费广场/服务区照明设施

（1）反光器表面清洁，已进行抛光氧化或镀膜处理，表面无明显划痕。

（2）立柱安装竖直、稳固，校正完成后对基础螺杆和杆件底座法兰包封。

（3）灯具接线牢固、排列整齐，灯具进出线孔应密封，灯臂、灯盘、灯杆内的导线不得有接头。

（4）灯具外壳、杆体、配电箱（柜）、桥架和线缆屏蔽层可靠接地。

（5）灯杆、配电箱（柜）、桥架、照明电缆标识正确、清晰。

（6）高杆灯灯盘升降测试无异常现象。

3.收费天棚照明设施

（1）封闭灯具的灯头引线应采用耐热绝缘管保护，灯罩与尾座的连接紧密。

（2）灯具外壳、配电箱（柜）、金属管道外壳和线缆屏蔽层可靠接地。

（3）配电箱（柜）、照明电缆标识正确、清晰。

（七）隧道机电设施

公路隧道机电设施施工划分的分项工程有车辆检测器、闭路电视监视系统、紧急电话与有线广播系统、环境检测设备、手动火灾报警系统、自动火灾报警系统、电光标志、发光诱导设施、可变标志、隧道视频交通事件检测系统、射流风机、轴流风机、照明设施、消防设施、本地控制器、隧道管理站设备及软件、隧道管理站计算机网络和供配电设施。

1.紧急电话与有线广播系统

（1）紧急电话分机接地线与隧道接地干线可靠连接。

（2）隧道内分机洞室应有防潮、防尘措施；壁挂式分机的安装孔和进线孔应密封。

2.环境检测设备

（1）按施工图设计要求连接环境检测器及其传感器的保护线、信号线、电源线，排列规整、标识清楚、无交叉拧绞。

（2）控制箱内电力线、信号线、接地线分列明确，布线整齐、绑扎牢固，接线端头焊（压）接牢固、平滑；编号标识正确、清楚，余留长度适当、规整。

（3）控制箱门开关灵活、出线孔分列正确、密封措施得当。

3.手动火灾报警系统

（1）缆线按施工图设计要求连接到位，排列整齐，无交叉，安装牢固。

（2）火灾报警控制器的主电源引入线，与消防电源直接连接，严禁使用电源插头；消防主电源有明显标识。

（3）控制器与接地线可靠连接，进线管孔封堵良好。

（4）手动火灾报警按钮安装牢固、标识醒目。

4.自动火灾报警系统

（1）火灾报警系统传输线路应采用铜芯绝缘导线或铜芯电缆。50V以下供电的控制线路，其电压等级不应低于交流250V；交流220V/380V的供电和控制线路，其电压等级不应低于交流500V。

（2）点型火灾探测器应根据设计要求确定探测器安装位置、高度、间距和角度，探测器的检测范围应覆盖整个检测区域，探测器周围0.5m范围内不应有遮挡物，探测器的确认灯应设置在便于检修人员观察的位置。

（3）线型火灾探测器安装托架、钢索吊架间距应符合施工图设计要求，托架、吊架固定可靠，承受拉力满足规范要求，与探测器应用阻燃卡具固定。

（4）线型火灾探测器安装时，牵引力不应超过探测器允许张力的 80%，瞬时最大牵引力不得大于探测器允许的张力。安装时不得损伤探测器护套。

（5）线型火灾探测器安装弯曲半径不应小于探测器允许的最小弯曲半径，探测器不应扭曲。

（6）火灾报警系统导线连接必须可靠压接或焊接，当采用焊接时不得使用带腐蚀性的助焊剂，缆线按施工图设计要求连接到位，排列整齐，无交叉。

（7）火灾报警控制器的主电源引入线，与消防电源直接连接，严禁使用电源插头；消防主电源有明显标识。

（8）控制器与接地线可靠连接，进线管孔封堵良好。

（9）自动火灾探测器和火灾报警控制器应逐个进行试验，其性能符合设计要求，动作应准确无误。

（10）系统调试正常后，连续运行 120h 无故障。

（11）自动火灾报警功能调试应在隧道中实施模拟点火试验。

5. 电光标志

全部电光标志设备安装、通电调试完成，电光标志工作正常，技术检测合格。调试记录详细、清晰，检测报告数据准确、项目齐全。

6. 发光诱导设施

交通信号灯和车道指标器显示图案正确、清晰，动态视认距离不小于 200m。

7. 隧道视频交通事件检测系统

摄像机镜头视场符合设计要求。

8. 射流风机

（1）悬挂安装的射流风机预埋件应进行荷载试验。荷载试验的试验负荷应为风机重力与风机支架重力之和的 15 倍；试验时间宜为 5min；抽检数量为 100%。

（2）射流风机安装连接螺栓的强度等级符合设计要求；螺栓必须紧固，并有防松动和减振装置。

（3）风机和控制柜壳体与接地干线可靠连接。

（4）射流风机安装牢固，风机中心线与隧道中心线平行度允许偏差不应大于 100mm。

（5）风机安装完成后，检查确认安装过程未损伤风机、无异物进入风机内、风机和安装附件的防腐层与风机防护罩完好。

（6）风机通电前检查确认风机叶轮转动正常。

（7）风机试运转时间不应少于 2h。风机试运转后，检查确认紧固件无松动。

9. 轴流风机

（1）各叶片的安装角度应按设备技术文件的规定进行复查和校正，允许偏差不大于 2°。

（2）机壳（主风筒）连接时不得产生导致叶顶间隙改变的变形。

（3）风机安装的水平偏差和垂直偏差不大于 1mm/m。

（4）风机的进气、排气系统的管路、大型阀件、调节装置、冷却装置和润滑油系统等管路均有单独的支撑，并与基础或其他建筑物连接牢固。

（5）与风机进气口和排气口法兰相连的直管段上，不得有阻碍热胀冷缩的固定支撑。

（6）管路与机壳连接时，机壳不应承受外力；连接后，复测机组的安装水平程度和主要间隙确认符合设备技术要求。

（7）风道与周围土建结构间应无漏风、漏水的间隙。

（8）金属壳体式消声器应与结构壁面安装结合牢固可靠，在额定风量下不得出现松动或振颤现象。

（9）风机安装完成后，检查确认安装过程未损伤风机、无异物进入风机内、风机和安装附件的防腐层完好。

（10）进出线孔应采取防水措施。不用的电缆引入孔应安置堵板。

（11）风机和控制柜壳体与接地干线可靠连接。

（12）风机通电前应检查确认叶轮转动正常。

（13）风机通电后进行双向点动检查确认风机运转正常，且风机启动电流不大于规定值。

（14）风机试运行时间不应少于2h。风机试运行时的工作电压、电流，轴承温度、温升与振动速率等各项技术参数满足风机技术要求。

10.照明设施

（1）灯具的安装符合施工图设计要求，灯具安装牢固可靠、线形流畅，安装轴线与车道中心线平行。

（2）隧道灯具安装位置纵向偏差宜不大于30mm，横向偏差宜不大于20mm，高度偏差宜不大于10mm。

（3）调光或调色温发光二极管（LED）灯具的控制线缆极性连接正确，线缆屏蔽端头可靠接地。

（4）照明接线箱箱体、灯具和照明控制柜外壳可靠接地。

11.消防设施

（1）需强制性认证或型式认可的产品尚应有认证（认可）证书和认证（认可）标识。

（2）水位检测器按设备技术文件要求进行安装，其供电及信号电缆有屏蔽保护措施。

（3）管网所用钢管经防腐处理，并采用螺纹、沟槽式管件或法兰连接。

（4）管网安装完成后，强度试验、冲洗和严密性试验合格。

12.本地控制器

（1）本地控制器至控制中心以及隧道内下端设备的保护地线、信号（控制）电缆、电源电缆的连接符合施工图设计要求，线缆排列规整、无交叉拧绞，标识完整、正确、清楚。

（2）控制箱内布线应牢固、整齐、标识清晰。

（3）箱门开关灵活、出线孔密封措施得当。

13.隧道管理站设备及软件

（1）控制台的连接线缆应由下部引入，线缆两端留有余量，并有永久性标识。

（2）设备地线与隧道管理站的等电位接地端子板可靠连接。

（3）隧道管理站软件包括系统软件与应用软件，系统软件合法授权，提交正式的授权使用证书，应用软件提供软件开发、测试文件。

（八）机电工程外观质量

1.机电工程外观质量监理要求

（1）各部件表面光泽一致、无划伤、无刻痕、无剥落、无锈蚀。

（2）立柱、外场设备基础混凝土表面的蜂窝、麻面、裂缝等缺陷面积不超过该面面积的1%或深度不超过10mm，损边、掉角长度不超过20mm。

（3）立柱、外场设备基础地脚螺栓、接地极引出线防锈措施得当，裸露金属基体锈蚀不大于$1cm^2$。

（4）立柱、机箱安装端正，金属机箱与接地线良好连接，机箱的出线管与箱体连接处密封良好。

（5）机箱、立柱表面光泽一致，涂层剥落、表面锈蚀单处面积不大于1cm²或总面积不大于5cm²，单个划痕长度不大于5cm或划痕总长度不大于10cm。

（6）机箱内部元器件固定牢靠，线缆布设平顺、整齐，标识正确、清楚，设有永久性接线图，机箱内无杂物、积水、尘土、霉变。

（7）室内外设备及布线规范，机柜内无杂物，光、电缆排列整齐、绑扎牢固，进出线管口封堵良好，电源线、信号（控制）线分开布设、保护处理措施得当，标识正确、清楚。

2. 机电工程外观质量的限制缺陷

机电工程外观质量的限制缺陷见表2-2-44。

机电工程外观质量限制缺陷 表2-2-44

序号	名 称	限制缺陷
1	外场设备基础	表面的蜂窝、麻面、裂缝等缺陷面积超过该面面积的1%或深度超过10mm，长度超过20mm的损边、掉角，裸露金属基体大于1cm²的锈蚀
2	外场机箱外部连接线	金属机箱与接地线未连接，进出线管与箱体连接处未做密封
3	机箱、立柱表面	涂层剥落、表面锈蚀单处面积大于1cm²或总面积大于5cm²，单个划痕长度大于5cm或划痕总长度大于10cm
4	机箱内部	元器件未固定或固定不牢靠，线缆无标识，无永久性接线图，机箱内有杂物、积水
5	室内外设备及布线	机柜内有杂物，光、电缆排列不整齐、绑扎不牢固，进出线管口未封堵，无标识，电源线、信号线未分开布设、未做保护处理

例 题

例1 对于长隧道，高压供电电压一般采用（　　）供电系统。

A. 3kV　　　　　　　　　　　　B. 10kV
C. 35kV　　　　　　　　　　　　D. 110kV

例2 直埋电缆位于行车道下时，直埋电缆外皮至地面深度不得小于（　　）。

A. 0.5m　　　B. 0.7m　　　C. 1.0m　　　D. 1.5m

例3 下列关于车辆检测器施工要求的说法，正确的是（　　）。

A. 环形线圈不宜跨伸缩缝安装
B. 埋设位置应在金属物体上方，避免干扰
C. 馈线与环形线圈为完整电缆
D. 微波车辆检测器探头波束投影范围与侦测车道方向平行

例4 硅芯管在敷设遇有石质沟底时，应在硅芯管上下方各铺（　　）厚的碎土或沙土等。

A. 50mm　　　B. 80mm　　　C. 100mm　　　D. 200mm

例5 通信设备的通电调试遵循（　　）的顺序进行。

A. 先系统、再单机　　　　　　B. 先单机、再系统
C. 单机、系统同时　　　　　　D. 单机、系统不分先后

例6 中压设备电力电缆敷设时，电缆应从盘的（　　）引出。

A. 上端　　　B. 下端　　　C. 左侧　　　D. 右侧

例7 下列各设施中，属于公路基层监控单元设施的有（　　）。

A. 计算机系统 B. 闭路电视监视系统
C. 大屏幕显示系统 D. 附属设施
E. 交通地理信息系统

例8 公路管理业务及服务照明包括（　　）。

A. 互通立交照明 B. 隧道照明
C. 公路收费广场照明 D. 避险车道照明
E. 服务区照明

例9 下列检测设施中，属于隧道通风环境检测设施的有（　　）。

A. 能见度检测器 B. CO 浓度检测器
C. 风速风向检测器 D. NO 检测器
E. 温湿度传感器

例10 人（手）井（孔）内光缆应挂标志牌，标志牌内容应包括（　　）。

A. 编号 B. 型号 C. 规格 D. 起止方向
E. 颜色

例11 通信管道工程宜采用牵引法敷设施工工艺的有（　　）。

A. 高密度聚乙烯管 B. 聚氯乙烯（PVC）管
C. 高密度聚乙烯（HDPE）硅芯管 D. 薄壁钢管
E. 玻璃纤维增强塑料管

例 题 解 析

例1 除特长隧道外，高压供电电压一般采用 10kV 供电系统。故本题选 B。

例2 直埋电缆外皮至地面深度不得小于 0.7m，当位于行车道下时应适当加深，不应小于 1.0m。故本题选 C。

例3 环形线圈不得跨伸缩缝安装，埋设位置应避开金属物体；微波车辆检测器探头波束投影范围与侦测车道方向垂直。故本题选 C。

例4 当遇有石质沟底时，应在硅芯管上下方各铺 100mm 厚的碎土或沙土。故本题选 C。

例5 通信设备的通电调试遵循先单机、再系统的顺序进行，以确保设备安全。故本题选 B。

例6 中压设备电力电缆敷设时，电缆应从盘的上端引出，不应使电缆在支架上及地面摩擦拖拉。故本题选 A。

例7 基层监控单元设施包括计算机系统、闭路电视监视系统、附属设施等。省级监控中心设施包括大屏幕显示系统、交通地理信息系统；路段监控分中心设施包括大屏幕显示系统。故本题选 ABD。

例8 公路管理业务及服务照明包括公路收费广场照明、收费雨棚照明、服务区照明、超限检测站与避险车道照明等；互通立交照明、隧道照明属于道路照明。故本题选 CDE。

例9 隧道通风设施由通风机、通风环境检测设施（能见度检测器、CO 浓度检测器、风速风向检测器、NO_2 检测器）、通风区域控制器、配电箱（柜）、通风控制计算机（设在中央控制室）等组成。故本题选 ABC。

例10 人（手）井（孔）内光缆应挂标志牌，标志牌内容应包括编号、型号、规格、起止方向，标志牌字迹应清晰,不易褪色。故本题选 ABCD。

例11 公路上使用的通信管道材料有水泥管块、聚氯乙烯和聚乙烯材料管道、硬聚氯乙烯和高密度聚乙烯材料管道、高密度聚乙烯(HDPE)硅芯管、COD 管、镀锌钢管等。故本题选 ABC。

自 测 模 拟 题

(一)单项选择题

1. 通信管道的塑料管铺管及接续时,施工环境温度不宜低于( )。
   A. 5℃ B. 0℃ C. −5℃ D. −10℃

2. 光缆敷设的曲率半径不得小于光缆外径的( )。
   A. 10 倍 B. 15 倍 C. 20 倍 D. 30 倍

3. 火灾报警系统传输线路应采用铜芯绝缘导线或铜芯电缆,50V 以下供电的控制线路,其电压等级不应低于( )。
   A. 交流 110V B. 交流 220V
   C. 交流 250V D. 交流 380V

4. 隧道自动火灾报警系统中,线型火灾探测器的托架、吊架应固定可靠,与探测器应用( )卡具固定。
   A. 防潮 B. 绝缘 C. 保温 D. 阻燃

5. 收费站内铠装电缆采用( ),力求路径最短。
   A. 电缆沟内敷设 B. 直埋敷设
   C. 电缆桥架内敷设 D. 架空敷设

(二)多项选择题

1. 隧道内线缆路由宜采用( )等预埋暗敷。
   A. 镀锌钢管 B. 铜塑管
   C. 可挠金属管 D. 铸铁管
   E. 塑料管

2. 关于通信光缆、电缆线路工程的施工要求,下列说法正确的有( )。
   A. 敷设施工结束后应进行绝缘测试
   B. 光缆在各类管材中穿放时,管材的内径应不小于光缆外径的 1.2 倍
   C. 电缆敷设时,电缆应从盘的上端引出
   D. 光纤成端应按纤序规定与尾纤熔接
   E. 垂直桥架、线槽内线缆绑扎固定点间隔不宜大于 1.5m

3. 关于线型火灾探测器安装的施工要求,下列说法正确的有( )。
   A. 牵引力不应超过探测器允许张力的 90%
   B. 瞬时最大牵引力不得大于探测器允许张力 1.2 倍
   C. 探测器周围 0.5m 范围内不应有遮挡物
   D. 系统调试正常后,连续运行 120h 无故障
   E. 安装弯曲半径不应小于探测器允许的最小弯曲半径

4. 关于射流风机安装的施工要求,下列说法正确的有( )。
   A. 悬挂安装的射流风机预埋件应进行荷载试验,试验负荷应为风机重力与风机支架重力之和

的15倍

B. 风机和控制柜壳体与接地干线可靠连接

C. 风机中心线与隧道中心线平行度允许偏差不应大于200mm

D. 风机通电前检查确认风机叶轮转动正常

E. 风机试运转时间不应少于2h，风机试运转后，检查确认紧固件无松动

5. 下列缺陷中，属于机电工程外观质量限制缺陷的有（　　）。

A. 金属机箱与接地线未连接

B. 表面的蜂窝、麻面等缺陷面积超过该面面积的0.5％

C. 机箱内有杂物、积水

D. 电源线、信号线未分开布设

E. 进出线管与箱体连接处未做密封

参 考 答 案

（一）单项选择题

1. C　　2. C　　3. C　　4. D　　5. B

（二）多项选择题

1. ACE　　2. ACDE　　3. CDE　　4. ABDE　　5. ACDE

第三章 公路工程进度目标控制

第一节 公路工程进度控制基础知识

一、施工组织管理

重点知识

施工组织管理主要包括施工组织设计的编制要求和施工过程管理,施工过程管理主要包括施工过程的分类、施工组织研究的对象和施工组织方法(或方式)。

(一)施工组织设计的编制要求

1. 施工组织设计的概念

施工组织设计是为完成拟建工程施工、创造必要的生产前提条件、确定先进合理的施工工艺所做的规划设计。它是指导拟建工程项目进行施工准备和组织施工的基本文件,是指导施工各项活动的技术经济文件,须经施工单位技术负责人同意签字后,报总监理工程师审核签字,才能成为现场施工准则。

2. 施工组织设计的分类

(1)按照编制者和时间阶段可分为:

①由设计单位编制:初步设计阶段称为施工方案;技术设计阶段称为修正施工方案;施工图设计阶段称为施工组织计划。

②由施工单位编制:称为实施性施工组织设计,简称施工组织设计。投标阶段称为标前施工组织设计;中标后施工前称为标后实施性施工组织设计(也有简称实施性施工组织设计或施工组织设计)。

(2)按照工程的组成可分为:施工组织总设计、单位工程施工组织设计、分部分项工程施工组织设计等。

3. 施工组织设计(或总设计)的内容

①编制说明;②编制依据;③工程概况;④施工总体部署;⑤主要分部分项工程施工方案;⑥施工进度计划;⑦资源(即工料机)供需计划;⑧施工平面布置(图);⑨季节性施工保证措施;⑩质量、安全、职业健康、环境保护、文明施工等方面保证措施。

4. 施工组织设计编制原则

严格执行基本建设程序;科学安排施工顺序;采用先进的施工技术和设备;应用科学的计划方法制订合理的施工组织方案;落实季节性施工的措施确保全年连续施工;确保工程质量和施工安全;节约基建资金降低工程成本。

5. 施工组织设计编制依据

当前的有关法律法规和文件;现行标准和技术经济指标;主管部门批准文件和建设单位对施工要求;现场条件以及地质、水文、气象等自然条件;资源供应情况;施工单位的施工能力、机具设备状况、技术水平等。

6. 施工组织设计编制流程

施工组织设计编制流程参见图 3-1-1。在编制流程中，一般情况是先确定进度计划，然后根据进度计划编制资源（劳动力、材料、机具设备）计划。但是，如果此时实际的资源数量不能满足资源计划的要求，在没有增加资源数量的情况下，就需要根据实际资源数量来调整原进度计划，直至进度计划与资源计划达到平衡。

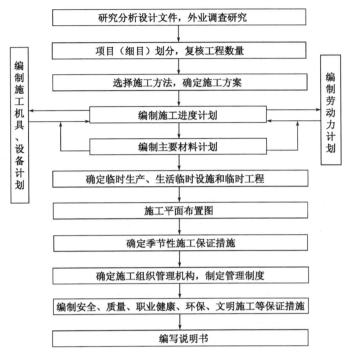

图 3-1-1 施工组织设计编制流程图

7. 监理机构对施工组织设计的审核

编制和审查程序；施工方案及技术措施；质量、安全和环保管理体系；进度计划和资源计划；施工平面图；临时工程的施工方案。

8. 施工组织设计的贯彻、检查和调整

（1）施工组织设计的贯彻：施工组织设计的技术交底；制订各项管理制度；实行项目岗位责任制；统筹安排综合平衡；做好施工准备。

（2）施工组织设计的检查：准备情况的检查；主要施工控制的检查；现场布置合理性检查。

（3）施工组织设计的调整：根据执行情况和检查发现的问题及原因，拟定改进措施或调整方案进行纠偏，并不断调整实施计划以保证施工组织设计目标的实现。

（二）施工过程的概念和分类

1. 施工过程的概念

施工过程就是施工中出产品的过程，也是劳动力利用劳动工具作用于劳动对象，按照预定的目标完成社会所需的公路工程产品的过程。施工过程由一系列相联系的施工活动组成。

施工过程的基本内容包括劳动过程和自然过程，公路工程系野外施工生产，就是劳动过程和自然过程的结合。例如，浇筑水泥混凝土是劳动过程，水泥混凝土的自然养护是自然过程。为了便于施工过程的组织，需要对施工过程进行分类。

2. 施工过程的分类

（1）根据施工过程所需的劳动资料及其对产品所起的作用，施工过程有如下分类：①施工准备过程；②施工生产过程（基本施工过程）；③辅助施工过程；④服务施工过程。

施工生产过程（基本施工过程）是施工过程中最主要的组成，所以一般所说的施工过程就是指施工生产过程（基本施工过程）。

（2）施工过程中的层次划分（分解）。

施工生产过程可以由大到小依次逐层分解为单位工程、操作过程（分部工程或分项工程）、工序、操作、动作。

①动作与操作。动作是指工人施工时一次能完成的最基本施工活动。若干个相互关联的动作就组成操作。例如"拼装模板"这个操作由一块模板与另一块模板的拼接和固定这两个动作组成；"钢筋除锈"这一操作，由拿起钢筋、插入沙盘、来回拖拉，取出钢筋等有关的动作组成。动作和操作并不能完成产品，在技术上也不能独立存在，但它们是制订定额的重要原始资料。

②工序。工序是指在劳动组织上不可分，施工技术上相同的施工过程，它由若干个操作组成。例如"水泥混凝土路面面层"就有安装模板、安置钢筋、混凝土摊铺、切缝、养护等工序组成。其中"混凝土摊铺"这一工序就由拌和混凝土、运输混凝土、摊铺、振捣、抹平等操作组成。

工序是指一个人或多个人，在工作地利用工具或机械对同一劳动对象连续的施工。工作地就是工人的施工场所，即工地或现场。劳动对象就是具体的工程产品或其部件。工序的主要特征是劳动者、劳动工具（机械）、劳动对象均不发生变化，如果其中一个发生变化，就意味着从一个工序转入另一工序。

施工组织往往以工序为对象。工序是施工过程时间组织计算所考虑的基本单元，即工序是施工组织的基本单元。

③操作过程

操作过程是由几个在技术上相互关联的工序组成，可以相对地独立完成某一种细部工程，上述"混凝土面层"就是操作过程一例。对整个路面工程（1~3km 作为分部工程，每 10km 长或一个合同段作为单位工程）而言，包括路槽、路肩、垫层、基层、面层等操作过程。所以操作过程实际就是"分项工程或分部工程"。

（三）施工组织的方法和特点

1. 施工组织的基本方法（方式或作业法等）

公路工程施工的组织方法很多，其基本方法可归纳为顺序（依次）作业法、平行作业法和流水作业法三种。以三座涵洞施工为例，如表 3-1-1 所示。比较三种施工组织的基本方法（方式），如图 3-1-2 所示。

三座涵洞施工时间表　　　　　　　　表 3-1-1

工序	施工段			人数
	1号	2号	3号	
挖基	4	4	4	6
砌基	4	4	4	5
涵台	4	4	4	12
盖板	4	4	4	3

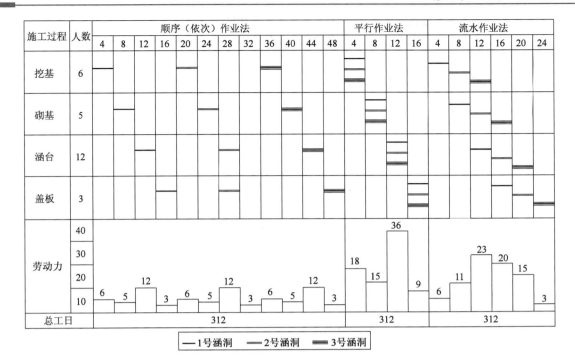

图 3-1-2 三种基本施工组织方法对比图

要进行施工（即工序开工），必须具备两个基本要素：工作面和资源（生产力）。

施工组织其他方法即基本方法的组合有：平行顺序、平行流水、立体交叉平行流水。

2. 施工组织基本方法的特点

根据图 3-1-2，施工组织基本方法的特点可以从工期、资源、工作面，分工与否以及管理难易强弱等几个方面进行比较。

（1）顺序：工期长、资源少、没有充分利用工作面、不强调分工、管理简单。

（2）平行：工期短、资源多、充分利用工作面、不强调分工、管理复杂。

（3）流水：工期合理、资源均衡、科学利用工作面、必须分工、较强管理能力。当资源受限时，例如模板有限或预制台座有限等，流水施工是解决这些问题的好办法，这点在案例分析题中常常涉及。

例 题

例1 施工组织的基本单元是（　　）。
　　A. 分部工程　　　　　　　　　　B. 分项工程
　　C. 工序　　　　　　　　　　　　D. 操作过程

例2 在有足够工作面和资源的前提下，施工工期最短的施工组织方式是（　　）。
　　A. 依次施工　　　　　　　　　　B. 搭接施工
　　C. 平行施工　　　　　　　　　　D. 流水施工

例3 工人施工时一次能完成的最基本施工活动是（　　）。
　　A. 动作　　　　B. 操作　　　　C. 工序　　　　D. 操作过程

例4 施工过程中的"钢筋除锈"是（　　）。
　　A. 动作　　　　B. 操作　　　　C. 工序　　　　D. 操作过程

例5 不能完成产品，在技术上也不能独立存在的施工过程是（　　）。
　　A. 动作　　　　B. 操作　　　　C. 工序　　　　D. 操作过程

E. 综合过程

例6 施工组织的基本方法有（　　）。

　　A. 顺序作业法　　　　　　　　　　B. 平行作业法
　　C. 流水作业法　　　　　　　　　　D. 平行顺序法
　　E. 平行流水法

例7 桥梁工程在组织流水施工时，需要纳入施工进度计划中的施工过程包括（　　）。

　　A. 桩基础浇筑　　　　　　　　　　B. 梁的现场预制
　　C. 商品混凝土的运输　　　　　　　D. 混凝土构件的吊装
　　E. 混凝土构件的采购运输

例题解析

例1 施工组织往往以工序为对象，工序是施工过程时间组织计算考虑的基本单元。故选 C。

例2 平行施工的特点是工期短、资源多、充分利用工作面、不强调分工、管理复杂。选项 A 依次施工（顺序）特点是工期长资源少。选项 B 和 D，工期都比平行施工长。故选 C。

例3 动作的定义是指工人施工时一次能完成的最基本施工活动，若干个相互关联的动作就组成操作。故选 A。

例4 "钢筋除锈"这一操作，由拿起钢筋、插入沙盘、来回拖拉，取出钢筋等有关的动作组成。故选 B。

例5 动作和操作并不能完成产品，在技术上也不能独立存在，但它们是制订定额的重要原始资料。故选 AB。

例6 五个选项都是施工组织方法，但其中顺序作业法、平行作业法、流水作业法是基本施工组织方法，而平行顺序法和平行流水法是由基本方法组合的其他组织方法。故选 ABD。

例7 选项 ABD 在流水施工组织中要占用施工时间。而选项 C 商品混凝土的运输是选项 B 梁的现场预制的施工辅助过程，可以适当提前安排妥当就不占用流水工期；同理，选项 E 混凝土构件的采购运输是选项 D 混凝土构件的吊装的施工辅助过程。故选 ACD。

自测模拟题

（一）单项选择题

1. 对于"钢筋除锈"这个施工过程，"拿起钢筋"是（　　）。
　　A. 动作　　　　B. 操作　　　　C. 工序　　　　D. 操作过程

2. 对于"拼装模板"这个施工过程，"模板固定"是（　　）。
　　A. 动作　　　　B. 操作　　　　C. 工序　　　　D. 操作过程

3. 组成"水泥混凝土路面面层"这个操作过程的工序是（　　）。
　　A. 拌和混凝土　　　　　　　　　　B. 运输混凝土
　　C. 摊铺振捣抹平　　　　　　　　　D. 切缝养护

4. 在下列施工组织方式中，施工现场的组织、管理比较简单的组织方式是（　　）。
　　A. 平行施工　　　　　　　　　　　B. 依次施工
　　C. 搭接施工　　　　　　　　　　　D. 流水施工

5. 工程采用顺序（依次）施工方式的特点是（　　）。

A. 单位时间内投入的资源量较少 B. 各工作队实现了专业化施工
C. 能够充分利用工作面进行施工 D. 能够以最短工期完成施工任务

6. 工程采用平行施工方式的特点是（　　）。
   A. 单位时间内投入的资源量较少 B. 各工作队实现了专业化施工
   C. 能够充分利用工作面进行施工 D. 施工现场的组织管理比较简单

7. 公路工程组织流水施工的特点是（　　）。
   A. 能够充分利用工作面进行施工 B. 各工作队实现了专业化施工
   C. 单位时间内投入的资源量较少 D. 施工现场的组织管理比较简单

8. 工程流水施工方式的特点是（　　）。
   A. 施工现场的组织管理比较复杂 B. 各专业队窝工现象严重
   C. 单位时间内投入的资源量比较均衡 D. 单位时间内投入的资源量较少

9. 下列公路工程中既有集中性特点也有沿线分布特点的工程是（　　）。
   A. 土石方工程 B. 路面工程
   C. 小桥涵数量多 D. 立交工程

10. 确定临时生产、生活临时设施和临时工程的下一步骤是（　　）。
    A. 编制施工进度计划 B. 施工平面布置图
    C. 编制资源计划 D. 确定季节性施工保证措施

（二）多项选择题

1. 施工组织主要研究的对象是（　　）。
   A. 时间问题 B. 空间问题
   C. 资源问题 D. 经济问题
   E. 质量问题

2. 作为制订定额重要原始资料的施工过程有（　　）。
   A. 动作 B. 操作 C. 工序 D. 操作过程
   E. 综合过程

3. 组成"水泥混凝土路面面层"这个操作过程的工序有（　　）。
   A. 安装模板 B. 安置钢筋
   C. 拌和混凝土 D. 运输混凝土
   E. 摊铺混凝土

4. 组成路面工程的操作过程有（　　）。
   A. 边沟 B. 路槽 C. 路肩 D. 垫层
   E. 基层

5. 根据工程项目的施工特点、工艺流程及平面或空间布置等要求，可采用不同的施工组织方式，其中依次施工方法的特点包括（　　）。
   A. 没有充分利用工作面，工期长
   B. 如果按专业成立工作队，则各专业工作队不能连续作业
   C. 施工现场的组织管理比较复杂
   D. 单位时间内投入的劳动力、施工机具等资源较为均衡

E. 有利于施工段的划分

6. 平行施工方式的特点包括（　　）。
   A. 科学地利用工作面，工期相对较短
   B. 如果按专业成立工作队，则各专业工作队不能连续作业
   C. 施工现场的组织管理复杂
   D. 单位时间内投入的劳动力、施工机具等资源较高
   E. 充分利用工作面，工期相对最短

7. 下列公路工程中相对来说属于集中性工程有（　　）。
   A. 土石方工程　　　　　　　　　B. 路面工程
   C. 大中桥　　　　　　　　　　　D. 立交工程
   E. 通道

8. 施工组织设计的编制依据有（　　）。
   A. 当前的法律法规和文件　　　　B. 现行标准和技术经济指标
   C. 建设单位对施工要求　　　　　D. 工程所在地劳动力的供应情况
   E. 现场条件以及地质、水文、气象等自然条件

参 考 答 案

（一）单项选择题

1. A　2. A　3. D　4. B　5. A　6. C　7. B　8. C　9. C　10. B

（二）多项选择题

1. ABCD　2. AB　3. ABC　4. BCDE　5. AB　6. BCDE　7. CDE
8. ABCE

二、施工过程的组织原则、流水施工的组织原理及参数计算

重 点 知 识

（一）施工过程的组织原则

（1）连续性原则：是指施工过程各阶段、各工序的进行，在时间上是紧密衔接的，不发生各种不合理的中断。换句话说就是既不窝工（同一工序连续）也不停顿（即间歇）（同一施工段或同一工作面前后工序连续不中断即不停顿）。

（2）协调性原则：是指施工各阶段、各工序之间在施工能力上要保持一定的比例关系，各施工环节的劳动力、生产效率、设备数量等都必须互相协调，不发生脱节和比例失调的现象。

（3）均衡性原则：是指施工中的各个环节都应按照施工计划的要求，在一定的时间内完成相等或相等递增数量的工作量，使各工段的负荷保持相对稳定，不发生时紧时松、前松后紧等现象。

（4）经济性原则：是指施工过程组织除应满足技术要求外，还必须讲求经济效益，要用尽可能小的劳动消耗取得尽可能大的施工生产成果。连续性、协调性和均衡性这三项原则最终要以是否经济可靠来作为衡量的标准。

（二）流水施工的组织原理及参数计算

1. 流水施工可能需解决的窝工和间歇两大问题

根据表 3-1-2 的工序内容和时间值，不刻意（即不追求完美情况下）组织的流水施工时，流水施工的结果可能如图 3-1-3 所示，设时间单位为"天"。

基础工程时间表　　　　　　　　　　　　　　　　　　　　表 3-1-2

工　序	施　工　段			
	①	②	③	④
挖	2	3	3	2
砌	2	2	3	3
填	3	3	3	2

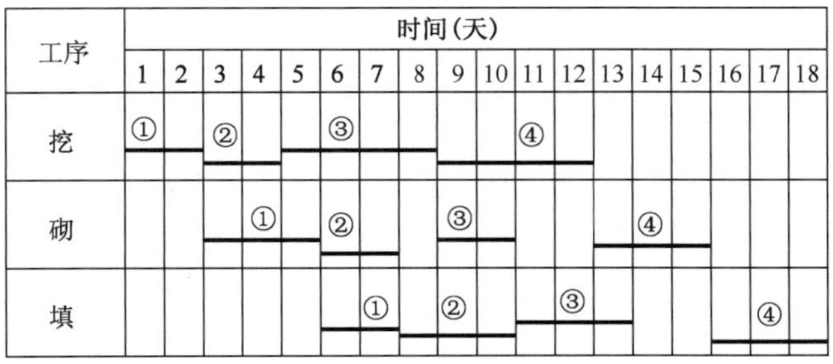

图 3-1-3　有窝工有间歇的流水横道图

从图 3-1-3 可以看出，砌工序和回填工序出现了不连续。②号施工段挖工序与砌工序之间在第 5 天不连续，工作面出现了空闲即间歇（或间隙）。这种间歇是由于无节拍造成的，是施工组织者所不愿意看到的，在概念和理解上应区别流水时间参数中所提到的由于技术要求或组织要求所需要的技术间歇或组织间歇。例如，水泥混凝土浇筑完成后至少需等待 7 天下一道工序才可进行，而这 7 天就是技术间歇；基坑开挖完成等待监理验基时间属于组织间歇。

在图 3-1-4 中，××表示窝工。窝工是同一工序，在两个施工段或工作面之间不连续，是资源闲置浪费，属于经济问题，归根到底是劳动者加工过程的停顿。△△表示间歇（即施工段上工作面空闲无人施工），也就是同一施工段或工作面前后工序之间不连续；归根到底是被加工对象加工过程的停顿，即对象无人加工。因此流水施工组织要解决的核心问题是消除窝工和消除多余间歇，追求施工过程的连续性。本节的重点就是围绕这两大问题的解决。

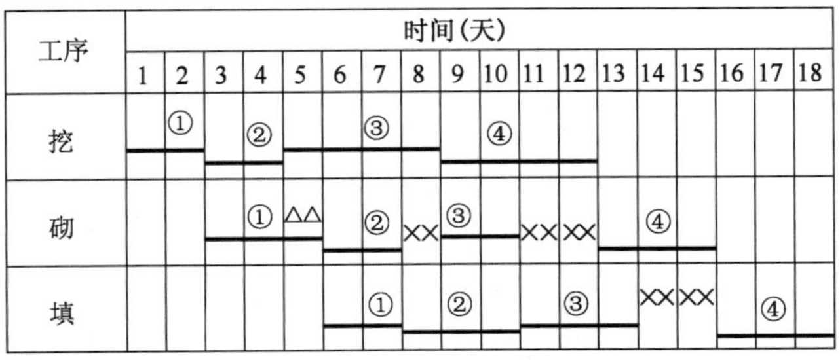

图 3-1-4　流水横道图中窝工的标识和间歇的标识

为了做到流水施工的理想化，也就是既无窝工又无间歇（是指无多余间歇，不包括要求间歇），要求流水节拍满足一定的条件，因此需对流水施工进行分类。

2. 流水施工的分类（图 3-1-5）

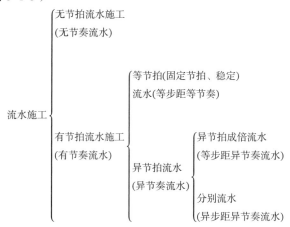

图 3-1-5 流水施工的分类

3. 无节拍流水施工的组织

无节拍流水施工无法做到理想化的既无窝工又无间歇，所以一般是追求不窝工的流水施工。因此考生在审题时应注意考题中的流水施工一般都是要求不窝工的连续流水施工。

无节拍流水施工组织是在引入"流水步距K"概念后，通过计算"累加数列错位相减取大差（简称大差法或潘氏法）"求的流水步距，再按照流水步距错开相邻工序的开始时间，达到流水施工不窝工连续施工的目的。所以引入"流水步距K"概念就是为了消除"窝工"。

（1）流水步距K

公路工程监理考试用书《交通运输工程目标控制》（基础知识篇）（简称《目标控制》）中流水步距K的定义为：相邻专业队相继投入同一施工段开始操作的时间间隔。

本书将上述定义修改为：是指为了保证同一施工班组（即专业队）在各自施工段上连续施工（即不窝工）条件下，相邻的施工班组（专业队）在各自的第一个施工段上开始施工的最小时间间隔。这样修改的目的是使这个无节拍流水步距的概念也适用于"异节拍成倍节拍流水（等步距异节奏）"中的流水步距的概念。同理，等节拍流水中该概念也适用。

（2）流水步距的计算过程

以表 3-1-2 流水节拍为例，按①→②→③→④段的顺序组织流水施工。

①累加数列（要沿着同一工序各施工段流水节拍值累加）：

	①	②	③	④
挖	2	4	8	12
砌	3	5	7	10
填	2	5	8	11

②数列错位相减：

```
    2  4  8  12              3  5  7  10
-      3  5   7  10     -       2  5   8  11
  ─────────────────        ─────────────────
    2  1  3  5  -10          3  3  2  2  -11
```

③取大差：

$K_1 = K_{挖,砌} = 5$ 天，$K_2 = K_{砌,填} = 3$ 天。

（3）绘制流水横道图并总结流水工期的计算公式（做题时先计算流水工期再绘制图）

按照流水步距K_1、K_2绘制的横道图如图3-1-6所示，从图中最后一行可以看出，流水工期主要可以分前后两个部分，前部分是流水步距的和，后部分是最后一个施工过程（最后一道工序）的流水节拍和，见式（3-1-1）。式（3-1-1）的第一项表示流水步距和，其个数是$n-1$个（即工序个数-1）；第二项表示最后一道工序流水节拍和，其累加个数为施工段数m。这是流水工期的最基本计算式，在此基础上可以扩充为式（3-1-2）。

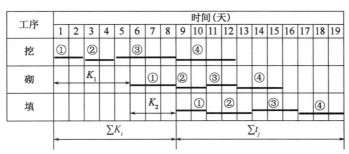

图3-1-6　无节拍不窝工流水横道图

$$T = \sum_{i=1}^{n-1} K_i + \sum_{j=1}^{m} t_j \tag{3-1-1}$$

因此，$T=(5+3)+(2+3+3+3)=8+11=19$天。比较图3-1-3和图3-1-4的18天的流水工期，发现消除窝工后加大了间歇，工期反而增加了。原因也不难理解，追求完美总是要付出代价的。有窝工有间歇的流水施工，只要条件具备就开始施工因此工期最短；而不论消除"窝工"或"间歇"为了连续施工，有时都要刻意推迟开始，这样就有可能会造成工期增加。

式（3-1-1）中$\sum t_j$可以不用计算，直接将累加数列的最后一行的最后一个累加结果取来使用，做考试题时尤其快捷，例如本例中"填"数列最后一个累加值11。

$$T = \sum_{i=1}^{n-1} K_i + \sum_{j=1}^{m} t_j + \sum Z + \sum G - \sum C_D \tag{3-1-2}$$

式（3-1-2）中，Z为技术间歇，G为组织间歇，可将Z和G合并为要求间歇；C_D为搭接时间，即提前插入时间。

4. 流水作业的参数种类

（1）空间参数

空间参数包括施工段或流水段数（m）、工作面个数（A）以及施工层（r），施工层（r）在空间流水中会涉及。

（2）工艺参数

工艺参数包括施工过程或工序数（n）和流水能力（或强度）（V）。流水能力（或强度）是指单位时间多人（或专业队）完成的工程数量。

（3）时间参数

时间参数包括流水节拍（t）、流水步距（K）、技术间歇（Z或t_g）、组织间歇（G）、搭接时间或称为提前插入时间（C_D）、流水工期（T）等。

①流水节拍（t）是指一个施工段上某施工过程（工序）从开始到完成的持续时间。影响其持续时间值的参数有4个，包括工程量（Q）、效率（S，表示工效定额即产量定额）、资源数量（R，人数或机械台数）、每天的班次（$B_Z=1$、2或3，每天8小时为1）。P表示该工序所需的劳动量（工日数或台班数）。

$$t_j = \frac{Q}{SRB_Z} = \frac{P}{RB_Z} \tag{3-1-3}$$

②流水步距概念的一个关键词是"相邻"而不是"两个",另一个关键词是"同一个施工段"或"各自第一个施工段(异节拍成倍时)",不能丢失。

③技术间歇(Z或t_g)和组织间歇(G)的含义在上述第 1 点中已介绍。

组织流水施工(作业)的基本条件是必须已知 3 个要素:工序划分、施工段个数和流水的顺序(流水施工的组织方式)、流水节拍值,如表 3-1-2 所示。**组织无节拍(不窝工)流水施工还应注意施工段流水的顺序**,如果将表 3-1-2 的流水节拍按照①③②④的流水顺序,流水工期就是 16 天,而不是 19 天,说明流水段(即施工段)的顺序不同,即使节拍值相同,流水步距 K 也不相同,如图 3-1-7 所示。因此,流水步距的大小取决于相邻两个施工过程(或专业工作队)在各个施工段上的流水节拍及流水施工的组织方式(即流水段的顺序)。

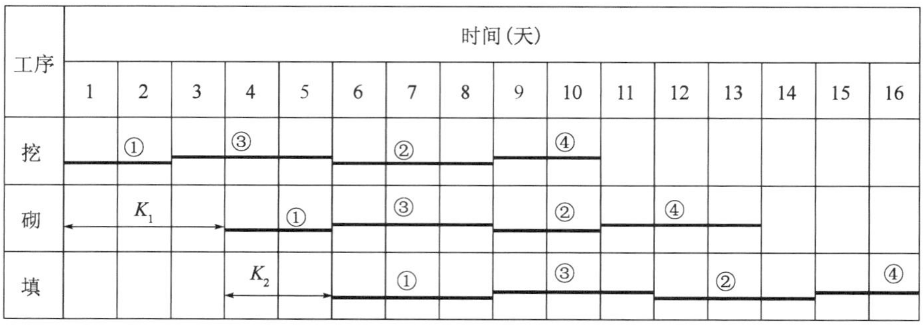

图 3-1-7 表 3-1-2 按照①→③→②→④的流水顺序不窝工流水工期 16 天横道图

5. 有节拍(有节奏)流水

(1)等节拍流水[稳定(固定)节拍流水也叫全等节拍流水或等步距等节奏流水]

等节拍流水是指各道工序的在各施工段上施工时间都相同,即流水节拍全相等,如表 3-1-1 所示,其流水横道图如图 3-1-2 所示。等节拍流水的 $K = t$,并代入式(3-1-2),得:

$$T = (n-1+m)K + \sum Z + \sum G - \sum C_D \tag{3-1-4}$$

(2)异节拍成倍流水(等步距异节奏能达到理想化)

以五座相同的通道成倍流水为例,每座通道的工艺顺序和工序时间相同,具体为:挖基 2 天→清基 2 天→浇基 4 天→台身 8 天→盖板 4 天→回填 6 天。

①确定公共(或统一)流水步距 K = 各流水节拍的最大公约数 = 2 天。

②计算各工序应配置的施工班组数(专业队数)。

$$班组数(专业队数) = \frac{流水节拍值}{K} \tag{3-1-5}$$

故各工序应配置的班组数为 1、1、2、4、2、3,班组总数 $n_1 = 13$,即横道图画图的行数。

③成倍节拍流水工期计算。

$$T = (n_1 - 1 + m) \times K \tag{3-1-6}$$
$$T = (13 - 1 + 5) \times 2 = 34 \text{ 天}$$

(3)成倍流水横道图的绘制(图 3-1-8)

(4)异节拍分别流水(实际是按无节奏流水组织施工)

有五座相同的通道,每座通道的工艺顺序和工序时间相同,具体为:挖基 2 天→清基 2 天→浇基 4 天→台身 8 天→盖板 4 天→回填 6 天,请组织异节拍分别流水。

异节拍分别流水是异节奏异步距流水,实际按无节拍流水组织施工,如图 3-1-8 所示。

工序	班组	时间(天)																
		2	4	6	8	10	12	14	16	18	20	22	24	26	28	30	32	34
挖	1	①	②	③	④	⑤												
基清	1		①	②	③	④	⑤											
基浇基	1				①		③		⑤									
	2					②		④										
台身	1							①				⑤						
	2								②									
	3									③								
	4										④							
盖板	1										①		③		⑤			
	2											②		④				
回填	1											①			④			
	2												②			⑤		
	3													③				

图 3-1-8 五座通道等步距异节拍流水横道图

①流水步距的确定（按照无节拍大差法计算也可以，因有规律，下面的方法更快捷）。

a. 若上道工序节拍值t_i≤下道工序节拍值t_{i+1}：流水步距K = 上道工序节拍值t_i。

b. 若上道工序节拍值t_i > 下道工序节拍值$t_i + 1$，则：

流水步距K = 上道工序节拍值t_i × 段数m − 下道工序节拍值$t_i + 1$ × (段数$m - 1$)

按照上述方法快捷判断并计算得：$K_1 = 2$天，$K_2 = 2$天，$K_3 = 4$天，$K_4 = 8 \times 5 - 4 \times 4 = 24$天，$K_5 = 4$天。

②工期计算。

$$流水工期T = 流水步距和\sum K + 最后一道工序流水节拍和\sum t$$

$$T = \sum K + \sum t = \sum K + m \times t_n = (2 + 2 + 4 + 24 + 4) + 5 \times 6 = 66 \text{ 天}$$

③按流水步距绘制分别流水横道图，如图 3-1-9 所示。

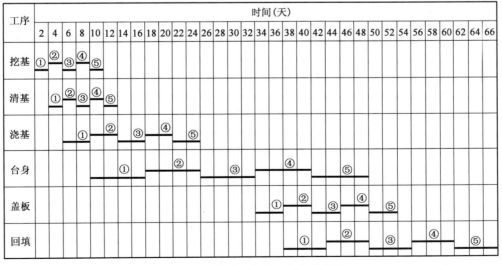

图 3-1-9 五座通道分别流水横道图

例 题

例1 流水节拍分别为3天、4天、3天、3天和2天、5天、4天、3天,则流水步距和流水施工工期分别为( )天。

A. 3、16 B. 3、17 C. 5、18 D. 5、19

例2 某施工工地,土石方总工作量为10000m³,每个机械台班的计划工作量为500m³,其中有4台相同型号机械进行施工,该土石方施工的流水节拍为( )天。

A. 2 B. 3 C. 4 D. 5

例3 某段公路由土方、路基、路面三道工序,各组织一个施工队,分四段组织流水施工。设各个工序在每段施工的持续时间相同,分别为土方20天、路基15天、路面25天。则路基、路面分别在第一段开始施工的时间是第( )天末后。

A. 15、35 B. 20、35 C. 25、40 D. 35、50

例4 某道路工程划分为3个施工过程,在5个施工段组织异节拍成倍节拍流水施工,流水节拍分别为4天、2天、6天,该工程的流水施工工期为( )。

A. 28天 B. 20天 C. 16天 D. 14天

例5 某工程有5个施工过程,分4个施工段组织固定节拍流水施工,流水节拍为2天。则流水施工工期为( )天。[2022年真题]

A. 12 B. 14 C. 16 D. 18

例 题 解 析

例1 先计算两道工序的累加数列分别为:3、7、10、13和2、7、11、14,然后两数列错位相减得差:3、5、3、2、-14,最大差$K=5$天,$T=5+14=19$天。故选D。

例2 根据公式(3-1-3),$Q=10000$,$S=500$,$R=4$,没有具体施工时间默认班制$B_z=1$;代入式(3-1-3)计算得:$10000\div(500\times4\times1)=5$天。故选D。

例3 本题考查如何计算土方和路基之间以及路基和路面之间分别流水施工的流水步距。土方20天>路基15天,流水步距$4\times20-3\times15=80-45=35$天,因此路基在35天末后开始施工;路基15天<路面25天,流水步距$=15$天,因此路面在路基开始的15天末后开始施工,即$35+15=50$天末后开始施工。故选D。从解图的横道图中也可以看清楚。

例3解图

例4 成倍流水的公共流水步距$K=2$天;专业队数分别为4/2、2/2、6/2,则$n_1=2+1+3=6$;$T=(n_1-1+m)K=(6-1+5)\times2=20$天。故选B。

例5 因为是固定节拍即等节拍流水,$K=2$,$n=5$,$m=4$,套用公式(3-1-4),流水施工工期$=(5+4-1)\times2=16$天。故选C项。

第三章 公路工程进度目标控制

自 测 模 拟 题

（一）单项选择题

1. 某道路工程划分为 3 个施工过程，在 5 个施工段组织异节拍成倍节拍流水施工，流水节拍分别为 4 天、2 天、6 天，该工程的流水施工工期为（　　）天。

   A. 28　　　　　　　　　　　　　　B. 20
   C. 16　　　　　　　　　　　　　　D. 14

2. 下列不是流水作业参数的内容是（　　）。

   A. 空间参数　　　　　　　　　　　B. 工艺参数
   C. 分段参数　　　　　　　　　　　D. 时间参数

3. 某分部工程有两个施工过程，各分为 4 个施工段组织流水施工，在组织流水施工时，用来表达流水施工在施工工艺方面进展状态的参数通常包括（　　）。

   A. 施工过程和施工段　　　　　　　B. 流水节拍和流水强度
   C. 施工过程和流水强度　　　　　　D. 流水步距和流水强度

4. 有关流水施工的表述正确的是（　　）。

   A. 流水步距是指两个专业队（班组）相继投入同一施工段开始工作的时间间隔
   B. 窝工是指同一施工段前后工序施工的停顿，即前后工序施工的不连续
   C. 间歇是指同一工序（施工过程）施工时的停顿，也就是指施工段出现的空闲而造成的施工不连续
   D. 流水节拍就是流水施工时各作业在各施工段上的持续时间

5. 某分部工程有 3 个施工过程，分为 4 个施工段组织加快的成倍节拍流水施工，各施工过程流水节拍分别是 6 天、6 天、9 天，则该分部工程的流水施工工期是（　　）天。

   A. 24　　　　　　　　　　　　　　B. 30
   C. 36　　　　　　　　　　　　　　D. 54

6. 流水施工中某施工过程（专业工作队）在单位时间内所完成的工程量称为（　　）。

   A. 流水段　　　　　　　　　　　　B. 流水强度
   C. 流水节拍　　　　　　　　　　　D. 流水步距

7. 某工程有 5 个施工过程，划分为 3 个施工段组织固定节拍流水施工，流水节拍为 2 天，施工过程之间的组织间歇合计为 4 天，则该工程的流水施工工期是（　　）天。

   A. 12　　　　　　　　　　　　　　B. 18
   C. 20　　　　　　　　　　　　　　D. 26

8. 某工程组织非节奏流水施工，两个施工过程在 4 个施工段上的流水节拍分别为 5 天、8 天、4 天、4 天和 7 天、2 天、5 天、3 天，则该工程的流水施工工期是（　　）天。

   A. 16　　　　　　　　　　　　　　B. 21
   C. 25　　　　　　　　　　　　　　D. 28

9. 某分部工程有两个施工过程，分为 3 个施工段组织非节奏流水施工，各施工过程的流水节拍分别为 3 天、5 天、5 天和 4 天、4 天、5 天，则两个施工过程之间的流水步距是（　　）天。

   A. 2　　　　　　　　　　　　　　B. 3
   C. 4　　　　　　　　　　　　　　D. 5

10. 组织流水施工时，用来表达流水施工在施工工艺方面进展状态的参数之一是（　　）。
    A. 施工段　　　　　　　　　　　　B. 流水强度
    C. 流水节拍　　　　　　　　　　　D. 工作面

11. 某工程由 5 个施工过程组成，分为 3 个施工段组织固定节拍流水施工，在不考虑提前插入时间的情况下，要求流水施工工期不超过 44 天，则流水节拍的最大值为（　　）天。
    A. 4　　　　　　　　　　　　　　B. 5
    C. 6　　　　　　　　　　　　　　D. 7

12. 流水强度是指某专业工作队在（　　）。
    A. 一个施工段上所完成的工程量　　B. 单位时间内所完成的工程量
    C. 一个施工段上所需资源的数量　　D. 单位时间内所需某种资源的数量

13. 某分部工程的 4 个施工过程（Ⅰ、Ⅱ、Ⅲ、Ⅳ）组成，分为 6 个施工段。流水节拍均为 3 天，无组织间歇时间和工艺间歇时间，但施工过程Ⅳ需提前 1 天插入施工，该分部工程的工期为（　　）天。
    A. 21　　　　　　　　　　　　　　B. 24
    C. 26　　　　　　　　　　　　　　D. 27

14. 下列流水施工参数中，用来表达流水施工工艺方面进展状态的是（　　）。
    A. 流水步距　　　　　　　　　　　B. 流水段
    C. 流水强度　　　　　　　　　　　D. 流水节拍

15. 下列参数中，用来表示流水施工在时间安排上所处状态的参数是（　　）。
    A. 流水步距　　　　　　　　　　　B. 流水间隔
    C. 流水强度　　　　　　　　　　　D. 流水时距

16. 某工程划分为 4 个施工过程、3 个施工段组织加快的成倍节拍流水施工，流水节拍分为 4 天、6 天、4 天和 2 天，则流水步距为（　　）天。
    A. 2　　　　　　　　　　　　　　B. 3
    C. 4　　　　　　　　　　　　　　D. 6

17. 某分部工程划分为 2 个施工过程、3 个施工段组织流水施工，流水节拍分为 2 天、4 天、3 天和 3 天、5 天、4 天，则流水施工工期为（　　）天。
    A. 12　　　　　　　　　　　　　　B. 13
    C. 14　　　　　　　　　　　　　　D. 15

18. 某工程划分为 3 个施工过程、4 个施工段，组织加快的成倍节拍流水施工，各施工过程的流水节拍分别为 6 天、4 天和 4 天，则应组织（　　）个专业工作队。
    A. 3　　　　　　　　　　　　　　B. 4
    C. 6　　　　　　　　　　　　　　D. 7

19. 某分部工程有 4 个施工过程，分为 3 个施工段组织加快的成倍节拍流水施工。已知各施工过程的流水节拍分别为 4 天、6 天、4 天和 2 天，则拟采用的专业工作队应为（　　）个。
    A. 4　　　　　　　　　　　　　　B. 5
    C. 8　　　　　　　　　　　　　　D. 12

20. 某基础工程包括开挖、支模、浇筑混凝土及回填 4 个施工过程，分 3 个施工段组织流水施工，流水节拍见下表，则该基础工程的流水施工工期为（　　）天。

流水节拍（时间单位：天）

施工过程 \ 流水节拍 \ 施工段	I	II	III
开挖	4	5	3
支模	3	3	4
浇筑混凝土	2	4	3
回填	4	4	3

A. 17　　　　　　　　　　　　　B. 20

C. 23　　　　　　　　　　　　　D. 24

21. 某分部工程有3个施工过程，分为4个施工段组织流水施工。各施工过程的流水节拍分别为3天、5天、4天、3天、3天、4天、4天、2天和4天、3天、3天、4天，则流水施工工期为（　　）天。

　　A. 20　　　　B. 21　　　　C. 22　　　　D. 23

22. 用来表达流水施工在施工工艺方面进展状态的参数是（　　）。

　　A. 施工过程　　　　　　　　　B. 施工段

　　C. 流水步距　　　　　　　　　D. 流水节拍

23. 某施工工地，总工作量为28800m³，每个机械台班的计划工作量为400m³，其中有3台相同型号机械进行施工，每天施工时间为12小时。该土石方施工的流水节拍（　　）天。

　　A. 2　　　　B. 12　　　　C. 16　　　　D. 24

（二）多项选择题

1. 流水作业参数有（　　）。

　　A. 空间参数　　　　　　　　　B. 工艺参数

　　C. 时间参数　　　　　　　　　D. 定额参数

　　E. 机械参数

2. 施工过程组织必须遵循的原则有（　　）。

　　A. 最优性　　B. 经济性　　C. 协调性　　D. 连续性

　　E. 均衡性

3. 下列选项中有关分别流水施工的正确说法有（　　）。

　　A. 组织分别流水施工时各个施工段上均无空闲

　　B. 确定相邻施工过程之间的流水步距是其关键步骤

　　C. 相邻施工过程之间的流水步距应为常数

　　D. 流水节拍较长的施工过程需要组织多个专业队伍

　　E. 各专业工作队伍保持连续施工

4. 在组织流水施工，划分施工段应满足的基本要求包括（　　）。

　　A. 应保证拟建工程结构整体的完整性

　　B. 流水施工段的大小应保证施工有足够的作业空间

　　C. 施工段的数量应与施工过程的数量相等

　　D. 各流水施工段上的工程量应相等

E. 流水段的多少应与主导施工过程相协调

5. 有节奏（有节拍）流水施工的种类有（　　）。
   A. 等步距等节奏　　　　　　　　　B. 等步距异节奏
   C. 异步距异节奏　　　　　　　　　D. 变化步距节奏
   E. 异步距等节奏

6. 流水节拍是流水施工的主要参数之一，同一施工过程中流水节拍的决定因素有（　　）。
   A. 所采用的施工方法　　　　　　　B. 所采用的施工机械类型
   C. 投入施工的工人数和工作班次　　D. 施工过程的复杂程度
   E. 工作的熟练程度

7. 表达流水施工在时间安排上所处状态的参数有（　　）。
   A. 流水段　　　B. 流水强度　　　C. 流水节拍　　　D. 流水步距
   E. 流水施工工期

8. 非节奏流水施工的特点有（　　）。
   A. 专业工作队数不等于施工过程数　　B. 相邻施工过程的流水步距不尽相等
   C. 施工段之间无空闲时间　　　　　　D. 各专业工作队能够在施工段上连续作业
   E. 各施工过程在各施工段的流水节拍不全相等

9. 公路工程组织流水施工时，流水步距的大小取决于（　　）。
   A. 参加流水的施工过程数　　　　　B. 施工段的划分数量
   C. 施工段上的流水节拍　　　　　　D. 参加流水施工的作业队数
   E. 流水施工的组织方式

10. 采用加快的成倍节拍流水施工方式的特点有（　　）。
    A. 相邻专业工作队之间的流水步距相等　　B. 不同施工过程的流水节拍成倍数关系
    C. 专业工作队数等于施工过程数　　　　　D. 流水步距等于流水节拍的最大值
    E. 各专业工作队能够在施工段上连续作业

11. 在组织流水施工时，确定流水节拍应考虑的因素有（　　）。
    A. 所采用的施工方法和施工机械
    B. 相邻两个施工过程相继开始施工的最小间隔时间
    C. 施工段数目
    D. 在工作面允许的前提下投入的劳动量和机械台班数量
    E. 专业工作队的工作班次

12. 加快的成倍节拍流水施工的特点有（　　）。
    A. 相邻施工过程的流水步距相等，且等于流水节拍
    B. 专业工作队数大于施工过程数
    C. 施工段之间没有空闲时间
    D. 同一施工过程在其各施工段上的流水节拍成倍数关系
    E. 施工过程数等于施工段数

13. 下列关于流水施工参数的说法中，正确的有（　　）。
    A. 流水步距的数目取决于参加流水的施工过程数

B. 流水强度表示工作队在一个施工段上的施工时间

C. 划分施工段的目的是为组织流水施工提供足够的空间

D. 流水节拍可以表明流水施工的速度和节奏性

E. 流水步距的大小取决于流水节拍

14. 下列关于流水施工的说法中，反映工程非节奏流水施工特点的有（　　）。

    A. 专业工作队数大于施工过程数

    B. 各个施工段上的流水节拍相等

    C. 有的施工段之间可能有空闲时间

    D. 各个专业工作队能够在施工段上连续作业

    E. 相邻施工过程的流水步距不尽相等

15. 工程组织流水施工时，影响施工过程流水强度的因素有（　　）。

    A. 投入的施工机械台数和人工数

    B. 专业工种工人或施工机械活动空间人数

    C. 相邻两个施工过程相继开工的间隔时间

    D. 施工过程中投入资源的产量定额

    E. 施工段数目

16. 工程组织固定节拍流水施工的特点有（　　）。

    A. 施工过程在各施工段上的流水节拍不尽相等

    B. 各专业工作对在各施工段上能够连续作业

    C. 相邻施工过程之间的流水步距相等

    D. 专业工作队数大于施工过程数

    E. 各施工段之间没有空闲时间

参考答案

（一）单项选择题

1. B　2. C　3. C　4. D　5. B　6. B　7. B　8. C　9. D　10. B

11. C　12. B　13. C　14. C　15. A　16. A　17. D　18. D　19. C　20. C

21. D　22. A　23. C

（二）多项选择题

1. ABC　2. BCDE　3. BE　4. ABE　5. ABC　6. ABC　7. CDE

8. BDE　9. CE　10. ABE　11. ADE　12. BC　13. ACD　14. CDE

15. AD　16. BCE

三、工程施工计划管理的特点、作用及工作程序

重点知识

（一）工程施工计划管理的特点

1. 施工计划管理的含义

施工计划管理是通过计划把施工单位项目施工管理的各项工作组织起来，以施工生产活动为主体，

制订各项专业性计划，并对其进行平衡、协调、监督与控制。

2. 公路工程施工计划管理的特点

（1）计划的被动性。施工任务来源于工程招标市场，施工单位每年有多少任务，性质和规模的大小均很难确定，在投标过程编制施工计划时间紧，很被动。要想改变被动局面，必须作好招标工程任务的跟踪，做些事先研究和信息资料的搜集工作，从而提高施工计划的编制质量。

（2）计划的多变性。公路工程项目的多样性、结构工程的复杂性及施工条件的差异性，造成施工中不可预见的因素较多；工程施工现场的分散使劳动力、材料及施工机具设备处于流动供应状态；同时受建设单位、监理及其他有关单位的影响等均带来施工计划的变化，这种多变性要求编制施工计划时，要留有一定的调整余地。

（3）计划的不均衡性。公路工程结构特点及不同工程部位的施工性质，以及不同季节的影响，都会造成施工计划的不均衡性。为此要求编制施工计划时力求均衡，以取得较好的经济效益。

（二）工程施工计划管理的作用

施工计划管理的作用具体表现在：

（1）通过计划向各级施工组织机构下达任务，明确各自的奋斗目标，调动全体职工的积极性。

（2）为材料、劳资、设备等专业部门编制材料供应计划、劳动力需要量计划、施工机具设备用量计划等提供可靠性数据。

（3）项目施工准备工作根据施工计划进行，保证项目正常开工。

（4）项目施工实施过程中各专业部门按施工计划运作，确保项目工期按时完成。

（5）可以促使各职能部门开展劳动竞赛，挖掘施工潜力，提高项目施工管理水平。

（三）施工计划管理的工作程序

公路工程的施工计划管理是项目施工管理的中心环节，其他一切施工现场管理工作，都应围绕施工计划管理开展。

施工计划管理的工作程序为：施工计划的编制、计划的执行检查、计划的调整等循环进行。

1. 编制施工计划

编制施工计划的基础是施工定额，根据《公路工程施工监理规范》（JTG G10—2016），施工进度计划的内容和要求见本章第二节第二点。

2. 计划执行检查

施工单位实施计划时必须对照原计划进行检查，驻地监理工程师对进度计划实施予以合理地监控，尽量保证实施进度符合原计划安排。在工程实施期间，如果实际进度与计划进度基本相符时，监理工程师不应干预施工单位对进度计划的执行；但应及时掌握影响和妨碍工程进展的不利因素，促进工程按计划进行。

3. 计划的调整

见本章第二节第三点和第六点。

大型工程项目施工进度计划编制及其监控，必须运用网络计划技术且借助计算机完成，称为计算机辅助工程进度监理。

例　题

例1 编制施工计划的基础是（　　）。

A. 概算定额 B. 预算定额 C. 施工定额 D. 工程量清单

例2 在施工计划管理中对进度计划实施予以合理地监控是（　　）。

A. 总监理工程师 B. 驻地监理工程师
C. 专业监理工程师 D. 监理员

例3 公路隧道施工制订的施工计划主要包括（　　）。

A. 工期 B. 噪声污染监控
C. 工区的划分 D. 施工便道、弃渣场
E. 临时设施、监控量测方案

例 题 解 析

例1 施工计划管理工作程序的第1步中，编制施工计划的基础是施工定额。故选C项。

例2 施工单位实施计划时必须对照原计划进行检查，驻地监理工程师对进度计划实施予以合理地监控，尽量保证实施进度符合原计划安排。故选B项。

例3 本题是将2019年注册道路工程师考试真题改造而来。原题题干是"公路隧道设计制订的施工计划主要包括（　　）"，选项B是"施工队伍的确定"作为错项。根据《公路隧道设计规范 第一册 土建工程》（JTG 3370.1—2018）第4.7.1条，施工计划主要包括：工期、施工方法、工区划分、临时设施、施工便道、弃渣场、污水处理和监控量测方案、超前地质预报的要求等。注意：设计阶段施工计划的内容自然也是施工阶段施工计划的内容，公路隧道不同于市政和建筑在城市可以不考虑噪声污染，如将选项B改为"大气污染防治"，则干扰性更大。故本题选ACDE项。

自 测 模 拟 题

（一）单项选择题

1. 公路工程的（　　）是项目施工管理的中心环节。

A. 施工计划管理 B. 施工现场管理
C. 施工资源管理 D. 施工组织管理

2. 在投标过程编制施工计划时间紧，要想改变这种局面，必须作好招标工程任务的跟踪。这说明公路工程施工计划管理特点的（　　）。

A. 计划的被动性 B. 计划的多变性
C. 计划的不均衡性 D. 计划的紧迫性

3. 公路工程项目的多样性、结构工程的复杂性及施工条件的差异性，造成施工中不可预见的因素较多。这说明公路工程施工计划管理特点的（　　）。

A. 计划的被动性 B. 计划的多变性
C. 计划的不均衡性 D. 计划的紧迫性

4. 公路工程结构特点及不同工程部位的施工性质，以及不同季节的影响。这说明公路工程施工计划管理特点的（　　）。

A. 计划的被动性 B. 计划的多变性
C. 计划的不均衡性 D. 计划的紧迫性

5. 编制施工计划时，因受建设单位、监理单位及其他有关单位的影响等均带来施工计划的不确定，这就要求编制施工计划时，要留有一定的调整余地。这说明公路工程施工计划管理特点的（　　）。

A. 计划的被动性 B. 计划的多变性
C. 计划的不均衡性 D. 计划的紧迫性

(二)多项选择题

1. 下列属于施工计划管理的工作程序为（　　）。
   A. 施工计划的编制 B. 施工计划的审批
   C. 施工计划的实施 D. 计划的执行检查
   E. 计划的调整

2. 关于施工计划管理的作用具体表现，论述正确的有（　　）。
   A. 通过计划向各级施工组织机构下达任务，明确各自的奋斗目标，调动全体职工的积极性
   B. 为材料、劳资、设备等专业部门编制材料供应计划、劳动力需要量计划、施工机具设备用量计划等提供可靠性数据
   C. 项目施工准备工作根据施工计划进行，保证项目正常开工
   D. 项目施工实施过程中各专业部门按施工计划运作，确保项目工期按时完成
   E. 可以促使各参与方开展劳动竞赛，挖掘施工潜力，提高项目施工管理水平

3. 公路工程施工计划管理的特点包括（　　）。
   A. 计划的被动性 B. 计划的多变性
   C. 计划的均衡性 D. 计划的紧迫性
   E. 计划的不均衡性

参考答案

(一)单项选择题

1. A 2. A 3. B 4. C 5. B

(二)多项选择题

1. ADE   2. ABCD   3. ABE

四、双代号、单代号、时间坐标网络图的绘制规则和绘制方法

重点知识

网络计划概念、规则以及要求可以参考《网络计划技术　第1部分：常用术语》（GB/T 13400.1—2012）（简称《国标常用术语》，本节第四、五、六点默认的条款号为该常用术语）、《网络计划技术　第2部分：网络图画法的一般规定》（GB/T 13400.2—2009）（简称《国标网络图画法规定》）和《网络计划技术　第3部分：在项目管理中应用的一般程序》（GB/T 13400.3—2009）（简称《国标网络图一般程序》），也可参考《目标控制》一书。

(一)网络计划图的构成

1. 网络计划图（简称网络图）三要素

网络图三要素是箭线、节点、流（即定量参数，例如时间、资源或费用等）。

2. 最常用网络图的符号规定

（1）双代号网络图：箭线表示工作，节点表示工作之间的连接关系。

（2）单代号网络图：节点表示工作，箭线表示工作之间的连接关系。

（3）双代号网络图与单代号网络图最根本的区别是符号表示的含义互换，而不是有无虚工作或虚箭线。单代号网络图一般没有虚箭线（单代号搭接网络图中可以有虚箭线），但是可能还需要虚工作。

3. 工作之间的逻辑关系类型和名称

逻辑关系是指工作之间相互制约或相互依赖的关系。简而言之就是先后顺序关系。

（1）工作之间的逻辑关系类型

①工艺关系：生产性工作之间由工艺技术决定的先后顺序关系；非生产性工作间由程序决定的先后顺序关系。

②组织关系：工作之间由于组织安排需要或资源调配需要而规定的先后顺序关系。

例如：挖→砌→填之间是工艺关系，挖1→挖2→挖3之间就是组织关系。

（2）一般网络图工作之间逻辑关系的具体名称

①常用逻辑关系的名称：紧前工作、紧后工作、先行工作、后继（后续）工作、平行工作。

②搭接关系的名称：开始到开始 STS、完成到完成 FTF、完成到开始 FTS、开始到完成 STF。

4. 网络图的分类

（1）基于工作代号分类：单代号网络图、双代号网络图，这两种图也称为一般网络图，也是最常用的网络计划图。

（2）基于性质分类：肯定型网络图（单双代号、搭接、时标等）、非肯定型网络图（计划评审图 PERT、图示评审图 GERT、风险评审图 VERT、决策网络图 DN）。

（3）基于目标分类：单目标网络图（一个终点）、多目标网络图（不止一个终点），肯定型网络图是单目标网络图。

5. 时间坐标（简称时标）网络图

（1）双代号时标网络图的三种类型

①双代号最早时标网络图

波形线画在箭线的后端箭头处。根据《国标网络图画法规定》第 4.3.4 条规定，时标网络图默认是指最早时标网络图，如图 3-1-10 所示。

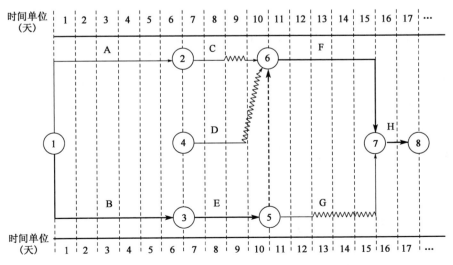

图 3-1-10 双代号时标网络图

②双代号最迟时标网络图：波形线在箭线的前端箭尾处，不大好用，因此国标未提及。

③调整后双代号时标网络图：波形线可能在箭线的后端或前端，是调整或优化后的结果。

（2）双代号时标网络图的绘制方法

①一般采用间接法：先绘制无时标网络图，然后计算时间参数，再按照最早节点时间确定时间坐标位置，接着根据工作持续时间值画实箭线长度，剩余部分画波形线。

②直接法：简单网络图可以采用，一般情况下，工程网络图较复杂，很难采用该方法。

（3）双代号最早时标网络图的特点

①最早时标图的箭尾是工作的最早开始时间。

②最早时标图的波形线（也称为弹簧线）是工作的自由时差（也称为局部时差），或者表示前后相邻两项实际工作之间的间隔时间（也称为时间间隔 time lag）。

③最早时标图直观，便于计划的调整。

（二）绘图的规则和绘制方法

1. 绘制规则（以双代号网络图为主，单代号网络图相似）

（1）工作之间的逻辑关系正确。

（2）不允许闭合回路（即不允许循环回路）。

（3）只能是单向箭线不允许无箭头或双箭头。

（4）一对节点之间只能有一条箭线，即双代号网络图中不同工作的代号不能相同。

（5）单个起点和单目标网络图应对应单个终点。

（6）尽量避免交叉，当不可避免时可以用过桥法、断线法或指向法，如图 3-1-11 所示。

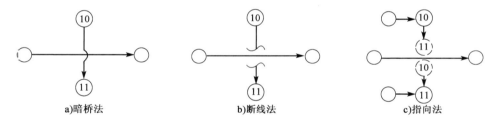

图 3-1-11　双代号网络图箭线交叉的处理图

（7）箭线最好朝着前进方向，最好不要出现反向箭线，目的是避免出现循环回路。

（8）编号规则主要有两点，一是箭尾号码小于箭头号码，二是节点号码不重复。

2. 绘制方法

网络图的绘制，不论是单代号还是双代号，最重要的是根据工作之间的逻辑关系正确地绘制，要注意紧前工作与紧后工作是相对本工作而言的。前后是相对时间的发生先后，而且前后是相对；工作 A 是工作 B 的紧前工作 = 工作 B 是工作 A 的紧后工作。网络图绘制方法如下：

（1）前进法：即从最初节点开始到最终节点结束的方法。

（2）后退法：即采用从最终节点到最初节点的方法。

（3）先粗后细法：先粗略，然后逐步细分，或先画子网络图，再拼成总网络图。

3. 虚箭线在双代号网络图中三大作用

（1）最基本和最本质的连接作用。

（2）用于改错的断路作用。

（3）避免同代号的区分作用。

例 题

例1 在最早时标网络计划中，自由（局部）时差的表示用（　　）。
A. 虚箭线　　　　B. 实箭线　　　　C. 双箭线　　　　D. 波形线

例2 有关单代号网络图与双代号网络图说法正确的是（　　）。
A. 单代号网络图中没有虚工作
B. 双代号网络图称为"节点型网络计划图"
C. 双代号与单代号网络图最根本的区别是符号表示的含义互换
D. 单代号网络图中节点表示工作之间的关系

例3 某双代号网络图有 A、B、C、D、E 五项工作，A、B 完成后 D 才能开始，B、C 完成后 E 开始。则正确的网络图形为（　　）。

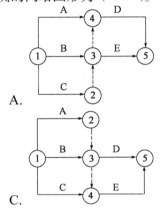
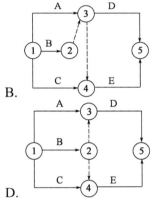

例4 根据《国标网络图画法规定》第 4.4 条，以下网络计划图存在的绘图错误是（　　）。

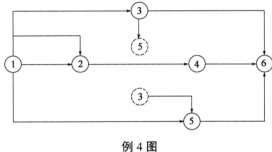

例 4 图

A. 编号相同的工作　　　　　　　　B. 多个起点节点
C. 相同的节点编号　　　　　　　　D. 无箭尾节点的箭线

例5 按双代号网络图的绘制规则，下列正确的是（　　）。［2022年真题］

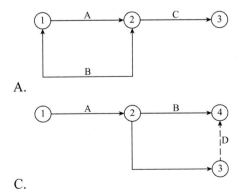
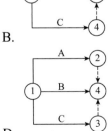

例6 网络计划按工序持续时间的表示方法分为（　　）。
A. 关键型网络计划　　　　　　　　B. 非关键型网络计划
C. 肯定型网络计划　　　　　　　　D. 非肯定型网络计划
E. 多目标型网络计划

例7 某双代号网络图如图所示，存在的绘图错误有（　　）。

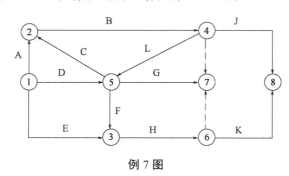

例7图

A. 多个起点节点　　　　　　　　B. 存在循环回路
C. 节点编号有误　　　　　　　　D. 多个终点节点
E. 工作箭头逆向

例8 工作之间的逻辑关系包括（　　）。
A. 工艺关系　　B. 紧前工作　　C. 紧后工作　　D. 组织关系
E. 平行工作

例 题 解 析

例1 最早时标图的波形线是工作的自由（局部）时差。故选 D 项。

例2 单代号网络图中没有虚箭线但为使得一个起点一个终点或避免严重交叉可以引入时间值为 0 的虚工作，则选项 A 错误；选项 B 双代号是"箭线型网络计划"，则选项 B 错误；对于选项 D，单代号节点表示工作而不是关系，则选项 D 错误。故选 C 项。

例3 本题考查考生判断逻辑关系正确性。做这种题可以借用自来水来辅助判断，可将实箭线想象为硬水管，虚箭线想象为软水管；判断时要提防水通过虚箭线（软水管）流到不该去的地方，即硬水管。选项 A 中工作 C 的水流到了不该去的工作 D；B 选项中工作 B 的水流到了不该去的工作 E；选项 C 中工作 A 的水流到了不该去的工作 E。故选 D 项。

例4 节点①②之间有两条箭线，故选 A 项。但是要注意③⑤是为了避免交叉而采用的"指向法"，注意节点③⑤之间重复出现相同号的虚圆圈的节点即"指向圈"，这是本题的关键之处。

例5 上述四个选项是逻辑关系图。选项 A 错误，一对节点之间只允许存在一条箭线。选项 B，节点编号错误。节点编号的要求是：箭头的号码大于箭尾的号码，不允许重号，但可不必连续编号，以便增减新的节点。选项 C，虚箭线不代表实际的工作。故选 D 项。

例6 没有选项 A 和选项 B 的说法；选项 E 的多目标网络计划与持续时间无关。故选 CD 项。

例7 只有节点①是只有箭尾没有箭头的一个起点，节点⑦⑧有箭头无箭尾，存在两个终点节点，其他节点都是有箭头有箭尾（有进有出）；⑤③和⑤②编号违反了箭尾号小于箭头号同时④⑤和⑤②箭头逆向的错误，而且构成⑤②④⑤的循环回路的错误。故选 BCDE 项。

例8 本题是交通运输部公路监理工程师职业资格考试考过的题目，有难度，主要因为题意不太好把握，加上《目标控制》一书中没有提及选项 AC 的概念。本题答案不是选项 AC 就是选项 BDE。最终比较下来，工艺关系和组织关系更适合。选项 BDE 如果改为紧前关系、紧后关系、平行关系则恰当。故选 AC 项。

自测模拟题

（一）单项选择题

1. 双代号最早时标网络图计划的特点之一是（　　）。
    A. 可以在图上直接显示工作开始与结束时间和自由时差，但不能显示关键线路
    B. 不能在图上直接显示工作开始与结束时间，但可以直接显示自由时差和关键线路
    C. 可以在图上直接显示工作开始与结束时间，但不能显示自由时差和关键线路
    D. 可以在图上直接显示工作开始与结束时间、自由时差和关键线路

2. 根据网络图画法规定，在双代号时标网络计划中（　　）。
    A. 以波形线表示工作，以虚箭线表示虚工作，以实箭线表示工作的自由时差
    B. 以波形线表示工作，以实箭线表示虚工作，以虚箭线表示工作的自由时差
    C. 以实箭线表示工作，以波形线表示虚工作，以虚箭线表示工作的自由时差
    D. 以实箭线表示工作，以虚箭线表示虚工作，以波形线表示工作的自由时差

3. 下列关于工程网络计划的表述中，正确的是（　　）。
    A. 单代号搭接网络计划属于肯定型网络计划
    B. 双代号网络计划属于非肯定型网络计划
    C. 双代号时标网络计划属于非肯定型网络计划
    D. 单代号网络计划属于事件网络计划

4. 下列关于双代号网络图中终点节点和箭线关系的说法，正确的是（　　）。
    A. 既有内向箭线，又有外向箭线　　　B. 只有外向箭线，没有内向箭线
    C. 只有内向箭线，没有外向箭线　　　D. 既无内向箭线，又无外向箭线

5. 根据下列逻辑关系表绘制的双代号网络图如图所示，其存在的错误是（　　）。

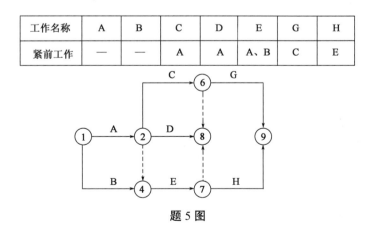

题 5 图

    A. 节点编号不对　　　　　　　　　　B. 逻辑关系不对
    C. 有多个终点节点　　　　　　　　　D. 有多个起点节点

6. 如图所示网络图中存在的绘图错误是（　　）。

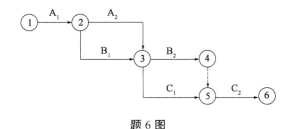

题 6 图

A. 节点编号错误　　　　　　　　　　　B. 存在多余节点
C. 有多个终点　　　　　　　　　　　　D. 不同工作同代号

7. 某工作间逻辑关系如图所示，则下列说法正确的是（　　）。

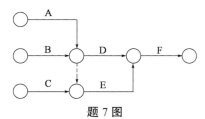

题 7 图

A. 工作 A、B 均完成后同时进行 C、D　　B. 工作 A、B 均完成后进行 D
C. 工作 A、B、C 均完成后同时进行 D、E　D. 工作 B、C 均完成后进行 E

8. 对例 3 中三个错误选项的网络图，正确的绘图改正方法是（　　）。

A. 调整错误图中虚箭线的方向　　　　　B. 采用虚箭线的断路作用改错
C. 采用虚箭线的连接作用改错　　　　　D. 采用虚箭线的区分作用改错

9. 某双代号网络图如图所示，存在的绘图错误是（　　）。

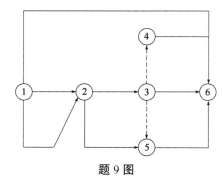

题 9 图

A. 出现无箭头连线　　　　　　　　　　B. 出现无箭头节点连线
C. 出现多个起点节点　　　　　　　　　D. 工作代号相同

10. 某网络计划如图所示，则下列逻辑关系正确的是（　　）。

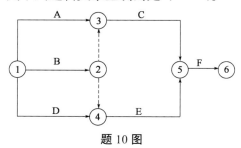

题 10 图

A. 工作 E 的紧前工作是 B、D　　　　　B. 工作 A 完成后同时进行 C、F

C. 工作 A、B 均完成后进行 E　　　　　　D. 工作 F 的紧前工作是 D 和 E

11. 某双代号网络计划如图所示，则下列说法正确的是（　　）。

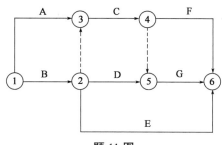

题 11 图

A. 工作 C、D 应同时完成　　　　　　　B. 工作 B 的紧后工作只有工作 C、D

C. 工作 C、D 完成后即可进行 G　　　　D. 工作 D 完成后即可进行工作 F

12. 双代号网络计划中虚工作的含义是（　　）。

A. 相邻工作间的逻辑关系，只消耗时间

B. 相邻工作间的逻辑关系，只消耗资源

C. 相邻工作间的逻辑关系，消耗资源和时间

D. 相邻工作间的逻辑关系，不消耗资源和时间

（二）多项选择题

1. 双代号网络计划中引入虚工作，是为了（　　）。

A. 表达不需要消耗时间的工作

B. 表达不需要消耗资源的工作

C. 表达工作间的逻辑关系

D. 满足绘图规则的要求

E. 节省箭线和节点

2. 在关键线路法（CPM）网络图中，允许（　　）。

A. 有多个起点　　　　　　　　　　　　B. 只有一个终点节点

C. 有闭合回路　　　　　　　　　　　　D. 箭头节点编号大于箭尾节点编号

E. 有箭头上引出另一条箭线

3. 某分部工程双代号网络图如图所示，其存在的绘图错误有（　　）。

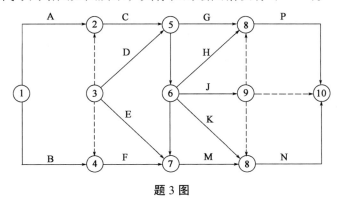

题 3 图

A. 多个终点节点　　B. 多个起点节点　　C. 节点编号有误　　D. 存在循环回路

E. 有多余虚工作

4. 某分部工程双代号网络图如图所示，其存在的绘图错误有（   ）。

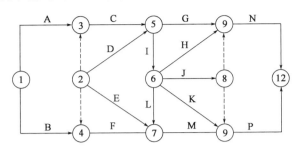

题 4 图

A. 多个终点节点
B. 多个起点节点
C. 存在循环回路
D. 有多余虚工作
E. 节点编号有误

5. 某工程工作逻辑关系见表，工作 C 的紧后工作有（   ）。

题 5 表

工作	A	B	C	D	E	F	G	H
紧前工作	—	—	A	A、B	C	B、C	D、E	C、F、G

A. 工作 H
B. 工作 G
C. 工作 F
D. 工作 E
E. 工作 D

6. 下列关于双代号网络计划绘图规则的说法，正确的有（   ）。

A. 网络图必须正确表达各工作间的逻辑关系
B. 网络图中可以出现循环回路
C. 网络图中一个节点只有一条箭线引入和一条箭线引出
D. 网络图中严禁出现没有箭头节点或没有箭尾节点的箭线
E. 单目标网络计划只有一个起点节点和一个终点节点

7. 某单代号网络图如图所示，其存在的错误有（   ）。

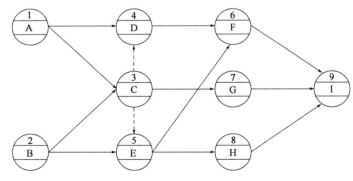

题 7 图

A. 多个起点节点
B. 有多余虚箭线
C. 出现交叉箭线
D. 没有终点节点
E. 存在循环回路

8. 关于工程网络计划技术特征的说法，正确的有（   ）。
   A. 计划评审技术（PERD）、图示评审技术（GERT）、风险评审技术（VERT）、关键线路法（CPM）均属于非确定型网络计划
   B. 网络计划能够明确表达各项工作之间的逻辑关系
   C. 通过网络计划时间参数的计算，可以找出关键线路和关键工作
   D. 通过网络计划时间参数的计算，可以明确各项工作的机动时间
   E. 网络计划可以利用电子计算机进行计算、优化和调整

参考答案及解析

（一）单项选择题

1. D   2. D   3. A   4. C   5. C   6. D   7. B   8. B   9. D   10. A
11. C   12. D

（二）多项选择题

1. CD   2. BD   3. BCE   4. BDE   5. ACD   6. ADE   7. AB
8. BCDE

7. **解析**：选项 C 干扰大，因为交叉不是错误。

五、网络计划时间参数的计算

重 点 知 识

（一）网络计划的时间参数概念和标识图例

1. 工作（工序）时间参数（单、双代号网络图都适用）

（1）工作持续时间 D（duration）：也称为作业时间或生产周期等，表示一项工作规定的从开始到完成的时间。一定不要将此概念混淆为"工期"。

（2）工作的最早时间（时刻）：包括工作最早开始时间 ES（Early Start）、工作最早完成时间 EF（Early Finish）；是指一项工作在具备开工条件后最早能够开始或完成的时刻，$ES_{本} = \max\{EF_{紧前}\}$。工作最早时间含义是，能早尽量早，但是再早都无法比此时刻还要早。

关键词：开工条件、紧前、能够、可以、可能、最大值。

（3）工作的最迟时间（时刻）：包括工作最迟完成时间 LF（Late Finish）、工作最迟开始时间 LS（Late Start）；是指一项工作在不影响计划工期条件下最迟必须完成或开始的时刻，$LF_{本} = \min\{LS_{紧后}\}$。工作最迟时间的含义是，迟一点可以，但是再迟都不能比此时刻还要迟，否则将影响工程按期完成，即影响"计划工期"。而对于传统网络计划边界条件时还有说成影响"总工期"。

关键词：计划工期、紧后、必须、任何一个、最小值。

对于工作最迟时间和总时差时间参数考试时，"计划工期"概念一般不会涉及计算过程，计算时几乎都是采用"计算工期"，进行时间参数的"反向"计算，也就是"计划工期等于计算工期时（或两者相减为0）"的表述，即网络计划的传统边界。但是在文字概念题中要特别注意是以不影响"计划工期"，而不是不影响"计算工期"条件下"必须"完成或开始的时刻。"计划工期"是相对"要求工期（例如，合同工期）"的概念而产生的。在不涉及"要求工期"时，计划工期的通俗说法就是进度计划的计算工期，暂时按照传统网络计划只有"计算工期"的概念来理解和反向计算。待掌握了工作六个时间参数计

算后,在第(四)点通过一个事例的具体数据计算,很容易掌握三个"工期"概念之间的关系,以及"计划工期"概念带来对原来认知的改变(例如,关键工作为什么是总时差最小而不是等于0),也很容易理解"计划工期"新概念的作用。

不论最早最迟时间,**本工作的开始时间与本工作的完成时间之间相差本工作持续时间**,即本工作完成时间 = 本工作开始时间 + 本工作持续时间。

(4)总时差TF(Total Float):是一项工作不影响计划工期情况下的机动时间,所以是不影响任何一个紧后工作最迟开始时刻的可利用机动时间。

(5)自由(局部)时差FF(Free Float):是一项工作不影响实际紧后工作最早开始时刻的机动时间。双代号网络图的图上紧后最早开始时间相同,其值等于紧后最早开始时间减去本工作最早完成时间;而单代号紧后工作最早开始时间不同时取小值即最小的间隔时间。所以本工作自由时差等于与紧后工作间隔时间LAG的最小值是单、双代号网络图都成立。

(6)间隔时间LAG(time lag):双代号网络图的间隔时间就是FF,单代号网络图间隔时间按式(3-1-7)计算。

$$LAG_{ij} = ES_j - EF_i \tag{3-1-7}$$

2. 工作(工序)时间参数的标识

(1)《国标网络图画法规定》的双代号网络图标识图例如图3-1-12所示。

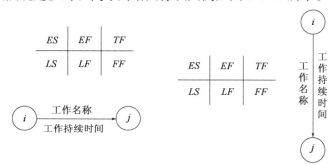

图 3-1-12 国标规定的双代号网络图工作时间参数标识图示例

(2)《目标控制》一书规定的双代号网络图的标识图例如图3-1-13所示。

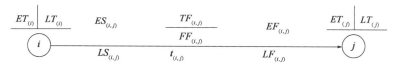

图 3-1-13 《目标控制》一书规定的双代号网络图时间参数标识图例

(3)《国标网络图画法规定》的单代号网络图如图3-1-14所示。

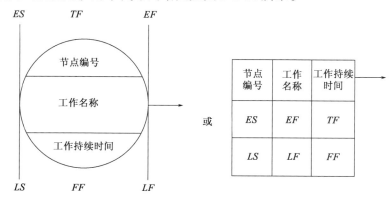

图 3-1-14 国标规定的单代号网络图时间参数标识图例

3. 双代号网络图的节点时间参数

（1）节点最早时间 ET_i（Early Time）：在双代号网络计划中，以该节点为开始节点（即节点紧后）的各项工作的最早开始时间。简而言之是节点紧后所有工作的最早开始时间。

（2）节点最迟时间 LT_j（Late Time）：在双代号网络计划中，以该节点为完成节点（即节点紧前）的各项工作的最迟完成时间。简而言之是节点紧前所有工作的最迟完成时间。

（3）节点时间参数的标识如图 3-1-15 所示。

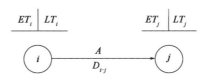

图 3-1-15　双代号网络图节点时间参数标识图例

4. 时间参数按照其特性的分类

（1）控制性时间参数：最早时间 3 个 ES、EF、ET，最迟时间 3 个 LS、LF、LT。

（2）协调性时间参数：即时差，包括总时差 TF 和自由时差（即局部时差）FF。

（二）工期（Project duration）的定义和工期概念的演变

工期原来泛指完成一件事情所需的时间。事情可大可小，小到一个工作（或工序），大到一个工程项目或合同段。因此，以往人们常将工作所需的时间称为工期（duration）；而工程项目所需的时间，一般情况下为了区别而称"总工期"。但是，《国标常用术语》第 2.4.30 条定义工期（Project duration）为"泛指完成项目所需的时间"；在《标准施工招标文件》（2007 版）中工期作为施工合同通用条款的 1.1.4.3 定义为"承包人在投标函中承诺的完成合同工程所需的期限"；所以国标将工作所需花费的时间称为工作持续时间（duration），而将工程项目或合同段施工所需时间称为工期（Project Duration）。本书为避免工期一词带来的混乱，在谈及工期时都表示工程项目或合同段所需的时间。提醒各位考生注意：由于"工期"概念的历史原因，在某些考试题中可能出现该概念的混乱，因此考生要根据上下文正确判断其含义究竟是指"工程"还是指"工作（工序）"的消耗时间，避免影响考试成绩。

（三）网络计划的时间参数的计算（图上计算法）

不论双单代号网络图，其时间参数计算，都应该进行正向和反向 2 次计算。工作时间参数图上计算法，可用于单、双代号网络图，而节点时间参数计算法只用于双代号网络图。

1. 工作（工序）时间参数图上计算法

（1）网络图的正向计算过程求工作最早开始时间 ES 和最早完成时间 EF，如图 3-1-16 和图 3-1-17 所示。正向计算要点包括：

①设所有第一项工作（工序）最早开始时间 $ES = 0$。

②用加法处理本工作，本工作 EF = 本工作 ES + 本工作持续时间 D。

③后移到第二项工作，站在本工作看紧前工作（即从本工作的箭尾节点上认箭头符号），多个 EF 值时取最大值作为本工作的最早开始时间。重复②到③一直到最后一项工作。

④计算工期 T_c = 所有最后一项工作中最早完成时间的最大值，即 $\max\{EF_{最后}\}$，用方框内的数值表示。

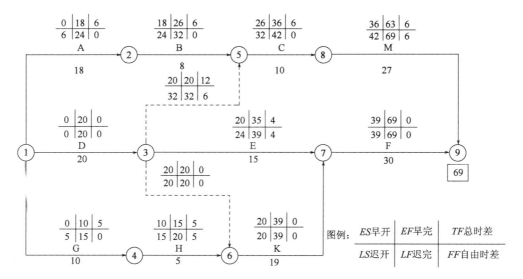

图 3-1-16 双代号网络图工作计算工作时间参数计算图

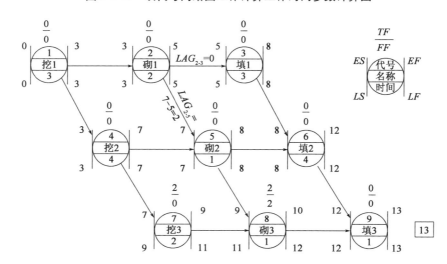

图 3-1-17 单代号网络图工作（工序）时间参数计算法时间参数计算图

（2）网络图的反向计算过程求工作最迟完成时间LF和最迟开始LS时间，如图 3-1-16 和图 3-1-17 所示。根据《工程网络计划技术规程》（JTJ/T 121—2015）（简称《网络计划规程》）第 4.3.1 条的第 7 点要求，反向计算要点包括：

①设所有最后一项工作（工序）最迟完成时间LF为计划工期（暂时就是计算工期）。

②用减法处理本工作，本工作LS = 本工作LF − 本工作持续时间D。

③前移到倒数第二项工作，站在本工作看紧后工作（即从本工作的箭头节点上认箭尾符号），多个紧后工作LS时取最小值作为本工作LF。重复②到③一直到第一项工作（工序）。

归纳总结正反向计算：反向计算与正向计算相似却全部相反，具体体现在：①正向设第一项ES为0，反向设最后一项LF为计划工期T_p一般用计算工期T_c；②本工作计算，正向用加法计算EF，反向用减法计算LS；③前后工作时间参数传递（即取得），站在本工作，正向认紧前工作箭头符号取大值作为本工作ES，反向认紧后工作箭尾符号取小值作为本工作LF。

（3）网络图的时差计算求工作总时差TF、工作自由时差FF、工作相干时差IF和工作独立时差DF，见图 3-1-18。

图 3-1-18 工作时差计算图

①工作的总时差按式（3-1-8）计算：

$$\text{本工作总时差}TF = \text{本工作}LF(\text{或}LS) - \text{本工作}EF(\text{或}ES) \tag{3-1-8}$$

在图 3-1-16 和图 3-1-17 中，将第 1 列或第 2 列的下面参数减去上面参数，即得到该工作的总时差。单代号网络图的总时差的计算，还有另外一个考题中常出现的知识考点。公式如下：

$$TF_i = \min\{TF_j + LAG_{ij}\} \tag{3-1-9}$$

②工作的自由时差（《目标控制》一书的局部时差）计算

a. 双代号网络图本工作自由时差按式（3-1-10）计算，虚箭线也按式（3-1-10）计算，这样考生更不容易出现错误。计算结果如图 3-1-16 所示。

$$\text{本工作自由时差}FF = \text{紧后工作的}ES - \text{本工作的}EF \tag{3-1-10}$$

b. 单代号网络图本工作自由时差按式（3-1-11）计算，计算结果如图 3-1-17 所示。

$$\text{本工作自由时差}FF = \min\{\text{紧后工作的}ES\} - \text{本工作的}EF \tag{3-1-11}$$

单代号网络图的自由时差计算公式还有：

$$FF_i = \min\{LAG_{ij}\} \tag{3-1-12}$$

以图 3-1-17 中的砌 1 为例，先按式（3-1-7）计算$LAG_{2\text{-}3}$和$LAG_{2\text{-}5}$，然后计算其自由时差$FF_{砌1} = FF_2 = \min\{LAG_{2\text{-}3}, LAG_{2\text{-}5}\} = \min\{0,2\} = 0$。

③工作相干时差（IF）计算（也可参见图 3-1-20）

工作相干时差是指可以与紧后工作共同利用的机动时间。即本工作总时差与自由时差的差值。

$$\text{本工作相干时差}IF_{ij} = TF_{ij} - FF_{ij} = \text{箭头节点最迟时间}LT_j - \text{箭头节点最早时间}ET_j$$

④工作独立时差（DF）计算

工作独立时差是指为本工作所独有而其前后工作不能利用的机动时间。换句话说是在不影响紧后工作最早开始前提下，也不能被前面（即先行）工作利用的机动时间，即本工作自由时差与紧前工作相干时差（IF_{hi}）的差值。

$$\text{本工作相干时差}DF_{ij} = ET_j - LT_i - D_{ij} = FF_{ij} - (LT_i - ET_i) = FF_{ij} - IF_{hi}$$

2. 节点时间参数图上计算法

节点时间参数图上计算法只能用于双代号图，计算简单、计算量小、简洁明了，如图 3-1-19 所示。

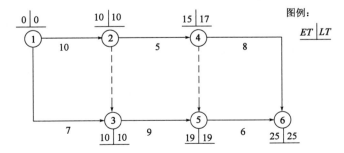

图 3-1-19 双代号节点时间参数计算图（时间单位：天）

（1）正向计算求节点最早时间ET如图3-1-19所示。正向计算要点为：

①设起始节点的节点最早时间ET为0。

②从小到大逐个进行相应节点ET的计算，该重复过程注意以下两点：

a. 认节点紧前的箭头符号。

b. 有几个箭头，就要进行几次其箭线的箭尾节点最早时间ET与其持续时间的相加运算，然后和取大，即i节点的最早时间按式（3-1-13）计算。

$$ET_i = \max\{箭线箭尾节点ET_h + 箭线持续时间D_{hi}\} \quad (3\text{-}1\text{-}13)$$

以图 3-1-19 的③号节点为例，③号节点的紧前箭头有两个，$ET_3 = \max\{①节点ET_1 + ①③的持续时间D_{1\text{-}3}, ②节点ET_2 + ②③的持续时间D_{2\text{-}3}\} = \max\{0+8, 10+0\} = 10$天。

③计算工期T_c = 终点节点的最早时间，即ET_n。

（2）反向计算求节点最迟时间LT如图3-1-19所示。反向计算要点为：

①设终止节点的节点最迟时间LT为计划工期（暂时就是计算工期）。

②从大到小逐个进行相应节点LT的计算，该重复过程注意以下两点：

a. 认节点紧后的箭尾符号。

b. 有几个箭尾，就要进行几次其箭线的箭头节点最迟时间LT与其持续时间的相减运算，并取最小差值。即j节点的最迟时间按式（3-1-14）计算。

$$LT_j = \min\{箭线箭头节点LT_k - 箭线持续时间D_{k\text{-}j}\} \quad (3\text{-}1\text{-}14)$$

以图3-1-19的④号节点为例，④号节点的紧后箭尾有两个，$LT_4 = \min\{⑤点LT_5 - ④⑤的持续时间D_{4\text{-}5}, ⑥点LT_6 - ④⑥的持续时间D_{4\text{-}6}\} = \min\{19-0, 25-8\} = 17$天。

（3）利用节点时间参数进行工作总时差TF和工作自由时差FF计算，见图3-1-20。

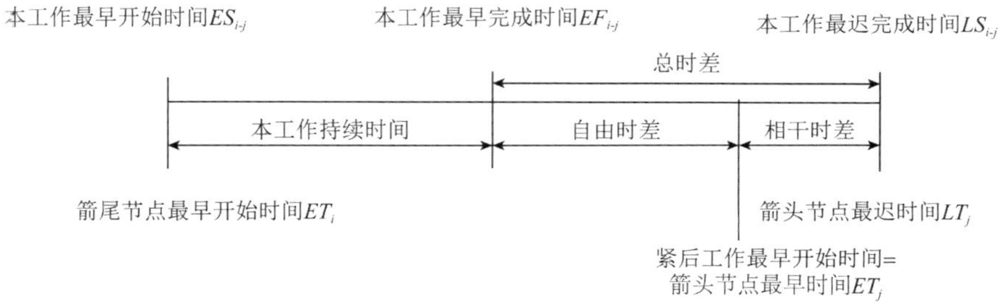

图 3-1-20　工作时间参数与节点时间参数对应关系图

①工作的总时差按式（3-1-15）计算：

$$本工作TF_{i\text{-}j} = 箭头节点的LT_j - 箭尾节点的ET_i - 本工作持续时间D_{i\text{-}j} \quad (3\text{-}1\text{-}15)$$

②工作的自由时差按式（3-1-16）计算：

$$本工作FF_{i\text{-}j} = 箭头节点的ET_j - 箭尾节点的ET_i - 本工作持续时间D_{i\text{-}j} \quad (3\text{-}1\text{-}16)$$

节点计算法的时差计算，以图3-1-19中的②→④工序为例：

总时差$TF_{2\text{-}4}$ = 箭头④节点后参数 − 箭尾②节点前参数 − ②④持续时间 = 17 − 10 − 5 = 2天

自由时差$FF_{2\text{-}4}$ = 箭头④节点前参数 − 箭尾②节点前参数 − ②④持续时间 = 15 − 10 − 5 = 0

（4）总时差与自由时差的关系

①将上述式（3-1-15）与式（3-1-16）相减，得式（3-1-17）：

本工作总时差$TF_{i\text{-}j}$ − 本工作自由时差$FF_{i\text{-}j}$ = 箭头节点最迟时间LT_j − 箭头节点最早时间ET_j

$$TF_{i\text{-}j} = FF_{i\text{-}j} + (\text{箭头节点最迟时间}LT_j - \text{箭头节点最早时间}ET_j) \tag{3-1-17}$$

当计算工期等于计划工期时（也就是反向计算时用计算工期），关键节点的$ET = LT$，箭头指向关键节点的工作按式（3-1-17）中右边的第二项括号内容为0。箭头指向关键节点的工作其总时差=自由时差，这也是考点。

②在双代号网络图中，进一步可以演变为式（3-1-18）：

$$\text{本工作}TF_{i\text{-}j} = \text{本工作}FF_{i\text{-}j} + \min\{\text{紧后工作总时差}TF_{j\text{-}k}\} \tag{3-1-18}$$

注意：该公式很适合时标网络图的时差计算，不过此处的紧后工作是网络图的图上紧后工作，而不是真实的逻辑紧后工作；而且该计算式不适合单代号网络图，单代号网络图按式（3-1-19）计算，也是重要的考点。

$$\text{本工作}TF_i = \min\{\text{紧后工作的}TF_j + \text{本工作与对应紧后工作的}LAG_{ij}\} \tag{3-1-19}$$

3. 时标网络图的时差计算

（1）双代号时标网络图中的波形线长度就是工作的自由时差或间隔时间。

（2）双代号时标网络图中工作的总时差，利用式（3-1-18）进行计算，从最后一项工作（工序）开始计算；或者经过本工作的线路中波形线最少的长度，根据式（3-1-18）含义总时差与紧前工作无关，所以可以进一步简化为总时差是本工作到关键节点之间波形线长度和的最小值。计算各工作的总时差，如图3-1-21所示。

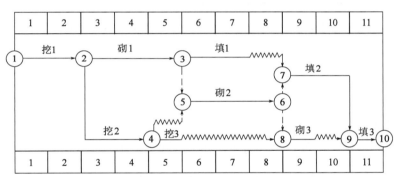

图3-1-21　挖砌填流水施工的双代号最早时标网络图（时间单位：天）

（四）计划工期与计算工期和要求工期之间的关系以及由此带来的变化

公路专业的考生对"计划工期"概念的理解是：对所进度计划进行计算而得的工期，即所提交计划的计算工期。所以公路专业的考生在没有"合同要求工期"情况下，可以将计算工期就当为计划工期。住建部增项考生可以阅读以下内容。

1.《网络计划技术　第1部分：常用术语》（GB/T 13400.1—2012）第2.4条的工期分类

（1）计算工期：根据网络计划的时间参数计算出来的工期。用T_c表示。

（2）要求工期：任务（工程）委托人所要求的工期。用T_r表示。例如，合同工期或指定工期。

（3）计划工期：综合要求工期与计算工期并考虑需要和可能而确定的工期，也就是作为工程项目实施目标的工期，用T_p表示。

2. 编制网络计划对计划工期的要求

（1）当未规定要求工期T_r时，计划工期T_p＝计算工期T_c，这是网络计划传统计算法。即在进行网络计划"反向"计算时，本应是用"计划工期"，在没有具体限制条件情况下，用计算工期代替计划工期"反向"计算最迟时间参数。理由是这样计算与分析都简单，也就是我们前面可以暂时不去涉及"计划工期"概念，就用"计算工期"反向计算的依据，因为前面计算时，没有涉及"要求工期"。

（2）当已规定了要求工期T_r时，计划工期T_P≤要求工期T_r。一旦有了"要求工期"就要涉及"计划工期"概念和如何取值计算最简单和分析最容易。

①当计算工期T_c≤要求工期T_r时，有两种处理方法和结果，借助实际事例理解。

a. 第一种，计划工期T_P＝计算工期T_c，是网络计划的传统计算法，理由是为了简单。

b. 第二种，计算工期＜计划工期≤要求工期，进行网络图时间参数的反向计算；这时，关键工作的条件是总时差最小，同时还大于零。某海底隧道工程施工网络图如图 3-1-22 所示，该工程合同工期（即要求工期）＝700天，计算工期＝690天，如果施工组织者决定计划工期＝697天，此时"反向"计算时，终点的最迟时间就是 697 天。根据图 3-1-26 的结果，很直观地知道了当合同工期大于计算工期时，计划工期可以大等于计算工期；以及关键工作条件不是等于零而是最小值为 7，关键节点的条件也不是$ET=LT$而是$LT-ET=$计划工期－计算工期。

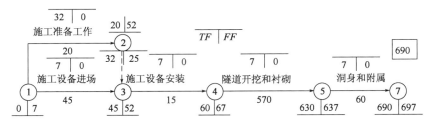

图 3-1-22　海底隧道施工计算工期为 690 天计划工期 697 天的网络图（时间单位：天）

第二种方法是目前《网络计划规程》的规定，它改变了原来传统网络计划方法的边界条件，造成关键工作条件的变化，以及其他性质的变化。**目前已经推行的多个职业资格考试的网络计划是按照这个规定出题目；不过《目标控制》一书是按照传统边界按照工作总时差为 0 定义关键工作，请考生注意这方面差异。**

②如果计算工期＞要求工期，即不能满足合同工期的要求，则原计划不可行，需调整原计划使之满足合同工期要求。以图 3-1-22 的隧道工程为例，如果合同工期改为 684 天，此时的计划工期只好取为 684 天，如图 3-1-23 所示，这时②③虚工作的总时差＝19 天＜自由时差＝25 天，自由时差作为总时差一部分（即局部时差）的概念不成立了。所以考网络计划概念时一定要注意计划工期的概念，这方面计算题反而容易，概念题较难；以及其与计算工期的区别。

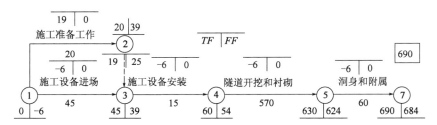

图 3-1-23　海底隧道施工计算工期为 690 天计划工期 684 天的网络图（时间单位：天）

对于计算工期＞要求工期的情况，最容易实现的途径和最简单的处理方法就是传统的处理方法，即先按照计算工期T_c进行网络图时间参数反向计算，作为工程计划的初稿而非执行计划；然后对该工程计划初稿进行计划时间的调整，例如，将①③工作压缩为 39 天，使调整后的计划满足合同工期 684 天要求并作为计划工期。这部分内容在本节第七点的网络计划工期优化中介绍。

例　题

例1　某工程双代号时标网络图如图所示（时间单位：周），工作 A 的总时差为（　　　）周。

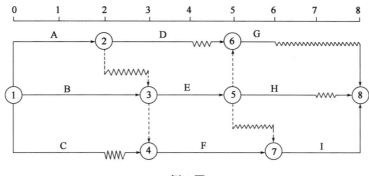

例1 图

A. 0 B. 1 C. 2 D. 3

例2 某工作有 2 个紧后工作，紧后工作的总时差分别是 3 天和 5 天，对应的间隔时间分别是 4 天和 3 天，则该工作的总时差是（　　）天。

A. 6 B. 7 C. 8 D. 9

例3 某工程网络计划如下图（时间单位：天），工作 C 的自由时差是（　　）天。

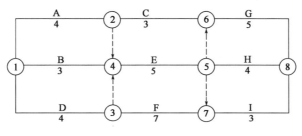

例3 图

A. 0 B. 1 C. 2 D. 3

例4 已知工作 A 的紧后工作是工作 B 和 C，工作 B 的最迟开始时间为第 14 天，最早开始时间为第 10 天，工作 C 的最迟完成时间为第 16 天，最早完成时间为第 14 天。工作 A 的自由时差为 5 天，则工作 A 的总时差为（　　）天。

A. 0 B. 5 C. 7 D. 9

例5 工作 A 持续时间 11 天，紧后工作有 B、C、D、E 四项，最迟完成分别为 24 天、22 天、25 天、33 天，各工作持续时间 9 天、5 天、7 天、14 天，则工作 A 最迟开始时间为（　　）。[2022 年真题]

A. 4 B. 5 C. 7 D. 8

例6 某工程双代号时标网络计划如图所示，下列关于时间参数的说法正确的有（　　）。

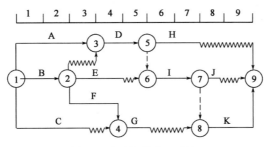

例6 图（时间单位：天）

A. 工作 B 总时差为 0　　　　　　　　B. 工作 E 最早开始时间为第 4 天
C. 工作 D 总时差为 0　　　　　　　　D. 工作 I 自由时差为 1 天

E. 工作 G 总时差为 2 天

例7 某双代号网络图如图所示（图中粗实线为关键线路工作），若计划工期等于计算工期，则自由时差一定等于总时差且不为零的工作有（　　）。

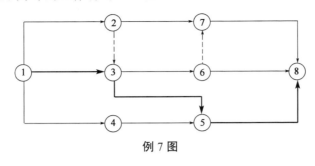

例 7 图

A. ①→② B. ③→⑤ C. ②→⑦ D. ④→⑤
E. ⑥→⑧

例8 关于双代号网络计划的工作最迟开始时间的说法，正确的是（　　）。
A. 最迟开始时间等于各紧后工作最迟开始时间的最小值减去持续时间
B. 最迟开始时间等于各紧后工作最迟开始时间的最大值
C. 最迟开始时间等于各紧后工作最迟开始时间的最小值
D. 最迟开始时间等于各紧后工作最迟开始时间的最大值减去持续时间

例 题 解 析

例1 经过工作 A 的所有线路中，1→2→3→4→7→8 这条线路所包含的波形线最少，这条线路中包含的波形线对应的时间，就是工作 A 的总时差，共有②→③波形线 1 个单位。故选 B 项。

例2 总时差TF_i等于该工作的各个紧后工作j的总时差TF_j加该工作与其紧后工作之间的时间间隔LAG之和的最小值，即$TF_i = \min\{TF_j + LAG_{ij}\}$，本题该工作总时差应为$TF_i = \min\{3+4, 5+3\} = \min\{7, 8\} = 7$天。故选 B 项。

例3 自由时差 = 实际紧后工作最早开始最小值 − 本工作最早完成，工作 C 的紧后工作只有工作 G。由正向计算时间参数得出工作 G 的最早开始时间是 9 天，工作 C 最早完成时间是 7 天，工作 C 的自由时差 = 9 − 7 = 2 天。故选 C 项。另一种方法，该网络图有工作 AEG、工作 DEG 和工作 DFI 三条关键线路，经过工作 G 的最早开始为 4 + 5 = 9，工作 C 的$EF_C = 4 + 3 = 7$。

例4 本题考查$TF_{i-j} = FF_{i-j} + \min\{紧后工作总时差 TF_{j-k}\}$，可惜这个公式不是放之四海而皆准的，是有条件的。根据题意工作 B 的总时差$TF_B = 14 - 10 = 4$，工作 C 的总时差$TF_C = 16 - 14 = 2$，工作 A 的自由时差为 5 天；则$TF_A = 5 + \min\{4, 2\} = 7$。故选 C 项。但是，这道题是某职业资格考试真题中多次出现的错题，选项 D 的 9 天也满足，甚至 8 天也满足题干要求。正确答案是 7～9 天之间的任意实数，该题真正是与工作 C 的取值有关，如解图所示。

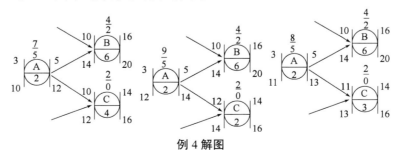

例 4 解图

例5 工作 A 最迟开始时间 $= LF_A - 11 = \min\{紧后工作LS\} - 11 = \min\{24-9, 22-5, 25-7, 33-14\} - 11 = 4$ 天。故选 A 项。

例6 从时标网络图可以看出，选项 A 经过工作 B 的最少波形线是 1 天。选项 B 工作 E 最早开始是第 2 天后即第 3 天清晨。所以选项 AB 错。选项 C 经过工作 D 路径的最少波形线是 0，即工作 D 总时差为 0，则该选项正确。选项 D 工作 I 的自由时差为 0 所以该选项错。工作 G 的总时差 = 自由时差 =2，则该选项正确。故选 CE 项。这种题型采用观察双代号时标网络图中经过某工作的路径中最少波形线长度确定其总时差方法较直观。

例7 根据 $TF_{i\text{-}j} = FF_{i\text{-}j} + (箭头节点最迟时间LT_j - 箭头节点最早时间ET_j)$，若计划工期等于计算工期是关键节点的 $ET = LT$，⑤节点是关键节点则④→⑤工作总时差=自由时差；⑧节点是关键节点则⑥→⑧工和⑦→⑧作总时差=自由时差。故选 DE。

例8 本题考查最迟开始时间的概念。最迟开始时间 $LS_{i\text{-}j}$，是指在不影响整个任务（即工程）按期完成的前提下，工作 $i-j$ 必须开始的最迟时刻。最迟开始时间等于最迟完成时间减去其持续时间 $LF_{i\text{-}j} = LF_{i\text{-}j} - D_{i\text{-}j}$。故选 A 项。

自 测 模 拟 题

（一）单项选择题

1. 在计算双代号网络图时间参数时，工作的最早开始时间应是其所有紧前工作（　　）。
   A. 最早完成时间的最小值　　　　　　B. 最早完成时间的最大值
   C. 最迟完成时间的最小值　　　　　　D. 最迟完成时间的最大值

2. 工作 H 的 $EF_H = 20$ 天表示（　　）。
   A. 工作 H 最早可以在第 20 天结束时结束
   B. 工作 H 的自由时差为 20 天
   C. 工作 H 最迟可以在第 20 天结束时结束
   D. 工作 H 的总时差为 20 天

3. 工作 H 的 $ES_H = 20$ 天表示（　　）。
   A. 工作 H 最早可以在第 20 天开始
   B. 工作 H 的自由时差为 20 天
   C. 工作 H 最早可以在第 20 天后（或末）开始
   D. 工作 H 的总时差为 20 天

4. 工作 H 的 $LS_H = 20$ 天表示（　　）。
   A. 工作 H 最迟可以在第 20 天后（或末）开始
   B. 工作 H 的自由时差为 20 天
   C. 工作 H 最迟必须在第 21 天清晨开始
   D. 工作 H 的总时差为 20 天

5. 网络图中，工作 M 的最早开始时间和最迟开始时间分别为第 12 天和第 15 天，其持续时间为 5 天；工作 M 有 3 项紧后工作，它们的最早开始时间分别为第 21 天、第 24 天和第 28 天，则工作 M 的自由时差为（　　）天。
   A. 1　　　　　　B. 4　　　　　　C. 8　　　　　　D. 11

6. 工作计算法（即工序法）计算双代号网络计划的时间参数时，自由时差宜按（　　）计算。

A. 工作完成节点的最迟时间减去开始节点的最早时间再减去工作的持续时间

B. 所有紧后工作的最迟开始时间的最小值减去本工作的最早完成时间

C. 所有紧后工作的最早开始时间的最小值减去本工作的最早开始时间和持续时间

D. 本工作与所有紧后工作之间时间间隔的最小值

7. 网络计划中，工作的总时差等于（　　）。

A. 该工作的最迟完成时间与其最早完成时间之差

B. 该工作的紧后工作的最迟开始时间与本工作最迟完成时间之差

C. 该工作的紧后工作的最早开始时间与本工作最迟完成时间之差

D. 该工作的最迟开始时间与其最早开始时间之差

8. 工作的总时差的含义是（　　）。

A. 不影响任何一项紧后工作最早开始的情况下，该工作的极限机动时间

B. 不影响任何一项紧后工作最迟开始的情况下，该工作的极限机动时间

C. 不影响任何一项紧前工作最早结束的情况下，该工作的极限机动时间

D. 不影响任何一项紧前工作最迟结束的情况下，该工作的极限机动时间

9. 根据网络计划时间参数正向计算得到的工期称之为（　　）。

A. 计划工期　　B. 计算工期　　C. 要求工期　　D. 合理工期

10. 网络计划中，工作总时差是本工作可以利用的机动时间，但其前提是（　　）。

A. 不影响紧后工作最迟开始　　B. 不影响紧后工作最早开始

C. 不影响紧后工作最早完成　　D. 不影响后续工作最早完成

11. 单代号网络计划中，工作 C 的已知时间参数（时间单位：天）标注如图所示，则该工作的最迟开始时间、最早完成时间和总时差分别是（　　）天。

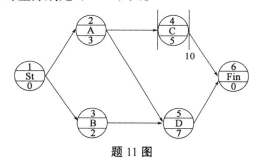

题 11 图

A. 3、10、5　　B. 3、8、5　　C. 5、10、2　　D. 5、8、2

12. 某工程网络计划如图所示（时间单位：天），图中工作 E 的最早完成时间和最迟完成时间分别是（　　）天。

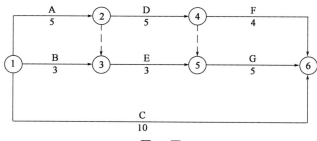

题 12 图

A. 8 和 10 B. 5 和 7
C. 7 和 10 D. 5 和 8

13. 某工程网络计划如图所示（时间单位：天），图中工作 D 的自由时差和总时差分别是（   ）天。

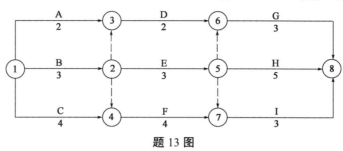

题 13 图

A. 0 和 3 B. 1 和 0
C. 1 和 1 D. 1 和 3

14. 某工程的网络计划如图所示（时间单位：天），图中工作 B 和 E 之间、工作 C 和 E 之间的时间间隔分别是（   ）天。

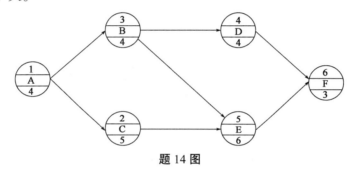

题 14 图

A. 1 和 0 B. 5 和 4
C. 0 和 0 D. 4 和 4

15. 某分部工程双代号网络计划如图所示（时间单位：天），则工作 C 的自由时差是（   ）天。

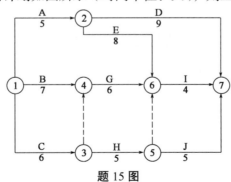

题 15 图

A. 3 B. 2
C. 1 D. 0

16. 某工作有两个紧后工作，紧后工作的自由时差分别是 3 天和 5 天，对应的间隔时间分别是 4 天和 3 天，则工作的总时差是（   ）天。

A. 6 B. 7
C. 8 D. 9

17. 某双代号网络计划如图所示（时间单位：天），则工作 E 的自由时差是（   ）天。

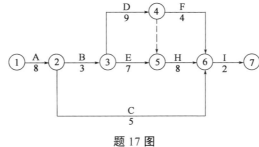

题 17 图

A. 4　　　　B. 3　　　　C. 2　　　　D. 0

18. 某工程网络计划中，工作 E 的持续时间为 6 天，最迟完成时间为第 28 天。该工作有三项紧前工作，其最早完成时间分别为第 16 天、第 19 天和第 20 天，则工作 E 的总时差是（　　）天。

A. 1　　　　B. 2　　　　C. 3　　　　D. 6

19. 网络计划的计算工期等于以终点节点为箭头节点的工作的（　　）。
    A. 最早完成时间的最小值
    B. 最早完成时间的最大值
    C. 最迟完成时间的最小值
    D. 最迟完成时间的最大值

20. 时标网络计划的主要特点是（　　）。
    A. 计划时间直观明了
    B. 计划形式简单
    C. 可解决工程进度中的综合平衡问题
    D. 适于大中型工程建设项目

21. 不是非时标网络计划的特点的是（　　）。
    A. 逻辑关系明确
    B. 便于确定关键线路
    C. 可进行计算、优化与调整
    D. 直观明了

22. 根据图 3-1-21 的时间参数和波形线长度，"挖 3"的相干时差是（　　）天。

A. 1　　　　B. 2　　　　C. 3　　　　D. 4

23. 根据图 3-1-21 的时间参数和波形线长度，"挖 3"的独立时差是（　　）天。

A. 1　　　　B. 2　　　　C. 3　　　　D. 4

（二）多项选择题

1. 下列时间参数中，单代号网络具有的是（　　）。
    A. *ES*　　　B. *ET*　　　C. *EF*　　　D. *LF*
    E. *LT*

2. 工程双代号网络计划的特点是（　　）。
    A. 关键线路上相邻工作的时间间隔为零
    B. 关键工作的总时差为零
    C. 关键工作两端的节点为关键节点
    D. 关键线路的总持续时间最长
    E. 关键节点的最早时间与最迟时间相等

3. 工程网络计划的计算工期等于（　　）。
    A. 单代号网络计划中终点节点所代表的工作的最早完成时间
    B. 单代号网络计划中终点节点所代表的工作的最迟完成时间
    C. 双代号网络计划中结束工作最早完成时间的最大值
    D. 双代号网络计划中结束工作最迟完成时间的最大值

E. 时标网络计划中最后一项关键工作的最早完成时间

4. 在网络计划中，当计划工期等于计算工期时，关键工作的判定条件是（　　）。

   A. 该工作的总时差为零

   B. 该工作与紧后工作之间的时间间隔均为零

   C. 该工作的自由时差最小

   D. 该工作的最早开始时间与最迟开始时间相等

   E. 该工作的持续时间最长

5. 某工程双代号网络计划如图所示，图中已标出各项工作的最早开始ES和最迟开始时间LS，则该计划表（　　）。

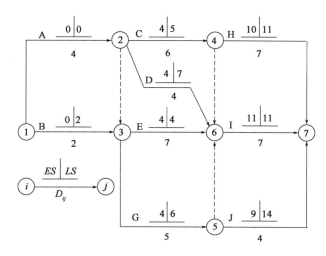

题 5 图（时间单位：天）

   A. 工作①→③的总时差和自由时差相等

   B. 工作②→⑥的总时差和自由时差相等

   C. 工作②→④和工作③→⑥均为关键工作

   D. 工作⑤→⑦的总时差和自由时差相等

   E. 工作③→⑤的总时差和自由时差分别为 2 天和 0 天

6. 网络计划中工作的自由时差是指该工作（　　）。

   A. 最迟完成时间与最早完成时间的差

   B. 所有紧后工作最早开始时间的最小值与本工作最早完成时间的差值

   C. 与所有紧后工作之间波形线水平长度和的最小值

   D. 与所有紧后工作之间间隔时间的最小值

   E. 与其所有紧后工作自由时差与间隔时间和的最小值

7. 网络计划中工作的总时差是指该工作（　　）。

   A. 最迟完成时间与最早完成时间的差

   B. 所有紧后工作最早开始时间的最小值与本工作最早完成时间的差值

   C. 与所有紧后工作之间波形线水平长度和的最小值

   D. 与所有紧后工作之间间隔时间的最小值

   E. 与其所有紧后工作自由时差与间隔时间和的最小值

参考答案及解析

（一）单项选择题

1. B 2. A 3. C 4. C 5. B 6. C
7. A 8. B 9. B 10. A 11. D 12. A 13. D 14. A 15. D
16. B 17. C 18. B 19. B 20. A 21. D 22. A 23. B

5. 解析：$\min\{21,24,28\} - (12+5) = 4$ 天。

16. 解析：$\min\{3+4, 5+3\} = 7$ 天。

22. 解析：从图中可以看出工作挖3箭头节点⑧的 $ET_8 = 8$ 天，$LT_8 = 9$ 天（工作挖3箭头移到9时工作挖3成了关键工作），所以工作挖3的相干时差 $= LT_8 - ET_8 = 9 - 8 = 1$ 天。故选A项。说明工作挖3和紧后工作砌3有1个共同利用的机动时间。

23. 解析：从图中可以看出工作挖3箭尾节点④的 $ET_4 = 4$ 天，$LT_4 = 5$ 天（工作砌2是关键工作，挖2箭头节点④只能后移到5），所以工作挖3的独立时差 $= FF_{挖3} - (LT_4 - ET_4) = 3$(波形线长) $- (5-4) = 2$ 天。故选B项。说明工作挖3在3个自由时差中只有2个是自己单独可利用的机动时间，而1个可能会被挖2利用掉。

（二）多项选择题

1. ACD 2. ACD 3. ACE 4. AC 5. ABDE 6. BD 7. ACE

解析：多项选择题第6题和第7题是自由时差 FF 与总时差 TF 互为干扰。

六、关键线路和关键工作确定

重 点 知 识

（一）关键工作和关键线路的概念

1. 网络图中关键工作的概念

关键工作是指网络计划中总时差最小的工作。当计划工期等于计算工期时关键工作的总时差等于零。关键工作概念的要点为：

（1）总时差最小作为判断关键工作是无条件的。

（2）而总时差等于零作为判断关键工作是有条件的，只有当计划工期等于计算工期时才成立。不过《目标控制》一书是以总时差等于零为关键工作条件。

2. 网络计划图的线路（path）的概念

网络计划图的线路是指网络图中从起点节点开始，沿箭线方向连续通过一系列箭线与节点，最后到达终点节点所经过的通路。线路概念的要点为：

（1）线路一定是"通路"。

（2）线路一定要从网络图的起点到终点。如果不是从起点到终点，则只是线路的一部分称为"线路段"。

3. 网络计划的关键线路概念和特点

（1）关键线路的概念

关键线路是指网络计划中总持续时间最长的线路。网络图线路长度最长反映在单、双代号网络图中有点区别：

①双代号网络图中自始至终全部由关键工作组成，就能满足线路总持续时间最长。

②单代号网络图中自始至终全部由关键工作组成且关键工作之间的间隔时间为零，才能满足线路总持续时间最长。

（2）关键线路的特点（也是关键线路的另一种表达）

①关键线路"至少"一条，而不是"只有"一条。

②单代号网络图中线路中工作之间全部无间隔时间时，该线路是关键线路。

③时标网络图无波浪线组成的线路是关键线路。

④关键线路上所有工作是关键工作，但是关键工作组成的线路不一定是关键线路。因为双代号图中关键工作组成的线路是关键线路，而单代号网络图还要加上间隔时间为零才行。

⑤双代号网络图中关键线路上所有节点是关键节点；反之不一定成立，即所有关键节点组成的线路不一定是关键线路。因为两关键节点之间不一定是关键工作，还需增加另一条件，具体条件参见下面第（四）点"关键线路确定方法"中关键节点确定关键线路的附加条件。

⑥关键工作拖延，关键线路一定增长，工程工期一定拖延；反之，关键工作缩短关键线路不一定缩短，工程工期不一定提前。

4. 关键工作和关键节点与关键线路的关系

关键工作和关键节点与关键线路的关系就是对应上述关键线路特点的第④和⑤点。

（二）非关键工作与非关键线路的关系

1. 非关键工作的概念

是指工作总时差不是最小的工作。当计划工期等于计算工期时总时差大于零的工作。

2. 非关键线路的概念

是指不是最长的线路，其线路并不一定全部都是由非关键工作所组成，该线路只要出现一个非关键工作就不是最长。例如图 3-1-24 中①→②→⑦→⑩是非关键线路其长度只有 20，不是最长 22，①→②是关键工作，而②→⑦和⑦→⑩是非关键工作。

3. 非关键工作与非关键线路之间对应关系的正确和错误说法

（1）不在关键线路上的工作是非关键工作的说法是正确的。因为"不在关键线路上"是表示将关键线路挖掉后剩余的工作，所以剩余的工作自然是非关键工作。

（2）非关键线路上的工作是非关键工作的说法是错误的。因为非关键线路上的工作是不确定的说法，例如，上述第 2 点非关键线路的概念中提到，图 3-1-24 中①→②→⑦→⑩是非关键线路，非关键线路上的工作如果指①→②就是关键工作，如果指②→⑦或⑦→⑩就是非关键工作。对于这一点请考生尤为注意，在目前已经开考的职业资格考题中出现过"非关键线路的工作"这种不严谨的提法，出题人的意图可能是指"非关键工作"。究其原因是关键线路上工作是关键工作表述是正确的，人们喜欢使用与此对应的方法来表述非关键线路的工作，结果却造成了非关键工作不准确表述的问题。因此要养成直接表示"关键工作"和"非关键工作"的习惯，不必画蛇添足。

请注意：上述问题中，不确定的事情不能用肯定的语言表示，而肯定的事情也不能用不肯定的语言表示，这方面问题在关键线路考题中出现较多。

（三）关键工作的确定方法

（1）利用工作时间参数计算所得到工作总时差最小确定关键工作。

（2）通过已经确定的关键线路反过来确定关键工作，即利用关键线路上的工作全部是关键工作的特性。这种确定方法在考试题中较多，需认真掌握。

（四）关键线路的确定方法

1. 线路枚举法

对于简单网络图，按一定的规律和方法列出网络图所有线路，其中最长的线路就是关键线路。

2. 关键工作法

利用工作时间参数计算所得的工作总时差最小，先确定其为关键工作然后将这些关键工作相连形成关键线路，如图 3-1-16 所示，关键线路是①→③→⑥→⑦→⑨；单代号网络图还要加上间隔时间为零的条件，如图 3-1-17 所示，砌1 和砌2 虽然是关键工作，由于它们之间的间隔时间$LAG = 2$，所以砌1 和砌2 之间的连接箭线不是关键线路的组成，两条关键线路是：挖1→砌1→填1→填2→填3，挖1→挖2→砌2→填2→填3；请读者思考，为什么挖1 与砌1 之间，挖1 与挖2 之间不需判断其间隔时间？请考生回想一下线路概念要点中的"通路"。通路这个要点也是连接和判断关键线路很有用的手段，利用"至少一条"的特点来确定，例如紧接下面的第 3 点。

3. 关键节点法

双代号网络图中采用该方法。关键节点的判断条件是，当计划工期等于计算工期时同一节点的最早时间ET = 最迟时间LT；当计划工期不等于计算工期时同一节点$LT - ET$ = 计划工期 − 计算工期。不是关键节点之间的工作一定不是关键工作，但两个关键节点之间还要附加上"箭尾节点时间+持续时间=箭头节点时间"的判断条件，才能确定其是否为关键工作从而确定关键线路。例如，图 3-1-19 中①→③中是两节点关键节点，但是①→③工作的箭尾节点时间$ET = 0$，持续时间$= 8$，$0 + 8 = 8$，不等于箭头节点值 10，所以①→③工作不是关键工作，也不再关键线路上。有时两关键节点之间利用"通路"且"至少一条"这两个要点，可以很快判断其是否为关键线路的组成部分，而不一定需采用附加的判断条件。

4. 标号法——计算网络图计算工期的快速方法

标号法实际是双代号网络图节点计算法的正向过程的修改方法，求最大值的同时标注其节点号。如图 3-1-24 所示，标号法的计算步骤为：

（1）起始节点值设为零。

（2）节点号从小到大逐个计算每个节点数值，该重复过程的步骤应注意：

①看计算节点紧前的箭头符号。

②有几个箭头就进行几次箭线箭尾值与箭线持续时间相加运算，然后和取大。

③同时记住最大值来自的箭尾号码，如果有多个最大则记下多个对应箭尾号码。

（3）计算到终点后，紧接着从终点节点开始根据记下的节点编号，倒着连接关键工作组成关键线路。例如，⑩节点上标注的是⑦节点，则⑦→⑩是关键工作；同理，⑦节点上标注的是⑥节点，则⑥→⑦是关键工作；依次类推，在⑤节点时有两个节点号，所以最后两条关键线路是：①→②→⑤→⑥→⑦→⑩和①→③→④→⑤→⑥→⑦→⑩。计算过程和关键线路的标号痕迹，如图 3-1-24 所示。

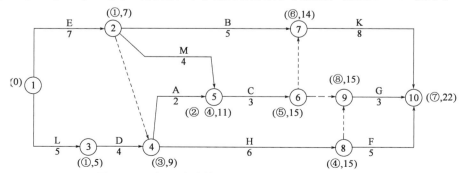

图 3-1-24 标号法计算网络图工期和关键线路标号图

5. 破圈法

破圈法是用于求关键线路和关键工作的快速方法。破圈法需掌握的要点为：

（1）"圈"的概念：同箭尾同箭头的两个路段。

（2）"破圈"的具体方法为：

①计算出"圈"路段两边长度（单代号可不算同箭尾节点和同箭头节点）。

②只能去掉"短边"中最后那一根箭线（即短边中指向同箭头节点的那一根箭线）。去掉一根箭线目的就是打破该"圈"。以图3-1-24为例，简单介绍破圈的过程如下：

从起始节点开始，不一定起始节点就是"圈"组成；依次前进看到有两根以上同箭尾箭线的节点，就是"圈"的开始节点，例如图3-1-24的①节点就是"圈"的开始。接着从①节点前进有两条"线路段"到④节点，①④两节点构成"圈"；圈一边长度为7+0=7，另一边长度为5+4=9，短边长度7中最后一根箭线②④虚箭线被去掉，①④构成的"圈"就被打破了。紧接着还是以①节点为开始继续找"圈"，找到①⑤两节点的圈，两边相等，就保留该圈，以①节点开始的"圈"破圈完成。依次判断②节点是否构成"圈"，②⑦构成圈，去掉工作B的箭线。依次判断③节点不构成圈。再继续依次判断④节点，④⑨构成圈，去掉⑥⑨虚箭线。又继续判断④⑩圈去掉工作G，进而去掉⑨节点和⑧⑨虚箭线。再一次继续判断④⑩圈去掉"短边"的工作F，进而去掉⑧节点和工作H箭线。具体破圈详细过程可参考相关视频。

（3）破圈后的结果如图3-1-25所示。留下的都是关键工作，去掉的都是非关键工作，即不在关键线路上的工作。

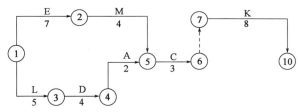

图3-1-25 破圈法确定关键线路结果图

（五）当计划工期不等于计算工期时，相关性质和特点的变化

（1）关键工作定义的改变。由"总时差=0"，改为"总时差最小"。例如图3-1-22，总时差=7天，为最小。

（2）自由时差是总时差的一部分$FF \leqslant TF$，即局部时差的说法不成立。例如图3-1-23，②③工作总时差=19天，自由时差=25天。

（3）节点时间参数的特征同一节点$ET \leqslant LT$不成立了。例如图3-1-23，节点③$ET=45$天，$LT=39$天。

（4）关键节点的条件改变为：同一节点$LT-ET=$计划工期－计算工期。例如图3-1-23，节点③$ET=45$天，$LT=39$天；$39-45=684-690$。例如图3-1-22，节点③$ET=45$天，$LT=52$天；$52-45=697-690$。

（5）双代号图中箭头指向关键节点的工作总时差=自由时差关系改为：$TF_{i-j}=FF_{i-j}+$（箭头点迟时LT_j－箭头点早时ET_j）。例如图3-1-22，$TF_{2-3}=25+(52-45)=25+7=32$天。

例　题

例1 在工程网络计划中，如果某项工作的拖延时间超过其自由时差但没有超过总时差，则(　　)。（注：保留原考题总工期说法）

A. 该项工作的延误会影响工程总工期
B. 该项工作会变成关键工作
C. 该项工作使其紧后工作不能按最早时间开始
D. 该项工作对后续工作及工程总工期无影响

例2 在工程网络计划中，如果某项工作的拖延时间超过其自由时差，则（　　）。
A. 该项工作对工程工期有影响
B. 该项工作对工程工期无影响
C. 该项工作仍然是非关键工作
D. 该项工作使其后续工作的最早开始有影响

例3 下列关于网络计划的说法，正确的是（　　）。
A. 一个网络计划只有一条关键线路
B. 一个网络计划不止一条关键线路
C. 一个网络计划可能有多条关键线路
D. 由非关键工作组成的线路称为非关键线路

例4 某工程施工进度计划如图所示，则该计划的计算工期是（　　）天。

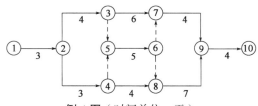

例4图（时间单位：天）

A. 20　　　　　B. 21　　　　　C. 23　　　　　D. 25

例5 某工程网络计划如图所示（时间单位：月），则该网络计划的关键线路有（　　）。

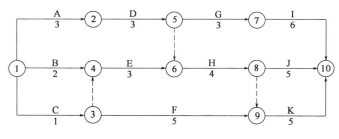

例5图

A. ①→②→⑤→⑦→⑩　　　　　　　　B. ①→④→⑥→⑧→⑩
C. ①→②→⑤→⑥→⑧→⑩　　　　　　D. ①→②→⑤→⑥→⑧→⑨→⑩
E. ①→④→⑥→⑧→⑨→⑩

例6 关于双代号工程网络计划的说法，正确的有（　　）。
A. 总时差最小的工作为关键工作
B. 关键线路上允许有虚箭线和波形线的存在
C. 网络计划中以终点节点为完成节点的工作，其自由时差与总时差相等
D. 除了以网络计划终点为完成节点的工作，其他工作的最迟完成时间应等于其所有紧后工作最迟开始时间的最小值

E. 某项工作的自由时差为零时，其总时差必为零

例题解析

例1 本题是交通运输部监理工程师考试的真题，是建立在计划工期等于计算工期传统的边界前提下，所以$FF \leq TF$所以自由时差也称为局部时差。只要工作拖延时间$\leq TF$，那么计划工期不受影响，拖延的工作也不会变成关键工作。选项 D 错在对后续工作无影响，紧后工作最早开始已经影响了那么后续工作最早开始一定受到影响。故选 C 项。

例2 本题也是建立在计划工期等于计算工期传统的边界前提下，只是在例题 1 的基础上去掉"没有超过总时差"。因为$FF \leq TF$，所以拖延有两种情况。第一种拖延时间$\leq TF$，那么计划工期就不影响，仍然是非关键工作。第二种拖延时间$> TF$，那么工程的计划工期就会有影响。因为题干没有明确拖延是否超过总时差，所以选项 ABC 三项都无法确定，不选。拖延只要超过其FF，其紧后工作最早开始一定影响，那么后续工作最早开始一定要影响。故选 D 项。

例3 一个网络计划至少一条关键线路，说明一条或者多条。而选项 A 和选项 B 都用绝对的语言"只有一条"和"不止一条"因此错了。由非关键工作组成的线路称为非关键线路描述也是错的，因为非关键线路可能包含关键工作，只要这条线路不是最长就是非关键线路。故选 C 项。

例4 用标号法计算网络图的计算工期最快捷。标号法确定计算工期为$3+4+5+7+4=23$天，关键线路是①→②→③→⑤→⑥→⑧→⑨→⑩。故选 C 项。

例5 可用"破圈法"确定关键线路，如解图所示就是破圈法的结果，最终结果为①→②→⑤→⑦→⑩、①→②→⑤→⑥→⑧→⑩、①→②→⑤→⑥→⑧→⑨→⑩，工期为 15 个月。故选 ACD。

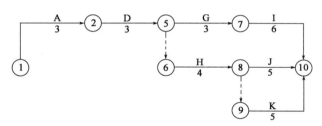

例5解图

例6 选项 A 就是关键工作的定义，正确。选项 B 中关键线路上允许有虚箭线是对的，但不能有波形线，只要有波形线就意味着线路不是最长。选项 C 很难，网络计划的终点节点一定是关键节点，"以终点节点为完成节点的工作"说明这些工作的箭头指向关键节点；根据第二节内容$TF_{ij} = FF_{ij} +$ (箭头节点最迟时间LT_j − 箭头节点最早时间ET_j)，当计划工期等于计算工期时$ET=LT$该选项正确，但是计划工期不等于计算工期时，等式右侧第二项括号中内容不等于 0，所以TF与FF之间有个差值，则选项 C 不正确。选项 D 正确，它就是工作最迟完成LF的定义。选项 E 错误，因为根据上述公式，$TF_{ij}=0+$(箭头节点最迟时间LT_j − 箭头节点最早时间ET_j)，TF不一定等于 0。故选 AD。

自测模拟题

（一）单项选择题

1. 在工程网络计划执行过程中，监理工程师检查工程进度已拖延若干天，且已超过该工作的自由时差，则该工作（　　）。

   A. 不影响其后续工作和工程工期

   B. 不影响其后续工作，但影响工程工期

C. 影响其后续工作，且可能影响工程工期

D. 影响其后续工作和工程工期

2. 在网络计划中，关键工作是指（　　）。

   A. 总时差最小的工作

   B. 自由时差最小的工作

   C. 时标网络计划中无波形线的工作

   D. 持续时间最长的工作

3. 双代号网络计划，下面几种说法中，只有（　　）的说法是正确的。

   A. 关键线路上的工序是关键工序，关键工序连接起来一定是关键线路

   B. 关键线路上的节点是关键节点，关键节点连接起来一定是关键线路

   C. 非关键线路上的工序都是非关键工序

   D. 线路中只存在一个非关键工序那么该线路不一定是非关键线路

4. （　　）不是确定关键线路的方法。

   A. 线路枚举法　　　　　　　　　B. 关键工作法

   C. 关键节点法　　　　　　　　　D. S 曲线法

5. 关于双代号网络计划中关键工作的说法，正确的是（　　）。

   A. 关键工作的最迟开始时间与最早开始时间的差值最小

   B. 以关键节点为开始节点和完成节点的工作必为关键工作

   C. 关键工作与其紧后工作之间的时间间隔必定为零

   D. 自始至终由关键工作组成的线路总持续时间最短

6. 某双代号网络计划如图所示，其关键线路有（　　）条。

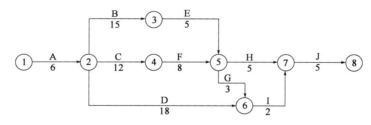

题 6 图（时间单位：天）

   A. 1　　　　　B. 2　　　　　C. 3　　　　　D. 4

7. 计划工期等于计算工期的双代号网络计划中，关于关键节点特点的说法，正确的是（　　）。

   A. 相邻关键节点之间的工作一定是关键工作

   B. 以关键节点为完成节点的工作总时差和自由时差相等

   C. 关键节点连成的线路一定是关键线路

   D. 两个关键节点之间的线路一定是关键线路

8. 在工程网络计划中，关键工作的特点是（　　）。

   A. 关键工作一定在关键线路上

   B. 关键工作的持续时间最长

   C. 关键工作的总时差最小

   D. 关键工作的持续时间最短

9. 某工程双代号网络计划如图所示，其关键工作有（   ）。

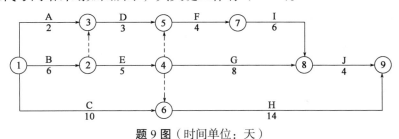

题 9 图（时间单位：天）

  A. 工作 B、E、F、I   B. 工作 D、F、I、J

  C. 工作 B、E、G   D. 工作 G、H

10. 某工程进度计划执行过程中，发现某工作出现进度偏差，但该偏差未影响总工期，则说明该项工作的进度偏差（   ）。

  A. 大于该工作的总时差   B. 小于该工作的总时差

  C. 大于该工作的自由时差   D. 小于该工作的自由时差

11. 某工程双代号网络计划中，工作 M 的持续时间为 5 天，相关节点的最早时间和最迟时间如图所示，则工作 M 的总时差是（   ）天。

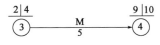

题 11 图（时间单位：天）

  A. 1   B. 2   C. 3   D. 4

12. 工程网络计划中，关键工作是指（   ）的工作。

  A. 最迟完成时间与最早完成时间的差值最小

  B. 双代号时标网络计划中无波形线

  C. 单代号网络计划中时间间隔为零

  D. 双代号网络计划中两端节点均为关键节点

（二）多项选择题

1. 在工程网络计划中，关键线路是指（   ）的线路。

  A. 双代号网络计划中没有虚箭线

  B. 时标网络计划中没有波形线

  C. 单代号网络计划中相邻两项工作之间间隔均为零

  D. 双代号网络计划中由关键节点组成

  E. 线路上总持续时间最长

2. 某工程双代号网络计划如图所示，其中关键线路有（   ）。

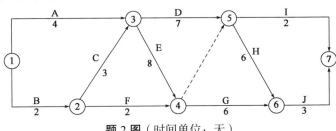

题 2 图（时间单位：天）

A. ①→②→④→⑤→⑦ B. ①→②→③→④→⑤→⑥→⑦
C. ①→③→④→⑤→⑥→⑦ D. ①→③→④→⑤→⑦
E. ①→②→③→④→⑥→⑦

3. 关于双代号时标网络计划特点的说法，正确的有（   ）。
   A. 无需箭线的线路为关键线路
   B. 无波纹线的线路为关键线路
   C. 波纹线的长度为相邻工作之间的时间间隔
   D. 工作的总时差等于本工作至终点线路上波纹线长度之和
   E. 工作的最早开始时间等于工作开始节点对应的时标刻度值

4. 某分部工程双代号时标网络计划如图所示，关于该网络计划的说法正确的有（   ）。

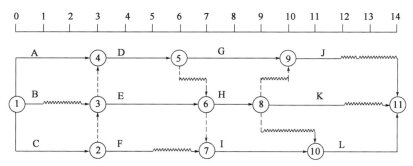

题 4 图（时间单位：天）

   A. 工作 C、E、I、L 关键线路
   B. 工作 H 的总时差为 2 天
   C. 工作 A、C、H、L 是关键工作
   D. 工作 D 的总时差为 1 天
   E. 工作 G 的总时差与自由时差相等

5. 某工程的施工网络计划如图所示，则该计划的关键线路有（   ）。

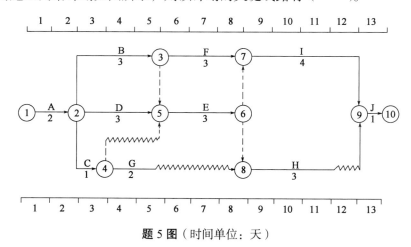

题 5 图（时间单位：天）

   A. ①→②→③→⑤→⑥→⑦→⑨→⑩
   B. ①→②→③→⑦→⑨→⑩
   C. ①→②→④→⑤→⑥→⑦→⑨→⑩
   D. ①→②→④→⑤→⑥→⑧→⑨→⑩

E. ①→②→⑤→⑥→⑦→⑨→⑩

6. 某分部工程双代号网络计划如图所示。图中标出每个节点的最早时间和最迟时间，该计划表明（   ）。

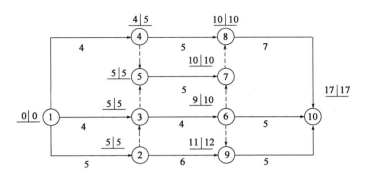

题 6 图（时间单位：天）

A. 工作①→③为关键工作

B. 工作①→④的总时差为 1 天

C. 工作③→⑥的自由时差为 1 天

D. 工作⑥→⑩的总时差为 3 天

E. 工作④→⑧的自由时差为 1 天

7. 工程网络计划中的关键线路是指（   ）的线路。

A. 单代号搭接网络计划中时间间隔均为零

B. 双代号时标网络计划中时距均为零

C. 单代号网络计划中由关键工作组成

D. 双代号网络计划中由关键节点组成

E. 双代号时标网络计划中无波形线

8. 某工程双代号时标网络计划如图所示，该计划表明（   ）。

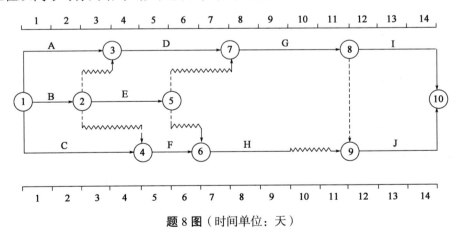

题 8 图（时间单位：天）

A. 工作 G 为关键工作

B. 工作 E 的总时差为 3 天

C. 工作 B 的总时差为 1 天

D. F 工作为关键工作

E. 工作 C 的总时差为 2 天

9. 某工程双代号网络计划如图所示，图中已标明每项工作的最早开始时间和最迟开始时间，该计划表明（　　）。

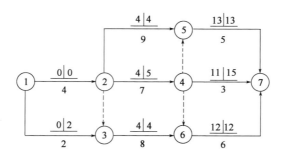

题9图（时间单位：天）

A. 工作①→③的自由时差为2天　　B. 工作②→⑤为关键工作
C. 工作②→④的自由时差为1天　　D. 工作③→⑥的总时差为零
E. 工作④→⑦为关键工作

参 考 答 案

（一）单项选择题

1. C　2. A　3. A　4. D　5. A　6. D　7. B　8. A　9. A　10. B
11. C　12. A

（二）多项选择题

1. BCE　2. BE　3. BCE　4. ABD　5. ABE　6. BDE　7. ACE
8. ACE　9. ABD

七、工程网络计划优化（简单浏览）

重 点 知 识

（一）网络计划优化的概念与内容或目标

1. 网络计划优化的概念

网络计划的优化，是在既定的条件下，对初步拟定的网络计划方案，利用时差不断调整和改善，使之达到工期最短、成本最低、资源最优的目的。

2. 网络计划优化的一般规定

根据《网络计划规程》第6.1条规定：

（1）网络计划的优化目标应包括工期目标、费用目标和资源目标。优化目标应按计划项目的需要和条件选定。

（2）网络计划的优化应按选定目标，在满足既定约束条件下，通过不断改进网络计划，寻求满意方案。

（3）编制完成的网络计划应满足预定的目标要求，否则应做出调整。当经多次修改方案和调整计划均不能达到预定目标时，对预定目标应重新审定。

（4）网络计划的优化不得影响工程的质量和安全。

3. 网络计划优化的具体内容或目标

（1）工期优化：压缩关键线路（关键工作）到所要求的工期。

（2）资源优化：工期固定（或规定）资源均衡；资源有限工期最短。

（3）工期（时间）—费用（成本）优化：是指寻求工程总成本最低时的工期安排，或按要求工期寻求总成本最低的计划安排，简而言之是最优工期或利润最大。

（二）网络计划的工期优化

1. 工期优化的目标

目标是压缩关键线路（关键工作）到所要求的工期或工期最短，而不是压缩关键线路。

2. 时间优化的措施与途径（针对关键线路或关键工作）

在网络计划的工期优化中，缩短工期主要是通过调整施工组织、压缩关键工作持续时间和计划外增加资源等措施来实现的。时间优化的针对关键线路的具体途径如下：

（1）缩短关键工作的持续时间（是最基本方法或途径）。

（2）将顺序作业调整为流水作业（即顺序变为搭接）。

（3）将组织关系中由资源制约连续施工的工作（即顺序作业）改为平行作业。

（4）相应地延长非关键工作的持续时间，将同类资源援助关键工作。

（5）从计划外增加资源，援助关键工作。

上述具体途径的内容（2）和（3）与住建部《建设工程进度控制》监理教材"工期优化的基本方法是在不改变工作之间逻辑关系的前提下，通过压缩关键工作的持续时间来达到优化目标"的说法不同，而《网络计划规程》没有此限制条件。该规程要求"满足既定约束条件"并不能等同于"不改变逻辑关系"，因为有时改变逻辑关系中的组织关系还是"满足既定约束条件"。请考生注意工期优化的这个区别。

（三）网络计划的资源优化

1. 资源优化通常有两种不同的目标。

（1）工期固定资源均衡：在工期规定的条件下，合理安排项目各项工作进度，实现资源的均衡利用。

（2）资源有限工期最短：在资源供应受限的情况下，安排项目各项工作进度，力求使计划的工期最短。

2. 资源优化的方法的一般方法。

无论要达到哪一种资源优化目标，都要通过重新安排某些工作，使初始网络计划的工期和资源调配情况得以调整与改善，从而达到预期的目的。对网络计划中某些工作的重新安排，通常是通过调整非关键工作而实现的。一般对非关键工作进行调整的方法有：

（1）利用工作机动时间，推迟或提前某些非关键工作的开始时间。

（2）在项目实际施工条件允许的情况下，可在资源需求量超限的时段内中断某些非关键工作，以便减少资源的需要量。

（3）改变某些非关键工作的作业持续时间，相应减少其资源用量。

3. 工期固（规）定资源均衡的优化方法。

（1）资源均衡性评价标准：根据资源分布函数的均方差、极差和资源需要量变化的频繁程度等指标，来衡量资源是否均衡。

（2）工期固（规）定资源均衡优化的实现方法：削峰填谷法。

4. 资源有限工期最短的优化方法：备用库法。

（四）网络计划的工期（时间）——费用（成本）优化

1. 工程费用（成本）的组成及其与工程工期的关系

（1）工程费用的组成。

工程费用由直接费、间接费、利润和税金组成。

（2）工作持续时间与直接费的关系。

①连续型工作持续时间和直接费用的关系如图 3-1-26 所示。

②离散型工作持续时间和直接费用的关系如图 3-1-27 所示。

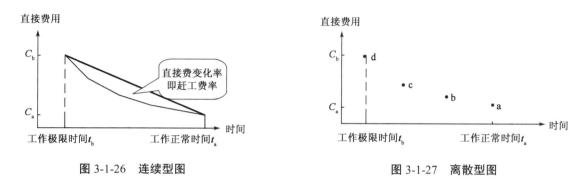

图 3-1-26　连续型图　　　　　　　图 3-1-27　离散型图

（3）工程工期与工程费用（成本）的关系如图 3-1-28 所示。

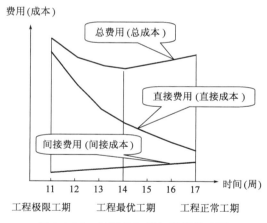

图 3-1-28　工程的工期与费用关系图

2. 工期—费用（成本）优化的目标

如图 3-1-28 所示，工期—费用优化的目标就是要获得工程在不同工期情况下直接费用最低的曲线，并将其与间接费用线（一般为斜直线）叠加后形成总费用曲线，从而找到总费用最低的最优工期。

3. 工期—费用优化的方法和思路

将工程进度网络计划从正常工期开始，压缩关键工作的持续时间，从而压缩了工程的工期，一直压缩到工程的极限工期。在此压缩工程工期过程中应保证每次压缩所引起直接费用的增加是最少的，才是该工程直接费最低曲线，从而总费用最低点的工期才是最优工期。否则，压缩过程中工程直接费曲线某一时点的直接费如果不是最低，图中总费用最低点就不能保证是工程最优工期。

4. 工期—费用优化方法应注意的事项

工期—成本优化过程最主要有两个难点，一是如何选择压缩的关键工作，即压缩方案；二是已经选择的关键工作压缩量应取多少才能既不超压也不欠压（要考虑优化计算效率）。

（1）选择压缩的关键工作

选择压缩的关键工作应保证直接费增加最少，即应选择直接费率或组合直接费率最低的关键工作。由于关键线路的复杂性，有一条关键线路的简单情况和多条关键线路的复杂情况

①只有一条关键线路时，选择关键线路中直接费率最低的关键工作。

②当有两条以上关键线路时，问题较复杂，要根据具体网络计划进行分析和选择。因为有时多条关键线路中共同包含某一关键工作，只需压缩该关键工作的持续时间，工程的工期就能缩短；有时需要平行压缩多个关键工作工程工期才能缩短。因此需具体情况具体分析比较后进行选择。所以原则上，如果此时需要平行压缩多个关键工作才能缩短工期，那么它们的组合直接费率（直接费率之和）应最低。

（2）确定关键工作的压缩量

压缩多少才既不超压也不欠压，应同时满足以下两点原则。

①不超过该关键工作的极限持续时间。

②应保证压缩后的关键工作，仍然是关键工作，既不能超压，同时也不欠压，这一点难度很大。

5. 工期—费用优化的步骤

（1）按工作的正常持续时间确定关键工作、关键线路和计算工期。

（2）如图3-1-26所示，计算各项工作的直接费率（即直接费的变化率、成本斜率或俗称赶工费率），按式（3-1-20）计算。

$$直接费率(成本斜率) = \frac{C_b - C_a}{t_a - t_b} \quad (3\text{-}1\text{-}20)$$

（3）找出直接费用率最低的一项或一组关键工作，作为缩短持续时间的对象。

（4）缩短找出的一项或一组关键工作的持续时间，缩短值必须符合不能压缩成非关键工作和缩短后持续时间不小于最短持续时间的原则。

（5）计算相应增加的直接费用。

（6）根据间接费的变化，计算工程第i次总费用（C_i）。

（7）重复步骤（3）～（6），计算到工程总费用（C_i）最低为止，如图3-1-28所示。

例 题

例1 工程网络计划工期优化过程中，首先应选择压缩持续时间的工作是（　　）的关键工作。

  A. 缩短时间对质量和安全影响不大　　B. 工程变更程序相对简单

  C. 资源消耗比较均衡　　D. 直接成本最小

例2 网络计划工期优化的目标是（　　）。

  A. 确定最低成本工期　　B. 确定最短工期

  C. 确定满足目标工期的计划方案　　D. 缩短关键线路

例3 工程网络计划工期优化的基本方法是通过（　　）来达到优化目标。

  A. 改变非关键工作之间的逻辑关系　　B. 压缩非关键工作的持续时间

  C. 改变关键工作之间的逻辑关系　　D. 压缩关键工作的持续时间

例4 工程费用与工期的关系为（　　）。[与2022年真题类似]

  A. 直接费用随工期缩短而减少，间接费用随工期缩短而增加

  B. 直接费用随工期缩短而增加，间接费用随工期缩短而减少

C. 直接费用和间接费用均随工期缩短而减少

D. 直接费用和间接费用均随工期缩短而增加

例5 下列关于时间—费用优化的说法正确的是（　　）。[2022年真题]

A. 缩短工期，会引起直接费用和间接费用的增加

B. 延长工期，会引起直接费用和间接费用的减少

C. 缩短工期，会引起直接费用的增加和间接费用的减少

D. 缩短工期，会引起直接费用的减少和间接费用的增加

例6 网络计划资源优化的目标有（　　）。

A. 资源有限使工期最短　　　　　B. 资源有限使质量最好

C. 工期最短资源使用最少　　　　D. 工期规定使资源均衡

E. 工期固定使费用最少

例7 网络计划的工期优化过程中，压缩关键工作的持续时间应优先选择（　　）。

A. 有充足备用资源　　　　　　　B. 对质量影响较大

C. 所需增加费用最少　　　　　　D. 持续时间最长

E. 紧后工作最少

例 题 解 析

例1 根据《网络计划规程》第6.1条网络计划优化的一般规定，网络计划的优化不得影响工程的质量和安全。故选A项。

例2 网络计划工期优化的首要目标是满足要求工期，在满足要求工期的情况下在追求工期最短；而选项D缩短关键线路是达到目标的途径和手段；选项A是工期费用优化目标。故选C项。

例3 工期优化必须对关键线路或关键工作进行缩短，所以选项A和选项B对非关键工作的操作是无效的，选项C和选项D两项都能使得关键线路缩短，但是题干中有"基本方法"，所以D项比C项更适合。故选D。

例4 根据图3-1-28，直接费用随工期缩短而增加，间接费用随工期缩短而减少。故选B项。

例5 根据图3-1-28，缩短工期，会引起直接费用的增加和间接费用的减少；延长（即增长）工期，会引起直接费用的减少和间接费用的增加。故选C项。

例6 资源优化的目标就是资源有限工期最短和工期固定资源均衡。故选AD项。

例7 根据《网络计划规程》第6.2.3条规定，选择缩短持续时间的关键工作，应优先考虑有作业空间、充足备用资源和增加费用最小的工作。故选AC项。

自 测 模 拟 题

（一）单项选择题

1. 工程网络计划费用优化过程中，压缩关键工作的持续时间应遵循的基本原则是（　　）。

    A. 必须将关键工作压缩成非关键工作

    B. 压缩后工作的持续时间不能小于其总时差

    C. 优先选择压缩综合费率最小的关键工作

    D. 多条关键线路的持续时间应压缩相同数值

2. 当某项工作实际进度拖延的时间超过其总时差而需要调整进度计划时，应考虑该工作的

(   )。

    A. 资源需求量　　　　　　　　　　B. 后续工作的限制条件

    C. 自由时差的大小　　　　　　　　D. 紧后工作的数量

3. 当网络计划的计算工期大于要求工期时，为满足工期要求，可采用的调整方法是压缩（　　）的工作的持续时间。

    A. 持续时间最长　　B. 自由时差为零　　C. 总时差为零　　　D. 时间间隔最小

4. 某工程双代号时标网络计划如图所示，因工作 B、D、G 和 J 共用一台施工机械而必须顺序施工，在合理安排下，该施工机械在现场闲置（　　）天。

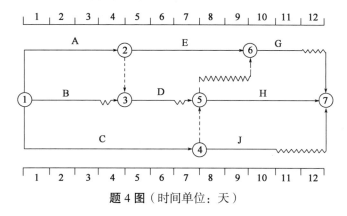

题 4 图（时间单位：天）

    A. 0　　　　　　　B. 1　　　　　　　C. 2　　　　　　　D. 3

5. 通过缩短某些工作的持续时间对施工进度计划进行调整的方法，其主要特点是（　　）。

    A. 增加网络计划中的关键线路

    B. 不改变工作之间的先后顺序关系

    C. 增加工作之间的时间间隔

    D. 不改变网络计划中的非关键线路

6. 网络计划工期优化的前提是（　　）。

    A. 计算工期不满足计划工期

    B. 不改变各项工作之间的逻辑关系

    C. 计划工期不满足计算工期

    D. 将关键工作压缩成非关键工作

7. 下列资源安排的方式中，目的是寻求工程网络计划资源优化的是（　　）。

    A. 资源使用量最小条件下的合理工期安排

    B. 资源均衡使用条件下的最短工期安排

    C. 工程总成本最低条件下的资源均衡安排

    D. 工期固定条件下的资源均衡安排

8. 关于工程网络计划工期优化的说法中，正确的是（　　）。

    A. 当出现多条关键线路时，应选择其中一条最优线路缩短其持续时间

    B. 应选择直接费率最小的非关键工作作为缩短持续时间的对象

    C. 工期优化的前提是不改变各项工作之间的逻辑关系

    D. 工期优化过程中须将关键工作压缩成非关键工作

9. 工程网络计划资源优化的目标是（   ）。
   A. 在工期保持不变的条件下使资源需用量尽可能均衡
   B. 在满足资源限制的条件下使工期保持不变
   C. 在工期最短的条件下使工程总成本最低
   D. 寻求工程总成本最低时的工期安排

10. 工程网络计划的工期优化是通过（   ）来达到优化目标。
    A. 改变关键工作之间的逻辑关系   B. 组织关键工作平行作业
    C. 组织关键工作搭接作业   D. 压缩关键工作的持续时间

11. 在工程网络计划的工期优化过程中，当出现多条关键线路时，必须（   ）。
    A. 将各条关键线路的总持续时间压缩同一数值
    B. 分别将各条关键线路的总持续时间压缩不同数值
    C. 压缩其中一条关键线路的总持续时间
    D. 压缩持续时间最长的关键工作

12. 网络计划工期优化的目的是缩短（   ）。
    A. 计划工期   B. 计算工期   C. 要求工期   D. 合同工期

13. 当计算工期大于要求工期时，可通过（   ）满足工期要求。
    A. 改变工艺顺序   B. 缩短平行工作的持续时间
    C. 压缩关键工作的持续时间   D. 压缩非关键工作的持续时间

14. 工程总费用由直接费用和间接费用组成，随着工期的缩短，直接费用和间接费用的变化规律是（   ）。
    A 直接费用减少，间接费用增加   B. 直接费用和间接费用均增加
    C. 直接费用增加，间接费用减少   D. 直接费用和间接费用均减少

（二）多项选择题

1. 关于工程网络计划工期优化的说法，正确的有（   ）。
   A. 应分析调整各项工作之间的逻辑关系
   B. 应有步骤地将关键工作压缩成非关键工作
   C. 应将各条关键线路的总持续时间压缩相同数值
   D. 应考虑质量、安全和资源等因素选择需压缩的关键工作
   E. 应压缩非关键线路上自由时差大的工作

2. 网络计划优化内容包括（   ）。
   A. 时间优化   B. 时间—费用优化   C. 资源优化   D. 施工管理组织优化
   E. 施工工艺优化

3. 根据优化目标的不同，网络计划的优化可分为（   ）。
   A. 工期优化   B. 工效优化   C. 费用优化   D. 资源优化
   E. 质量优化

4. 工程网络计划工期优化过程中，在选择缩短持续时间的关键工作时应考虑的因素有（   ）。
   A. 持续时间最长的工作
   B. 缩短持续时间对质量和安全影响不大的工作

C. 缩短持续时间所需增加的费用最小的工作

D. 缩短持续时间对综合效益影响不大的工作

E. 有充足备用资源的工作

5. 工程实际进度偏差影响到总工期时,可采用( )等方法调整进度计划。

A. 缩短某些关键工作的持续时间

B. 将顺序作业改为搭接作业

C. 增加劳动力,提高劳动效率

D. 保证资源的供应

E. 将顺序作业改为平行作业

6. 缩短关键工作的持续时间时,其缩短值的确定必须符合( )。

A. 缩短后工作的持续时间不能小于其最短持续时间

B. 缩短后的持续时间不能大于其最短持续时间

C. 缩短持续时间的工作不能变成非关键工作

D. 缩短持续时间的工作能变成非关键工作

E. 缩短后对非关键工作无影响

7. 工程网络计划的优化目标有( )。

A. 降低资源强度
B. 使计算工期满足要求工期

C. 寻求工程总成本最低时的工期安排
D. 工期不变条件下资源需用量均衡

E. 资源限制条件下工期最短

8. 工程网络计划资源优化的目的为( )。

A. 使该工程的资源需用量尽可能均衡

B. 使该工程的资源强度最低

C. 使该工程的资源需用量最少

D. 使该工程的资源需用量满足资源限制条件

E. 使该工程的资源需求符合正态分布

参考答案及解析

(一) 单项选择题

1. D 2. B 3. C 4. A 5. B 6. B 7. D 8. C 9. A 10. D

11. A 12. B 13. C 14. C

1. **解析**:因为题干是指"持续时间",所以只能选 D 项。如果选项 C 中将"综合费率"改为"组合直接费率",而且题干改为"选择压缩关键工作工作的原则",则选项 C 也是正确项。

4. **解析**:工作 B 推迟 2 天开始,工作 D 推迟 1 天开始,工作 J 正常,工作 G 推迟 1 天开始,没有改变关键线路。

5. **解析**:压缩关键工作不一定增加关键线路,例如关键线路 100 天,另一条路 80 天,关键线路上关键工作缩短 10 天,80 天的线路仍然不关键,关键线路没有增加,所以选项 A 不合适。

(二) 多项选择题

1. CD   2. ABC   3. ACD   4. BCE   5. ABCE   6. AC   7. BCDE

8. AD

第二节　进度监理工作

一、进度监理的概念、依据、作用、任务、控制目标、基本方法、控制程序和控制措施

重 点 知 识

（一）工程进度监理的概念、依据、作用和任务

1. 进度监理的概念和依据

根据《公路工程施工监理规范》（JTG G10—2016）（简称《2016版监理规范》）第5.6.1条规定，进度监理应在保证工程质量和安全的基础上以监督施工单位进度计划控制为主线进行，这也是进度监理的原则。进度监理是指：

（1）由承包人编制进度计划（Plan）。

（2）经监理人审批（Plan）。

（3）承包人按批准的进度计划实施（即施工Do）。

（4）在施工过程中将计划进度与实际进度进行比较（Check）；检查应按照《2016版监理规范》第5.6.3条规定进行。实际进度与计划进度的比较进行分析评价作为进度控制的关键环节，检查比较结果如有偏差，应找出其偏差之处，并分析以下内容：

①造成偏差的原因可归纳为两点：承包人的原因和非承包人的原因。

②偏差对工程进度的影响程度可归纳为两点：a. 本工作（工序）的进度有无影响即提前、延误或按时；b. 本工作对工程工期有无影响。

（5）根据分析原因和进度影响程度，采取措施（Action），归纳为四点具体内容：

①承包人的原因：本工作如果延误，均由承包人负责，若工程工期没影响，关注即可；若工程工期拖延（即工期延误），监理人应按照《2016版监理规范》第5.6.4条要求，根据拖延的严重程度向承包人提出是否需要调整计划。

②非承包人的原因：本工作如果延误，若工程工期没影响，关注即可；若工程工期拖延（即工期延误），承包人可以提出工期索赔申请，监理人根据合同规定受理工期索赔申请结合工程实际情况核准延长工期（简称延期）具体时间提交业主批准后答复承包人。

如此循环，直到工程按预定的时间交付使用。

进度监理的依据与监理依据相同，即法律法规、标准和设计文件、施工和监理合同。

2. 进度监理的作用

进度监理的作用就是在考虑了工程施工管理三大因素（工期、质量和经济性）的同时，对施工全过程采用计划、组织、协调、检查与调整等手段，努力实现施工过程中的各阶段目标，从而确保工程工期目标的实现。实行工程进度监理的作用主要表现在：

（1）合理控制工期、质量和费用，使项目管理达到综合优化。

（2）通过审查施工进度计划及控制实际进度与计划进度差异情况，从而完善施工进度计划管理。

（3）除充分考虑时间控制问题外，同时还考虑劳动力、材料、施工机具设备等所必需的施工资源问题，使其最有效、合理、经济地配置与利用。

（4）通过计划、组织、协调、检查与调整等手段，调动施工活动中的一切积极因素，努力实现施工过程中各个阶段的进度目标，以确保工程施工全过程的总工期目标的实现。

3. 进度监理的任务

与进度有关的单位很多，但影响最大的单位是施工单位、监理单位及建设单位。

（1）施工单位（承包人）的任务是编制施工进度计划，并在计划执行过程中，通过实际进度与计划进度的比较，定期地、经常地检查和调整施工进度计划。

（2）监理单位（监理人）的任务是审批施工单位编制的施工进度计划，并对批准的施工进度计划执行情况进行监督，从全局出发控制实际进度与计划进度的差距，根据差距情况及时发布调整施工进度计划的指令。

（3）建设单位（业主）则应按工程承包合同要求及时提供施工场地和图纸，并尽可能地改善施工环境，为工程施工顺利进行开创条件。

总之进度监理的任务包括计划阶段的编制和审批，实施阶段的检查、评估、监督、控制。

（二）工程进度监理的控制目标和基本方法

1. 工程进度监理的控制目标

工程进度监理控制的总目标是工程的工期，一般是指计划工期且应小等于合同工期。

施工过程一般包括三个阶段，即编制计划、执行检查、调整计划；各个阶段进度控制的目标分别对应为计划工期、偏差情况、调整内容。

（1）编制施工进度计划阶段，进度控制的目标是确定一个合理的计划工期。在施工单位编制及监理工程师审批施工进度计划时，计划工期的确定应依据以下资料：

①本工程项目的工程承包合同中有关工期的规定，是确定计划工期的基本依据；合同规定的工程开工、竣工日期，必须通过进度计划落到实处。

②材料和设备的供应计划，如果已经编制了材料和设备的供应计划，那么施工进度计划必须与其相协调。

③已建成的同类工程或相似项目的实际工程进度情况是编制本项目施工进度计划的重要参考资料。

④投标书中确定的项目施工方案及工程进度计划。

⑤施工单位的施工人员技术素质及其机具设备能力。

⑥施工现场的特殊环境及其气候条件等。

具体制订施工进度计划时，应根据上述资料编制并对其进行优化后，方可予以实施。

（2）在实施施工进度计划的过程中，总是希望实际进度按计划进度执行，直到工程项目按计划工期完成。但工程实际中，计划的不变是相对的，实际进度的改变是绝对的。因为在拟定施工进度计划时，不可能把施工中所有可能出现的情况都考虑进去，而且施工过程中由于自然条件等因素的影响，打破原有施工进度计划是司空见惯的事情，尤其是公路工程项目施工在露天进行，受气候影响严重。因此，公路工程施工过程中，进度计划不可能完全按原计划执行，其实际进度与计划进度经常出现偏差。监理工程师在实施进度监理时，必须经常评估和监督进度计划的实际执行情况，随时掌握实际值与计划值的偏差情况，并作出合理的施工进度计划调整。

（3）当出现工期延误及实际进度的其他变化，则应将执行中的进度计划予以部分或全部地修改与调整。调整的工作内容及其调整工程时间期限，应依据工程项目实际情况确定。调整进度计划的目的是使其符合变化了的实际情况，以保证施工进度计划的顺利实现。

2.工程进度监理的基本方法及其特点

(1)进度表法(主要是横道图法)

①横道图以时间为横坐标,以各分项工程或施工工序为纵坐标,按一定的先后施工顺序和工艺流程,用带时间比例的水平横道线表示对应项目或工序持续时间的施工进度计划图表。

②横道图的优点为简单、形象、明了、直观、易懂,且便于检查和计算资源用量横道图,较适宜于编制集中性工程(如桥涵、通道、立交桥等,路面不是集中性工程而是线性分布)进度计划、材料供应计划或者简单的工程进度计划。

(2)工程进度曲线法(S曲线法)

①工程进度曲线是建立在有工程量横道图的基础上的。进度曲线是以工期为横轴,以完成的累计工程量或工程费用的百分数为纵轴的图表化曲线,如图3-2-1所示。S曲线的斜率大小反映进度的快慢,工程初期,人员、设备和环境有个适应过程,斜率小进度较慢;随着工程进展,斜率增大进度加快;接近工程收尾期间,需完成工程数量较少,斜率变小进度放缓。当斜率为零时表示工程停工。

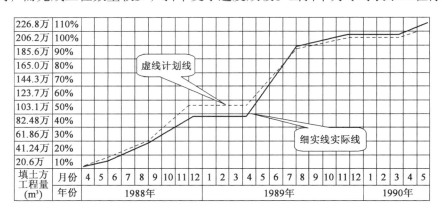

图 3-2-1 京津塘高速公路某合同段土方填筑工程量 S 曲线

通过工程进度曲线实际线与计划线比较,能够进行工程计划进度和实际进度的对比,有效地实行工程项目全局性的进度管理。当实际进度曲线与计划进度曲线出现偏离时,就说明工程的进度有了延误或者进度有所超前。工程进度曲线检查进度可以从工程量(或工作量)和时间两方面进行比较和判断。第一种方法反映了工程量或工作量的进度情况,以检查时间作竖直线,该竖直线与实际线和计划线相交两点,实际线的点在计划线的点上方说明实际进度提前,提前完成量为两点高差值;表明工程进度快;反之,在下方说明实际进度延误,延误的工程量或工作量值为两点高差值,表明工程进度慢。第二种方法反映了进度提前或延误的时间,以检查时间竖直线与实际线的交点作水平线相交于计划线上一点,该计划线上的点,如果在实际线的右侧,进度提前;反之,在实际线的左侧,说明进度拖延。提前或延误的时间就是水平线两交点的长度。

②S曲线在公路工程施工监理中的作用。

由于S曲线是工程进度曲线也是现金流动曲线,所以它在公路工程施工进度及费用监理中均可应用,其作用如下:

a. 审批施工进度计划时,可用S曲线判断施工单位编制的施工进度计划是否合理。

b. 监控施工进度计划实施阶段,进度控制可方便地利用S曲线评价实际进度情况属于正常、提前或滞后。

c. S曲线可用于工程费用监理中工程计量及费用支付的依据。

(3)进度管理曲线法(2022年考点)

如图3-2-2所示,进度管理曲线是两条S曲线构成,一条是最早的S曲线,另一条是最迟的S曲线;横坐标是时间相对坐标用工期%表示,纵坐标是工程费用相对坐标用工程完成产值累计%表示。它是工程进度曲线规定的允许界限线,它指出了施工进度允许偏差范围所应满足的进度曲线变动区域。进度管理曲线指出的安全区，不是组织突击赶工，而是在保证工期、质量和经济性的条件下，施工进度曲线规定的允许变动范围。

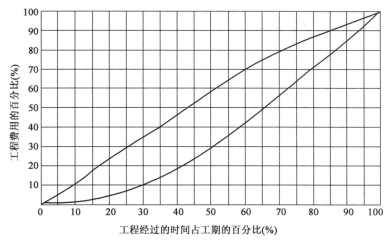

图 3-2-2　加州公路分局 45 个典型公路分析形成的进度管理曲线

（4）斜条图法（斜道图）

斜条图法又称为垂直图法。斜条图以纵坐标表示施工期限，横坐标表示里程或工程位置，而各分项工程或施工工序的施工进度则相应地以不同形式的斜条线表示。图 3-2-3 为某 40km 路段综合施工的工程进度斜条图。斜条图法是编制道路、隧道等线形工程施工进度计划的一种较好的形式；集中性工程在斜条图横坐标中一般为点状态，画成竖直线。垂直图直观地反映施工组织的顺序和流向，以及专业施工队的数量等；它可以综合反映工程的总体施工安排，在绘制时所反映的施工内容不宜过多过细，否则就失去了该图的优点。斜线的斜率是表示施工速度，斜率越陡，施工速度越慢，反之越快。

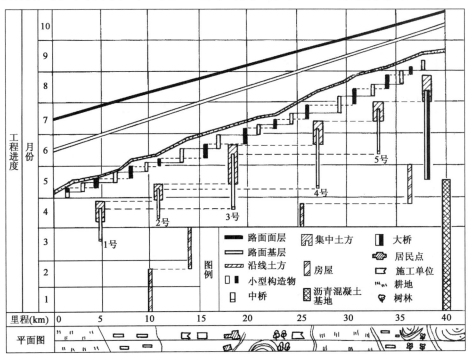

图 3-2-3　长度为 40km 的公路工程进度斜条（斜道）图

斜条图中的线条最好不要发生交叉。交叉点的含义表示为：在同一地点同时（时刻）进行两项以上的工作（分项工程或工序）。一般情况下最好不要如此安排施工，因为易造成互相干扰，协调困难。

（5）网络计划法

详细内容参见本章第一节网络计划内容。

①网络计划方法具有以下特点:

a. 能够充分反映各项工作之间的相互制约、相互依赖的关系。

b. 可以区分关键工作和非关键工作,并能找关键线路,且反映出各项工作的机动时间,因而可以更好地调配和使用工、料、机等各种资源。

c. 它是一个定义明确的数学模型,计算方便,且便于用计算机计算。

d. 能够进行计划的优选比较,从而选择最佳方案。

e. 它不仅可用于控制项目施工进度,还可用于控制工程费用,例如,一定费用下工期最短以及一定工期内费月最低等的网络计划优化。

f. 计划复杂,特别是大型且复杂的工程进度网络计划更是如此。

②网络计划在工程进度监理中的作用。

采用网络计划方法可加强工程项目的施工管理,使其取得好、快、省的全面效果。它在工程进度监理中可给监理工程师提供以下可靠信息:

a. 合理赶工及其工期与成本的关系信息。

b. 各项工作有无机动时间及机动时间极限数据信息。

c. 劳动力、材料、施工机具设备等资源利用信息。

d. 哪些工作提前或拖延,预测对总工期的影响等信息。

(三)工程进度监理的控制程序和控制措施

1. 工程进度监理的控制程序

工程进度监理的控制程序包括计划审批、执行检查、调整、再执行检查,详细内容如图 3-2-4 所示。

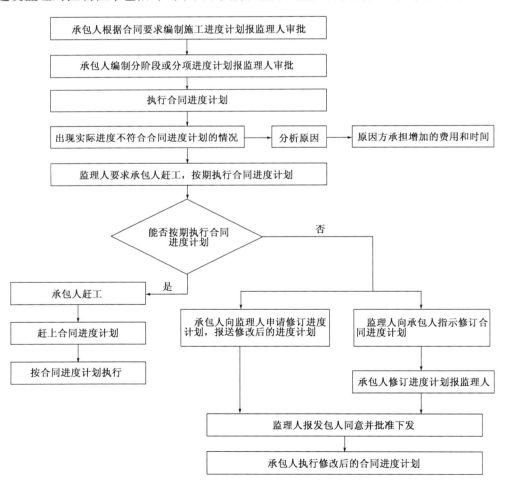

图 3-2-4 工程进度监理的控制程序图

2.工程进度监理的控制措施

（1）开工前督促施工单位充分做好人力、机械、材料及施工组织等各方面的准备工作，避免主观原因对施工进度的影响，注意施工顺序及施工安排。

（2）组织措施

①建立进度控制目标体系，制定各阶段进度控制的分目标和主要控制节点，落实监理机构中进度控制人员、具体任务和职能分工。

②要求施工单位进行项目分解，编制符合进度目标要求的进度计划，并将工作任务落实到施工班组，督促施工单位做好施工机械、人员、资金和材料的组织调度工作。

③建立工程进度报告制度及进度信号沟通网络。保证建设单位、监理单位和施工单位之间进度信息渠道畅通。

④建立进度协调会议制度，包括进度协调会议举行的时间、地点以及与会的单位、部门和参加人员等。

⑤建立设计交底、图纸会审、工程变更等管理制度。

（3）合同措施

①建议建设单位采用分别发包和分阶段发包的招标方式，协调合同工期与进度计划之间的关系，保证合同中进度目标的实现。

②严格合同履约管理，保证施工单位主要技术和管理人员按时到岗，主要机械设备及时有效到位，加强对施工单位履约担保的管理，确保施工单位资金流正常。

③严格控制合同变更，对各方提出的工程变更，监理工程师应严格按照规定程序进行管理。

④加强风险管理，在合同中应充分考虑风险因素以及其对进度的影响，以及相应的处理方法。

⑤加强工程延期和索赔管理，经常与建设单位沟通，及早处理可能引起延期和索赔的各种因素，尽可能避免和减少工程延期和索赔，并公正地处理工期延误和索赔。

（4）经济措施（2022年考点）

①提醒建设单位按合同用款计划组织资金供应，及时办理工程预付款并做好日常计量支付工作，为施工单位实施工程进度计划提供资金支持。

②分解进度目标，制订主要节点进度里程碑计划。建议建设单位组织开展劳动竞赛，对施工单位提前完工和提前完成节点进度目标给予奖励。

③严格履约管理，对施工单位延误工期按照合同规定进行误期经济赔偿，直至建议建设单位根据合同条款终止施工承包合同，对剩余工程量进行强制分包。

④建议建设单位与施工单位协商，对非承包人原因造成的应急赶工给予合理赶工费用。

（5）技术措施

①审查承包人的施工技术方案，使得承包人能在合理的状态下施工。鼓励技术创新，建议承包人采用各种先进的技术手段和施工方法

②编制进度控制工作细则，指导现场专业监理工程师和监理员有的放矢实施进度控制。

③建立计算机网络系统，采用信息化施工管理手段，对工程进度实施动态控制。

（6）信息管理措施

准确掌握实际工程进展情况，通过计划进度与实际进度的动态比较定期提供进度分析报告，了解实际进度目标的薄弱环节，抓住施工进度的重点和难点，督促施工单位实现进度目标。

例 题

例1 进度监理应在保证工程质量和安全的基础上以（　　）主线进行。
A. 编制进度计划　　　　　　　　　　B. 监督施工单位进度计划控制
C. 执行进度计划　　　　　　　　　　D. 审批施工单位进度计划

例2 进度监理（或控制）的关键环节是（　　）。
A. 编制进度计划　　　　　　　　　　B. 审批进度计划
C. 执行进度计划　　　　　　　　　　D. 检查评价进度计划

例3 及时提供施工场地和图纸，并尽可能地改善施工环境，为工程施工顺利进行开创条件是（　　）进度监理任务。
A. 施工单位　　　B. 监理单位　　　C. 建设单位　　　D. 主管部门

例4 下图体现的是（　　）进度控制方法。[2022年真题]

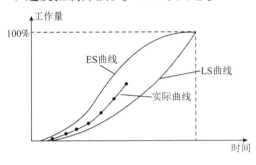

例4图

A. 进度表法　　　　　　　　　　　　B. 工程进度曲线法
C. 工程进度管理曲线法　　　　　　　D. 网络图法

例5 为了实现对进度的有效控制，监理工程师采取的经济措施是（　　）。[2022年真题]
A. 建议建设单位与施工单位协商，对非施工单位原因造成的应急赶工给予合理的赶工费用
B. 督促施工单位做好施工机械、人员、资金和材料的组织调度工作
C. 严格控制合同变更，对各方提出的工程变更，监理工程师应严格按照规定程序进行管理
D. 加强工程延期和索赔管理

例6 进度监理的基本方法有（　　）。
A. 横道图法　　　B. 工程曲线法　　　C. 斜条图法　　　D. 网络图法
E. 关系图法

例7 工程进度监理的各阶段控制目标包括（　　）。
A. 计划工期　　　B. 合同工期　　　C. 偏差情况　　　D. 调整内容
E. 资源计划

例 题 解 析

例1　根据《2016版监理规范》第5.6.1条规定，进度监理应在保证工程质量和安全的基础上以监督施工单位进度计划控制为主线进行。故选D项。

例2　在工程进度监理中，一定要把计划进度与实际进度之间的差距作为进度控制的关键环节。故选B项。

例3　建设单位（业主）进度监理任务应按工程承包合同要求，及时提供施工场地和图纸，并尽可

能地改善施工环境,为工程施工顺利进行开创条件。故选 C 项

例4 参见图 3-2-2,图示为工程进度管理曲线法。故选 C 项。

例5 选项 B 属于组织措施,选项 CD 属于合同措施。故选 A 项。

例6 选项 E 关系图法是质量监理的方法。故选 ABCD 项。

例7 施工过程一般包括三个阶段,即编制计划、执行检查、调整计划;各个阶段进度控制的目标分别为计划工期、偏差情况、调整内容。故选 ACD 项。

自 测 模 拟 题

(一) 单项选择题

1. 进度监理应在保证( )的基础上以监督施工单位进度计划控制为主线进行。
   A. 满足业主的工程工期要求　　　　　B. 满足政府要求
   C. 监理人满意的工程工期　　　　　　D. 工程质量和安全

2. 比较实际进度与计划进度的 S 曲线,可以明显看出( )。
   A. 项目总的实际进度情况　　　　　　B. 导致进度拖延的某一具体工作
   C. 某一工作完成工作量情况　　　　　D. 某一工作的实际进度情况

3. 工期、质量、费用三者的关系为( )。
   A. $T = T_A$, $Q > Q_A$, $C < C_A$　　　　　B. $T > T_A$, $Q < Q_A$, $C > C_A$
   C. $T > T_A$, $Q > Q_A$, $C > C_A$　　　　　D. $T < T_A$, $Q > Q_A$, $C > C_A$

4. 采取 CM 承发包模式,属于控制工程进度的( )。
   A. 合同措施　　　B. 技术措施　　　C. 经济措施　　　D. 组织措施

5. 能够反映施工工序在施工中机动时间的进度计划图是( )。
   A. 横道图　　　　B. 斜条图　　　　C. S 曲线　　　　D. 网络图

6. S 曲线控制法一般用作( )。
   A. 进度控制　　　　　　　　　　　　B. 投资控制和进度控制
   C. 质量控制　　　　　　　　　　　　D. 投资控制

7. 进度控制中横道图是常用图之一,以下哪一项不是其优点( )。
   A. 形象直观　　　　　　　　　　　　B. 搭接关系明确
   C. 逻辑关系严谨　　　　　　　　　　D. 制作方便快捷

8. 斜条图在进度监理中论述错误的是( )。
   A. 斜条图中的线条最好不要发生交叉
   B. 斜线的斜率是表示施工速度,斜率越陡施工速度越慢,否则越快
   C. 斜条图对道路、隧道等线形工程施工进度计划是一种较好形式
   D. 斜条图适合表示施工过程中施工内容的细节,却不适合表示专业队组织

9. 工程进度监理的控制程序中进度计划实施的下一步是( )。
   A. 编制　　　　　B. 审批　　　　　C. 检查　　　　　D. 调整

10. 建立进度计划审核制度和进度计划实施中检查分析制度,及时发现和解决问题,这是工程进度监理控制的( )。
    A. 组织措施　　　B. 技术措施　　　C. 合同措施　　　D. 经济措施

11. 横道计划作为控制建设工程进度的方法之一,其局限性是不能( )。

A. 反映出各项工作的划分

B. 明确反映出各项工作间错综复杂的相互关系

C. 反映出工作之间的相互搭接关系

D. 直观地反映出建设工程的施工期限

12. 利用横道图表示工程进度计划的主要特点是（　　）。

　　A. 能够反映工作所具有的机动时间

　　B. 能够明确表达各项工作之间的逻辑关系

　　C. 形象直观，易于编制理解

　　D. 能方便地利用计算机进行计算和优化

13. 与横道图表示的进度计划相比，网络计划的主要特征是能够明确表达（　　）。

　　A. 单位时间内的资源需求量

　　B. 各项工作之间的逻辑关系

　　C. 各项工作的持续时间

　　D. 各项工作之间的搭接时间

14. 下列工程进度控制措施中，属于组织措施的是（　　）。

　　A. 采用分阶段承发包模式　　　　　　B. 审查承包商提交的进度计划

　　C. 办理工程进度款支付手续　　　　　D. 建立工程变更管理制度

15. 工程施工阶段进度控制的主要任务是（　　）。

　　A. 调查和分析工程环境及施工现场条件

　　B. 编制工程年、季、月实施计划

　　C. 进行工程项目工期目标和进度控制决策

　　D. 编制年度竣工投产交付使用计划

16. 下列工程进度控制措施中，属于合同措施的是（　　）。

　　A. 建立进度协调会议制度

　　B. 编制进度控制工作细则

　　C. 对应急赶工给予合理的赶工费

　　D. 采用分别发包的招标方式

17. 下列内容中，应列入施工进度控制工作细则的是（　　）。

　　A. 进度控制的方法和措施　　　　　　B. 进度计划协调性分析

　　C. 工程材料的进场安排　　　　　　　D. 保证工期的技术措施选择

18. 在工程施工过程中，因施工单位原因造成实际进度拖后，监理工程师确认施工单位修改后的施工进度计划，说明（　　）。

　　A. 排除施工单位应负的责任

　　B. 批准合同工期延长

　　C. 施工进度计划满足合同工期要求

　　D. 同意施工单位在合理状态下施工

19. 编制施工总进度计划时，组织全工地性流水作业应以（　　）的单位工程为主导。

　　A. 工程量大、工期短　　　　　　　　B. 工程量大、工期长

    C. 工程量小、工期短　　　　　　　D. 工程量小、工期长
20. 工程施工阶段，为加快施工进度可采取的组织措施是（　　）。
    A. 采用更先进的施工机械　　　　　B. 改进施工工艺
    C. 建立工程进度报告制度　　　　　D. 改善劳动条件
21. 下列影响工程进度的情况中，属于组织管理原因的是（　　）。
    A. 业主、监理和承包人之间信息渠道不畅通
    B. 节假日交通、市容整顿的限制
    C. 有关方拖欠资金，资金不到位
    D. 不可靠技术的应用

（二）多项选择题
1. 进度监理的基本方法有（　　）。
    A. 横道图法　　　　　　　　　　　B. S曲线法
    C. 斜条图法　　　　　　　　　　　D. 网络计划图法
    E. 计划评审法
2. 关于进度监理的论述正确的有（　　）。
    A. 进度管理曲线指出了施工管理过程中的偏差，它呈S形
    B. 工程进度曲线不仅可以反映工程进展的总体情况还能反映各工作的进展情况
    C. 监理人在进行进度控制（监理）时，要明确进度计划不变是相对的，变是绝对的
    D. 在施工过程中，监理工程师有权检查进度计划的执行情况，但无权指令修改计划
    E. 进度管理曲线指出了施工进度允许偏差范围和所应满足的进度曲线变动区域
3. 关于进度管理曲线的论述正确的有（　　）。
    A. 进度管理曲线由两条S曲线构成
    B. 横坐标是时间绝对坐标
    C. 纵坐标是工程完成产值绝对坐标
    D. 进度管理曲线指出的安全区是组织突击赶工区域
    E. 进度管理曲线的两条曲线中，一条是最早曲线，另一条是最迟曲线
4. S曲线在公路工程施工监理中的作用有（　　）。
    A. 审批施工进度计划时，可用S曲线判断施工单位编制的施工进度计划是否合理
    B. 监控施工进度计划实施阶段，进度控制可方便地利用S曲线评价实际进度情况属于正常、提前或滞后
    C. S曲线可用于工程费用监理中工程计量及费用支付的依据
    D. 可给监理工程师提供合理赶工及其工期与成本的关系信息
    E. 可给监理工程师提供各项工作有无机动时间及机动时间极限数据信息
5. 采用横道图表示工程进度计划的缺点有（　　）。
    A. 不能反映工程费用与工期之间的关系
    B. 不能计算各项工作的持续时间
    C. 不能反映影响工期的关键工作和关键线路
    D. 不能明确反映各项工作之间的逻辑关系

E. 不能进行进度计划的优化和调整
6. 工程进度控制的技术措施有（　　）。
A. 建立进度协调会议制度
B. 及时办理工程预付款及进度款支付手续
C. 严格控制合同变更
D. 编制进度控制工作细则
E. 审查承包人提交施工方案

参 考 答 案

（一）单项选择题

1. D　2. A　3. C　4. A　5. D　6. B　7. C　8. D　9. C　10. A
11. B　12. C　13. B　14. D　15. B　16. D　17. A　18. D　19. B　20. C
21. A

（二）多项选择题

1. ABCD　2. CE　3. AE　4. ABC　5. ACD　6. DE

二、进度计划的编制原则、依据、内容及编制要求

重 点 知 识

这部分内容除了依据《公路工程施工监理规范》（JTG G10—2006）（简称《2006版监理规范》），部分内容是根据《公路工程施工监理规范》（JTJ 077—1995）（简称《1995版监理规范》），其内容很详细且大部分内容不过时，由于多年来大家已经熟悉了监理业务，所以在2006版和2016版删除了部分细节内容。

（一）进度计划的编制原则

根据《1995版监理规范》第5.1.1条规定，进度计划编制的原则是监理工程师应要求承包人编制工程进度计划时必须做到：贯彻合同条件及技术规范；真实、可靠并符合实际；清楚、明了并便于管理；表达施工中的全部活动及其他的相关联系；反映施工组织及施工方法；充分使用人力和设备；预料可能的施工障碍及变化。

《目标控制》对应的内容是：

（1）合理安排施工顺序，保证在劳动力、材料物资以及资金消耗量最少的情况下，按规定工期完成拟建工程施工任务。

（2）采用可靠的施工方法，确保工程项目的施工在连续、稳定、安全、优质、均衡的状态下进行。

（3）节约施工成本。

（二）进度计划的编制依据

根据《1995版监理规范》第5.1.2条规定，工程进度计划编制的主要依据有：

（1）施工合同中规定的合同工期、开工日期及竣工（公路是指交工）日期。

（2）投标书中确认的工程进度计划及施工方案。

（3）主要材料和设备的采购合同及供应计划。

（4）工程现场的特殊环境及气候条件。

（5）施工人员的技术素质及设备能力。

（6）已建成的同类工程的实际进度及经济指标等。

《目标控制》对应的内容是：

（1）工程项目的全部设计图纸，包括工程的初步设计或扩大初步设计、技术设计、施工图设计、设计说明书、建筑总平面图等。

（2）工程项目有关概（预）算资料、指标、劳动力定额、机械台班定额和工期定额。

（3）施工承包合同规定的进度要求和施工组织设计。

（4）施工总方案（施工部署和施工方案）。

（5）工程项目所在地试的自然条件和技术经济条件，包括气象、地形地貌、水文地质、交通水电条件等。

（6）工程项目需要的资源，包括劳动力状况、机具设备能力、物资供应来源条件等。

（7）地方建设行政主管部门对施工的要求。

（8）国家现行的建筑施工技术、质量、安全规范、操作规程和技术经济指标。

（三）进度计划的编制内容及编制要求

这部分内容涉及《1995版监理规范》和现行监理规范以及施工合同内容。

1. 进度计划的划分

根据《1995版监理规范》第5.1.3条规定，工程进度计划可根据项目实施的不同阶段，分别编制总体进度计划及年、月进度计划；对于某些起控制作用的关键工程项目（桥梁、隧道、立交等），还应单独编制工程进度计划。

《目标控制》考试用书按照进度计划详略程度不同，可分为总进度计划和单位工程进度计划。总进度计划反映合同段从施工准备到交工验收的全过程（2022年考点），编制依据有：图纸和合同文件、主体工程施工方案、工期目标和节点目标（即阶段或里程碑事件目标）、资源供应条件、工程所在地自然和经济条件、各类定额资料等。

2. 总体进度计划的内容和程序

根据《1995版监理规范》第5.1.4条规定，总体进度计划的内容包括：

（1）工程项目的合同工期。

（2）完成各单位工程及各施工所需要的工期、最早开工和最迟完成的时间。

（3）各单位工程及各施工阶段需要完成的工程量及现金流动估算。

（4）各单位工程及各施工阶段所需要配备的人力和机械数量。

（5）各单位工程或分部工程的施工方案和施工方法等。

总体进度计划的编制的形式可以采用横道图、斜条图、进度曲线或网络计划图，但无论采用什么方法，都应反映出上述内容。现金流动估算表即与总体进度计划相应的进度曲线，通过现金流动估算表可以得到每月完成的工程费用额及已完成工程费用的累计。施工方案及方法则可通过施工组织设计来反映。

《目标控制》考试用书中施工总进度计划编制程序如下：

（1）划分工程项目（实际是指细目或子目），一般采用WBS项目结构图。

（2）计算工程量，确定施工期限（即工作持续时间或施工周期）。

（3）确定各工程项目（即工作或子目）的开完工时间和相互搭接关系（即逻辑关系）。

（4）草拟施工总进度计划，可以是横道图或网络图。

（5）编制正式的施工总进度计划，在草拟总进度计划基础上通过检查、调整、优化等形成，再考虑人机料资源需求量计划和资金流量计划。

3. 年度进度计划的内容

（1）本年度完成的单位工程及施工阶段的工程项目内容、工程数量及投资指标。

（2）施工队伍和主要施工设备的数量及调配顺序。

（3）不同季节及气温条件下各项工作的时间安排。

（4）在总体进度计划下对各分项工程进行局部调整或修改的详细说明等。

注：《1995版监理规范》第5.1.5条与合同中年度施工计划并不矛盾。

4. 月（季）进度计划的内容

根据《1995版监理规范》第5.1.6条规定，月（季）进度计划的内容包括：

（1）本月（季）计划完成的分项工程内容及顺序安排。

（2）完成本月（季）及各分项工程的工程数量及投资额。

（3）完成各分项工程的施工队伍及人力和主要设备的配额。

（4）在年度计划下对各单位工程或分项工程进行局部调整或修改的详细说明等。

5. 关键工程进度计划的内容

根据《1995版监理规范》第5.1.7条规定，关键工程进度计划的内容包括：

（1）具体施工方案和施工方法。

（2）总体进度计划及各道工序的控制日期。

（3）现金流动估算。

（4）各施工阶段的人力和设备的配额及运转安排。

（5）施工准备及结束清场的时间安排。

（6）对总体进度计划及其相关工程的控制、依赖关系和说明等。

6. 进度计划的编制要求

监理工程师要对计划编制提出要求，制订必要的规定，明确方法，确定内容，编制切实可行，既能符合合同，又能指导施工的进度计划。施工单位在收到中标通知书后，应认真阅读技术规范、设计图纸，并对现场的地形地貌、征地拆迁等情况进行认真的调查研究，做好相关的施工组织设计，编制施工进度计划。

根据《2006版监理规范》第5.5.1条进度监理的原则的规定，进度监理应在确保质量和安全的基则上，以计划控制为主线进行。监理工程师应要求承包人按时提交进度计划，严格进度计划审批，及时收集、整理、分析进度信息，发现问题及时按照合同规定纠正。

监理工程师应要求承包人在合同规定的期限内编制并提交进度计划。进度计划应有文字说明、进度图和保证措施等。总体进度计划中应绘制网络图［注：《公路工程标准施工招标文件（2018年版）》（简称《2018版施工合同》）第10.1条是"应"，而不是原规范的"宜"］，标注关键路线和时间参数。总体进度计划中和月进度计划中应绘制资金流量S曲线。

根据《2018版施工合同》和1995版、2006版、2016版监理规范，归纳以下几点供考生参考：

（1）进度计划不等于进度图表，进度图表只是进度计划的一部分；进度计划还包括：**文字说明和保证措施（即施工方案说明等，相当于施工组织设计的内容）。**

（2）泛指进度计划的表示形式：可以有五种形式，**横道图、斜道图（斜条图）、S曲线图**和网络图四种与进度监理的方法一致。还有一种形象进度图，不过形象进度图的形式多种多样，除了 S 曲线能算一种形象进度，柱状图反映完成工作量也是一种形象进度图。

（3）总体进度计划（经批准就是合同进度计划）的表示形式。根据《2018 版施工合同》第 10.1 条，"应"有强制性，不是"宜"（与《2006 版监理规范》有矛盾）。所以总体进度计划中应分别绘制关键线路网络图，并标注相应时间参数（至少包括各单位工程及各施工所需要的工期、最早开工和最迟完成的时间）和主要工作横道图，并应包括每月预计完成的工作量和形象进度。因此，总体进度计划的表示形式，强制性的"必须"或"应"采用三种形式：网络图、横道图、S 曲线图（包括资金或现金流量 S 曲线图，工作量形象进度图）。如果考试中多选题是问总体进度计划"可（非强制性）"采用的形式时，除了网络图、横道图、S 曲线图还包括斜道图（斜条图），单选题参见例 2 的形式。

（4）年度、月（季）进度计划（属于分阶段进度计划）。年度、月（季）进度计划可采用横道图、进度曲线及有关形象进度图表示，取消了年度计划强制性提交"现金流动估算"的要求。月进度计划中应绘制资金流量 S 曲线。

（5）关键工程进度计划：2006 版和 2016 版监理规范都没有具体规定，《1995 版监理规范》进度计划的内容不是强制规定。因此，"现金流动估算"在关键工程计划中可以有，但不是"应有"，而"应有现金流量 S 曲线"是《2006 版监理规范》针对总体和月进度计划而言的。

7. 单位工程施工进度计划编制方法

《目标控制》考试用书的单位工程施工进度计划是在既定施工方案基础上，根据规定的工期和资源供应条件，对单位工程中的分部分项工程的施工顺序、时间衔接进行统筹安排，确定施工流程和其持续时间的计划安排。

单位工程施工进度计划编制的主要依据是施工图设计文件，施工总进度计划，单位工程施工方案，现场施工条件，资源供应条件，施工预算，当地自然条件、社会条件和气象资料等。

其编制程序主要有：

（1）现场施工条件分析及相关资料收集。

（2）确定单位工程的工程项目（即工作或子目）组成，可采用 WBS 结构图。

（3）确定施工顺序，计算工程量。

（4）劳动力和机械台班使用量计算。

（5）确定各工程项目（即各工作或各细目、各子目）的持续时间。

（6）草拟单位工程施工进度计划。

（7）编制正式的单位工程施工进度计划，在草拟单位工程施工进度计划基础上通过检查、调整、优化等形成。

（8）编制人机料资源需求量计划。

例　题

例1　不属于工程进度计划编制的主要依据是（　　）。
A. 合同工期　　　　　　　　　　　　B. 施工方案
C. 材料采购合同　　　　　　　　　　D. 招标文件

例2　不是工程总体进度计划中应绘制的形式是（　　）。
A. 横道图　　　　　　　　　　　　　B. 网络图
C. 资金流量 S 曲线　　　　　　　　　D. 斜率图

例3 进度监理的原则是（　　）。
A. 进度计划必须贯彻合同条件及技术规范
B. 进度计划必须表达施工中的全部活动及其他的相关联系
C. 进度计划必须反映施工组织及施工方法
D. 进度监理应在确保质量和安全的基础上以计划控制为主线进行

例4 施工总进度计划是反映合同工程（　　）。［2022年真题］
A. 从施工准备到交工验收的全部工作过程的时间安排
B. 从施工准备到竣工验收的全部工作过程的时间安排
C. 从施工期到交工验收的全部工作过程的时间安排
D. 从施工期到竣工验收的全部工作过程的时间安排

例5 进度计划的编制原则有（　　）。
A. 进度计划必须贯彻合同条件及技术规范
B. 进度计划必须表达施工中的全部活动及其他的相关联系
C. 进度计划必须反映施工组织及施工方法
D. 进度监理应在确保质量和安全的基础上以计划控制为主线进行
E. 监理工程师应要求施工单位按时提交进度计划严格进度计划审批

例6 总体进度计划的内容一般包括（　　）。
A. 工程项目的合同工期
B. 完成各单位工程及各施工所需要的工期、最早开工和最早完成的时间
C. 不同季节及气温条件下各项工作的时间安排
D. 各单位工程及各施工阶段所需要配备的人力和机械数量
E. 各单位工程或分部工程的施工方案和施工方法等

例题解析

例1 选项ABC的内容是工程进度计划编制的主要依据，投标文件中工程进度计划及施工方案也是，但是招标文件不是。故选D项。

例2 根据《2018版施工合同》第10.1条补充内容："合同进度计划应按照关键线路网络图和主要工作横道图两种形式分别编绘，并应包括每月预计完成的工作量和形象进度。"选项D斜率图是投标文件中施工组织设计的进度图形式，不是施工阶段提交的进度形式。故选D项。

例3 选项ABC的内容是工程进度计划编制的原则。选项D是《2006版监理规范》第5.5.1条进度监理原则的内容，《2016版监理规范》依然保留。故选D项。

例4 施工总进度计划是反映合同工程从施工准备到交工验收的全部工作过程的时间安排。故选A项。

例5 选项ABC的内容是工程进度计划编制的原则，故选ABC项。选项D和E是《2006版监理规范》第5.5.1条进度监理原则的内容。例3与例4互为干扰。

例6 选项B中"最早完成"错，应是"最迟完成"。选项C不同季节及气温条件下各项工作的时间安排是年度进度计划的内而不是总体进度计划的内容。故选ADE项。这种多选题有两种出题方式：①最容易采用互为干扰的选项，例如选项C；②将某选项内容改几个字成为错项，例如自测模拟题中"应"是强制性表示而不是"宜"和"可"的推荐性表示。

自测模拟题

（一）单项选择题

1. 不属于进度计划编制原则的是工程进度计划必须（　　）。
   A. 真实、可靠并符合实际并且清楚、明了便于管理
   B. 反映施工组织及施工方法
   C. 表达施工中的关键活动及其他的相关联系
   D. 充分使用人力和设备

2. 下列不属于工程进度计划编制主要依据内容的是（　　）。
   A. 投标文件中反映的合同工期，开工日期及竣工日期
   B. 投标书中确认的工程进度计划及施工方案
   C. 主要材料和设备的采购合同及供应计划
   D. 已建成的同类工程的实际进度及经济指标

3. 在总体进度计划下对各分项工程进行局部调整或修改的详细说明是（　　）的内容。
   A. 总体进度计划　　　　　　　　B. 年度进度计划
   C. 月（季）进度计划　　　　　　D. 关键工程进度计划

4. 对总体进度计划及其相关工程的控制、依赖关系和说明等是（　　）的内容。
   A. 总体进度计划　　　　　　　　B. 年度进度计划
   C. 月（季）进度计划　　　　　　D. 关键工程进度计划

5. 完成各分项工程的施工队伍及人力和主要设备的配额是（　　）的内容。
   A. 总体进度计划　　　　　　　　B. 年度进度计划
   C. 月（季）进度计划　　　　　　D. 关键工程进度计划

6. 各单位工程或分部工程的施工方案和施工方法是（　　）的内容。
   A. 总体进度计划　　　　　　　　B. 年度进度计划
   C. 月（季）进度计划　　　　　　D. 关键工程进度计划

（二）多项选择题

1. 进度计划的表示方法上，总体进度计划进度计划应采用（　　）。
   A. 斜道图　　　　B. 横道图　　　　C. 网络图　　　　D. 进度曲线
   E. 流程图

2. 进度计划的表示方法上，总体进度计划进度计划可采用（　　）。
   A. 斜道图　　　　B. 横道图　　　　C. 网络图　　　　D. 进度曲线
   E. 流程图

3. 工程进度计划的主要形式包括（　　）。
   A. 横道图　　　　B. 斜条图　　　　C. 网络图　　　　D. 关系图
   E. 进度曲线

4. 年度进度计划的内容一般包括（　　）。
   A. 施工队伍和主要施工设备的数量及调配顺序
   B. 完成各单位工程及各施工所需要的工期、最早开工和最迟完成的时间
   C. 不同季节及气温条件下各项工作的时间安排

D. 各单位工程及各施工阶段所需要配备的人力和机械数量

E. 在总体进度计划下对各分项工程进行局部调整或修改的详细说明等

5. 月（季）进度计划的内容包括（   ）。

   A. 施工队伍和主要施工设备的数量及调配顺序

   B. 完成各分项工程的施工队伍及人力和主要设备的配额

   C. 不同季节及气温条件下各项工作的时间安排

   D. 完成各单位工程及各施工所需要的工期、最早开工和最迟完成的时间

   E. 在年度计划下对各单位工程或分项工程进行局部调整或修改的详细说明等

6. 关键工程进度计划的内容一般包括（   ）。

   A. 总体进度计划及各道工序的控制日期

   B. 现金流动估算，各施工阶段的人力和设备的配额及运转安排

   C. 总体施工方案和施工方法

   D. 施工准备及结束清场的时间安排

   E. 对总体进度计划及其相关工程的控制、依赖关系和说明等

7. 关于进度计划的编制要求，论述正确的有（   ）。

   A. 总体进度计划中应反映完成各单位工程及各施工所需要的工期、最早开工和最迟完成的时间

   B. 总体进度计划和年度进度计划中应绘制资金流量 S 曲线

   C. 年度进度计划应采用横道图、进度曲线及有关形象进度图

   D. 月（季）进度计划可采用横道图、进度曲线及有关形象进度图

   E. 总体进度计划中可绘制网络图，标注关键路线和时间参数

8. 提交总进度计划还应包括下述（文件）内容的（   ）。

   A. 总进度计划   B. 关键工程进度计划

   C. 现金流动计划   D. 施工组织计划

   E. 进度计划调整方案

9. 施工总进度计划编制过程中，确定各项单位工程开竣工时间和相互搭接关系应考虑的因素有（   ）。

   A. 同一时间施工的项目不宜过多，以免人力物力过于分散

   B. 尽量（提前）建设可供工程施工使用的永久性工程，以节省临时工程费用

   C. 应注意季节对施工顺序的影响，以保证工期和质量

   D. 尽量提高单位工程中人工数量减少机械数量，以降低工程成本

   E. 尽量做到劳动力、施工机械和主要材料的供应在工期内均衡

参考答案及解析

（一）单项选择题

1. C   2. A   3. B   4. D   5. C   6. A

（二）多项选择题

1. BCD   2. ABCD   3. ABCE   4. ACE   5. BE   6. ABDE   7. AD

8. BC   9. ABCE

7. **解析**：本题是旧考题。选项 B 错在根据《2006 版监理规范》第 5.5.2 条强制性规定，只有总体和月进度计划才要资金流量 S 曲线，否定了《1995 版监理规范》第 5.2.1.2 条中年度计划的现金流动估算的强制性要求；选项 E 错在"可"。

8. **解析**：本题是交通运输部监理工程师考试真题，选项 D 是设计单位应提交的内容，如果改为施工组织设计，选项 D 就正确。

三、施工组织设计中总体进度计划的编制、审批、检查、调整与控制

重点知识

（一）施工组织设计中总体进度计划的编制

1. 合同进度计划的概念

根据《公路工程标准施工招标文件（2018 年版）》（交通运输部公告 2017 年第 51 号）（简称《2018 版施工合同》）第 10.1 条规定，承包人应按专用合同条款约定的内容和期限，编制详细的施工进度计划和施工方案说明报送监理人。监理人应在专用合同条款约定的期限内批复或提出修改意见，否则该进度计划视为已得到批准。经监理人批准的施工进度计划称为合同进度计划，是控制合同工程进度的依据。承包人还应根据合同进度计划，编制更为详细的分阶段或分项进度计划，报监理人审批。

公路专用条款对本款内容进行以下补充：

（1）承包人编制施工方案说明的内容见项目专用合同条款。

（2）承包人向监理人报送施工进度计划和施工方案说明的期限为签订合同协议书后 28 天之内。

（3）监理人应在 14 天内对承包人施工进度计划和施工方案说明予以批复或提出修改意见。

合同进度计划应按照关键线路网络图和主要工作横道图两种形式分别编绘，并应包括每月预计完成的工作量和形象进度，具体形式见图 3-2-5 工程进度表，不过只有一条计划 S 曲线。

对该条款合同进度计划内容归纳几点：①经监理人批准的施工进度计划称为合同进度计划，它是控制合同工程进度的依据；②合同进度计划包括经批准总体进度计划；③承包人要编制更为详细的分阶段或分项进度计划报监理人审批，说明阶段性进度计划经审批后也是合同进度计划的组成；④监理审批总体进度计划后没有规定需经业主同意，要注意这一点不同于合同进度计划的修改需业主同意；⑤总体进度计划的编制采用的形式是强制性"应"，参见第二中第（三）的第 6 点的（3）。

根据《2006 版监理规范》第 5.5.3 条规定，将经批准的进度计划作为进度监理的依据。其与合同规定相同，只是表述上有点差异，意思相同。

2. 承包人提交进度计划的时间、形式和审批需的文件内容以及份数

根据公路专用条款补充 10.4 合同用款计划内容，承包人应在签订本合同协议书后 28 天之内，按招标文件中规定的格式，向监理人提交两份按合同规定承包人有权得到支付的详细的季度合同用款计划，以备监理人查阅。如果监理人提出要求，承包人还应按季度提交修订的合同用款计划。

（1）总体进度计划

根据《2018 版施工合同》第 10.1 条和第 10.4 条的内容和补充规定：

①应提交的时间：签订施工合同协议书后的 28 天内。

②审批应提交 3 个文件，分别是详细的施工进度计划、详细的季度合同用款计划和施工方案说明，承包人编制施工方案说明的内容见项目专用合同条款。

③应提交的份数：两份详细的以季度为单位的合同用款计划，如表3-2-1所示。

合同用款计划表　　　　　　　　　　　表3-2-1

从开工月算起的时间（月）	投标人的估算			
	分期		累计	
	金额（元）	（%）	金额（元）	（%）
第一次开工预付款				
1~3				
4~6				
7~9				
10~12				
13~15				
…				
缺陷责任期				
小计		100.00		
投标价：				
说明				

注：1. 投标人可按工程进度估算并填写本表。
　　2. 用款额按所报单价和总额价估算，不包括价格调整和暂列金额、暂估价，但应考虑开工预付款的扣回以及签发付款证书后到实际支付的时间间隔。

详细的季度合同用款计划类似于全部支付的现金流动估算，要求提交两份合同用款计划。

（2）阶段性进度计划

根据《1995版监理规范》第5.2.1.2条规定，在将要开工以前或开工以后合理的时间内，监理工程师应要求承包人提交以下文件：

①年度进度计划及现金流动估算。

②月（季）度进度计划及现金流动估算。

③分项（或分部）工程进度计划等。

这些文件将成为阶段性进度计划的组成。不过《2006版监理规范》和《2018版施工合同》第10条对此有变化，年度计划没有强制性要求提交现金流动估算，请考生注意。

（3）年度施工计划（与《1995版监理规范》第5.1.5条对比）

《2018版施工合同》第10.3条是公路专业补充规定，承包人应在每年11月底前，根据已同意的合同进度计划或其修订的计划，向监理人提交两份格式和内容符合监理人合理规定的下一年度的施工计划，以供审查。该计划应包括本年度估计完成的和下一年度预计完成的分项工程数量和工作量，以及为实施此计划将采取的措施。该条款归纳如下：

①提交时间：工程开工前或工程开工后的合理时间内提交，具体是每年11月底前提交。

②提交内容：格式和内容符合监理人合理规定的下一年度施工计划（不仅仅只有进度计划的内容）。

该年度施工计划应包括三方面内容：本年度估计完成的分项工程数量和工作量（即年度进度和年度现金流动估算）、下一年度预计完成的分项工程数量和工作量和为实施此计划将采取的措施。

③提交份数：两份下一年度施工计划。

3. 编制要求

参见本节第二的第（三）中第 6 点。

（二）施工组织设计中总体进度计划的审批

1. 总体进度计划的审批人

依据《2016 版监理规范》第 5.6.2 条规定，监理机构应审批施工单位提交的进度计划，总体进度计划应由总监理工程师审批，月进度计划等应由驻地监理工程师审批并报总监办。

2. 审查的内容

根据《2016 版监理规范》第 5.6.2 条规定，审查的内容包括：

（1）是否符合施工合同工期管理约定，阶段性施工进度计划是否满足总体进度目标控制要求。

（2）主要工程项目是否有遗漏，劳动力、材料、机械设备等是否满足进度需要。

（3）是否适合建设单位提供的资金、施工场地等条件。

3. 监理工程师审查批复的时间限制

根据《2018 版施工合同》第 10.1 条规定，监理人应在 14 天内对承包人施工进度计划和施工方案说明予以批复或提出修改意见（注：2022 年考点）。第 10.2 条规定，监理人批复修订合同进度计划的期限是：收到修订合同进度计划后 14 天内。监理人在批复修订合同进度计划前应获得发包人同意。以上两种情况监理人超过 14 天未批复或提出意见的，视为该进度计划已得到批准。

（三）审查步骤

参见本节第四点。

（四）施工组织设计中总体进度计划的检查

根据《2016 版监理规范》第 5.6.3 条规定，监理机构应检查施工进度计划的执行情况，按月通过实际进度与计划进度的比较进行分析评价，主要结论应写入监理月报。

检查方法参见本节第五点的工程进度表和网络计划检查方法，关注工程延误对工程工期的影响和原因分析。

（五）施工组织设计中总体进度计划的调整与控制

1. 施工组织设计中总体进度计划的调整

根据《2016 版监理规范》第 5.6.4 条规定，进度计划调整应符合下列规定：

（1）对总体进度起控制作用的分项工程的实际进度严重滞后时，监理机构应签发监理指令单，要求施工单位采取措施保证工程进度，并向建设单位报告工期延误风险。需要调整进度计划的应重新审批。

（2）由于施工单位原因造成工程进度延误，且在监理机构签发监理指令后未有明显改进、工程在合同工期内难以完成的，监理机构应及时向建设单位报告，并按合同约定处理。

（3）建设单位或施工单位提出工程进度重大调整时，应按合同或签订的补充合同执行。

2. 施工组织设计中总体进度计划的控制

《2018 版施工合同》第 10.2 条合同进度计划修订的具体约定内容为：不论何种原因造成工程的实际进度与第 10.1 条的合同进度计划不符时，承包人可以在专用合同条款约定的期限内向监理人提交修订合同进度计划的申请报告，并附有关措施和相关资料，报监理人审批；监理人也可以直接向承包人作出修订合同进度计划的指示，承包人应按该指示修订合同进度计划，报监理人审批。监理人应在专用合同条款约定的期限内批复。监理人在批复前应获得发包人同意。

注：从变化内容和程度来看，修订>修改，应注意区分这两个概念。

本条款补充内容：

（1）承包人提交合同进度计划修订申请报告，并附有关措施和相关资料的期限：实际进度发生滞后的当月25日前。

（2）监理人批复修订合同进度计划的期限：收到修订合同进度计划后14天内。

（3）施工组织设计中总体进度计划的控制措施参见第一点和第六点中的进度控制措施。

例　题

例1　作为进度监理依据的是（　　　）。
A. 总体进度计划
B. 年度进度计划
C. 月进度计划
D. 合同进度计划

例2　合同用款计划是以（　　　）时间为单位。
A. 年度
B. 季度
C. 月份
D. 周

例3　监理机构应检查施工进度计划的执行情况，按月通过实际进度与计划进度的比较进行分析评价，主要结论应写入（　　　）。
A. 监理月计划
B. 监理月例会议程
C. 监理月报
D. 监理报告

例4　关于监理人审查进度计划论述中正确的是（　　　）。
A. 监理人在对承包人第一次的详细施工进度计划予以批复前应获得发包人同意
B. 监理人在对承包人第一次的详细施工进度计划予以批复前宜经发包人同意
C. 监理人在对承包人修订的合同进度计划予以批复前应获得发包人同意
D. 监理人在对承包人修订的合同进度计划予以批复前宜经发包人同意

例5　关于监理人审查进度计划的时间期限，说法正确的是（　　　）。
A. 监理人应在承包人提交施工进度计划14天内予以批复或提出修改意见
B. 监理人应在收到承包人施工进度计划14天内予以批复或提出修改意见
C. 监理人宜在收到承包人施工进度计划14天内予以批复或提出修改意见
D. 监理人可在收到承包人施工进度计划28天内予以批复或提出修改意见

例6　监理人应在(　　　)天内对施工单位施工进度计划和施工方案说明予以批复或提出修改意见。[2022年真题]
A. 7　　　B. 14　　　C. 28　　　D. 42

例7　审查施工进度计划应包括的内容有（　　　）。
A. 是否符合施工合同工期管理约定
B. 阶段性施工进度计划是否满足年度进度目标控制要求
C. 主要工程项目是否有遗漏
D. 劳动力、材料、机械设备等是否满足进度需要
E. 是否适合建设单位提供的资金、施工场地等条件

第三章 公路工程进度目标控制

例 题 解 析

例1 根据《2006版监理规范》第5.5.3条规定，经批准的进度计划作为进度监理的依据。选项ABC的只是说明进度计划的形式的概念，不包含"批准"。只有"合同进度计划"是表明已经批准。故选D项。

例2 《2018版施工合同》第10.4条合同用款计划是公路工程补充合同条款，具体内容是"承包人应在签订本合同协议书后28天之内，按招标文件中规定的格式，向监理人提交两份按合同规定承包人有权得到支付的详细的季度合同用款计划，以备监理人查阅"。故选B项。

例3 根据《2016版监理规范》第5.6.3条，监理机构应检查施工进度计划的执行情况，按月通过实际进度与计划进度的比较进行分析评价，主要结论应写入监理月报。故选C项。

例4 根据《2018版施工合同》第10.1条，选项A和B是"第一次详细进度计划"的批复没有经发包人同意强制性要求，所以不适合。根据第10.2条，"合同进度计划"是表示已经批准的"进度计划"，选项D用词"宜"不准确，而要采用"应"强制性用语。故选C项。本条款还要注意"批复"概念不等于"批准"，批复包括不批准。

例5 根据《2018版施工合同》第10.2条的理解和推理，选项A"提交"不适合，而应采用"收到"。选项C和D用词"宜"和"可"不准确，和28天错了，而要采用"应"强制性用语。故选B项。

例6 根据《2018版施工合同》第10.1条规定，监理人应在14天内对承包人施工进度计划和施工方案说明予以批复或提出修改意见。故选B项。

例7 根据《2016版监理规范》第5.6.2条规定，选项ACDE都是正确项。选项B正确，表示是"阶段性施工进度计划是否满足总体进度目标控制要求"而不是"年度进度目标"。故选ACDE项。

自 测 模 拟 题

（一）单项选择题

1. 根据《2018版施工合同》第10.1条补充规定，总体进度计划应在签订施工合同后（   ）天内提交。

   A. 14　　　　　　B. 15　　　　　　C. 28　　　　　　D. 30

2. 根据《2018版施工合同》第10.1条补充规定，承包人编制的施工方案说明内容按照（   ）的规定。

   A. 监理合理要求　　B. 合同通用条款　　C. 公路专用条款　　D. 项目专用条款

3. 根据《2018版施工合同》第10.4条补充规定，详细的合同用款计划应提交（   ）份。

   A. 1　　　　　　B. 2　　　　　　C. 4　　　　　　D. 6

4. 根据《2018版施工合同》第10.3条补充规定，下一年度施工计划应在每年（   ）前提交。

   A. 7月底　　　　B. 9月底　　　　C. 11月底　　　　D. 12月底

5. 根据《2018版施工合同》第10.3条补充规定，下一年度施工计划应提交（   ）份。

   A. 1　　　　　　B. 2　　　　　　C. 4　　　　　　D. 6

6. 根据《2018版施工合同》第10.3条补充规定，承包人编制下一年施工计划的格式和内容要符合（   ）的规定。

   A. 监理合理要求　　B. 合同通用条款　　C. 公路专用条款　　D. 项目专用条款

7. 根据《2018版施工合同》第10.2条补充规定，承包人提交合同进度计划修订申请报告，是实际进度发生滞后的（   ）前。

   A. 当月25日　　　B. 当月28日　　　C. 下月初　　　D. 下月28日

8. 根据《2018版施工合同》规定，监理工程师审批进度计划后需报业主同意的是（　　）。
   A. 总体进度计划　　　　　　　　　　　B. 年度进度计划
   C. 合同进度计划　　　　　　　　　　　D. 修订合同进度计划

9. 由于施工单位原因造成工程进度延误，且在监理机构签发监理指令后未有明显改进、工程在合同工期内难以完成的，监理工程师应（　　）。
   A. 及时向驻地办报告　　　　　　　　　B. 要求施工单位采取措施保证工程进度
   C. 及时向总监办报告　　　　　　　　　D. 及时向建设单位报告并按合同约定处理

10. 根据《2018版施工合同》第10.4条规定，合同用款计划应在（　　）中提交。
    A. 总体进度计划　　B. 年度进度计划　　C. 季进度计划　　D. 月进度计划

（二）多项选择题

1. 总体进度计划还未批准前应提交审批的文件有（　　）。
   A. 双代号网络图　　　　　　　　　　　B. 标注了关键线路的网络图
   C. 单代号网络图　　　　　　　　　　　D. 工程进度表
   E. 横道图

2. 年施工计划提交审批的内容包括（　　）。
   A. 本年度已经完成的分项工程数量　　　B. 本年度已经完成的分项工程工作量
   C. 下一年度预计完成的分项工程数量　　D. 下一年度预计完成的分项工程工作量
   E. 为实施此计划将采取的措施

3. 对总体进度起控制作用的分项工程的实际进度严重滞后时，监理机构应（　　）。
   A. 签发监理指令单　　　　　　　　　　B. 要求施工单位采取措施保证工程进度
   C. 及时发布口头指令　　　　　　　　　D. 向建设单位报告工期延误风险
   E. 重新审批需要调整的进度计划

参考答案及解析

（一）单项选择题

1. C　2. D　3. B　4. C　5. B　6. A　7. A　8. D　9. D　10. A

10. **解析**：根据《2018版施工合同》第10.4条，如果监理人提出要求，承包人还应按季度提交修订的合同用款计划，所以选项C要在"如果监理人提出要求"情况下才是正确项。

（二）多项选择题

1. BD　　2. CDE　　3. ABDE

1. **解析**：选项A和选项C没有明确标注关键线路，选项E横道图没有体现工程量或工作量，所以不能选。

2. **解析**：选项A和选项B错在"已经完成"，应该是"估计完成"。

四、进度计划的审查步骤和审查内容

重 点 知 识

（一）审查步骤（即程序，根据《1995版监理规范》第5.2.2条）

监理工程师应组织有关人员对承包人提交的各项进度计划进行审查，并在合同规定的14天内审查

完毕。审查工作应按以下程序进行：

（1）阅读文件，列出问题，进行调查了解。

（2）提出问题与承包人进行讨论或澄清。

（3）对有问题的部分进行分析，向承包人提出修改意见。

（4）审查批准承包人修改后的进度计划。

总体进度计划应由总监理工程师审批，月进度计划等应由驻地监理工程师审批并报总监办。

（二）审查的内容（根据《1995 版监理规范》第 5.2.3 条，2022 年考点）

1. 工期和时间安排的合理性

（1）承包人提交的工程总进度计划的（总）工期必须符合工程项目的合同工期，即计划总工期应少于或等于合同工期。

（2）各施工阶段或单位工程（包括分部、分项工程）的施工顺序和时间安排与材料和设备的进场计划相协调；施工的开始时间和结束时间合理，尽可能使施工对资源的要求趋于均衡。

（3）易受冰冻、低温、炎热、雨季等气候影响的工程应安排在适宜的时间，并应采取有效的预防和保护措施。

（4）对动员、清场、假日及天气影响的时间，应有充分的考虑并留有余地。

2. 施工准备的可靠性

（1）所需主要材料和设备的运送日期是否已有保证。

（2）主要骨干人员及施工队伍的进场日期是否已经落实。

（3）施工测量、材料检查及标准试验的工作是否已经安排。

（4）驻地建设、进场道路及供电、供水等是否已经解决或已有可靠的解决方案。

3. 计划目标与施工能力的适应性

（1）各阶段或单位工程计划完成的工程量及投资额应与承包人的设备和人力实际状况相适应。

（2）各项施工方案和施工方法应与承包人的施工经验和技术水平相适应。

（3）关键线路上的施工力量安排应与非关键线路上的施工力量安排相适应。

例 题

例1　审查步骤中，阅读文件，列出问题，进行调查了解的下一步是（　　）。

　　A. 是否符合施工合同工期管理约定

　　B. 提出问题与承包人进行讨论或澄清

　　C. 对有问题的部分进行分析，向承包人提出修改意见

　　D. 审查批准承包人修改后的进度计划

例2　下列不属于监理工程师审查计划的内容的是（　　）。[2022 年真题]

　　A. 工期和时间安排的合理性　　　　B. 施工准备的可靠性

　　C. 计划目标与施工能力的适应性　　D. 实现目标的准确性

例3　审查施工进度计划中施工准备的可靠性等内容有（　　）。

　　A. 所需主要材料和设备的运送日期是否已有保证

　　B. 主要骨干人员及施工队伍的进场日期是否已经落实

　　C. 各项施工方案和施工方法应与承包人的施工经验和技术水平相适应

D. 施工测量、材料检查及标准试验的工作是否已经安排

E. 驻地建设、进场道路及供电、供水等是否已经解决或已有可靠的解决方案

例 题 解 析

例1 审查步骤中,"阅读文件,列出问题,进行调查了解"的下一步是"提出问题与承包人进行讨论或澄清"。故选 B 项。

例2 监理工程师审查计划的内容:(1)工期和时间安排的合理性;(2)施工准备的可靠性;(3)计划目标与施工能力的适应性。故选 D 项。

例3 选项 C "各项施工方案和施工方法应与承包人的施工经验和技术水平相适应",属于计划目标与施工能力的适应性。故选 ABDE 项。

自 测 模 拟 题

(一)单项选择题

1. 承包人提交的工程总进度计划的总工期(　　)。
   A. 与合同工期无关
   B. 必须符合工程项目的总工期
   C. 应少于合同工期
   D. 必要时可超过要求工期

2. 工程进度计划审查步骤中,提出问题与承包人进行讨论或澄清的上一步是(　　)。
   A. 对有问题的部分进行分析
   B. 阅读文件,列出问题,进行调查了解
   C. 向承包人提出修改意见
   D. 审查批准承包人修改后的进度计划

3. 公路工程进度计划审查过程中,监理人审查过程正确的是(　　)。
   A. 监理人宜在合同规定的时间内对承包人施工进度计划和施工方案说明予以批复或提出修改意见
   B. 监理人可在合同规定的时间内对承包人施工进度计划和施工方案说明予以批复或提出修改意见
   C. 监理人应在合同规定的时间内对承包人施工进度计划和施工方案说明予以批复或提出修改意见
   D. 监理人因客观原因且审查过程复杂有权在 14 天后对承包人施工进度计划予以否决

4. 承包人提交的工程总体进度计划应由(　　)审批。
   A. 监理单位总工
   B. 总监理工程师
   C. 驻地监理工程师
   D. 监理工程师

5. 承包人提交的工程月进度计划等计划应由(　　)审批。
   A. 监理单位总工
   B. 总监理工程师
   C. 驻地监理工程师
   D. 驻地办

6. 承包人提交的工程月进度计划等计划应报(　　)。
   A. 监理单位
   B. 总监理工程师
   C. 总监办
   D. 驻地办

7. 审查进度计划中劳动力、材料、机械设备等是否满足进度需要,是反映审查(　　)。
   A. 工期和时间安排的合理性
   B. 施工准备的可靠性
   C. 工料机资源安排的合理性
   D. 计划目标与施工能力的适应性

8. 下列属于工程进度监理职责与权限的是（ ）。[2005年交通部监理真题]

　　A. 主持开工前的第一次工地会议

　　B. 签发动员（开工）预付款支付证书

　　C. 审批承包人在开工前提交的现金流动计划

　　D. 签发各项工程的开工通知单

9. 监理工程师在审查施工进度计划的过程中发现问题，应采取的措施之一是（ ）。

　　A. 向承包单位提出整改通知书　　　　B. 向建设单位提出指令单

　　C. 向承包单位提出工程暂停令　　　　D. 向建设单位提出建议书

（二）多项选择题

1. 在将要开工前或在开工以后合理的时间内，监理工程师应要求承包人提交的文件是（ ）。

　　A. 年度进度计划及现金流动估算　　　B. 有关施工方案和施工方法的总说明

　　C. 月（季）度进度计划及现金流动估算　D. 有关全部支付的现金流动估算

　　E. 分项（或分部）工程的进度计划

2. 监理工程师对进度计划的审查内容为（ ）。[2004年交通部监理真题]

　　A. 工期安排的合理性　　　　　　　　B. 施工准备的可靠性

　　C. 计划与能力的适应性　　　　　　　D. 机械设备的协调性

　　E. 实现目标的准确性

3. 项目监理机构对施工进度计划审核的主要内容有（ ）。

　　A. 施工进度计划应符合施工合同中工期的约定

　　B. 对施工进度计划执行情况的检查应符合动态要求

　　C. 施工顺序的安排应符合施工工艺要求

　　D. 施工人员、工程材料、施工机械等资源供应计划应满足施工进度计划的需要

　　E. 施工进度计划应符合建设单位提供的资金、施工图纸等施工条件

参 考 答 案

（一）单项选择题

1. B　　2. B　　3. C　　4. B　　5. C　　6. C　　7. B　　8. C　　9. A

（二）多项选择题

1. ACE　　2. ABC　　3. ACD

五、工程施工中进度检查方法（简单浏览）

重 点 知 识

　　进度检查就是将实际进度与计划进度作对比。所以，在概念上一定要明确，既然要检查，比较不可少，所有的进度检查方法都有显现或隐含的"比较"二字，例如横道图比较法、前锋线法。当然有时"比较"二字被省略，例如横道图法等。在概念上要抓住"比较"实质。比较是为了判断是否存在偏差，偏差不外乎有两种可能，实际与计划相比提前或拖延（延误）；无偏差就是按时或按期（即正常）。在进度检查时所谈及的偏差往往是针对正在检查的内容即网络计划中的工作（或分项工程）。在网络计划中还应进一步分析这些偏差对工程项目或合同段工期有何影响，即工程总体进度状况和发展的趋势。本节第

六点将对工程总体进度发展趋势中不利的误期情况进行处理。

(一)横道图法与S曲线法组合(工程进度表)

1. 工程进度表

工程进度表是反映每个月工程实际进度与计划进度的图表。它是横道图法与 S 曲线法的结合,在《1995版监理规范》中有此图表格式,但没具体规定计划量与实际量在横线的哪一侧,通常是计划在上实际在下。在工程进度表的图表中,用横道图反映每月相应各分项的计划量与实际量以及开始、完成时间,用 S 曲线表示到本月整个工程产值的实际值(一般用实线表示)与计划值(一般用虚线表示)的累加百分数进行对比。京津塘高速公路某合同段的工程进度表如图 3-2-5 所示,横道图中横线下方数值为计划完成量累加百分数,上方为实际完成量的累加百分数,与一般习惯相反,看图时要注意。

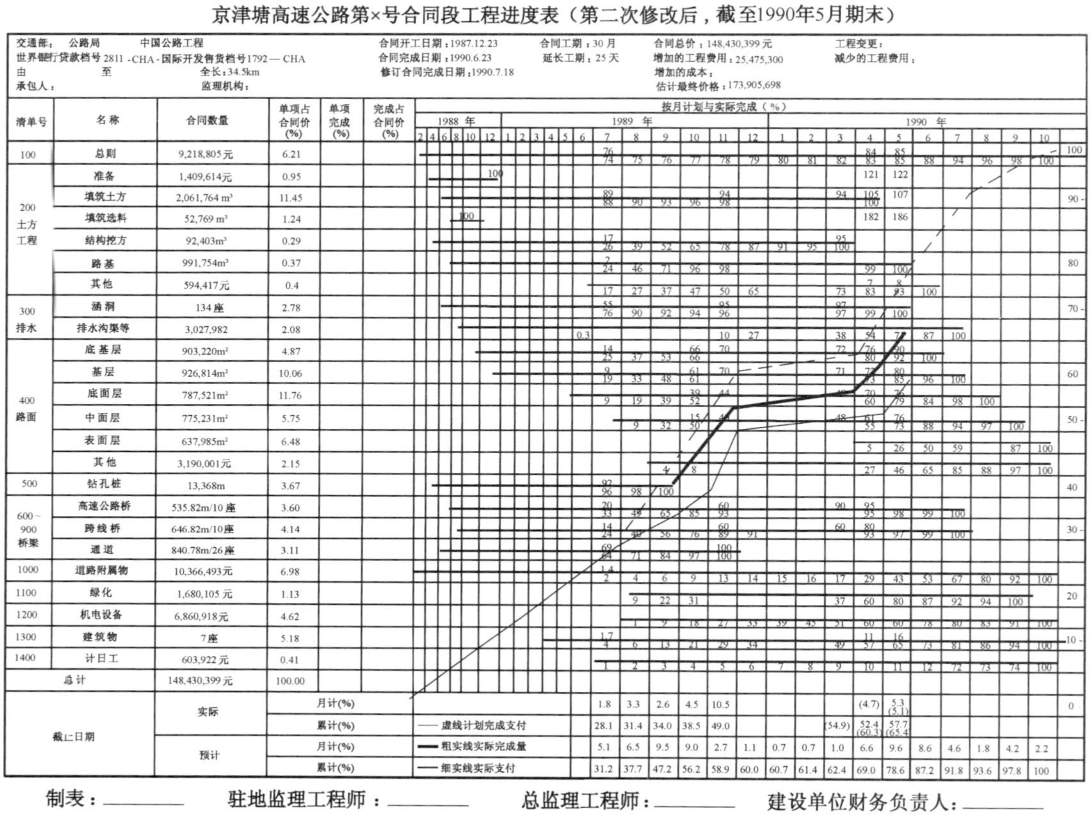

图 3-2-5 京津塘高速公路某合同段工程进度表

图 3-2-5 中其他数据项的关系为:

$$单项占合同价的比例(\%) = \frac{单个细目(或子目)合同金额}{合同总价} \times 100\%$$

$$单项完成的比例(\%) = \frac{单项(或分项)的累加完成量}{单(分)项合同数量} \times 100$$

$$= 横道图中各月实际量百分数的累加$$

$$完成占合同价的比例(\%) = \frac{单项(或分项)的累加完成量}{合同总价} \times 100\%$$

工程进度表实现了横道图比较法与 S 曲线比较法的优势互补,克服了横道图不便反映工程整体进度的弱点和 S 曲线无法反映各分项工程进度的弱点,所以它是进度控制的重要形式。从工程进度表中了解到工程进度的总体状况和各分项工程的情况；但对于工程进度中的具体问题，发生在哪些桩号段落还得借助于更细化的横道图或网络计划图。在处理是否给予延长工期问题时，用网络计划图最方便。

工程进度表中横道图比较法原理就是"非匀速双比例单侧横道图比较法"，只是因横道图单元格空间偏小，少画了实际横线，并不影响单（分）项细目的检查和比较。S曲线比较法的内容会在后面第3点详细介绍。

2. 横道图比较法（简称横道图法）

横道图比较法是将施工项目施工中检查的实际进度信息经加工整理后直接用横线长度或数值反映在横道图上，进行直观的比较。其缺点是不便判断对工程工期的具体影响情况。

（1）匀速横道图比较法

如图3-2-6所示，细实线表示计划进度，用粗实线的长度（或称为涂黑）反映实际进度所完成工程量达到的位置。例如，支模板计划工程量为100m²，持续时间为6天；当检查日是第8天末（即晚上），实际工程量完成了90m²，则(90÷100)×6=5.4天，用粗实线标注5.4天长度在其相应的位置。未完成工作的实际粗实线的末端位于检查日的左侧，则表示实际进度延误（拖延）；粗实线的末端位于检查日的右侧，则表示实际进度提前；与检查日重合表示实际进度与计划一致。检查日第8天末是支模板，本应完成，结果未完成，拖延0.6天，绑钢筋提前1天；挖土方从图中只表示已经完成却不能表示按时，挖土方工作的实际进度应从第6天以前的检查情况中反映。

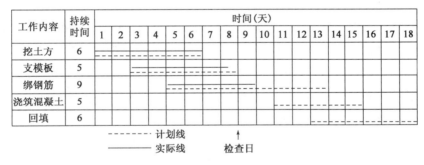

图3-2-6　匀速横道图比较法图

（2）非匀速双比例单侧横道图比较法（即数值表示比较法）

由于施工速度的不均匀，该方法用细实线表示计划进度，用粗实线的长度（或称为涂黑）反映实际进度的同时，在计划线的上方标出对应时刻计划所需完成工程量的累计百分数，在计划线的下方标出对应时刻实际已经完成工程量的累计百分数。粗实线标出的实际进度线从实际开工时间开始，同时反映出施工过程连续与间断的情况，在实际完成时间位置终止。

如图3-2-7所示，以支模板为例。原计划第3天早晨（第2天后）开始支模板工作并要求完成10%的支模板工程量，由于准备工作不充分推迟了1天开工，所以实际量为0，实际开始于第4天早晨，粗实线从第4天起始画图表示。第4天计划要求当天完成15%，累计完成25%，实际当天完成15%，累计完成15%，进度偏差=实际累计值－计划累计值=15%－25%=－10%，说明进度延误10%。第5天，计划要求当天完成45%－25%=20%，累计完成45%，实际当天完成40%－15%=25%，累计完成40%，进度延误5%。第6天，计划要求当天完成25%，累计完成70%，实际当天完成25%，累计完成75%，进度提前5%。第7天，计划要求当天完成15%，累计完成90%，实际当天停工，完成0，累计完成75%，进度延误15%。第8天，计划要求当天完成10%，累计完成100%，实际当天停工，完成13%，累计完成88%，进度延误12%。

非匀速双比例单侧横道图比较法中，工程量通过计划线上下方的数值表示，如果出现停工，实际线可以中断不连续，例如图 3-2-7 所示的"支模板"第 7 天停工。有两种反映进度的情况，第一种是进行到检查时间点即"末"完成累计量的比较；第二种是进行检查时间段"内"的完成量（工程量或工作量）的比较，即检查时间点"末"的累计量与前一个时间点"末"累计量的差值比较（例如检查第 5 月内的进度，即 5 月末减去 4 月末）。在作题时要分清题目是要求作到检查点累计量比较，还是时间段内的计划量与实际量比较，正确理解题意。

工作内容	持续时间	时间（天）																	
		1	2	3	4	5	6	7	8	9	10	11	12	13	14	15	16	17	18
挖土方	6	10	25	40	55	80	100												
		5	15	30	50	75	90	100											
支模板	6		10	25	45	70	90	100											
			0	15	40	75	75	88											
绑钢筋	9					10	15	25	40	50	60	75	90	100					
						5	15	25	55										
浇筑混凝土	5										10	30	50	80	100				
回填	6													15	30	50	70	85	100

-------- 计划线
———— 实际线
↑ 检查日

图 3-2-7　非匀速双比例单侧横道图比较法图

应注意，非匀速双比例单侧横道图比较法中的粗实线表示的实际线，只表示实际时间而不表示实际工程量，例如挖土方工作实际第 7 天完成，粗实线就画到第 7 天，如图 3-2-7 所示。匀速横道图比较法中的粗实线（实际线）只表示实际工程量，例如图 3-2-6 所示的支模板 5.4 天粗实线横线长度。

（3）非匀速双比例双侧横道图比较法（即在计划线上下交替画实际横线长度）

非匀速双比例双侧横道图比较法，是非匀速双比例单侧横道图比较法的改进和发展。在非匀速双比例单侧横道图中原本表示实际进度的粗实线，按实际完成百分数交替画在计划横线的上方和下方（即双侧）。将图 3-2-7 所表示的进度检查情况按"双比例双侧横道图"表示（图 3-2-8）。

工作内容	持续时间	时间（天）																	
		1	2	3	4	5	6	7	8	9	10	11	12	13	14	15	16	17	18
挖土方	6	10	25	40	55	80	100												
		5	15	30	50	75	90	100											
支模板	5		10	25	45	70	90	100											
			0	15	40	75	75	88											
绑钢筋	9					10	15	25	40	50	60	75	90	100					
						5	15	25	55										
浇筑混凝土	5										10	30	50	80	100				
回填	6													15	30	50	70	85	100

-------- 计划线
———— 实际线
↑ 检查日

图 3-2-8　非匀速双比例双侧横道图比较法图

相对来说，非匀速双比例单侧横道图比较法最直观，也能比较全面反映进度情况，所以工程进度表的横道图就是非匀速双比例单侧横道图，不过计量在线下方（官方对此没有具体明确规定，请考生注意题目的图形表示）。

3. 工程进度曲线（S曲线）比较法

工程进度曲线是以横坐标表示进度时间，纵坐标表示累计完成的工程量或工作量（产值），绘制出一条按照计划时间累计完成量的曲线，因为所绘制曲线的形状如同英文字母S，因此也称为S曲线。当只分析比较自己本身工程时，横坐标所表示的进度时间一般采用绝对时间，如果是多个工期不同的同类工程进行比较分析时则必须采用相对时间。纵坐标反映累计完成的工程量时可以用绝对量或相对量，如图3-2-1或图3-2-5所示；反映整个工程项目的S曲线，就必须用累计工作量的百分数即相对量（图3-2-5），这是S曲线最主要最常用的形式。S曲线进度检查的方法，见本节"一、（二）、2、（2）"中的"工程进度曲线法"内容。

（二）网络计划进度检查的计算方法

1. 网络计划检查涉及的有关概念

（1）工作延误

延误是指施工中实际进度与计划进度相比较的拖延或耽误。在工程施工过程中谈及延误时，往往是指某些正在施工或者已经完成的工作（或分项工程）的延误。所以泛泛而谈的"延误"一般是指"工作延误"，在网络计划中一般是指工作的延误，是表示该工作实际进度时间与计划的最早时间相比较的拖延或耽误。

（2）工期延误

工期延误（工期拖延、延误工期）是指工程项目所需完成的时间超过计划或合同规定的竣工时间，简称为误期或拖期。工期延误是工程在时间方面的损害，没有包含造成的原因，例如，在《2018版施工合同》第11.3条发包人的工期延误和第11.5条承包人的工期延误，该处的"工期"是指工程工期，不是工作的持续时间。

（3）延长工期（工期顺延，简称延期）

延长工期是指工程实施期间，监理工程师根据合同规定对工程期限的延长，即工程合同工期的顺延。它是建设单位给施工单位在时间方面的赔偿或补偿，对承包人来说即工期索赔。由于中文"延期"一词容易造成歧义，例如，会议延期举行，此处"延期"不是工期顺延的意思。因此，为了避免造成歧义，《2018版施工合同》中都用四个字表示"延长工期"而不用两个字的简称"延期"，不过交通部的监理教材和人们的习惯还是用简称"延期"。要正确理解"延期"的含义，即"竣工期限的延长"，而不是"推迟、拖延或不及时等"，例如，延期交图、延期交房等，实际上此时不能用"延期"而是逾期交图、逾期交房。

延长工期的处理是本节第六点的内容，放在此处介绍和比较，就是为了避免与"工作延误"和"工期延误"等概念的混淆，便于考生做题。例如，"合理的延期不一定延期，要在关键线路上才能延期"，后来又改为更有迷惑性的问题"试问：合理的延期是否一定批准？"其实，上一句话的正确表达的含义是"合理的延误（即非承包人原因引起的工作拖延）不一定要给予顺延工期，这个合理延误发生在关键线路上才能顺延工期"，因为，关键工作发生延误，则工程工期一定延误即工期损害，监理人才需要考虑请业主给予工期顺延。当然这句话又造成另一个误解"凡是非承包人原因发生在非关键工作的延误，一律不考虑延期"，而没有深入详细分析延误量是否超过该工作总时差的情况。

2.时标网络图的前锋线法

(1)实际进度前锋线

实际进度前锋线是指计划实施过程中某一时刻正在施工的各工作实际进度到达的连线。它在时标网络图上,从检查时的时间线(或日期线)开始自上而下依次连接正在施工的各工作实际到达点,通常形成一条折线,见图3-2-9。检查日期一般认定为当天晚上收工时。

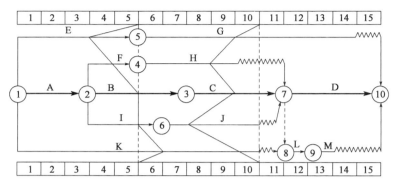

图 3-2-9 实际进度前锋线检查图(时间单位:天)

(2)根据前锋线判断工作进度快慢和工程工期的影响程度

看工作进度快慢,是以检查日的日期线为基准。前锋线的点位于日期线左侧表示进度慢,工作偏差量就是该工作延误或拖延量。前锋线的点位于日期线右侧表示进度快,工作偏差量就是该工作提前量。

以图 3-2-9 为例,检查日期为第 5 天末:

①工作 E 延误 2 天,②工作 F 延误 1 天,③工作 B 按时,④工作 I 按时,⑤工作 K 提前 1 天。

工程工期影响程度 = max{各工作延误 – 各工作对应的总时差},大于零工程工期延误,等于零工程按期,小于零工程工期提前。工作的总时差时标图计算参见本章第一节内容。

$TF_E = 1$ 天,$TF_F = 2$ 天,$TF_B = 0$ 天,$TF_I = 1$ 天,$TF_K = 3$ 天。

该工程第 5 天末工期影响程度 = max{1, −1, 0, −1, −4} = 1,工程工期延误 1 天。

以图 3-2-9 为例,检查日期为第 10 天末:

①工作 G 延误 1 天,②工作 H 延误 2 天,③工作 C 延误 1 天,④工作 J 延误 3 天,⑤工作 K 延误 1 天。

$TF_G = 1$ 天,$TF_H = 2$ 天,$TF_C = 0$ 天,$TF_J = 1$ 天,$TF_K = 3$ 天。

该工程第 10 天末工期影响程度 = max{0, 0, 1, 2, −2} = 2,工程工期延误 2 天。

(3)实际前锋线的标定方法

①按已完成的实际工程量标定

当一项工作的工程量确定后,其工作的持续时间与其工程量成正比,比值就是该工作的效率。以该工作的总工程量在计划持续时间内全部完成为假设前提,用已完成的实际工程量表示实际进度点。标定时是从该工作的最早开始时间点起(即箭尾),从左向右画在相应位置上。

②按尚需时间来标定

尚需时间的标定方法是将计算或估算的尚需时间,从该工作最早完成时间点(即箭线中实线的末端)起,反向从右向左画在相应位置上。按式(3-2-1)计算:

$$尚需时间 = \frac{预计实际工程总量 - 已完成工程量}{目前实际效率} \quad (3\text{-}2\text{-}1)$$

对于实际与计划的效率和工程量差异不大时，尚需时间也可按式（3-2-2）计算：

$$尚需时间 = 计划持续时间 - 已施工时间 \tag{3-2-2}$$

在前锋线标定时，实际进度点一定不能标定在波形线上。否则实际的进度就无法确定。

（4）前锋线的进度比对工程进度的预测和评价

通过上述应用，在计划实施过程中，不仅可通过前锋线预测工程项目的总进度目标的情况，还可按照一定的时间间隔对计划的执行情况进行检查，通过依次画出不同时刻的实际进度前锋线进行进度预测，例如图 3-2-9 中，①→⑤→⑩这条线路的工程在加快进度，①→②→⑥→⑦→⑩这条线路的进度过于缓慢。可以用进度比指标来衡量。

$$进度比 = \frac{线路上两前锋线的时间差}{日期线差} \tag{3-2-3}$$

进度比的比值基准为 1，说明进度的趋势与前面比较既不加快也不放慢，却不能说明该工作是按时完成。①→⑤→⑩这条线路的进度比为 6/5，进度比值大于 1 表示进度趋势在加快，却不能说明该工作是提前完成，只是从延误 2 天变成延误 1 天；①→②→⑥→⑦→⑩这条线路的进度比为 2/5，比值小于 1 表示进度的趋势在变慢，通过现在时刻和过去时刻两条前锋线的分析比较，则可反映出过去和现在计划的执行情况，在一定范围内对计划未来的进度和变化趋势作出预测。进度比的概念容易与进度延误的概念混淆，请考生关注这个知识点。

3. 网络图上实际进度记载法

在网络图中标注工作的开始时间、完成时间或完成的任务量等内容，并用符号标注。

4. 无时标一般网络图的割线法（完成时间点比较法）

用一般网络图（无时间坐标）进行进度检查，可用割线将正在施工的各工作切割到，通过计算，对这些工作的实际进度和计划进度进行比较和分析，找出进度偏差和工期影响程度，以及对后续工作的影响。

（1）各工作延误值的分析与计算

工作发生延误有两种可能性，一种是开工延误=工作的实际开始时间-ES，另一种是工作持续时间增长。根据前面对延误含义的理解，有：

$$工作延误值 = 开工延误 + 工作持续时间增长 = 工作实际完成时间 - EF \tag{3-2-4}$$

考虑到检查时某些工作正在施工，还未真正完工，将式（3-2-4）中的工作实际完成时间改为预计工作的实际完成时间，参见式（3-2-5）。

$$工作延误值 = 预计工作的实际完成时间 - 计划最早完成时间(EF) \tag{3-2-5}$$

式（3-2-5）中的预计工作的实际完成时间为：

$$预计工作的实际完成时间 = 检查日期 + 尚需时间 \tag{3-2-6}$$

检查日数值一般定为晚上收工的日期，如果是早晨检查则减 1 天。尚需日可按时标网络图检查中的尚需日计算方法来计算或估算，参见式（3-2-1）或式（3-2-2）。

（2）各工作进度偏差分析判断与评价

根据式（3-2-5）计算结果，按照式（3-2-7）判断与评价：

$$工作延误值 \begin{cases} <0 & 说明该工作提前 \\ =0 & 说明该工作按时（正常）\\ >0 & 说明该工作延误（拖延）\end{cases} \tag{3-2-7}$$

（3）各工作进度延误（偏差）对后续工作的影响按式（3-2-8）计算：

$$\text{工作延误值} - \text{工作自由时差} \begin{cases} \leqslant 0 & \text{后续工作不推迟开工} \\ > 0 & \text{后续工作要推迟开工} \end{cases} \quad (3\text{-}2\text{-}8)$$

我们只考虑延误是否对后续工作开工的影响。对于工作提前完成是否使后续工作可以提前开工的问题较复杂，暂不讨论。

（4）工期的影响程度计算和分析判断

工期的影响应通过正在施工的各工作**误期值**的计算来分析。工作的误期值就是各工作单独对工程工期的影响；工程工期的最终影响程度则是在比较各个工作单独影响工期的误期值中，取其最大值就是工程项目或合同段的工期影响。

①工作的误期值按式（3-2-9）或式（3-2-10）计算：

$$\text{工作的误期值} = \text{工作延误值} - \text{工作总时差} \quad (3\text{-}2\text{-}9)$$

将式（3-2-5）和（总时差 = $LF - EF$）代入式（3-2-9），可得：

$$\text{工作的误期值} = \text{预计工作的实际完成} - \text{计划最迟完成}(LF) \quad (3\text{-}2\text{-}10)$$

②工期影响程度的判断与评价按式（3-2-11）进行：

$$\max\{\text{工作的误期值}\} \begin{cases} < 0 & \text{说明（总）工期提前} \\ = 0 & \text{说明工程如期竣工} \\ > 0 & \text{说明（总）工期拖延} \end{cases} \quad (3\text{-}2\text{-}11)$$

（5）计算示例（与实际进度前锋线比较法的示例第10天检查相同，便于对应比较）

已知网络计划图如图3-2-10所示，第10天晚上进度检查G工作尚需5天才能完成，H、C、J、K工作的尚需日分别为1天、2天、3天、1天。如图3-2-10所示，图中[ ]内的数值表示尚需日。用割线法计算完成时间点进行各工序的进度检查与评价，以及后续工作的影响和工程总体进度的状况评价。

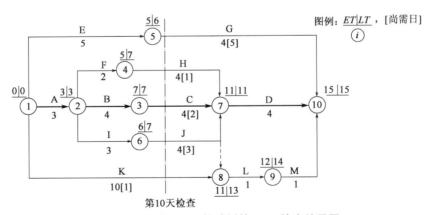

图3-2-10 某工程网络计划第10天检查结果图

①评价各工作（工序）的进度状况（即计算各工序的延误值并评价）

a. 工作G的延误时间 = 预计实际完成 − 计划最早完成
= (检查日+尚需日) − (箭尾节点最早时间+本工作持续时间)
= (10 + 5) − (5 + 9) = 1天，工作G拖延1天。

b. 工作H的延误时间 = (10 + 1) − (5 + 4) = 2天，工作H拖延2天。

c. 工作 C 的延误时间 = (10 + 2) − (7 + 4) = 1天，工作 C 拖延 1 天。

d. 工作 J 的延误时间 = (10 + 3) − (6 + 4) = 3天，工作 J 拖延 3 天。

e. 工作 K 的延误时间 = (10 + 1) − (0 + 10) = 1天，工作 K 拖延 1 天。

②评价工程的总体进度状况（即工期有无拖延或工期影响程度）

各工作的误期值计算［即工作造成的工期拖延量，图上有节点时间参数用式（3-2-10）］

a. 工作 G 的误期值= 预计实际完成时间 − 计划最迟完成时间

    = (检查日 + 尚需日) − 箭头节点最迟时间 = (10 + 5) − 15 = 0

b. 工作 H 的误期值 = (10 + 1) − 11 = 0

c. 工作 C 的误期值 = (10 + 2) − 11 = 1天

d. 工作 J 的误期值 = (10 + 3) − 11 = 2天

e. 工作 K 的误期值 = (10 + 1) − 13 = −2天

工程工期（总工期）拖延的判断与评价按式（3-2-11）进行。

max{0,0,1,2,−2} = 2天，所以工程的工期将拖延 2 天，与前锋线结果相同。

③对各后续工作的影响

a. 工作 G 对后续工作的影响 = 工作延误值 − 工作自由时差

    = 1 − 1 = 0，对后续工作没影响。

b. 工作 H 对后续工作的影响= 2 − 2 = 0，对后续工作没影响。

c. 工作 C 对后续工作的影响= 1 − 0 = 1天，对后续工作有影响，紧后 ES 推迟 1 天。

d. 工作 J 对后续工作的影响= 3 − 1 = 2天，对后续工作有影响，紧后 ES 推迟 2 天。不能由此得出工作 J 所有后续工作都推迟 2 天的结论。以图 3-1-21 为例，挖 3 如果延误 4 天，超过其自由时差 1 天，但没有超过总时差 4，则紧后的砌 3 推迟 1 天开始，而填 3 是关键工作，不受影响。网络计划中有很多复杂问题不要轻易用绝对语言表述，"对后续工作有影响"没错，"对后续所有工作有影响"则错了。所以遇到，"一定"或"所有"这种词语要慎重和警惕。

e. 工作 K 对后续工作的影响= 1 − 1 = 0，对后续工作没影响。

5. 无时标一般网络图的列表比较法（即时差比较法是住建部规程推荐的方法）

该方法主要是通过各工作尚有总时差和原有总时差比较判断工作是否提前或延误（差值：＞0表示提前，＜0表示延误，＝0表示按时），工期是否影响（尚有总时差：＞0表示工期提前，＜0表示工期拖延，＝0表示按期）。以图 3-2-10 为例，计算结果如表 3-2-2 所示。

工程进度检查结果列表比较法计算表（时间单位：天） 表 3-2-2

工作编号	工作名称	检查时尚需时间	计划最迟完成时间	到计划最迟完成时尚需时间	总时差 原有	总时差 目前尚有	本工作反映的进度延误	工期判断（即误期值）	自由时差 原有	自由时差 目前尚有
（1）	（2）	（3）	（4）	(5) = (4) − 检查日	（6）	(7) = (5) − (3)	(8) = (7) − (6)比较	（9）依（7）	（10）	（11）
5-10	G	5	15	15 − 10 = 5	1	5 − 5 = 0	工作延误 1 天	不影响	1	0
4-7	H	1	11	11 − 10 = 1	2	1 − 1 = 0	工作延误 2 天	不影响	2	0
3-7	C	2	11	11 − 10 = 1	0	1 − 2 = −1	工作延误 1 天	影响 1 天	0	-1
6-7	J	3	11	11 − 10 = 1	1	1 − 3 = −2	工作延误 3 天	影响 2 天	1	-2
1-8	K	1	13	13 − 10 = 3	3	3 − 1 = 2	工作延误 1 天	不影响	1	0

计划最迟完成时间就是箭头节点最迟时间。原有总时差从网络图的节点时间参数计算可以得到。工作尚有总时差按式（3-2-12）计算，工作尚有自由时差按式（3-2-13）计算，可参考图 3-2-11。

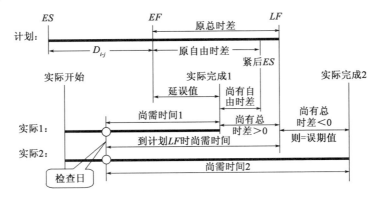

图 3-2-11　列表法即时差比较法的工作延误与工期影响图

工作尚有总时差 = 到计划最迟完成时尚需时间 − 检查时尚需时间 　　　　　　（3-2-12）

工作尚有自由时差 = 紧后最早开始时间 − 预计实际完成时间

　　　　　　　　= 原工作自由时差 + 工作进度偏差 　　　　　　（3-2-13）

实际进度与计划进度的偏差有以下三种情况：

（1）若工作目前尚有总时差小于原有总时差，但仍然为正值，则说明该工作对工程工期没有误期影响，但该工作的实际进度与计划进度相比是延误了，产生的偏差值就是两者的差值。住建部推荐的方法与项目管理中赢得值法（挣得值）的约定一致，工作进度偏差按式（3-2-14）计算，正值是提前（即以提前为基准），负值是拖延，零是按时。

工作的进度偏差 = 尚有总时差 − 原有总时差 　　　　　　（3-2-14）

（2）若目前尚有总时差为负值，则说明工作对工程工期有误期影响，应关注后续的施工或调整计划。工程总体进度的偏差程度按式（3-2-15）计算：

工程总体进度偏差(即工期影响的提前值) = $\min\{$尚有总时差$\}$ 　　　　　　（3-2-15）

按式（3-2-15）计算所得到的结果，正值则是工期提前值；负值是工期拖延值［表 3-2-1 第（7）列中−2小于−1，所以最终工程工期拖延 2 天］；值为零是工程将按期完成。

（3）对后续工作的进度影响

根据式（3-2-13）计算结果，其值≥0，对后续工作没影响；反之，其值< 0，则对后续工作有影响，使其紧后工作最早开始推迟其绝对值。

列表时差分析比较法的理解可参考图 3-2-11，以加深印象。

例　题

例1　能快捷检查出各个分项工程实际完成工程量或工作量的方法是（　　）。

A. 工程进度表法

B. 实际进度前锋线法

C. 网络图上记载法

D. 割线法

例2　在工程进度表中，每个单项细目每月的计划量和实际完成量的累计百分数在横道图横线的下方和上方。有关工程进度表的论述正确的是（　　）。

A. 工程进度表只能反映各个单项细目的进度状况，无法反映工程总体进度
B. 工程进度表只反映出承包人各个单项细目每月的累计工程量或工作量，监理工程师很难看出当月的实际完成量
C. 单项占合同价的百分比反映的是单项细目完成的实际进度
D. 单项完成率反映的是单项细目完成的实际进度

例3 按割线法计算，某工作的误期值＝工作延误值－工作总时差＝8天，说明（　　）。

A. 工程工期提前8天 　　　　B. 工程工期提前至少8天
C. 工程工期拖延8天 　　　　D. 工程工期拖延至少8天

例4 按割线法计算，某工作的误期值＝工作延误值－工作总时差，当max{工作的误期值}＝8天，说明（　　）。

A. 工程工期提前8天 　　　　B. 工程工期提前大于或等于8天
C. 工程工期拖延8天 　　　　D. 工程工期拖延大于或等于8天

例5 检查网络计划时，发现某工作尚需作业a天，到该工作计划最迟完成时刻尚剩b天，原有总时差为c天，则该工作尚有总时差为（　　）天。

A. $c-a$ 　　B. $c-b$ 　　C. $a-b$ 　　D. $b-a$

例6 前锋线法中进度比的论述正确的有（　　）。

A. 进度比等于1说明工程按期完成
B. 进度比大于1说明工程提前完成
C. 进度比小于1说明工程工期拖延
D. 进度比大于1说明经过这一线路的相关工程进度在加快
E. 进度比小于1说明经过这一线路的相关工程进度变得缓慢

例7 某项工作的计划进度、实际进度横道图如图所示，由此可得的正确结论有（　　）。[2017年监理真题]

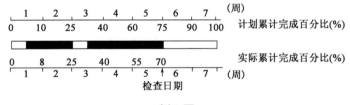

例7图

A. 第1周后连续工作没有中断 　　　　B. 第2周内按计划正常进行
C. 在第3周末按计划进行 　　　　　　D. 截至第4周末拖欠5%的任务量
E. 截至检查日实际进度拖后

例 题 解 析

例1 选项BCD三种网络图虽然也可以表示一定的工程量，但是不太容易。工程进度表可以快捷地反映出实际完成量。故选A项。

例2 参见图3-2-1。选项A错在无法反映工程总体进度，两道三条S曲线就是反映工程总体进度。选项B错，相邻两个月的累计完成量相减就能快捷地得到当月的实际完成量，这是工程进度表的明智选择，如果表示每月完成量，一旦需要获得累积量就要去做累加工作，时间越长计算量越大；相邻减总

比多项累加轻松得多。选项 C 单项占合同价（%）是表示计划量，不是实际进度。选项 D 单项完成（%）才是实际进度。故选 D 项。

例3 某工作的误期值=8>0，说明经过该工作的线路增加 8 天，所以选项 AB 错。但是不能说工期拖延 8 天，因为网络图中其他工作的误期值有可能大于 8 天。故选 D 项。

例4 根据式（3-2-15）判断和评价，当 max｛工作的误期值｝=8 天>0，工程工期拖延 8 天，不可能会出现大于 8 天的情况。选项 AB 错。故选 C 项。

例5 该题是来自交通部公路进度监理题库。借助图 3-2-3 或式（3-2-16）很容易就能知道尚有总时差 = 到计划最迟完成时刻尚剩 b 天 − 尚需作业 a 天，故选 D 项。原有总时差用于求工作延误。请考生注意交通部公路监理教材没有涉及这方面的内容，但在考试中出现。

例6 根据式（3-2-5）计算的进度比，是反映未来进度的趋势，进度比大于 1 可以说明原拖 5 天，随着施工的推进，到现在检查时只拖 2 天，是说明拖延在减少，仍然还是拖延。同理，可判断进度比小于 1 的情况。进度比等于 1 的情况是说明进度的趋势不变，原来的拖延量或提前量到现在依然不变，不能说是按期完成。故选 DE 项。

例7 从横道图中看出第 1 周后第 3 周有部分中断，选项 A 错。选项 B 中"第 2 周内"是表示本周内工程量的比较，计划量 = 25% − 10% = 15%，实际量 = 25% − 8% = 17%，虽然累计量相同都是 25%，但第 2 周本周内的进度在加快，所以选项 B 错。选项 B 如果改为"第 2 周末按计划正常进行"，那就是正确项。选项 C，在第 3 周末累计值相等，自然按计划，进度正常。选项 D，截至第 4 周末实际累计 55% − 计划累计 60% = −5%，正确。选项 E，截至检查日第 5 周末 70 − 75 < 0，拖后。故选 CDE 项。

自 测 模 拟 题

（一）单项选择题

1. 在反映工程进度的指标中，最具有统一性和较好可比性的指标是（　　）。

   A. 持续时间

   B. 工程活动的结果状态数量（工程量）

   C. 单位时间完成的实物工程量

   D. 共同适用的某种计量单位（货币形式的工作量）

2. 进度通常是指工程项目实施结果的（　　）。

   A. 持续时间　　　　B. 工程量　　　　C. 工作量　　　　D. 进展情况

3. 当采用匀速进展横道图比较法时，如果表示实际进度的横道线右端点落在检查日期的右侧，则该端点与检查日期的距离表示工作（　　）。

   A. 实际少花费的时间　　　　　　　　B. 实际多花费的时间

   C. 进度超前的时间　　　　　　　　　D. 进度拖后的时间

4. 当用 S 曲线进行实际进度与计划进度比较时，如果实际进展点落在计划 S 曲线的右侧，则通过比较可以获得的信息是（　　）。

   A. 工作实际进度超前的时间和超额完成的任务量

   B. 工程项目实际进度超前的时间和超额完成的任务量

   C. 工作实际进度拖后的时间和拖欠的任务量

   D. 工程项目实际进度拖后的时间和拖欠的任务量

5. 利用 S 曲线进行实际进度与计划进度比较时，如果检查日期实际进展点落在计划 S 曲线的右侧，则该实际进展点与计划 S 曲线在水平方向的距离表示工程项目（　　）。

    A. 实际进度拖后的时间　　 B. 实际进度超前的时间

    C. 拖欠的任务量　　 D. 超额的任务量

6. 某工作实施过程中的 S 曲线如图所示，图中 a 和 b 两点的进度偏差状态是（　　）。

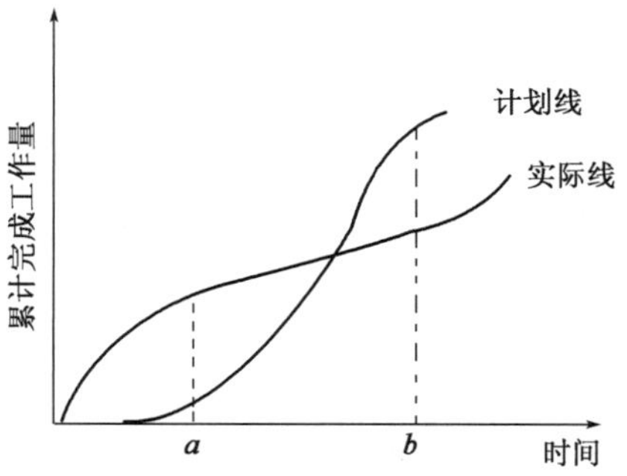

题 6 图

    A. a 点进度拖后，b 点进度拖后　　 B. a 点进度拖后，b 点进度超前

    C. a 点进度超前，b 点进度拖后　　 D. a 点进度超前，b 点进度超前

7. 进度前锋线不能评价工序或项目的（　　）。

    A. 提前完成　　 B. 延误推迟

    C. 进度的工作量　　 D. 按计划施工

8. 对下列实际进度与计划进度比较方法中，可判定某项工作进度偏差并能预测该偏差对工程总工期影响程度的方法是（　　）。

    A. 前锋线比较法　　 B. S 曲线比较法

    C. 双比例单侧横道图比较法　　 D. 双比例双侧横道图比较法

9. 当采用前锋线比较法比较实际进度与计划进度时，如果实际进展点落在检查日期的左侧，则表示该工作（　　）。

    A. 实际进度拖后　　 B. 实际进度超前

    C. 实际进度与计划进度一致　　 D. 超额完成任务量

10. 工作的误期值 = 工作延误值 − 工作总时差，当 max{工作的误期值} > 0 时说明（　　）。

    A. 工期提前　　 B. 工程按期竣工　　 C. 工期拖延　　 D. 无法判断

11. 下列的工作进度偏差，对工期产生影响的有（　　）。

    A. 关键工作的持续时间的延长

    B. 非关键工作的开始时间晚于其最早开始时间

    C. 非关键工作的持续时间的延长至原持续时间加上它的自由时差

    D. 非关键工作的持续时间的延长至其原持续时间加上它的总时差

12. 当计划工期等于计算工期时，某工程进度计划执行过程中，发现某工作出现了进度偏差。经分析该偏差仅对后续工作有影响而对工程工期无影响。则该偏差值应（　　）。

    A. 大于总时差，小于自由时差

    B. 大于总时差，大于自由时差

    C. 小于总时差，小于自由时差

    D. 小于总时差，大于自由时差

13. 在工程施工过程中，监理工程师检查实际进度时发现工作 M 的总时差由原计划的 5 天变为–2 天，则说明工作 M 的实际进度（   ）。

   A. 拖后 2 天，影响工期 2 天　　　　　　B. 拖后 5 天，影响工期 2 天

   C. 拖后 7 天，影响工期 2 天　　　　　　D. 拖后 7 天，影响工期 7 天

14. 当计划工期等于计算工期时，工程网络计划执行过程中，如果发现某工作进度延误超过自由时差，则受影响的工作一定是该工作的（   ）。

   A. 平行工作　　　B. 后续工作　　　C. 先行工作　　　D. 紧前工作

15. 采用列表比较法进行实际进度与计划进度的比较，说法正确的是（   ）。

   A. 如果工作尚有总时差大于原有自由时差，说明该工作实际进度拖后

   B. 如果工作尚有总时差小于原有自由时差，说明该工作实际进度超前

   C. 如果工作尚有总时差小于原有自由时差，且为负值，说明实际进度影响工程工期

   D. 如果工作尚有总时差与原有自由时差相等，则说明该工作实际进度超前

（二）多项选择题

1. 下列的工作进度偏差，对工期产生影响的有（   ）。

   A. 关键工作的持续时间的延长

   B. 非关键工作的开始时间晚于其最迟开始时间

   C. 非关键工作的完成时间晚于其最迟完成时间

   D. 非关键工作的持续时间延长至原持续时间加上它的自由时差

   E. 非关键工作的持续时间延长至原持续时间加上它的总时差

2. 实际进度前锋点的标定方法有（   ）。

   A. 按已完成的实际工程量来标定

   B. 按已计量支付的工程量来标定

   C. 按尚需时间来标定

   D. 按已用去的时间来标定

   E. 按已支付的工程量来标定

3. 实际进度与计划进度图形的跟踪比较方法有（   ）。

   A. 进度前锋线法　　　　　　　　B. 横道图比较法

   C. S 曲线比较法　　　　　　　　D. 排列图法

   E. 香蕉线曲线比较法

4. 某项工作的计划进度、实际进度双比例单侧横道图如图所示，检查时间为第 6 周末，图中正确的信息有（   ）。

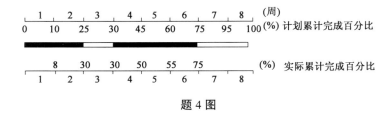

题 4 图

   A. 第 1 周末进度正常　　　　　　B. 第 2 周末进度拖延 5%

   C. 第 3 周没有作业　　　　　　　D. 第 5 周末进度超前 5%

E. 检查日的进度正常

5. 某双代号时标网络计划执行过程中的实际进度前锋线如图所示，计划工期为12周，图中正确的信息有（　　）。

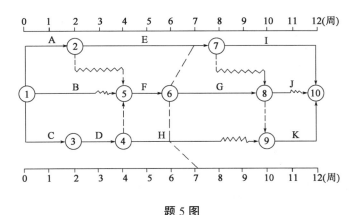

题 5 图

A. 工作 E 进度正常，不影响工程工期
B. 工作 G 进度拖延 1 周，影响工程工期 1 周
C. 工作 H 进度拖延 1 周，影响工程工期 1 周
D. 工作 I 最早开始时间调后 1 周，计算工期不变
E. 根据第 7 周末的检查结果，压缩工作 K 的持续时间 1 周，计划工期不变

6. 某工程双代号时标网络计划执行至第 30 天和第 70 天时，检查实际进度如图所示，由图可以得出的结论有（　　）。

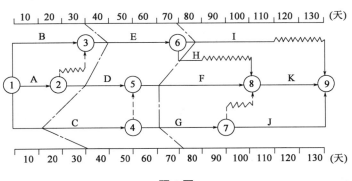

题 6 图

A. 第 30 天检查时，工作 C 提前 10 天，不影响总工期
B. 第 30 天检查时，工作 D 进度正常，不影响总工期
C. 第 70 天检查时，工作 G 拖后 10 天，影响总工期
D. 第 70 天检查时，工作 F 拖后 10 天，不影响总工期
E. 第 70 天检查时，工作 H 进度正常，不影响总工期

7. 关于工程进度的表述正确的是（　　）。

A. 当所有工期延误值＜0时，说明是工期提前
B. 关键线路只能是一条
C. $EF = LF$ 说明该工序在关键线路上
D. 关键线路工期是可以压缩的

E. 非关键工序延长不超过其总时差不能导致关键线路的改变

参考答案及解析

（一）单项选择题

1. D 2. D 3. C 4. D 5. A 6. C 7. C 8. A 9. A 10. C
11. A 12. D 13. C 14. D 15. C

3. 解析：匀速横道图长度反映工程量。

14. 解析：不能选 B 项的理由，在割线法的自由时差判断后续工作影响说明中。

（二）多项选择题

1. ABC 2. AC 3. ABCE 4. CE 5. ABE 6. BCE 7. ACDE

六、进度偏差与调整以及工程延期事件处理程序、原则和方法

重点知识

（一）进度的偏差

在本节第五点介绍进度检查的结果包括有偏差或无偏差（即正常）。不论工作还是工程，如有偏差，工作是延误（拖延、拖后、拖欠等表示），工程是误期（工期延误、延误工期、超期等表示）；不论工作还是工程都可以用提前表示，有时还表示为超前完成任务（量）等。

1. 进度偏差概念

（1）工作（或工序）的进度偏差：参见本节第五点进度检查方法的内容。

（2）工程（或合同段整体）的进度偏差：参见本节第五点进度检查方法的内容。

对于偏差非常严重实际进度严重滞后的，根据《2016版监理规范》第5.6.4条要求调整进度计划，在下面（二）中有详细内容。

2. 进度偏差的原因（延误原因）

主要分析进度偏差不利影响的原因，即进度延误的原因。从延误处理角度大致分为以下两大类。

（1）非承包人的原因或责任造成的延误（2022年考点）

非承包人原因或责任引起的延误大体上可归纳为业主（发包人）、监理工程师、自然界、社会这四种原因或责任。根据《2018版施工合同》第11.3条，在履行合同过程中，由于发包人的下列原因造成工期延误的，承包人有权要求发包人延长工期和（或）增加费用，并支付合理利润。需要修订合同进度计划的，按照第10.2条合同进度计划修订的约定办理［本节"三、（四）、2"中有介绍］。具体内容为：

①增加合同工作内容：土石方数量增多，土石比例发生变化，管涵和通道数量增加，涵洞改桥梁，平交改立交等。

②改变合同中任何一项工作的质量要求或其他特性。

③发包人迟延提供材料、工程设备或变更交货地点的。

④因发包人原因导致的暂停施工（以下括号内容是合同条款号）：

a. 业主未能及时按照合同进度计划提交施工现场和通道，造成工程停工。通俗说法就是征地拆迁不及时（2.3），但是要注意"必须提交永久占地计划"的前提，否则不能索赔。

b. 异常恶劣的气候条件所引起的工程进度延误（11.4专用条款中已定义"恶劣"）。

c. 监理工程师由于业主的原因或其他非承包人违约等原因而下令暂停工程施工，使全部工程或部

分工程中断或暂停，从而影响工程进度（22.2 和 22.3）。

d. 业主承担的风险导致工程损害，使工程进度延误，例如战争、自然灾害等（21.1.1）。

⑤提供图纸延误。

⑥未按合同约定及时支付预付款、进度款。

⑦发包人造成工期延误的其他原因。

（2）由于承包人自身的原因或责任造成的延误

除了上述提及的这些原因或责任之外，由于承包人自身的施工组织、现场管理和技术问题造成工程进度延误。例如：

①施工组织不当，人、机、料的配置不当（即不足或不配套）。

②质量不合格而返工。

③没有按照监理工程师发出的指示及时开工。

④施工管理混乱，矛盾激化，造成承包人内部员工罢工或士气低落。

⑤承包人雇佣等分包人或供应商的原因等。

3. 延误的种类

（1）可原谅的延误

可原谅的延误是指非承包人原因或责任的延误。

①可补偿的延误：能赔偿时间和费用的延误，一般是业主或监理工程师原因。

②不可补偿的延误：只赔时间不赔费用的延误，一般是客观原因。例如异常恶劣气候只赔时间不赔钱。

（2）不可原谅的延误

不可原谅的延误是指承包人自身原因或责任。

（3）共同延误

共同延误是指在同一项工作中同时发生两件以上的延误，对于同时发生的多项延误，只要每项延误的时间相同，它们对整个工程所产生的影响就是相同的。共同延误的处理原则一般采用不利于承包人的原则（简称少赔原则），主要有以下几种基本组合：

①可补偿延误与不可原谅延误同时存在。在这种情况下，承包人不能要求工期延长及经济补偿，因为即便是没有可补偿延误，不可原谅延误也已经造成工程延误。

②不可补偿延误与不可原谅延误同时存在。在这种情况下，承包人无权要求延长工期，因为即便是没有不可补偿延误，不可原谅延误也已经导致施工延误。

③不可补偿延误与可补偿延误同时存在。在这种情况下，承包人可以获得工期延长，但不能得到经济补偿，因为即便是没有可补偿延误，不可补偿延误也已经造成工程施工延误。

④两项可补偿延误同时存在。在这种情况下，承包人只能得到一项经济补偿。

（4）关键延误和非关键延误

关键延误是指在施工网络计划关键线路上发生的延误，或者非关键工作的延误超过其总时差（因为在该机动时间范围内的非关键延误不会导致整个工程的延误）。对应的非关键延误应当是指非关键工作的延误，非关键线路的延误是不确定的概念，因为非关键线路并不一定都是由非关键工作组成。

（二）进度的调整

当偏差不大，基本上与计划相符，特别是关键线路上的实际进度与计划进度基本相符时，监理工程师不应干预承包人对进度计划的执行，但应及时掌握影响和妨碍工程进展的不利因素，促使工程按计划进行。监理工程师发现工程现场的组织安排、施工顺序或人力和设备与进度计划上的方案有较大不一致时，应要求承包人对原工程进度计划及现金流动计划予以调整，调整后的工程进度计划应符合工程现场实际，并应保证满足合同工期的要求。

调整工程进度计划，主要是调整关键线路上的施工安排；对于非关键工作，如果实际进度与计划进度的差距并不对工程的工期造成不利影响时，监理工程师可不必要求承包人对整个工程进度计划进行调整。

根据《公路工程施工监理规范》（JTG G10—2016）第5.6.4条规定，建设单位或施工单位提出对工程进度进行重大调整时，应按合同或签订的补充合同执行。

1. 调整进度计划的原因

承包人对进度计划进行调整主要是由两种情况引起。

（1）进度计划的延期（即顺延工期）

承包人获得延期批准后，承包人根据延期批复调整工程进度计划。虽然《2016版监理规范》取消"调整后的工程进度计划应报监理工程师审批"的要求，但是承包人根据延期批复调整工程进度计划，根据《2018版施工合同》第11.3条规定，需要修订合同进度计划的，按照第10.2条（即合同进度计划修订）的约定办理，即调整后的新计划仍然应报监理工程师审批。例如，京津塘高速公路某合同段顶进桥、跨线桥、U形槽工程变更批准延期后应调整进度计划并报监理工程师重新审批。

（2）进度计划的拖延

由于承包人自身原因造成工程进度延误，根据《2016版监理规范》第5.6.4条规定，有以下两点：

①对总体工程进度起控制作用的分项工程的实际工程进度严重滞后时，监理机构应签发监理指令单，要求施工单位采取调整措施保证工程进度，并向建设单位报告工期延误风险。需要调整进度计划的应重新审批。

②由于施工单位原因造成工程进度延误，且在监理机构签发监理指令后施工单位未有明显改进、工程在合同工期内难以完成的，监理机构应及时向建设单位报告，并按合同约定处理。

2. 进度计划调整的方法（与本章第一节第七点工期优化相似，但不完全相同）

（1）调整原因决定的计划调整方法

进度计划的调整，根据上述调整的原因分为两种：一是延长工期后应按新合同工期调整计划；二是工期延误了却又无权获得延长工期，需调整计划使后续工作内容改变或缩短时间以满足合同工期。前一种相当于在给定的工期内以原来计划为参考重新编制符合新合同工期的计划，一般不压缩原关键线路。后一种是在原计划的基础上优化工期，压缩原关键线路，使计划的计算工期符合合同工期。可以参见本章第一节第七点"工期优化"的内容。调整计划就是调整关键线路，归纳为两种主要途径与方法：

①改变原计划中关键工作之间的逻辑关系

a. 通过增加资源，将组织关系中因为资源因素制约的顺序施工关系改为平行施工关系。

b. 通过对空间（工作面）和资源调整组织管理方法，将顺序施工关系改为搭接施工关系或流水施工关系。

②压缩关键工作的持续时间

压缩关键工作的持续时间的措施途径，参见本章第一节"工期优化"的内容。压缩关键工作的持续时间能使关键线路缩短，但要注意，压缩过程中关键线路会随着压缩关键工作可能增加条数。通过网络图直接进行压缩工期很方便，如果是时标图就更容易调整。在压缩时首先要考虑的是，要选择哪个关键工作进行压缩并且应压缩多少才合适。除了本章第一节第七点工期优化已经列出的考虑方面，还增加提高压缩效率在同等情况下的几个方面考虑：

a. 选择有利于尽快缩短工期的关键工作。

b. 选择技术上容易加快的关键工作。

c. 选择原持续时间相对较长容易压缩的关键工作。

d. 选择可允许压缩时间较多的关键工作。

（2）压缩关键工作持续时间的措施

①组织措施

a. 增加工作面，组织更多的施工队伍。

b. 增加每天的施工时间（多班制或加班）。

c. 增加关键工作的资源投入（劳力、设备等）。

②技术措施

a. 改进施工工艺和技术，缩短工艺技术间歇时间（如混凝土的早强剂等）。

b. 采用更先进的施工方法以缩短施工过程的时间（如标准化装配或改为钢结构等）。

c. 采用先进的施工机械。

③经济措施或行政措施

a. 用物质刺激和精神刺激的方法提高效率。

b. 对所采取的技术措施给予相应经济补偿。

④其他配套措施

a. 改善外部配套条件。

b. 改善劳动条件。

c. 实施强有力的调度等。

一般来说采用加快措施都会增加工程费用。因此在调整施工进度计划时可利用工期—费用优化的原理来选择压缩的关键工作，尽可能使工程费用增加最少。

（3）调整计划压缩工期的步骤

①用进度检查的方法计算出工期拖延量，以确定压缩天数。

②化简网络图。去掉已执行的部分，以进度检查日期作为新起始节点起算时间，并将尚需日的实际数据代入正施工的工作的持续时间。保留原计划后续部分。

③以简化的网络图及代入的尚需日为基础的网络图计算各工作最早开始时间。

④以计算工期值反向计算各工作最迟结束时间。

⑤计算各工作的总时差和局部时差（自由时差），以便于计算线路的长短。线路与关键线路长度之差称为该线路时差，其数值在双代号网络图中等于该线路上各工作的所有局部时差和。

⑥借助局部时差（自由时差）来比较线路长短的方法，多次压缩关键工作的持续时间，保证做到关键工作每压缩一定值，工期也随之缩短一定值，一直压缩到合同工期为止。

（三）工程延期事件处理程序

从监理工程师的角度，工程延期事件的处理应遵循延期审批程序，包括受理延期的条件、受理延期的程序。这部分内容来自《公路工程费用与进度控制》教材，是根据《1995版监理规范》编写的，与

《2018版施工合同》索赔程序和2006版、2016版监理规范不矛盾，《2006版监理规范》将下面的内容大大简化为笼统的一条，《2016版监理规范》第7.0.5条对此具体规定为：

总监办应对符合施工合同约定的延期意向或事件进行现场调查，并在施工单位提出正式工程延期申请后，对其延期原因和拟采取的措施等进行审核并报建设单位。

1. 受理延期的条件

（1）由于非承包人的责任，工程不能按原定工期完工。

（2）可获延期的情况发生后，承包人在合同规定期限内（即28天内）向监理工程师提交工程延期的意向通知书（现在也可以称为索赔意向通知书）。

（3）承包人承诺继续按合同规定向监理工程师提交有关造成工期拖延的详细资料，并根据监理工程师需求随时提供有关证明。

（4）可获延期的事件终止后，承包人在合同规定的期限内，向监理工程师提交正式的延期申请报告（合同条款中称为"索赔通知书"）。（注：可获延期的事件是非承包人责任使工程不能按原定工期完工的事件。）

2. 受理延期的程序

（1）收集资料，做好记录

监理工程师应在收到承包人工程延期意向通知书后，做好工地实际情况调查和日常记录，收集来自现场以外的各种文件资料与信息。

（2）审查承包人的延期申请（即索赔通知书）

①延期申请格式应满足监理工程师的要求。

②延期申请应列明延期的细目及编号；阐明事件发生、发展的原因以及申请延期所依据的合同条款；附有延期测算方法及测算细节和延期应涉及的有关证明、文件、资料、图纸等。

审查通过后，可开始下一步的评估，否则监理工程师应将申请退回承包人。

（3）延期评估

应主要从以下几个方面进行评定：

①承包人提交的申请资料必须真实、齐全，满足评审需要。

②申请延期的合同依据必须准确。

③申请延期的理由必须正确与充分。

④申请延期天数的计算原则与方法应恰当。

监理工程师应根据现场记录和有关资料，进行修订并就修订的结果与业主和承包人进行协商。

（4）审查报告

审查报告主要由以下文件组成：

①正文：受理承包人延期申请的工作日期；工程简况；确认的延期理由及合同依据；经调查、讨论、协商、确认的延期测算方法及由此确认的延期天数、结论等。

②附件：

a. 监理人员对延期的评论。

b. 承包人的延期申请，包括涉及的文件、资料、证明等。

（5）确定延期

监理工程师应在确认其结论之后，签发《索赔时间/金额审核表》，主要是对时间部分进行审核。

3.《2018版施工合同》第23条的延期（即索赔）处理程序

工程索赔程序如图3-2-12所示。

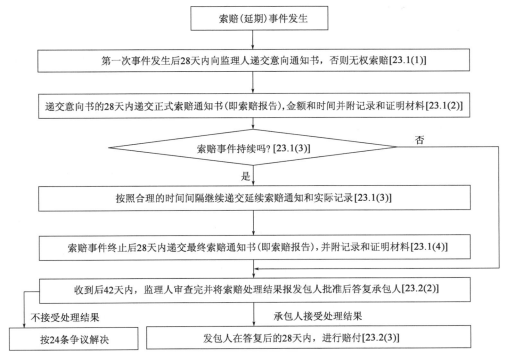

图3-2-12 《2018版施工合同》通用条款的工程索赔程序

4.工期索赔必需的证据

承包人根据合同规定向监理工程师报送延期申请资料时，应注意尽可能地使所报送的资料和证据准确、完备，符合合同条款规定，有说服力。工期索赔的资料应包括以下内容：

（1）提出合同条款的法律论证部分，以证实所提出索赔要求的法律依据。

（2）提出原合同协议工期应延长的时间值，以说明自己应获得的延长工期值。

证据对索赔工作具有决定性作用。对于要发生索赔的一些工作事项，从准备向监理工程师提出索赔要求起，就要有目的地收集证据资料，寻找合同依据，系统地拍摄工地现场，妥善保管开支收据，有意识地为索赔文件积累必要的证据。

（3）在工程索赔工作中，一般需要以下几个方面的资料。对某些特殊的索赔事项，除下述资料外，还需准备其他专门的证据。

①施工记录方面：施工日志；施工检查员的报告；逐月分项施工纪要；施工工长的日报；每日工时记录；同监理工程师的往来通信及文件；施工进展及特殊问题的照片；会议记录或纪要；施工图纸；同监理工程师或业主的电话记录；投标时的施工进度计划；修正后的施工进度计划；施工质量检查记录；施工设备使用记录；施工材料使用记录；工地气候记录等。

②财务记录方面：施工进度款支付申请单；工人劳动计时卡；工人分布记录；工人工资单；材料、设备、配件等的采购单；付款收据；收款单据；标书中财务部分的章节；工地的施工预算；工地开支报告；会计日报表；会计总账；批准的财务报告；会计来往信件及文件；通用货币汇率变化表。

（四）工程延期事件处理原则

延期是维护施工单位正当的利益，作为监理工程师应该公正地处理工程延期。延期审批应遵循以下原则。

1. 符合合同规定（2022年考点）

（1）合同中规定的非施工单位原因或责任。

（2）符合合同规定的申请手续。

合同中规定，在申请延期之前施工单位必须提交意向通知书和详情这一手续，体现了公平合理的原则，既考虑到施工单位的利益，也考虑到建设单位的利益。有了这道手续就给建设单位一个避免损失扩大的机会。程序中要求定期提交事件发生的详情报告是确定延期天数的依据，同时便于监理工程师和建设单位了解事情的经过以利于采取措施减少损失。

2. 延误的事件应发生在关键线路上，即延误会造成工期拖延

工作的延误不一定会造成工期拖延，如果非关键工作的延误没有超过其总时差，工程的工期就不拖延，不需考虑给予延期；只有非施工单位责任造成工期拖延的延误才能延期（关键工作或者超总时差的非关键工作）。延误发生在关键线路上，则一定造成工期拖延，因此我们常常强调延误必须在关键线路上是延期的重要条件。如果延误的事件是非关键工作并且延误未超过其总时差，即使符合合同规定的原因和理由也不需批准延期。

应注意关键线路是相对的，不是绝对的。工程项目或合同段工程的关键线路并非固定不变，它随着工程的进展和情况的变化会变化或转移，原来的关键工作（提前了）会变成非关键工作，原来的非关键工作会变成关键工作（超总时差的非关键工作，关键线路也随之改变）。因此，在关注关键线路的同时，还应该注意准关键线路上非关键工作的延误，这些延误事件容易转变成关键工作。所以监理人员应经常检查和跟踪进度情况，随时了解进度计划变化情况，为公正地处理延期提供依据。

3. 符合实际情况

监理工程师审核延期必须符合实际情况，是对上述第2点必须产生工期损害的补充。当停工损害事件发生时，作为监理工程师的一个重要职责，就是要求承包人将停工造成闲置的设备调到临近的施工段，甚至附近本单位的其他合同段使用，以减少损失。为此，施工单位应对可获延期事件发生后的各类有关细节进行详细的记载，并及时向监理工程师提交详情报告。与此同时监理工程师也应对施工现场进行详细考察和分析，并做好有关记录，从而为合理确定延期天数提供可靠依据。有时候，综合各方面的影响，施工单位的损失要折减，此时应注意结合实际情况进行处理。

（五）工程延期事件处理方法

工程延期事件处理，相对于采用横道图法、进度曲线法和斜条图（斜道图）法这些进度监理方法而言，采用网络计划的方法最容易处理工程进度延误引起的延长工期（即延期）赔偿，在使用这些方法时要注意以下几点。

1. 处理延期核准时应注意计划的相对性

一般情况下，**本次核准的延期值 = 新的计算工期 - 上一次新合同工期**，监理工程师第一次核准延期时，上一次新合同工期就是原合同工期。但要注意一个情况，工程界常有一句话"**第二次延期应扣除第一次延期的影响**"。

以图3-2-9前锋线比较法为例，从原理上解释这句话的含义。根据图3-2-9，此时假设计算工期 = 计划工期 = 合同工期 = 15天。当第5天末检查的结果，工程工期拖延1天，如果符合合同要求，此时第一次核准1天延期；当第10天末检查结果，工程工期拖延2天，如果符合合同要求，此时，第二次核准延期时间 = 2天 - 第一次核准的延期1天 = 1天。因为第二次得出工程工期拖2天的结论是相对

原网络计划工期为 15 天得出的，如果第一次延期 1 天，相对于新合同工期已经顺延到 16 天了，此时新计算工期 = 15 + 2 = 17 天，第二次延期值 = 17 - 16 = 1 天。两次共延期的时间 = 第一次延期值 + 第二次延期值 = 1 + 1 = 2，新合同工期顺延到 17 天，两种理解是一致的。所以在确定延期值是注意网络计划的相对性。

2. 处理延期核准时应注意损害事实原则

在上面（四）的第 3 点提到，当停工损害事件发生时，作为监理工程师的一个重要职责，就是指示承包人将停工造成闲置的设备调到临近的施工段，甚至附近本单位的其他合同段使用，以减少损失。所以有时候经过处理后，实际的时间损失有可能减少。

例如，有一工程合同段土方工程分为 4 个工区平行施工填筑，在网络图中是 4 条平行的关键线路。由于当地农民对土地赔偿不满，阻挠其中 1 个工区的土方填筑，导致停工 44 天。表面上其中一条关键线路停工 44 天，则工程工期势必也将拖延 44 天；实际情况监理工程师在停工后，立即下指示将该工区的资源（人员和设备）调到其他三个工区。经过这样处理后时间损失要折减，定性的结论是肯定不到 44 天，但是定量的结论究竟是多少，很难确定。

我们假设，如果时间与资源是线性关系，那么经过处理，到停工的工区开始施工时，除了自己的资源恢复施工外，其他三个工区在满足按原计划时间完成的前提下，抽调部分资源援助停工的工区，则理论上四个工区同时完成，工程工期就可以 1 天都不拖延。实际上时间与资源不是线性的，所以只能定性地给出工程工期的损害大于 0 天小于 44 天，具体定量的时间很难确定。不过，该工程的监理工程师，最后认定，因为有 4 条土方工程关键线路，采用 44 天 ÷ 4 条路 = 11 天的延期和费用索赔，这对于该工程无法精确处理情况下简单模糊处理是可行的，将其作为样板而放之四海而皆准，是值得商榷的。不过考生要注意，因为该题出现在第一版《进度监理》教材，所以在以前的考试题中就是按照几条关键线路分摊的处理办法。

3. 时间索赔的对象和内容以及公路索赔限制条件放宽的情况

参见图 3-2-12，根据《2018 版施工合同》第 23.2 条承包人索赔处理程序的规定，承包人向监理工程师提交"索赔通知书"即索赔报告，监理审批后将确定的结果报业主同意后，在收到索赔通知书的 42 天内答复承包人，业主在承包人收到答复 28 天内完成赔付。所以索赔的对象是业主，监理人不是索赔对象只是经办人；索赔的内容是合同工期的顺延时间。

公路工程对第 23.2 条中（2）补充规定，归纳为两点：

（1）明确监理工程师确定了承包人索赔时间和费用后报业主批准才能回复承包人。

（2）放松第 23.1 条（2）～（4）三个索赔限制条件，即本来这三种情况不批准索赔，现在承包人可仅索赔"由监理人按当时记当予以核实的那部分款额外负担和（或）工期延长天数"。

4. 工程延期的控制

发生工程延期不仅会影响工程进度，而且会给建设单位带来损失。因此当发生工程延期时，监理工程师应做好以下工作：

（1）选择合适的时机下达工程开工令。

当建设单位未准备好且施工单位还未进场的情况下，监理工程师才可推迟下达开工令以减少停工损失，这一点在 2021 年交通运输工程一级造价工程师案例考试真题中有所反映。

（2）提醒建设单位履行施工合同中其应尽的义务或职责。

（3）妥善处理工程延期事件，尽量减少损失。

例 题

例1 异常恶劣气候延误是（　　）。
A. 可补偿的延误
B. 不可补偿的延误
C. 不可原谅的延误
D. 发包人与承包共同承担延误

例2 共同延误一般采用的原则是（　　）。
A. 初始事件原则
B. 不利于承包人原则
C. 责任分摊原则
D. 工期从宽费用从严原则

例3 在《2016版监理规范》中删除了《2006版监理规范》"对获得延期的进度计划调整后，应报监理工程师审批"的规定，下列对获得延期的进度计划调整后处理理解正确的是（　　）。
A. 可以不需报监理工程师审批
B. 改由承包人技术负责人批准
C. 监理工程师酌情决定是否审批
D. 仍然应报监理工程师审批

例4 下图是工程进度表的一部分，检查日期为第一年9月末，下面有关论述正确的是（　　）。

名称	时间（月）																		
	1	2	3	4	5	6	7	8	9	10	11	12	1	2	3	4	5	6	7
土方填筑				60	68	72	76	80	85										
				75	80	85	88	90	93	96	98					100			

例4 图

A. 图没有约定实际量和计划量的位置无法进行进度偏差的比较
B. 土方填筑应该连续施工不能中断，该计划安排不合理
C. 到检查日期末土方填筑进度拖后
D. 到检查日期末土方填筑进度超前

例5 下列不属于工程延期的是（　　）。[2022年真题]
A. 建设单位发出图纸延迟
B. 任何形式的额外或附加工程
C. 建设单位提供的资料错误
D. 施工单位放弃延期的索赔

例6 非承包人原因造成的延误有（　　）。
A. 增加合同工作内容
B. 异常恶劣的气候条件所引起
C. 恐怖袭击造成承包人的人员伤亡而停工
D. 材料供应商延误供货造成分包工程停工
E. 业主提供图纸延误

例7 当实际进度偏差影响总工期时，通过改变某些工作的**逻辑关系**来调整进度计划的具体做法是（　　）。
A. 将顺序进行的工作改为搭接进行
B. 增加劳动量来缩短某些工作的持续时间
C. 提高某些工作的劳动效率
D. 组织有节奏的流水施工
E. 邻近工程施工干扰

例题解析

例1 可补偿的延误是能赔偿时间和费用的延误，异常恶劣气候延误是只赔时间不赔费用的延误，属于不可补偿的延误，它们两个都是可原谅延误。选项 D 错在异常恶劣气候是发包人与承包共同承担的风险，所以只赔时间不赔钱。故选 B 项。

例2 选项 A 的初始事件原则：在多事件交叉时段中应判断哪一种原因是最先发生的，即找出"初始延误者"，他首先要对延误负责。在初始延误发生作用的期间，其他并发的延误者不承担延误责任。选项 B 的不利于承包人原则：在交叉时段内，只要出现了承包商的责任或风险，不管其出现次序，亦不论干扰事件的性质，该时段的责任全部由承包商承担。选项 C 的责任分摊原则：当交叉时段内的事件由业主、承包商共同承担责任时，按各干扰事件对干扰结果的影响分摊责任，并由双方共同承担。选项 D 工期从宽费用从严原则：工期索赔业主责任优先，费用索赔承包商责任优先。从近几年职业资格考试的答题来看，一般采用"能少赔尽量少赔"。故选 B 项。

例3 依据《2018版施工合同》第11.3条规定"需要修订合同进度计划的，按照第10.2款（即合同进度计划修订）的约定办理"，即调整后的新计划仍然应报监理工程师审批。《2016 版监理规范》删除的原因是《2018版施工合同》已规定，避免重复。故选 D 项。

例4 选项 A 错在横线下方的数值出现100，说明计划值在横线下方，实际值在上方。选项 B 错在连续施工是尽可能，要根据实际情况，本计划是在北方冬天天寒地冻无法施工，计划是合理的。到第一年9月末实际累计量85%，计划量93%，进度拖后。故选 C 项。

例5 ABC 三项都属于非承包人可延期的原因。而选项 D 施工单位放弃延期索赔权利，意味着不按照合同约定的程序申请，自然不能获得延期索赔，合同原则的两点都应具备。故选 D 项。

例6 选项 D 材料供应商延误供货造成分包工程停工，是属于承包人的责任。选项 A 和 E 是业主违约责任，变更是改变原合同约定，是算违约，不过变更协商一致就行，而工程变更在签约时就协商一致了。选项 B 和 C 是业主风险责任。故选 ABCE 项。

例7 该题是住建部2018年监理考题，选项 B 和 C 都不是逻辑关系的调整而是压缩关键工作。选项 D 是属于逻辑关系的调整，故选 AD 项。从这道题可以看出，工期延误后的进度计划调整实际上也是工期优化的一种形式，所以，第六章第四节的工期优化中，住建部教材的表示"工期优化的基本方法是在不改变工作之间逻辑关系的前提下。通过压缩关键工作的持续时间来达到优化目标"这句话不够准确，如果将"逻辑关系"改为"工艺关系"会更好些。

自测模拟题

（一）单项选择题

1. 调整施工工进度计划时，为了缩短某些工作的持续时间，可采取的技术措施之一是（　　）。
   A. 增加施工机械的数量　　　　　　B. 实行包干加奖励
   C. 改善外部配合条件　　　　　　　D. 采用更先进的施工机械

2. 当施工单位发生进度拖延且又未按监理工程师的指令改变其拖期状态时，监理工程师可以采取的手段是（　　）。
   A. 中止施工承包合同　　　　　　　B. 拒绝签署付款凭证
   C. 向施工单位发出工程暂停令　　　D. 调整施工计划工期

3. 施工现场的进度控制影响因素很多，被认为最大的干扰影响因素是（　　）。
   A. 资金　　　　B. 技术　　　　C. 人员　　　　D. 设备

4. 影响建设工程进度的不利因素中，（　　）是最大的干扰因素。
   A. 技术因素　　　　B. 人为因素　　　　C. 资金因素　　　　D. 机具因素

5. 对检查结果超过合同工期的进度计划调整，一般不需压缩原进度计划关键线路的计划是（　　）。
   A. 承包人原因的延误造成工期拖延的进度计划
   B. 承包人原因的延误但将顺序工作调整为流水施工的计划
   C. 非承包人原因的延误造成工期拖延的进度计划
   D. 已经获得延期批准的原进度计划

6. 调整施工工进度计划时，增加工作面，组织更多的施工队伍是（　　）。
   A. 组织措施　　　　　　　　　　B. 技术措施
   C. 经济措施　　　　　　　　　　D. 行政措施

7. 调整施工工进度计划时，添加混凝土早强剂是（　　）。
   A. 组织措施　　　　　　　　　　B. 技术措施
   C. 经济措施　　　　　　　　　　D. 行政措施

8. 调整施工工进度计划时，改善劳动条件是（　　）。
   A. 组织措施　　　　　　　　　　B. 技术措施
   C. 经济措施　　　　　　　　　　D. 其他配套措施

9. 承包人的延期申请（即索赔通知书）提交论述正确的是（　　）。
   A. 延期申请提交驻地办
   B. 延期申请提交驻地监理工程师
   C. 延期申请提交总监办
   D. 延期申请提交监理工程师

10. 当延期事件发生后作为监理工程师面对工程停工，最紧迫最重要的职责是（　　）。
    A. 提醒承包人尽快提交延期意向书
    B. 审核其延期原因和拟采取的措施
    C. 提醒承包人尽快将闲置的人员和设备调整到相邻的施工段或合同段
    D. 指示承包人尽快将闲置的人员和设备调整到相邻的施工段或合同段

11. 根据《2018 版施工合同》规定，延期事件发生后应（　　），否则一定不能获得任何延期。
    A. 在知道或应当知道索赔事件发生后 28 天内，向监理人递交索赔意向通知书，并说明发生索赔事件的事由
    B. 承包人应在发出索赔意向通知书后 28 天内，向监理人正式递交索赔通知书
    C. 索赔事件具有连续影响的，承包人应按合理时间间隔继续递交延续索赔通知
    D. 在索赔事件影响结束后的 28 天内，承包人应向监理人递交最终索赔通知书

（二）多项选择题

1. 下列导致工程拖期的原因或情形，监理工程师按合同规定可以核准工程延期的有（　　）。
   A. 异常恶劣的气候条件
   B. 属于承包单位自身以外的原因
   C. 工程拖期事件发生在非关键线路上，且延长的时间未超过总时差

D. 工程拖期的时间超过其相应的总时差，且由分包单位原因引起

E. 监理工程师对已隐蔽的工程进行剥离检查，经检查合格而拖期的时间

2. 下列工程进度影响因素中，属于业主因素或责任的有（　　）。

   A. 提供的场地不能满足工程正常需要

   B. 施工计划安排不周密导致相关作业脱节

   C. 临时停水、停电、断路

   D. 不能及时向施工承包单位付款

   E. 外单位临近工程施工干扰

3. 下列压缩关键工作措施中，属于技术措施的有（　　）。

   A. 增加关键工作的资源投入

   B. 采用更先进的施工方法以缩短施工过程的时间

   C. 改进施工工艺，缩短工艺要求间歇时间

   D. 采用先进的施工机械

   E. 对所采取的技术措施给予相应经济补偿

4. 延期程序第一步要求承包人提交"延期意向通知书"是为了（　　）。

   A. 要求承包人履行告知义务

   B. 要求承包人履行对等义务

   C. 给业主指示监理工程师应对承包人留有时间

   D. 给业主与监理工程师联手防止索赔留有时间

   E. 给业主尽快防止损失扩大及时采取补救创造机会

5. 工程延期事件处理的原则有（　　）。

   A. 符合合同规定的申请手续

   B. 是合同中规定的非施工单位原因或责任

   C. 延误发生在关键线路上

   D. 延误发生在非关键工作中且超过其时差

   E. 延误发生在非关键工作中且超过其总时差

6. 监理工程师进行延期评估主要从（　　）这些方面进行评定。

   A. 申请延期的合同依据必须准确

   B. 申请延期的理由必须正确与充分

   C. 申请延期天数的计算方法应恰当

   D. 申请延期天数的计算原则宜恰当

   E. 承包人提交的申请资料必须真实、齐全，满足评审需要

7. 监理工程师的延期审查报告的正文内容有（　　）。

   A. 确认的延期理由及合同依据

   B. 确认的延期测算方法

   C. 确认的延期天数和结论

   D. 监理人员对延期的评论

   E. 受理承包人延期申请的工作日期

参考答案及解析

（一）单项选择题

1. D　2. B　3. C　4. B　5. D　6. A　7. B　8. D　9. C　10. D
11. A

4. **解析**：和第 3 题一样，监理工程师应关注承包人，事情主要是靠人解决。

5. **解析**：选项 B 承包人原因的延误，但将顺序工作调整为流水施工的计划也是压缩关键线路；选项 C 的干扰度很大，虽然非承包人原因，如果在延期事件发生的 28 天内没有提交"索赔意向通知书"，就不能批准延期，那调整还得压缩关键线路。

9. **解析**：总监办应对符合施工合同约定的延期意向或事件进行现场调查，并在施工单位提出正式工程延期申请后，对其延期原因和拟采取的措施等进行审核并报建设单位。

11. **解析**：根据《2018 版施工合同》第 23.2 条第（2）项，交通运输部补充为"如果承包人提出的索赔要求未能遵守第 23.1 条第（2）~（4）项规定，则承包人只限于索赔由监理人按当时记录予以核实的那部分款额和（或）工期延长天数"，其中第 23.1 条（2）~（4）就是选项 BCD。只有违反选项 A，才一定不批准延期，说明"延期意向书"的重要性。

（二）多项选择题

1. ABE　2. AD　3. BCD　4. AE　5. ABCE　6. ABCE　7. ABCE

5. **解析**：选项 D 错在"时差"有两个概念，如果只超过自由时差，就不符合"损害事实原则"。

第四章 公路工程费用目标控制

第一节 费用控制的基础知识

一、资金的时间价值

重 点 知 识

（一）现金流量图

1. 现金流量的概念（2022年考点）

工程经济分析时，拟建项目在整个项目计算期内各个时点t上发生的现金流出CO_t（Cash Outflow）、流入CI_t（Cash Inflow），t时刻流入的现金CI_t与t时刻流出的现金CO_t的差额称为t时刻净现金流量，用符号CF_t（Cash Flow）或$(CI_t - CO_t)$表示。

现金流出、现金流入和净现金流量统称为现金流量。现金流量一般以计息期为时间量的单位，用现金流量图或现金流量表来表示，如图4-1-1所示。

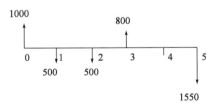

图4-1-1 现金流量图

现金流量图是一种反映投资系统中系统资金运动状态的图式，它以横轴为时间轴，纵轴用箭线标示不同时间点的现金流入（一般在横轴的上方）和现金流出（一般在横轴的下方）。

2. 现金流量图的绘制

现金流量图的正确绘制非常重要，必须清楚现金流量的三要素和现金流量图的绘制规则。

（1）现金流量的三要素（想象力概念）

现金流量的大小（现金数额）、方向（现金流入或流出）和作用点（现金发生的时间点）。

（2）现金流量图的绘制规则（图4-1-1）

①以横轴为时间轴，向右延伸表示时间的延续，轴上每一刻度表示一个时间单位，可以取年、季、月等；零表示时间序列的起点。

②相对于时间坐标的垂直箭线代表不同时点的现金流量情况。现金流量的性质（流入或流出）是对特定的人而言的。对投资人而言，现金流量为正（一般指流入，表示收益）绘在相应时刻的横轴上方，现金流量为负（一般指流出，表示费用）绘在相应时刻的横轴下方，并在各箭线上方（或下方）注明现

金流量的大小（即数额或数值）。

③箭线与时间轴的交点为现金流量发生的时点，即时间单位末。

④在现金流量图中，箭线长短与现金流量数值大小最好成比例，能适当反映差异即可。

（3）现金流量图绘制示例

某人在银行办理按揭贷款12万元，一年还请贷款，收到贷款后下一个月开始还款，月供平均1.04万元。由于第3月初当天忘记还款，第二天收到短信提示，下月一并还款2.08万元并补缴由此产生的利息63.30元。绘制现金流量图，如图4-1-2所示。

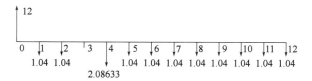

图4-1-2 月供1.04万元还银行12万元贷款的现金流量图（单位：万元）

（二）资金时间价值的概念

资金的时间价值（资金的增长能力）是资金参与社会再生产的增值（其实质是劳动者在生产中创造的剩余价值）。从投资的角度来看，资金的增值特性使资金具有时间价值；从消费的角度来看，资金的时间价值体现为对放弃现期消费的损失所应做的必要补偿。

资金时间价值是不考虑通货膨胀影响的，主要是利润（或收益）和利息产生的，也是资金时间价值的具体体现，是资金增值的一部分；利润和利息是衡量资金时间价值的绝对尺度，而利润率和利率是衡量资金时间价值的相对尺度。资金的时间价值只有在生产与流通过程中，即在活劳动与物化劳动相结合的过程中才能实现，离开这一点，资金的时间价值根本不可能存在。

影响资金时间价值的因素很多，其中主要有以下几点：

（1）资金的使用时间。在单位时间的资金增长率一定条件下（相当于利率不变），资金使用时间越长，则资金的时间价值越大；反之越小。

（2）资金数量的多少。在其他条件不变的情况下，资金数量越多，资金的时间价值越大；反之越小。

（3）资金投入和回收的特点。在总资金一定的情况下，前期投入的资金越多，资金的负效益越大；反之负效益越小。在资金回收额一定的情况下，离现在越近的时间回收的资金越多，资金的时间价值越大；反之离现在越远的时间回收的资金越多，资金的时间价值越小。

（4）资金周转的速度。资金周转越快，在一定的时间内等量资金的周转次数越多，资金的时间价值越大；反之，资金的时间价值越小。

（三）资金时间价值计算

1.资金时间价值计算涉及的几个参数注释

现值P（Present）：表示资金发生在某一特定时间序列始点上的价值。

终值F（Final）：表示资金发生在某一特定时间序列终点上的价值，又称本利和。

时值W：指资金在某一特定时间序列始点和终点之间任一中间时刻的价值。

年金A（Annuity）：指各年等额收入或支出的金额。

计息期n（Number）：指项目在整个计算期内，计算利息的次数，通常以年为单位。

利率i（Interest Rate）：在一个计息周期内所得的利息额与本金之比。

贴现率：把根据未来的现金流量求现在的现金流量时所使用的"利率"称为贴现率，一般是指年贴现率。

等值：指在特定利率条件下，在不同时点的绝对值不相等的资金具有相同的价值，也称等效值。

2. 利息与利率的概念

利息是资金时间价值的一种重要表现形式，利息额是衡量资金时间价值的绝对尺度，利率是衡量资金时间价值的相对尺度。广义的利息指占用资金所付的代价，或者放弃使用资金所得到的补偿（或报酬），所以利息常常被看成是资金的一种机会成本。从本质上看利息是由贷款发生的利润的一种再分配。

（1）利息I（Interest）：债务人支付给债权人超过原借贷款金额的部分就是利息，计算公式为：

$$I = F - P$$

（2）利率i：利率是在一个计息期内所得的利息额与借贷金额（本金）的比值，计算公式为：

$$i = \frac{I}{P} \times 100\%$$

（3）利息的计算

计算方法有单利法和复利法两种方法，常用的是复利法。

①单利法：对到期的利息不再计息，从而每期的利息是固定不变的，计算公式为：

利息 $\qquad\qquad\qquad I = P \cdot i \cdot n$

本利和 $\qquad\qquad\qquad F = P(1 + i \cdot n)$

②复利法：利息要再产生利息，计算公式为：

本利和 $\qquad\qquad\qquad F = P(1 + i)^n$

复利计算有间断复利和连续复利之分，按期（年、半年、季、月、周、日）计算复利的方法称为间断复利（即普通复利）；按瞬时计算复利的方法称为连续复利。在实际应用中都采用间断复利。

3. 名义利率和有效利率的计算

在复利计算中，利率周期通常以年为单位，它可以与计息周期（简称计息期）相同，也可以不同。当计息周期小于一年时，就出现了名义利率和有效利率的概念。

名义利率r是指计息周期利率乘以一年内的计息周期数m所得的年利率；也就是大家熟悉和常见的金融机构挂牌的年利率。即：$r = i \times m$。若计息周期月利率为1%，则年名义利率为12%。显然，计算名义利率时忽略了前面各期利息再生的因素，这与单利的计算相同。

有效利率是指资金在计息中所发生的实际利率，主要包括计息周期有效利率和年有效利率两种情况。

（1）计息周期有效利率，即计息周期利率i，$i = r/m$。

（2）年有效利率，即年实际利率。

已知某年初有资金P，名义利率为r，一年内计息m次，则年实际利率为：

$$i = \frac{I}{P} = \left(1 + \frac{r}{m}\right)^m - 1 \qquad(4\text{-}1\text{-}1)$$

式（4-1-1）中，m为一年中实际的计息次数，从公式中可以看出：当一年内计息多次时，区分名义利率和实际利率才有意义；当一年内计息一次时，名义利率就是年有效利率；当计息期小于一年时，名义利率小于年实际利率，一年内计息期越多，年实际利率越大，见表4-1-1第4列和第5列数据。

名义利率与年实际利率及半年实际利率的计算表 表 4-1-1

名义利率（r）	计息周期	计息周期实际利率（r/m）	每年计息次数（m）	年实际利率（i）	每半年计息次数	在不同计息期下半年实际利率（i）
10%	年	10%	1	10%	—	—
10%	半年	10%/2 = 5%	2	10.25%	1	$(1+r/2)^1 - 1 = 5\%$
10%	季	10/4 = 2.5%	4	10.38%	2	$(1+r/4)^2 - 1 = 1.025^2 - 1 = 5.0625\%$
10%	月	10/12 = 0.833%	12	10.47%	6	$(1+r/12)^6 - 1 = 1.00833^6 - 1 = 5.1053\%$
10%	日	10/365 = 0.0274%	365	10.52%	182.5	$(1+r/365)^{182.5} - 1 = 5.1264\%$

有效利率（即实际利率）默认是年实际利率，当计息周期小于资金收付周期时，资金等值计算（特别是等额支付情况下）还需要利用式（4-1-1）的原理将实际利率进一步分为半年实际利率（见表 4-1-1 第 6 列和第 7 列数据）、季实际利率、月实际利率等。计息周期小于资金收付周期的实际示例。以按揭还贷示例：如果客户每月初常常忘记还贷，最后就成为每两个月还贷款一次的月供，银行还是按照月计息，那么这种情况在等额计算时就不能简单套用公式，要先换算为在月计息周期情况下两个月的实际利率。

（3）半年实际利率计算，如表 4-1-1 所示。同理，可以分别计算季、月实际利率。

4. 资金的等值计算

资金有时间价值，即使金额相同，因其发生在不同时间，其价值就不相同。反之，不同时点绝对值相同的资金在实际价值的作用下却有可能具有相等的价值。这些不同时刻发生的数额不等但其"价值等效"（即经济价值相等）的资金称为等值资金。

影响资金等值的因素（即资金等值取决的因素）有三个，即金额大小、资金发生的时间和利率高低（注意与现金流量图的三要素区分）。此利率还应当是实际利率$i_{实}$。

资金的等值计算目的是使得不同时刻数额不同的资金，通过资金等值计算换算成相同时刻的资金，使得这些资金具有可比性。

资金的等值计算，就是把在一个时间点发生的资金额转换成另一个时间点的等值的资金额，其转换过程就称为资金的等值计算。把将来某一时点的资金金额换算成现在时点的等值金额的过程称之为贴现，其贴现后的资金金额称为现值P。与现值等价的将来时点的资金金额称为终值F。

（1）一次支付的终值和现值计算（相当于银行整存整取）

①终值计算（已知P，求F）

已知P, i, n，求终值F，其公式为：

$$F = P(1+i)^n \tag{4-1-2}$$

式中：$(1+i)^n$——一次支付终值系数，也可用符号$(F/P, i, n)$表示；$(F/P, i, n)$符号表示在已知P（为分母），i和n的情况下求解F（为分子）的值。（熟记这种表达法。）

②现值计算（已知F，求P）

已知F, i, n，求P。由终值公式求逆运算：

$$P = \frac{F}{(1+i)^n} = P(1+i)^{-n} \tag{4-1-3}$$

式中：$(1+i)^{-n}$——一次支付现值系数（或称贴现系数），记为$(P/F, i, n)$，它和一次支付终值系数互为倒数。

（2）等额支付系列的终值、现值、资金回收和偿债基金计算（类似于按揭还贷）

①等额支付终值公式（已知A，求F）

已知A, i, n，求F。（注：类似于储蓄中的零存整取，但此处是期末不是期初。）

利用一次支付终值公式可推导出等额支付终值公式：

$$F = A\frac{(1+i)^n - 1}{i} = A(F/A, i, n) \tag{4-1-4}$$

式中：$\frac{(1+i)^n-1}{i}$——等额支付终值系数，记为（$F/A, i, n$）。

②等额支付现值公式（已知A，求P）

已知A, i, n，求P。由等额支付终值公式$F = A\{[(1+i)^n - 1]/i\}$折现，可得到：

$$P = A\frac{(1+i)^n - 1}{i(1+i)^n} = A\frac{1 - (1+i)^{-n}}{i} = A(P/A, i, n) \tag{4-1-5}$$

式中：$\frac{(1+i)^n-1}{i(1+i)^n}$、$\frac{1-(1+i)^{-n}}{i}$——等额支付现值系数，记为（$P/A, i, n$）。

③等额支付资金回收公式（已知P，求A，典型的按揭还贷）

已知P, i, n，求A，由等额支付现值公式变形得：

$$A = P\frac{i(1+i)^n}{(1+i)^n - 1} = P\frac{i}{1 - (1+i)^{-n}} = P(A/P, i, n) \tag{4-1-6}$$

式中：$\frac{i(1+i)^n}{(1+i)^n-1}$、$\frac{i}{1-(1+i)^{-n}}$——等额支付资金回收系数，记为（$A/A, i, n$）。

④等额支付偿债基金公式

类似于日常商业活动中的分期付款，即已知F, i, n，求A，是等额支付终值公式的逆运算，由等额支付终值公式变形得：

$$A = F\frac{i}{(1+i)^n - 1} = F(A/F, i, n) \tag{4-1-7}$$

式中：$\frac{i}{(1+i)^n-1}$——等额支付偿债基金系数，记为（$A/F, i, n$）。

（四）资金等值计算的归纳总结和选用实际利率时的注意事项

1. 资金等值计算分为两大类

一次性支付（整存整取）和等额支付（按揭还贷）。

2. 套用等值计算和复利计算公式的注意事项

（1）计息期数为时点或时标，本期末等于下期初。0点就是第一期初，也叫零期；第一期末即为第二期初；其余类推。

（2）P是在第一计息期开始时（0期）发生；但是P是个相对概念，是指与其他时点比的现在值，参见图4-1-3。

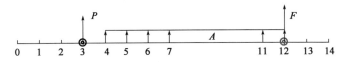

图4-1-3　现值P、年值A、未来值F之间关系的现金流量图

（3）F发生在考察期末，即第n期末；但是F也是个相对概念，是指与其他时点比的未来值，参见图4-1-3。

（4）各期的等额支付A，发生在各期的期末。

（5）P与A的时点关系：P在A的前一期，参见图4-1-3。

(6) A 与 F 的时点关系：F 在 A 的最后一期同时发生，不能将 A 定在每期的期初，参见图 4-1-3。

3. 实际利率的重要性和计算过程中可能出现的改变

(1) 计息周期等于收付周期（常态）情况下的计算用 i

一般情况下，年利率是指名义利率，用 r 表示。因此，计息实际利率 $i = r/m$，m 为一年内的计息次数，代入相应公式。

(2) 计息周期小于收付周期（非常态）情况下的换算为收付周期的实际利率 $i_{实}$

当计息周期小于收付周期时，出现 i 所对应计息期次数 m 与收付周期次数 n 的不一致。因此所有等值计算公式的套用就不容易了，特别是等额的情况。最简单和最好理解的方法是利用式（4-1-1）实际利率的计算原理，将 m 次计息的实际率换算为收付周期 n 次的实际利率，然后套用系数表达形式。

①换算为收付周期的实际利率 $i_{实}$ 的关键点是 m 与收付周期对应计息次数

此时式（4-1-1）中作为指数的 m 值发生了变化，改为"收付周期对应计息的次数"，如式（4-1-8）所示。计息周期是季度，$m = 4$，对半年一次的收付周期来说的计息次数 = 2 个季度 = 2；计息周期是月，$m = 12$，对半年一次收付周期来说的计息次数 = 6 个月；参见表 4-1-1 的半年实际利率计算过程。同理，如果计息周期是月，$m = 12$，对忘记还贷的示例，以两个月为一次的收付周期来说其计息次数 = 2。

$$收付款实际利率 i_{实} = \left(1 + \frac{i_{名}}{m}\right)^{收付周期对应计息的次数} - 1 \qquad (4\text{-}1\text{-}8)$$

②换算示例

以按揭还贷为例，每月计息，$r = 7.30338\%$，贷款 12 万元，一年还清贷款，每月还贷月供 A 计算为 1.04 万元。因在每月初还款时忘记还款，结果都是下一个月补交，成了两个月还款一次。此时银行向该客户计算两月还款一次的 A 是多少？

解：在套用式（4-1-6）计算每两月还款金额时，所用的实际利率 $i_{实} = (1 + r/12)^2 - 1$，而不是 $i = r/6$，该值比 $r/6$ 大一点。因为银行的按月计息规则不变，只是允许客户每两月还款一次。

两月还款一次的金额 $A = 12 万[A/P, (1 + r/12)2 - 1, 6] = 2.08663$ 万元，与前面示例图 4-1-2 中第 4 月初还款 = 2.08 万元 + 63.3 元 = 2.08663 万元一致。只要迟还款 1 个月的利息就是 63.3 元。

考生可以试算一下自己的按揭贷款，每月的月供如何计算？其中利息还了多少？每月的所还的利息相同吗？利用 Excel 表格很容易计算出结果，每月利息 = 剩余本金 × 月实际利率。实际利率 i 对等值计算影响很大，是考试的难点和重点。

4. 等额计算的各类系数的规律性

(1) 系数的组成是（要求的值/已知值，计息的实际利率 i，计息周期 n）。当计息周期小于收付周期时，要改为（要求的值/已知值，计算采用的实际利率 i，对应计算的周期 n）。考生平时练习应习惯使用系数表示，简单易记。临考前才需去背表 4-1-2 中 2～3 个常用的对应公式，进入考场后立即写在试卷上，千万不能写在答题纸上。

(2) 系数中计息周期 n 的正确表示：参见图 4-1-3，难点是等额支付情况需记牢。

①现值 P 和未来值 F 与年值 A 之间等值换算所对应的时间点位置，可以借用力学的集中荷载形象对应于 P 和 F，均布荷载形象对应于 A。

a. P 的位置在 A 连续开始时间的前一时间点。

b. F 的位置在 A 连续结束时间（即末端）的同一时间点。

②n 的含义

a. P 与 F 之间的 n 是他们之间的距离 = F 位置时间点 $-P$ 位置时间点。例如,已知 P 和 i,求图 4-1-3 的 F,$F = P(F/P, i, 9)$。反过来,已知 F 和 i,求图 4-1-3 的 P,$P = F(P/F, i, 9)$。

b. A 的 n 是 A 的<u>连续个数</u> = 末端位置时间点 − 起点位置时间点+1,类似种树道理。例如,已知 A 和 i,求图 4-1-3 的 P,$P = A(P/A, i, 9)$,$12 − 4 + 1 = 9$。同理,$F = A(F/A, i, 9)$。已知 P 或 F 和 i,求图 4-1-3 的 A,$A = P(A/P, i, 9)$,$A = F(A/F, i, 9)$。

如果所求的时间点不是公式反映的时间点,例如,例 8 的情况,先将 A 等值转化为 P 或 F(相当于力学均布荷载先等价于集中荷载),然后根据所求点的位置,如果还要往时间点小的计算,就是再乘以已知 F 求 P 的系数,n = 两点距离;反之往时间点后面算,再乘以已知 P 求 F 的系数。等值计算的表示形式可以不同,但计算结果是相同的。要加强这方面练习。

5. 常用的六个等值计算公式表

汇总的六个等值计算公式,如表 4-1-2 所示。前三个公式与后三个公式互为倒数。

等值计算公式表 表 4-1-2

名 称	系数表示	公式表示	名 称	系数表示	公式表示
一次支付终值系数	$(F/P, i, n)$	$(1+i)^n$	一次支付现值系数	$(P/F, i, n)$	$(1+i)^{-n}$
等额支付终值系数	$(F/A, i, n)$	$\dfrac{(1+i)^n - 1}{i}$	等额支付偿债基金系数	$(A/F, i, n)$	$\dfrac{i}{(1+i)^n - 1}$
等额支付现值系数	$(P/A, i, n)$	$\dfrac{1 - (1+i)^{-n}}{i}$	等额支付资金回收系数	$(A/P, i, n)$	$\dfrac{i}{1 - (1+i)^{-n}}$

例 题

例1 现金流量图的三大要素是(　　)。
A. 资金数额、流向、资金作用期间　　B. 资金数额、利率、资金发生的时间点
C. 资金大小、流向、资金发生的时间点　　D. 大小、流出、时间点

例2 决定资金等值的三大因素是(　　)。
A. 资金数额、利率、资金发生的时间点　　B. 金额大小、利率、资金发生的时间
C. 资金大小、流向、资金发生的时间点　　D. 大小、流出、时间点

例3 项目在整个计算期内某时点所发生的现金流入与现金流出之差称为(　　)。
A. 现金流量　　B. 净现金存量　　C. 现金存量　　D. 净现金流量

例4 某工程项目第一年初的投资 100 万元,第二年投资 50 万元,第二年获利 30 万元,第三年上半年获利 50 万元,第三年下半年获利 100 万元。下列现金流量图正确的是(　　)。

A. 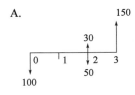   B.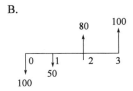

C. 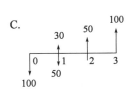   D.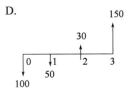

例5 银行采用的零存整取形式,顾客在柜台办理当天开始计算利息,下个月此日期前存入相同金

额，到时一并整笔取回。站在顾客角度下列图形表示正确的是（　　）。

A.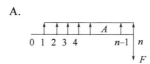

B.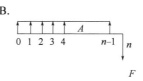

C.

D.

例6 某工程项目第一年初投资 1000 万元，第二年获利 300 万元，第三、四、五年分别获利 500 万元，第三、四年分别又投资 200 万元，第五、六年分别获利 600 万元。请问第二、三、四年的净现金流量分别是（　　）。

　　A. 300 万元，300 万元，300 万元　　　　B. 100 万元，300 万元，500 万元
　　C. 300 万元，700 万元，700 万元　　　　D. 500 万元，700 万元，500 万元

例7 零存整取，每月存入 A，利率为 i。其计算系数表示正确的是（　　）。

　　A. $(F/A, i, n)$　　　　　　　　　　　B. $(F/A, i, n-1)(F/P, i, 1)$
　　C. $(P/A, i, n)(F/P, i, n)$　　　　　　D. $(F/A, i, n)(F/P, i, 1)$

例8 银行按揭还贷，按月利息。如果客户忘记及时还贷，造成从第 1 个月开始，每次都是下一个月补交。站在客户角度，下列现金流量图表示正确的是（　　）。

A.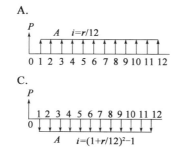

B.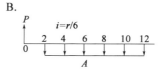

C.

D.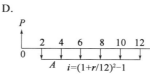

例9 净现金流量的表达式正确的是（　　）。［2022 年真题］

　　A. $CI_t = CF_t - CO_t$　　　　　　　B. $CI_t = CO_t - CF_t$
　　C. $CF_t = CI_t - CO_t$　　　　　　　D. $CF_t = CO_t - CI_t$

例10 根据下面现金流量图，时值 W 计算表示正确的有（　　）。

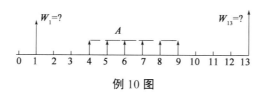

例 10 图

　　A. $W_1 = A(P/A, i, 5)(P/F, i, 3)$　　　B. $W_1 = A(P/A, i, 6)(P/F, i, 2)$
　　C. $W_1 = A(F/A, i, 6)(P/F, i, 8)$　　　D. $W_{13} = A(P/A, i, 6)(F/P, i, 10)$
　　E. $W_{13} = A(F/A, i, 6)(F/P, i, 4)$

例11 以下关于现金流量的符号搭配正确的有（　　）。

　　A. 现金流入（CI）　　　　　　　　　B. 现金流出（CO）
　　C. 现金流入（CO）　　　　　　　　　D. 现金流出（CI）

E. 净现金流量（$CI-CO$）

例12 下列关于资金时间价值和资金等值概念论述正确的有（　　）。

A. 资金的时间价值是指资金随着时间的推移所产生的增值

B. 资金具有时间价值，不同时间点的资金只能将不同时间的资金等值折算到同一时间点

C. 资金时间价值是指同样数额资金在不同时间情况下价值不同

D. 资金等值是指同样价值资金在不同时间情况下数额不同

E. 资金的时间价值包括了通货膨胀的影响即货币贬值

例 题 解 析

例1 现金流量图的三大要素是"资金金额、方向、资金发生的时间点"。故选 C 项。

例2 资金等值的三大因素是"资金金额、资金发生的时间、利率大小"。故选 B 项。例 1 和例 2，互为干扰。

例3 题干就是"净现金流量"的定义。故选 D 项。

例4 该题有一定难度，一般投资都是期初，收益都是期末。第二年投资 50 万元是指第二年初，而不是第二年末，所以选项 A 错了。第三年上半年获利 50 万元应归于第三年末，选项 B 中 50 万元在第二年末，错了。第二年获利 30 万元应表示在第二年末，选项 C 错。时间点 1 表示第 1 年末第二年初，时间点 2 表示第二年末，所以 30 万元表示正确，第三年上半年和下半年 $50+100=150$ 万元，方向正，表示在 3 点末，正确。故选 D 项。

例5 站在顾客角度存钱对顾客来说，是付出，不是收入，A 应画在下方，箭头朝下，表示负的。所以选项 AB 错了。零存整取，期初办理，所以选项 C 错。故选 D 项，正确表示了期初开始。

例6 第二年末的流入 $CI=300$，第三年初投资等于第二年末投资 $CO=200$，$CF=300-200=100$；第三年末的流入 $CI=500$，$CO=200$，$CF=500-200=300$；第四年末的流入 $CI=500$，第四年初投资算在第三年末的流出，所以第四年末 $CO=0$，$CF=500-0=500$。故选 B 项，注意投资年初，要算到上年末的流出；收益是年末，净现金流量比较时间点是年末。

例7 参考例 5 中选项 D 的现金流量图，可以先将 A 等值计算到 $n-1$ 时间点，是标准形式已知 A 求 F 的系数 $(F/,i,n)$，接着从 $n-1$ 点（现在）等值计算到 n 点（未来）再乘以系数 $(F/P,i,1)$。故选 D 项。还有一种等值计算，可以先将 A 等值计算到 0 时间点的前一点即 -1 时间点，是标准形式已知 A 求 P 的系数 $(P/A,i,n)$，接着从 -1 点（现在）等值计算到 n 点（未来）再乘以系数 $(F/P,i,n+1)$，所以选项 C 少了 $+1$。n 表示 A 连续个数，不是两点距离，所以选项 B 错在 -1。因为零存整取不是标准式，选项 A 是标准式，不合题意。

例8 站在客户角度得到贷款 P 为正在上方，每月还贷来说为负在下方。选项 A 虽然是教材中常见的等值标准式，但错在是还贷付出应在下方（箭头朝下），同时不是每月还贷，而且实际利率 $i=r/12$ 与两月还贷的利率不一致（要换算一致）。选项 B 错在 $i=r/6$，实际计息却是每月。选项 C 错在还贷 A 应每两个月。故选 D 项，A 和实际 i 都正确。

例9 CF_t 表示 t 年的净现金流量，$CF_t=CI_t-CO_t$。故选 C 项。

例10 根据现金流量图，W_1 可以往前等值计算，先将 A 等值计算到 4 开始时间点的前一点，即 3 时间点，是标准形式已知 A 求 P 的系数 $(P/A,i,6)$，接着从 3 点（未来）等值计算到 1 点（现在）再乘以系数 $(P/F,i,2)$。或者往后算，先将 A 等值计算到 9 时间点，是标准形式已知 A 求 F 的系数 $(F/A,i,6)$，接着从 9 点（未来）等值计算到 1 点（现在）再乘以系数 $(P/F,i,8)$。同理，W_{13} 是在刚才先将 A 等值计算到标准

位置点后,再接着计算到指定的 13 点,从 3 点到 13 点的距离 = 13 - 3 = 10,系数是 $(F/P, i, 10)$;如果从 9 点到 13 点的距离 = 13 - 9 = 4,系数是 $(F/P, i, 4)$。故选 BCDE 项。这个内容很重要,考生一定要掌握这种等值计算的方法,多练习到很熟练的程度,才能学懂第二节的内容。

例 11 结合英文单词很容易记住符号缩写。故选 ABE 项。

例 12 选项 A 错在资金时间价值"只有在生产和流通(社会再生产)过程中,即活劳动与物化劳动结合才能实现,离开这一点资金的时间价值就不可能存在"。选项 E 错在资金的时间价值不考虑通货膨胀影响,只考虑利润或利息。选项 CD 可参见解表,故选 BCD 项。

例 12 解表

类 型	资金情况	条 件	结 果
资金时间价值	同样数额	不同时间	价值不同
资金等值	同样价值	不同时间	数额不同

自测模拟题

(一)单项选择题

1. 某人现借得本金 10000 元,一年末付息 800 元,则年利率为( )。
   A. 16%　　　　B. 10%　　　　C. 8%　　　　D. 4%

2. n 期末单利本利和 F 的计算公式是( )。
   A. $1 + n \cdot I$　　B. $P \cdot (1 + n \cdot i)$　　C. $P \cdot (1 + i)$　　D. $P \cdot i$

3. 同一笔借款在利率、计息周期均相同的情况下,复利终值和单利终值的数量关系是( )。
   A. 前者等于后者　　　　　　　　B. 前者大于后者
   C. 前者小于后者　　　　　　　　D. 无法确定

4. 等额支付资金回收系数为( )。
   A. $(A/P, i, n)$　　B. $(A/F, i, n)$　　C. $(F/A, i, n)$　　D. $(P/A, i, n)$

5. 某人从 25~60 岁每年存入银行养老金 1000 元,若利率为 8%,则他在 60~74 岁间每年可以等额领到的钱是( )。
   A. $1000(F/A, 8\%, 36)(A/P, 8\%, 14)$　　B. $1000(F/A, 8\%, 35)(A/P, 8\%, 13)$
   C. $1000(F/A, 8\%, 35)(P/A, 8\%, 13)$　　D. $1000(F/A, 8\%, 36)(A/P, 8\%, 14)$

6. 现金流量的等值是指在特定利率下不同时点上的( )。
   A. 两笔现金流量价值相等　　　　B. 两笔现金流量计算过程相同
   C. 两笔现金流量数额相等　　　　D. 两笔现金流量计算公式相同

7. 某工程项目向银行贷款,年利为 10%,半年计息一次,实际年利率应是( )。
   A. 10%　　　　B. 5%　　　　C. 10.25%　　　　D. 20%

8. 当名义年利率一定时,下列表述中正确的是( )。
   A. 计息期数越多,有效年利率越高
   B. 计息期数越多,有效年利率越低
   C. 有效年利率的数值与计息期数成正比
   D. 有效年利率的数值与计息期数成反比

9. 某银行给企业贷款 100 万元,年利率为 4%,贷款年限 3 年,到期后企业一次性还本付息,利息按复利每半年计息一次,到期后企业应支付给银行的利息为（　　）万元。

    A. 12.000　　　　B. 12.616　　　　C. 24.000　　　　D. 24.973

10. 某项借款,年名义利率为10%,按季度的实际利率为（　　）。

    A. 5%　　　　B. 2.5%　　　　C. 0.833%　　　　D. 0.0274%

11. 施工单位从银行贷款2000万元,月利率为0.8%,按月计息,两个月后应一次性归还银行本息共计（　　）万元。

    A. 2008.00　　　　B. 2016.00　　　　C. 2016.09　　　　D. 2032.13

12. 建设单位从银行贷款1000万元,贷款期为2年,年利率6%,每季度计息一次,则贷款的年实际利率为（　　）。

    A. 6%　　　　B. 6.12%　　　　C. 6.14%　　　　D. 12%

13. 某施工企业年初向银行贷款流动资金100万元,按季计算并支付利息,季度利率2%,则一年支付的利息总和为（　　）万元。

    A. 8.00　　　　B. 8.08　　　　C. 8.24　　　　D. 8.40

14. 已知年利率12%,每月复利计息一次,则季实际利率为（　　）。

    A. 1.003%　　　　B. 3.00%　　　　C. 3.03%　　　　D. 4.00%

15. 每半年末存款2000元,年利率4%,每季复利计息一次。则2年末存款本息和为（　　）元。

    A. 8160.00　　　　B. 8243.22　　　　C. 8244.45　　　　D. 8492.93

16. 已知年名利率为8%,每季度复利计息一次,则年有效利率为（　　）。

    A. 8.8%　　　　B. 8.24%　　　　C. 8.16%　　　　D. 8.00%

17. 某施工企业每年年末存入银行100万元,用于3年后的技术改造,已知银行存款年利率为5%,按年复利计息,则到第3年末可用于技术改造的资金总额为（　　）。

    A. 331.01　　　　B. 330.75　　　　C. 315.25　　　　D. 315.00

18. 甲施工企业年初向银行贷款流动资金200万元,按季计算并支付利息,季度利率1.5%,则甲施工企业一年应支付的该项流动资金贷款利息为（　　）万元。

    A. 6.00　　　　B. 6.05　　　　C. 12.00　　　　D. 12.27

19. 某人连续5年每年末存入银行20万元,银行年利率6%,按年复利计算,第5年年末一次性收回本金和利息,则到期可以回收的金额为（　　）万元。

    A. 104.80　　　　B. 106.00　　　　C. 107.49　　　　D. 112.74

20. 年利率8%,按季度复利计息,则半年期实际利率为（　　）。

    A. 4.00%　　　　B. 4.04%　　　　C. 4.07%　　　　D. 4.12%

21. 某企业以单利计息的方式年初借款1000万元,年利率6%,每年末支付利息,第五年末偿还全部本金,则第三年末应支付的利息为（　　）万元。

    A. 300.00　　　　B. 180.00　　　　C. 71.46　　　　D. 60.00

22. 某项目投资来源中,项目资本金2000万元,借入银行资金1000万元,建设期借款利息200万元。在编制项目财务现金流量表时,建设期现金流出的投资应为（　　）万元。

    A. 1200　　　　B. 2000　　　　C. 3000　　　　D. 3200

23. 年名义利率为i,一年内计息周期数为m,则年有效利率为（　　）。

    A. $(1+i)^m - 1$　　　　B. $(1+i/m)^m - 1$　　　　C. $(1+i)^m - i$　　　　D. $(1+i\times m)^m - i$

24. 某企业从金融机构借款100万元，月利率1%，按月复利计息，每季度付息一次，则该企业一年需向金融机构支付利息（　　）万元。

  A. 12.00   B. 12.12   C. 12.55   D. 12.68

25. 某施工企业希望从银行借款500万元，借款期限2年，期满一次还本。经咨询有甲、乙、丙、丁四家银行愿意提供贷款，年利率均为7%。其中，甲要求按月计算并支付利息，乙要求按季度计算并支付利息，丙要求按半年计算并支付利息，丁要求按年计算并支付利息。则对该企业来说，借款实际利率最低的银行是（　　）。

  A. 甲   B. 乙   C. 丙   D. 丁

26. 某公司以单利方式一次性借入资金2000万元，借款期限3年，年利率8%，到期一次还本付息，则第三年末应当偿还的本利和为（　　）万元。

  A. 2160   B. 2240   C. 2480   D. 2519

27. 关于现金流量图的绘制规则的说法，正确的是（　　）。

  A. 对投资人来说，时间轴上方的箭线表示现金流出

  B. 箭线长短与现金流量的大小没有关系

  C. 箭线与时间轴的交点表示现金流量发生的时点

  D. 时间轴上的点通常表示该时间单位的起始时点

28. 某施工企业向银行借款250万元，期限2年，年利率6%，半年复利利息一次，第二年还本付息，则到期企业需支付给银行的利息为（　　）万元。

  A. 30.00   B. 30.45   C. 30.90   D. 31.38

29. 某施工企业投资200万元购入一台施工机械，计划从购买日起的未来6年等额收回投资并获取收益。若基准收益率为10%，复利计息，则每年末应获得的净现金流入为（　　）万元。

  A. $200 \times (A/P, 10\%, 6)$ B. $200 \times (F/P, 10\%, 6)$

  C. $200 \times (A/P, 10\%, 7)$ D. $200 \times (A/F, 10\%, 7)$

30. 甲公司从银行借入100万元，年利率为8%，单利计息，借期4年，到期一次还本付息，则该公司第四年末一次偿还的本利和为（　　）万元。

  A. 1360   B. 1324   C. 1320   D. 1160

31. 某施工企业银行借款100万元期限为3年，年利率8%，按年利息并于每年末付息，则第3年末企业需偿还的本利和为（　　）万元。

  A. 100   B. 124   C. 126   D. 108

（二）多项选择题

1. 影响资金时间价值的因素很多，其中主要有（　　）。

  A. 资金投资对象   B. 资金数量的大小

  C. 资金的使用时间   D. 资金周转的速度

  E. 资金投入和回收的特点

2. 一次支付终值计算公式可写为（　　）。

  A. $P(1+i)^n$ B. $P(1+i)^{-n}$

  C. $P(F/P, i, n)$ D. $P(A/F, i, n)$

  E. $P(P/F, i, n)$

3. 现在存入银行 10000 元，年利率 10%，在第 7 年末共获得 19187 元，第 3 年末的终值可表示为（   ）。

   A. $19187(P/F,10\%,4)$
   B. $19187(F/P,10\%,4)$
   C. $10000(F/P,10\%,4)$
   D. $10000(F/P,10\%,3)$
   E. $10000 + (19187 - 10000) \times 3/7$

4. 现在存款 5000 元，年利率为 8%，半年计息一次，在第 6 年末存款本利和的表达式可写为（   ）。

   A. $5000(F/P,8\%,6)$
   B. $5000(F/P,8\%/2,6)$
   C. $5000(F/P,8\%,6\times2)$
   D. $5000(F/P,8\%/2,2\times6)$
   E. $5000(F/P,8.16\%,6)$

5. 以下关于资金时间价值的论述中，正确有（   ）。

   A. 资金的时间价值是资金随时间推移而产生的一种增值，因而它是由时间创造的
   B. 资金作为生产要素，在任何情况下都能产生时间价值
   C. 资金投入生产经营才能增值，因此其时间价值是在生产、经营中产生的
   D. 一般而言，资金的时间价值应按间断复利计算方法计算
   E. 资金的时间价值常采用连续复利计算方法计算

6. 利息和利率的作用通常表现为（   ）。

   A. 是以信用方式动员和筹集资金的动力
   B. 促使经营者节约使用资金
   C. 是投资者可选择的最佳投资手段之一
   D. 投资者确定投资方向的最低衡量尺度
   E. 金融企业经营发展的重要条件

7. 已知折现率 $i > 0$，下面的现金流量图表示（   ）。

   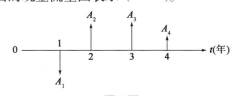

   题 7 图

   A. A_1 为现金流出
   B. A_2 发生在第 3 年年初
   C. A_3 发生在第 3 年年末
   D. A_4 的流量大于 A_3 的流量
   E. 若 A_2 与 A_3 流量相等，则 A_2 与 A_3 的价值相等

8. 影响资金等值的因素有（   ）。

   A. 资金的数量
   B. 资金发生的时间
   C. 利率（或折现率）的大小
   D. 现金流量的表达方式
   E. 资金运动的方向

9. 绘制现金流量图需要把握的现金流量的要素有（   ）。

A. 现金流量的大小　　　　　　　　B. 绘制比例

C. 时间单位　　　　　　　　　　　D. 现金流入或流出

E. 发生的时点

10. 关于有效利率和名义利率关系的说法，正确的有（　　）。

   A. 年有效利率和名义利率的关系实质上与复制和单利的关系一样

   B. 每年计息周期数越多，则年有效利率和名义利率的差异越大

   C. 只要名义利率大于零，则据此计算出来的年有效利率一定大于年名义利率

   D. 计息周期与利率周期相同时，周期名义利率与有效利率相等

   E. 单利计息时，名义利率和有效利率没有差异

11. 关于年有效利率的说法，正确的有（　　）。

   A. 当每年计息周期数大于1时，名义利率大于年有效利率

   B. 年有效利率比名义利率更能准确反映资金的时间价值

   C. 名义利率一定，计息周期越短，年有效利率与名义利率差异越小

   D. 名义率为r，一年内计息m次，则计息周期利率为$r-m$

   E. 当每年计息周期数等于1时，年有效利率等于名义利率

12. 关于利率高低影响的说法，正确的有（　　）。

   A. 利率的高低首先取决于社会平均利润率的高低，并随之变动

   B. 借出资本所承担的风险越大，利率越低

   C. 资本借出期间的不可预见因素越多，利率越高

   D. 社会平均利润率不变的情况下，借贷资本供过于求会导致利率上升

   E. 借出资本期限越长，利率越高

13. 关于现金流量图绘制规则的说法，正确的有（　　）。

   A. 横轴为时间轴，向右延伸表示时间的延续

   B. 对投资人而言，横轴上方的箭线表示现金流出

   C. 垂直箭线代表不同时点的现金流量情况

   D. 箭线长短应体现各时点现金流量数值的差异

   E. 箭线与时间轴的交点即为现金流量发生的时点

参考答案及解析

（一）单项选择题

1. C　2. B　3. B　4. A　5. A　6. A　7. C　8. A　9. B　10. B

11. D　12. C　13. A　14. C　15. C　16. B　17. C　18. C　19. D　20. B

21. D　22. C　23. B　24. B　25. D　26. C　27. C　28. D　29. A　30. C

31. D

5. 解析：25～60岁每年存入$n_1=60-25+1=36$年，60～74岁每年可以等额领到的钱（61岁末到74岁末领到钱）$n_2=74-61+1=14$。故选A项。

12. 解析：按照式（4-1-1）：$i_{实}=(1+i_{名}/m)^m-1=(1+6\%/4)^4-1=6.14\%$。故选C项。

14. 解析：按照式（4-1-8）：$i_{实}=(1+i_{名}/m)^{收付周期对应计息的次数}-1=(1+12\%/12)^3-1=3.03\%$。

故选 C 项。

25. **解析**：本题考核的是名义利率与年有效利率的关系。本题中年名义利率为 7%，则年、半年、季、月有效利率按照公式（4-1-1）计算。甲、乙、丙三家银行的计息周期都小于一年，则其实际年利率都大于 7%。只有丁银行的实际利率与名义利率相等，是借款实际利率最低的银行。

可能有读者认为各银行实际是按照单利计算，不能套用公式（4-1-1）。换一种接近题意，且利息按照单利计算的更好理解的解释：按照题意的表示，因为不是最终一起还本付息，而是计息期立刻付息，不是复利了，各个银行都是按单利计息，但是各个银行的利息额和次数不同，最终的年末值也就不同了。所以各个银行年利息的年末值 = 每期单利的利息 × 等额终值系数 = $500 \times (7\%/m)(F/A, 7\%/m, m)$，那么年实际利率 = $(7\%/m)(F/A, 7\%/m, m) = (7\%/m) \times [(1+7\%/m)^m - 1]/(7\%/m) = (1+7\%/m)^m - 1$，与年实际利率的公式（4-1-1）相同。则甲为 7.23%，乙为 7.19%，丙为 7.12%，丁为 7%。所以要注意可比性，即不同时间点的金额要折算为同一时间点。

31. **解析**：由于每年年末支付了利息，所以 3 年支付的利息是相等的，均为 8 万，这个题的迷惑性在于并未问你总共付了多少本利和，而是第 3 年年末，第 3 年年末偿还的资金仅仅是本金和第 3 年需要支付的利息，所以合计为 108 万元。

（二）多项选择题

1. BCDE   2. AC   3. AD   4. DE   5. CD   6. ABDE   7. ABC
8. ABC   9. ADE   10. ABE 11. BE   12. ACE 13. ACDE

10. **解析**：选项 C 很有迷惑性，当实际的计息周期大于 1 年时，选项 C 所表述的内容就不正确了。选项 D 错误原因是，如果计息周期为月，利率周期也是月，相同时，周期名义利率与有效利率相等。

12. **解析**：利率的高低首先取决于社会平均利润的高低，并随之变动。借出资本所承担的风险越大，利率越高；资本借出期间的不可预见因素越多，风险越大，利率越高；社会平均利润率不变的情况下，借贷资本供过于求会导致利率下降，时间越长，风险越大，利率越高。所以选 ACE 项。

二、经济分析的基本方法

重 点 知 识

（一）建设项目经济分析

1. 建设项目经济分析的含义

为了提高投资效益，取得最佳的投资效果，在建设项目投资决策（即项目可行性研究）时，需要从经济角度出发，对多个投资方案进行评价和比选，称为建设项目的经济分析。进一步可以分为国民经济评价（也称为经济分析，站在国家角度）和财务评价（也称财务分析，站在项目或投资人角度）。

通俗理解经济分析（或评价）就是对投资方案进行评价，以生活中投资出租车生意为例。几年后能收回成本就是"投资回收期"；不考虑利息因素就是"静态"，考虑利息影响就是"动态"；值不值得投资就是"可行或可接受"与否；投资出租车比存银行的回报高多少就是"净现值"评价；投资出租车的回报率类似于"内部收益率"等。

2. 建设项目经济分析的目的

建设项目的经济分析的目的在于确保决策的正确性和科学性，避免或最大限度地减小投资方案的风险，确定投资方案的经济效果水平。

3. 建设项目经济分析要解决的问题

投资方案经济分析主要解决两个问题，一是**方案的筛选**，即从若干个备选方案中，将经济指标值满足某一绝对检验标准要求的方案选为初选方案；二是**方案的排序和优选**，即从多个初选方案中，选出经济效益最好的一个。

4. 经济效果评价方法（即经济分析方法）

（1）经济效果评价的基本方法

经济效果评价的基本方法包括确定性评价和不确定性评价。**对同一投资方案而言，必须同时进行确定性评价和不确定性评价**。

（2）按照是否考虑资金的时间价值对经济效果评价方法分类

①静态评价方法：不考虑资金时间价值，其最大特点是计算简便，适用于方案的初步评价，或对短期投资项目进行评价，以及对逐年收益大致相等的项目评价。

②动态评价方法：要考虑资金时间价值，能较全面地反映投资方案整个计算期的经济效果。因此，在进行方案比选时，**一般以动态评价方法为主**。

（3）经济分析的指标计算法

经济分析一般采用**指标计算法**进行。用若干个经济指标来反映投资方案的经济效益。根据经济评价指标的不同，动态经济评价方法可以分为：**现值法、年值法、内部收益率法、动态投资回收期法、效益费用比法**等。

（二）动态经济评价方法（常用资金等值计算方法进行）

1. 现值法

（1）净现值法（NPV，Net Present Value，2022 年考点）

①净现值法的含义：所有净现金流量按照项目基准收益率i_c或设定的折现率等值计算到投资起点即现值的和。计算公式为：

$$NPV = \sum_{t=0}^{n} CF_t(P/F, i_c, t) = \sum_{t=0}^{n}(CI - CO)_t \frac{1}{(1+i_c)^t} = \sum_{t=0}^{n}(CI - CO)_t(1+i_c)^{-t} \tag{4-1-9}$$

②NPV 的经济含义即方案的评价标准（或准则）：

$NPV > 0$，说明收益超过基准收益率，方案可接受；$NPV = 0$，说明收益与基准收益率相等，方案可接受；$NPV < 0$，说明收益没达到基准收益率，经济上拒绝该方案。多方案计算期（投资建设期 + 运营期）相同时的比较，优选 NPV 大的方案，计算期（寿命期）不同时，**要处理为相同计算期才能比较（或采用具有可比性的年值相对指标进行比较）**。

【示例 1】 某投资项目的现金流量见表 4-1-3，基准收益率为 10%，用净现值法判别该项目的经济可行性。等值法各系数见图 4-1-4 中不同 n 的值，如果需要，读者可用 Excel 计算其他 i 值下的等值法各系数。

某项目现金流量表（单位：万元） 表 4-1-3

t	0	1	2	3	4	5	6
现金流入量	—	—	—	200	600	600	600
现金流出量	200	200	350	50	100	100	100
净现金流量	−200	−200	−350	150	500	500	500

	A	B	C	D	E	F	G	H
1	i	n	F/P	P/F	F/A	A/F	P/A	A/P
2	10%	1	1.10000	0.90909	1.00000	1.00000	0.90909	1.10000
3		2	1.21000	0.82645	2.10000	0.47619	1.73554	0.57619
4		3	1.33100	0.75131	3.31000	0.30211	2.48685	0.40211
5		4	1.46410	0.68301	4.64100	0.21547	3.16987	0.31547
6		5	1.61051	0.62092	6.10510	0.16380	3.79079	0.26380
7		6	1.77156	0.56447	7.71561	0.12961	4.35526	0.22961
8		7	1.94872	0.51316	9.48717	0.10541	4.86842	0.20541
9		8	2.14359	0.46651	11.43589	0.08744	5.33493	0.18744
10		9	2.35795	0.42410	13.57948	0.07364	5.75902	0.17364
11		10	2.59374	0.38554	15.93742	0.06275	6.14457	0.16275
12		11	2.85312	0.35049	18.53117	0.05396	6.49506	0.15396
13		12	3.13843	0.31863	21.38428	0.04676	6.81369	0.14676
14		13	3.45227	0.28966	24.52271	0.04078	7.10336	0.14078
15		14	3.79750	0.26333	27.97498	0.03575	7.36669	0.13575
16		15	4.17725	0.23939	31.77248	0.03147	7.60608	0.13147
17		16	4.59497	0.21763	35.94973	0.02782	7.82371	0.12782
18		17	5.05447	0.19784	40.54470	0.02466	8.02155	0.12466
19		18	5.55992	0.17986	45.59917	0.02193	8.20141	0.12193
20		19	6.11591	0.16351	51.15909	0.01955	8.36492	0.11955
21		20	6.72750	0.14864	57.27500	0.01746	8.51356	0.11746

图 4-1-4　6 个等值计算公式系数 i 为 10% 的 Excel 计算图

解析： $NPV = (-200) + (-200)(P/F, 10\%, 1) + (-350)(P/F, 10\%, 2) + 150(P/F, 10\%, 3)$

$\qquad + 500(P/F, 10\%, 4) + 500(P/F, 10\%, 5) + 500(P/F, 10\%, 6)$

$\qquad = -200 - 200 \times 0.90909 - 350 \times 0.82645 + 150 \times 0.75131 +$

$\qquad\quad 500 \times 0.68301 + 500 \times 0.62092 + 500 \times 0.56447$

$\qquad = -200 - 181.818 - 289.258 + 112.697 + 500 \times 1.8684$

$\qquad = -671.076 + 112.697 + 934.200$

$\qquad = 375.821$ 万元

最后三个 500，可以看成 $A = 500$，表示为 $500(P/A, 10\%, 3)(P/F, 10\%, 3) = 500 \times 2.48685 \times 0.75131 = 500 \times 1.8684 = 934.200$，结果相同，如果 $A = 500$ 是先算到 6 点，则表示为 $500(F/A, 10\%, 3)(P/F, 10\%, 6)$，系数 $= 3.31000 \times 0.56447 = 1.8684$ 结果也相同。该方案在保证有 10% 的收益情况下，还多收入 375.821 万元净收益。对连续的相同流量用 A 简单。

净现值是绝对指标，由于净现值大小只表明盈利总额，不能说明投资的利用效果，单纯用净现值最大为标准进行多方案选优，往往导致评价者趋向于选择投资大、盈利多的方案，而忽视盈利额较多但投资更少、经济效果更好的方案。所以引入"净现值率（$NPVR$）"指标，作为净现值的辅助评价指标。

$NPVR =$ 净现值 $NPV/$ 投资现值 I_p，当 $NPVR \geq 0$，方案能接受。在多方案（不包括独立型方案）比选时可能出现 $NPVR$ 最大，与 NPV 最大的结论不一致，这时主要看有无投资资金总量限制。在有明显资金总量限制，且项目占用资金远小于资金总拥有量时，以 $NPVR$ 进行方案选优是正确的，否则应将 $NPVR$ 与投资额和 NPV 结合选择方案。

（2）使用净现值法进行经济评价时应注意的问题

① 如果方案有残值且残值为正值，则表明期末有一笔资金回收。如果残值为负值，则表明期末要支出一笔拆除、清理费。

② 参见图 4-1-5，折现率越大，其净现值越小。说明在取用的折现率较高时，残值对现值的影响很小，所以在分析年限较长时，对较小的残值可估计为 0（或称不计残值）；反之亦然。

③ 用净现值法比较方案，有时会出现两个方案净现值相同或相近，但投资额却相差很大的情况。从净现值的角度看，两方案的净现值可看成同一量级，相差不多，但两个方案对投资者的吸引力却截然不同，因此，可以通过两个方案的净现值率或益本比（效益总值与费用总值之比）进一步比较两方案的优劣。

④净现值 = 收益现值 - 费用现值，由此可延伸出净现值法、收益现值法和费用现值法，三种方法统称为现值法。当费用（成本）相同时，可使用收益现值法进行比较，收益现值大者法案优选；当收益（产品及产量）相同时，可使用费用现值法进行比较，费用现值小者法案优选。收益现值法类似于下述费用现值法，只取收益（CI_t）部分汇总折现。（注：2022年考点）

（3）费用现值法

费用现值法适用于以下情况（只关心投入，不考虑收益即收益无差别）：

①有些项目的收益难以用货币直接计算，若各个方案都能满足相同的需要，则只需比较它们的投资与营运费用。

②对于可以用货币计算收益的项目，如果各方案各年收益相等，可略去对收益的计算，按总费用现值最小的原则进行方案比较。

费用现值（PC）计算公式如下：

$$PC = \sum_{t=0}^{n} CO_t(1+i)^{-t} \tag{4-1-10}$$

用费用现值指标进行方案比较时，要求各方案的计算期相同。费用现值的最小值对应的方案为最优方案。

2. 年值法（AW）

计算期（即寿命期）不同的备选方案，用年值法可以使方案之间具有可比性。因为年值法是将各方案在其自己的寿命期内的现金流量按基准折现率折现成等额年值，然后进行比较，而一个方案无论重复多少次其年值是不变的。

（1）净年值法

①净年值（NAV，Net Annuity Value）的含义：将净现值折算成等额年金就是净年值。

②计算公式如下：

$$NAV = \left[\sum_{t=0}^{n}(CI-CO)_t(1+i_c)^{-t}\right](A/P, i_c, n) = NPV(A/P, i_c, n) \tag{4-1-11}$$

③评价准则为：对同一项目，净年值与净现值的评价结论是一致的。当$NAV \geq 0$时，投资方案在经济上是可以接受的；多方案比选时，$NAV > 0$且最大值所对应的方案为最优方案。

（2）费用年值法（AC）

将费用现值折算为等额年值就是费用年值，即：

$$AC = PC(A/P, i_c, n) \tag{4-1-12}$$

费用年值法主要用于寿命期不同的多方案比选。费用年值最小的方案为最优方案。

【示例2】 两个投资方案数据见表4-1-4，基准收益率为10%，比较两个方案的优劣。

投资方案情况 表4-1-4

方案	初始投资（万元）	年运营费用（万元）	寿命（年）
方案1	200	2	10
方案2	150	5	8

解析： 计算出各方案的费用年值，查图4-1-4的系数，计算过程如下：

$AC_1 = 2 + 200(A/P, 10\%, 10) = 2 + 200 \times 0.16275 = 2 + 32.55 = 34.55$ 万元

$AC_2 = 5 + 150(A/P, 10\%, 8) = 5 + 150 \times 0.18744 = 5 + 28.12 = 33.12$ 万元

因为$AC_1 > AC_2$，所以方案2优于方案1。

3. 内部收益率法

（1）内部收益率（IRR，Internal Rate of Return）定义

内部收益率是使项目在计算期内各年净现金流量的现值累计等于零时的折现率。即当 $i = IRR$ 时，项目的现金流入量现值和等于其现金流出量的现值和。

对具有常规现金流量（即在计算期内，开始时有支出而后才有收益，且方案的净现金流量序列的符号只改变一次的现金流量）的投资方案，其净现值的大小与折现率的高低有直接的关系。若已知某投资方案各年的净现金流量，则该方案的净现值就完全取决于所选用的折现率的高低。即净现值是折现率的函数，其表达式如下所示：

$$NPV(i) = \sum_{t=0}^{n}(CI - CO)_t \frac{1}{(1+i)^t} = \sum_{t=0}^{n}(CI - CO)_t(1+i)^{-t} \quad (4\text{-}1\text{-}13)$$

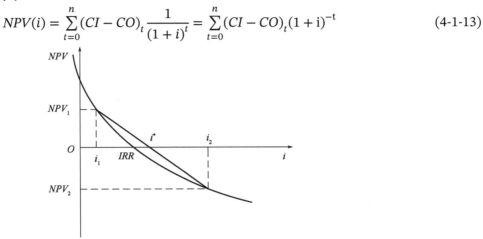

图 4-1-5　净现值函数曲线

工程经济中常规投资项目的净现值函数曲线在 $-1 < i < +\infty$（$i \leqslant -1$，分母小于或等于零没意义；对大多数工程经济实际问题来说是 $0 < i < +\infty$）内是单调下降的，且递减率逐渐减小。即随着折现率的逐渐增大，净现值将由大变小，由正变负，净现值与折现率之间的关系曲线如图 4-1-5 所示。

（2）计算公式

对常规投资项目，内部收益率就是净现值为零时的折现率，其数学表达式为：

$$NPV(IRR) = \left[\sum_{t=0}^{n}(CI - CO)_t(1 + IRR)^{-t}\right] = 0 \quad (4\text{-}1\text{-}14)$$

由于 IRR 值使项目净现值等于零，则项目的净年值也必为零。故有：

$$NPV(IRR) = NAV(IRR) = 0 \quad (4\text{-}1\text{-}15)$$

内部收益率是一个未知的折现率，由式（4-1-14）可知，求方程式中的折现率需解高次方程，不易求解。在实际工作中，一般是通过计算机进行计算，手算时可用试算插值法。

（3）试算插值法计算 IRR 步骤

①初估 IRR 的试算初值。

②假定 i_1 和 i_2。注意：为保证计算精度，i_2 与 i_1 之间的差距一般以不超过 2% 为宜，最大不宜超过 5%。

③计算其对应的净现值，一定要保证计算出来的两个 NPV 值一个为正，一个为负。根据图 4-1-5 可知，如果用 i_1 计算的 $NPV(i_1)$ 是负值，则此时的 i_1 就当作 i_2，减少 i 值作为新 i_1，直到 $NPV(i_1) > 0$。要求 $NPV(i_1) > 0$ 且 $NPV(i_2) < 0$，则 $NPV = 0$ 时的 IRR 一定在 i_1 与 i_2 之间。

④根据图 4-1-5 利用相似三角形原理求得 i_1 至 i^* 的距离，得 IRR 的近似值，计算公式为：

$$IRR \approx i^* = i_1 + \frac{NPV_1}{NPV_1 + |NPV_2|} \times (i_2 - i_1) \quad (4\text{-}1\text{-}16)$$

如需要提高计算精度，根据图 4-1-5 计算原理，进一步迭代，直到满足精度要求。

（4）评价准则

求得内部收益率后，与基准收益率（i_c）进行比较。当 $IRR \geq i_c$ 时，投资方案在经济上是可以接受的；反之，应予拒绝。

【示例 3】 某房产投资人，期初投资 1000 万元购买房产。现有一家房屋出租公司与投资人签订代为投资人经营房屋的合同。合同约定 6 年完成房屋折旧，每年付给投资人的房租、房屋折旧和房产上涨等的收入，并扣除每年的物业费用和其他维修后，每年净收益约为投资额 30%（实际是递增，为了计算简单，综合为平均每年获利）。前 5 年投资人平均每年收入 300 万元，第 6 年末收入 307 万元，见表4-1-5 第 2 行。

问题：

①计算该项目投资的内部收益率并评价该项目。

②计算每期末未回收投资现金流量分别是多少？

解析： 根据题意，$NPV(IRR) = -1000 + 300(P/A, IRR, 5) + 307(P/F, IRR, 6) = 0$

①假定 $i_1 = 19.5\%$ 和 $i_2 = 20.5\%$（注：可利用 Excel 表试算 i_1、i_2 以及 IRR），则：

$$NPV_1 = \frac{-1000 + 300 \times \left[1 - (1 + 19.5\%)^{-5}\right]}{19.5\% + 307 \times (1 + 19.5\%)^{-6}} = 12.57$$

$$NPV_2 = \frac{-1000 + 300 \times \left[1 - (1 + 20.5\%)^{-5}\right]}{20.5\% + 307 \times (1 + 20.5\%)^{-6}} = -12.32$$

$$IRR = 19\% + \left[\frac{12.57}{(12.57 + 12.32)}\right] \times (20.5\% - 19.5\%) = 20.005\% \approx 20\%$$

求得该投资方案的内部收益率为 20%，与公路工程施工的法定利润率 7.42%相比较，在经济上是合算的，方案可以接受。

②每期末未回收投资现金流量计算见表 4-1-5。计算过程按照列顺序计算：

$i = 20\%$ 未回收投资现金流量计算表　　　　表 4-1-5

第 t 期末	0	1	2	3	4	5	6
净现金流量 A_t	−1000	300	300	300	300	300	307
第 t 期初未回收投资 F_{t-1}	—	−1000	−900	780	−636	−463.2	−255.84
第 t 期的利息 $i \times F_{t-1}$	—	−200	−180	−156	−127.2	−92.64	−51.168
第 t 期末未回收投资 F_t	−1000	−900	−780	−636	−463.2	−255.84	0

由于提走（即已经使用）的资金不再生利息，因此，设 F_t 为第 t 期末尚未回收的投资余额；显然第 t 期内取得的复利利息为 $i \times F_{t-1}$，而第 t 期末的未回收投资余额 $F_t = F_{t-1}(1+i) + A_t$。

（5）内部收益率 IRR 含义的深入理解（即正误概念的表示，概念题中常见）

①根据表 4-1-5 计算结果，项目内部收益率 IRR 是项目到计算期末正好将未回收的资金全部收回的折现率。

②从上述项目现金流量在计算期内的演变过程发现，在整个计算期内，项目始终处于"偿付"未被收回投资的状况，IRR 指标的经济含义是项目占用的尚未回收资金的获利能力，它取决于项目的内部（这点是其优点，使用 IRR 时，比 NPV 方便，因为 NPV 要取决于项目外部的基准收益率计算较困难）。IRR 反

映项目自身的盈利能力,其值越高,方案的经济性越好。因此,工程经济分析中IRR是考察项目盈利能力的主要动态评价指标。

③IRR不仅与初始投资有关,还受到项目计算期内各年净收益大小影响,所以IRR不是初始投资在整个计算期内的盈利率,而是初始投资与回报在整个计算期内的盈利率,或者说是投资方案在整个计算期的盈利率。

4. 投资回收期法

投资回收期又称返本期,它是指建设项目以其每年的净收益抵偿其全部投资所需的时间长度。投资回收期指标有静态投资回收期及动态投资回收期两种,通常指的是动态投资回收期。

(1) 静态投资回收期法

①静态投资回收期(P_t)

静态投资回收期是在不考虑资金时间价值的条件下,以项目的净现金流量回收其全部投资所需要的时间,一般以年为单位。投资回收期可以自项目建设开始年算起,也可以自项目投产年算起。自项目投产年算起时,应予以注明。

②计算公式

静态投资回收期P_t的计算公式如下:

$$\sum_{t=0}^{P_t}(CI-CO)_t = 0 \tag{4-1-17}$$

实际计算时,常利用现金流量表计算,其具体情况又分为两种情况:

a. 项目建成投产后各年的净收益(即净现金流量)均相同,计算公式简化为:

$$P_t = \frac{项目总投资TI}{每年净收益A} \tag{4-1-18}$$

b. 项目建成投产后各年的净收益不相同,如图4-1-6所示,按下式计算静态投资回收期:

$$P_t = 累计净现金流量出现正值的年数 - 1 + \frac{上一年累计净现金量的绝对值}{出现正值年份的净现金流量} \tag{4-1-19}$$

③评价准则

一般要求投资回收期小于基准投资回收期(P_c),建设项目才经济可行。目前,我国没有规定统一的基准投资回收期,但可参考有关实际资料。若$P_t \leq P_c$时,表明项目投资能在规定时间内收回,项目在经济上可以接受;若$P_t > P_c$时,项目在经济上不可行。

(2) 动态投资回收期法

①动态投资回收期(P_t')

动态投资回收期考虑了资金的时间价值,实际上就是从投资年开始到项目净现值等于零时的年限。

②计算公式

$$\sum_{t=0}^{P_t'}(CI-CO)_t(1+i_c)^{-t} = 0 \tag{4-1-20}$$

实际计算时,常利用现金流量表,按下式计算动态投资回收期:

$$P_t' = 累计净现值开始出现正值的年份 - 1 + \frac{上年累计净现值的绝对值}{当年净现金流量的现值} \tag{4-1-21}$$

③评价准则

当$P_t' \leq P_c$时,项目在经济上可以接受;当$P_t' > P_c$时,项目在经济上不可行。

在实际工作中,由于**动态投资回收期与其他动态盈利性指标相近**。一般情况下,若 $P'_t < P_c$,则必然有 $IRR > i_c$ 和 $NPV > 0$。因此,对于同一方案,动态投资回收期法同内部收益率法和净现值法在方案评价方面是等价的。

值得注意,投资回收期作为经济评价的指标之一,其优点在于容易理解,计算比较简便,一定程度上显示了资金的周转速度,并以投资返回的快慢作为决策依据,这在建设资金短缺的情况下,是一个较有参考价值的评价补充依据;回收期短资金周转速度快,风险小。不过回收期指标只考虑回收前的效果,不能反映回收之后的情况,故无法准确衡量方案在整个计算期内的经济效果。所以,不论动态还是静态回收期作为方案选择和项目选优的评价准则是不可靠的,**只能作为辅助评价指标**,或与其他指标综合应用。

按静态分析计算的投资回收期较短,决策者可能认为经济效果尚可接受。**但用折现法计算的动态投资回收期长于静态投资回收期,该方案未必能被接受。**

【**示例 4**】 某项目投资现金流量的数据见表 4-1-6,计算该项目的静态投资回收期和动态回收期。

某项目投资现金流量表(单位:万元) 表 4-1-6

计算期	0	1	2	3	4	5	6	7	8
现金流入量	—	—	—	800	1200	1200	1200	1200	1200
现金流出量	—	600	900	500	700	700	700	700	700
净现金流量	—	−600	−900	300	500	500	500	500	500
累计净现金流量	—	−600	−1500	−1200	−700	−200	300	800	1300
$i_c = 10\%(P/F, i, n)$	—	0.90909	0.82645	0.75131	0.68301	0.62092	0.56447	0.51316	0.46651
NPV	—	−545.5	−743.8	225.4	341.5	310.5	282.2	256.6	233.3
累计净现金流量现值	—	−545.5	−1289.3	−1063.9	−722.4	−411.9	−129.9	126.9	360.2

解析:①根据式(4-1-19),可得:

静态投资回收期 $P_t = (6-1) + |-200|/500 = 5.4$ 年,公式的最后一项参见图 4-1-6,是利用大小两个直角相似三角形原理计算插值,绝对值 200 万元是小三角形底边,500 万元是大三角形底边;所求得的 0.4 是小三角形的直角边长,6 到 5 之间的 1 是大三角形的直角边。如果第 1 年年初有投资,0 起点可以有数值。

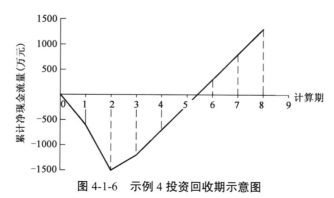

图 4-1-6 示例 4 投资回收期示意图

②根据式(4-1-21)可得:

动态回收期 $P'_t = (7-1) + |-129.9|/256.6 = 6.5$ 年,题目中给出的计算期为 8 年,采用静态投资回收

期和动态投资回收期计算结果都小于 8 年，说明该方案是可以接受的。

5. 效益费用比法（也称为益本比，简单浏览）

（1）效益费用比（BCR）

效益费用比是投资项目的全部效益现值B和与全部费用现值C和之比。

（2）计算公式

$$BCR = \frac{B}{C} = \frac{\sum_{t=0}^{n} \frac{CI_t}{(1+i_c)^t}}{\sum_{t=0}^{n} \frac{CO_t}{(1+i_c)^t}} \tag{4-1-22}$$

（3）评价准则

$BCR \geq 1$时，投资方案在经济上是可以接受的；若$BCR < 1$时，投资方案在经济上应予拒绝。

应该指出，BCR指标是个相对数。BCR反映的是在基准折现率条件下，投资项目单位费用现值所带来的效益现值的大小，但它不能反映效益现值总额与费用现值总额之间的绝对差异，因而不一定能保证投资者资金有最大的增长。如果按BCR最大来选择方案，则有可能误选了一个获利水平高、投资小，但不是获利最大的方案，从而失去适当的投资机会。因此，BCR不能简单直接地用于多方案的比选。

这种方法一般用于评价公用事业设计方案的经济效果。这里的效益不一定是项目承办者能得到的收益，可以是承办者收益与社会效益之和。

【示例5】 以示例4的表4-1-6数据为例，求该项目方案的效益费用比。

解析：$BCR = B/C$

$B = [800(P/F,10\%,3) + 1200(P/A,10\%,5)(P/F,10\%,3)]$
$= 800 \times 0.75131 + 1200 \times 3.79079 \times 0.75131 = 4018.72$

$C = [600(P/F,10\%,1) + 900(P/F,10\%,2) + 500(P/F,10\%,3) + 700(P/A,10\%,5)(P/F,10\%,3)]$
$= 600 \times 0.90909 + 900 \times 0.82645 + 500 \times 0.75131 + 700 \times 3.79079 \times 0.75131$
$= 3658.55$

$BCR = B/C = 4018.72/3658.55 = 1.0984 > 1$，方案可以接受。

（三）方案类型与独立型方案的经济评价

方案类型是指一组备选方案之间所具有的相互关系，方案之间的关系可分为：独立关系、互斥关系和相关关系。

在方案经济评价中，以独立关系和互斥关系的方案最为常见。正确评价投资方案的经济性，应根据方案所属的类型，选用合适的评价方法和评价指标，确保做出正确的投资决策。

（1）独立关系方案（也称为独立型方案）

独立关系是指方案间互不干扰、在经济上互不相关的方案，在一组备选的投资方案中，选择或放弃其中某一方案，并不影响其他方案的选择。例如，有 A（甲地到乙地的公路）、B（甲地到丙地的公路）、C（甲地到丁地的公路）三个互相独立的方案，见表4-1-7。显然，单一方案是独立型方案（独立方案）的特例。

A、B、C 三个方案现金流量表（单位：万元） 表 4-1-7

年末		0	1	2	3	4	5
现金流量	方案 A	−1100	500	500	500	500	500
	方案 B	−2300	1000	1000	1000	1000	1000
	方案 C	−3500	1200	1200	1200	1200	1200

①独立型方案的评价选择就是"做"或"不做",因此,取决于方案自身的经济性,这种对方案自身经济性的检验叫作"绝对经济效果检验"。多方案时,只要能"做",在投资额允许情况下可以都"做",不需要做比较选优。

②必须弄清楚每个指标的意义,以及根据指标计算结果对方案作出判断。

③必须清楚每个评价指标的计算,特别掌握NPV及IRR计算,以及静态投资回收期的计算。对于独立常规投资方案应用NPV评价与应用IRR评价均可,其结论是一致的。

(2)相关关系方案(也称为相关型方案或从属型方案)

相关关系,是指在各个方案之间,某一方案的采用与否会对其他方案的现金流量带来一定的影响,进而影响其他方案的采用或拒绝。例如,开发一个新旅游点,投资一条旅游公路和在旅游点新建宾馆两个投资方案,就是相关关系;如果投资资金受限两者可能是负相关,资金不受限可能是正相关(路修得好,客流大,宾馆效益也好)。

(四)互斥型方案经济比较采用的方法

互斥关系(也称为排他关系)是指在若干备选方案中,各方案彼此可以相互代替。因此方案具有排他性,选择其中任何一个方案,就不能再选择其他方案。例如,公路初步设计要求对同一起点与终点的两条公路路线设计方案进行比较;如果此时对两个设计方案进行经济评价,那么这两方案就是互斥型方案。

互斥型方案的评价包含两部分内容:一是考察各个方案自身的经济效果,即进行"绝对经济效果检验";二是考察哪个方案相对经济效果最优(必须选一个),即进行"相对经济效果检验"。两种检验的目的和作用不同,通常缺一不可,从而确保所选方案不但最优而且可行。只有在众多互斥型方案中必须选择其中之一时,才可单独进行相对经济效果检验。但需要注意的是,在进行相对经济效果检验时,不论使用哪种指标,都必须满足方案的可比条件。

(1)互斥型方案经济比较的动态与静态方法。

对互斥型方案经济比较,常用的方案比较方法有动态分析法和静态分析法。

①动态分析法有:"差额投资内部收益率法(ΔIRR)"(注:多方案不能用IRR)、"现值比较法""年值比较法"和"效益/费用法"等。

②静态分析法有:"差额投资收益率法""差额投资回收期法"等。

(2)计算期(寿命期)相同时投资方案比较方法。

计算期相同时投资方案比较可用净现值(NPV)法、费用现值(PC)法、年值(AW)和净现值率(NPVR)法等方法。

(3)当对计算期(寿命期)不同的投资方案进行比较时,可用以下方法进行处理。

①方案重复法(最小公倍数法,8年与12年的公倍数24年,采用净现值指标)。

②最短计算期法:也称为研究期法,8年与12年只比较前8年,必须先将12年方案所有P值等值计算为12年的A值,然后12年中等值计算前8年NPV(采用净现值指标)。

③年值法(最简单,比较各方案的年平均费用)。

(4)当对效益相同(或基本相同)的投资方案比较时,可用以下方法进行处理。

①费用现值法。

②年费用法。

（5）互斥型方案经济指标计算和评判比较事例以及结论不一致的处理。

①互斥型方案经济指标计算和评判比较事例。

【示例6】 对于表4-1-7所示的A、B、C三个投资方案，如果某投资人现有5000万元资金，用净现值法进行比较，基准收益率为10%，哪个组合方案最佳？如果采用内部收益率IRR，哪个组合方案最佳？

解析： 以"1"代表方案被接受，"0"代表方案被拒绝，全部组合方案以及按净现值和IRR比较结果见表4-1-8。

A、B、C三个投资方案的8种互斥组合方案比较结果表（单位：万元）   表4-1-8

方案组合	方案 ABC	现金流量 年末						$i_c = 10\%$ $(P/A, i, 5) = 3.79079$		IRR（%）
		0	1	2	3	4	5	P_A	NPV	
1	000	0	0	0	0	0	0	0	0	—
2	100	−1100	500	500	500	500	500	1895.40	795.40	35.51
3	010	−2300	1000	1000	1000	1000	1000	3790.80	1490.80	33.05
4	001	−3500	1200	1200	1200	1200	1200	4548.94	1048.94	21.15
5	110	−3400	1500	1500	1500	1500	1500	5686.18	2286.18	33.85
6	101	−4600	1700	1700	1700	1700	1700	6444.34	1844.34	24.70
7	011	−5800	2200	2200	2200	2200	2200	8339.73	—	—
8	111	−6900	2700	2700	2700	2700	2700	10235.12	—	—

由于资金只有5000万元，第7、8个组合方案不可行，按照NPV最大法则第5方案最佳。

$NPV_2(i) = -1100 + 500 \times [1 - (1+i)^{-5}]/i, i_1 = 35\%, i_1 = 36\%$；$IRR = 35.51\%$。

$NPV_3(i) = -2300 + 1000 \times [1 - (1+i)^{-5}]/i, i_1 = 33\%, i_1 = 34\%$；$IRR = 33.05\%$。

$NPV_4(i) = -3500 + 1200 \times [1 - (1+i)^{-5}]/i, i_1 = 21\%, i_1 = 22\%$；$IRR = 21.15\%$。

$NPV_5(i) = -3400 + 1500 \times [1 - (1+i)^{-5}]/i, i_1 = 33\%, i_1 = 34\%$；$IRR = 33.85\%$。

$NPV_6(i) = -4600 + 1700 \times [1 - (1+i)^{-5}]/i, i_1 = 24\%, i_1 = 25\%$；$IRR = 24.70\%$。

$NPV_7(i) = -5800 + 2200 \times [1 - (1+i)^{-5}]/i, i_1 = 25.5\%, i_1 = 26\%$；$IRR = 25.97\%$。

$NPV_8(i) = -6900 + 2700 \times [1 - (1+i)^{-5}]/i, i_1 = 27\%, i_1 = 28\%$；$IRR = 27.53\%$。

按照IRR最大法则，在可行方案中，第2组合方案IRR值最大。这充分说明IRR在多方案比较中，IRR最大，NPV并不一定最大；所以，不能依据IRR来排列两个或多个方案的优劣次序。因为，不考虑投资规模情况下，会出现排错方案优劣次序的可能。

当互斥型多方案评价中，NPV的结论与IRR结论一般是一致的；但是，有时会出现与上述示例不一致的情况，如图4-1-7所示。所以用内部收益率IRR进行多方案做经济效果比较时，必须采用差额投资内部收益率（ΔIRR）来对比，才能保证结论的正确性，如图4-1-8所示，这时NPV与ΔIRR（或i^*_{B-A}）有一致的结论。

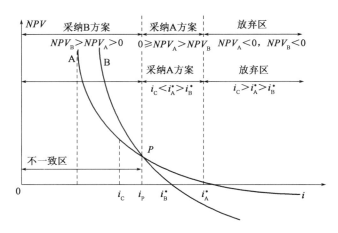

图 4-1-7 两种评价标准不一致的投资方案图

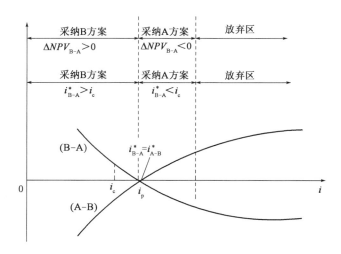

图 4-1-8 处理两种评价标准不一致的差额投资内部收益率法图

②两种评价结论不一致的处理方法——差额投资内部收益率法。

差额投资内部收益率（简称差额内部收益法）是两方案各年净现金流量差额的现值之和等于零的折现率，其表达式如下：

$$\sum_{t=0}^{n}\left[(CI-CO)_2-(CI-CO)_1\right]_t(1+\Delta IRR)^{-t}=0 \tag{4-1-23}$$

式中：ΔIRR——差额投资内部收益率；

$(CI-CO)_2$——投资大的方案净现金流量；

$(CI-CO)_1$——投资小的方案净现金流量。

$$\sum_{t=0}^{n}\left[(CI-CO)_2\right]_t(1+\Delta IRR)^{-t}=\sum_{t=0}^{n}\left[(CI-CO)_1\right]_t(1+\Delta IRR)^{-t} \tag{4-1-24}$$

式（4-1-24）差额投资内部收益率就是 $NPV_2=NPV_1$ 时的折现率，当 $\Delta IRR>i_c$（基准收益率或要求达到的收益率）时，以投资大的方案 2 为优，反之，则以投资小的方案 1 为优。

差额投资内部收益率法评价互斥方案的步骤如下：

a. 计算各备选方案的内部收益率，分别与基准收益率比较，淘汰 $IRR<i_c$ 的方案。

b. 将 $IRR>i_c$ 的方案按初始投资额由小到大排序。

c. 计算相邻两个方案的差额投资内部收益率，若 $\Delta IRR>i_c$，则说明初始投资额大的方案优于初始投资额小的方案，保留投资额大的方案；若 $\Delta IRR<i_c$，则保留投资额小的方案。最后一个被保留的方案

即为最优方案。

【示例 7】 以示例 6 中第 2 组合方案和第 5 组合方案用差额投资内部收益率法比较，确定哪个方案最优。

解析：第 5 组合方案投资大于第 2 组合方案，$i = \Delta IRR_{5-2}$，根据公式（4-1-23）可得：

$NPV(i) = [-3400-(-1100)] + (1500-500) \times [1-(1+i)^{-5}]/i, i_1 = 33\%$，

$i_1 = 34\%$；$\Delta IRR = 33.05\%$。

$\Delta IRR = 33.05\% > i_c = 10\%$，所以选择方案第 5 组合方案，与 NPV 的结论一致。

（五）经济分析（评价）小结

1. 单一方案的评价

单一方案是独立型方案的特例，与独立方案评价相同。

2. 多方案的评价（主要是独立型和互斥型两类评价）

（1）独立型方案评价

① 只进行方案"可行或可接受"与否的评价，即"绝对经济效果检验"，不做比较选优。

② 方法有：NPV 和 IRR 法，其结论两者是一致的，以及静态投资回收期法。

（2）互斥型方案评价

① 既要进行方案"可行或可接受"与否的评价，即"绝对经济效果检验"；也要进行"相对经济效果检验"即比较选优。

② 方法有动态和静态评价方法。

动态主要有："差额投资内部收益率法（ΔIRR）""现值比较法""年值比较法"和"效益费用法"。

（3）互斥型方案比较选优时几种指标或方法关系或注意要点

① 净现值法 NPV 最好用也用得最多，是绝对指标。NPV 是 i 的反比递减函数，该函数曲线在比较分析中非常有用。而 NPV 具体值取决于项目外部的"基准收益率 i_c"，基准收益率 i_c 确定困难，NPV 结论的实际准确性受到了 i_c 的影响。NPV 概念与 IRR、动态投资回收期 P_t'、效益费用比 BCR 都有关系。做题时要注意这几个指标之前的关系（例题和自测题中都有反映），同时应注意区分 $NPV(i)$ 函数和 $NPV(i_c)$ 值概念的不同（例 5 和例 6）。

NPV 值的计算原理上就是等值计算求 P，即将现金流量图或表中的数据折现到方案初期。

② 内部收益率 IRR 是相对指标，不受外界影响，只与项目本身有关；其结论的准确性相对比 NPV 高。其结论一般（或通常）与 NPV 一致；但是在两条 NPV 函数曲线出现交叉时（图 4-1-7），IRR 结论与 NPV 结论不一致。所以不适合互斥型多方案比较，而改为"差额投资内部收益率 ΔIRR"进行比较选优，与 NPV 结论一致。

a. 项目内部收益率 IRR 是项目到计算期末正好将未回收的资金全部收回的折现率。

b. IRR 指标的经济含义是项目占用的尚未回收资金的获利能力，即 IRR 反映项目自身的盈利能力。

c. IRR 不仅与初始投资有关，还受到项目计算期内各年净收益大小影响，是投资方案在整个计算期（即寿命周期）的盈利率。

d. NPV 与 IRR 之间的关系，参见图 4-1-5 和图 4-1-7。

③ 动态投资回收期（P_t'）

a. 动态投资回收期 P_t' 不能单独作为评判指标，只是辅助性指标。因为其只关注回收前，未涉及回收后的情况。

b. 动态投资回收期P_t'与NPV的关系。图4-1-6虽然是静态回收期图形，但是动态回收期的图形和趋势是相同的。图中计算期末n年对应的竖直线高度就是$NPV(i_c)$值。

c. 图4-1-6如果是表示动态回收期图，折线与时间横轴的交点就是P_t'。不过千万不要将此点与IRR相联系，P_t'与IRR无关，因为横轴坐标含义不同（一个是时间，另一个是i）；P_t'也与NPV无关。

④效益费用比（BCR）以及效益费用比与NPV的关系

a. $BCR \geq 1$时，投资方案在经济上是可以接受的；也表明$NPV \geq 0$。

b. BCR指标是个相对数，不能反映效益现值总额与费用现值总额之间的绝对差异。因此，BCR不能简单直接地用于多方案的比选。

3. 财务评价与国民经济评价的区别

（1）评价角度不同：财务评价是从项目经营者（或投资人或债权人）角度考察项目货币收支、盈利状况和借款清偿能力。国民经济评价是从国家整体角度考察项目选优国家付出的代价和对国家的贡献，确定投资行为的经济合理性。

（2）项目费用、效益的含义和范围划分不同：财务评价是根据项目的实际收支情况确定项目的效益和直接费用。国民经济评价是根据项目给国家所创造效益和消耗资源的数量，来考察项目的效益和费用。国家给项目的补贴、项目上缴的税金和国内借款的利息，均视为转移支付，不作为项目效益和直接费用；但是要作为项目间接效益和间接费用即外部效果。

（3）评价采用的价格不同：财务评价对投入物和产出物采用市场价格，国民经济评价采用影子价格。

（4）主要参数不同：财务评价采用国家公布汇率和行业基准收益率或银行利率，国民经济评价采用国家统一测定的影子汇率和社会折现率等。

由于上述区别，两种评价的结论有时相反。如果某项目所用材料的国内价格低于国际市场价格，其产出产品的国内价格又高于国际价格，从财务评价考虑企业的利润很高，项目可行；而国民经济评价采用以国际市场价格为基础的影子价格来计算，可能该项目对国民经济没有那么大贡献。又如果，某些矿产品国内价格偏低，企业利润很少，财务评价结果不能通过；而国民经济评价采用影子价格，对这些国计民生不可缺少的物资生产项目国民经济贡献很大，就可能通过。

例 题

例1 基准收益率与NPV的关系表现为（　　）。
　　A. 基准收益率减小，NPV相应减小　　B. 基准收益率减小，NPV相应增大
　　C. 基准收益率的大小与NPV无关　　D. 基准收益率增大，NPV相应增大

例2 某常规投资方案，$NPV(i_1=14\%)=160$，$NPV(i_2=16\%)=-90$，则IRR的取值范围为（　　）。
　　A. <14%　　B. 14%～15%　　C. 15%～16%　　D. >16%

例3 某投资方案各年的净现金流量如图所示，基准收益率为10%，试计算该方案净现值，并判断方案的可行性（　　）。

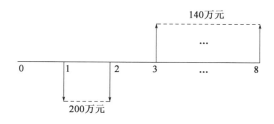

例3 图

A. 63.72 万元，方案不可行　　　　　　B. 128.73 万元，方案可行

C. 156.81 万元，方案可行　　　　　　D. 440.00 万元，方案可行

例4 对于常规的投资项目，在采用直线内插法求解内部收益率时，近似解与精确解之间存在的关系是（　　）。

A. 近似解 < 精确解　　　　　　B. 近似解 > 精确解

C. 近似解 = 精确解　　　　　　D. 不确定关系

例5 若 A、B 两个具有常规现金流量的方案互斥，其净现值 $NPV(i)_A > NPV(i)_B$，则（　　）。

A. $IRR_A > IRR_B$　　　　　　B. $IRR_A = IRR_B$

C. $IRR_A < IRR_B$　　　　　　D. IRR_A 与 IRR_B 的关系不确定

例6 若 A、B 两个具有常规现金流量的方案互斥，其净现值 $NPV(i_c)_A > NPV(i_c)_B$，则（　　）。

A. $IRR_A > IRR_B$　　　　　　B. $IRR_A = IRR_B$

C. $IRR_A < IRR_B$　　　　　　D. IRR_A 与 IRR_B 的关系不确定

例7 对独立型方案的评价，用内部收益率和净现值评价所得结论（　　）。

A. 一致　　　　　　B. 不完全一致

C. 不一致　　　　　　D. 无法判断

例8 关于净现值的说法错误的是（　　）。[2022 年真题]

A. 对于单个的独立方案而言，当 $NPV \geq 0$ 时，则认为方案是可取的

B. 对于多个方案，则不仅要求方案 $NPV \geq 0$，且选择一个方案时，应选 NPV 值中最大的

C. 在费用（成本）相同时，可使用净现值进行比较

D. 折现率越大，其净现值越小

例9 关于静态投资回收期特点的说法，正确的是（　　）。

A. 静态投资回收期只考虑了方案投资回收之前的效果

B. 静态投资回收期可以单独用来评价方案是否可行

C. 静态投资回收期若小于或等于基准投资回收期，则表明该方案可以接受

D. 静态投资回收期越长，表明资本周转速度越快

E. 静态投资回收期越短，表明资本周转速度越快

例10 下列论述正确的是（　　）。

A. 在进行投资方案比较时，投资回收期最短的方案就是最优方案

B. NPV 越大的投资方案，其投资回收期越短

C. 如果某投资方案在某基准收益率下 NPV = 0，表明此时该投资方案刚好保本

D. 内部收益率 IRR 是项目到计算期末正好将未回收的资金全部收回的折现率

E. 在互斥型多方案比较时，净现值 NPV 与差额投资内部收益率 ΔIRR 结论一致

例11 若基准收益率等于方案的内部收益率，则有（　　）。

A. 方案的净现值 NPV > 0

B. 方案的净现值 NPV = 0

C. 方案的净现值 NPV < 0

D. 动态投资回收期等于方案的寿命周期

E. 动态投资回收期大于方案的寿命周期（即计算期）

例 题 解 析

例1 根据公式（4-1-9）净现值NPV与基准收益率i_c之间成反比关系，或参见图 4-1-5 NPV与i的函数关系。故选 B 项。

例2 根据图 4-1-5 内部收益率IRR与NPV值的关系，该题可以用排除法，先排除选项 A 和 D；根据图形中两个相似三角形和$NPV(i_1=14\%)=160$，$NPV(i_2=16\%)=-90$，IRR应该更加靠近i_2的位置。故选 C 项。

例3 根据式（4-1-9）和表 4-1-2 中公式，计算净现值$NPV=-200(P/A,10\%,2)+140(P/A,10\%,6)(P/F,10\%,2)=-200\times\left[1-(1+10\%)^{-2}\right]\div 10\%+140\times\left\{\left[1-(1+10\%)^{-6}\right]\div 10\%\right\}\times(1+10\%)^{-2}=-347.10+503.91=156.81$。故选 C 项。

例4 根据图 4-1-5，i^*是近似值，IRR是精确值，$i^*>IRR$。故选 B 项。

例5 根据题干"净现值$NPV(i)_A>NPV(i)_B$"的描述，说明 A 方案NPV函数大于 B 方案NPV函数，参见解图，$IRR_A>IRR_B$。故选 A 项。

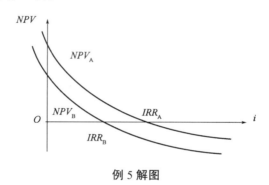

例 5 解图

例6 与例 5 的题干不同，"净现值$NPV(i_c)_A>NPV(i_c)_B$"的描述，说明 A 方案NPV值大于 B 方案NPV值，不是NPV函数。如果两条NPV函数曲线没有出现交叉，则$i_c<IRR_B$时，$IRR_A>IRR_B$；如果两条NPV函数曲线出现交叉，参见图 4-1-7 理解（要将该图的字母 A 与 B 互换一下才符合题干表述），两条NPV函数曲线出现交叉情况下，图中i_c位置$NPV_A>NPV_B$，对应的$IRR_A(i_A^*)<IRR_B(i_B^*)$；如果两条$NPV$函数曲线关系交叉点$P$位于$i$轴，则$IRR_A=IRR_B$。因此有三种可能性。故选 D 项。

例7 要认真分析题干的文字描述，"独立方案"是不做相对经济效果检验进行比较选优的，只需对方案判断能否接受的绝对经济效果检验。对于独立常规投资方案应用NPV评价与应用IRR评价均可，其结论是一致的。故选 A 项。

例8 该题可采用排除法。AB 选项根据NPV评判标准显然是对的，D 选项只要参考图 4-1-5 或例 5 解图得知是对的。则只有选项 C 是错误的，而且在费用（成本）相同时，可使用收益现值法进行比较，收益现值大者方案优选。因成本相同时只需比较收益部分，此时不需"净"字，故选 C 项。

例9 投资回收期一定程度上显示了资金的周转速度，回收期短则资金周转速度快。不过回收期指标只考虑回收前的效果，不能反映回收之后的情况，故无法准确衡量方案在整个计算期内的经济效果。所以，不论动态还是静态回收期作为方案选择和项目选优的评价准则是不可靠的，只能作为辅助评价指标。故选 ACE 项。

例10 选项 A 错误在例 8 中已解释。"回收期作为方案选择和项目选优的评价准则是不可靠的"。选项 B 错误在于NPV大小与投资回收期长短没有必然的联系，静态与动态回收期的图形相似趋势相同，参见图 4-1-6 如果是动态回收期，时间坐标末端的高度就是NPV值，折线与横轴交点就是动态回收期；

很容易在图形中作出另外一条折线，回收期小于原图形，而末端高度低于原图的折线；这就说明存在着 NPV 更小、回收期更短的方案。选项 C 错误在于不是刚好保本，$NPV=0$ 说明盈利的水平就是基准收益率。参见【示例 3】和【示例 6】，选项 DE 的说法是正确的。故选 DE 项。

例 11 选项 B 是正确的，因为根据公式（4-1-9）计算 NPV，如果 $i_c = IRR$，那么此时 NPV 计算式就变成为公式（4-1-14），$NPV=0$。选项 D 正确，动态回收期的图形如同图 4-1-6 形状，时间坐标末端的高度就是 NPV 值，此时为零，说明与横轴交点就是计算期 n 即项目寿命周期。故选 BD 项。

自 测 模 拟 题

（一）单项选择题

1. 如下关于投资回收期的说法正确的是（　　）。
   A. 投资回收期全面地考虑了投资方案整个计算期内的现金流量
   B. 投资回收期的判断标准是基准投资回收期，其取值可根据现金流量表
   C. 投资回收期越短，说明项目的盈利能力和抗风险能力较差
   D. 投资回收期只能作为投资方案选择的辅助评价指标

2. 某项目的净现值前 5 年为 210 万元，第 6 年为 30 万元，$i_c = 10\%$，则前 6 年的净现值为（　　）万元。
   A. 227　　　　　　　B. 237　　　　　　　C. 240　　　　　　　D. 261

3. 在方案经济评价中，项目内部收益率满足（　　）时，方案在经济上可以接受。
   A. $IRR > 0$　　　B. $IRR < 0$　　　C. $IRR \geqslant i_c$　　　D. $IRR < i_c$

4. 已知两个投资方案，投资成本相等，下面结论正确的是（　　）。
   A. $NPV_1 > NPV_2$，则 $IRR_1 = IRR_2$
   B. $NPV_1 > FNPV_2$，则 $IRR_1 > IRR_2$
   C. $NPV_1 > NPV_2 \geqslant 0$，则方案 1 优于方案 2
   D. $NPV_1 > NPV_2 \geqslant 0$，则方案 2 优于方案 1

5. 关于技术方案净现值与基准收益率，说法正确的是（　　）。
   A. 基准收益率越大，净现值越小　　　　B. 基准收益率越大，净现值越大
   C. 基准收益率越小，净现值越小　　　　D. 两者之间没有关系

6. 保持其他因素不变，基准收益率降低时，则下列评价指标值会增大的是（　　）。
   A. 净现值　　　B. 内部收益率　　　C. 投资收益率　　　D. 静态投资回收期

7. 某投资方案，当基准收益率取 12% 时，$NPV = -18$ 万元，则该项目的内部收益率 IRR 值的范围是（　　）。
   A. 大于 12%　　　B. 小于 12%　　　C. 等于 12%　　　D. 无从判断

8. 动态投资回收期与静态投资回收期相比，一般情况下（　　）。
   A. 两者时间一样长　　　　　　　　　B. 后者比前者时间长
   C. 前者比后者时间长　　　　　　　　D. 前三种情况都有可能出现

9. 具有常规现金流量的投资方案，当基准收益率为 10% 时，财务净现值为 100 万元，当基准收益率为 12% 时，该项目的财务净现值（　　）。
   A. 小于 100 万元　　B. 等于 100 万元　　C. 大于 100 万元　　D. 以上都不正确

10. 某项目现金流量表如下所示：

题 10 表

计算期	0	1	2	3	4	5	6
净现金流量	−200	60	60	60	60	60	60

若基准收益率大于零，则其动态投资回收期的可能值是（　　）年。

  A. 2.33   B. 2.63   C. 3.33   D. 3.63

11. 某建设项目有 A、B、C 三个方案，寿命期均为 15 年，按投资由小到大排序为 C < B < A，方案 B 对方案 C 的差额投资内部收益率是 14.8%，方案 A 对方案 B 的差额投资内部收益率是 11.5%，基准收益率为 12%，则最佳方案是（　　）。

  A. 方案 A   B. 方案 B   C. 方案 C   D. 无法确定

12. 项目计算期内累计净现金流量为 A，项目财务净现值为 B，固定资产现值为 C，流动资金现值为 D，则项目净现值率为（　　）。

  A. A/C

  C. $B/(C+D)$

           B. B/C

           D. $A/(C+D)$

13. 已知某项目的净现金流量见下表。若 $i_c = 8\%$，则该项目的财务净现值为（　　）万元。

题 13 表

年份	1	2	3	4	5	6
净现金流量	−4200	−2700	1500	2500	2500	2500

  A. 109.62   B. 108.00   C. 101.71   D. 93.38

14. 可用于评价项目盈利能力的绝对指标是（　　）。

  A. 价格临界点 B. 净现值 C. 总投资收益率 D. 敏感度系数

15. 某项目流量表的数据见下表，则该项目的静态投资回收期为（　　）年。

题 15 表

计算期	0	1	2	3	4	5	6	7	8
净现金流量（万元）	—	−800	−1000	400	600	600	600	600	600
累计净现金流量（万元）	—	−800	−1800	−1400	−800	−200	400	1000	1600

  A. 5.33   B. 5.67   C. 6.33   D. 6.67

16. 某技术方案的净现金流量见下表。则该方案的静态投资回收期为（　　）年。

题 16 表

计算期（年）	0	1	2	3	4	5	6
净现金流量（元）	—	−1500	400	400	400	400	400

  A. 3.25   B. 3.75   C. 4.25   D. 4.75

17. 将技术方案经济效果评价分为静态分析和动态分析的依据是（　　）。

  A. 评价方法是否考虑主观因素   B. 评价指标是否能够量化

  C. 评价方法是否考虑时间因素   D. 经济效果评价是否考虑融资的影响

18. 某技术方案的净现金流量见下表。若基准收益率大于 0，则该方案的净现值（　　）。

题 18 表

计算期（年）	0	1	2	3	4	5
净现金流量（万元）	—	−300	−200	200	600	600

    A. 等于 900 万元   B. 大于 900 万元，且小于 1400 万元

    C. 小于 900 万元   D. 等于 1400 万元

19. 某常规技术方案，$NPV(16\%) = 160$ 万元，$NPV(18\%) = -80$ 万元，则该方案的 IRR 最可能为（　　）。

    A. 15.98%   B. 16.21%   C. 17.33%   D. 18.21%

20. 下列工程经济效果评价指标中，属于盈利能力分析动态指标的是（　　）。

    A. 净现值   B. 投资收益率

    C. 借款偿还期   D. 流动比率

21. 对于待定的投资方案，若基准收益率增大，则投资方案评价指标的变化规律是（　　）。

    A. 净现值与内部收益率均减小   B. 净现值与内部收益率均增大

    C. 净现值减小，内部收益率不变   D. 净现值增大，内部收益率减小

22. 关于内部收益率的说法，正确的是（　　）。

    A. 内部收益率大于基准收益率时，技术方案在经济上可以接受

    B. 内部收益率是一个事先确定的基准折现率

    C. 内部收益率受项目外部参数的影响较大

    D. 独立方案用内部收益率评价与净现值评价，结论通常不一致

23. 某项目各年净现金流量如下表，设基准收益率为 10%，则该项目的净现值和静态投资回收期分别为（　　）。

题 23 表

年份	0	1	2	3	4	5
净现金流量（万元）	−160	50	50	50	50	50

    A. 32.02 万元，3.2 年   B. 32.02 万元，4.2 年

    C. 29.54 万元，4.2 年   D. 29.54 万元，3.2 年

24. 某技术方案具有常规现金流量，当基准收益率为 12% 时，财务净现值为 −67 万元；当基准收益率为 8% 时，财务净现值为 242.67 万元；当基准收益率为 6% 时，财务净现值为 341.76 万元，则该技术方案的内部收益率最可能的范围为（　　）。

    A. 小于 6%   B. 大于 6%，小于 8%

    C. 大于 12%   D. 大于 8%，小于 12%

25. 某投资方案建设期为 1 年，第一年年初投资 8000 万元，第二年年初开始盈利，运营期为 4 年，运营期每年年末净收益为 3000 万元，净残值为零。若基准率为 10%，则该投资方案的财务净现值和静态投资回收期分别为（　　）。

    A. 1510 万元和 3.67 年   B. 1510 万元和 2.67 年

    C. 645 万元和 2.67 年   D. 645 万元和 3.67 年

26. 现有甲和乙两个项目，静态投资回收期分别为 4 年和 6 年，该行业的基准投资回收期为 5 年。

关于这两个项目的静态投资回收期的说法，正确的是（　　）。

　　A. 甲项目的静态投资回收期只考虑了前4年的投资效果

　　B. 乙项目考虑全寿命周期各年的投资效果确定静态投资回收期为6年

　　C. 甲项目投资回收期小于基准投资回收期，据此可以准确判断甲项目可行

　　D. 乙项目的资本周转速度比甲项目更快

27. 某项目估计建设投资为1000万元，全部流动资金为200万元，建设当年即投产并达到设计生产能力，各年净收益均为270万元。则该项目的静态投资回收期为（　　）年。

　　A. 2.13　　　　　　　B. 3.70　　　　　　　C. 3.93　　　　　　　D. 4.44

28. 某技术方案的净现金流量见下表。若基准收益率为6%，则该方案的财务净现值为（　　）万元。

题28表

计算期（年）	0	1	2	3
净现金流量（万元）	−1000	200	400	800

　　A. 147.52　　　　　　B. 204.12　　　　　　C. 216.37　　　　　　D. 400.00

（二）多项选择题

1. 进行投资方案经济比较时应遵守的原则有（　　）。

　　A. 重大基础设施和公益性项目的方案比较，原则上应通过国民经济评价和综合评价来确定

　　B. 方案比较应遵循效益与费用计算口径对应一致的原则

　　C. 方案比较应注意各个方案间的可比性

　　D. 坚持以静态分析为主的原则

　　E. 多种方案同时使用的原则

2. 在对投资方案进行经济评价时，常用动态指标有（　　）。

　　A. 内部收益率　　　　　　　　　　　B. 利息备付率

　　C. 偿债备付率　　　　　　　　　　　D. 投资收益率

　　E. 净现值率

3. 某项目的内部收益率等于行业基准收益率，则有（　　）。

　　A. $IRR = i_c$　　　　　　　　　　　B. $NPV(i_c) = 0$

　　C. $NPV(i_c) > 0$　　　　　　　　　D. $NPV(i_c) < 0$

　　E. 动态投资回收期 = 方案计算期

4. 在对投资方案进行经济评价时，判别方案可行的选项有（　　）。

　　A. 投资回收期>基准投资回收期　　　　B. 净现值≥0

　　C. 总投资收益率>0　　　　　　　　　D. 内部收益率≥基准收益率

　　E. 内部收益率<基准收益率

5. 下列关于建设项目的净现值，表述正确的有（　　）。

　　A. 净现值考虑了项目现金流量在各年的时间排序情况

　　B. 净现值是项目整个计算期间各年净现金流量之和

　　C. 对于独立型方案的评价，NPV与IRR的评价结论一致

　　D. 随着基准折现率的逐渐增大，净现值由小变大，由负变正

E. 净现值是评价项目盈利能力的绝对指标

6. 内部收益率是指方案满足（　　）时的收益率。
   A. 净现值大于零
   B. 净现值等于零
   C. 收入现值等于成本现值
   D. 各年净现金流量现值累计值等于零
   E. 收入等于成本

7. 可以用于进行寿命期不同的互斥型方案比较和选择的方法有（　　）。
   A. 差额投资内部收益率
   B. 净现值法
   C. 年值法
   D. 最小公倍数法
   E. 最短计算期法

8. 下面关于净现值的叙述，正确的有（　　）。
   A. 必须先确定一个符合经济现实的基准收益效率，而该值的确定往往是比较困难的
   B. 互斥型方案寿命不等，必须构造一个相同的分析期限
   C. 不能真正反映项目投资中单位投资的使用效率
   D. 经济意义不明确直观，不能够直接以货币额表示净收益
   E. 净现值大于零反映投资项目内部具有盈利能力，而且大于基准收益效率

9. 工程项目盈利能力分析中，动态分析指标有（　　）。
   A. 内部收益率
   B. 净现值
   C. 净现值率
   D. 动态投资回收期
   E. 投资收益率

10. 下列经济效果评价指标中，属于盈利能力动态分析指标的有（　　）。
    A. 总投资收益率
    B. 财务净现值
    C. 资本金净利润率
    D. 财务内部收益率
    E. 速度比率

11. 某常规技术方案当折现率为8%时，净现值为360万元；当折现率为10%时，净现值为30万元，则关于该方案经济效果评价的说法，正确的有（　　）。
    A. 内部收益率在8%～9%之间
    B. 当行业基准收益率为8%时，方案可行
    C. 当行业基准收益率为9%时，方案不可行
    D. 当折现率为9%时，净现值一定大于0
    E. 当行业基准收益率为10%时，内部收益率小于行业基准收益率

12. 关于投资回收期的说法，正确的有（　　）。
    A. 静态投资回收期就是方案累计现值等于零时的时间（年份）
    B. 静态投资回收期是在不考虑资金时间价值的条件下，以项目的净收益回收其全部投资所需要的时间
    C. 静态投资回收期可以从项目投产年开始算起，但应予以注明
    D. 静态投资回收期可以从项目建设年开始算起，但应予以注明
    E. 动态投资回收期一般比静态投资回收期短

13. 经济分析的基本方法有（　　）。

A. 现值法　　　　B. 年值法　　　　C. 内部收益率　　　　D. 投资回收期法
E. 经验分析法

参考答案及解析

（一）单项选择题

1. D　2. C　3. C　4. C　5. A　6. A　7. B　8. C　9. A　10. D
11. B　12. C　13. A　14. B　15. A　16. D　17. C　18. C　19. C　20. A
21. C　22. A　23. D　24. D　25. D　26. A　27. D　28. C

1. 解析：选项 B 错，因为基准投资回收期取决于社会的平均水平，不是根据现金流量表；主要是考审题的文字能力和认真与否。其他选项在前面例题中都有解释。

2. 解析：主要是考审题的文字能力和认真与否，净现值前 5 年为 210 万元，第 6 年为 30 万元。说明前 6 年都是净现值，直接相加 = 210 + 30 = 240。i_c = 10%，就是给人造成干扰和迷惑的。

6. 解析：参见图 4-1-5，很容易理解，基准收益率降低时，此时 i 往左边移动则 NPV 值增大，故选 A 项。内部收益率与基准收益率无关；投资收益率和静态投资回收期是静态指标，与基准收益率无关。

10. 解析：此题先计算静态投资回收期是 3.33，动态投资回收期 > 静态投资回收期，所以选比 3.33 大的 3.63，即选 D 项。

11. 解析：因为按投资由小到大排序为 C < B < A，当 ΔIRR_{B-C} = 14.8% > 12% 时选方案 B；同时当 ΔIRR_{A-B} = 11.5% < 12% 时选方案 B。所以选择方案 B 最佳。选 B 项。

23. 解析：本题需要计算 2 个指标才能得到答案。净现值的计算和投资回收期的计算相比，财务净现值计算需要花更多的时间。投资回收期能口算出是 3.2 年，所以在 A 和 D 中间选择。值得注意的是，由于各年净现金流相等，净现值的计算可以直接利用等值的公式计算，可节约时间。

26. 解析：选项 B 错，得出静态投资回收期为 6 年，并不一定 n = 6，而是 $n \geqslant$ 6 年。选项 C 最难处理，甲项目投资回收期小于基准投资回收期，甲方案可接受（可行），但是投资回收期不能单独作为评判标准。相对于选项 A，选项 C 不如选项 A 合适。选项 D 是错的，乙项目的资本周转速度比甲项目更慢，不是快。故选 A 项。

27. 解析：转换成表格，累计净现金流量为 0 的点为静态投资回收期。4 + [4/(4 + 5)] = 4.44 年。故选 D 项。

（二）多项选择题

1. ABC　2. AE　3. ABE　4. BD　5. ACE　6. BCD　7. CDE
8. ABC　9. ABCD　10. BD　11. BD　12. BCD　13. ABCD

8. 解析：选项 A 正确，是 NPV 的定义，基准收益效率受社会平均水平影响，很难确定；所以 NPV 是受外部影响指标，选项 E 错在多了"内部"两字。寿命期不等时需进行处理使之可比，选项 B 正确。选项 C 正确，反映项目投资中单位投资的使用效率指标是净现值率 NPVR。选项 D 错，NPV 经济意义是明确直观，是货币额表示净收益的绝对指标值。

11. 解析：因为 i = 10% 时 NPV > 0，所以 IRR > 10%。那么，选项 A 错；选项 B 正确；选项 C 错在不可行，i_c = 9% 时，NPV > 0，方案可行，则选项 D 正确。选项 E 错，此时内部收益率大于 10% 的行业基准收益率答案。故选 BD 项。

12. 解析：选项 A 错在表述中多了"现值"二字。选项 E 错在说法相反了，不是"短"而是"更长"了。故选 BCD 项。该题是 2019 年住房和城乡建设部监理考试真题。

三、不确定性分析

重点知识

（一）不确定性的概念和不确定性分析概念

1. 不确定性概念

不确定性通俗的概念是指人们对事物未来的状态或发展不能确定地知道或掌握。不确定性产生的原因是多种多样的，既有系统外部环境变化的原因，也有系统自身变化的原因，更有人的思想和行为变化的原因。

前面对拟采取的方案进行经济效果分析或评价，虽然得出了结论；但是，评价采用的数据来自评价者或决策者的估计和预测，因而具有不确定性或可变性。即使估计和预测是有效的或比较准确，仍然存在未来实际情况可能发生变化。为了尽量避免投资决策失误，以及对未来变化影响的控制，有必要进行不确定性分析。所以，工程经济分析的一个重要工作就是要研究各种不确定性和由此带来的风险，找出各种估计和预测可能出现的偏差以及这些偏差的边界，而这些边界有可能导致选择不同于确定情况下的项目方案。

2. 不确定性分析

项目不确定性分析的通俗理解或概念，就是计算不确定性因素（包括建设投资、经营成本、产品售价、销售量、项目寿命计算期等）假想变动时，对项目经济效果评价指标的影响程度。这种影响越强烈，表明所评价的项目方案对某个或某些因素越敏感。对于这些敏感因素，要求项目决策者和投资者予以充分重视和考虑。

项目不确定性分析就是研究各种经济参数发生变化时，经济评价结果的变化情况和变化范围，估计经济评价结果所面临的风险，为投资决策提供风险分析的资料和结果，以避免投资决策的失误。

（二）不确定性分析的种类或方法

不确定性分析的基本方法包括盈亏平衡分析（即临界分析）、敏感性分析和概率分析（即风险分析）。盈亏平衡分析只适用于财务评价，敏感性分析和概率分析可同时用于财务评价和国民经济评价。

1. 临界分析（即盈亏平衡分析）

盈亏平衡分析实际上是一种特殊形式的临界点分析。进行这种分析时，将产量或者销售量作为不确定因素，求取盈亏平衡时临界点所对应产量或者销售量。盈亏平衡点越低，表示项目适应市场变化的能力越强，抗风险能力也越强。盈亏平衡点常用生产能力利用率或者产量表示。

（1）用生产能力利用率表示的盈亏平衡点 BEP（%）为：

$$BEP(\%) = 年固定总成本 \div 年销售收入 - (年可变成本 -$$
$$年售税金及附加 - 年增值税) \times 100\% \tag{4-1-25}$$

（2）用产量表示的盈亏平衡点 BEP（产量）为：

$$BEP(产量) = 年固定总成本 \div (单位产品销售价格 - (单位产品可变成本 -$$
$$单位产品销售税金及附加 - 单位产品增值税) \tag{4-1-26}$$

（3）两者之间的换算关系为：

$$BEP(产量) = BEP(\%) \times 设计生产能力 \tag{4-1-27}$$

盈亏平衡点应按项目投产后的正常年份计算，而不能按计算期内的平均值计算。项目评价中常使用盈亏分析图表示分析结果，如图4-1-9所示。

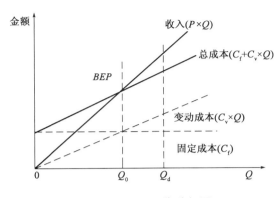

图 4-1-9 盈亏平衡分析图

图中$P \times Q$为毛收入，是含税收入（实际收入还要扣除相关税，如增值税）；C为总成本；P为单位产品价格；Q为产品销售量；C_f为固定成本；C_v为单位产品变动成本；Q_d为设计生产能力。参考图4-1-9有助于理解问题和答题。

盈亏平衡点反映了项目对市场变化的适应能力和抗风险能力。盈亏平衡点越低，项目投产后盈利可能性越大，适应市场变化和抗风险能力越强。不过盈亏平衡点不能揭示产生风险的根源，还需其他方法来帮助达到这目标。

【示例1】 某设计方案年产量为12万t，已知每吨产品的销售价格为675元，每吨产品缴付的销售税金（含增值税）为165元，单位可变成本为250元，年总固定成本费用为1500万元，试求盈亏平衡点、盈亏平衡点的生产能力利用率。

解析： 产量盈亏平衡点 $= 1500 \div (675 - 250 - 165) = 5.77$ 万 t

销售收入平衡点 $=$ 产量平衡点$BEP \times$ 销售价格即单价$P = 5.77 \times 675 = 3894.75$万元

价格盈亏平衡点 $=$ 单位变动成本$C_V +$ 单位税金 $+ C_f/Q_d = 250 + 165 + 1500/12 = 540$ 元/t

生产能力利用率 $= [1500 \div (8100 - 3000 - 1980)] \times 100\% = 48.08\%$

以上是线性盈亏平衡分析。在实际生产中，某些产品的销售收入和成本与销售量并不一定呈线性关系。因为生产销售活动将影响市场的供求状况，随着产品销售量的增加，产品价格有所下降，所以销售收入与销售量之间不再是线性关系。另外，变动成本总额中大部分与产品产量呈正比例关系，也有一部分变动成本与产品产量不成正比例关系，如与生产批量有关的某些消耗性材料费用、磨具费用以及运输费用等，一般呈阶梯状曲线，通常这部分变动成本称为半变动成本。

2. 敏感性分析

敏感性分析（灵敏度分析）是通过研究项目主要不确定因素（如投资、产量、成本、价格、建设期、外汇汇率等）发生变化时，项目经济效果指标（如IRR、NPV、P_t'等）发生相应变化，找出项目的敏感因素，确定其敏感程度，并分析该因素达到临界值时项目的承受能力。

（1）敏感性分析的目的

①确定不确定性因素在什么范围内变化，方案的经济效果最好，在什么变化效果最差，以便对不确定性因素实施控制。

②区分敏感性大的方案和敏感性小的方案，以便选出敏感性小的，即风险小的方案。

③找出敏感性强的因素，向决策者提出是否需要进一步搜集资料，进行研究，以提高经济分析的可

靠性。

（2）敏感性分析的步骤

一般进行敏感性分析可按以下步骤进行：

①选定需要分析的不确定因素。这些因素主要有：产品产量（生产负荷）、产品售价、主要资源价格（原材料、燃料或动力等）、可变成本、投资、汇率等。

②确定进行敏感性分析的经济评价指标。衡量项目经济效果的指标较多，敏感性分析的工作量较大，一般不可能对每种指标都进行分析，而只对几个重要的指标进行分析，如净现值、内部收益率、投资回收期等。由于敏感性分析是在确定性经济评价的基础上进行的，故选做敏感性分析的指标应与经济评价所采用的指标一致，其中最主要的指标是内部收益率。

③分析不确定因素变动程度及其引起的评价指标的变动情况。一般将各选定的不确定因素，设若干级变动幅度（通常用变化率表示）。然后计算与每级变动相应的经济评价指标值，建立一一对应的数量关系，并用敏感性分析图（图4-1-10），或敏感性分析表（表4-1-9）的形式表示。

④确定敏感性因素

敏感性分析的目的在于寻求敏感性因素，可以通过计算敏感度系数S_{AF}和临界点来判断。

（3）敏感性分析的类型

根据项目经济目标，如经济净现值或经济内部收益率等所做的敏感性分析叫作经济敏感性分析。而根据项目财务目标所作的敏感性分析叫作财务敏感性分析。

根据每次所考虑的变动因素数目的不同，敏感性分析又分单因素敏感性分析和多因素敏感性分析。每次只考虑一个因素的变动，而让其他因素保持不变时所进行的敏感性分析，叫作单因素敏感性分析。假设两个或两个以上互相独立的不确定因素同时变动，分析这些因素对经济评价指标影响程度和敏感程度，就是多因素敏感性分析。

【示例2】 某新建水泥厂年产P·O 52.5级普通硅酸盐水泥130万t，基准收益率为10%，根据项目基本数据计算的内部收益率为11.62%，售价、投资、经营费用等因素分别按±10%、±20%变化，计算结果列于表4-1-9～表4-1-11。

售价因素敏感性分析表　　　　　　　　　　　　　　　　　　　　　　　　　　　　　　表4-1-9

售价变化幅度	−20%	−10%	0	+10%	+20%	敏感度系数S_{AF}
内部收益率（%）	6.74	9.30	11.62	13.75	15.67	$[(13.75-11.62)/11.62]/10\% = 1.83$

投资因素敏感性分析表　　　　　　　　　　　　　　　　　　　　　　　　　　　　　　表4-1-10

投资变化幅度	−20%	−10%	0	+10%	+20%	敏感度系数S_{AF}
内部收益率（%）	14.52	12.94	11.62	10.47	9.46	$[(10.47-11.62)/11.62]/10\% = -0.99$

经营费用因素敏感性分析表　　　　　　　　　　　　　　　　　　　　　　　　　　　　表4-1-11

经营费用变化幅度	−20%	−10%	0	+10%	+20%	敏感度系数S_{AF}
内部收益率（%）	13.43	12.52	11.62	10.68	9.69	$[(10.68-11.62)/11.62]/10\% = -0.81$

根据敏感性分析表所列数据，绘制敏感性分析图，如图4-1-10所示。从图中的结果可以看出，投资与经营费用的变动对内部收益率相对敏感性较小（S_{AF}或斜率小），售价变动因素相对影响较大（S_{AF}或斜率大）。

3. 概率分析（即风险分析）

概率分析是通过研究各种不确定因素发生不同幅度变动的概率分布及其对方案经济效果的影响；对方案的净现金流量及经济效果指标作出某种概率描述，从而对方案的风险情况作出比较准确的判断。例如，我们可以用经济效果指标$NPV \leqslant 0$发生的概率来度量项目将承担的风险；或用某一效益指标的期望值、方差来表示。我们把通过求解效益指标不利值的概率来估计项目风险的分析方法称为概率分析。

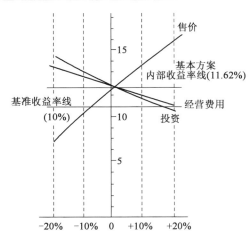

图 4-1-10 单参数敏感性分析图

概率分析一般有两种方法，即蒙特卡洛方法和决策树方法。

例 题

例1 某公司生产单一产品，设计年生产能力为 3 万件，单位产品售价为 380 元/件，单位产品可变成本为 120 元/件，单位产品税金及附加为 70 元/件，年固定成本为 285 万元。该公司盈亏平衡点的产销量为（　　）件。

  A. 20000 B. 19000 C. 15000 D. 7500

例2 某技术方案，年设计生产能力为 8 万台，年固定成本为 100 万元，单位产品售价为 50 元，单位产品变动，成本为售价的 55%，单位产品销售税金及附加为售价的 5%，则达到盈亏平衡点时的生产能力利用率为（　　）。

  A. 62.52% B. 55.50% C. 60.00% D. 41.67%

例3 对某技术方案的净现值（NPV）进行单因素敏感性分析，投资额、产品价格、经营成本以及汇率四个因素的敏感性分析如下图所示，则对净现值指标来说最敏感的因素是（　　）。

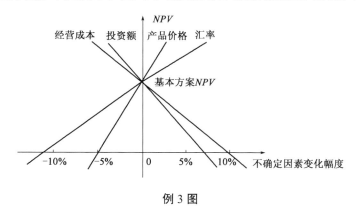

例 3 图

  A. 投资额 B. 产品价格 C. 经营成本 D. 汇率

例4 项目盈亏平衡分析中，若其他条件不变，可以降低盈亏平衡点产量的途径有（　　）。
  A. 提高设计生产能力　　　　　　　　B. 降低产品售价
  C. 提高营业税金及附加率　　　　　　D. 降低固定成本
  E. 降低单位产品变动成本

例题解析

例1 按照式（4-1-26）计算，BEP(产量) = 285 万元/(380 - 120 - 70 - 0) = 1.5万件。故选 C 项。

例2 本题考核盈亏平衡点的计算，首先计算出盈亏平衡点产量 5 万件，除以设计能力 8 万件，得到 62.5%。故选 A 项。

例3 在 4 条直线中，产品价格直线的斜率最大，斜率最陡则最敏感。故选 B 项。4 条直线与横轴的 4 个交点就是 4 个对应的临界点。临界点是指不确定因素的极限变化，即该不确定因素使得项目内部收益率等于基准收益率或净现值变为 0 时的变化百分数。从敏感分析图求得是近似值，此处产品价格的临界点为 -5%，说明在原方案的产品价格基础上降低 5% 时临界状态净现值 NPV 为零了。在图 4-1-10 中，售价的临界点约为 -7%，说明在内部收益率为 11.62% 的基础上，下降 7% 即 10.81% 时内部收益率等于基准收益率。

例4 根据图 4-1-9，设计生产能力与盈亏平衡点产量无关，所以选项 A 错。根据计算式（4-1-26），降低产品售价和提高营业税金及附加率，反而提高盈亏平衡点产量，选项 B 和 C 错；降低固定成本减少公式的分子，降低单位产品变动成本是增大公式分母，都能降低盈亏平衡点产量。故选 DE 项。

自测模拟题

（一）单项选择题

1. 在常用的不确定性分析方法中，可同时用于财务评价和国民经济评价的是（　　）。
  A. 概率分析 B. 敏感性分析 C. 盈亏平衡分析 D. 价值分析

2. 生产性建设项目的预计产品市场需求量比盈亏平衡点越大，则项目（　　）。
  A. 安全性越大　　　　　　　　　　　B. 抗风险能力越小
  C. 安全性越小　　　　　　　　　　　D. 发生亏损的机会越大

3. 某建设项目年设计生产能力为 60000 件，每件产品销售价格为 3600 元，年固定成本为 5600 万元，每件产品变动成本为 1600 元，销售税金及附加为 180 元/件，则盈亏平衡点产量为（　　）。
  A. 15600 件 B. 16400 件 C. 30800 件 D. 32000 件

4. 某建设项目的设计生产能力为 10000 件，在两个可实施方案 A 和方案 B 中，方案 A 的盈亏平衡点产量为 6000 件，方案 B 为 8000 件，则下述关于风险的说法中正确的是（　　）。
  A. 方案 A 大于方案 B　　　　　　　　B. 方案 A 小于方案 B
  C. 方案 A 与方案 B 相同　　　　　　　D. 无法判定

5. 某企业的经营正处于盈亏平衡状态，则下列说法错误的有（　　）。
  A. 此时销售额正处于销售收入线与总成本线的交点
  B. 此时企业既没有利润也不发生亏损
  C. 在此基础上，增加销售量，销售收入不一定大于总成本，要视具体情况而定
  D. 在此基础上，增加销售量，销售收入减去总成本线的距离为利润值

6. 投资项目评价中的敏感性分析，就是在确定性分析的基础上，通过进一步分析，预测项目主要

不确定因素的变化对（　　）的影响。

A. 项目产品价格　　B. 项目产品产量　　C. 项目评价指标　　D. 项目技术指标

7. 如下表所示为某投资方案可影响因素变化对财务净现值（NPV）的影响，其最敏感的因素是（　　）。

单因素变化对净现值的影响（单位：万元）　　　　　　　　　　　　题 7 表

项　目	变化幅度	
	0	10%
投资额	100	−10
产品价格	100	28
产品产量	100	30
经营成本	100	15

A. 投资额　　B. 产品价格　　C. 产品产量　　D. 经营成本

8. 敏感度系数越大，表示评价指标对不确定因素（　　）。

A. 越不敏感　　　　　　　　　　B. 越敏感

C. 没有影响　　　　　　　　　　D. 以上说法都不正确

9. 为了进行盈亏平衡分析，需要将技术方案的运行成本划分为（　　）。

A. 历史成本和现时成本　　　　　B. 过去成本和现在成本

C. 预算成本和实际成本　　　　　D. 固定成本和可变成本

10. 在建设项目敏感性分析中，确定敏感性因素可以通过计算敏感度系数和（　　）来判断。

A. 盈亏平衡点　　　　　　　　　B. 评价指标变动率

C. 临界点　　　　　　　　　　　D. 不确定因素变动概率

11. 关于技术方案敏感性分析的说法，正确的是（　　）。

A. 敏感性分析只能分析单一不确定因素变化对技术方案经济效果的影响

B. 敏感性分析的局限性是依靠分析人员主观经验来分析判断，有可能存在片面性

C. 敏感度系数越大，表明评价指标对不确定因素越不敏感

D. 敏感性分析必须考虑所有不确定因素对评价指标的影响

12. 某技术方案进行单因素敏感性分析的结果是：产品售价下降 10% 时内部收益率的变化率为 55%；原材料价格上涨 10% 时内部收益率的变化率为 39%；建设投资上涨 10% 时内部收益率的变化率为 50%；人工工资上涨 10% 时内部收益率的变化率为 30%。则该技术方案的内部收益率对（　　）最敏感。

A. 人工工资　　　　　　　　　　B. 产品售价

C. 原材料价格　　　　　　　　　D. 建设投资

13. 项目盈亏平衡分析时，一般应列入固定成本的是（　　）。

A. 生产工人工资　　　　　　　　B. 外购原材料费用

C. 外购燃料动力费用　　　　　　D. 固定资产折旧费

14. 进行建设项目敏感性分析时，如果主要分析方案状态和参数变化对投资回收快慢与对方案超额净收益的影响，应选取的分析指标为（　　）。

A. 财务内部收益率与财务净现值　　B. 投资回收期与财务
C. 投资回收期与财务净现值　　D. 建设工期与财务净现值

15. 某项目年设计生产能力 8 万台，年固定成本 1000 万元，预计产品单台售价 500 元，单台产品可变成本 275 元，单台产品销售税金及附加为销售单价的 5%，则项目盈亏平衡点产量为（　　）万台。

A. 4.44　　B. 5.00
C. 6.40　　D. 6.74

16. 根据对项目不同方案的敏感性分析，投资者应选择（　　）的方案实施。

A. 项目盈亏平衡点高，抗风险能力适中　　B. 项目盈亏平衡点低，承受风险能力弱
C. 项目敏感程度大，抗风险能力强　　D. 项目敏感程度小，抗风险能力强

17. 单因素敏感分析过程包括：①确定敏感因素；②确定分析指标；③选择需要分析的不确定性因素；④分析每个不确定因素的波动程度及其对分析指标可能带来的增减变化情况。正确的排列顺序是（　　）。

A. ③②④①　　B. ①②③④
C. ②④③①　　D. ②③④①

（二）多项选择题

1. 不确定性分析的方法主要有（　　）。

A. 回归分析　　B. 盈亏平衡分析　　C. 线性分析　　D. 敏感性分析
E. 概率分析

2. 关于盈亏平衡分析的论述，下列说法正确的有（　　）。

A. 盈亏平衡点是按项目投产后的正常年份计算的
B. 盈亏平衡点产量越小，抗风险能力就越强
C. 盈亏平衡点产量越大，抗风险能力就越强
D. 当实际产量小于盈亏平衡点产量时，企业亏损
E. 盈亏平衡的含义是指企业的固定成本等于变动成本

3. 项目盈亏平衡点的表达形式有多种，表达式中可以包括（　　）。

A. 单位产品售价
B. 单位产品的可变成本
C. 生产能力利用率
D. 实物产量
E. 单位产品的固定成本

4. 对于一般投资项目来说，通常可作为考察项目敏感性分析的不确定因素有（　　）。

A. 项目投资总额　　B. 项目评价指标
C. 项目技术指标　　D. 项目寿命年限
E. 项目产品价格

5. 敏感性分析的一般步骤为（　　）。

A. 确定评价指标，选择需要分析的不确定性因素
B. 确定各影响因素对评价指标的影响程度
C. 通过分析和计算敏感因素的影响程度，确定项目可能存在的风险大小及风险影响因素

D. 确定敏感性因素

E. 计算敏感度系数和临界点

6. 若选定静态评价指标进行技术方案敏感性分析，可以选择（　　）作为不确定性因素。

A. 投资额　　　　　　　　　　　B. 折现率

C. 产品销售量　　　　　　　　　D. 产品单价

E. 生产成本

7. 建设项目敏感性分析中，确定敏感因素可以通过计算（　　）来判断。

A. 盈亏平衡点　　　　　　　　　B. 评价指标变动率

C. 不确定因素变动率　　　　　　D. 临界点

E. 敏感度系数

参考答案及解析

（一）单项选择题

1. B　2. A　3. C　4. B　5. C　6. C　7. C　8. B　9. D　10. C

11. B　12. B　13. D　14. C　15. B　16. D　17. D

11. 解析：选项 A 错在"只能"，敏感性分析可以多因素，为了问题简单化，所举的例子常为单因素。选项 B 是正确的，包括前面确定性的分析都是假设和凭借分析人员经验，自然可能存在片面性。选项 C 错在说法相反了。选项 D 错在"所有"。故选 B 项。

12. 解析：经过计算，各个因素对内部收益率的敏感度系数的绝对值分别为 5.5、3.9、5 和 3；最大的是产品售价 5.5。所以选 B 项。

（二）多项选择题

1. BDE　2. ABD　3. ABCD　4. ABDE　5. ABCD　6. ACDE　7. DE

5. 解析：选项 E，计算敏感度系数和临界点属于确定敏感性因素的具体内容。选大不选小。故选 ABCD 项。

6. 解析：选项 B 折现率是动态指标，所以不选。故选 ACDE 项。

四、价值工程

重 点 知 识

（一）价值工程的含义和特点

1. 价值工程的含义

价值工程（Value Engineering，简称 VE）是通过各相关领域的协作，对所研究对象的功能与成本进行系统分析，不断创新，旨在提高所研究对象价值的思想方法和管理技术。简而言之，价值工程是一种技术经济方法，通过分析产品的功能与成本，寻求用最低的寿命成本，可靠地实现必要的功能（即使用者所需的功能），获得提高产品或服务的价值的一种管理技术。通俗的理解就是人们常说的提高"性价比"。这里"价值"定义可以用公式表示：

$$V = \frac{F}{C} \tag{4-1-28}$$

式中：V——价值（Value）；

F——研究对象的功能（Function），广义讲是产品或作业的功能和用途；

C——成本或费用（Cost），即寿命周期成本。

价值工程的定义包括以下几方面：

（1）价值工程着眼于寿命周期成本（综合费用）。其包括生产成本和使用及维护成本。一般情况下，提高功能要增加生产成本，但同时可能降低使用成本，如图4-1-11所示。

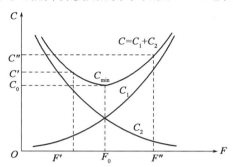

图 4-1-11　产品功能与成本关系图

（2）价值工程的核心是对产品进行功能分析。是对"功能与成本进行系统分析"和"不断创新"。

（3）价值工程是一项有组织的管理活动，通常是由多个领域协作而开展的活动。

（4）价值工程的目标表现为产品"价值"的提高。若把价值的定义结合起来，便应理解为旨在提高功能对成本的比值。价值工程的目的是要从技术与经济的结合上去改进和创新产品，使产品既要在技术上可靠实现，又要在经济上所支付的费用最小，达到两者的最佳结合。而"最低的寿命周期成本"是价值工程中的经济指标，"可靠地实现所需功能"是价值工程中的技术指标。因此，产品的价值越高其技术与经济的结合也就越难，从这个角度上讲，价值工程的目标体现为产品价值的提高。

（5）价值工程的性质属于一种"思想方法和管理技术"。

2. 提高价值的5种途径

根据式（4-1-28）可以组合出5种形式：单独增大分子（改进型）、单独减少分母（节约型）、增大分子的同时减少分母（最理想途径称为双向型）、增大分子的幅度>增大分母的幅度（投资型）、减少大分子的幅度<减少分母的幅度（牺牲型）。

3. 价值工程的特点

（1）价值工程的目标，是以最低的寿命成本，使得产品具备必要的功能；即以使用者的功能需求为出发点。

（2）价值工程的核心，是对产品进行功能分析。

（3）价值工程将产品价值、功能和成本作为一个整体同时来考虑。也就是对所研究对象进行功能分析，并系统研究功能与成本之间的关系。

（4）价值工程强调不断改革和创新，即致力于提高价值的创造性活动。

（5）价值工程要求将功能定量化，不是仅局限于定性分析。

（6）价值工程是以集体的智慧，有组织、有计划、有步骤地开展工作的管理活动。

4. 价值工程的应用

价值工程方法不是简单的经济评价，也不是降低成本的方法，它是一种满足功能要求前提下，寻求寿命周期成本最低，即"价值"最高的一种综合管理技术。因此，价值工程应用主要体现在两个方面：

（1）应用于方案评价，即可以在多方案中选择价值较高的较优方案，也可以选择价值较低的对象作为改进的对象。

（2）通过价值工程系统过程活动，寻求提高产品或对象价值的途径，这也是价值工程应用的重点。

总之，价值工程研究的客体是产品或方案，产品或方案都是由多个功能构配件组成，在产品形成各阶段都可以应用价值工程提高产品的价值。价值工程更侧重于产品的研究、设计阶段，以寻求技术突破，取得最佳的综合效果；在进行方案选优时是选方案对应价值 V 高的，而进行对象选择或功能评价时是选择功能构配件对应的 V_i 不等于 1 的作为对象或方案创造，请注意两者的差异。

（二）价值工程的一般工作程序

开展价值工程活动一般分为 4 个阶段、15 个步骤，如表 4-1-12 所示。

价值工程的工作程序　　　　表 4-1-12

工作阶段	设计程序	工作步骤		对应需回答的问题
		基本步骤	详细步骤	
（1）准备阶段	（1）制定工作计划	（1）确定目标	（1）工作对象选择	（1）研究对象是什么
			（2）信息资料收集	
（2）分析阶段	（2）功能评价	（2）功能分析	（3）功能定义	（2）这是干什么用的
			（4）功能整理	
		（3）功能评价	（5）功能成本分析	（3）成本是多少
			（6）功能评价	（4）价值是多少
			（7）确定改进范围	
（3）创新阶段	（3）初步设计	（4）制定创新方案	（8）方案创造	（5）有无其他替代方案
	（4）评价各方案、改进方案、优化方案		（9）概略评价	
			（10）调整完善	（6）新方案的成本是多少
	（5）方案书面化		（11）详细评价	
			（12）提出方案	（7）新方案能否满足功能要求
（4）实施阶段	（6）检查实施情况	（5）方案实施与成果评价	（13）方案审批	（8）价值工程活动的效果如何
			（14）方案实施与检查	
	（7）评价活动成果		（15）成果评价	

（三）价值工程的主要工作内容

1. 对象选择

（1）对象选择的一般原则

选择价值工程对象时一般应遵循以下原则：

①从设计方面看，对产品结构复杂、性能和技术指标差距大、体积大、重量大的产品进行价值工程活动，可使产品结构、性能、技术水平得到优化，从而提高产品价值。

②从生产方面看，对量多面广、关键部件、工艺复杂、原材料和能源消耗高、废品率高的产品，特别是对量多、产值比重大的产品，只要成本下降，所取得的经济效果就大。

③从市场销售方面看，选择用户意见多、系统配套差、维修能力低、竞争能力差、利润率低、寿命周期长、竞争激烈的产品，选择新产品、新工艺。

④从成本方面看，选择成本高于同类产品、成本比重大的，如材料费、管理费、人工费等。

根据以上原则，对生产企业的产品的组合，有以下情况之一者，应优先选择为价值工程的研究对象：结构复杂或落后的产品；制造工序多或制造方法落后及手工劳动较多的产品；原材料种类繁多和互换材料较多的产品；在总体成本中占比重大的产品。

一般从设计、施工生产、销售、成本四个方面考虑进行价值工程对象的选择。

（2）对象选择的方法

对象选择的方法有很多，每种方法有各自的优点和适应性。

①经验分析法。亦称因素分析法，是一种定性分析的方法，即凭借开展价值工程活动人员的经验和智慧，根据对象选择应考虑的因素，通过定性分析来选择对象的方法。

②ABC 分析法（类似于质量控制 ABC 分类法）。运用数理统计分析原理，按局部成本在总成本中比重的大小选择价值工程对象，是定量的方法。一般来说，企业产品的成本往往集中在少数关键构配件上。在选择对象产品或构配件时，为便于抓重点，把产品（或构配件）种类按成本大小顺序划分 ABC 三类。构配件数量占 10%～15%、成本占 70%～80%的为 A 类；构配件数量占 15%～20%、成本占 10%～20%的为 B 类；构配件数量占 60%～80%、成本占 5%～10%的为 C 类。

③强制确定（评分）法。该方法在选择价值工程对象、功能评价和方案评价中都可以使用，是一种定量分析方法。在对象选择中，通过对每个构配件与其他各构配件的功能重要程度进行逐一对比打分，相对重要的得 1 分，不重要的得 0 分，即 0-1 法。以各构配件占总分的比例确定功能评价系数，根据功能评价系数和成本系数确定价值系数。

$$构配件功能系数 F_i = \frac{某构配件的功能得分}{全部构配件功能得分} \tag{4-1-29}$$

$$构配件成本系数 C_i = \frac{该构配件目前成本}{全部构配件成本} \tag{4-1-30}$$

$$构配件价值系数 V_i = \frac{构配件功能系数 F_i}{构配件成本系数 C_i} \tag{4-1-31}$$

根据 V_i 价值系数值，确定价值工程对象：

a. $V_i = 1$。无需改进，因为这表明成本比重与功能重要程度基本相当。

b. $V_i < 1$。表明该构配件事项其功能所分配的成本偏高或存在着过剩的功能，是价值工程研究的对象。

c. $V_i > 1$。表明分配在该构配件上的成本比重偏低，或存在不必要功能（即多余、重复、过剩功能），是价值工程的研究对象。

强制评分还有一种 0～4 评分方法，方法与 0-1 评分法相似，分值不同。

④百分比法。即按某种费用或资源在不同项目中所占的比重大小来选择价值工程对象的方法。

⑤价值指数法。这是通过比较各个对象（或零部件）之间的功能水平位次和成本位次，寻求价值较低对象（或零部件），并将其作为价值工程研究对象的一种方法。

2. 功能分析

功能分析是价值工程活动的中心环节，是价值工程的核心内容。功能分析的目的是加强必要功能，剔除多余功能，进行功能载体替代，以便提供价值高的产品，更好地满足用户的需求。所以功能分析具有三个方面的作用，明确用户的功能要求、对功能的研究和可靠实现必要的功能。功能分析一般包括功能分类定义、功能整理、功能计量和功能评价环节。功能分析步骤见表4-1-13。

功能分析步骤　　　　　　　　　　　　　表4-1-13

分析步骤	分析目的	分析类别	回答问题
功能定义 ↓ 功能整理 ↓ 功能计量 ↓ 功能评价	构配件的功能本质 ↓ 功能之间的相互关系 ↓ 必要功能的价值标准 ↓ 求功能价值，即系数或指数	功能单元的定性分析 ↓ 功能相互关系的定性分析 ↓ 单元功能的量化 ↓ 定量分析计算	它的功能是什么 ↓ 它的目的或手段是什么 ↓ 它的功能是多少 ↓ 价值工程重点对象或方案

（1）功能的分类

任何产品都具有使用价值，即功能，这是存在于产品中的一种本质。根据功能的不同特性，可以先将功能分为以下几类：

①按功能的重要程度分类，产品的功能一般可分为基本功能和辅助功能。基本功能就是要达到这种产品的目的所必不可少的功能，是产品的主要功能。辅助功能是为了更有效地实现基本功能而添加的功能，是次要功能。

②按功能的性质分类，功能可划分为使用功能和美学功能。

③按用户的需求分类，功能可划分为必要功能和不必要功能。必要功能是指用户所要求的功能以及与实现用户所需求功能有关的功能，使用功能、美学功能、基本功能、辅助功能等均为必要功能；不必要功能是不符合用户要求的功能，包括多余功能、重复功能、过剩功能。因此，价值工程的功能，一般是指必要功能。

④按功能的量化标准分类，产品的功能可分为过剩功能与不足功能。

⑤按总体与局部分类，产品的功能可划分为总体功能和局部功能。

上述功能的分类不是价值工程功能分析的必要步骤，而是用以分辨确定各种功能的性质和其重要程度。价值工程是通过对产品功能的分析研究，正确、合理地确定产品的必备功能，消除多余的不必要功能，加强不足功能，削弱过剩功能；改进设计，降低产品成本。因此，可以说价值工程是以功能为中心，在可靠地实现必要的功能基础上来考虑降低产品成本。

（2）功能的定义

功能定义就是根据收集到的情报和资料，透过对象产品或构配件的物理特征（或现象），找出其效用或功用的本质东西，并逐项加以区分和规定，以简洁的语言描述出来。

这里要求描述的是产品的"功能"，而不是对象的结构、外形或材质。因此，功能定义的过程就是解剖分析的过程，如图4-1-12所示。

图 4-1-12 功能定义过程图

功能定义的目的是：

①明确对象产品和组成产品各构配件的功能，借以弄清产品的特性。

②便于进行功能评价，通过评价弄清哪些是价值低的功能和有问题的功能，实现价值工程的目的。

③便于构思方案，对功能下定义的过程实际上也是为对象产品改进设计的构思过程，为价值工程的方案创造工作阶段做了准备。

（3）功能整理

功能整理是用系统的观点将已经定义了的功能加以系统化，找出各局部功能相互之间的逻辑关系，并用图表形式表达（图 4-1-13），以明确产品的功能系统，从而为功能评价和方案构思提供依据。功能整理的一般程序如下：

①在功能定义的基础上，编制功能卡片。

②区分基本功能与辅助功能。

③明确各功能之间的关系。

④排列辅助功能系列。

⑤添加辅助功能系列。

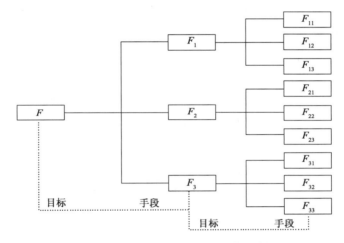

图 4-1-13 功能整理采用的功能系统图

（4）功能计量

功能计量是以功能系统图为基础，依据各个功能之间的逻辑关系，以对象整体功能的定量指标为出发点，从左向右逐级测算、分析，确定出各级功能程度的数量指标，揭示出各级功能领域中有无功能不足或功能过剩，从而为保证必要功能、剔除过剩功能、补足不足功能的后续活动（功能评价、方案创新等）提供定性与定量相结合的依据。

3. 功能评价

价值工程的成本有两种，一种是现实成本，是指目前的实际成本；另一种是目标成本。功能评价是在功能定义和功能计量的基础上，进行功能评价，即找出实现功能的最低费用作为功能的目标成本（又称为功能评价值），以功能目标成本为基准，通过与功能现实成本的比较，求出两者的比值（功能价值）和两者的差异值（改善期望值），然后选择功能价值低、改善期望值大的功能作为价值工程活动的重点对象。

功能评价是在已确定问题的基础上进一步作定量的确定，即评定功能的价值，定量的方法求价值系数（V_i）。功能评价的程序如图 4-1-14 所示。

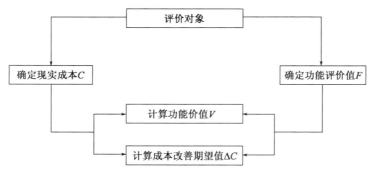

图 4-1-14 功能评价的程序图

（1）功能现实成本C_i（也称为功能成本系数）的计算

功能现实成本（简称现实成本）的计算与一般传统的成本核算既有相同点，也有不同之处。两者相同点是指它们在成本费用的构成子目（构成项）上是完全相同的，例如工程产品成本费用都是由人工费、材料费、机械使用费、规费、企业管理费构成；两者的不同之处在于功能现实成本的计算是按照对象的功能分配归集的，而传统的成本核算是以产品或构配件分配归集的。因此，在计算功能现实成本时，就需要根据传统的成本核算资料，将产品或构配件的现实成本换算成功能的现实成本。

功能成本系数（简称成本系数C_i）= 功能单元成本值/成本总值，与式（4-1-30）不同，计算所用的成本按功能统计，而不是按构配件统计。

（2）功能评价值F_i的计算

对象的功能评价值F_i（目标成本，可参考市场），是指可靠地实现用户要求功能的最低成本，可以根据图纸和定额，也可根据国内外先进水平或根据市场竞争的价格等来确定。它可以理解为是企业有把握，或者说应该达到的实现用户要求功能的最低成本。从企业目标的角度来看，功能评价值可以看成是企业预期的、理想的成本目标值。功能评价值一般以货币价值形式表达。

功能现实成本确定较易，而功能评价值确定较难。求功能评价值的方法较多，例如理论价值标准法、实际价值标准法和功能重要性系数法，下面仅介绍功能重要性系数评定法。

功能重要性系数又称为评价系数，是指评价对象（如构配件等）的功能在整体功能中所占的比率。确定功能重要性系数的关键是对功能打分，常用的打分方法有强制打分法（0~1 评分法或 0~4 评分法）、多比例评分法、逻辑评分法和环比评分法（DARE 法）等。功能重要性系数，即第i个评价对象的评价系数F_i的计算方法，按式（4-1-29）计算。

功能重要性系数评定法先确定产品的整体目标成本，然后按照功能重要性系数大小乘以产品的整体目标成本，求得各功能区的功能评价值（即功能系数），即分配到各个功能区中的目标成本F_i。

（3）计算功能价值V_i，分析成本功能的合理匹配程度（功能成本法）

功能价值V_i的计算方法可分为两大类，即功能成本法（绝对值法）与功能系数法（相对值法）。下面分别介绍功能成本法和功能系数法。

功能成本法是通过一定的测算方法，测定实现应有功能所必须消耗的最低成本，同时计算为实现应有功能所耗费的现实成本，经过分析、对比，求得对象的价值系数和成本降低期望值，确定价值工程的改进对象。其表达式如下：

$$V_i = \frac{F_i}{C_i} \tag{4-1-32}$$

式中：V_i——第i个评价对象的价值系数；

F_i——第i个评价对象的功能评价值（目标成本），或功能系数；

C_i——第i个评价对象的现实成本（或成本系数）。

根据上述计算公式，功能的价值系数计算结果有以下三种情况：

①$V_i = 1$，表示功能评价值等于功能现实成本。这表明评价对象的功能现实成本与实现功能所必需的最低成本大致相当，说明评价对象的价值为最佳，一般无需改进，是最优的。

②$V_i < 1$，此时功能现实成本C_i大于功能评价值F_i。表明评价对象的现实成本偏高，而功能要求不高，产生这种情况有两种原因，一种可能是由于存在着过剩的功能（注：太多的功能增加了成本，过剩功能的对立面是不足功能）；另一种可能是功能虽无过剩，但实现功能的条件或方法不佳，以致使实现功能的成本大于功能的实际需要。方案是应该进行改进的。

③$V_i > 1$，即功能现实成本大于功能评价值，表明该构配件功能比较重要（利用此点进行方案比选），但分配的成本较少，即功能现实成本低于功能评价值。应具体分析，可能功能与成本分配已较理想，或者有不必要的功能，或者应该提高成本。方案是应该进行改进的。

应注意一个情况，即$V = 0$时，因为只有分子为0或分母为∞时，才能是$V = 0$。根据F的定义，分子不应为0，而分母也不应为∞，要进一步分析。如果是不必要的功能，该构配件应取消；但如果是最不重要的必要功能，要根据实际情况处理。

【**示例1**】 某项目施工方案A的生产成本为500万元；在相同条件下，其他项目（如施工方案B）生产成本为450万元。这可以表示为：

施工方案A功能评价值：450万元。

施工方案A功能的实际投入：500万元。

施工方案A的价值：450/500 = 0.9。

如果施工方案B花费450万元能完成该项目施工，则：

施工方案B功能评价值：450万元。

施工方案B功能的实际投入：450万元。

施工方案B的价值：450/450 = 1。

从本示例可以看出，最恰当的价值应该为1，因为满足用户要求的功能最理想最值得的投入是与实际投入一致。但在一般情况下价值往往小于1，因为技术不断进步，"低成本"战略将日趋被重视，竞争也将更激烈。随之，同一产品的功能评价值也将降低。

功能系数法又称功能指数法。功能的价值用价值系数V表示，通过评定各对象功能的重要程度，用功能系数（指数）来表示其功能程度的大小，然后将评价对象的归纳系数（指数）与相对应的成本系数（指数）进行比较，得出该评价对象的价值系数（指数），从而确定改进对象，并求出该对象的成本改进期望值。类似于价值工程对象对象选择的强制确定（评分）法，其计算公式形式与式（4-1-29）～式（4-1-31）相同。

根据价值系数（指数）V_i值得大小，可以做出以下判断：

①$V_i = 1$时，说明评价对象的功能比重与所分配的成本比重相当。可判断该方案的功能现实成本是比较合理的，是无需改进的方案。

②$V_i < 1$时，说明评价对象的成本比重大于其功能比重。可判断该方案目前所占的成本偏高，从而导致该对象的功能过剩，应将评价对象列为改进对象，改进该方案，改善的方向主要是降低成本。

③$V_i > 1$时，说明评价对象的成本比重小于其功能比重。这时，应进行应具体分析，一种可能是由于现实成本偏低，不能满足评价对象实现其应具有的功能的要求，致使对象功能偏低，这种情况应列为

改进对象，改进方向是增加成本；另一种可能是评价对象目前具有的功能已经超过其应该具有的水平，即存在过剩功能，这种情况应列为改进对象，改进方向是降低功能水平；第三种可能是评价对象在技术、经济等方面具有某些特征，在客观上存在着功能很重要而消耗的成本却很少的情况，这种情况一般不列为改进对象。

4. 确定价值工程对象的改进范围

从以上功能分析可以看出，对产品进行价值分析，就是使产品每个构配件的价值系数尽可能趋近于1。为此，确定的改进对象是：

（1）F_i/C_i 值低的功能。计算出来的 $V_i < 1$ 的功能区域，基本上都应进行改进，特别是 V_i 值比 1 小的较多的功能区域，力求是 $V_i = 1$。

（2）$\Delta C_i = (C_i - F_i)$ 值大的功能。ΔC_i 是成本降低期望值，也是成本应降低的绝对值。当 n 个功能区域的价值系数同样低时，就要优先选择 ΔC_i 数值大的功能区域作为重点对象。

（3）复杂的功能。复杂的功能区域，说明其功能是通过很多构配件（或作业）来实现的，通常复杂的功能区域其价值系数也较低。

（4）问题多的功能。尽管在功能系统图上的任何一级改进都可以达到提高价值的目的，但是改进的多少、取得效果的大小却是不同的。越接近功能系统图的末端，改进的余地越小，越只能作结构上的小改小革；相反，越接近功能系统图的前端，功能改进就可以越大，就越有可能作原理上的改变，从而带来显著效益。

5. 价值工程新方案创造

方案创造是从提高对象的功能价值出发，在正确的功能分析和评价的基础上，针对应改进的具体目标，通过创造性的思维活动，提出能够可靠地实现必要功能的新方案。方案创造是价值工程实现预期目标、最终取得成功的关键一步。前面的工作做得再好，如果不能创造出高价值的创新方案，就不会产生好的效果。所以，从价值工程技术实践来看，方案创造是决定价值工程成败的关键阶段。

方案创造的理论依据是功能载体具有可替代性，这种功能载体替代的重点应放在以功能新产品替代原有产品和以功能创新的结构替代原有结构方案。而方案创造的过程是思想高度活跃、进行创造性开发的过程，为了引导和启发创造性的思考，比较常用的方法有：头脑风暴法、哥顿法（模糊目标法）、专家意见法（德尔菲法）、专家检查法等。总的思想是要充分发挥各有关人员的智慧，集思广益，多提方案，从而为评价方案创造条件。

（1）头脑风暴法

头脑风暴法指无拘无束、自由奔放地思考问题的方法。

（2）哥顿法

哥顿法是会议主持人将拟解决的问题抽象后抛出，与会人员讨论并充分发表看法，适当时机会议主持人再将原问题抛出继续讨论的方法。

6. 方案评价

方案评价是在方案创造的基础上对新构思方案的技术、经济、社会和环境效果等方面进行估价，以便于选择最佳方案，其过程如图 4-1-15 所示。

方案评价就是从众多的备选方案中选出价值最高的可行方案。方案评价可分为概略评价和详细评价，均包括技术评价、经济评价和社会评价等方面的内容。将这三个方面联系起来进行权衡，则称为综合评价。技术评价是对方案功能的必要性及必要程度和实施的可能性进行分析评价；经济评价是对方案实施的经济效果进行分析评价；社会评价是方案为国家和社会带来影响和后果的分析评价。综合评价又称价值评价，是根据以上三个方面评价内容，对方案价值大小所做的综合评价。

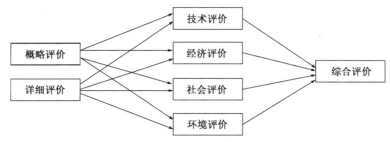

图 4-1-15　方案评价步骤示意图

7. 价值工程实施阶段工作

通过综合评价选出的方案，送决策部门审批后便可实施。为了保证方案顺利实施，应做到 4 个落实：组织落实、经费落实、物质落实、时间落实。

价值工程实施阶段的主要工作是方案实施与成果评价，包括检查、评价与验收。在方案实施过程中，应该对方案的实施情况进行检查，发现问题及时解决。方案实施完成后，要进行总结评价和验收。

8. 利用价值工程进行方案选择

【示例 2】　某投资公司投资公路路面工程，有 4 个设计方案，经过有关专家对上述方案进行技术经济分析和论证，得到如表 4-1-14 和表 4-1-15 所示的数据，试运用价值工程的概念选优。

功能重要性评分表（0～4 评分法）　　　　　　　　　　　　　表 4-1-14

方案功能	F_1	F_2	F_3	F_4	F_5
F_1	×	4	2	3	1
F_2	0	×	0	1	0
F_3	2	4	×	3	1
F_4	1	3	1	×	0
F_5	3	4	3	4	×

方案功能得分及单方造价　　　　　　　　　　　　　　表 4-1-15

方案功能	方案功能得分			
	A	B	C	D
F_1	9	10	9	8
F_2	10	10	8	9
F_3	9	9	10	9
F_4	8	8	8	7
F_5	9	7	9	6
单方造价（元/m²）	1420.00	1230.00	1150.00	1360.00

解析： 价值工程原理表明，对整个功能领域进行分析和改善，比对单个功能进行分析和改善的效果好，上述四个方案各有其优点，如何取舍，可以利用价值工程原理对各个方案进行优化选择，其基本步骤如下。

（1）计算各方案的功能重要性系数

F_1 得分 $= 4 + 2 + 3 + 1 = 10$，功能重要性系数 $= 10/40 = 0.25$。

F_2 得分 $= 0 + 0 + 1 + 0 = 1$，功能重要性系数 $= 1/40 = 0.025$。

F_3 得分 $= 2 + 4 + 3 + 1 = 10$，功能重要性系数 $= 10/40 = 0.25$。

F_4 得分 $= 1 + 1 + 3 + 0 = 5$，功能重要性系数 $= 5/40 = 0.125$。

F_5 得分 $= 3 + 4 + 3 + 4 = 14$，功能重要性系数 $= 14/40 = 0.35$。

总得分 $= 10 + 1 + 10 + 5 + 14 = 40$。

（2）计算功能系数

方案 A 得分 $\phi_A = 9 \times 0.25 + 10 \times 0.025 + 9 \times 0.25 + 8 \times 0.125 + 9 \times 0.35 = 8.90$。

方案 B 得分 $\phi_B = 10 \times 0.25 + 10 \times 0.025 + 9 \times 0.25 + 8 \times 0.125 + 7 \times 0.35 = 8.45$。

方案 C 得分 $\phi_C = 9 \times 0.25 + 8 \times 0.025 + 10 \times 0.25 + 8 \times 0.125 + 9 \times 0.35 = 9.10$。

方案 D 得分 $\phi_D = 8 \times 0.25 + 9 \times 0.025 + 9 \times 0.25 + 7 \times 0.125 + 6 \times 0.35 = 7.45$。

总得分 $= 8.90 + 8.45 + 9.10 + 7.45 = 33.90$。

（3）功能系数计算

$F_A = 8.90/33.9 = 0.263$；$F_B = 8.45/33.90 = 0.249$；$F_C = 9.10/33.90 = 0.268$；$F_D = 7.45/33.90 = 0.220$。

（4）成本系数计算

$C_A = 1420.00/5160.00 = 0.275$；$C_B = 1230.00/5160.0 = 0.238$

$C_C = 1150.00/5160.00 = 0.223$；$C_D = 1360.00/5160.00 = 0.264$

（5）价值系数计算

$V_A = F_A/C_A = 0.263/0.275 = 0.956$；$V_B = F_B/C_B = 0.249/0.238 = 1.046$。

$V_C = F_C/C_C = 0.268/0.223 = 1.202$；$V_D = F_D/C_D = 0.220/0.264 = 0.833$。

（6）判断优选方案 A、B、C、D 方案中以 C 方案的价值系数最高，为最优方案。

（四）价值工程在公路工程费用监理中的应用

1. 指导工程变更审查工作

用价值工程分析工程变更的可行性。

2. 指导施工组织设计的评价与审核工作

用价值工程确认施工方案的可靠性和施工安排的合理性。

例 题

例1 关于价值工程中在功能分析时，功能的价值系数的说法，正确的是（　　）。

  A. 价值系数越大越好

  B. 价值系数大于 1 表示评价对象存在过剩功能

  C. 价值系数等于 1 表示评价对象的价值为最佳

  D. 价值系数小于 1 表示现实成本较低，而功能要求较高

例2 在价值工程活动中，描述某一个产品构配件"是干什么用的？"，属于（　　）的工作内容。

A. 产品功能分析　　B. 产品结构分析　　C. 对象选择　　D. 产品设计

例3　四个互斥性施工方案的功能系数和成本系数见下表。从价值工程角度最优的方案是（　　）。

例3表

方案	甲	乙	丙	丁
功能系数	1.20	1.25	1.05	1.15
成本系数	1.15	1.01	1.05	1.20

A. 甲　　B. 乙　　C. 丙　　D. 丁

例4　现有四个施工方案可供选择，其功能评分和寿命周期成本相关数据见下表，则根据价值工程原理应选择的最佳方案是（　　）。

例4表

方案	甲	乙	丙	丁
功能评分	9	8	7	6
寿命周期成本（万元）	100	80	90	70

A. 甲　　B. 乙　　C. 丙　　D. 丁

例5　价值工程中，不符合用户要求的功能称为不必要功能，包括（　　）。

A. 负责功能　　B. 多余功能　　C. 重复功能　　D. 次要功能

E. 过剩功能

例6　造成价值工程活动对象的价值系数V小于1的可能原因有（　　）。

A. 评价对象的现实成本偏低　　　　B. 功能现实成本大于功能评价值

C. 可能存在着不足的功能　　　　　D. 实现功能的条件或方法不佳

E. 可能存在着过剩的功能

例 题 解 析

例1　价值系数等于1表示功能评价值等于功能现实成本；表明评价对象的功能现实成本与实现功能所必需的最低成本大致相当，说明评价对象的价值为最佳，一般无需改进。故选 C 项。而选项 A 错在，价值系数越大可能存在不必要的功能越多。选项 B 错在，价值系数大于1表示评价对象存在不必要的功能，而不是过剩功能。选项 D 错在，价值系数小于1表示评价对象的现实成本偏高，而功能要求不高；而不是现实成本较低，而功能要求较高。

例2　价值工程中的功能是指对象能够满足某种要求的一种属性，具体来说功能就是某种特定效能、功用或效用。对于一个具体的产品来说，"它是干什么用的？"问题答案就是产品的功能，见表 4-1-12。故选 A 项。

例3　价值系数，按照式（4-1-32）计算，最大价值系数$V = 1.25/1.01 = 1.24$，故选 B 项。

例4　题干中给出是寿命周期成本和功能评分，而不是"功能系数和成本系数"。所以要按照式（4-1-29）和式（4-1-30）先计算出相应系数：

（1）功能系数：$F_{甲} = 9/(9+8+7+6) = 9/30 = 0.3$，$F_{乙} = 8/30 = 0.267$，$F_{丙} = 7/30 = 0.233$，$F_{丁} = 6/30 = 0.2$。检验计算正确否，4 个系数相加为 1 则正确。

（2）成本系数：$C_{甲} = 100/(100+80+90+70) = 100/340 = 0.294$，$C_{乙} = 80/340 = 0.235$，$C_{丙} =$

$90/340 = 0.265$，$C_丁 = 70/340 = 0.206$；检验。

（3）价值系数：$V_甲 = 0.3/0.294 = 1.031$，$V_乙 = 0.267/0.235 = 1.136$，$V_丙 = 0.233/0.265 = 0.879$，$V_丁 = 0.2/0.206 = 0.971$。乙方案最佳，故选 B 项。

例5 不必要功能是指不符合用户要求的功能。不必要的功能包括三类：多余功能、重复功能、过剩功能。故选 BCE 项。

例6 价值系数 V 小于 1，此时功能现实成本 C_i 大于功能评价值 F_i。表明评价对象的现实成本偏高，而功能要求不高，产生这种情况有两种原因，一种可能是由于存在着过剩的功能；另一种可能是功能虽无过剩，但实现功能的条件或方法不佳，以致使实现功能的成本大于功能的实际需要。故选 BDE 项。

自 测 模 拟 题

（一）单项选择题

1. 价值工程中所述的"价值"是指（　　）。
   A. 产品所耗资的社会必要劳动　　　　B. 功能与获得该功能的全部费用的比值
   C. 产品必要的实现程度　　　　　　　D. 成本与功能的比值

2. 工程项目建设中，价值工程应侧重在（　　）阶段开展工作。
   A. 招投标　　　B. 施工　　　C. 设计　　　D. 竣工验收

3. 价值工程的核心是（　　）。
   A. 费用分析　　B. 成本分析　　C. 功能分析　　D. 价格分析

4. 下面关于价值系数的论述正确的是（　　）。
   A. 价值系数越大，说明该零件的重要性越大
   B. 价值系数越小，说明该零件实现的功能水平越低
   C. 价值系数越小，说明该零件的成本费用越高
   D. 价值系数的大小，反映了零件单位费用所实现的功能水平的高低

5. 任何产品都具有使用价值，即功能，按功能的重要程度可分类为（　　）。
   A. 过剩功能和不足功能　　　　　　B. 必要功能和不必要功能
   C. 使用功能和美学功能　　　　　　D. 基本功能和辅助功能

6. 有关价值工程的论述正确的是（　　）
   A. 价值工程中的价值是指对象的使用价值，而不是交换价值
   B. 在运用价值工程方法对某一选定设计方案进行功能评价时，如果价值系数大于 1，可能是存在过剩功能，则评价对象不需改进
   C. 运用价值工程方法对某一选定设计方案进行功能评价时，如果价值指数大于 1，可能是成本偏低，致使对象功能也偏低，则评价对象需要改进
   D. 在强制评分法中构配件价值系数等于 1 时，该构配件作为价值工程研究的对象

7. 对产品构配件进行价值分析，就是使每个构配件的价值系数尽可能（　　）。
   A. = 1　　　B. > 1　　　C. < 1　　　D. ≠ 1

8. 提高产品价值的最理想途径是（　　）。
   A. 大幅度提高功能，小幅度提高成本　　B. 提高功能的同时降低成本
   C. 小幅度降低功能，大幅度降低成本　　D. 功能保持不变，提高成本

9. 在价值工程中，评价对象的价值系数 V（　　）时，应优先作为改进的对象。

A. 大于0　　　　B. 小于0　　　　C. 大于1　　　　D. 小于1

10. 价值工程活动中，计算产品成品的方法是以产品（　　）为中心分析成本的事前成本计算方法。
    A. 功能　　　　B. 质量　　　　C. 价格　　　　D. 性能

11. 在产品价值工程工作程序中，功能定义和功能整理工作的目的是（　　）。
    A. 明确产品的成本是多少　　　　　　B. 确定产品的价值是多少
    C. 界定产品是干什么用的　　　　　　D. 确定价值工程的研究对象是什么

12. 价值工程中方案创造的理论依据是（　　）。
    A. 产品功能具有系统性　　　　　　　B. 功能载体具有替代性
    C. 功能载体具有排他性　　　　　　　D. 功能实现程度具有差异性

13. 价值工程分析阶段的工作步骤是（　　）。
    A. 功能整理→功能定义→功能评价→功能成本分析→确定改进范围
    B. 功能定义→功能整理→功能成本分析→功能评价→确定改进范围
    C. 功能定义→功能评价→功能整理→功能成本分析→确定改进范围
    D. 功能整理→功能定义→功能成本分析→功能评价→确定改进范围

14. 产品的寿命周期成本由产品生产成本和（　　）组成。
    A. 使用及维护成本　　B. 使用成本　　C. 生产前准备成本　　D. 资金成本

15. 根据功能重要程度选择价值工程对象的方法称为（　　）。
    A. 因素分析法　　B. ABC分析法　　C. 强制确定法　　D. 价值指数法

16. 价值工程的目标是以（　　）实现项目必须具备的功能。
    A. 最少的项目投资　　　　　　　　　B. 最高的项目盈利
    C. 最低的寿命周期成本　　　　　　　D. 最低的项目运行成本

17. 利用功能指数法计算功能价值指数V时，$V_I > 1$表示（　　）。
    A. 评价对象的成本比重大于其功能比重　　B. 评价对象的成本比重与其功能比重无关
    C. 评价对象的成本比重小于其功能比重　　D. 评价对象的成本比重等于其功能比重

18. 某项目应用价值工程原理进行方案择优，各方案的功能系数和单方造价见下表，则最优方案为（　　）。

题18表

方案	甲	乙	丙	丁
功能系数	0.202	0.286	0.249	0.263
单方造价（元/m²）	2840	2460	2300	2700

A. 甲方案　　　　B. 乙方案　　　　C. 丙方案　　　　D. 丁方案

19. 某工程设计有四个备选方案，经论证，四个方案的功能得分和单方造价见下表。按照价值工程原理，应选择的最优方案是（　　）。

题19表

方案	甲	乙	丙	丁
功能得分	98	96	99	94
单方造价（元/m²）	1250	1350	1300	1225

A. 甲方案　　　　　B. 乙方案　　　　　C. 丙方案　　　　　D. 丁方案

（二）多项选择题

1. 根据价值工程的基本原理公式 $V = F/C$，提高价值可以采用以下（　　）途径。
   A. 保持产品功能不变的前提下，降低成本
   B. 产品功能略有下降，产品成本大幅度降低
   C. 产品功能有较大幅度提高，产品成本也有较大幅度提高
   D. 在提高产品功能的同时，降低产品成本
   E. 在产品成本不变的条件下，提高产品功能

2. 价值工程研究对象的选择方法有（　　）。
   A. 因素分析法　　B. 趋势分析法　　C. 强制确定法　　D. 百分比分析法
   E. 价值指数法

3. 某人购买一块带夜光装置的手表，从功能分析的角度来看，带夜光装置对于手表保证走时准确与黑夜看时间是（　　）。
   A. 多余功能　　　B. 美学功能　　　C. 辅助功能　　　D. 基本功能
   E. 不必要的功能

4. 必要功能是用户要求的功能，（　　）均为必要功能。
   A. 多余功能　　　　　　　　　　B. 使用功能
   C. 基本功能　　　　　　　　　　D. 辅助功能
   E. 重复功能

5. 在下列价值工程的研究对象中，通过设计，进行改进和完善的功能有（　　）。
   A. 基本功能　　　　　　　　　　B. 辅助功能
   C. 使用功能　　　　　　　　　　D. 不足功能
   E. 过剩功能

6. 当价值系数 $V < 1$ 时，应该采取的措施有（　　）。
   A. 在功能水平不变的条件下，降低成本
   B. 在成本不变的条件下，提高功能水平
   C. 去掉成本比重较大的多余功能
   D. 补充不足功能，但是成本上升幅度很小
   E. 不惜一切代价来提高重要的功能

7. 价值工程的方案创造可采用的方法包括（　　）。
   A. 头脑风暴法　　　　　　　　　B. 专家检查法
   C. 因素分析法　　　　　　　　　D. 哥顿法
   E. ABC 法

8. 在建设工程中运用价值工程时，提高工程价值的途径有（　　）。
   A. 通过采用新方案，既提高产品功能，又降低成本
   B. 通过设计优化，在成本不变的前提下，提高产品功能
   C. 施工单位通过严格履行施工合同，提高其社会信誉
   D. 在保证建设工程质量和功能的前提下，通过合理的组织管理措施降低成本

E. 适量增加成本，大幅度提高项目功能和适用性

9. 价值工程分析阶段的工作有（   ）。
   A. 对象选择　　　B. 方案评价　　　C. 功能定义　　　D. 功能整理
   E. 功能评价

10. 某施工企业对建筑物的外墙进行功能分析的说法，正确的有（   ）。
    A. 承重外墙的基本功能是承受荷载　　　B. 防风防雨是外墙的过剩功能
    C. 分隔空间是外墙的上位功能　　　　　D. 隔热保温是外墙的辅助功能
    E. 造型美观是外墙的美学功能

11. 关于价值工程特点的说法，正确的有（   ）。
    A. 价值工程的核心是对产品进行功能分析
    B. 价值工程并不单纯追求降低产品的生产成本
    C. 价值工程要求将产品的功能定量化
    D. 价值工程的目标是以最低的寿命周期成本使产品具备最大功能
    E. 价值工程的主要工作是用传统的方法获得产品稳定的技术经济效益

12. 下列关于价值工程原理的描述中，正确的有（   ）。
    A. 价值工程中所述的"价值"是指研究对象的使用价值
    B. 运用价值工程的目的是提高研究对象的比较价值
    C. 价值工程的核心是对研究对象进行功能分析
    D. 价值工程是一门分析研究对象效益与费用之间关系的管理技术
    E. 价值工程中所述的"成本"是指研究对象建造/制造阶段的全部费用

13. 应作为价值工程重点对象的是那些（   ）的功能。
    A. 价值系数高　　　B. 功能价值低　　　C. 可靠性尚可　　　D. 改进期望值大
    E. 复杂程度高

14. 关于价值工程的说法，正确的有（   ）。
    A. 价值工程的核心是对产品进行功能分析
    B. 价值工程涉及价值、功能和寿命周期成本三要素
    C. 价值工程应以提高产品的功能为出发点
    D. 价值工程是以提高产品的价值为目标
    E. 价值工程强调选择最低寿命周期成本的产品

15. 关于价值工程的说法，正确的有（   ）。
    A. 价值工程的核心是对产品进行功能分析
    B. 价值工程涉及价值、功能和寿命周期成本三要素
    C. 价值工程应以提高产品的功能为出发点
    D. 价值工程是以提高产品的价值为目标
    E. 价值工程强调选择最低寿命周期成本的产品

参考答案及解析

（一）单项选择题

1. B　2. C　3. C　4. D　5. D　6. C　7. A　8. B　9. D　10. A

11. C 12. B 13. B 14. A 15. C 16. C 17. C 18. B 19. A

18. **解析**：本题考核的是价值工程原理。首先我们来计算各方案的成本系数：甲方案成本系数 = 2840/(2840 + 2460 + 2300 + 2700) = 0.276，乙方案成本系数 = 2460/10300 = 0.239，丙方案成本系数 2300/10300 = 0.223，丁方案成本系数 = 2700/10300 = 0.262，应该验算一下计算正确与否，把这四个系数连加，如果为 1，说明计算正确。接下来计算各方案的价值系数 V：甲方案价值系数 = 0.202/0.276 = 0.732，乙方案价值系数 = 0.286/0.239 = 1.197，丙方案价值系数 = 0.249/0.223 = 1.117，丁方案价值系数 = 0.263/0.262 = 1.003。在四个方案中选择价值系数最大者为最优方案。即乙方案为最优方案。故选 B 项。

19. **解析**：本题考核的是价值工程的应用，利用价值工程原理选择最优方案。

（1）计算各方案的功能系数：$F_甲 = 98/(98 + 96 + 99 + 94) = 0.2532$，$F_乙 = 96/387 = 0.2481$，$F_丙 = 99/387 = 0.2558$；$F_丁 = 94/387 = 0.2429$。

（2）计算各方案的成本系数：$C_甲 = 1250/(1250 + 1350 + 1300 + 1225) = 0.2439$，$C_乙 = 1350/5125 = 0.2634$，$C_丙 = 1300/5125 = 0.2537$，$C_丁 = 1225/5125 = 0.2390$。

（3）计算各方案的价值系数：$V_甲 = 0.2532/0.2439 = 1.038$，$V_乙 = 0.2481/0.2634 = 0.942$，$V_丙 = 0.2558/0.2537 = 1.008$，$V_丁 = 0.2429/0.2390 = 1.016$。所以，最优方案为甲方案。

（二）多项选择题

1. ABDE 2. ACDE 3. CD 4. BCD 5. DE 6. ABCD 7. ABD
8. ABDE 9. CDE 10. ADE 11. ABC 12. BCD 13. ADE 14. ABD
15. ABD

9. **解析**：价值工程分析阶段的工作有功能定义、功能整理、功能评价。从工作步骤上看，对象选择属于准备阶段，方案评价属于创新阶段，所以选择 CDE。

10. **解析**：本题考核功能的分类，列举多个例子，各个方面，完全选对有一定的难度，但得分难度并不大，首先选项 B 很容易排除掉，防风防雨肯定不是过剩的功能；然后，分隔空间和外墙的关系不大，而是内墙的基本功能，上位功能是目的性的，不能说外墙的目的就是为了分隔空间，所以选项 C 是错误的，其他几个都是对的。

13. **解析**：功能评价以功能目标成本为基准，通过与功能现实成本的比较，求出两者的比值（功能价值）和两者的差异值（改善期望值），然后选择功能价值低、改善期望值大的功能作为价值工程活动的重点对象。确定的改进对象是：F_i/C_i 值低的功能、复杂的功能、问题多的功能。故选 BDE 项。选项 A 表达反了，不能选。

五、公路工程总投资构成与计算

重 点 知 识

（一）公路工程总投资的构成

公路工程总投资由工程造价和运营费用两大部分构成，此处重点讲解工程造价相关内容。

公路工程造价是指建设一条公路或一座独立大桥或隧道，使其达到设计要求所花费的部费用。根据《公路工程建设项目概算预算编制办法（2018 版）》及《公路工程建设项目估算编制办法（2018 版）》规定，公路工程造价由建筑安装工程费、土地使用及拆迁补偿费、工程建设其他费、预备费及建设期贷款利息五大部分组成，如图 4-1-16 所示。

（二）投资测算体系

在项目的各阶段都必须编制有关的造价文件，这些不同造价文件的投资额则要根据其主要内容要求，由不同测算工作来完成。按工程项目建设程序可分为：投资估算（项目建议书和可行性研究阶段）；设计概算（初步设计、技术设计阶段）；施工图预算（施工图设计阶段）；施工预算、投标报价、工程结算（施工招投标和施工阶段）；竣工决算（公路交工后交竣工阶段）。（注：2022 年考点）

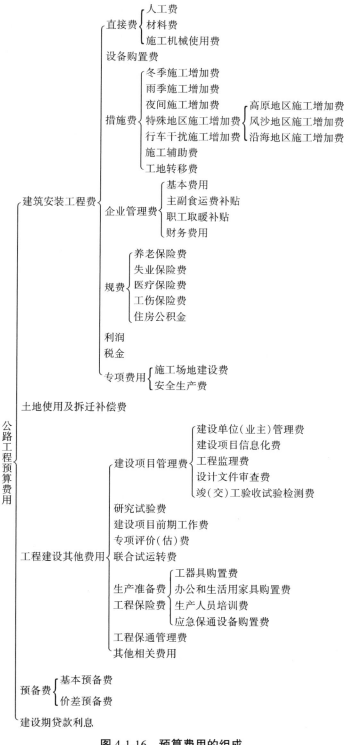

图 4-1-16　预算费用的组成

(三) 公路工程总投资的计算

公路工程造价的计算分为投资估算、概算和预算，具体计算内容在下一点介绍。运营费用中养护管理费一般按公路等级，依据具体主管部门上年度每公里养护管理支出的平均值综合计算，大中修及技术改造一般按通车后每隔6~8年进行一次，每次大中修及技术改造的费用按工程建设投资额的15%左右计算。

例 题

例1 某建设项目的工程费用与工程建设其他费用的预算额为52180万元，预备费为5000万元，建设期3年，各年的投资比例为：第一年20%，第二年55%，第三年25%。该项目固定资产投资来源为自有资金和贷款。贷款本金为40000万元（其中外汇贷款为2300万美元），贷款按年度投资比例发放。贷款人民币部分年利率为6%（按季计息）；贷款的外汇部分年利率为8%（按年计息），外汇牌价1美元兑换6.6元人民币。则建设项目的总投资是（   ）。

  A. 57180.00万元 B. 59730.30万元 C. 61280.66万元 D. 61227.40万元

例2 预算费用属于（   ）阶段。[2022年真题]

  A. 项目建议书   B. 可行性研究
  C. 初步设计   D. 施工图设计

例3 公路工程投资额的计算中，属于规费的是（   ）。[2022年真题]

  A. 养老保险费   B. 施工辅助费
  C. 工伤保险费   D. 安全生产费
  E. 医疗保险费

例 题 解 析

例1 实际利率：$(1+6\%)^4 - 1 = 6.14\%$；

人民币贷款利息合计：2273.45万元；

外币贷款利息：$276.85 \times 6.6 = 1827.21$万元；

总投资 = 建设投资 + 贷款利息 = 52180 + 5000 + 2273.45 + 1827.21 = 61280.66万元。故选C项。

例2 根据公路建设程序，工程造价在项目建议书及可行性研究阶段称之为"投资估算"，在初步设计、技术设计阶段称之为"设计概算"，在施工图设计阶段称之为"施工图预算"，在项目招投标阶段称之为"招标控制价或标底价、投标报价"，在发包人与承包人签订施工合同协议时称之为"合同价"，在合同实施过程中的结算称之为"结算价"，在公路工程项目交工验收后竣工验收前这阶段称之为"决算价"。故选D项。

例3 参见图4-1-16建筑安装工程费中规费内容，故选ACE项。

自 测 模 拟 题

（一）单项选择题

1. 下列关于运营费用中养护费的说法，正确的是（   ）。

  A. 一般按公路交通量计算

  B. 一般按公路等级和上年度每千米养护管理支出的平均值综合计算

  C. 依据具体主管部门上年度每千米养护管理支出的最低值计算

  D. 依据具体主管部门上年度每千米养护管理支出的最高值计算

2. 下列关于运营费用中养护费的大中修费的说法，正确的是（　　）。
   A. 一般按公路交通量计算
   B. 一般按公路等级计算
   C. 大中修及技术改造一般按通车后每隔 5 年进行一次
   D. 每次大中修及技术改造的费用按工程建设投资额的 15% 左右计算

（二）多项选择题
1. 我国现行施工阶段的公路工程造价的构成包括（　　）。
   A. 建筑工程安装费　　　　　　B. 建设项目前期费
   C. 建设期贷款利息　　　　　　D. 土地使用及拆迁补偿费
   E. 预备费

参考答案及解析

（一）单项选择题
1. B　　2. D
2. **解析**：运营费用中养护管理费一般按公路等级，依据具体主管部门上年度每千米养护管理支出的平均值综合计算，大中修及技术改造一般按通车后每隔 6～8 年进行一次，每次大中修及技术改造的费用按工程建设投资额的 15% 左右计算，故选 D。

（二）多项选择题
1. ACDE

六、公路工程建设项目投资估算（简单浏览）

重 点 知 识

（一）投资估算的分类

投资估算是对拟建公路项目的全部投资费用进行的预测估计。公路工程投资估算包括项目建议书（即公路预可行性研究）投资估算和工程可行性研究报告投资估算，是评价公路工程项目投资的重要工具。预可行性估算精度一般要求为误差控制在 ±30% 以内。可行性研究报告投资估算是编制初步设计概算或施工图预算（采用一阶段设计时）的限制条件。设计概算经批准，即为工程建设项目的最高投资限额，一般情况下不得突破。

（二）项目建议书投资估算的作用

（1）拟建项目是否继续进行的依据之一。
（2）审批项目建议书的依据。
（3）审批建设项目可行性研究报告的依据。
（4）国家编制中长期规划和保持合理投资结构及决定国民经济计划中基建比例的依据。
（5）制订资金筹措计划，控制投资限额的依据。

（三）工程可行性研究报告投资估算的作用

（1）可行性研究报告投资估算是项目建设投资决策的依据。
（2）可行性研究报告投资估算是公路建设项目的经济评价的依据。

(3) 可行性研究报告投资估算是编制设计概算的依据。

(4) 可行性研究报告投资估算是资金筹措的依据。

(5) 当采用一阶段设计时，可行性研究报告投资估算是编制年度建设投资计划的依据。

(四) 可行性研究报告投资估算的编制依据

投资估算是可行性研究报告的重要组成部分，是建设项目国民经济评价中计算支出费用的基础资料，具有限制建设项目投资限额的重要作用。编制依据包括：

(1) 经批准的项目建议书及投资估算文件。

(2) 通过踏勘调查和必要的测量、地质钻探，根据路线方案确定的路基土石方、排水与防护、路面、桥梁涵洞等主要工程数量，以及对一些典型路段和有代表性的大型构造物做出的典型布置图资料，都是编制可行性研究报告投资估算的基本依据。

(3) 建设项目施工组织规划设计的意见。

(4)《公路工程估算指标》及其相应的有关各项工程量计算方法的规定。

(5)《公路工程预算定额》《公路工程概算定额》的相关规定。

(6)《公路工程建设项目投资估算编制办法》中规定的措施费、企业管理费、规费、利润、税率、建设单位管理费等费率标准，以及有关相应的计算规定。

(7) 当地交通主管部门发布的人工费、材料供应价格信息、有关规定及材料价格的有关资料。

(8) 当地人民政府颁布的征地、拆迁赔偿标准和有关规定。

(9) 编制可行性研究报告的委托书、合同或协议的有关规定和要求。

(10) 建设项目的主管部门或建设单位对拟建项目投资估算的有关通知与要求。

例 题

例1 可行性研究报告投资估算是编制（　　）的限制条件。
  A. 项目建议书投资估算　　　　　　　B. 初步设计概算或一阶段施工图预算
  C. 施工图预算　　　　　　　　　　　D. 施工预算

例2 项目建议书投资估算的作用有（　　）。
  A. 是审批项目建议书的依据
  B. 是审批建设项目可行性研究报告的依据
  C. 是拟建项目是否继续进行的唯一依据
  D. 是国家编制中长期规划和保持合理投资结构及决定国民经济计划中基建比例的依据
  E. 是制订资金筹措计划、控制投资限额的依据

例 题 解 析

例1 可行性研究报告投资估算是编制初步设计概算或施工图预算（采用一阶段设计时）的限制条件。故选 B 项。

例2 选项 C 错误，正确的表述是：是拟建项目是否继续进行的依据之一。故选 ABDE 项。

自 测 模 拟 题

(一) 单项选择题

1. 公路工程投资估算指标是一种（　　）。

A. 技术定额　　　　B. 经济定额　　　　C. 技术经济定额　　D. 基本定额
2. 投资估算指标的计算对象为（　　）。
   A. 工序　　　　　　　　　　　　　B. 各个分部分项工程
   C. 扩大的分部分项工程　　　　　　D. 独立的单项工程或完整的工程项目
3. 项目建议书阶段的投资估算，是项目主管部门审批项目建议书的依据之一，并对项目的规划、规模起（　　）作用。
   A. 控制　　　　　　B. 决定　　　　　　C. 参考　　　　　　D. 重要

（二）多项选择题
1. 可行性研究报告投资估算的作用有（　　）。
   A. 是项目建设投资决策的依据　　　　B. 是公路建设项目的经济评价的依据
   C. 是编制设计概算的依据　　　　　　D. 是资金筹措的依据
   E. 是编制年度建设投资计划的依据

参 考 答 案

（一）单项选择题
1. C　　2. C　　3. C
（二）多项选择题
1. ABCD

七、公路工程建设项目概算预算

重 点 知 识

（一）设计概算的作用

（1）设计概算是确定建设项目总投资的依据。

（2）设计概算是编制基本建设计划的依据。

（3）设计概算是签订建设项目总包合同、实行建设项目包干、订购主要材料、设备、安排重大科研项目，联系征用土地、拆迁等建设前期准备工作的依据。

（4）设计概算是分析比较设计方案和考核设计经济合理性的依据。

（5）设计概算是考核建设工程成本的依据。

（6）设计概算是控制施工图预算的依据。

（二）施工图预算的作用

（1）施工图预算是承包施工任务的依据。

当施工图预算作为承包施工任务的依据时，它有以下几点作用：

①施工图预算是施工单位组织施工的依据。

②施工图预算是施工单位统计完成工程量的依据。

③施工图预算是施工企业进行经济核算的依据。

④施工图预算是施工单位和建设单位进行工程结算的依据。

⑤一个建设项目需要由审计单位进行审计时，施工图预算是进行工程审计的依据。

(2)审定的施工图预算是编制工程招标控制价的依据。

(3)施工图预算是衡量设计方案是否经济合理的依据。

(三)概算、预算的编制依据

根据《公路工程建设项目概算预算编制办法》(JTG 3830—2018)第2.2条规定,设计概算/施工图预算的编制依据应包括下列内容[概预算(4)(5)两点有区别,"/"后铺灰的内容为预算要求]:

(1)国家发布的有关法律、法规等。系指编制概预算中所必须遵循的国家、交通运输部和地方主管部门颁布的有关法令性文件或规定等。

(2)本办法及配套定额[注:凡是文中的"本办法"是指《公路工程建设项目概算预算编制办法》(JTG 3830—2018)]。配套定额即第2.1.1条的规定,《公路工程概算定额》(JTG/T 3831—2018)、《公路工程预算定额》(JTG/T 3832—2018)规定的人工、材料与设备、机械台班消耗量和按本办法规定的概算、预算编制时工程所在地的人工费工日单价、材料预算单价和施工机械台班单价计算出工程项目的工、料、机费用,并按本办法的规定计算各项费用。

(3)工程所在地省级交通运输主管部门发布的补充规定和定额等。

(4)可行性研究报告的批(核)准文件(修正概算时为初步设计批复文件)等有关资料。(概算要求的内容)/批准的初步设计文件(或技术设计文件,若有)等有关资料。

(5)初步设计(或技术设计)图纸/施工图设计图纸等设计文件、工程施工方案(含施工组织设计)。施工组织设计资料包括:工程中的开竣工日期、施工方案、主要工程项目的进度要求、材料开采与堆放地点,大型临时设施的规模、建设地点和施工方法等。

(6)工程所在地的人工、材料与设备、施工机械价格等。

(7)有关合同、协议等。

(8)其他有关资料。包括当地自然条件及其变化规律,如气温、雨季、冬季、洪水季节及规律,风雪、冰冻、地质、水源等。还有其他工程及沿线设施,如旧有建筑物的拆迁,与水利、电信、铁路的干扰及解决措施,清除场地、管理养护及服务设施等。

(四)概算、预算文件组成

概算、预算文件由封面及目录,概算、预算编制说明及全部概、预算计算表格组成。

1. 概算、预算编制说明

概算、预算编制完成后,应写出编制说明,文字力求简明扼要。叙述的内容一般有:

(1)建设项目设计资料的依据及有关文号,如建设项目可行性研究报告文号、初步设计和概算批准文号(编制修正概算及预算时),以及根据何时的测设资料及比选方案进行编制的等。

(2)采用的定额、费用标准,人工、材料、机械台班单价的依据或来源,补充定额及编制依据的详细说明。

(3)与概算、预算有关的委托书、协议书、会谈纪要等的主要内容(或将抄件附后)。

(4)总概算、预算金额,人工、钢材、水泥、沥青、木料的总需要量情况,各设计方案的经济比较,以及编制中存在的问题。

(5)其他与概算、预算有关但不能在表格中反映的事项。

2. 概算、预算表格

概算、预算文件的主要内容和组成部分是概算、预算表格,它实际上是由一套规定的表格所组成的,并且公路工程概算、预算应按统一的概算、预算表格计算。概算、预算表格是一个有机的整体，他们互相联系，共同反映出工程的费用。概算、预算的材料和机械台班单价及各项费用的计算都应通过表格反映。

3. 甲组文件与乙组文件

概算、预算文件是设计文件的组成部分，按不同的需要分为两组，甲组文件为各项费用计算表，乙组文件为建筑安装工程费各项基础数据计算表（只供审批使用）。甲、乙组文件应按《公路工程基本建设项目设计文件编制办法》（交公路发〔2007〕358号）关于设计文件报送份数的要求，随设计文件一并报送。报送乙组文件时，还应提供"建筑安装工程费各项基础数据计算表"的电子文档和编制补充定额的详细资料，并随同概算、预算文件一并报送。

甲、乙组文件包括的内容见表4-1-16、表4-1-17。

甲组文件组成表 表4-1-16

序号	名　称
1	编制说明
2	项目前后阶段费用对比表
3	建设项目属性及技术经济信息表
4	总概（预）算汇总表
5	总概（预）算人工、主要材料、施工机械台班数量汇总表
6	总概（预）算表
7	人工、主要材料、施工机械台班数量汇总表
8	建筑安装工程费计算表
9	综合费率计算表
10	综合费计算表
11	设备费计算表
12	专项费用计算表
13	土地使用及拆迁补偿费计算表
14	工程建设其他费计算表
15	人工、材料、施工机械台班单价汇总表

乙组文件组成表 表4-1-17

序号	名　称
1	分项工程概（预）算计算数据表
2	分项工程概（预）算表
3	材料预算单价计算表
4	自采材料场价格计算表
5	材料自办运输单位费计算表
6	施工机械台班单价计算表
7	辅助生产人工、材料施机械台班单位数量表

(五) 概算、预算费用的组成

概预算费用由建筑安装工程费、土地使用及拆迁补偿费、工程建设其他费、预备费及建设期贷款利息五大部分组成。

1. 建筑安装工程费

建筑安装工程费包括直接费、设备购置费、措施费、企业管理费、规费、利润、税金和专项费用8项。

2. 土地使用及拆迁补偿费

土地使用及拆迁补偿费包括永久占地费、临时占地费、拆迁补偿费、水土保持补偿费和其他费用5项。

（1）永久占地费包括土地补偿费、征用耕地安置补助费、耕地开垦费、森林植被恢复费、失地农民养老保险费。

（2）临时占地费包括临时征地使用费、复耕费。

（3）拆迁补偿费指被征用或占用土地地上、地下的房屋及附属构筑物，公用设施、文物等的拆除、发掘及迁建补偿费，拆迁管理费等。

（4）水土保持补偿费根据国家相关法律、法规规定缴纳。

（5）其他费用指国务院行政主管部门及省级人民政府规定的与征地拆迁相关的费用。

3. 工程建设其他费

工程建设其他费包括建设项目管理费、研究试验费、前期工作费、专项评价（估）费、联合试运转费、生产准备费、工程保通管理费、工程保险费和其他相关费用9项。

4. 预备费

预备费由基本预备费和价差预备费两部分组成。

（1）基本预备费系指在初步设计和概算、施工图设计和施工图预算中难以预料的工程费用。

（2）价差预备费系指设计文件编制年至工程交工年期间，建筑安装工程费用的人工费、材料费、设备费、施工机械使用费、措施费、企业管理费等由于政策、价格变化可能发生上浮而预留的费用，以及外资贷款汇率变动部分的费用。

5. 建设期贷款利息

建设期贷款利息指工程项目使用的贷款部分在建设期内应计取的贷款利息，包括各种金融机构贷款、建设债券和外汇贷款等利息。

(六) 建筑安装工程费用的组成和计算

建筑安装工程费用的八项内容包括直接费、设备购置费、措施费、企业管理费、规费、利润、税金和专项费用。建筑安装工程费除专项费用外，其他均按"价税分离"计价规则计算，即各项费用均以不含增值税可抵扣进项税额的价格（费率）进行计算，具体要素价格适用增值税税率执行财税部门的相关规定。定额建筑安装工程费包括定额直接费、定额设备购置费的40%、措施费、企业管理费、规费、利润、税金和专项费用，定额直接费包括定额人工费、定额材料费、定额施工机械使用费。

定额人工费、定额材料费、定额施工机械使用费以及定额设备购置费均按《公路工程预算定额》（JTG/T 3832—2018）"定额人工、材料、设备单价表"及《公路工程机械台班费用定额》（JTG/T 3833—2018）中规定的人工、材料、设备、机械的相应基价计算的定额费用。

建筑安装工程费用可参照表4-1-18进行计算。

第四章 公路工程费用目标控制

公路工程建设各项费用的计算程序及计算方式　　　　表 4-1-18

序号	项　目	说明及计算式
（1）	定额直接费	∑人工消耗量 × 人工基价 ＋ ∑(材料消耗量 × 材料基价 ＋ 机械台班消耗量 × 机械台班基价)
（2）	定额设备购置费	∑设备购置数量 × 设备基价
（3）	直接费	∑人工消耗量 × 人工单价 ＋ ∑(材料消耗量 × 材料预算单价 ＋ 机械台班消耗量 × 机械台班预算单价)
（4）	设备购置费	∑设备购置数量 × 预算单价
（5）	措施费	(1) × 施工辅助费费率 ＋ 定额人工费和定额施工机械使用费之和 × 其余措施费综合费率
（6）	企业管理费	(1) × 企业管理费综合费率
（7）	规费	各类工程人工费(含施工机械人工费) × 规费综合费率
（8）	利润	[(1) ＋ (5) ＋ (6)] × 利润率
（9）	税金	[(3) ＋ (4) ＋ (5) ＋ (6) ＋ (7) ＋ (8)] × 9%
（10）	专项费用	
	施工场地建设费	[(1) ＋ (2) × 40% ＋ (5) ＋ (6) ＋ (7) ＋ (8) ＋ (9)] × 累进费率
	安全生产费	建筑安装工程费(不含安全生产费本身) × (≥ 1.5%)
（11）	定额建筑安装工程费	(1) ＋ (2) × 40% ＋ (5) ＋ (6) ＋ (7) ＋ (8) ＋ (9) ＋ (10)
（12）	建筑安装工程费	(3) ＋ (4) ＋ (5) ＋ (6) ＋ (7) ＋ (8) ＋ (9) ＋ (10)
（13）	土地使用及拆迁补偿费	按规定计算
（14）	工程建设其他费	
	建设项目管理费	
	建设单位（业主）管理费	(11) × 累进费率
	建设项目信息化费	(11) × 累进费率
	工程监理费	(11) × 累进费率
	设计文件审查费	(11) × 累进费率
	竣（交）工验收试验检测费	按规定计算
	研究试验费	
	建设项目前期工作费	(11) × 累进费率
	专项评价（估）费	按规定计算
	联合试运转费	(11) × 费率
	生产准备费	

1. 直接费计算

直接费指施工过程中耗费的构成工程实体和有助于工程形成的各项费用，包括人工费、材料费、施工机械使用费。

（1）人工费

人工费指列入概算、预算定额的，直接从事建筑安装工程施工的生产工人开支的各项费用。人工费由以下费用组成。

①计时工资或计件工资：指按计时工资标准和工作时间或对已做工作按计件单价支付给个人的劳动报酬。

②津贴、补贴：指为了补偿职工特殊或额外的劳动消耗和因其他特殊原因支付给个人的津贴，以及为了保证职工工资水平不受物价影响支付给个人的物价补贴。如流动施工津贴、特殊地区施工津贴、高温（寒）作业临时津贴、高空津贴等。

③特殊情况下支付的工资：指根据国家法律、法规和政策规定，因病、工伤、产假、计划生育假、婚丧假、事假、探亲假、定期休假、停工学习、执行国家或社会义务等原因，按计时工资标准或计时工资标准的一定比例支付的工资。

人工费以概算、预算定额人工工日数乘以综合工日单价计算。

$$人工费 = \sum(分项工程数量 \times 相应项目定额单位工日数 \times 综合工日单价) \tag{4-1-33}$$

人工费标准按照本地区公路建设项目的人工工资统计情况以及公路建设劳务市场情况进行综合分析、确定人工工日单价。人工工日单价由省级交通运输主管部门制定发布，并适时进行动态调整。

【示例 1】 某高速公路工程，设计图中路基填筑普通土方数量为 30000m³ 无远距离运输，填前翻松压实 6000m²，采用 20t 振动压路机压实填土，查得预算定额 1-1-18 每 1000m³ 为 2.1 工日、1-1-5 每 1000m² 为 (4.9 + 2) 工日。已知综合工日单价 100 元/工日。求人工费。

解析： 该分项人工费 $= (30 \times 2.1 + 6 \times 4.9 + 6 \times 2) \times 100 = 104.4 \times 100 = 10440$ 元。

（2）材料费

材料费指施工过程中耗用的构成工程实体的原材料、辅助材料、构配件、零件、半成品或成品算，按工程所在地的材料价格计算的费用。

$$材料费 = \sum(分项工程数量 \times 相应项目定额单位材料消耗量 \times 材料预算价格) \tag{4-1-34}$$

①材料预算价格由材料原价、运杂费、场外运输损耗、采购及保管费组成。

②材料预算价格 = (材料原价 + 运杂费) × (1 + 场外运输损耗率) ×

$$(1 + 采购及保管费率) - 包装品回收价值 \tag{4-1-35}$$

a. 各种材料原价按下列规定计算：

a) 外购材料：外购材料价格参照本行政区域内交通运输主管部门发布的价格和按调查的市场价格进行综合取定。

b) 自采材料：自采的砂、石、黏土等自采材料，按定额中开采单价加辅助生产间接费和矿产资源税（如有）计算。

b. **运杂费**指材料自供应地点至工地仓库（施工地点存放材料的地方）的费用，包括装卸费、运费，如果发生，还应计囤存费及其他杂费（如过磅、标签、支撑加固、路桥通行等费用）。

a) 通过铁路、水路和公路运输的材料，按调查的市场运价计算运费。

b) 一种材料当有两个以上的供应点时，应根据不同的运距、运量、运价，采用加权平均的方法计算运费。由于概算、预算定额中已考虑了工地运输便道的特点，以及定额中已计入了"工地小搬运"的费用，因此汽车运输平均运距中不得乘调整系数，也不得在工地仓库或堆料场之外再加场内运距或二次倒运的运距。

c) 有容器或包装的材料及长大轻浮材料，应按表4-1-19规定的毛质量计算。桶装沥青、汽油、柴油按每吨摊销一个旧汽油桶计算包装费（不计回收）计算。

材料毛重系数及单位毛质量表　　　　　　　　　　　　表 4-1-19

材料名称	单位	毛质量系数（%）	单位毛质量
爆破材料	t	1.35	—
水泥、块状沥青	t	1.01	—
铁钉、铁件、焊条	t	1.10	—
液体沥青、液体燃料、水	t	桶装 1.17，油罐车装 1.00	—
木料	m³	—	原木 0.750t，锯材 0.650t
草袋	个	—	0.004t

c. 场外运输损耗指有些材料在正常的运输过程中发生的损耗。材料场外运输操作损耗率见表4-1-20。

材料场外运输操作损耗率表　　　　　　　　　　　　表 4-1-20

材料名称		场外运输（包括一个装卸）	每增加一次装卸
块状沥青		0.5	0.2
石屑、碎砾石、砂砾、煤渣、工业废渣、煤		1.0	0.4
砖、瓦、桶装沥青、石灰、黏土		3.0	1.0
草皮		7.0	3.0
水泥（袋装、散装）		1.0	0.4
砂	一般地区	2.5	1.0
	风沙地区	5.0	2.0

注：汽车运水泥，当运距超过500km时，袋装水泥损耗率增加0.5个百分点。

d. 采购及保管费：

a) 材料采购及保管费指在组织采购、保管过程中，所需的各项费用及工地仓库的材料储存损耗。

b) 材料采购及保管费，以材料的原价加运杂费及场外运输损耗的合计数为基数，乘以采购及保管费费率计算。

c) 钢材的采购及保管费费率为0.75%。燃料、爆破材料为3.26%，其余材料为2.06%。商品水泥混凝土、沥青混合料和各类稳定土混合料、外购的构件、成品及半成品的预算价格计算方法与材料相同。商品水泥混凝土、沥青混合料和各类稳定土混合料不计采购及保管费，外购的构件、成品及半成品的采购及保管费费率为0.42%。

【示例2】 求机械轧碎石的料场单价：已知碎石已筛分，碎石机的装料口径为400mm×250mm，碎石的最大粒径为4cm，人工单价为110元/工日，开采片石的预算单价为55元/m³，400mm×250mm电动颚式碎石机的台班单价为178.50元/台班，滚筒式筛分机的台班单价为150.80元/台班。

解析： 查《公路工程预算定额》（JTG/T 3832—2018）8-1-7-14，可知生产加工 100m³ 堆方的碎石需要消耗人工 30.2 工日，开采片石 114.9m³，400mm×250mm 电动颚式碎石机 3.42 台班，滚筒式筛分机 3.48 台班。查《公路工程预算定额》（JTG/T 3832—2018）附录四，可知定额人工单价为 106.28 元/工日，所以加工生产 100m³ 的碎石料场单价为：

（1）人工费：$30.2 \times 110 = 3322$ 元

（2）辅助生产间接费：$30.2 \times 106.28 \times 3\% = 96.29$ 元

（3）材料费：开采片石 $114.9 \times 55 = 5319.5$ 元

（4）机械费：

①碎石机：$3.42 \times 178.50 = 610.47$ 元

②筛分机：$3.48 \times 150.80 = 524.79$ 元

因此，碎石的料场单价 = $(3322 + 96.29 + 5319.50 + 610.47 + 524.79) \div 100 = 98.73$ 元/m³

（3）施工机械使用费

施工机械使用费指列入概算、预算定额的工程机械和工程仪器仪表台班数量，按相应的施工机械台班费用定额计算的费用等。

$$\text{施工机械使用费} = \sum(\text{分项工程数量} \times \text{相应项目定额单位机械台班消耗量} \times \text{机械台班单价}) + \text{小型机具使用费} \tag{4-1-36}$$

①工程机械使用费。机械台班预算价格应按《公路工程机械台班费用定额》（JTG/T 3833—2018）计算，机械台班单价由不变费用和可变费用组成。不变费用包括折旧费、检修费、维护费、安拆辅助费等；可变费用包括机上人员人工费、动力燃料费、车船税。可变费用中的人工工日数及动力燃料消耗量，应以机械台班费用定额中的数值为准。台班人工费工日单价同生产工人人工费单价。动力燃料费用则按材料费的计算规定计算。

②工程仪器仪表使用费指机电工程施工作业所发生的仪器仪表使用费，以施工仪器仪表台班耗用量乘以施工仪器仪表台班单价计算。

③工程仪器仪表台班预算价格应按《公路工程机械台班费用定额》（JTG/T 3833—2018）计算。台班人工费工日单价同生产工人人工费单价。动力燃料费用则按材料费的计算规定计算。

④当工程用电为自行发电时，电动机械每 kW·h（度）电的价格可由下式计算：

$$A = 0.15 \frac{K}{N} \tag{4-1-37}$$

式中：A ——每 kW·h 电单价（元）；

K ——发电机组的台班单价（元）；

N ——发电机组的总功率（kW）。

【示例 3】 试计算摊铺宽度为 6m 的滑模式水泥混凝土摊铺机的台班单价。已知人工单价为 106.28 元/工日，柴油为 7.44 元/kg。

解析： 由《公路工程机械台班费用定额》（JTG/T 3833—2018）查得，该机械的代号为 [8003076]，由此可知：

①不变费用：1691.31 元；

②可变费用：人工费 $106.28 \times 3 = 318.84$ 元；柴油费 $7.44 \times 83.66 = 622.43$ 元；

可变费用合计：$318.84 + 622.43 = 941.27$ 元；

③台班单价：$1691.31 + 941.27 = 2632.58$ 元。

（4）定额直接费计算

定额直接费是计算措施费、企业管理费等费用的基数，定额直接费在做初步方案的经济比较时发挥作用，也是评价不同工艺、方法的造价水平的参考依据。

定额直接费是指完成定额规定单位的分项工程量所需消耗的工人费、材料费、机械使用费的合计值。其中人工费、材料费按《公路工程预算定额》（JTG/T 3832—2018）附录四"定额人工、材料、设备单价表"计算，施工机械使用费按《公路工程机械台班费用定额》（JTG/T 3833—2018）中的定额基价计算。

2. 设备购置费计算

设备购置费指为满足公路初期运营、管理需要购置的构成固定资产标准的设备和虽低于固定资产标准但属于设计明确列入设备清单的设备的费用，包括渡口设备，隧道照明、消防、通风的动力设备，公路收费、监控、通信、路网运行监测、供配电及照明设备等。

（1）设备购置费应列出计划购置的清单（包括设备的规格、型号、数量），以设备预算价计入。

（2）设备购置费包括设备原价、运杂费、运输保险费、采购及保管费，各种税费按编制期有关部门规定计算。

（3）需要安装的设备，按建筑安装工程费的有关规定计算设备的安装工程费。

3. 措施费计算

措施费包括冬季施工增加费、雨季施工增加费、夜间施工增加费、特殊地区施工增加费、行车干扰施工增加费、施工辅助费、工地转移费。根据工程类别在《公路工程建设项目概算预算编制办法》（JTG 3830—2018）的相应表中查对应的各措施费的对应费率。

$$增加的相应措施费 = 基数 \times 相应的费率 \tag{4-1-38}$$

（1）以各类工程的定额人工费与定额施工机械使用费之和为基数的措施费种类：冬季施工增加费、雨季施工增加费、特殊地区（高原、风沙、沿海只有4种工程类别）施工增加费、工地转移费。

（2）以涉及或受影响项目定额人工费与定额施工机械使用费之和为基数的措施费种类：夜间施工增加费、行车干扰施工增加费。

（3）以各类工程的定额直接费为基数的措施费种类：施工辅助费。

4. 企业管理费计算

企业管理费由基本费用、主副食运费补贴、职工探亲路费、职工取暖补贴和财务费用五项组成，每个都是以各类工程的定额直接费为基数，根据工程类别在《公路工程建设项目概算预算编制办法》（JTG 3830—2018）表中查相应费率。

5. 规费计算

规费指按法律、法规、规章、规程规定施工企业必须缴纳的费用，通常说法为五险一金。以各类工程的人工费之和为基数，规费费率按国家标准计算。

6. 利润计算

利润指施工企业完成所承包工程获得的盈利，按定额直接费及措施费、企业管理费之和的 7.42% 计算。

7. 税金计算

税金指国家税法规定应计入建筑安装工程造价的增值税销项税额。其计算公式如下：

$$税金 = (直接费 + 设备购置费 + 措施费 + 企业管理费 + 规费 + 利润) \times 增值税率9\% \tag{4-1-39}$$

8. 专项费用计算

专项费用包括施工场地建设费和安全生产费。

（1）施工场地建设费包括：

①按照工地建设标准化要求进行承包人驻地、工地试验室建设，钢筋集中加工、混合料集中拌制、构件集中预制等所需的办公、生活居住房屋（包括职工家属房屋及探亲房屋），公用房屋（如广播室、文体活动室、医疗室等）和生产用房屋（如仓库、加工厂、加工棚、发电站、变电站、空压机站、停机棚、值班室等）等费用。

②包括场区平整（山岭重丘区的土石方工程除外）、场地硬化、排水、绿化、标志、污水处理设施、围墙隔离设施等的费用，不包括钢筋加工的机械设备、混合料拌和设备及安拆、预制构件台座、预应力张拉设备、起重及养护设备，以及概算、预算定额中临时工程的费用。

③包括以上范围内的各种临时工作便道（包括汽车、人力车道）、人行便道，工地临时用水、用电的水管支线和电线支线，临时构筑物（如水井、水塔等），其他小型临时设施等的搭设或租赁、维修、拆除、清理的费用；但不包括红线范围内贯通便道、进出场的临时道路、保通便道。

④工地试验室所发生的属于固定资产的试验设备和仪器等折旧、维修或租赁费用。

⑤施工扬尘污染防治措施费：指裸露的施工场地覆盖防尘网，施工便道和施工场地洒水或喷洒抑尘剂，运输车辆的苫盖和冲洗，环境敏感区设置围挡，设置防尘标志，环境监控与检测等所需要的费用。

⑥文明施工、职工健康生活的费用。

施工场地建设费以施工场地计费基数，按表4-1-21的费率，以累进法计算。施工场地计费基为定额建筑安装工程费扣除专项费。

施工场地建设费率表 表4-1-21

施工场地计费基数 （万元）	费率 （%）	算例（万元）	
		施工场地计费基数	施工场地建设费
500及以下	5.338	500	500 × 5.338% = 26.69
500～1000	4.228	1000	2.69 + (1000 − 500) × 4.228% = 47.83
1000～5000	2.665	5000	47.83 + (5000 − 1000) × 2.665% = 154.43
5000～10000	2.222	10000	154.43 + (10000 − 5000) × 2.222% = 265.53
10000～30000	1.785	30000	265.53 + (30000 − 10000) × 1.785% = 622.53
30000～50000	1.694	50000	622.53 + (50000 − 30000) × 1.694% = 961.33
50000～100000	1.579	100000	961.33 + (100000 − 50000) × 1.579% = 1750.83
100000～150000	1.498	150000	1750.83 + (150000 − 100000) × 1.498% = 2499.83
150000～200000	1.415	200000	2499.83 + (200000 − 150000) × 1.415% = 3207.33
200000～300000	1.348	300000	3207.33 + (300000 − 200000) × 1.348% = 4555.83
300000～400000	1.289	400000	4555.33 + (400000 − 300000) × 1.289% = 5844.33
400000～600000	1.235	600000	5844.33 + (600000 − 400000) × 1.235% = 8314.33
600000～800000	1.188	800000	8314.33 + (800000 − 600000) × 1.188% = 10690.33
800000～1000000	1.149	1000000	10690.33 + (1000000 − 800000) × 1.149% = 12988.33
1000000以上	1.118	12000000	12988.33 + (12000000 − 1000000) × 1.118% = 15224.33

（2）安全生产费包括完善、改造和维护安全设施设备费用，配备、维护、保养应急救援器材、设备费用，开展重大危险源和事故隐患评估和整改费用，安全生产检查、评价、咨询费用，配备和更新现场作业人员安全防护用品支出，安全生产宣传、教育、培训费用，安全设施及特种设备检测检验费用，施工安全风险评估、应急演练等有关工作及其他与安全生产直接相关的费用。

安全生产费按建筑安装工程费乘以安全生产费费率计算，费率按不少于1.5%计取。

（七）土地使用及拆迁补偿费的计算

土地使用及拆迁补偿费包含永久占地费、临时占地费、拆迁补偿费、水土保持补偿费、其他费用。

①永久占地费：包括土地补偿费、征用耕地安置补助费、耕地开垦费、森林植被恢复费、失地农民养老保险费。

②临时占地费：包括临时征地使用费、复耕费。

③拆迁补偿费：指被征用或占用土地地上、地下的房屋及附属构筑物，公用设施、文物等的拆除、发掘及迁建补偿费，拆迁管理费等。

④水土保持补偿费：根据国家相关法律、法规规定缴纳。

⑤其他费用：指国务院行政主管部门及省级人民政府规定的与征地拆迁相关的费用。

土地使用及拆迁补偿费计算方法如下：

①土地使用及拆迁补偿费应根据设计文件确定的建设工程用地和临时用地面积及其附着物的情况，以及实际发生的费用项目，按国家有关规定及工程所在地的省（自治区、直辖市）颁布的有关规定和标准计算。

②森林植被恢复费应根据审批单位批准的建设工程占用林地的类型及面积，按国家有关规定及工程所在地的省（自治区、直辖市）颁布的有关规定和标准计算。

③当与原有的电力电信设施、管线、水利工程、铁路及铁路设施互相干扰时，应与有关部门联系，商定合理的解决方案和补偿金额，也可由这些部门按规定编制费用以确定补偿金额。

④水土保持补偿费按各省（自治区、直辖市）制定的水土保持补偿费收费标准进行计算。

（八）工程建设其他费用

工程建设其他费用包括建设项目管理费、研究试验费、建设项目前期工作费、专项评价（估）费、联合试运转费、生产准备费、工程保通管理费、工程保险费、其他费用9项费用。

（九）预备费计算

预备费包含基本预备费与价差预备费。

1. 基本预备费

以建筑安装工程费、土地使用及拆迁补偿费、工程建设其他费之和为基数，按下列费率计算：

（1）设计概算按5%计列。

（2）修正概算按4%计列。

（3）施工图预算按3%计列。

2. 价差预备费

以建筑安装工程费用总额为基数，按设计文件编制年始至建设项目工程交工年终的年数和年工程造价增长率计算。计算公式为：

$$价差预备费 = P \times [(1+i)^{n-1} - 1] \tag{4-1-40}$$

式中：P——建筑安装工程费总额（元）；

i——年工程造价增长率（%）；

n——设计文件编制年到建设项目开工年+建设项目建设期限（年）。

（十）建设期贷款利息

利息计算方法：根据不同的资金来源分年度投资计算所需支付的利息，如式（4-1-41）所示。

建设期贷款利息 = ∑(上年末付息贷款本息累计 + 本年度付息贷款额 ÷ 2) × 年利率

即

$$S = \sum_{n=1}^{N}(F_{n-1} + b_n \div 2) \times i \tag{4-1-41}$$

式中：S——建设期贷款利息；

N——项目建设期（年）；

n——施工年度；

F_{n-1}——建设期第$n-1$年末需付息贷款本息累计；

b_n——建设期第n年底付息贷款额；

i——中国人民银行公布的贷款基准年利率。

例 题

例1 某公司购买一批材料，已知材料未含税原价2500元/t，现购买5t，装卸费800元，其他杂费500元，运输费2000元，包装回收价值为200元，采购及保管费率2%，则该批材料的预算价格是（ ）元。

  A. 15906   B. 15916   C. 16322.5   D. 17773.5

例2 某公路工程人工费为100万元，材料费500为万元，施工机械使用费为300万元，措施费为50万元，规费费率为40%，则该工程的规费是（ ）万元。

  A. 380   B. 360   C. 240   D. 40

例3 某路基工程人工费为59840元，定额人工费为60000元；材料费为120566元，定额材料费为130000元；机械使用费为83334元，定额机械使用费为90000元；施工辅助费综合费率为2.12%，其余措施费综合费率为16.6%，规费费率为10%，企业管理费综合费率为8%，利润率7.42%，增值税税率为9%，该项目的建筑安装工程费是（ ）元。

  A. 353062   B. 376843   C. 387053   D. 390548

例4 建筑安装工程费中不属于措施费的有（ ）。

  A. 企业管理费   B. 工程监理费

  C. 建设单位管理费   D. 勘察设计费

  E. 专项费用

例 题 解 析

例1 材料预算价格 = (材料原价 + 运杂费) × (1 + 场外运输损耗率) × (1 + 采购及保管费率) − 包装品回收价格

材料预算价格 = [2500 × 5 + (800 + 2000 + 500)] × (1 + 0) × (1 + 2%) − 200 = 15916元，故本题选B。本题还可以问采购及保管费是多少。

保管费 = [2500×5+(800+2000+500)]×2% = 316元。

例2 规费 = ∑各类工程的人工费×规费费率（%），规费 = 100×40% = 40万元。故本题选D。

例3 （1）定额直接费=6+13+9=28万元=280000元

（2）直接费 = 59840+120566+83334 = 263740元

（3）措施费 = 定额直接费×施工辅助费费率+定额人工费和定额施工机械使用费之和×其余措施费综合费率 = 280000×2.12%+(60000+90000)×16.6% = 5936+24900 = 30836元

（4）企业管理费 = 定额直接费×企业管理费综合费率 = 280000×8% = 22400元

（5）规费 = 各类工程人工费×规费综合费率 = 59840×10% = 5984元

（6）利润 = (定额直接费+措施费+企业管理费)×利润率 = (60000+30836+22400)×7.42 = 113236×7.42% = 8402元

（7）增值税税金 = (直接费+设备购置费+措施费+企业管理费+规费+利润)×9% = (263740+0+30836+22400+5984+8402)×9% = 331362×9% = 29823元

（8）施工场地建设费 = (定额直接费+定额设备购置费的40%+措施费+企业管理费+规费+利润+税金)×累进费率

查《公路工程建设项目概算预算编制办法》（JTG 3830—2018）表3.1.11可知累进费率为5.338%。则：施工场地建设费 = (280000+0+30836+22400+5984+8402+29823)×5.338% = 377445×5.338% = 20148元

（9）安全生产费 = 建筑安装工程费(不含安全生产费本身)×(≥1.5%) = (直接费+设备购置费+措施费+企业管理费+规费+利润+税金+施工场地建设费)×1.5% = (263740+0+30836+22400+5984+8402+29823+20148)×1.5% = 381333×1.5% = 5720元

（10）建安工程费 = 直接费+设备购置费+措施费+企业管理费+规费+利润+税金+专项费用 = 263740+0+30836+22400+5984+8402+29823+20148+5720 = 387053元

例4 参见图4-1-16，建筑安装工程费有：直接费、设备购置费、措施费、企业管理费、规费、利润、税金、专项费用。故选AE。选项BC是建设项目管理费，不属于建筑安装工程费；选项D的勘察设计费属于建设项目前期工作费。

自 测 模 拟 题

（一）单项选择题

1. 不是工程建设概预算编制依据的是（　　）。
   A. 工程量计算规则　　　　　　　B. 工程量清单
   C. 有关政策法规　　　　　　　　D. 设计图纸

2. 属于建筑安装工程直接费中的材料费是（　　）。
   A. 机械安装及拆卸所需材料费
   B. 周转材料摊销费
   C. 搭设临时设施所耗材料费
   D. 建筑材料质量一般性鉴定检查所需材料费

3. 属于机械台班费用定额的不变费用是（　　）。
   A. 折旧费　　　　　　　　　　　B. 车船使用税
   C. 动力燃料费　　　　　　　　　D. 机上作业人员工资

4. 对建筑材料、构配件进行一般性鉴定检查所发生的费用属于（　　）。
   A. 研究试验费　　　　　　　　　　B. 直接费
   C. 间接费　　　　　　　　　　　　D. 现场管理费

5. 不属于材料预算价格的费用是（　　）。
   A. 材料二次搬运费　　　　　　　　B. 材料包装费
   C. 材料采购及保管费　　　　　　　D. 材料原价

6. 材料预算单价中的运杂费是指材料从其来源地运到（　　）的费用。
   A. 工地仓库以后出库　　　　　　　B. 施工操作地点
   C. 工地仓库　　　　　　　　　　　D. 施工工地

7. 建设项目办理各种银行保函的手续费用属于（　　）。
   A. 财务费用　　B. 现场经费　　C. 施工辅助费　　D. 直接费

8. 某建筑材料包含包装费的原价为 600 元/t，手续费、运杂费、运输损耗等费用为 50 元/t，采购及保管费费率是 2%，这种材料的预算价格是（　　）元。
   A. 600　　B. 663　　C. 612　　D. 650

9. 建筑安装工程费中的税金是指（　　）。
   A. 增值税、城乡建设维护税和教育费附加
   B. 增值税、固定资产投资方向调节税和教育费附加
   C. 增值税和教育费附加
   D. 增值税

10. 某工程直接工程费为 250 万元，间接费为 40 万元，计划利润为 10 万元，税率为 3%，则该工程的税金为（　　）万元。
    A. 9.0　　B. 8.7　　C. 7.8　　D. 7.5

11. 冬、雨季施工增加费应（　　）。
    A. 按定额费率常年计取，包干使用
    B. 按冬、雨季施工期规定费率计取
    C. 按实际发生费用计取
    D. 按测算费用计取

12. 人工费、材料费、施工机械使用费构成（　　）。
    A. 直接费　　B. 直接工程费　　C. 间接费　　D. 其他直接费

13. 建设项目办理各种银行保函的手续费用属于（　　）。
    A. 财务费用　　B. 现场经费　　C. 施工辅助费　　D. 直接费

14. 机械台班单价组成中，属于可变费用的是（　　）。
    A. 修理费　　　　　　　　　　　　B. 大修理费
    C. 折旧费　　　　　　　　　　　　D. 机上作业人员工资

15. 按我国现行规定，公路工程概算预算中规费的取费基数是（　　）。
    A. 人工费之和　　B. 直接费　　C. 建筑安装工程费　　D. 其他工程费

16. 材料预算价格是指材料从其来源地到达（　　）的价格。
    A. 工地　　　　　　　　　　　　　B. 施工操作地点

C. 工地仓库　　　　　　　　　　　　D. 工地仓库以后出库

17. 已知水泥的消耗量是41200t，损耗率是3%，那么水泥的净耗量是（　　）t。

A. 39964　　　B. 42436　　　C. 40000　　　D. 42474

（二）多项选择题

1. 公路工程造价中属于建设项目前期费用的有（　　）。

   A. 施工招标文件编制费　　　　　　B. 工程监理费
   C. 设计文件审查费　　　　　　　　D. 勘察设计费
   E. 桩基承载力试验专题研究费

2. 应列入人工费的有（　　）。

   A. 退休工资　　　　　　　　　　　B. 生产工人探亲假期工资
   C. 生产工人劳动保护费　　　　　　D. 生产工人福利费
   E. 生产工人教育经费

3. 应列入建筑安装工程直接费中人工工资综合单价的有（　　）。

   A. 生产工人劳动保护费　　　　　　B. 生产工人辅助工资
   C. 生产工人福利费　　　　　　　　D. 生产工人退休工资
   E. 生产职工教育经费

参 考 答 案

（一）单项选择题

1. B　2. B　3. A　4. B　5. A　6. C　7. A　8. B　9. D　10. A
11. A　12. A　13. A　14. D　15. A　16. D　17. C

（二）多项选择题

1. ADE　　2. BCD　　3. ABC

八、竣工决算

重 点 知 识

（一）竣工决算的概念、作用和编制依据

1. 竣工决算的概念

公路工程竣工决算是指在交工验收后、竣工验收前的交付使用阶段，由建设单位编制的公路建设项目从筹建到通过交工验收后交付使用阶段全过程的全部实际支出费用的经济文件。它也是建设单位反映建设项目实际造价和投资效果的文件，是竣工验收报告的重要组成部分，未编制竣工决算的公路建设项目不得组织竣工验收。根据建设项目的投资与规模，决算分为中央级项目（多为财政部审批）和地方级项目（财政厅局决定）两大类。

2. 竣工决算的作用

（1）竣工决算是国家对基本建设投资实行计划管理的重要手段。

（2）竣工决算是竣工验收的主要依据。

（3）竣工决算是正确核定新增固定资产价值的依据。

（4）竣工决算是基本建设投成果和财务的综合反映。

(5）竣工决算为交通基本建设工程技术经济档案、工程定额修编提供资料。

3. 按照《公路建设项目工程决算编制办法》（交公路发〔2004〕507号）竣工决算的编制依据

（1）经交通主管部门批准的设计文件，以及批准的概（预）算或调整概（预）算文件。

（2）招标文件、标底（如果有）及与各有关单位签订的合同文件。

（3）建设过程中的文件有关支付凭证。

（4）竣工图纸。

（5）其他有关文件、资料、凭证等。

（二）竣工决算报告的组成

1.《公路建设项目工程决算编制办法》（交公路发〔2004〕507号）竣工决算报告的组成

（1）竣工决算报告的封面。

（2）竣工工程平面示意图。

（3）竣工决算报告说明书。

（4）竣工决算表格。

2.《公路建设项目工程决算编制办法》（交公路发〔2004〕507号）竣工决算报告说明书的内容

（1）工程决算概况。

（2）工程概（预）算执行情况说明，其中应说明招标方式、结果及重大设计变更情况。

（3）设备、工具、家具购置情况的说明。

（4）工程建设其他费用使用情况的说明（包括征地拆迁费、建设单位管理费、监理费等）。

（5）预留费用使用情况的说明。

（6）工程决算编制中有关问题处理的说明。

（7）造价控制的经验与教训总结。

（8）工程遗留问题。

（9）其他需要说明的事项。

3.《公路建设项目工程决算编制办法》（交公路发〔2004〕507号）竣工决算表格的内容

（1）建设项目概况表（01表）。

（2）投资控制情况比较表（02表）。

（3）工程数量情况比较表（03表）。

（4）概（预）算分析表（04表）。

（5）标底及合同费用分析表（05表）。

（6）项目总决算（分析）表（06表）。

（7）建安工程决算汇总表（07表）。

（8）设备、工具及器具购置费用支出汇总表（08表）。

（9）工程建设其他费用支出汇总表（09表）。

4. 竣工决算表格的内容

《目标控制》按照《交通基本建设项目竣工决算报告编制办法》（交财发〔2000〕207号）第八条的规定，竣工决算表格分为三部分：第一部分为竣工决算审批表，第二部分为工程概况专用表等表格，第三部分为财务通用表。

（1）竣工决算审批表（交建竣1表）。

(2)工程概况专用表。
①公路建设项目工程概况表(交建竣 2-1 表)。
②桥梁隧道建设项目工程概况表(交建竣 2-2 表)。
③内河航运建设项目工程概况表(交建竣 2-3 表)。
④港口(码头)建设项目工程概况表(交建竣 2-4 表)。
⑤其他建设项目工程概况表(交建竣 2-5 表)。
(3)财务通用表。
①建设项目竣工财务决算总表(交建竣 3-1 表)。
②资金来源情况表(交建竣 3-2 表)。
③待核销基建支出及转出投资明细表(交建竣 3-3 表)。
④工程造价和概算执行情况表(交建竣 4 表)。
⑤外资使用情况表(交建竣 5 表)。
⑥基本建设项目交付使用资产总表(交建竣 6-1 表)。
⑦基本建设项目交付使用资产明细表(交建竣 6-2 表)。

(三)竣工决算的编制程序(或步骤)

(1)收集、整理和分析有关依据资料。
(2)清理各项账务、债务和结余物资。
(3)核实工程变动情况。
(4)填写竣工决算报表。
(5)编写竣工决算说明书。
(6)做好工程造价对比分析。
(7)清理、装订好竣工图。
(8)报送主管部门审查。

(四)竣工决算与竣工结算的区别和联系

1.竣工决算与竣工结算的区别

(1)两者的作用不同。决算是发包人站在财务的角度上,核定工程从筹建到竣工(公路工程是交工)交付使用的全部实际费用,其作用是发包人办理交付、验收、动用新增各类资产的依据。而竣工结算是承包人在按合同完工后实际获得的最终工程款,其作用是承包人办理最终结算的依据,是承包人合同终结的凭证。

(2)两者的编制单位不同。竣工决算由发包人编制,而竣工结算由承包人编制。

(3)两者的编制范围不同。竣工决算是以单项工程或建设项目为对象编制,必须在整个单项工程完成或建设项目全部交工后才能编制;而竣工结算是以单位工程为对象编制,每个单位工程交工后便可编制相应的竣工结算。

2.竣工决算与竣工结算的联系

建设项目竣工决算是以竣工结算为基础进行编制的,竣工结算是竣工决算的一个组成部分。

例　题

例1　公路工程竣工决算是发生在(　　)。

A. 交工验收前 B. 交工验收后
C. 交工验收后且竣工验收前 D. 竣工验收后

例2 建设项目竣工决算时，计入新增固定资产价值的有（   ）。
A. 已经投入生产或交付使用的建筑安装工程造价
B. 达到固定资产标准的设备工器具的购置费
C. 可行性研究费
D. 土地使用权的计价
E. 开办费

例题解析

例1 公路工程竣工决算是指在交工验收后、竣工验收前的交付使用阶段，由建设单位编制的公路建设项目从筹建到通过交工验收后交付使用阶段全过程的全部实际支出费用的经济文件。故选C项。

例2 选项ABC都已经进入实体工程，计入新增固定资产价值。而选项DE分别属于新增无形资产价值和递延资产价值。故选ABC项。

自测模拟题

（一）单项选择题

1. 在建设项目竣工决算报表中，反映建设项目全部资金情况和资金占用情况的是（   ）。
   A. 建设项目概况表 B. 交付使用财产总表
   C. 竣工财务决算表 D. 竣工财务决算审批表

2. 竣工决算由（   ）主编。
   A. 建设单位 B. 施工单位
   C. 设计单位 D. 监理单位

（二）多项选择题

1. 建设项目竣工决算组成部分有（   ）。
   A. 竣工决算报告说明书 B. 竣工工程平面示意图
   C. 竣工决算报表 D. 工程造价比较分析
   E. 竣工验收标准

2. 在编制竣工决算时，竣工决算报告的组成内容有（   ）。
   A. 竣工决算报告的封面
   B. 竣工工程平面示意图
   C. 竣工决算报告说明书
   D. 竣工图
   E. 竣工决算表格

参考答案

（一）单项选择题

1. C   2. A

（二）多项选择题

1. ABCD   2. ABCE

九、投融资模式

重 点 知 识

(一) 投资模式

投资需要资金,资金的筹措(即筹资,是广义融资)的方式很多,简单归为出资或融资(广义)。首先关注工程项目资金的来源。

1. 项目资本金制度

投资项目必须首先落实资本金才能进行建设。投资项目资本金是指投资项目总投资中,由投资者认缴的出资额,对投资项目来说属于非债务性资金,项目法人不承担该部分资金的任何利息和债务。投资者按其出资比例依法享有所有者权益(包括资本金、资本公积金、盈余公积金和未分配利润、股票上市收益等),也可转让其出资,但不得以任何方式抽回。

(1) 交通基础设施的公路项目资本金额

投资项目资本金占总投资的比例,根据不同行业和项目的经济效益等确定,2015年规定:铁路、公路项目,资本金最低比例由25%调整为20%。具体比例审批时确定。

(2) 项目资本金的形式和货币所占比例

项目资本金可以用货币出资,也可以用实物、工业产权、非专利技术、土地使用权、资源开采权作价出资,但除国家对采用高新技术成果有特殊规定外,其比例不得超过项目资本金总额的20%。非收费公路就属于公益性项目,不实行资本金制度。

2. 项目资金筹措方式

项目的资金来源分为投入资金和借入资金,前者形成项目的资本金(即不还),后者形成项目的负债(即要还,也称为"债务资金")。

建设项目可通过政府投资、股东直接投资、发行股票、利用外资直接投资等多种方式来筹集资本金。项目负债筹资一般包括银行贷款、发行债券、设备租赁和借入国外资金等方式。设备租赁包括融资租赁、经营租赁和服务出租等方式。

(二) 融资模式

项目融资有广义和狭义两种理解。广义上讲,项目融资就是指"为项目而融资",包括新建项目、收购现有项目或对现有项目进行债务重组等。工程项目融资包括:

(1) 公司融资(即筹资)。

(2) 狭义的有限追索或无限追索的特许经营项目融资。狭义的项目融资,是以项目的资产、预期收益、预期现金流量等作为偿还贷款的资金来源。狭义项目融资主要具有项目导向、有限追索、风险分担、非公司负债型融资、信用结构多样化、融资成本高、可利用税务优势的特点。

1. 狭义项目融资的主要方式

项目融资的方式是指对于某类具有共同特征的投资项目,项目发起人或投资者在进行投融资设计时可以效仿并重复运用的操作方案。传统的项目融资主要包括直接融资、项目公司融资、杠杆租赁融资、设施使用协议融资、产品支付融资等。随着项目融资理论研究与实践应用的不断发展,出现了一系列新型项目融资方式,如BOT、PPP、ABS(Asset-Backed Securitization,资产证券化)、TOT、PFI(Private

Finance Initiative，私人主动融资，是对 BOT 模式的优化，私人与政府共担风险，为只靠运营收不回时由政府补贴）等，下面介绍几种主要的新型融资方式。

2. BOT 方式

BOT 方式既是一种融资方式，也是一种投资方式。主要适用于竞争性不强的行业或有稳定收入的项目，如包括公路、桥梁、自来水厂、发电厂等在内的公共基础设施、市政设施等。BOT 方式包括建设（Build）、经营（Operate）、移交（Transfer）三个过程，即"建设—经营—转让"。实际上 BOT 是一类项目融资方式的总称，通常所说的 BOT 主要包括典型 BOT、BOOT 及 BOO 三种基本形式。

（1）典型 BOT 方式

BOT 方式以项目为融资主体，项目公司承担债务责任。项目公司自己融资，建设某项基础设施，并在政府特许期内经营该基础设施，以经营收入抵偿建设投资，并获得一定收益，特许期满后将此设施无偿转让给政府。政府与项目公司是经济合同关系，在法律上是平等的经济主体。这种最经典的 BOT 形式，项目公司没有项目的所有权，只有建设权和经营权。

（2）BOOT 方式

BOOT（建设—拥有—经营—转让）方式是 BOT 融资方式的演变。增加了一个拥有环节，在特许期限内或在协议期内，对所投资的项目拥有处置权（可转让、出售、联合、再抵押等）。在经营过程中，回收投资、获取利润，期满后将该设施无偿转交给政府或有关的机构。不过特许经营期比典型 BOT 模式稍长。

（3）BOO 方式

BOO（Build-Own-Operate，即建设—拥有—经营）方式也是典型 BOT 方式的一种演变方式。特许项目公司根据政府的特许权建设并拥有某项基础设施。整个经营项目的收入都归投资者所有，特许期满后项目不转让给政府。

除上述三种基本形式外，BOT 还有十余种演变形式，如 BT（Build-Transfer，建设—移交）、BTO（Build-Transfer-Operate，建设—移交—运营）等。

3. TOT 方式

TOT 方式（Transfer-Operate-Transfer，即移交—经营—移交）是指政府与投资机构签订特许经营协议，将已经投产运营的基础设施项目移交给投资机构经营（一次性收费出让经营权，凭借该设施项目在未来若干年的收益，一次性地从投资机构手中融得一笔资金），用于建设新的基础设施。投资人在特许期内经营该项目并获得利润，协议期满后将项目无偿转交给政府。TOT 与 BOT 的区别：BOT 承担项目建设，TOT 不承担建设；BOT 是双方共同承担风险，TOT 只承担单方风险。

4. 政府和社会资本合作（PPP）模式

（1）PPP 模式的含义

政府和社会资本合作模式（Public-Private Partnership，PPP）。PPP 模式三大特征包括合作伙伴、风险共担和利益共享。PPP 模式分为融资性和非融资性两种。融资性广义 PPP 包括 BOT 和其演变模式以及 PFI 模式；非融资性 PPP 包括 TOT 和 O&M（运营与维护合同）。

（2）PPP 模式的适用范围

PPP 模式主要适用于政府负有提供责任又适宜市场化运作的基础设施和公共服务类项目，涉及 19 个一级行业。PPP 模式不但可以用于新建项目，而且也可以在存量的在建项目中使用。

（三）特许经营项目的融资过程

项目选择阶段→招投标阶段→合同组织阶段→项目建设开发阶段→移交阶段

例 题

例1 某高速公路需投资100亿元，采用PPP融资，投资人应出资的资本金最少是（ ）。
A. 15亿元　　　　B. 20亿元　　　　C. 25亿元　　　　D. 30亿元

例2 政府和社会资本合作（PPP）模式公路项目的特征有（ ）。
A. 合作伙伴　　　B. 风险共担　　　C. 可追索　　　　D. 利益共享
E. 无资本金

例 题 解 析

例1 铁路、公路项目，资本金最低比例由25%调整为20%。故选B项。

例2 PPP模式三大特征包括合作伙伴、风险共担和利益共享。选项C不是狭义融资的特征，PPP模式公路项目要收费不属于公益项目，必须交资本金。故选ABD项。

自 测 模 拟 题

（一）单项选择题

1. 只靠自身运营不能完全收回投资，往往还需政府财政拨款补贴的融资模式是（ ）。
   A. BOT　　　　B. TOT　　　　C. PFI　　　　D. PPP
2. 不需移交给政府的融资模式是（ ）。
   A. BOT　　　　B. BOO　　　　C. PPP　　　　D. PFI

（二）多项选择题

1. 融资性广义PPP模式有（ ）。
   A. BOT　　　　B. BOOT　　　C. O&M　　　　D. PFI
   E. TOT
2. 项目资本金可以用货币出资，也可以用（ ）作价出资。
   A. 实物　　　　B. 工业产权　　C. 专利技术　　D. 土地使用权
   E. 资源开采权

参 考 答 案

（一）单项选择题

1. C　　2. B

（二）多项选择题

1. ABD　　2. ABDE

十、工程量清单与招标限价、投标报价

重 点 知 识

工程量清单是指招标人按照招标文件中有关要求及技术规范的有关规定，将工程进行合理分解，据此明确工程内容和范围，并将有关工程内容数量化的一套工程数量表。

工程量清单有两种形式：招标工程量清单和已标价工程量清单。已标价的工程量清单中标签约后还是合同文件的重要组成部分，是一份与技术规范和计量规则相对应的文件，它是单价合同的产物。其作用在于：

（1）提供合同中关于工程量的足够信息，为所有投标人提供投标报价的共同基础，以使投标单位能统一、有效而准确地编写投标文件。

（2）在投标单位报价及签订合同后，标有单价的工程量清单是办理中期支付和结算以及处理工程变更计价的依据。

（一）工程量清单的组成

工程量清单由说明、工程量清单表、计日工明细表、暂估价表、工程量清单汇总表和工程量清单单价分析表6部分组成。工程量清单主要适用于单价合同（包括固定单价合同和可调单价合同），也适用于总价合同，成本加酬金合同一般采用预算价形式。

1. 说明

说明包括工程量清单说明、投标报价说明、计日工说明和其他说明。说明在招投标期间对如何进行工程报价有实质影响，在工程实施期间对工程是否进行计量与支付以及如何进行计量与支付有实质影响。在进行工程变更及费用索赔时，它的参考作用更明显，直接影响到监理人对单价的确定。

（1）工程量清单说明

①工程量清单是根据招标文件中包括的有合同约束力的工程量清单计量规则、图纸以及有关工程量清单的国家标准、行业标准、合同条款中约定的其他规则编制。约定计量规则中没有的子目，其工程量按照有合同约束力的图纸所标示尺寸的理论净量计算。计量采用中华人民共和国法定计量单位。

②工程量清单中所列工程数量是估算的或设计的预计数量，仅作为投标报价的共同基础，不能作为最终结算与支付的依据。实际支付应按实际完成的工程量，由承包人按工程量清单计量规则规定的计量方法，以监理人认可的尺寸、断面计量，按本工程量清单的单价和总额价计算支付金额；或根据具体情况，按监理人确定的单价或总额计算支付额。

③工程量清单各章是按"工程量清单计量规则"和"技术规范"的相应章次编号的，因此，工程量清单中各章的工程子目的范围与计量等应与"工程量清单计量规则""技术规范"相应章节的范围、计量与支付条款结合起来理解或解释。

④对施工作业和材料的一般说明或规定，未重复写入工程量清单内，在给工程量清单各子目标价前，应参阅"技术规范"的有关内容。

⑤工程量清单中所列工程量的变动，丝毫不会降低或影响合同条款的效力，也不免除承包人按规定的标准进行施工和修复缺陷的责任。

⑥图纸中所列的工程数量表及数量汇总表仅是提供资料，不是工程量清单的外延。当图纸与工程量清单所列数量不一致时，以工程量清单所列数量作为报价的依据。

（2）投标报价说明

①工程量清单中的每一子目须填入单价或价格，且只允许有一个报价。

②除非合同另有规定，工程量清单中有标价的单价和总额价均已包括了为实施和完成合同工程所需的劳务、材料、机械、质检（自检）、安装、缺陷修复、管理、保险（工程一切险和第三方责任险除外）、税费、利润等费用，以及合同明示或暗示的所有责任、义务和一般风险。

③工程量清单中投标人没有填入单价或价格的子目，其费用视为已分摊在工程量清单中其他相关

子目的单价或价格之中。承包人必须按监理人指令完成工程量清单中未填入单价或价格的子目，但不能得到结算与支付。

④符合合同条款规定的全部费用应认为已被计入有标价的工程量清单所列各子目之中，未列子目不予计量的工作，其费用应视为已分摊在本合同工程的有关子目的单价或总额价之中。

⑤承包人用于本合同工程的各类装备的提供、运输、维护、拆卸、拼装等支付的费用，已包括在工程量清单的单价与总额价之中。

⑥工程量清单中各项金额均以人民币（元）结算。

⑦暂列金额（不含计日工总额）的数量及拟用子目的说明。

⑧暂估价的数量及拟用子目的说明。

2. 工程量清单表（即清单子目表）

《公路工程标准施工招标文件（2018年版）》中的工程量清单表分为7章：总则，路基，路面，桥梁、涵洞，隧道，安全设施及预埋管线，绿化及环境保护设施。表4-1-31是路基工程的工程量清单。

3. 计日工明细表

计日工是指工程施工过程中，发包人可能有一些临时性的或新增加的项目，而且这种临时新增项目的工程量在招投标阶段很难估计，希望通过招投标阶段实现定价，避免开工后可能有发生时出现的争端，故需要以计日工明细表的方法在工程量清单中予以明确。计日工明细表包括计日工劳务、计日工材料、计日工施工机械以及计日工汇总表。由投标人填入基本单价或租价，计日工不调价。

4. 暂估价表

暂估价是施工中一定发生的费用，在工程招标阶段已经确定的材料、工程设备或专业工程项目，但又无法在投标时确定准确价格，而可能影响招标效果时，发包人在工程量清单中给定一个暂估价。在工程实施阶段，根据不同类型的材料与专业工程再重新定价。暂估价表包括材料暂估价、工程设备暂估价和专业工程暂估价。

5. 工程量清单汇总表

工程量清单汇总表是将各章的工程子目表及计日工明细表进行汇总，加上暂列金额（施工中不一定发生的费用）而得出该项目的总报价。

（二）工程量清单的编制

工程量清单的编制质量直接关系到公路工程项目的报价以及招投标阶段和施工阶段的造价控制。工程量清单编制包括清单说明、清单子目划分、工程数量整理等方面工作。

1. 工程量清单说明的编制

工程量清单说明，按照前述工程量清单的说明的内容结合项目特点来编制。

2. 工程子目表的编制

工程子目表又叫分项清单表（即清单子目表）或工程量清单，通常根据招标工程的不同性质分章按顺序排列。工程子目表分章排列有利于将不同性质、不同位置、不同的施工阶段或其他特性不同的工程区别开来，同时，也有利于将那些需要采用不同施工方法或不同施工阶段或成本不一样的工程区别开来。工程子目表反映了施工项目中各分部分项工程及其数量，它是工程量清单的主体部分。工程子目表是由招标人根据《公路工程标准施工招标文件》（2018年版）、招标项目具体特点和实际需要编制，并与"投标人须知""通用合同条款""专用合同条款""工程量清单计量规则""技术规范""图纸"相衔接。

（1）工程子目表按内容划分。按内容不同可分为如下两部分：

①工程量清单的"总则"即第 100 章部分。该部分说明合同需要发生的各种开办项目，其计价特点主要是采用总额包干，因此，其计量单位大部分为"总额"。

②根据图纸需要发生的各工程子目部分级第 200 章～第 700 章。该部分说明了施工项目中各工程子目将要发生的工程量，计价特点是单价不变，实际工程量由计量确定。

（2）工程子目划分原则

①与工程量清单计量规则和技术规范保持一致性。

②工程子目的大小要科学，要便于计量支付、合同管理以及处理工程变更。工程子目可大可小，工程子目小有利于处理工程变更的计价，但计量工作量和计量难度会因此增加；工程子目大可减少计量工作量，但太大难以发挥单价合同的优势，不便于变更工程的处理（计价）；另外，工程子目大也会使得支付周期延长，承包人的资金周转发生困难，最终影响合同的正常履行和合同的严肃性。

③保持合同的公平性。为保持合同的公平性，应将开办项目作为独立的工程子目单列出来，一般单独位于第 100 章。如工程保险、承包人的驻地建设、临时工程等。

④保持清单的灵活性。工程量清单中应备有计日工清单。设立计日工清单的目的是用来处理一些小型变更工程（小到可以用日工的形式来计价）计价。

3. 工程数量整理

工程量清单的工程量是反映承包人的义务量大小及影响造价管理的重要数据。整理工程量的依据是设计图纸、清单计量规则和技术规范。在工程量的整理计算中，应认真、细致，保证其准确性，做到不重不漏，不发生计算错误。否则，会带来下列问题：

（1）工程量的错误一旦被承包人发现，承包人会利用不平衡报价给发包人带来损失。

（2）工程量的错误会引起合同总价的调整和索赔。

（3）工程量的错误还会增加变更工程和费用索赔的处理难度。

（4）工程量的错误会造成投资控制和预算控制的困难。因此，工程量的准确性应予保证，其误差最大不应超过 5%。

（三）招标限价

1. 招标限价的含义

招标限价也称为招标控制价、拦标价、最高投标限价、投标限价、最高报价、预算控制价等。招标限价是招标人根据国家或省级、行业建设主管部门颁发的有关计价依据和办法，以及拟定的招标文件和招标工程量清单、结合工程具体情况编制的招标工程的最高投标限价。

2. 招标限价的编制人

《建设工程工程量清单计价规范》（GB 50500—2013）第 5 章规定，国有资金投资的建设工程招标，招标人必须编制招标限价。招标限价应由具有编制能力的招标人或受其委托具有相应资质的工程造价咨询人编制和复核。工程造价咨询人接受招标人委托编制招标限价，不得再就同一工程接受投标人委托编制投标报价。

3. 招标控制价的作用

（1）招标人有效控制项目投资，防止恶性投标带来的投资风险。

（2）增强招标过程的透明度，有利于正常评标。

（3）利于引导投标人投标报价，避免投标人无标底情况下的无序竞争。

（4）招标控制价反映的是社会平均水平，为招标人判断最低投标价是否低于成本提供参考依据。

（5）可为工程变更新增项目确定单价提供计算依据。

（6）作为评标的参考依据，避免出现较大偏离。

（7）投标人根据自己的企业实力、施工方案等报价，不必揣测招标人的标底，提高了市场交易效率。

（8）减少了投标人的交易成本，使投标人不必花费人力、财力去套取招标人的标底。

（9）招标人把工程投资控制在招标控制价范围内，提高了交易成功的可能性。

4. 招标控制价的编制原则（或要求）

（1）国有资金投资项目的投资控制、实行的投资概算审批制度、国有资金投资的工程原则上不能超过批准的投资概算。

（2）根据《中华人民共和国招标投标法》的规定，国有资金投资的工程进行招标，招标人可以设标底。当招标人不设标底时，招标人应当编制招标控制价。《中华人民共和国招标投标法实施条例》第二十七条规定，招标人设有最高投标限价的，应当在招标文件中明确最高投标限价的金额或者最高投标限价的计算方法。招标人不得规定最低投标限价。

（3）国有资金投资的工程，招标控制价是招标人在工程招标时能接受投标人报价的最高限价。投标人的投标报价不能高于招标控制价，否则，其投标将被拒绝。

（4）招标控制价应在招标文件中注明，不应上调或下浮，招标人应将招标控制价及有关资料报送工程所在地工程造价管理机构备查。招标控制价超过批准的概算时，招标人应将其报原概算审批部门审核。

5. 招标控制价的编制依据

（1）建设工程工程量清单计价规范，公路工程则采用公路工程的概预算定额及其编制办法。

（2）国家或省级、行业建设主管部门颁发的计价定额和计价办法。

（3）建设工程设计文件及相关资料。

（4）招标文件中的工程量清单及有关要求。

（5）与建设项目相关的标准、规范、技术资料。

（6）工程造价管理机构发布的工程造价信息，工程造价信息没有发布的参照市场价。

（7）其他相关资料，主要指施工现场情况、工程特点及常规施工方案等。

按上述依据进行招标控制价编制时，应注意使用的计价标准、计价政策应符合国家或省级、行业建设主管部门颁布的计价定额和相关政策的规定；采用的材料价格应是工程造价管理机构通过工程造价信息发布的材料单价，工程造价信息未发布材料单价的材料，其材料价格应通过市场调查确定；国家或省级、行业建设主管部门对工程造价计价中费用或费用标准有规定的，应按规定执行。

6. 编制最高招标限价需考虑的因素

（1）最高招标限价必须适应目标工期的要求，对提前工期因素有所反映。

（2）最高招标限价必须适应招标方的质量要求，对高于国家验收规范的质量因素有所反映。

（3）最高招标限价必须适应建筑材料采购渠道和市场价格的变化，考虑材料差价因素，并将差价列入最高招标限价。

（4）最高招标限价必须合理考虑招标工程的自然地理条件和招标工程范围等因素。

（5）最高招标限价价格应根据招标文件或合同条件的规定，按规定的工程发承包模式，确定相应的计价方式，考虑相应的风险费用。

7. 招标限价的审核

招标控制价的审核工作由编制人负责，如建设单位需要监理工程师事先参与，监理工程师应协助建设单位进行审核。

（1）审核工程量计算的准确性：一是项目指标，二是算量过程的标准化。

主管工程师还应对以下要点进行重点审核：

①在套用定额子目时的工程量计算规则与清单子目的工程量计算规则的差异，在工程量计量时是否已考虑。

②工程量完成后是否进行了消耗量等的指标分析，与类似项目的各种技术经济指标和参数进行了对比，分析差异形成原因等，是否有各种复核记录。

③工程中相关联的数据是否进行了排查，如混凝土量与模板量的关系等。

④整体工程中各单位类似项目（即子目）其相关指标是否在正常范围内。

⑤对清单中专门约定了计算规则的项目是否按约定要求进行的计量。

⑥工程量计算规则的是否符合定义清晰、分界合理、计算准确和操作便捷的原则。

采用的计量单位、计算精度、计算说明以及计算依据是否明确；使用的法定计量单位和计算方式是否合适等。

（2）审核工程量清单项目特征描述的正确性。

（3）审核分部分项工程量清单综合单价的合理性。

（4）审核材料价格的合理性。

（5）审核措施费清单项目的合理性。

（6）审核各项税、费率计取的准确性。

（7）重视清单编制总说明的审核。

（四）投标报价的编制依据

（1）招标文件。

（2）招标人提供的设计图纸及有关的技术说明书等。

（3）工程所在行业建设主管部门现行的定额及与之配套执行的各种造价信息、规定等。

（4）招标人书面答疑的资料。

（5）企业定额、类似工程的成本核算资料。

（6）其他与报价有关的各项政策、规定及调整系数，在标价的计算过程中，对于不可预见费用的计算必须慎重考虑，不要遗漏。

（五）投标报价工作的基本程序

公路工程施工投标报价工作的基本程序可用图 4-1-17 表示。

其工作步骤和主要内容说明如下：

（1）参加资格预审。

资格预审分为合格制和有限数量制。

（2）研究招标文件。

（3）现场考察。

（4）复核工程数量。

招标项目的工程量在招标文件的工程量清单中是固化的，是各投标人进行报价的基准工程量，是相对准确的工程量。复核工程量的准确程度，将影响承包人的经营行为：一是根据复核后的工程量与招标文件提供的工程量之间的差距，考虑相应的投标策略，决定报价尺度；二是根据工程量大小采取合适的施工方法，选择适用、经济的施工机具设备，确定投入使用的劳动力数量等，从而影响到投标人的询价过程。

（5）编制施工组织计划（即施工组织设计）

在计算标价之前，应先依据设计图纸、规范、经过复核的工程量清单、现场施工条件、开工、竣工的日期要求、机械设备来源、劳动力来源等文件资料制订初步的施工组织计划。编制的原则是在保证工期和工程质量的前提下，尽可能使工程成本最低、投标价格合理。

施工组织计划的编制内容应满足招标文件合同条款、技术规范、计划工期的要求，并作为对投标文件进行详细评审的重要依据。施工组织设计应包含如下内容：①施工方案和施工方法；②分项工程施工进度计划（可用规定的横道图、斜条阁、网络图等表示），与施工进度计划相适应的工、料、机配备数量及进场计划表；③与施工进度计划相适应的用款计划表；④施工总体布置图及当地材料供应地点，开采山场；⑤冬雨季施工计划及措施；⑥施工组织机构图；⑦土方工程调配图；⑧临时工程及临时设施的（初步）设计图；⑨质量、安全、环境保护措施和方法；⑩其他。

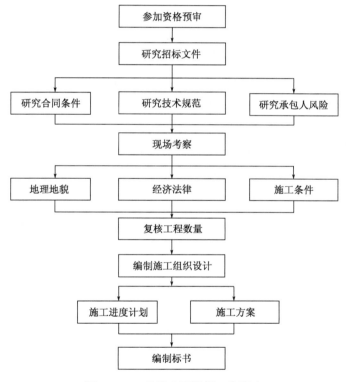

图 4-1-17　公路工程投标工作程序

（六）报价决策

报价决策主要有报价策略和报价技巧，报价策略又分为基本策略和附加策略。

1. 报价基本策略

（1）赢利策略。即在报价中以较大的或适当的利润为投标目标的策略。

（2）微利保本策略。即保证投标报价不低于施工成本或者略高于成本价的基础上，适当降低利润目标甚至不考虑利润的一种策略。

（3）冒险投标策略。即保证投标报价不低于施工成本的前提下，在报价中不考虑、风险费用，这是一种冒险行为，如果风险不发生，即意味着承包人的报价成功；如果风险发生，则意味着承包人要承担极大的风险损失。这种报价策略同样只在市场竞争激烈、承包人急于寻找施工任务或着眼于打入甚至独占该建筑市场时才予采用。

2. 报价附加策略

（1）优化设计策略。即发现并修改原施工图设计中的不合理情况或采用新技术优化设计方案。

（2）缩短工期策略。即通过先进的施工方案、施工方法、科学组织或优化设计缩短合同工期。

（3）附加优惠策略。即在得知发包人资金较紧张或者"三大材"供应有一定困难的情形下，附带地向发包人提出相应的优惠条件来取得中标资格的一种投标策略。

（4）低价索赔策略。即在发现招标文件中存在漏洞、错误或发包人不能提供必要的施工条件，开工后必然违约的情形下有意将价格报低，先争取中标，中标后通过索赔来挽回低报价的损失。

3. 报价技巧

（1）不平衡报价法。具体表现形式有如下几种：

①时间点上不平衡，先期开工的工程项目（即子目）单价报价高，后期开工的项目单价报价低。

②估计以后会增加工程量的项目的单价报价高，工程量会减少的项目的单价报价低。

③图纸不明确或有错误，估计今后会修改的项目的单价报价高，估计会取消的项目单价报价低。

④没有工程量，只填单价的项目（如拆除建筑物）其单价报价高。

⑤对暂列金额项目，承包人做的可能性大时，其单价报价高，反之，报价低。

⑥对于允许价格调整的工程，当预计计算所得的调价系数高于利率及物价上涨带来的影响时，则后期施工的工程子目的单价报价高，反之，报价低。

不平衡报价的关键点是经过不平衡后保持总报价不变。

（2）扩大标价法。即除了按正常的已知条件编制价格外。对工程中变化较大或没有把握的工作，采用扩大单价、增加"不可预见费"的方法来减少风险。

（3）突然降价法。这是一种迷惑对手（或保密）的竞争手段。在整个报价过程中，表示对工程兴趣不大，等到投标截止期来临之时，来一个突然降价，以提高竞争能力和中标机会。

（七）评标方法和必须招标的规定

公路工程施工项目评标方法分为合理低价法（价格评分）、技术评分最低价法（价格不评分）、综合评分法（技术和价格都评分）、经评审的最低投标价法（不评分）。

必须招标的规定参见科目一第一章第二节招标投标制的内容或 2018 年发改委 16 号令《必须招标的工程项目规定》。

例 题

例1 有关暂估价拟用子目的说明，说法正确的是（　　）。

A. 不需要暂估价拟用子目的说明

B. 暂估价拟用子目的说明在暂估价清单中

C. 暂估价拟用子目的说明在投标报价说明中

D. 暂估价拟用子目的说明在工程量清单说明中

例2 某高速公路项目一个合同段设计图中，有一段与铁路交叉的下穿顶进桥工程。作为业主招标人将此顶进桥作为（　　）工程对其最为便利。

A. 暂列金额　　　　B. 暂估价　　　　C. 独立合同段　　　　D. 计日工

例3 对于单价合同的工程量清单,当清单的数量远远低于图纸数量时,对投标人来说,明智的处理是( )。

　　A. 为了避免将来施工中少计量,在投标预备会上或信函要求招标人澄清改正
　　B. 为了避免将来施工中少计量,将清单数量改为图纸数量后投标报价
　　C. 视情况考虑是否需要招标人澄清,再决定如何投标报价
　　D. 不需要澄清,就按照清单数量报价

例4 ( )是搞好投标报价的前提和基础。

　　A. 参加资格预审　　　　　　B. 研究招标文件
　　C. 现场考察　　　　　　　　D. 复核工程量

例5 在工程量清单的编制工作中,工程量计算的依据是( )。

　　A. 设计图纸　　　　　　　　B. 工程定额
　　C. 子目编号　　　　　　　　D. 工程量计算规则
　　E. 技术规范

例6 招标控制价的作用有( )。

　　A. 招标人有效控制项目投资,防止恶性投标带来的投资风险
　　B. 增强招标过程的透明度,有利于正常评标
　　C. 利于引导投标人投标报价,避免投标人无标底情况下的无序竞争
　　D. 可为工程变更新增项目确定单价提供计算依据
　　E. 作为评标的依据,避免出现较大偏离。

例 题 解 析

例1 暂估价拟用子目的说明在工程量清单说明的投标报价说明的⑧。故选 C 项。

例2 某高速公路项目一个合同段设计图中,有一段与铁路交叉的下穿顶进桥工程,采用"暂估价"形式对业主最为便利;在菲迪克(FIDIC)条款中称为指定分包,原交通部 2003 版《公路施工合同范本》考虑 1999 年版《中华人民共和国合同法》不允许指定分包改为"特殊分包",2007 年九部委发布的《标准施工招标文件》将原来的"暂定金额"分解为"暂估价(一定发生的)"和"暂列金额(不一定发生的)"。故选 B 项。选项 A 不能选的原因是"顶进桥"一定发生。选项 C 不选的原因是"独立合同段"不利于业主管理。选项 D 计日工只适合处理零星小变更。

例3 单价合同的工程量清单数量是参考数量,不是最终数量。当清单的数量远远低于图纸数量时,不必紧张,将来施工时是按照实际完成计量。招标文件中对投标者有利之处,例如数量错误,投标人可以采取不平衡报价,将数量少于于图纸的子目单价报高,未来是按高单价支付;如果向招标人提出澄清等于提醒招标人将此漏洞补上,故选 D 项。选项 A 是最不明智的;选项 B 是错误做法;选项 C 是没有此必要,如果问了就是与选项 A 一样不明智。

例4 认真研究招标文件是搞好投标报价的前提和基础。选项 C 和 D 固然很重要,但是招标文件没研究透,后面两项工作也是徒劳的。故选 B 项。

例5 该题是原交通部 2004 年监理真题。工程量计算强调的是工程量和计算,工程量自然与图纸有关;计算自然是与计算规则有关。整理工程量的依据是设计图纸、清单计量规则和技术规范。故选 ADE。选项 B 不能选的原因是,定额是在一定工程量的资源数量消耗或时间值消耗,而不是工程量如何计算。

例6 选项 E 错在，"作为评标的依据"，少了"参考"二字，正确的表示是"作为评标的参考依据，避免出现较大偏离"。故选 ABCD 项。

自测模拟题

（一）单项选择题

1. 招标工程量清单与已标价清单的最大不同点是（　　）。
   A. 子目号不同　　　B. 单位不同　　　C. 数量不同　　　D. 有无价格
2. 公路工程工程量清单编写的工程子目，根据工程的不同部位分为总则、路基、路面、桥梁涵洞、隧道、（　　）、预埋管线和绿化及环境保护部分。
   A. 机械设备　　　B. 租赁设备　　　C. 安全设施　　　D. 暂定金额
3. 关于公路工程量清单的说法，错误的是（　　）。
   A. 工程量清单是业主编制招标限价或参考价的依据
   B. 标价后的工程量清单是合同的组成部分
   C. 工程量清单应反映全部工程内容以及为实现这些内容而进行的其他工作
   D. 工程量清单中某一子目所列的数量与图纸计算的实际数量不一致时，按实际工程数量投标报价
4. 下列关于工程量清单的说法错误的是（　　）。
   A. 工程量清单应与清单计量规则和技术规范结合起来理解
   B. 清单的工程子目与预算定额的规定完全相同
   C. 工程量清单列有工程数量的子目，投标人没填报价格理解为含在其他报价的子目中
   D. 清单中的单价包括合同中明示或暗示的所有责任、义务和一般风险
5. 公路工程量清单的数量是（　　）。
   A. 实际数量　　　B. 支付数量　　　C. 计量数量　　　D. 估计数量
6. 下列关于工程量清单的编写说法错误的是（　　）。
   A. 清单说明主要说明在编制工程量清单时应遵守的规定及注意事项
   B. 不同种类的工作应分别列出子目
   C. 同一性质但施工部位或条件不同的工作应分别列出项目
   D. 劳务和施工机械两个计日工表的计量（或计价）单位为"日"
7. 招标的工程量清单是一份以一定计量单位说明工程实物（　　）的文件。
   A. 数量　　　B. 质量　　　C. 总量　　　D. 价格
8. 已标价的工程量清单是一份以一定计量单位说明工程实物（　　）的文件。
   A. 数量　　　B. 质量　　　C. 总量　　　D. 价格
9. 暂估价表中的单价和合价是由（　　）填入。
   A. 招标人　　　B. 投标人　　　C. 中标后业主　　　D. 中标后承包人
10. 计日工表中的单价和合价是由（　　）填入。
    A. 招标人　　　B. 投标人　　　C. 中标后业主　　　D. 中标后承包人
11. 将开办项目作为独立的工程子目单列出来，体现工程子目划分的（　　）原则。
    A. 科学性　　　B. 公平性　　　C. 灵活性　　　D. 一致性
12. 工程量清单中备有计日工清单，体现工程子目划分的（　　）原则。

A. 科学性　　　　　B. 公平性　　　　　C. 灵活性　　　　　D. 一致性

13. 如果资格预审准备中，发现本公司某些方面难以满足投标要求时，则应考虑（　　）。

    A. 放弃投标　　　B. 抓紧完善条件　　C. 组成联合体　　D. 作为分包人

14. 投标报价最直接的依据是（　　）。

    A. 预算定额　　　B. 施工定额　　　　C. 市场价格　　　D. 工程量

15. 施工组织计划（设计）中影响投标报价的最主要内容是（　　）。

    A. 施工方法　　　B. 施工方案　　　　C. 场地布置　　　D. 施工机械

16. 工程量清单中所列的工程量是（　　）。

    A. 实际计量的数量　　　　　　　　　B. 合同图纸给定的数量

    C. 承包人实际完成的数量　　　　　　D. 实际计量并经监理工程师确认的数量

17. 分部分项工程量清单不包括（　　）。

    A. 子目编码　　　B. 子目名称　　　　C. 计量单位　　　D. 工程量计算规则

（二）多项选择题

1. 公路项目工程量清单单价应包括的费用有（　　）。

    A. 直接费　　　　B. 管理费　　　　　C. 利润　　　　　D. 措施费

    E. 计日工

2. 公路项目工程量清单编制要求按照（　　）。

    A. 统一的工程量计算规则　　　　　　B. 统一的子目名称

    C. 统一的子目编码　　　　　　　　　D. 统一的工程量计量单位

    E. 统一的定额基价

3. 工程量清单中有标价的单价或总额包括了工、料、机、管理、利润、缺陷修复、税金等费用，以及合同中明示或暗示的所有（　　）。

    A. 责任　　　B. 权利　　　C. 义务　　　D. 保险

    E. 一般风险

4. 计日工是指在工程实施过程中，业主有一些临时性的或新增加的项目需要按计日（或计量）使用人工和（　　）所需的费用。

    A. 材料　　　B. 延长工期　　　C. 风险　　　D. 资金周转

    E. 施工机械

5. 工程子目划分的原则有（　　）所需的费用。

    A. 工程子目划分与工程量清单计量规则和技术规范保持一致性

    B. 工程子目的大小要科学，要便于计量支付、合同管理以及处理工程变更

    C. 工程子目划分保持合同的公平性

    D. 工程子目划分保持清单的灵活性

    E. 工程子目划分与质量检验划分的一致性

6. 资格预审办法分为（　　）。

    A. 强制性预审　　　　　　　　　　　B. 合格制

    C. 综合评分制　　　　　　　　　　　D. 公开制

    E. 有限数量制

7. 投标报价包括（　　）等工作阶段。
   A. 投标准备　　　B. 获取资格　　　C. 复核工程量　　　D. 报价计算
   E. 编制投标文件

8. 复核工程量的准确程度，将影响承包人的经营行为有（　　）。
   A. 根据复核后的工程量与招标文件提供的工程量之间的差距，考虑相应的施工方法，确定投入的设备
   B. 根据复核后的工程量与招标文件提供的工程量之间的差距，考虑是否向招标人澄清，以便决定投标报价
   C. 根据复核后的工程量与招标文件提供的工程量之间的差距，考虑相应的投标策略，决定报价尺度
   D. 根据工程量大小采取合适的施工方法，选择相应的投标策略，决定报价尺度
   E. 根据工程量大小采取合适的施工方法，选择适用、经济的施工机具设备，确定投入使用的劳动力数量等，从而影响到投标人的询价过程

9. 工程量清单是由（　　）组成的。
   A. 暂定金额汇总表　　　　　　B. 清单说明
   C. 工程细目　　　　　　　　　D. 计日工明细表
   E. 工程量清单汇总表

参考答案及解析

（一）单项选择题

1. D　2. C　3. D　4. B　5. D　6. D　7. A　8. D　9. A　10. B
11. B　12. C　13. C　14. D　15. B　16. B　17. D

7. **解析**：招标的工程量清单只有数量表示，无价格和质量，数量概念比总量更好，对总量来说其数量单位都不一致。

8. **解析**：投标时已标价的工程量清单主要是表示工程实物的价格，而非偏重数量。故选 D 项。

15. **解析**：施工方案包含了施工方法，进而决定了施工机械，所以不选 AD 项；而相比较于场地布置，对报价影响更大的是施工方案。故选 B 项。

16. **解析**：工程量清单是招标阶段由招标人提供，所以只能根据图纸数量估计获得。选项 A 是发生在施工阶段的计量数量；选项 C 也是施工阶段实际完成的数量，并不一定是计量数量；选项 D 也是计量数量。选项 A、C、D 与招标估量无关，故选 B 项。

（二）多项选择题

1. ABC　　2. ABCD　　3. ACE　　4. AE　　5. ABCD　　6. BE　　7. ADE
8. CE　　9. BCDE

1. **解析**：选 ABCD 项。公路工程工程量清单计价应采用"全费用综合单价"计价（也称全费综合单价），全费用综合单价包括了为实施和完成合同工程所需的劳务、材料、机械、质检（自检）、安装、缺陷修复、管理、保险、税费、利润等费用，以及合同明示或暗示的所有责任、义务和一般风险。所以措施费已经含在综合单价中，这点与住建部项目措施费要单独列支不同。

4. **解析**：选 AE 项。计日工是指在工程实施过程中，业主有一些临时性的或新增加的项目需要按计日（或计量）使用人工、材料和施工机械所需的费用。

第二节 费用监理工作

一、费用控制的依据、目标、任务及措施

重 点 知 识

（一）费用控制的依据

（1）适用的建设工程法律、法规及工程建设标准、规范、概预算定额、概预算编制办法。

（2）工程招标文件及其补遗书、修正澄清书。

（3）工程施工图纸、变更设计图纸、招标工程量清单。

（4）工程施工合同协议书、监理合同协议书及其他合同文件。

（5）工程量清单计量规则。

（6）与工程施工质量有关的测量、检验、试验类合格资料。

（7）工程施工过程中有关的往来文件等。

（二）费用控制的目标

目标控制是开展各项工作的核心。工程施工阶段费用监理工作的目标就是：在保证工程施工质量合格、施工安全、按期完工的前提下，把施工合同段的工程费用控制在签约合同价以内。也就是说，费用监理人员应对施工过程中的工程费用进行动态管理与控制，使合同工程各项目的静态投资控制在中标工程量清单报价的工程总价值之内，控制实际投资额不超过计划投资额。如果未发生特别的工程变更、费用索赔、价格调整等事件，最终结算金额不得超出工程预算金额，决不突破工程概算金额。

（三）费用控制的任务

项目监理机构或费用监理人员的主要费用控制任务如下：

（1）熟悉工程施工图纸、工程施工现场的地质土质和地貌、地方材料等。

（2）熟悉工程施工定额、地方材料、机械和人工价格等。

（3）核实招标工程量清单，复核施工图纸的工程量，与施工单位、建设单位共同确认工程计量的"红线"。

（4）现场计量和确认施工单位所完成的各分项工程数量，及时审签工程计量单。

（5）审查施工单位编制的工程款支付申请表，并及时编制、签发支付证书。

（6）及时办理施工合同的交工结算和建设项目的竣工决算。

（7）公正处理合同管理中的工程变更、费用索赔、价格调整等引起的造价管理及费用审批事宜。

（8）有效利用计量支付权及索赔审核权等费用监理手段进行施工质量控制、进度控制、安全环保控制、信息资料管理。

（9）做好费用监理工作的文件资料的整理归档等。

（四）费用控制的措施

工程费用控制的措施包括组织措施、经济措施、技术措施和合同措施等。经济措施与技术措施相结

合是控制工程费用的有效手段。

1. 组织措施

（1）明确组织结构，明确费用监理工作人员，明确任务分工和职能分工。

（2）编制费用监理细则、工作计划和详细的工作流程图。

2. 经济措施

（1）督促施工单位编制资金使用计划，确定、分解费用监理目标，对费用控制进行风险分析并制订防范性对策。

（2）及时进行工程计量。

（3）审核施工单位编制的费用支付申请表，编制并签发支付证书。

（4）定期进行费用控制的偏差分析，采取纠偏措施。

（5）协商确定工程变更的价款、索赔的价款、物价调整的价款。

3. 技术措施

（1）认真审核施工组织设计，对主要施工技术方案进行技术经济比较。

（2）对设计变更进行技术经济比较，严格控制设计变更、单价变更。

4. 合同措施

（1）收集工程施工记录、监理记录，保管好各种施工图纸、往来文件，为处理好费用索赔积累资料，提供依据。

（2）参与合同协议的补充、修改工作，重点考虑影响费用监理的因素。

例 题

例1 工程费用监理的目的就是通过对工程费用的(　　)使其能够最优地实现合同费用控制目标。

　　A. 认真核算　　　B. 签证确认　　　C. 动态管理　　　D. 及时支付

例2 初步设计的费用控制目标是（　　）。

　　A. 投资估算　　　B. 设计概算　　　C. 施工图预算　　　D. 施工预算

例3 施工阶段费用控制的主要任务有（　　）。

　　A. 审核工程计量　　　　　　　B. 签认费用支付

　　C. 分解分包工程款　　　　　　D. 处理变更

　　E. 处理费用索赔

例4 项目监理机构在施工阶段费用控制的具体措施有（　　）措施。

　　A. 组织　　　B. 技术　　　C. 经济　　　D. 合同

　　E. 行政

例 题 解 析

例1 该题是2006年交通监理考题。费用控制目标的动态性决定了费用控制的动态。对工程费用目标动态控制，以实现工程费用目标的最优是工程费用监理的目的。故选C项。

例2 投资估算是工程设计方案选择和进行初步设计的费用控制目标。即习惯说的概算不要超过估算。故选A项。

例3 选项C错在具体分包工程款是总包和分人之间进行结算，监理工程师在计量支付工程中不做具体分解。故选ABDE。

例4 为了有效地控制建设工程费用，应从组织、技术、经济、合同与信息管理等多方面采取措施。故选 ABCD。

自 测 模 拟 题

(一) 单项选择题

1. 施工阶段的费用控制目标是（　　）。
   A. 投资估算　　　B. 修正概算　　　C. 设计概算　　　D. 施工图预算

2. 技术设计的费用控制目标是（　　）。
   A. 投资估算　　　B. 修正概算　　　C. 设计概算　　　D. 施工图预算

3. 建设单位与施工单位未能就工程变更费用达成协议时，可提出一个暂定价格，作为临时支付工程款的依据是（　　）。
   A. 建设单位　　　　　　　　　　B. 驻地监理工程师
   C. 专业监理工程师　　　　　　　D. 项目监理机构

4. 费用控制的一个任务是对完成工程量进行偏差分析，分析的结果和提出的调整建议应列入（　　）。
   A. 进度监理报告　　B. 监理月报　　C. 监理报告　　D. 费用监理报告

5. 专业计量监理工程师逐条（　　）施工单位在工程款支付报表中提交的工程量和支付金额。
   A. 审查　　　　B. 审核　　　　C. 复核　　　　D. 审批

6. 总监理工程师（　　）专业计量监理工程师的审查意见，并签认工程款支付报表。
   A. 审查　　　　B. 审核　　　　C. 复核　　　　D. 审批

7. 监理人对工程款支付报表处理流程正确表示的是（　　）。
   A. 计量监理工程师审查→总监理工程师审查→总监理工程师签认→业主审批→总监理工程师签发或出具证书
   B. 计量监理工程师复核→总监理工程师审核→总监理工程师审批→业主批准→总监理工程师签发或出具证书
   C. 计量监理工程师复核→总监理工程师审核→总监理工程师签发→业主审批→总监理工程师签发或出具证书
   D. 计量监理工程师复核→总监理工程师审核→总监理工程师签认→业主审批→总监理工程师签发或出具证书

8. 编制费用控制工作计划和详细的工作流程图，是费用控制的（　　）措施。
   A. 组织　　　　B. 技术　　　　C. 经济　　　　D. 合同

9. 定期进行费用实际支出值与计划目标值的比较发现偏差，分析产生偏差的原因，采取纠偏措施，是费用控制的（　　）措施。
   A. 组织　　　　B. 技术　　　　C. 经济　　　　D. 合同

10. 收集工程施工记录、监理记录，是费用控制的（　　）措施。
    A. 组织　　　　B. 技术　　　　C. 经济　　　　D. 合同

11. 协商确定工程变更的价款，是费用控制的（　　）措施。
    A. 组织　　　　B. 技术　　　　C. 经济　　　　D. 合同

12. 对设计变更进行评价和比较，严格控制设计变更，是费用控制的（　　）措施。

A. 组织   B. 技术   C. 经济   D. 合同

13. 保管好各种文件图纸，特别是对施工变更的图纸，是费用控制的（　　）措施。

    A. 组织   B. 技术   C. 经济   D. 合同

（二）多项选择题

1. 设计概算是（　　）的费用控制目标。

    A. 可行性研究   B. 初步设计   C. 技术设计   D. 施工图设计

    E. 施工组织设计

2. 费用控制的措施中（　　）的相结合是控制费用最有效的手段。

    A. 组织措施   B. 技术措施

    C. 经济措施   D. 合同措施

    E. 信息管理措施

3. 费用控制措施中属于经济措施有（　　）。

    A. 进行工程计量   B. 复核工程付款账单，签发付款证书

    C. 审核竣工结算   D. 做好工程施工记录

    E. 对主要施工方案进行经济比较

参考答案及解析

（一）单项选择题

1. D   2. C   3. D   4. B   5. C   6. B   7. D   8. A   9. C   10. D

11. C   12. B   13. D

2. **解析**：技术设计的费用成果是修正概算，施工图设计的费用成果是施工图预算；但是技术设计的费用控制目标与施工图设计一样是设计概算。故选 C 项。

5. **解析**：审核是审查核实的意思；审批是审查批准的意思；复核是审查核对。专业监理工程师对施工单位在工程款支付报审表中提交的工程量和支付金额进行复核，确定实际完成的工程量。故选 C 项。

6. **解析**：总监理工程师对专业监理工程师的审查意见进行审核，签认后报建设单位审批。故选 B 项。

（二）多项选择题

1. CD   2. BC   3. ABC

二、费用监理的作用、原则与方法

重 点 知 识

（一）费用监理的作用

（1）费用监理是控制施工合同价格的核心环节。

（2）费用监理是质量控制的重要辅助手段，质量合格是计量的前提。

（3）费用监理是进度控制的重要辅助手段，费用支付数据动态反映了实际进度。

（4）费用监理是保护承包人合法权益的重要途径。

（二）费用监理的原则

依法办事（即守法）、恪守合同、公正公平、准确及时、坚持质量合格。（注：2022 年考点）

（三）费用监理的方法

费用监理的方法有事后监理（反馈监理）、跟踪监理（事中监理、过程）、事前主动监理（前馈监理）。只有将三者有机地结合起来，才能做好费用监理，片面或单纯采用某一方法都无法有效地做好费用监理工作。（注：2022年考点）

例　题

例1 施工期间遇到规范或技术标准的提高，依据费用监理的原则，由此增加的费用由（　　）承担。

A. 承包人　　　　　　　　　　　　B. 发包人

C. 承包人与发包人共担　　　　　　D. 无法确定

例2 为了不影响承包人的施工进度，监理人一定要按时进行计量和支付，这个体现了工程计量的（　　）原则。[2022年真题]

A. 公正性　　　　　　　　　　　　B. 时限性

C. 程序性　　　　　　　　　　　　D. 监理人最终确认计量结果

例3 下列属于事后费用监理的是（　　）。[2022年真题]

A. 对工程量清单中的分项工程做出单价分析表

B. 计量审核

C. 抽检

D. 把实际耗费与中标工程量清单进行比较，并把发生偏差的信息反馈给各方

例4 正确处理例1的情况，这体现费用监理的原则有（　　）原则。

A. 依法办事　　　　　　　　　　　B. 恪守合同

C. 公正　　　　　　　　　　　　　D. 准确及时

E. 公平合理

例　题　解　析

例1《公路工程标准施工招标文件（2018年版）》（以下简称《2018版施工合同》）对标准变化的规定为：在工程实施全过程中，所引用的标准或规范如果有修改或新颁，应由发包人决定是否用新标准或规范，承包人应在监理人的监督下按发包人的决定执行。采用新标准、规范所增加的费用由发包人承担。题干中有"由此增加的费用"说明发包人要求采用新标准。故选B项。如果新规范或新标准是"强制性"的，即使发包人不采用，监理人也应提醒发包人必须用新标准，这就是监理的咨询服务职责，否则是严重违法行为。

例2 工程计量具有严格的时间要求，时限性极强。计量不及时，会影响承包人的施工进度；支付不及时，也会影响承包人的施工进度，并可能直接产生合同纠纷。《标准施工招标文件》在第17条中对计量与支付严格规定了时间限制同时也规定了计量与支付复核的时间限制。因此，监理人一定要按时进行计量和支付。故选B项。

例3 事后监理也称反馈控制、被动控制，是指监理人员将监理信息输送出去后又把作用结果返送回来，并对信息的再输出发生影响，以起到监理的作用。在费用监理过程中，为了对施工中的各种耗费进行有效的监理，要求把实际耗费同中标工程量清单进行比较，并把发生偏差的信息反馈给各方，以便及时进行调整，保证费用监理目标的实现。故选D项。

例4 例1的解析中提到如果新标准是强制性的，必须用新标准就是"依法办事"原则；技术规范

是合同的组成，既然合同有约定依照合同处理，就是"恪守合同"原则；新标准变化造成费用增加的风险概率很低由发包人承担，就是体现了"公平合理"原则，如果承包人承担这种低概率风险容易造成投标报价对此风险的差异大，不利于公平竞争。故选 ABE。选项 C 和 D 在此不体现。要特别说明的一点，原合同标准低于新标准，在合同约定有效的情况下，合同约定最大；但是合同法有一条规定，违反法律与行政法规强制性规定的合同约定无效；而有关工程的法律法规有规定不得低于此类强制性标准。所以新标准如果是强制性标准，则必须修改合同中标准。

自测模拟题

（一）单项选择题

1. 监理人在进行工程费用监理时必须做到经其签认的每一笔工程费用符合国家有关政策的规定和要求，并协调好承包人与发包人的利益关系。这体现费用监理的（　　）原则。

  A. 依法办事　　　　B. 恪守合同　　　　C. 公正公平　　　　D. 准确及时

2. 根据《2018 版施工合同》第 17.5.2 条规定，监理人未在约定时间内核查，又未提出具体意见的，视为承包人提交的竣工付款申请单已经监理人核查同意。该规定体现了费用监理的（　　）原则。

  A. 依法办事　　　　B. 恪守合同　　　　C. 公正公平　　　　D. 准确及时

3. 在费用监理中，为了对施工中的各种耗费进行有效的监理，要求把实际耗费同合同价进行比较，并把发生偏差的信息反馈给各方，以便及时进行调整，保证费用监理目标的实现。这是采用（　　）方法。

  A. 事后监理　　　　B. 事前主动监理　　C. 跟踪监理　　　　D. 前馈监理

4. 旁站监理是属于（　　）。

  A. 事后监理　　　　B. 事前主动监理　　C. 跟踪监理　　　　D. 前馈监理

5. （　　）是对工程监理实施控制的核心手段。

  A. 监理审批权　　　B. 质量检查　　　　C. 工程计量　　　　D. 工程支付

（二）多项选择题

1. 费用监理的作用有（　　）。

  A. 费用监理是控制施工合同造价的核心环节

  B. 费用监理是质量控制的重要手段

  C. 费用监理是环保控制的重要途径

  D. 费用监理是进度控制的基础

  E. 费用监理是保护承包人合法权益的重要途径

2. 只有将（　　）有机地结合起来，才能有效地做好费用监理工作。

  A. 事后监理　　　　　　　　　　　　B. 事后开环监理

  C. 事前主动监理　　　　　　　　　　D. 事前被动监理

  E. 跟踪监理

3. 费用监理的方法从时间的角度来分，主要有（　　）。

  A. 事后监理　　　　B. 事前监理　　　　C. 综合监理　　　　D. 合同支付

  E. 专项监理

4. 为做好费用监理工作，监理工程师在监理工作中应遵守的基本原则有（　　）原则。

  A. 依法办事　　　　B. 恪守合同　　　　C. 公平公正　　　　D. 主动热情

E. 准确及时

参 考 答 案

（一）单项选择题

1. A　2. D　3. A　4. C　5. D

（二）多项选择题

1. ABDE　2. ACE　3. ABD　4. ABCE

三、监理工程师在费用支付中的职责和权限

重 点 知 识

工程费用支付就是承包人向监理人提出付款申请，监理人审核后签认付款证书，送交发包人，经发包人审批后由总监理工程师出具的支付证书；发包人在规定时间内向承包人付款的过程。工程费用支付既是工程费用监理的最后一道程序，也是监理人进行合同管理的最后一个环节，因此，它就成为最终落实发包人与承包人经济利益的关键工作。

（一）监理工程师在费用支付中的职责和权限

1. 工程费用支付的职责

主要职责就是按时审核、签认和签发（《2016版监理规范》的说法是"签发"，《2018版施工合同》的说法是"出具"）付款证书。按时是指在收到支付申请报表的14天内完成审核并签认支付报表，报发包人审批。

2. 工程费用支付的权限

（1）审查、签发中期支付证书（实际包括最终付款证书）。具体过程由计量工程师复核，总监理工程师审核计量监理工程师的结果；经业主审批后，由总监理工程师签发（或出具）付款证书。

（2）对不合格工程有权暂时拒绝支付。

（3）具有对合同价格调整（物价涨跌和后继法规变更）的权力（严格地说是确认权）。

（4）具有确认工程变更和索赔所产生费用的权力。这主要是指确认工程变更的单价和索赔子目的单价与费率的权力。

（5）其他有关支付权。如审核使用计日工和提前交工奖金权，建议动用暂列金额和质保金权力等。

（二）工程费用监理人员的职责和权限

根据大纲排列顺序，大纲此处可能是指"工程费用监理人员的职责和权限"。管理中职责就是合同规定的义务，管理中权力就是合同的权利；权限就是受限制的权力，即行使前要发包人批准。

1. 工程费用监理人员的岗位职责

（1）全面熟悉招标文件、合同条件、工程量清单、技术规范、施工图纸和公路工程监理规范，负责制订费用监理工作程序或计量支付工作程序。

（2）核定图纸工程量，与工程量清单的数量进行对比，确定工程计量"红线"。

（3）配合路基路面、桥涵、隧道等专业监理工程师做好工程计量工作，确定并签认工程计量单。

（4）负责办理开工预付款、材料预付款的支付与扣回工作，审核工程变更、费用索赔、计日工、价格调整，审核施工单位编制的期中支付申请。

（5）编制监理机构的支付证书，经总监理工程师审核签认后报送建设单位。

（6）负责审查工程交工、竣工的工程量和支付价款，参与竣工决算的审核。

（7）负责建立计量支付台账，按档案管理要求对计量支付资料进行整理归档。

（8）经常巡视工程施工现场，随时掌握施工现场的工、料、机动态和工程进度状况。

（9）参与审核施工组织设计、总体施工进度计划、年度计划、现金流量计划。

（10）负责工程进度统计，督促施工单位及时准确地报送工程进度报表，负责施工进度的检查分析和动态管理。

（11）参与工程分包、工程延期的审查工作。

（12）参加工地会议、监理工作例会，整理会议记录、会议纪要和报告；参与编写监理月报、监理日志等文件资料。

（13）负责绘制项目监理机构的工程进度、工程支付上墙图表。

（14）参与项目监理机构的来往文件处理、归档工作。

（15）完成总监理工程师或驻地监理工程师安排的其他工作。

2. 监理人员在工程费用结算中的权限

监理人员在工程费用结算中的权限，归纳起来有以下三个方面：

（1）工程计量权、付款审批权和付款签证权。

（2）工程变更的单价确认权和变更工程造价的确定权，施工索赔事件发生后的费用审查权、物价上涨现象发生时的价格调整权。这些权力在行使前需要发包人批准。（注：2022年考点）

（3）在质量控制、进度控制等工作中的拒付权、扣款权。

例　　题

例1 在费用支付中既是职责又是权力的是（　　）。

　　A. 审查　　　　　　B. 拒绝支付　　　　C. 价格调整　　　　D. 确定变更单价

例2 监理人员在费用监理工作中的职责权限中，需要取得发包人的专门批准的是（　　）。［2022年真题］

　　A. 工程计量权　　　　　　　　　　　B. 付款审批权
　　C. 工程变更的单价确认权　　　　　　D. 工程扣款权

例3 在费用支付中对支付申请表进行审查的有（　　）。

　　A. 计量监理工程师　　　　　　　　　B. 驻地办
　　C. 驻地监理工程师　　　　　　　　　D. 总监理工程师
　　E. 监理员

例 题 解 析

例1 选项 A 审查在费用支付中既是职责又是权力，审核包含审查。选项 BCD 都是权力不是职责。故选 A 项。

例2 工程变更的单价确认权和变更工程造价的确定权、施工索赔事件发生后的确定索赔费用、物价波动时的价格调整权。根据《2018版施工合同》第3.1.1条的规定，监理人在行使包含上述的10项权力前需经发包人事先批准。故选 C 项。

例3 根据《2016版监理规范》第3.0.5条总监办及总监理工程师的职责和第3.0.6条驻地监理工

程师及驻地办职责的规定，驻地办没有对支付申请表的审查职责，只有计量职责；而总监办有签发支付证书的职责。故选 AD 项。

自 测 模 拟 题

（一）单项选择题

1. 监理人完成支付申请表的审核时间是（　　）天内。
   A. 7　　　　　　B. 14　　　　　　C. 20　　　　　　D. 28
2. 在费用支付中后继法规变更，监理人享有的权力是（　　）。
   A. 审查　　　　B. 拒绝支付　　　C. 价格调整　　　D. 确定变更单价

（二）多项选择题

1. 监理人按时完成支付申请表的审核，此处按时包括（　　）审查时间的相加值。
   A. 计量监理工程师　B. 驻地办　　　C. 驻地监理工程师　D. 总监理工程师
   E. 监理员
2. 费用支付权力中其他有关支付权，包括（　　）权力等。
   A. 审核使用计日工　B. 审核提前交工奖金　C. 审核索赔费用　D. 建议动用暂列金额
   E. 建议动用质保金

参 考 答 案

（一）单项选择题

1. B　　2. C

（二）多项选择题

1. AD　　2. ABDE

四、工程计量的依据、程序、内容、时间、方式与计量规则（含计量用表）

重 点 知 识

（一）工程计量的依据

1. 工程计量的依据（注：2022 年考点）

（1）质量合格证书［即分项工程（中间）交工证书］。计量的基本条件和前提是质量合格，不合格部分不予计量。

（2）合同条款、工程量清单及说明。

（3）合同图纸（或设计图纸以及测量数据，例如：地面线，基地高程等）。

（4）测量数据。

（5）工程量清单计量规则和技术规范。计量规则非常重要，如：基层以顶面面积计量。

（6）工程变更令及修订的工程量清单。对工程变更计量尤为重要。

（7）有关计量的补充协议。

注意：计量依据区别于计量需附上的主要文件。两者有部分重复，极容易混淆。

2. 工程计量的主要文件

（1）《中间计量表》以及图上计算法所需的图纸。

（2）《分部工程或主要分项工程开工申请批复单》。

（3）《检验申请批复表》及有关的自检资料。

（4）《工程质量检验表》及有关的质量评定意见。

（5）《工程变更令》（如果有）。

（6）《分项工程（中间）交工证书》。

3. 工程计量的原则

工程计量的原则包括合同原则、公正性原则、时效性原则、程序性原则，其中合同原则包括：

（1）不符合合同文件要求的工程，不得计量。

（2）按合同文件所规定的方法、范围、内容、单位计量。

（3）按监理工程师同意的计量方法计量。

4. 工程计量的条件

（1）计量的子目（清单子目、合同项子目、变更项子目）应符合合同要求。

（2）质量必须达到合同规范标准的要求。

（3）验收手续必须齐全：即分项开工报告、自检、监理检验、中间交工等。

（二）工程计量的程序

（1）施工单位提出计量申请，并提交各种计量所需资料。

（2）监理工程师审查施工单位的计量申请及有关资料，通过后签发中间交工证书。

（3）监理工程师向施工单位发出计量通知。

（4）监理工程师认为有必要时，施工单位与监理工程师到现场共同进行计量，双方对现场计量结果进行复核修正后，共同签字确认。

（5）施工单位提交计量的记录（即中间计量表）。

（6）监理工程师在收到的7天内对中间计量表进行复核，签认后作为中期支付的依据。

（三）工程计量的内容和工程量计量规则

工程计量的内容很多，在实际工程中，只对所有需要支付的子目（细目）加以计量，这是计量工作范围的最低要求。这些子目的计量，在工程量清单计量规则和工程量清单的"前言"明确规定了计量方法与付款内容。在监理过程中，除了对已完成的工程子目进行计量和记录外，监理人最好对那些涉及付款的工程子目在施工中发生的一切问题进行详尽的记录，以便发生索赔时有据可查。工程计量的内容主要包括第100章～第700章的内容。

因此，计量工作的范围有最高与最低要求，具体达到什么样的要求，由具体工程项目的内容及施工情况而定。

实际计量工作中应注意的关键点有两点：一是，计量应以实际"净值"为准，净值应按下面的计量规则内容正确理解；二是，计量应该注意质量检验和中间交工的要求。

1. 工程计量内容的依据——工程量清单计量规则（实际净值的计算方法）

工程量清单计量规则，分为两大部分，第一部分是"说明"，有10个小点，分别是一般要求、质量（即重量）、面积、结构物、土方、运输车辆体积、质量与体积换算、沥青和水泥、成套的结构单元、标准制品项目；第二部分是第100章至第700章的"计量规则"，每节有简单说明。

计量规则中，每个子目有5个栏目，分别是"子目号""子目名称""单位""工程量计量""工程内容"。

每个子目具体要计量的内容以及不计量的内容和对应包含的施工内容分别在"工程量计量"和"工程内容"这两个栏目。例如，204-1-a 路基填筑利用土方只能计量图纸所示路基实际尺寸的体积，对为了保证压实质量采用超宽填筑部分不予计量，就列在"工程量计量"中；而填筑包括"基底翻松、压实、挖台阶"就列在"工程内容"。请注意此工程内容的表示提出了两个计量要点或问题，第一，挖台阶数量不能按照挖方计量，路基挖方数量中要扣除挖台阶数量；第二，填筑前需压实，而压实后造成地面线下降，势必要增加填筑数量，那么由此而增加的数量能计量吗？对此问题在本子目的"工程量计量"中有规定"填前压实、地面下沉增加的填方量按填料来源参照本条计量"；这明确了此增加数量能计量，不过又产生一个问题，如何确定增加的这部分数量？结合技术规范的第 204.04 条就能找到解决方法和答案。技术规范第 204.04 条规定，路堤基底应在填筑前进行压实，承包人应将压实后新测绘的填方工程断面图提交监理人核准，否则不得填筑，这说明以此新地面线填方工程断面图计算路堤填筑体积包含了此增加数量。所以工程计量除了图纸之外，至少涉及工程量清单、清单计量规则、技术规范三个文件。实际上这也是一个重要考点，既可以在科目 3 中考试，也可以在科目 4 案例分析题中考试。以下关注几个重要的计量内容。

2.路基工程计量的主要内容（即路基计量的具体方法或计量规则）

（1）路基填筑计量

除了路基填筑利用土方前面已经介绍之外，还有利用石方、土石混填、借土场等。

①路基填筑工程内容包括：a.基底翻松、压实、挖台阶；b.临时排水、翻晒；c.分层摊铺；d.洒水、压实、刷坡；e.整形。不单独计量。

②填前压实、地面下沉增加的填方量按填料来源参照填方计量。而新增土方数量的确定，应按技术规范 204.04 的规定（上面第 1 点提及），否则不得填筑且新增数量不计量。

③当填料中石料含量：小于 30%时按土方填筑计量，30%～70%时按石方填筑计量，大于 70%时按土石混填计量。

④借土场的计量内容：借土场绿化、防护工程、排水设施、临时用地在相应章节内计量。

⑤借土场不计量内容：借土场的场地清理、清除不适用材料、简易便道、运输等含在相应工作中，不单独计量。

（2）挖方和弃方的计量

①依据图纸所示地面线、路基设计横断面图、路基土石比例，采用平均断面面积法计算，包括边沟、排水沟、截水沟的土方，按照天然密实体积以立方米为单位计量。

②路床顶面以下挖松深 300mm 再压实作为挖土方的附属工作，不另行计量。

③取弃土场的绿化、防护工程、排水设施在相应章节内计量。

④包含的工程内容：挖、装、运输、卸车；填料分理、弃土整型、压实；施工排水处理；边坡整修、路床顶面挖松再压实、路床清理。

（3）软土地基计量

软土地基处理的计量单位：竖向排水加固为 m，土工合成材料和预压为 m²；各类垫层和挤淤为 m³；强夯为 m²，强夯置换为 m³，子目号为 205-1。

（4）滑坡处理计量

滑坡处理的计量单位为 m³，具体规定为依据图纸所示位置，按照清除滑坡体土方与石方的天然体积。包含工作内容有，地表水引排、防渗、地下水疏导引离、挖除、装载，运输到指定地点堆放，现场清理，这些工作内容不单独计量。

（5）坡面排水计量

①只有盲沟的计量单位为m，其余都为m³。

②各种"沟"的开挖工作都含在"挖方"中，不单独再计量，避免重复计量。

（6）支挡结构计量

①支挡结构垫层、基础、墙身的计量单位为m³。

②依据图纸所示位置和断面尺寸，按图示不同强度等级水泥砂浆砌石体积，或混凝土体积。不扣除沉降缝、泄水孔、预埋件所占体积。

③钢筋和锚杆拉杆等以kg单独计量。

④挡土墙的台背回填和台背的排水工程，不另行计量（结构物台背回填中专门将挡土墙排除在外）。锥坡及台前溜坡填土依据图纸所示锥坡及台前溜坡填土数量以压实m³计量。

⑤基础开挖、弃方和盖板安装等不单独计量。

3.路面工程计量的主要内容（或计量规则）

（1）一般规定：材料标准、路面施工的一般要求、材料取样与试验、试验路段、料场作业、拌和场场地硬化及遮雨棚、雨季施工。这些路面工作内容均不作计量，其所涉及的作业应包含在与其相关工程子目之中。

（2）绝大部分垫层、基层（底基层）按m²计量，以顶面宽度计算面积；只有搭板、埋板下底基层按m³计量。

（3）透层和黏层按m²计量，依据图纸所示沥青品种、规格、喷油量，按照洒布面积计量；子目为308项。

（4）封层按m²计量，依据图纸所示沥青品种、按照封层面积计量。子目为310-2。

（5）沥青面层按m²计量，以图纸所示的顶面面积。

（6）水泥混凝土路面按m³计量，依据图纸所示厚度和混凝土强度等级；钢筋以kg计量。

（7）路肩按m³计量，依据图纸所示断面尺寸，按照压实土体积。硬路肩以浇筑体积。中央分隔带回填压实体积计量。

（8）排水工程中，油毡按m²计量，其他沟管按m计量。

4.桥涵工程计量的主要内容（或计量规则）

（1）基坑开挖与回填计量

①根据图示，取用底、顶面间平均高度的棱柱体体积，分别按干处、水下及土、石，以m³为单位计量。

②基础挖方的底面积，以超出基底周边0.5m为界。

③工程内容：a.场地清理；b.围堰、排水；c.基坑开挖；d.基坑支护；e.基坑检查、修整；f.基坑回填、压实；g.弃方清运。

④基坑回填不计量。但第200章中结构物台背回填，以及锥坡和台前溜坡填土要计量。

（2）桩基础计量

①依据图纸所示桩长及混凝土强度等级，按照不同桩径的桩长以m为单位计量。

②桩长为桩底高程至承台底面或系梁底面。此点在案例题中容易考。

（3）结构钢筋和混凝土计量

①钢筋、钢板或型钢计量时，应按图纸或其他资料标示的尺寸和净长计算。搭接、接头套筒、焊接材料、下脚料和固定、定位架立钢筋等，则不予另行计量。（注：2022年考点）

②结构钢筋：依据图纸所示及钢筋表所列钢筋重量以 kg 为单位计量。固定钢筋的材料、定位架立钢筋、钢筋接头、吊装钢筋、钢板、铁丝作为钢筋作业的附属工作，不另行计量。

③先张法预应力钢筋（钢丝、钢绞线）依据图纸所示构件长度计算的预应力钢材质量，分不同材质以 kg 为单位计量。

④后张法预应力钢筋（钢丝、钢绞线）按图示两端锚具间的理论长度计算的预应力钢材质量，分不同材质以 kg 为单位计量。

⑤混凝土依据图纸所示体积分不同强度等级以 m³ 为单位计量。直径小于 200mm 管子和钢筋、锚固件、泄水孔等混凝土体积不予扣除（含预应力混凝土 0.03m² 以内的单孔洞）。

（4）涵洞计量

①依据图纸所示，按不同跨径的盖板涵长度以 m 为单位计量。

②基底软基处理参照路基软基处理的相关规定计量，并列入路基相应子目。

③涵洞的基础回填不计量，涵洞洞身台背回填可计量。

5. 隧道工程计量的主要内容（或计量规则）

（1）洞身开挖计量

①依据图纸所示成洞断面（不计允许超挖值及预留变形量的设计净断面）计算开挖体积，不分围岩级别，只区分为土方和石方，以 m³ 为单位计量。

②含紧急停车带、车行横洞、人行横洞以及设备洞室的开挖。即这部分不计量。

③包含工程内容：a. 钻孔爆破；b. 风、水、电作业及通风防尘；c. 粉尘、有害气体、可燃气体量测监控及防护；d. 临时支护及临时防排水；e. 装渣、运输、卸车；f. 填料分理、弃土整型、压实。

（2）钢拱架和钢筋格栅计量

①依据设计图纸所示位置及尺寸，按型钢或钢筋质量以 kg 为单位计量。

②型钢支架或钢筋格栅纵向连接钢筋作为附属工作，不另行计量。

③连接钢板、螺栓、螺帽、拉杆、垫圈为型钢支架或钢筋格栅的附属工作，均不计量。

（四）工程计量的时间（即周期）

《公路工程标准施工招标文件（2018 年版）》第 17.1.3 条规定：

（1）单价子目已完成工程量按月（上月 26 日至本月 25 日）计量，填"中间计量单"。

（2）总价子目的计量周期按批准的支付分解报告确定。

（3）对于隐蔽工程，则须在工程覆盖之前进行计量。否则，在覆盖后再进行计量将使工作更复杂和更困难。

（五）工程计量的方式

1. 工程计量的方式（也有称之为计量方法）

工程计量的方式包括实地测量计算法、图纸计算法、现场记录法。

（1）实地测量与实地勘查。如土方工程，一般对横断面宽度，挖方的边长等需实地测量和勘查，又如场地清理也需按野外实地测得的数据，根据计算规则进行计算。（注：2022 年考点）

（2）室内按图纸计算。对于钢筋混凝土结构物以及多数永久工程，一般可按图纸计算工程量。

（3）根据现场记录。如计日工必须按现场记录来计算，又如灌注桩抽芯应按取芯时的钻探记录，又如打桩工程的施工记录等，还有 100 章的大部分内容为现场检查和记录。

一般情况下，工程量的计算由承包人负责，工程量审核由监理人负责。通常，一个工程项目的计量往往是三种方式综合运用。不论采用何种方式，其结果都须经监理人和承包人双方同意，共同签字，有争议时，协商解决，协商解决不了仍由监理人决定。

2. 工程计量的组织方式（《1995版监理规范》为计量方式）

（1）监理工程师独立计量。

（2）承包人计量，监理工程师核实。（注：承包人独立计量可能是错的选项）

（3）联合计量（即监理工程师与承包人共同计量），目前主要采用联合计量方式。

（六）计量用表

工程计量单、工程计量附表（计算书）、工程计量汇总表、计日工计量表、计量资料审查确认表、工程计量单汇编存档的封面和目录。

例 题

例1 监理工程师对结构物混凝土体积进行计量，应以（　　）为准。
  A. 合同图纸净尺寸　　　　　　　　B. 现场实际测量尺寸
  C. 与业主协商确定　　　　　　　　D. 与承包人共同确认

例2 工程计量时，应以（　　）为准。
  A. 图纸给定的数量　　　　　　　　B. 工程量清单数量
  C. 实际完成的数量　　　　　　　　D. 实际完成并经监理签认的数量

例3 承包人开挖基坑的范围超过了合同技术规范规定的超挖上限，虽然没有变更令，监理工程师（　　）。
  A. 根据实际情况对超挖部分酌情计量　　B. 对超过上限部分不予计量
  C. 与承包人协商后进行处理　　　　　　D. 对基坑开挖数量不予计量

例4 承包人在预应力混凝土浇筑时需扣除混凝土体积的是（　　）。
  A. 直径为180mm的两个孔洞　　　　B. 直径为199mm的一个孔洞
  C. 钢筋的体积　　　　　　　　　　D. 锚固件钢材体积

例5 下列不属于工程计量的依据的是（　　）。[2022年真题]
  A. 施工合同文件　　B. 工程量清单　　C. 质量合格资料　　D. 造价机构调价文件

例6 土方工程开挖工程量的计算方法是（　　）。[2022年真题]
  A. 均摊法　　　　　　　　　　　　B. 分解计量法
  C. 图纸计算法　　　　　　　　　　D. 现场断面测量计算法

例7 工程计量的依据包括（　　）。
  A. 工程量清单及说明　　　　　　　B. 合同图纸
  C. 工程变更令及修订的工程量清单　D. 合同条件
  E. 工程分项开工申请批复单

例8 公路工程计量的原则是（　　）。
  A. 不符合合同文件要求的工程不计量
  B. 承包人手续不全不计量
  C. 按合同文件规定的方法、范围、内容、单位计量

第四章 公路工程费用目标控制

D. 按监理工程师同意的方法计量

E. 按习惯计量的方法计量

例9 关于"钢筋"的计量规则，说法正确的是（ ）。

A. 应按图纸或其他资料标示的尺寸和净长计算

B. 搭接接头不另行计量

C. 焊接材料不另行计量

D. 定位钢筋单独计量

E. 架立钢筋单独计量

例 题 解 析

例1 该题是交通部2004年监理真题，实际是考查《2018版施工合同》第17.1.2条，工程的计量应以净值为准，除非项目专用合同条款另有约定。工程量清单中各个子目的具体计量方法按合同文件的工程量清单计量规则中的规定执行。工程量清单计量规则中图纸所示体积就是合同图纸净尺寸计算而得。故选A项。

例2 该题是交通部2003年和2005年监理真题。选项A干扰大，图纸中的数量并不一定是"净值"，最好理解的事例是桥梁工程基坑开挖，图纸数量设计院是按照"棱台"计算的实际数量，而"计量规则"的计算是按照"棱柱"比实际完成量小很多；这也就是解释了不能选C项的原因。选项B工程量清单数量是估计数量，不能选。实际完成并经监理签认数量显然是最完整最合适，因为监理签认的数量一定要依据"计量规则"计算确定。故选D项。

例3 该题是交通部2003年和2004年监理真题。选项A有点干扰，超出图纸或规范的上限，在没有办理变更手续情况下，对超过上限部分一定不计量；所以不存在"酌情"犹豫或与承包人协商。选项D错在不是全部不计量，只对超出部分不予计量。故选B项。

例4 根据桥梁工程"计量规则"，预应力混凝土部分不扣除混凝土体积的规定，"体积不超过0.03m²的开孔及开口不扣除其混凝土体积"；选项A每个孔洞面积是0.025m²小于0.03m²；选项B一个孔洞面积是0.031m²大于0.03m²。故选B项。选项CD显然不需扣除。

（注：交通部的《施工合同范本》和许多教材的"说明"部分都错为0.03m³，1999年版范本是0.03m²，而从2003年开始范本改为0.03m³，语法上改正确了而实际意义反而错了，因为在411-7等工程量计量文字说明中"钢筋、钢材所占体积及单个面积在0.03m²以内的孔洞不予扣除"，造成前后不一致）。

例5 工程计量的依据包括工程量清单说明和工程量清单计价规范或计量规则、施工合同文件和施工图纸、质量合格证书等。用排除法故选D项。

例6 现场断面测量计算法。如土石方开挖和填筑工程的计量，基础工程中结构物的混凝土浇筑方量的体积计算，均需要采用现场断面测量计算法。故选D项。

例7 该题是交通部2003年和2005年监理真题，原题干可能写错，将此题改造为目前形式可作为符合现在要求的考试题。选项E"工程分项开工申请批复单"是计量需附上的计量主要文件。故选ABCD项。

例8 该题是交通部2004年监理真题。选项ACD显然是交通部《监理概论》的原文。故选ACD项。而选项B在此教材中无此表述，显然也是对的；当年评分标准是选项B选择与否都算正确。

例9 钢筋、钢板或型钢计量时，应按图纸或其他资料标示的尺寸和净长计算。搭接接头、接头套筒、焊接材料、下脚料和固定、定位架立钢筋等不予另行计量。故选ABC项。

自 测 模 拟 题

(一) 单项选择题

1. 以下是工程计量依据的有（　　）。
　　A. 检验申请批复表　　　　　　　　　B. 主要分项工程开工申请批复单
　　C. 工程质量检验表　　　　　　　　　D. 合同条款

2. 监理工程师向施工单位发出计量通知，应在（　　）之后。
　　A. 施工单位提出计量申请　　　　　　B. 签发中间交工证书
　　C. 提交各种计量所需资料　　　　　　D. 监理工程师审查施工单位的计量申请

3. 某桥梁灌注桩清孔后沉积层仍超过规定厚度，二次清孔后，孔深增加，浇筑后的实际桩长比设计桩长增1.3m，承包人要求对增加的混凝土量给予计量，监理工程师应（　　）。
　　A. 给予计量　　　　　　　　　　　　B. 不予计量
　　C. 计量所增混凝土量的一半　　　　　D. 和承包人协商后予以计量

4. 先张法预应力钢丝长度按（　　）计量。
　　A. 构件长度　　　　　　　　　　　　B. 理论长度
　　C. 构件长度+预留长度　　　　　　　D. 理论长度+预留长度

5. 后张法预应力钢丝长度按（　　）计量。
　　A. 构件长度　　　　　　　　　　　　B. 两端锚具间理论长度
　　C. 构件长度+预留长度　　　　　　　D. 两端锚具间理论长度+预留长度

6. 挡土墙的台背回填（　　）。
　　A. 按照回填体积计量　　　　　　　　B. 按照挡土墙回填长度计量
　　C. 属于结构回填规则计量　　　　　　D. 不予计量

7. 路基坡面排水工程中按照长度"m"计量单位的是（　　）。
　　A. 边沟　　　　B. 截水沟　　　　C. 排水沟　　　　D. 盲沟

8. 软基处理中砂垫层的计量单位是（　　）。
　　A. 长度　　　　B. 面积m^2　　　C. 体积m^3　　　D. 长度且为m

9. 有关是工程计量的论述中，正确的是（　　）。
　　A. 边沟、排水沟、截水沟所开挖的土方含在相应排水工程中不单独计量
　　B. 路堑工程开挖时，弃土场需修建的排水工程不予计量含在土石方开挖中
　　C. 在计量组织中承包人独立计量就是指由承包人自行进行的计量
　　D. 路堑工程开挖时，弃土场需修建的挡土墙工程费用不包含在开挖土石方的单价中，而是在挡土墙子目中计量

10. 透层和封层一般按基层顶面面积计算，黏层按需要铺洒黏层油的两面层的（　　）。
　　A. 下层的顶面　　　B. 下层的底面　　　C. 上层的底面　　　D. 上层的顶面

11. 涵洞的计量是（　　）计量。
　　A. 以不同材料砌体的体积　　　　　　B. 以不同材料砌体的水平投影面积
　　C. 以不同材料不同部位砌体的体积　　D. 不同跨径的涵洞长度以米为单位

12. 桥梁基坑开挖几何尺寸为：基础尺寸4m×9m，基底高程120.50m，基坑四周边缘与地面交点的4点高程分别是125.00m、126.00m、127.00m、128.00m。该基坑的计量是（　　）m^3。

A. 216   B. 300   C. 337.5   D. 375

13. 桥梁工程基础结构填土不能计量的是（　　）填土。

    A. 基坑   B. 桥台背   C. 锥坡   D. 台前溜坡

14. 隧道工程中开挖不包含的工程内容是（　　）。

    A. 通风防尘   B. 装渣运输卸车   C. 超前支护   D. 可燃气体量测监控

15. 隐蔽工程的计量时间是（　　）。

    A. 按月计量   B. 工程覆盖前

    C. 按批准支付分解报告时间   D. 工程完成后

16. 单价子目的分项工程的计量时间是（　　）。

    A. 按月计量   B. 工程覆盖前

    C. 按批准支付分解报告时间   D. 工程完成前

17. 总价子目的工程的计量时间是（　　）。

    A. 按月计量   B. 工程覆盖前

    C. 按批准支付分解报告时间   D. 工程完成前

18. 监理人应在收到承包人提交的工程量报表的（　　）天内进行复核。

    A. 5   B. 7   C. 10   D. 14

19. 监理人应在收到承包人提交的工程量报表的规定时间内进行复核，监理人未在该约定时间内复核的，承包人提交的工程量报表中的工程量视为承包人实际完成的工程量，据此计算工程价款。这体现了计量的（　　）原则。

    A. 合同   B. 公正性   C. 程序性   D. 时效性

20. 公路工程施工过程中，费用监理的关键是（　　）。

    A. 反索赔   B. 拒绝一切索赔

    C. 工程计量与支付   D. 合理确定工程变更调价

（二）多项选择题

1. 工程计量的依据主要包括（　　）。

    A. 质量合格证书   B. 承包人施工纪录

    C. 清单前言和技术规范   D. 设计图纸

    E. 测量数据

2. 工程计量的依据有（　　）。

    A. 索赔时间和金额审批表   B. 有关计量的补充协议

    C. 工程质量检验表   D. 工作指令

    E. 设计图纸

3. 在工程计量中应遵循的基本原则有（　　）原则。

    A. 合同   B. 目的性   C. 公正性   D. 时效性

    E. 程序性

4. 计量的原则有（　　）。

    A. 不符合合同文件要求的工程，不得计量

    B. 按合同文件所规定的方法、范围、内容、单位计量

C. 按监理工程师同意的计量方法计量

D. 依据承包人提供的计量所需的资料计量

E. 依据工程习惯的计量方法进行计量

5. 工程计量的类型（或方式）一般有（　　）。
   A. 监理工程师单独计量
   B. 承包人独立计量
   C. 监理工程师与承包人联合计量
   D. 第三方计量
   E. 监理工程师与第三方联合计量

6. 工程计量的方式（或类型）（　　）。
   A. 监理工程师与承包人共同计量
   B. 监理工程师单独计量
   C. 承包人计量，监理工程师核实
   D. 业主与监理共同计量
   E. 第三方独立计量

7. 工程计量的方法有（　　）。
   A. 工程量清单计算法　B. 图纸计算法　C. 估算法　D. 实地量测计算法
   E. 现场记录法

8. 公路工程施工监理一般采用的计量方法有（　　）。
   A. 预算单价法　B. 分项计量法　C. 凭证法　D. 经验比较法
   E. 断面法

9. 工程计量包括实地量测计算法和记录、图纸计算法。无论何种方法都必须经过（　　）签字确认方可进入支付环节。
   A. 分包人
   B. 承包人
   C. 监理人
   D. 设计单位
   E. 造价部门

10. 关于计量，下列说法正确的有（　　）。
    A. 不符合合同文件要求的工程，不得计量
    B. 按合同文件所规定的方法、范围、内容、单位计量
    C. 按业主满意的方法计量
    D. 以合同图纸为计量依据
    E. 以承包人实际完成的工程量计量

11. 隧道工程中不能计量的有（　　）。
    A. 洞身开挖中的设计允许的超挖值
    B. 洞身开挖中的设计图开挖量中包含的预留变形量体积
    C. 留核心土法开挖时的钢拱架支撑的工字钢数量
    D. 中隔壁法的中隔壁钢拱架支撑的工字钢数量
    E. 紧急停车带、车行横洞、人行横洞以及设备洞室的开挖的体积

参考答案及解析

（一）单项选择题

1. D 2. B 3. B 4. A 5. B 6. D 7. D 8. C 9. D 10. C
11. D 12. B 13. A 14. C 15. B 16. A 17. C 18. B 19. B 20. C

6. **解析**：挡土墙的台背回填和台背的排水工程，不单独计量。故选 D 项。选项 C 有干扰度，虽然

挡土墙的台背回填是属于结构物回填，但是，这句话是针对施工技术处理要求的，而计量却应按照"计量规则"进行计量。不过涵台背和桥台背以及锥坡结构物回填能计量。

9. 解析：边沟、排水沟、截水沟所开挖的土方含在路基开挖土方计量，不另行单独计量；选项 A 错。路堑工程开挖时，弃土场需修建的排水工程是在坡面排水的相应子目计量，这是《公路工程标准施工招标文件》2018 版与 2009 版的区别，所以选项 B 错。在计量组织中承包人独立计量也需经监理审核，选项 C 错。故选 D 项，这也是《公路工程标准施工招标文件》2018 版与 2009 版的区别。

10. 解析：透层和黏层按m²计量，依据图纸所示沥青品种、规格、喷油量，按照洒布面积计量，见解图。故选 C 项。

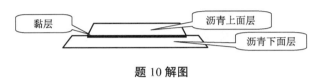

题 10 解图

14. 解析：临时支护属于开挖包含的工程内容，但是超前支护在开挖前进行需要单独计量支付的。故选 C 项。

（二）多项选择题

1. ACDE   2. ABE   3. ACDE   4. ABC   5. AC   6. ABC   7. BDE
8. BCE   9. BC   10. ABD   11. ABDE

10. 解析：该题是交通部2006年监理真题，选项 ABD 是计量原则的表述。故选 ACD 项。

11. 解析：该题选项 ABE 都是很明确的正确选项不能计量。不过《公路工程标准施工招标文件》2009 版选项 AB 却是能计量的，这是 2018 版的变化点。选项 CD 两者的不同点涉及施工方法，中隔壁法的中隔壁是临时支撑时属于临时支护将来要拆除，所以不能计量；而留核心土法的钢支撑是作为永久支护的组成，应该计量。故选 ABDE 项。所以读者对这类有难度的题，没把握不要选，也能得1.5分。

五、费用支付的基本原则、支付程序、支付报表、支付依据

重 点 知 识

（一）费用支付的基本原则

（1）支付必须以工程计量为基础。
（2）支付必须以合同为依据。
①支付必须以计量规则和已标价的工程量清单的单价为依据。
②支付必须符合合同条款。
（3）支付必须遵循规定的程序进行。
（4）支付必须及时、准确。
（5）任何工程款的支付必须经监理工程师的审核签认。
（6）支付不解除承包人的应尽的合同义务和应承担的合同责任。

（二）费用支付程序

1. 期中（或中期）进度款支付程序

根据《公路工程标准施工招标文件（2018年版）》（以下简称《2018版施工合同》）条款的规定，期

中支付的程序如图 4-2-1 所示。

（1）承包人提交期中支付申请。
（2）监理人审查期中支付申请。
（3）监理人签发期中支付证书。
（4）发包人付款。

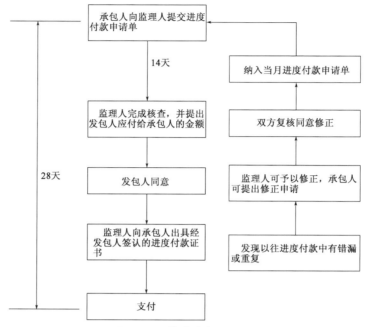

图 4-2-1　期中支付程序图

2. 交工验收后的支付程序

根据《2018 版施工合同》的条款规定，交工支付的程序如图 4-2-2 和图 4-2-3 所示。

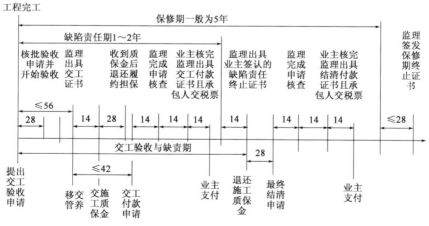

图 4-2-2　交工支付和最终支付程序

（1）承包人的交工支付申请。
（2）监理人对交工支付申请的审定出具或签发付款证书。
（3）发包人付款。

1. 最终支付程序（2022 年考点）

根据《2018 版施工合同》的条款规定，最终支付的程序如图 4-2-2 和图 4-2-4 所示。

（1）最终支付申请。
（2）最终支付申请的审核与签认。
（3）发包人的付款工作。

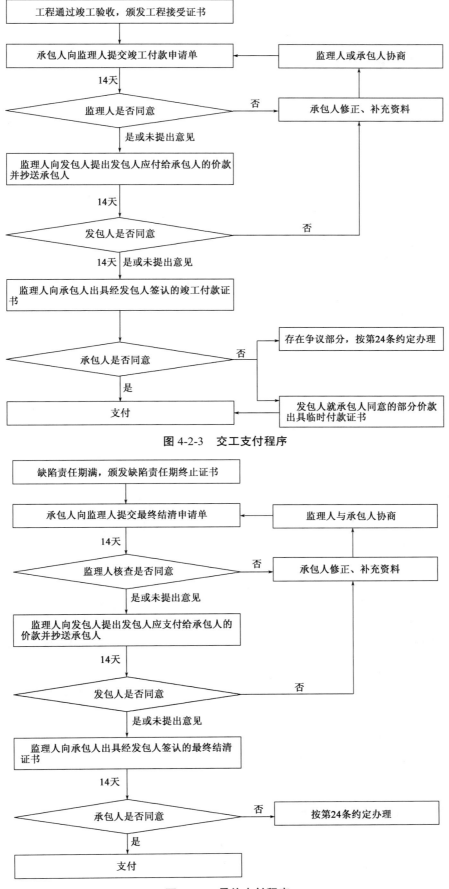

图 4-2-3 交工支付程序

图 4-2-4 最终支付程序

（三）支付报表

共有 14 张支付报表，只要理解表格中各名词含义就能正确使用表格。中期支付证书也称为财务支付表。

（四）费用支付依据

（1）工程量清单。
（2）技术规范或计量规则（计价规范）。
（3）合同条款。

例 题

例1 下列说法正确的是（　　）。
A. 费用支付是需要进行工程计量的最关键手段
B. 费用支付是需要进行工程计量的最关键方法
C. 费用支付是需要进行工程计量的最关键原因
D. 费用支付是需要进行工程计量的最关键途径

例2 工程支付必须以（　　）为基础。
A. 工程质量　　　B. 工程进度　　　C. 工程计量　　　D. 工程量清单

例3 公路工程项目一般规定每月支付金额不低于签约合同价的某个百分数，若没有达到，则暂缓支付，累积到下一期。该百分数按照《公路工程标准施工招标文件》（2018 年版）的建议为"可按月平均支付额的 0.2～0.3 倍计算"。当工程的合同工期为 2 年时，该百分数是（　　）。
A. 1%　　　　　B. 2%　　　　　C. 3%　　　　　D. 4%

例4 根据《标准施工招标文件》通用合同条款的规定，最终支付程序说法错误的是（　　）。[2022 年真题]
A. 发包人应在收到后 14 天内审核完毕，由监理人自承包人出具经发包人签认的最终结清证书
B. 如果监理人不同意最终结清申请单的任何一部分，承包人应按监理人要求提交进一步的资料
C. 监理人未在约定时间内核查，又未提出具体意见的，视为承包人提交的最终结清申请已经发包人核查同意
D. 最终结清申请单中的总金额应认为是代表了根据合同约定应付给承包人的全部款项的最后结算

例5 费用支付的基本原则（　　）。
A. 必须遵循规定的程序进行　　　　B. 符合合同条款
C. 及时准确　　　　　　　　　　　D. 以计量规则和报价清单为依据
E. 必须按照建设单位规定的方法进行

例 题 解 析

例1 该题是交通部 2003 年监理真题。因为支付前需要先进行计量，所以支付成为计量的原因，也是计量的最终目的。故选 C 项。

例2 该题是交通部 2005 年监理真题。根据支付原则,支付必须以工程计量为基础。故选 C 项。

例3 《公路工程标准施工招标文件(2018 年版)》的建议为"可按月平均支付额的 0.2~0.3 倍计算"。当工程的合同工期为 2 年时该百分数的计算为:$[1/(2 \times 12)] \times 0.25 = 0.01 = 1\%$。故选 A 项。

例4 选项 C 错误,根据合同第 17.5.2 条规定:监理人未在约定时间内核查,又未提出具体意见的,视为承包人提交的最终结清申请已经监理人核查同意;发包人未在约定时间内审核又未提出具体意见的,监理人提出应支付给承包人的价款视为已经发包人同意。故选 C 项。

例5 选项 E 是错项,支付必须以合同为依据,不能随意根据建设单位规定更改支付要求。其余选项都是支付的基本原则。故选 ABCD。

自测模拟题

(一)单项选择题

1. 根据《公路工程标准施工招标文件(2018 年版)》规定,发包人应在监理人收到承包人进度付款申请后的(　　)天内,将进度款支付给承包人。

   A. 14　　　　　B. 21　　　　　C. 28　　　　　D. 42

2. 根据《公路工程标准施工招标文件(2018 年版)》规定,发包人应在监理人出具承包人交工付款证书后的(　　)天内,将应付款支付给承包人。

   A. 14　　　　　B. 21　　　　　C. 28　　　　　D. 42

3. 根据《公路工程标准施工招标文件(2018 年版)》规定,发包人应在监理人出具最终结清证书后的(　　)天内,将应付款支付给承包人。

   A. 14　　　　　B. 21　　　　　C. 28　　　　　D. 42

4. 根据《公路工程标准施工招标文件(2018 年版)》规定,承包人应在监理人出具缺陷责任期终止证书后的(　　)天内,提交最终结清申请单。

   A. 14　　　　　B. 21　　　　　C. 28　　　　　D. 42

5. 根据《公路工程标准施工招标文件(2018 年版)》规定,承包人应在监理人出具交工证书后的(　　)天内,提交交工付款申请单。

   A. 14　　　　　B. 21　　　　　C. 28　　　　　D. 42

6. 有关材料预付款说法正确的是(　　)。

   A. 施工过程中,临时工程所需材料可以支付材料预付款
   B. 已经支付过材料预付款的材料,其所有权归业主
   C. 材料预付款的支付可以不考虑剩余永久工程支付金额
   D. 材料预付款支付可依据设计工程量计算得来

(二)多项选择题

1. 根据《公路工程标准施工招标文件(2018 年版)》规定,监理人在工程进度款的支付中逐月扣回的款项有(　　)。

   A. 质量保证金　　　　　　　　B. 开工预付款
   C. 材料预付款　　　　　　　　D. 设备预付款
   E. 履约保证金

2. 根据《公路工程标准施工招标文件(2018 年版)》有关费用支付正确的说法有(　　)。

   A. 承包人无须向发包人提交预付款保函

B. 除了满足支付时限，承包人还要向发包人提交合格的增值税发票后，才支付给承包人

C. 除了满足支付时限，承包人还要向监理人提交合格的增值税发票后，才支付给承包人

D. 施工期可以不扣留质量保证金

E. 预付款保函由履约保证金替代

3. 有两种支付规定。第一种旧规定，监理人在收到承包人支付申请的 14 天内核查，业主在监理人的核查签认后的 14 天内付款；第二种是《公路工程标准施工招标文件（2018 年版）》，将第一种规定修改为："监理人在收到承包人支付申请的 14 天内核查，业主在监理人收到承包人支付申请的 28 天内支付。"对于这两种规定，以下说法正确的是（　　）。

A. 第一种合同条款的支付规定对承包人更有利

B. 第二种合同条款的支付规定对承包人更有利

C. 两种规定就支付的时间来说是一样的，效果上都是从收到后的第 28 天获得支付

D. 第一种规定让承包人能做到在监理人收到支付申请后的第 15 天获得支付

E. 第二种规定让业主一定能做到在监理人收到支付申请后的第 28 天获得支付

参考答案及解析

（一）单项选择题

1. C　2. A　3. A　4. C　5. D　6. B

（二）多项选择题

1. BCD　2. ABDE　3. ADE

2. **解析**：根据《公路工程标准施工招标文件（2018 年版）》第 17.2.2、17.3.3、17.4.1、17.4.2 条进行选择。

3. **解析**：选项 D 如果监理用 1 天时间审核批准提交给建设单位，建设单位只能拖 14 天付款，1 + 14 = 15 天；第二种与监理批复无关，建设单位可以拖到第 28 天付款。

六、费用支付的清单支付项目和合同支付项目

（一）费用支付支付项目的分类

1. 按时间分类

（1）前期支付。主要内容有：开工（或动员）预付款，履约担保的手续费（如果有），由业主承担的保险费。

（2）中期支付（也称为期中支付）。主要的内容有：工程进度款，暂列金额，暂估价，计日工，材料设备预付款，工程变更款项，质量保证金（保留金），索赔款项，价格调整，逾期付款违约金（即利息），违约与合同解除后的支付等。

（3）交工验收后支付。

（4）竣工验收后支付。

（5）缺陷责任期结束后最终结清支付。复核检查所有支付项的数量和费用，退还质量保证金（保留金），最终结清单要包含说明和附件。

2. 按支付内容分类

（1）清单支付项目。主要有：单价子目的支付，总额子目的支付，暂定金额，暂估价，计日工。

（2）合同支付项目。主要有：开工（动员）预付款，材料设备预付款，质量保证金（保留金），工

程变更费用，索赔款项，价格调整，误期损失赔偿金（拖期损失偿金），提前竣工奖金，逾期付款违约金（即利息）等。

按照支付时间和支付内容分类是最常见的归类形式。还有另外两种分类法，分别是按照工程内容分为路基土石方工程、路面工程、桥梁工程、隧道工程、排水防护工程、交通安全设施工程等支付内容；按照合同执行情况分为常规支付和违约支付、合同解除支付等。

（二）清单支付

清单支付的主要内容有：单价子目的支付、总额子目的支付、计日工、暂列金额、暂估价五类。

1. 单价子目的支付

工程量清单中的绝大部分工程内容是以单价子目计量和支付的，其费用约占工程总费用的85%，其支付条件和费用计算方法应满足下列要求：

（1）支付条件是完成了技术规范和设计图纸所规定的工作内容，且质量合格，计量结果准确无误，并附相应的符合合同要求的支持性证明文件。

（2）单价子目支付一般按期（月）支付。

$$单价子目支付 = \sum 本月实际完成的合格工程数量 \times 相应单价$$

2. 总额子目的支付

工程量清单第100章中的工程子目多数是总额支付项目，其"工程数量"均为"1"，计量的"单位"为"总额"。

3. 计日工的支付

计日工是指对零星工作采取的一种计价方式，按合同中的计日工子目及其单价计价付款。计日工有劳务、材料、施工设备三种形式，计日工单价由承包人报价，汇总的计日工合计在投标总价中。

施工过程中，发包人认为有必要时，由监理工程师通知（即指示）承包人以计日工方式实施变更的零星工作。其价款按计日工计价子目及其单价进行计算。采用计日工计价的任何一项变更工作，应从暂列金额中支付（2022年考点），承包人应在变更的实施过程中，每天将含有①工作名称、内容和数量；②人员姓名、工种、级别和工时；③材料类别和数量；④设备型号、台数和台时；⑤监理要求的其他材料和凭证这5点要求的报表和有关凭证报送监理工程师审批。计日工由承包人汇总后，按合同的约定列入进度付款申请单，由监理人员复核并经发包人同意后列入进度付款。

4. 暂列金额的支付

"暂列金额"是指已标价工程量清单中所列的暂列金额，用于在签订协议书时尚未确定或不可预见变更的施工及其所需材料、工程设备、服务等的金额，包括以计日工方式支付的金额。与"暂估价"不同在于它是"不一定发生的费用"。暂列金额下的项目具有如下特点：

（1）发生项目的不确定性。

（2）发生金额的不确定性。

（3）承担单位的不确定性。

暂列金额只能按照监理工程师的指示使用，并对合同价格进行相应调整。暂列金额应由监理人报发包人批准后指令全部或部分地使用，或者根本不予动用。

5. 暂估价的支付

"暂估价"指发包人在工程量清单中给定的用于支付必然发生，但暂时不能确定价格的材料、设备以及专业工程的金额。当公路工程中某一部分与铁路交叉或靠近水库时，往往采用暂估价形式通过招标方式分包这部分专业工程。

(三) 合同支付

合同支付的主要内容有：开工（动员）预付款，材料设备预付款，质量保证金（保留金），误期损失赔偿金，提前竣工奖金，逾期付款利息，合同其他费用的支付（包括工程变更费用、索赔费用、价格调整、违约与合同解除后支付）。

1. 开工预付款的支付和扣回

开工预付款是一项由业主提供给承包人用作**开办费用**的提前付款（又称前期付款），用于承包人为合同工程施工购置材料、工程设备、施工设备、修建临时设施以及组织施工队伍进场等。是一笔以合同价为基数按一定比例的无息款项，用于支付开工初期各项准备工作。

（1）开工预付款的支付条件（根据《2018版施工合同》第17.2条）

开工预付款的支付条件包括：①施工项目中标人与发包人签订了施工合同协议书；②承包人提交了履约保证金；③承包人承诺的主要设备已经进场等。

开工预付款必须专用于合同工程。承包人不得将该开工预付款用于与本工程无关的支出，监理工程师有权监督承包人对该项费用的专款专用，如经查实承包人滥用开工预付款，发包人有权立即向银行索赔履约保证金，并解除合同。

（2）开工预付款保函

根据《2018版施工合同》第17.2.2条规定，承包人无须向发包人提交预付款保函，承包人提交的履约保证金对预付款的正常使用承担保证责任。即取消了开工预付款保函（材料设备预付款本来就不需保函），用履约保证金替代了预付款保函。

（3）开工预付款的额度规定和支付的时间

根据《2018版施工合同》的项目专用条款数据表中规定和建议，开工预付款的额度为签约合同价的**10%**。支付时间是满足支付条件的当期，监理人应在当期进度付款证书中向承包人支付全额开工预付款。

（4）开工预付款的扣回规定、计算公式

按照《2018版施工合同》规定，开工预付款在进度付款证书的累计金额未达到签约合同价的**30%之前不予扣回**，在达到签约合同价30%之后，开始按工程进度以固定比例（每完成签约合同价的1%，扣回开工预付款的2%）分期从各月的进度付款证书中扣回，全部金额在进度付款证书的累计金额达到签约合同价的80%时扣完。

正常月开工预付款扣回公式按照合同条款含义为：当期开工预付款扣回值＝(当期进度款值/签约合同价)×2＝(当期进度款值/签约合同价)÷50%。而超过30%的起扣月的计算当期进度款值一般会比真正当期进度金额少些，要用超过30%值减去累计30%值作为计算当期进度款值；而达到80%的止扣月的扣回值＝开工预付款总额－已经扣回开工预付款的累计值。

2. 材料、设备预付款的支付和扣回

（1）材料、设备预付款的支付条件（无担保要求）

《2018版施工合同》专用合同条款第17.2.1条规定材料、设备预付款的预付条件为：

①材料、设备已经在施工现场交货。

②材料、设备的质量符合规范要求并经监理人员检查认可。

③承包人已出具了采购材料、设备的费用凭证或支付单据的原件、复印件（或扫描件）。

④存储良好，监理人认为材料、设备的存储方法符合要求。

（2）材料、设备预付款的预付比例

材料、设备预付款的预付比例，按照合同的项目专用合同条款表的约定执行。《公路工程标准施工招标文件（2018年版）》建议预付的比例一般为70%～75%，最低不少于60%。

（3）材料、设备预付款的预付

在满足材料设备预付款支付条件后，在没有形成工程实体的情况下，监理人应将此项金额作为材料、设备预付款计入下一次的进度付款证书中。在预计交工前3个月，将不再支付材料、设备预付款。

（4）材料、设备预付款的扣回（注：2022年考点）

《2018版施工合同》专用合同条款第17.2.3条规定，当材料、设备已用于或安装在永久工程之中时，材料、设备预付款应从进度付款证书中扣回，扣回期不超过3个月。已经支付材料、设备预付款的材料、设备的所有权应属于发包人。对于材料预付款的扣回方式，工程实践中常采用两种方法，按月等额扣回法和起扣点扣回法。《2018版施工合同》是按月等额扣回。

起扣点扣回法是指未完工程还需要的材料价值等于已经预付的材料款总额时起扣[即（合同价－起扣点累计金额）×材料占合同价比例＝材料预付款总额]。以此推导出其各项的计算公式为：

$$起扣点累计金额 = 合同价 - 材料预付款总额 \div 材料占合同价比例$$

$$到达起扣点当月的扣回值 = (当月累计 - 起扣点金额) \times 材料占合同价比例$$

$$正常月的扣回值 = 当月进度款 \times 材料占合同价比例$$

$$最后一月扣回值 = 材料预付款总额 - 扣回值累计$$

3. 质量保证金的提交与返还

根据《2018版施工合同》第17.4.1条规定，取消了每月按一定比例在进度款中扣留质量保证金做法。改为在交工验收通过后提交，缺陷责任期终止时返还。

（1）质量保证金的提交

《2018版施工合同》专用合同条款第17.4.1条规定，交工验收证书签发后14天内，承包人应向发包人缴纳质量保证金。质量保证金可采用银行保函或现金、支票的形式缴纳。

质量保证金的金额按项目专用合同条款数据表的百分比扣留，国家规定不超过合同价3%。

（2）质量保证金的返还

《2018版施工合同》专用合同条款第17.4.2条规定，在缺陷责任期满，且质量监督机构按照规定对工程质量检测鉴定合格，承包人应向发包人申请到期应返还承包人剩余的质量保证金金额，如无异议，发包人应当在核实后返还承包人。

4. 误期损失赔偿金的审核与支付（即承包人逾期交工违约金的审核与扣除）

误期损失赔偿金是指承包人未能按合同工期的约定完成全部工程施工，延误了交工时间，影响了发包人的使用，应给予发包人的补偿，也称违约罚金。

《2018版施工合同》第11.5条规定：由于承包人原因，未能按合同进度计划完成工作，或监理人认为承包人施工进度不能满足合同工期要求的，承包人应采取措施加快进度，并承担加快进度所增加的费用。由于承包人原因造成工期延误，承包人应支付逾期交工违约金。逾期交工违约金的计算方法在项目专用合同条款中约定。时间自预定的交工日期起至工程接收证书中写明的实际交工日期止（扣除已批准的延长工期），按天计算。逾期交工违约金累计金额最高不超过项目专用合同条款数据表中写明的限额，一般为合同价的10%。

5. 提前交工奖金的支付

发包人要求承包人提前交工，或承包人提出提前交工的建议能够给发包人带来效益的，应由监理人与承包人共同协商采取加快工程进度的措施和修订合同进度计划。发包人应承担承包人由此增加的费用，并向承包人支付专用合同条款约定的相应奖金。

如果承包人提前交工，发包人支付奖金的计算方法在项目专用合同条款数据表中约定，时间自交工验收证书中写明的实际交工日期起至预定的交工日期止，按天计算。但奖金最高限额不超过项目专用合同条款数据表中写明的限额。

6. 发包人逾期付款违约金的支付

逾期付款违约金是指发包人的违约即发包人超过合同条款约定的支付期限而支付承包人应得的工程款项的逾期付款利息（也称为**迟付款利息**）。发包人不按期支付的，按项目专用条款数据表中约定的**日利率（一般为银行短期贷款利率加手续费约 0.3‰ 左右）**向承包人支付逾期付款违约金。违约金计算基数为发包人的全部未付款额，时间从应付而未付该款额之日算起（不计复利）。

逾期付款利息（逾期付款违约金）＝全部未付款额×逾期日历日×日利率

7. 合同其他费用支付

合同其他费用支付包括：工程变更费用、价格调整、索赔与反索赔、违约与合同解除后支付等。

（四）合同其他费用支付

1. 工程变更费用的支付

（1）变更范围和内容

变更范围和内容共 5 点：取消一项工作，改变工作质量或特性，改变工程基线、高程、位置或尺寸，工作的时间或工艺顺序，为完成（本）工程需要追加的额外工作（新增工作一定是"本工程需要"）。

（2）变更指令

虽然工程变更必须经发包人同意，但是变更令的发出者一定是监理人。没有监理人的变更指示，承包人不得擅自变更。

（3）变更程序（根据《2018 版施工合同》第 15.3.1 条和第 15.3.2 条）

变更程序主要过程是变更提出、变更审批、发变更令、变更估价，如图 4-2-5 所示。对于设计变更程序应执行《公路工程设计变更管理办法》的相关规定。

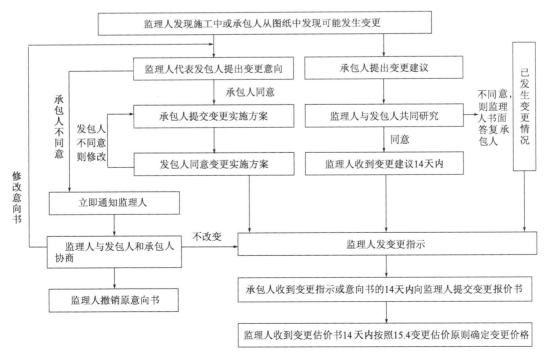

图 4-2-5　工程变更程序

（4）变更的估价原则

变更的估价原则共有5个，实际工作中主要采用其中3个原则，即直接套用原单价、间接套用原单价、依据单价分析表重新定单价。另外两个是取消工作不支付和承包人过错变更自己承担。

（5）承包人的合理化建议

承包人提出的合理化建议缩短了工期，发包人按合同约定给予提前竣工奖金。承包人提出的合理化建议降低了合同价格或者提高了工程经济效益的，发包人按项目专用合同条款数据表中约定的金额给予奖励。

（6）变更过大使得原单价或总价不合理的调整（2022年考点）

《2003版施工合同》规定，当工程变更引起某一清单子目数量增加或减少超25%且该子目金额占合同总价超2%时，该单价可以调整得更加合理。在工程交工时如果工程变更引起合同总价变化超15%时，该合同总价可以调得更合理。2009版和2018版《施工合同》已经取消，不过考题题干或背景材料中可给出调整合同价的要求，注意只对超出比例部分进行调价。

（7）加强变更工程费用监理的途径

①严格按合同中约定的变更估价确定原则来确定变更工程的造价。

②加强变更工程的计量工作，尤其要加强变更工程开、竣工测量和隐蔽工程的计量。

③对采用计日工形式计价的变更工程项目，监理人应及时对发生的计日工数量进行检查和清点，以保证计日工数量的准确性。

④当工程量清单中无相应工程子目单价而需要监理人和承包人协商确定新单价时，监理人应参照公路工程预算定额及编制办法，尽量依据承包人投标报价的单价分析资料和工程量清单中的单价来协商确定其价格。

⑤当整个工程项目的造价出现合同专用条款约定的合同价格调整现象时，监理人应本着公平合理原则，在全面分析承包人的施工成本和利润的基础上，确定需增加或减少的合同款额。

⑥在变更工程的造价管理过程中，严格按管理程序执行分级审批制度，加强内部监督，做到层层把关，杜绝利用工程变更钻空子的行为。

⑦对不平衡报价的合同，加强单价分析，并对相关工程子目和工程量，加强全面控制。

2. 价格调整（根据《2018版施工合同》第16条）

价格调整是指物价波动引起的价格调整和后继法规变更的引起价格调整。

（1）物价波动引起的价格调整的方法

物价波动造成的价格调整的方法主要有票证法（或价差法）和价格指数法（或公式法）。

（2）价格指数法

$$\Delta P = P_0 \left[A + \left(B_1 \times \frac{F_{t1}}{F_{01}} + B_2 \times \frac{F_{t2}}{F_{02}} + B_3 \times \frac{F_{t3}}{F_{03}} + \cdots + B_n \times \frac{F_{tn}}{F_{0n}} \right) - 1 \right]$$

价格指数法的要点：

①调整的内容，主要包括劳务和主要材料设备（即产权为发包人的工程设备，而不是施工设备）的价格。

②指数的类型，定基指数和环比指数，用相乘的方法可将环比指数换算为定基指数。

③价差的两个时间点，分子为现行（即当期）价格指数，分母为基本价格指数（即基准日期的价格指数），两指数都是定基指数而且参考点相同。

④不调因子和可调因子权重系数的和为1，即式中，$A = 1 - (B_1 + B_2 + B_3 + \cdots + B_n)$。

⑤P_0为进度款,不包括价格调整、不计质量保证金的扣留和支付、预付款的支付和扣回,第15条约定的变更及其他金额**已按现行价格计价的**,也不计在内(注:但是变更工作套用原子目单价的,就不是现行价格)。

价格指数法有5个考点:

①调整内容劳务和材料不含机械台班费。

②价格指数的换算与计算。

③不调与可调权重系数和为1,权重系数在投标函附录中填报。(注:2022年考点)

④可调整进度款的组成。

⑤P(调整后进度款)与ΔP(调价款)概念描述的区别。

(3)法律(即后继法规)变化引起的价格调整。

根据《2018版施工合同》第16.2条规定,在基准日后,因法律变化导致承包人在合同履行中所需要的工程费用发生除第16.1条约定以外的增减时,监理人应根据法律、国家或省(自治区、直辖市)有关部门的规定,按第3.5条商定或确定需调整的合同价款。

第16.1条就是上述物价波动引起价格调整,如果国家规定工资调整虽然属于后继法规,但不适合该第16.2条,因为工资调整将影响劳务价格,已经在价格指数法中作了调整,所以应排除。

【示例1】 增值税下调引起合同价格调整的示例。2019年4月1日开始,国家规定将工程施工增值税由10%下调为9%。某公路工程2018年6月签约合同价1000万元,2019年4月1日前完成工程进度款300万元。如果合同最终结算价为900万元。求合同价格应扣除多少?

解析:(1)需下调增值税金额 = 900 - 300 = 600万元

(2)600万元增值税的减少金额,按照增值税一般计税法计算如下:

$$增值税 = 应纳税额 \div (1 + 增值税税率) \times 增值税税率$$

$$600万元因税率下调减少的增值税金额 = 600 \div (1 + 10\%) \times 10\% - 600 \div (1 + 9\%) \times 9\%$$

$$= 54.5455 - 49.5413 = 5.0042 万元$$

因为施工合同签订时,国家的增值税税率为10%,因此合同价1000万元中含10%的增值税按预算编制办法是发包人给的。因为国家减税因此承包人比原来少交5.0042万元,所以应还给发包人,即对合同总价最终结算时应扣承包人5.0042万元。

【示例2】 某高速公路施工项目2011年5月1日签订合同,工程计划开工日(即工期起算日)为2011年6月19日,合同工期为3年。合同价(不含安全生产费及建筑工程一切险及第三者责任险的保险费)为3亿元。2012年2月14日,财政部和安全监管总局发布《企业安全生产费用提取和使用管理办法》将公路安全生产费提取系数由1.0%提高为1.5%。求该合同段在第100章中公路施工安全生产费应增加多少?

解析:(1)可进行调整价格时间段为2012年2月14日到2014年4月30日。

可调的时间段比例 = $(14 + 30 + 30 + 2 \times 365)/(3 \times 365) = 804/1095 = 0.73425$。

(2)可调价的合同价部分金额 = $30000 \times 0.73425 = 22027.5$万元。

(3)调整增加金额 = $22027.5 \times 0.5\% = 110.1375$万元,故安全生产费应增加110.1375万元。

3.索赔费用的支付

(1)索赔与反索赔的概念

所谓"索赔",顾名思义有索取赔偿之意,是指在合同的履行过程中,受损害的一方,向违约方索取赔偿或向责任方索取补偿的过程。因此，合同条款中即广义的索赔是双向的，既可以是承包人向发包人索赔，也可以是发包人向承包人索赔；而反索赔是指对索赔的反驳或防止。住建部是按照广义来理解索赔，在施工合同条款中索赔一词也是广义的。由于历史的原因狭义的索赔是指承包人向发包人索取赔偿或补偿，而反索赔是指发包人向承包人索取赔偿或补偿。公路施工监理中"索赔"和"反索赔"概念是按照狭义来理解，请考生要注意这点。索赔的内容包括时间索赔和费用索赔，只要提及索赔自然包含这两方面内容，而且时间与费用索赔的程序相同。

（2）索赔

①索赔成立的基本条件：有明确的合同依据（或法律依据）；有具体的损害事实；索赔期限符合合同约定；索取的费用和（或）工期与损害事实相符。

②索赔审批的基本原则：恪守合同原则；尊重事实原则；公平合理原则；分级审批原则。

综上所述，索赔成立条件和审批原则归纳就是两点：一是符合合同也称为合同原则（包括合同条款依据和合同规定的程序），二是损害事实也称为损害事实原则（包括一定存在损害事实而且计算准确）。

③索赔程序：包括索赔提出、索赔受理审核、索赔支付。索赔程序如图4-2-6所示。

（即人工费、材料费、机械使用费、分包费、工地管理费、利息、总部管理费、利润）

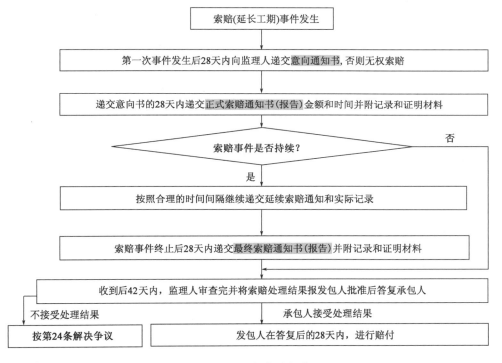

图4-2-6 工程索赔程序

④费用索赔的审批与计算：主要包括三个方面，即索赔细目与数量的审定、单价或费率分析与确定、计算方法及总费用的审定。

a. 索赔细目和数量审定：仔细分析和阅读监理人的原始记录；仔细分析承包人的记录；现场核查；综合分析。

b. 单价或费率分析确定：利用工程量清单中的单价；采用协商费率；采用正式规定和公布的标准确定费率；按有关票据计算。

c. 计算审查：主要包括两个方面，一是分析和审查承包人的计算原则、计算内容和方法；二是检查有无算术错误。

⑤减少费用索赔的监理途径：引起索赔的原因分析（主要有 5 种）；加强索赔费用监理的途径有 4 种，具体是全面、深入、细致地理解和掌握合同条款，熟悉和掌握施工现场的详细情况，熟悉和掌握施工进展情况和施工进度计划，熟悉和掌握工程经济知识。

⑥涉及索赔的合同条款以及有无包含利润，如表 4-2-1 所示。

《2018 版施工合同》费用索赔以及包含利润的条款和内容　　　　　　　　　　表 4-2-1

序号	条款号	合同条款的主要内容	利润
1	1.6.1	业主不能及时提交图纸的索赔	有
2	1.10.1	在工程现场发掘出化石、文物或古迹	无
3	2.3	业主未能按期办妥永久占地的征用手续	有
4	3.4.5	监理人的指示不及时或过错引起的索赔	无
5	4.1.8	承包人为其他承包人提供方便或服务	无
6	4.11.2	不利物质条件（不可预见的外界障碍和自然条件）	无
7	5.2.4	发包人要求承包人提前交货所增加的费用	无
8	5.2.6	发包人提供材料不符合要求或变更交货或返工的索赔	有
9	8.3	发包人提供的基准资料不正确	有
10	11.3	发包人的工期延误含数量质量交货点变化暂停图纸付款延误	有
11	11.4	异常恶劣的气候条件只赔时间不赔钱	无
12	12.2、12.3	发包人责任的暂时停工补偿和程序条款	有
13	12.4.2	发包人原因无法按时复工	有
14	13.1.3	发包人原因造成质量不合格	有
15	13.5.3	监理人重新剥开或钻孔检查；前提条款 13.5.1，13.5.2	有
16	13.6.2	发包人提供材料不合格承包人的补救措施损失	有
17	14.1.3	非隐蔽工程或材料重新试验和检验	有
18	14.4	超规定或重新检验或试验费用	无
19	17.3.3、17.5.2、17.6.2	发包人不及时付款的违约金	无
20	18.4.2	发包人在全部工程竣工前，使用已接收的单位工程导致承包人费用增加	有
21	18.6.2	发包人的原因导致试运行失败的，承包人应采取措施保证试运行合格	有
22	19.2.3、19.2.4	发包人原因造成缺陷责任期间工程损坏	有
23	20.6.4	业主承担未能取得保险赔偿额的责任	无
24	21.3	损害是业主的风险责任，不可抗力各自承担自己部分	无
25	22.2.2	业主违约承包人行使暂时停工的权利（不安抗辩）	有
26	22.2.3	发包人违约解除合同	有

（3）反索赔

反索赔工作依靠监理人的扣款来完成。反索赔可以分为以下几种类型：①工程拖期反索赔；②施工缺陷反索赔；③其他损失反索赔。反索赔涉及的合同条款如表 4-2-2 所示。

《2018版施工合同》中可引用的反索赔条款　　　　　表 4-2-2

序号	合同条款号	索赔条款主题内容
1	1.9	严禁贿赂
2	1.10	发现文物后不及时报告或隐瞒不报，致使文物丢失或损坏的
3	5.4	承包人提供不合格材料或工程设备
4	7.5	道路、桥梁的损坏
5	9.2	承包人的安全责任
6	9.4	承包人的环境保护责任
7	11.5	承包人工期延误
8	12.4	承包人无故拖延和拒绝复工
9	13.1	工程质量不合格
10	13.6	消除不合格工程
11	14.1	重新试验和检验的材料、工程设备或工程的质量不符合合同要求
12	18.5	在施工期运行中发现工程或工程设备损坏或存在缺陷的
13	18.7	承包人未按要求恢复临时占地，或者场地清理未达到合同约定的
14	19.3	缺陷责任期延长
15	22.1	承包人违约

例　题

例1（　　）是一项由业主提供给承包人用作开工费用的无息款项。[2003年、2004年监理真题]

A. 暂定金额　　　　　　　　B. 开工预付款

C. 保留金　　　　　　　　　D. 计日工

例2　在下列几种款项的支付中，哪种款项在支付前需要确认担保的是（　　）。[2006年监理真题]

A. 工程进度款　　　　　　　B. 开工预付款

C. 材料预付款　　　　　　　D. 保险金

例3　某公路工程的签约合同价为3000万元，开工预付款在投标函附录中规定的额度为10%。每一个月完成的工作量如例3表所示。合同约定在期中进度付款证书的累计金额达到有效合同价的30%之后，开始按工程进度以固定比例（每完成签约合同价的1%，扣回开工预付款的2%）分期从各月的进度付款证书中扣回，全部金额在进度付款证书的累计金额达到有效合同价的80%时扣完。开工预付款值起扣月和扣回值是（　　）。

某公路工程的月完成工作量表　　　　　　　　　例3表

月份	1	2	3	4	5	6	7	8	9	10	11
工作量（万元）	100	100	200	200	400	200	600	500	300	300	100

A. 第6月40万元 B. 第5月20万元
C. 第5月80万元 D. 第6月20万元

例4 以例3为例，开工预付款值止扣月和扣回值是（　　）。
A. 第8月50万元 B. 第8月100万元
C. 第9月60万元 D. 第9月20万元

例5 某工程合同价为500万元，合同价的60%为可调部分。可调部分中人工费占35%，材料费55%，其余占10%。结算时，人工费价格指数增长10%，材料费价格指数增长20%，其余未发生变化。按照调值公式法计算，该工程的结算工程价款为（　　）万元。
A. 610.00 B. 543.50
C. 511.25 D. 500.00

例6 某工程2014年签合同，2014年相对于2013年的材料综合物价指数为110%，2015年相对于2013年的材料综合物价指数为132%。计算2015年1000万元材料费的实际结算价为（　　）万元。
A. 1100 B. 1200
C. 1320 D. 1420

例7 某工程2013年签合同，2014年相对于2013年的材料综合物价指数为110%，2015年相对于2013年的材料综合物价指数为132%。计算2015年1000万元材料费的实际结算价为（　　）万元。
A. 1100 B. 1200 C. 1320 D. 1420

例8 某工程2013年签合同，2014年相对于2013年的材料综合物价指数为110%，2015年相对于2014年的材料综合物价指数为132%。计算2015年1000万元材料费的实际结算价为（　　）万元。
A. 1100 B. 1320 C. 1420 D. 1452

例9 采用计日工计价的任何一项变更工作，应从（　　）中支付。[2022年真题]
A. 单价子目 B. 总价子目 C. 暂列金额 D. 暂估价

例10 材料预付款起扣点扣回法是（　　）。[2022年真题]
A. 从已完工程的材料价值相当于已经预付的材料款金额时起扣
B. 从未完工程尚需的材料价值相当于已经预付的材料款金额时起扣
C. 从已完工程的材料价值相当于已经预付的材料款金额50%时起扣
D. 从未完工程尚需的材料价值相当于已经预付的材料款金额50%时起扣

例11 关于价格调整的合同规定，说法不正确的是（　　）。[2022年真题]
A. 价格调整公式中各可调因子、定值权重，以及基本价格指数及其来源由发包人在投标函附录价格指数和权重表中约定
B. 价格指数应首先采用国家或省（自治区、直辖市）价格部门或统计部门提供的价格指数
C. 在计算调整差额时，得不到现行价格指数的，可暂用上一次价格指数计算
D. 合同中各可调因子的权重不能调整

例12 某土方开挖设计量10万m³，单价60元/m³，当结算量超过20%时，单价按0.9倍结算，结算量是15万m³，最终结算价为（　　）万元。[2022年真题]
A. 700 B. 800 C. 882 D. 900

例13 监理工程师必须在满足下列（　　）要求后，签发支付材料设备的预付款证书。[2003年监理真题]

A. 材料设备已经被用于永久性工程

B. 材料设备已运抵工地现场

C. 材料设备的质量满足合同要求

D. 材料设备的存放满足合同要求

E. 承包人向监理工程师提交材料设备的订货单或收据

例14 承包人在完成较小附加工程后申请计日工支付时，应提供（　　）。[2005年监理真题]

A. 用工清单　　　　　　　　　　B. 材料清单

C. 设备清单　　　　　　　　　　D. 费用计算单

E. 工程量清单

例15 采用价格指数法进行价格调整时，其进度款不包括（　　）。

A. 预付款的扣回　　　　　　　　B. 预付款的支付

C. 工程变更费用　　　　　　　　D. 质保金扣留

E. 其他金额

例 题 解 析

例1 开工预付款是一项由业主提供给承包人用作开工费用的无息款项。故选 B 项。

例2 开工预付款在支付前需要确认担保，不过 2018 年开始不需交开工预付款保函，改为只要有履约保证金就可以。故选 B 项。

例3 （1）开工预付款的预付总金额 = 3000 × 10% = 300 万元。

（2）每个月末完成的累计工作量及其百分比计算，如解表所示。

例3解表

月份	1	2	3	4	5	6	7	8	9	10	11
工作量（万元）	100	100	200	200	400	200	600	500	300	300	100
累计工作量（万元）	100	200	400	600	1000	1200	1800	2300	2600	2900	3000
累计百分比（%）	3	6	13	20	33	40	60	76	86	96	100

可见，第 5 个月末的累计完成金额 1000 > 30% 合同价 = 900，应从第 5 个月末开始于扣回已经支付的开工预付款。第 5 个月末及其以后各月末开工预付款的累计扣回金额计算如下：

5 月末扣回值 = 300 × [(1000 - 900)/3000] × 2 = 10 × 2 = 20 万元，故选 B 项。

6 月末扣回值 = 300 × (200/3000) × 2 = 20 × 2 = 40 万元。

7 月末扣回值 = 300 × (600/3000) × 2 = 60 × 2 = 120 万元。

8 月末扣回值 = 300 × (500/3000) × 2 = 50 × 2 = 100 万元。

第 9 个月末的累计完成金额 2600 > 80% 合同价 = 2400，故：

9 月末扣回值 = 300 - (20 + 40 + 120 + 100) = 300 - 280 = 20 万元。

例4 根据例3解析，止扣月是第 9 月末，扣回值 20 万元。故选 D 项。

例5 按照指数调价公式：500 × (0.4 + 0.6 × 0.35 × 1.1 + 0.6 × 0.55 × 1.2 + 0.6 × 0.1 × 1) = 543.5。故选 B 项。

例6 当期（现行）是 2015 年，基期是签约 2014 年，分子和分母两个指数要相对于相同的时间，例如 2013 年才可以直接套用公式。1000 × 132/110 = 1000 × 1.20 = 1200，故选 B 项。

例7 当期（现行）是 2015 年，基期是签约 2013 年，公式的分子 2015 年相对于 2013 年，分母基期指数可以理解为 2013 年相对于 2013 年指数为 100。$1000 \times (132/100) = 1000 \times 1.32 = 1320$，故选 C 项。

例8 当期（现行）是 2015 年，基期是签约 2013 年，公式的分子应该是 2015 年相对于 2013 年的定基指数才行，要将两个环比指数换算成 2015 年相对于 2013 年的定基指数。2015 年相对于 2013 年的指数 $= (1.1 \times 1.32) \times 100 = 145.2$，$1000 \times (145.2/100) = 1000 \times 1.452 = 1452$。故选 D 项。

例9 采用计日工计价的任何一项变更工作，应从暂列金额中支付。故选 C 项。

例10 材料预付款起扣点扣回法是指从未完工程尚需的材料价值相当于已经预付的材料款金额时起扣，按照材料占比从工程后期每次期中进度付款中抵扣材料预付款直至公路工程交工前全部扣完的方法，也称为工程后期起扣点扣回法。故选 B 项。

例11 价格调整公式中的变值权重，由发包人根据项目实际情况测算确定范围，并在投标函附录价格指数和权重表中约定范围；承包人在投标时在此范围内填写各可调因子的权重，合同实施期间将按此权重进行调价。故选项 D 是错误的符合题意。

例12 结算价 $= 10 \times 1.2 \times 60 + (15 - 10 \times 1.2) \times 60 \times 0.9 = 882$ 万元。故选 C 项。

例13 选项 A 错在"已经被用于永久性工程"。故选 BCDE 项。

例14 选项 ABC 计日工的清单组成，选项 D 是计日工提交资料。故选 BCDE 项。

例15 公式中 P_0 为进度款，不包括价格调整、不计质量保证金的扣留和支付、预付款的支付和扣回，第 15 条约定的变更及其他金额已按现行价格计价的，也不计在内。请注意关键词是"已按现行价格计价的"，变更工作直接套用或间接套用原子目单价的，就不是现行价格。故只能选 ABD 项。

自 测 模 拟 题

（一）单项选择题

1. 当期中支付证书的累计金额达到合同价格的（   ）时，开始按工程进度的固定比例分期从各月的期中支付证书中扣回开工预付款。
   A. 20%
   B. 30%
   C. 40%
   D. 10%

2. 有关费用索赔的选项中，错误的是（   ）。
   A. 费用索赔是由于非承包人自身原因造成的费用损失或增加
   B. 费用索赔必须要经过监理工程师受理
   C. 监理工程师处理索赔时，应先核实费用，后查证原因
   D. 处理索赔时，监理工程师必须是完全独立的裁判人身份

3. 根据合同条款规定，在出现承包人与业主签订合同并开始施工后，承包物价上涨 20% 的情况，由此增加的工程费用由（   ）。
   A. 由业主负担
   B. 由承包人负担
   C. 由保险负担
   D. 由监理负担

4. 某工程于 2013 年签订合同，2014 年相对于 2013 年的材料综合物价指数为 100%，2015 年相对于 2014 年的材料综合物价指数为 110%，2016 年相对于 2015 年的材料综合物价指数为 132%。计算 2016 年 1000 万元材料费的实际结算价为（   ）万元。
   A. 1100
   B. 1320

C. 1420 D. 1452

5. 根据《2018版施工合同》，不属于工程变更范围的是（　　）。
   A. 更改工程有关的高程、位置、尺寸 B. 业主要求追加的额外工作
   C. 改变合同中某一项工作的质量 D. 改变工程施工的时间和顺序

6. （　　）是对工程实施控制的核心手段。
   A. 审批权 B. 下达指令性文件
   C. 工程计量 D. 工程支付

7. 承包人需缴纳的质量保证金，国家规定不超过合同价的（　　）。
   A. 3% B. 5%
   C. 8% D. 10%

8. 有关费用索赔的选项中，错误的是（　　）。
   A. 费用索赔是由于非承包人自身原因造成的费用损失或增加
   B. 费用索赔必须要经过监理工程师受理
   C. 监理工程师处理索赔时，应先核实费用，后查证原因
   D. 处理索赔时，监理工程师必须与合同当事人协商

9. 当期中支付证书的累计金额达到合同价格的（　　）时，开始按工程进度的固定比例分期从各月的期中支付证书中扣回开工预付款。
   A. 20% B. 30%
   C. 40% D. 10%

10. 在施工中如果遇到文物，承包人因停工损失或保护文物的费用提出索赔。这种索赔应归类于（　　）。
    A. 不利的外界障碍 B. 业主违约责任
    C. 不利的自然条件 D. 业主风险

11. 下列索赔事件中，承包人可以索赔利润的是（　　）。
    A. 不利的物质条件　B. 图纸提交不及时　C. 材料价格上涨　D. 执行监理人指示

12. 施工中承包人发生损害后要进行索赔的最重要第一步骤是提交（　　）。
    A. 索赔申请 B. 索赔（意向）通知
    C. 索赔报告 D. 损害证据

13. 当发生索赔事件时，对于承包商自有的施工机械，其费用索赔通常按照（　　）进行计算。
    A. 台班折旧费 B. 台班费
    C. 设备使用费 D. 进出场费用

14. 无论是合同哪方当事人提出变更申请，变更指示均应由（　　）发出。
    A. 发包人 B. 变更提出人
    C. 监理人 D. 变更批准人

（二）多项选择题
1. 开工预付款的支付条件包括（　　）。
   A. 业主与承包人签订了合同协议书
   B. 承包人提供了开工预付款保函

C. 承包人提供了履约保函

D. 业主与监理单位签订了合同

E. 监理工程师签发了支付证书

2. 下列支付项目中属于合同支付项目的有（　　）。
   A. 开工预付款
   B. 材料预付款
   C. 暂列金额
   D. 质保金
   E. 计日工

3. 在合同支付项目中，业主预先支付给承包人，并在一定期间又要扣回的款项有（　　）。
   A. 开工预付款
   B. 保留金
   C. 材料预付款
   D. 索赔费用
   E. 工程进度款

4. 监理工程师应根据合同规定，在工程进度款的支付证书中逐月扣回的款项有（　　）。
   A. 保留金
   B. 动员预付款
   C. 材料预付款
   D. 设备预付款
   E. 保险金

5. 公路工程按时间分类，工程费用支付可分为（　　）。
   A. 前期支付
   B. 期中支付
   C. 交工支付
   D. 常规支付
   E. 最终支付

6. 由于业主违约，连带出现的合同事项可能有（　　）。
   A. 工程变更
   B. 工程延期
   C. 费用索赔
   D. 工程暂停
   E. 反索赔

7. 在工程支付项目中，属于前期支付的有（　　）。
   A. 开工预付款
   B. 履约保函手续费
   C. 保险手续费
   D. 材料设备预付款
   E. 暂估价

8. 以下支付项目中，属于中期支付的有（　　）。
   A. 开工预付款
   B. 材料设备预付款
   C. 暂列金额
   D. 索赔
   E. 迟付款利息

9. 公路工程费用的支付中，工程量清单支付项目包括（　　）。
   A. 暂列金额
   B. 计日工
   C. 工程变更的费用
   D. 材料设备预付款
   E. 保留金

10. 按支付的内容分，工程费用支付可分为（　　）。
    A. 清单支付
    B. 合同支付
    C. 开工预付款支付
    D. 材料预付款支付

E. 设备预付款支付

11. 索赔的审批原则有（　　）。
    A. 恪守合同
    B. 尊重事实
    C. 风险共担
    D. 公平合理
    E. 分级审批

12. 索赔的成立条件有（　　）。
    A. 有明确的合同依据
    B. 发包人已经审核通过
    C. 有具体的损害事实
    D. 索赔期限符合合同约定
    E. 索取的费用和（或）工期与损害事实相符

参 考 答 案

（一）单项选择题
1. B　2. C　3. A　4. D　5. B　6. D　7. A　8. C　9. B　10. D
11. B　12. B　13. A　14. C

（二）多项选择题
1. ABCE　2. ABD　3. AC　4. BCD　5. ABCE　6. BCD　7. ABC
8. BCDE　9. AB　10. AB　11. ABDE　12. ACDE

七、安全、环保措施费及标准化建设费用控制及支付审核（简单浏览）

重 点 知 识

（一）安全措施费用控制及支付审核

1. 安全措施费计提标准的依据

财政部、安全生产监督管理总局印发的《企业安全生产费用提取和使用管理办法》[财企（2012）16号]和《公路工程标准施工招标文件（2018年版）》公路工程专用合同条款第9.2.5条。

2. 公路工程施工安全措施费计提标准（2022年考点）

公路工程计提标准为1.5%，提取的安全生产费用列入工程造价，评标时不作为评标内容。工程量清单第100章中安全生产费用应为投标价（不含安全生产费及建筑工程一切险及第三者责任险的保险费）的1.5%（若发包人公布了最高投标限价时，按最高投标限价的1.5%计）。

3. 安全生产费用的用途

安全生产费用是工程施工合同费用中的一项专项费用（专款专用），应用于施工安全防护用具及设施的采购和更新、安全施工措施的落实、安全生产条件的改善，不得挪作他用。

4. 安全生产费用（安全措施费）的具体控制与计量

安全生产费用可以按照《公路工程安全生产标准化指南》的规定进行计量，见表4-2-3。

5. 安全生产费用的审核与支付

安全生产费用应当经监理工程师审核签认，并经建设单位同意后，在项目建设成本中据实列支。

安全生产费用计量要求 表 4-2-3

序号	类别	细化内容	清单内容
1	设置、完善、改造和维护安全防护设施设备支出	指为保障工程安全生产而设置的相关安全防护设施、设备，以及对其进行技术、性能、质量等方面的完善、改造和维护等费用。 设置费用主要指直接用于项目安全生产的相关设施设备购置、制作、安装等费用。 完善费用主要指因正常损耗或因工程变更导致的安全防护设施设备的补充购置、制作、安装费用。 改造费用主要指为增加安全防护设施设备的安全系数，增强施工安全，对现有安全防护设施设备进行的设计、试验与制作加工等费用。 维护费用主要指对现有安全防护设施设备的日常保养费用	（1）施工现场安全防护费。安全防护设施包括：临边、临口、临水的危险部位防坠、防滑、防溺水等设施；防止物体、人员坠落而设的安全网、棚；其他与工程有关的交叉作业防护、防火、防爆、防尘、防毒、防雷、防风、防汛、防台、防地质灾害、有害气体监测、通风、临时安全防护等。 （2）警示、照明等灯具费。包括：施工车辆、船舶、机械、构造物的警示灯、危险报警闪光灯、施工区域内夜间警示灯、照明灯的灯具。 （3）警示标志、标牌费。包括各类警告提醒指示。 （4）安全用电防护费。该设施包括：各种用电专用开关、室外使用的开关、防水电箱、高压安全用具、漏电保护的设施。 （5）施工现场围护费。该设施包括：改扩建工程施工围护；施工现场高压电塔、电杆围护；施工现场光缆围护等。对施工围护有特殊要求路段的围护费不在此列。 （6）其他安全防护设备与设施费。应计入安全生产费的其他安全防护设备与设施的完善、改造和维护等费用
2	配备、维护、保养应急救援器材、设备支出和应急演练支出	指施工单位应急救援器材、设备的购置、使用、维护、更新以及按照合同约定所组织的应急演练等所发生的相关费用。 应急救援是指在应急响应过程中，为消除、减少事故危害，防止事故扩大或恶化，最大限度地降低事故造成的损失或危害而采取的救援措施或行动。 应急救援器材、设备指在应急救援过程中需要使用的消防、急救等常用小型器材与设备，不含消防车、救生船等由社会专业救援机构配备的大型救援设备或非常用器材。 应急演练是指由建设单位或施工单位依据应急预案，模拟应对突发事件组织的应急救援活动	（1）应急救援器材与设备的配备（或租赁）、维护、保养费。这些器材及设备包括：灭火器、消防斧等小型消防器材；急救箱、急救药品、救生衣、救生圈、应急灯具、救援梯、救援绳等小型救生器材与设备。特殊季节或特殊环境下拖轮调遣拖运、警戒船只的租赁费用。救生船、消防车、救护车等大型救援设备所发生的相关费用不在此列。 （2）应急演练费。由建设单位或施工单位依据应急预案，模拟应对突发事件组织的应急救援活动中，应由施工单位分担或由施工单位自行负责的部分或全部费用
3	重大危险源和事故隐患评估、监控和整改支出	指针对重大危险源和事故隐患进行评估、监控和整改所发生的费用。 重大危险源指影响因素比较复杂，事故发生可能性较大或事故严重程度较高，必须从结构、环境、施工工艺、安全管理等多角度进行控制和防范的危险源。对于重大危险源的识别根据危险源的性质、场所、设备、设施等的不同，结合公路水运工程实际情况，重大危险源应当重点关注以下几类：易燃、易爆、有毒物质的存储区（如工地储油气罐、火药库、沥青罐库等）；具有爆炸危险的生产场所（如爆破作业区、隧道洞内开挖作业区等）；危险性较大的分部分项工程。 安全生产事故隐患（简称事故隐患）是指生产经营单位违反安全生产法律、法规、规章、标准、规程和安全生产管理制度的规定，或者因其他因素在生产经营活动中存在可能导致事故发生的物的危险状态、人的不安全行为和管理上的缺陷。 事故隐患分为一般事故隐患和重大事故隐患。一般事故隐患，是指危害和整改难度较小，发现后能够立即整改排除的隐患。重大事故隐患，是指危害和整改难度较大，应当全部或者局部停产停业，并经过一定时间整改治理方能排除的隐患，或者因外部因素影响致使生产经营单位自身难以排除的隐患	（1）重大危险源和事故隐患评估费。由建设单位、相关行政主管部门组织的，或施工单位委托专业安全评估单位对项目重大危险源、重大事故隐患进行评估所发生的相关费用。 （2）重大危险源监控费。对项目重大危险源进行日常监控所发生的相关费用。施工监控不在此列。 （3）重大事故隐患整改费。根据建设单位、相关行政主管部门或者专业安全评估单位出具的评估报告对项目重大事故隐患进行整改所发生的相关费用

续上表

序号	类别	细化内容	清单内容
4	安全生产检查、评价、咨询和标准化建设支出	安全生产检查指承包人日常安全生产工作检查以及聘请专业安全机构或专家对项目安全生产情况进行的检查；安全生产评价指承包人聘请专业安全机构或专家对项目进行的施工安全风险评估，或者对其安全方案、安全工作情况进行评价，并出具相应评价报告；安全生产咨询是指就安全生产工作中存在的问题向相关专业安全机构、咨询单位或专家进行咨询，由其给出咨询意见；安全生产标准化建设是指承包人按照有关规定或者合同约定进行的安全方面的标准化建设	（1）日常安全检查费。承包人专职安全员日常安全巡视所发生的车辆与相关器材使用费，车辆与器材的购置费用不在此列。 （2）专项安全检查费。承包人聘请专业安全机构或专家对项目安全生产过程中的特殊部位、特殊工艺、特别设备的施工安全进行检查所支付的相关费用。 （3）安全生产评价费。承包人聘请专业安全机构或专家对项目安全施工专项方案进行讨论、论证、评估、评价所支付的相关费用，不包括新建、改建、扩建项目安全评价。 （4）安全生产咨询费。承包人就安全生产工作中存在的问题向相关专业安全机构、咨询单位或专家进行咨询所支付的相关费用。 （5）安全生产标准化建设费。因为承包人按照有关规定或者合同约定进行安全方面的标准化建设所增加的费用
5	配备和更新现场作业人员安全防护用品支出	指为保障现场施工人员人身安全和身体健康而配备的、供现场施工人员使用的防护必需品所发生的费用	（1）安全防护物品配备费。承包人根据有关规定在日常施工中必须配备的安全帽、安全绳（带）、手套、雨鞋、工作服、口罩、防毒面具、防护药膏等安全防护物品的购置费用。 （2）安全防护物品更新费。承包人对安全防护物品的正常损耗进行必要补充所产生的费用
6	安全生产宣传、教育、培训支出	指承包人在施工现场对安全生产进行的宣传，对施工人员进行的安全知识教育、安全技术交底、安全操作规程培训等	（1）安全生产宣传费。包括制作安全宣传标语、条幅、图片、视频等宣传资料所发生的费用。 （2）安全生产教育、培训费。包括承包人对施工人员进行安全技术交底、安全操作规程培训、安全知识教育等支出的课时费；安全报纸、杂志订阅或购置费；安全知识竞赛、技能竞赛、安全专题会议等活动费用；安全经验交流、现场观摩等费用
7	安全生产适用的新技术、新标准、新工艺、新装备的推广应用支出	指承包人配合相关科研机构，对其安全生产方面的新技术、新标准、新工艺、新装备等研究成果进行试用而发生的相关费用	增设隧道门禁系统，隧道内风险控制监控系统，桥梁作业面远程监控系统等所发生的相关费用
8	安全设施及特种设备检测检验支出	指承包人邀请法定检测检验机构对相关安全设施及特种设备进行安全性检测检验所发生的相关费用	安全设施及特种设备检测检验支出由以下清单细目构成： （1）安全设施检测检验费。承包人对拟投入本项目的安全设施送交或邀请具有相关资质的检测检验机构进行检测检验，并出具相关报告所发生的费用。 （2）特种设备检测检验。承包人根据有关规定对拟投入本项目的特种设备邀请具有相关资质的检测检验机构进行检测检验，并出具相关报告所发生的费用
9	其他安全生产费用支出	指不在以上范围内，由承包人根据项目实际情况，在投标书中列支的相关安全生产费用	（1）办公用品费。专职安全员办公用计算机、照相器材等办公必需的设施配备费用。 （2）雇工费。保障施工安全，对施工现场进出口部位进行交通管制而雇佣交通协管人员进行看护所支出的人工费用。 （3）其他费用。指在招投标时不可预见的，在施工过程中经发包人与监理认可，可在安全生产费中列支的其他与安全生产直接相关的费用

(二)环保措施费用控制及支付审核

根据《公路工程标准施工招标文件(2018年版)》工程量清单第100章的规定,施工环保费用属于总额支付项目,属于清单支付项目,列在第100章中进行计量与支付。

(三)标准化建设费用控制及支付审核

根据《公路工程标准施工招标文件(2018年版)》工程量清单第100章的规定,承包人的驻地建设费用、施工标准化费用等都属于总额支付项目,属于清单支付项目,均列在第100章中进行计量与支付。

例 题

例1 安全生产费的支付按照( )。
  A. 包干使用   B. 据实列支
  C. 先行支付50%   D. 先行支付100%

例2 建设工程施工企业以建筑安装工程造价为计提依据,公路工程计提标准为( )。[2022年真题]
  A. 1%   B. 1.5%   C. 2%   D. 3%

例3 工程量清单第100章中安全生产费用应为投标价为计算基数时,不包括( )。
  A. 建筑工程一切险的保险费
  B. 第三者责任险的保险费
  C. 暂列金额
  D. 安全生产费本身
  E. 计日工

例 题 解 析

例1 安全生产费用应当经监理工程师审核签认,并经建设单位同意后,在项目建设成本中据实列支。故选B项。

例2 建设工程施工企业以建筑安装工程造价为计提依据,公路工程计提标准为1.5%,提取的安全生产费用列入工程造价,在竞标时不得删减,列入标外管理。故选B项。

例3 工程量清单第100章中安全生产费用应为投标价(不含安全生产费及建筑工程一切险及第三者责任险的保险费)的1.5%。故选ABD项。

自 测 模 拟 题

(一)单项选择题

1. 安全生产适用的新技术、新标准、新工艺、新装备的推广应用支出,是指( )。
  A. 承包人对"四新"研究成果进行试用而发生的相关费用
  B. 承包人配合相关科研机构,对"四新"研究成果进行试用而发生的相关费用
  C. 承包人进行"四新"研究成果而发生的相关费用
  D. 承包人与监理人和发包人,对"四新"研究成果进行试用而发生的相关费用

(二)多项选择题

1. 承包人的专职安全员可支付的安全费有( )。
  A. 办公用计算机

B. 办公用照相器材

C. 劳保用品

D. 隐患排查费

E. 日常安全检查的租车费

参 考 答 案

（一）单项选择题

1. B

（二）多项选择题

1. ABCE

第五章　公路工程安全生产管理目标控制

第一节　安全生产管理的基础知识

一、我国公路工程安全监理的相关法律法规和方针政策

重 点 知 识

（一）我国公路工程安全监理的相关法律法规

1. 公路工程安全监理相关的主要法律

《中华人民共和国安全生产法》（2021年）（简称《安全生产法》，2022年考点）、《中华人民共和国公路法》（简称《公路法》）、《中华人民共和国建筑法》（简称《建筑法》）、《中华人民共和国特种设备安全法》（简称《特种设备安全法》，2022年考点）。

2. 公路工程安全监理相关的主要法规

《建设工程安全生产管理条例》（简称《安全管理条例》）、《生产安全事故报告和调查处理条例》（简称《安全事故处理条例》）、《生产安全事故应急条例》。

3. 公路工程安全监理相关的主要部门规章和规范标准等

《公路水运工程安全生产监督管理办法》（交通运输部令2017年第25号）（简称《公路安全监管办法》）、《危险性较大的分部分项工程安全管理规定》（2018年住建部令第37号）（简称住建部危大工程管理规定）等部门规章。

《工程建设标准强制性条文》（建标〔2002〕99号）、《公路工程施工监理规范》（JTG G10—2016）、《公路工程施工安全技术规范》（JTG F90—2015）（简称公路安全规范）以及有关的工程安全技术标准、规范、规程等。

4.《安全生产法》的主要变化内容

（1）安全生产工作坚持中国共产党的领导和安全生产方针完善。

第三条　**安全生产工作坚持中国共产党的领导**。安全生产工作应当以人为本，坚持人民至上、生命至上，把保护人民生命安全摆在首位，**树牢安全发展理念**，坚持安全第一、预防为主、综合治理的方针，从源头上防范化解重大安全风险。安全生产工作实行管行业必须管安全、管业务必须管安全、管生产经营必须管安全，强化和落实生产经营单位主体责任与政府监管责任，建立生产经营单位负责、职工参与、政府监管、行业自律和社会监督的机制。

（2）生产经营单位必须构建安全风险分级管控和隐患排查治理双重预防机制。

第四条　生产经营单位必须遵守本法和其他有关安全生产的法律、法规，加强安全生产管理，建立健全全员安全生产责任制和安全生产规章制度，加大对安全生产资金、物资、技术、人员的投入保障力度，改善安全生产条件，**加强安全生产标准化、信息化建设，构建安全风险分级管控和隐患排查治理双**

重预防机制，健全风险防范化解机制，提高安全生产水平，确保安全生产。

第二十一条 生产经营单位的主要负责人建设安全标准化和双重预防工作机制职责。

第四十一条 生产经营单位应当建立安全风险分级管控制度，按照安全风险分级采取相应的管控措施。生产经营单位应当建立健全并落实生产安全事故隐患排查治理制度，采取技术、管理措施，及时发现并消除事故隐患。事故隐患排查治理情况应当如实记录，并通过职工大会或者职工代表大会、信息公示栏等方式向从业人员通报。其中，重大事故隐患排查治理情况应当及时向负有安全生产监督管理职责的部门和职工大会或者职工代表大会报告。县级以上地方各级人民政府建立健全重大事故隐患治理督办制度。

第一百零一条 生产经营单位有下列行为之一的，责令限期改正，处十万元以下的罚款；逾期未改正的，责令停产停业整顿，并处十万元以上二十万元以下的罚款，对其直接负责的主管人员和其他直接责任人员处二万元以上五万元以下的罚款；构成犯罪的，依照刑法有关规定追究刑事责任：

（二）对重大危险源未登记建档，未进行定期检测、评估、监控，未制定应急预案，或者未告知应急措施的；

（四）未建立安全风险分级管控制度或者未按照安全风险分级采取相应管控措施的；

（五）未建立事故隐患排查治理制度，或者重大事故隐患排查治理情况未按照规定报告的。

（3）生产经营单位安全生产第一责任人和相关责任人负责内容。

第五条 生产经营单位的主要负责人是本单位安全生产第一责任人，对本单位的安全生产工作全面负责。其他负责人对职责范围内的安全生产工作负责。

（4）**第二十五条** 生产经营单位可以设置专职安全生产分管负责人，协助本单位主要负责人履行安全生产管理职责。

（5）**第四十四条** 生产经营单位应当关注从业人员的身体、心理状况和行为习惯，加强对从业人员的心理疏导、精神慰藉，严格落实岗位安全生产责任，防范从业人员行为异常导致事故发生。

（6）高危行业经营单位应当投保安全生产责任保险，否则应追责。

第五十一条 高危行业经营单位应当投保安全生产责任保险。（注：公路施工属于高危）

第一百零九条 高危行业、领域的生产经营单位未按照国家规定投保安全生产责任保险的，责令限期改正，处五万元以上十万元以下的罚款；逾期未改正的，处十万元以上二十万元以下的罚款。

（7）重大安全隐患不排查治理违法行为属于犯罪的情形。

第七十四条 因安全生产违法行为造成重大事故隐患或者导致重大事故，致使国家利益或者社会公共利益受到侵害的，人民检察院可以根据民事诉讼法、行政诉讼法的相关规定提起公益诉讼。

第一百零二条 生产经营单位未采取措施消除事故隐患的，责令立即消除或者限期消除，处五万元以下的罚款；生产经营单位拒不执行的，责令停产停业整顿，对其直接负责的主管人员和其他直接责任人员处五万元以上十万元以下的罚款；构成犯罪的，依照刑法有关规定追究刑事责任。

在2021年第十一次刑法修正案中，第一百三十四条第二款修改为：强令他人违章冒险作业，或者明知存在重大事故隐患而不排除，仍冒险组织作业，因而发生重大伤亡事故或者造成其他严重后果的，处五年以下有期徒刑或者拘役；情节特别恶劣的，处五年以上有期徒刑。

增加一条作为第一百三十四条之一："在生产、作业中违反有关安全管理的规定，有下列情形之一，具有发生重大伤亡事故或者其他严重后果的现实危险的，处一年以下有期徒刑、拘役或者管制：

（二）因存在重大事故隐患被依法责令停产停业、停止施工、停止使用有关设备、设施、场所或者立即采取排除危险的整改措施，而拒不执行的。"

（二）安全监理的方针政策

（1）安全第一、预防为主、综合治理的安全监理方针。

（2）此处的政策是指与公路工程安全监理相关的政策性（或称规范性）文件，例如《公路水运工程"平安工地"建设管理办法》（交安监发〔2018〕43号）、交通运输部办公厅关于印发《公路水路"品质工程"评价标准（试行）》的通知（交办安监〔2017〕199号）、交通运输部办公厅《关于开展"坚守公路水运工程质量安全红线"专项行动的通知》（交办安监〔2019〕80号）、交通运输部关于印发《公路水运建设工程质量安全督查办法》的通知（交办安监〔2016〕86号）、交通运输部办公厅关于印发《公路水路行业安全生产风险辨识评估管控基本规范（试行）》的通知（交办安监〔2018〕135号）、住建部关于印发《建筑工程五方责任主体项目负责人质量终身责任追究暂行办法》的通知（建质〔2014〕124号）、《建筑工程项目总监理工程师质量安全责任六项规定（试行）》、交通运输部和应急管理部关于发布《公路水运工程淘汰危及生产安全施工工艺、设备和材料目录》的公告等。

（3）公路工程淘汰危及生产安全施工工艺、设备和材料目录

根据《安全生产法》第38条规定，国家对严重危及生产安全的工艺、设备实行淘汰制度，具体目录由国务院应急管理部门会同国务院有关部门制定并公布。2020年11月9日，交通运输部和应急管理部发布了《公路水运工程淘汰危及生产安全施工工艺、设备和材料目录》，公路相关内容见表5-1-1。

例 题

例1 在进行具体公路施工安全监理工作时，作为监理从业人员主要依据（ ）。
  A. 安全生产法　　　　　　　　　　B. 公路法
  C. 安全管理条例　　　　　　　　　D. 公路安全规范

例2 对施工专项方案需经专家认证规定最为详细的是（ ）。
  A. 2016版监理规范　　　　　　　　B. 住建部危大工程管理规定
  C. 安全管理条例　　　　　　　　　D. 公路安全规范

例3 因重大安全隐患本应立即采取排除危险措施进行整改而拒不整改的，是（ ）行为。
  A. 追责　　　　B. 处罚　　　　C. 违法　　　　D. 犯罪

例4 公路水运工程淘汰危及生产安全施工工艺、设备和材料目录中，限制使用的工艺有（ ）。〔2022年真题〕
  A. 卷扬机钢筋调直工艺
  B. 空心板、箱形梁气囊内模工艺
  C. 人工挖孔桩手摇井架出渣工艺
  D. 基坑人工挖孔工艺

例5 生产经营单位新建、改建、扩建工程项目的安全设施，必须与主体工程（ ）。〔2022年真题〕
  A. 同时设计、同时施工、同时投入生产和使用
  B. 同时设计、同时施工、
  C. 同时设计、同时投入生产和使用
  D. 同时施工、同时投入生产和使用

第五章 公路工程安全生产管理目标控制

公路水运工程淘汰危及生产安全施工工艺、设备和材料目录

表 5-1-1

序号	编码	名称	简要描述	淘汰类型	限制条件和范围	可替代的施工工艺、设备、材料（供参考）	实施时间
				一、通用（公路、水运）工程			
				施工工艺			
1	1.1.1	卷扬机钢筋调直工艺	利用卷扬机拉直钢筋	禁止		普通钢筋调直机、数控钢筋调直切断机的钢筋调直工艺等	发布之日起六个月后实施
2	1.1.2	现场简易制作钢筋保护层垫块工艺	在施工现场采用拌制砂浆、通过切割成型等方法制作钢筋保护层垫块	禁止		专业化压制设备和标准模具生产垫块工艺等	发布之日起六个月后实施
3	1.1.3	空心板、箱型梁气囊内模工艺	用橡胶充气气囊作为空心板或箱型梁的内模	禁止		空心板、箱型梁预制刚性（钢质、PVC、高密度泡沫等）内模工艺等	发布之日起九个月后新开工项目实施
4	1.1.4	人工挖孔桩手摇井架出渣工艺	采用人工手摇井架吊装出渣	禁止		带防冲顶限位器、制动装置的卷扬机吊装出渣工艺等	发布之日起六个月后实施
5	1.1.5	基桩人工挖孔工艺	采用人工开挖进行基桩成孔	限制	存在下列条件之一的区域不得使用：地下水丰富、孔内空气污染物超标准、软弱土层等不良地质条件可以到达的区域机械成孔设备可以到达的区域	冲击钻、回转钻、旋挖钻等机械成孔工艺	发布之日起六个月后实施
6	1.1.6	"直接凿除法"桩头处理工艺	在未对桩头切割预先处理的情况下，直接由人工采用风镐或其他工具凿除基桩桩头混凝土	限制	在下列工程项目中，均不得使用：（1）二级及以上公路工程；（2）独立大桥、特大桥；（3）水运工程	"预先切割法+机械凿除"桩头处理工艺、"环切法"整体桩头处理工艺等	发布之日起六个月后实施
7	1.1.7	钢筋闪光对焊工艺	人工操作闪光对焊机进行钢筋焊接	限制	同时具备以下条件不得使用：（1）在非固定的专业预制厂（场）内进行钢筋连接作业；（2）直径大于等于22mm的钢筋连接	套筒冷挤压连接、滚压直螺纹套筒连接等机械连接工艺等	发布之日起六个月后实施
8	1.1.8	水泥稳定类基层、垫层拌合料"路拌法"施工工艺	采用人工辅以机械（如挖掘机）就地拌和水泥稳定混合料	限制	在下列工程项目中，均不得使用：（1）二级及以上公路工程；（2）大、中型水运工程	水泥稳定类拌合料"厂拌法"施工工艺等	发布之日起九个月后新开工项目实施
				施工设备			
9	1.2.1	竹（木）脚手架	采用竹（木）材料搭设的脚手架	禁止		承插型盘扣式钢管脚手架、扣件式悬挑钢管脚手架等	发布之日起九个月后新开工项目实施

续上表

序号	编码	名称	简要描述	淘汰类型	限制条件和范围	可替代的施工工艺、设备、材料（供参考）	实施时间
10	1.2.2	门式钢管满堂支撑架	采用门式钢管架搭设的满堂承重支撑架	禁止		承插型盘扣式钢管支撑架、钢管柱梁式支架、移动模架等	发布之日起九个月后新开工项目实施
11	1.2.3	扣件式钢管满堂支撑架、普通碗扣式钢管满堂支撑架（立杆材质为Q235级钢，或构配件表面防腐处理采用涂刷防锈漆、冷镀锌）	采用扣件式钢管架搭设的满堂承重支撑架、采用普通碗扣式钢管架搭设的满堂承重支撑架；普通碗扣式钢管支撑架指的是具备以下任一条件的：（1）立杆材质为Q235级钢；（2）构配件表面采用涂刷防锈漆或冷镀锌防腐处理	限制	具有以下任一情况的混凝土模板支撑工程不得使用：搭设高度5m及以上；搭设跨度10m及以上；施工总荷载（荷载效应基本组合的设计值，简称设计值）10kN/m²及以上；集中线荷载（设计值）15kN/m及以上；高度大于支撑水平投影宽度且相对独立无联系构件的混凝土模板支撑工程	Q355及以上等级材质并采用热浸镀锌表面处理工艺的碗扣式钢管脚手架、承插型盘扣式钢管支撑架、钢管柱梁式支架、移动模架等	发布之日起九个月后新开工项目实施
12	1.2.4	非数控预应力张拉设备	采用人工手动操作张拉油泵，从压力表读取张拉力，伸长量靠尺量测的张拉设备	限制	在下列工程项目预制场内进行后张法预应力构件施工时，均不得使用：二级及以上公路工程、独立大桥、特大桥、大、中型水运工程	数控预应力张拉设备等	发布之日起九个月后新开工项目实施
13	1.2.5	非数控孔道压浆设备	采用人工手动操作进行孔道压浆的设备	限制	在下列工程项目预制场内进行后张法预应力构件施工时，均不得使用：二级及以上公路工程、独立大桥、特大桥、大、中型水运工程	数控压浆设备等	发布之日起九个月后新开工项目实施
14	1.2.6	单轴水泥搅拌桩施工机械	采用单轴单方向搅拌土体、喷浆下沉上提成桩的施工机械	限制	在下列工程项目中，均不得使用：二级及以上公路工程、独立大桥、特大桥、大、中型水运工程	双轴多向、三轴及以上水泥搅拌桩施工机械、三轴及以上智能数控打印型水泥搅拌桩施工机械等	发布之日起九个月后新开工项目实施
15	1.2.7	碘钨灯	施工工地用于照明等的碘钨灯	限制	不得用于建设工地的生产、办公、生活等区域的照明	节能灯、发光二极管（LED）灯等	发布之日起六个月后实施
工程材料
16	1.3.1	有碱速凝剂	氧化钠当量含量大于1.0%且小于生产厂控制值的速凝剂	禁止		溶液型液体无碱速凝剂、悬浮液型液体无碱速凝剂等	发布之日起九个月后新开工项目实施

526

第五章 公路工程安全生产管理目标控制

续上表

序号	编码	名称	简要描述	淘汰类型	限制条件和范围	可替代的施工工艺、设备、材料（供参考）	实施时间
二、公路工程						
施工工艺						
17	2.1.1	盖梁（系梁）无漏油保险装置的液压千斤顶卸压落模板工艺	盖梁或系梁施工时底筑采用无保险装置液压千斤顶做支撑，通过液压千斤顶卸压模板脱模	禁止		砂筒、自锁式液压千斤顶等卸落模板工艺等	发布之日起六个月后实施
18	2.1.2	高墩滑模施工工艺	采用滑升模板进行墩柱施工，模板沿着（直接接触）刚成型的墩柱混凝土表面进行滑动、提升	限制	不同时具备以下条件时不得使用：专业施工班组（50%及以上工人施工过类似工程）；施工单位具有三个项目以上施工及管理经验	翻模、爬模施工工艺等	发布之日起九个月后新开工项目实施
19	2.1.3	隧道初期支护混凝土"潮喷"工艺	将集料预加少量水，使之呈潮湿状，再加水泥拌和后喷射到岩石或其他材料表面	限制	非富水围岩地质条件下不得使用	隧道初期支护喷射混凝土台车、机械手湿喷工艺等	发布之日起九个月后新开工项目实施
20	2.1.4	桥梁悬浇挂篮上部号底篮精轧螺纹钢吊杆连接工艺	采用精轧螺纹钢作为吊点吊杆，将挂篮上部与号底连接	限制	在下列任一条件下不得使用：前面吊点连接；其他吊点连接：①上下钢结构直接连接（未穿过混凝土结构）；②号底连接未采用活动铰；③吊杆未设外保护套	挂篮锚钢带带连接工艺等	发布之日起六个月后实施
施工设备						
21	2.2.1	桥梁悬浇挂篮配重式挂篮设备	挂篮后锚处设置配重块平衡前方向载，以防止挂篮倾覆	禁止		自锚式挂篮设备等	发布之日起九个月后新开工项目实施
备注	(1) 大、中型水运工程等级划分范围：×××。 (2) 可替代的工艺、设备、材料包括但不限于表格子中所列名称。 (3)《目录》中列出的工艺、设备、材料淘汰范围（禁止或限制使用），不包含除临时码头、临时围堰外的小型临时工程、养护工程。						

527

例6 特种设备使用单位应当在特种设备投入使用前或者投入使用后三十日内，向（　　）办理使用登记。[2022年真题]

　　A. 负责特种设备安全监督管理的部门　　B. 安全生产工作监督实施管理的部门
　　C. 使用特种设备的建设主管部门　　　　D. 建设工程项目的主管部门

例7 涉及危大工程施工专项方案相关规定的文件有（　　）。

　　A. 安全生产法　　　　　　　　　　　　B. 安全管理条例
　　C. 公路安全规范　　　　　　　　　　　D. 2016版监理规范
　　E. 公路安全监管办法

例题解析

例1 对于公路施工监理人员在进行具体公路施工安全监理工作时不仅要涉及安全管理规定还涉及很多安全技术问题。故选 D 项。

例2 住建部危大工程管理规定的第10条～第13条对施工专项方案需经专家认证规定最为详细，参见本章第二节第九点中具体条款内容。故选 B 项。

例3 根据2021年刑法修正案第一百三十四条，因存在重大事故隐患被依法责令停产停业、停止施工、停止使用有关设备、设施、场所或者立即采取排除危险的整改措施，而拒不执行的，处一年以下有期徒刑、拘役或者管制，所以是犯罪行为。故选 D。

例4 根据表5-1-1的序号5编码1.1.5，本题选 D 项；ABC 三个选项是序号1、3、4淘汰类型，是禁止使用的。

例5 根据《安全生产法》第31条规定，生产经营单位新建、改建、扩建工程项目（以下统称建设项目）的安全设施，必须与主体工程同时设计、同时施工、同时投入生产和使用。故选 A 项。类似的环境保护工程也要求"三同时"。

例6 根据《特种设备安全法》第33条规定，特种设备使用单位应当在特种设备投入使用前或者投入使用后三十日内，向负责特种设备安全监督管理的部门办理使用登记，取得使用登记证书。登记标志应当置于该特种设备的显著位置。故选 A 项。

例7 《安全生产法》没有涉及危大工程施工专项方案相关规定，其他四个文件都涉及该内容。故选 BCDE。

自测模拟题

（一）单项选择题

1. 监理工程师按照法律、法规和工程建设强制性标准实施监理，并对建设工程安全生产承担（　　）。

　　A. 主要责任　　　B. 次要责任　　　C. 全面责任　　　D. 监理责任

2. 安全生产管理的方针是（　　）。

　　A. 百年大计，质量第一　　　　　　　B. 预防为主，防治结合
　　C. 安全第一，预防为主，综合治理　　D. 经济效益，社会效益相统一

3. 根据《安全生产法》规定，公路等施工企业作业人员有权（　　）。

　　A. 修改工艺规格　　　　　　　　　　B. 修改施工交底和施工方案
　　C. 拒绝接受施工交底　　　　　　　　D. 拒绝违章指挥和强令冒险作业

4. 与《建设工程安全生产管理条例》相比较，《公路水运工程安全生产监督管理办法》关于专职安全员的安全职责增加了（　　）。

  A. 违章制止   B. 现场监督   C. 检查记录   D. 隐患报告

5. 消防工作贯彻（　　）的方针。

  A. 专门机关与群众相结合   B. 遏制重特大火灾

  C. 预防为主，防消结合   D. 谁主管，谁负责

6. 我国《安全生产法》规定，从业人员发现直接危及人身安全的紧急情况而停止作业，生产经营单位可以（　　）。

  A. 对其给予警告处分   B. 降低其工资

  C. 解除与其订立的劳动合同关系   D. 允许该行为

7. 制定《建设工程安全生产管理条例》的主要目的是（　　）。

  A. 以最少的安全投入实现有效的安全管理

  B. 加强建设安全生产监督管理，保障人民群众生命和财产。

  C. 制定评分办法，便于行业管理

  D. 建立统一的司法解释，有助于法律程序的执行

8. 为保证生产安全，根据《公路法》规定，改建公路时，施工单位应当在施工路段两端设置明显的施工标志、（　　）标志。

  A. 安全   B. 防火   C. 警示   D. 防盗

9. 《安全生产法》规定，生产经营单位建设项目的安全设施投资应当纳入（　　）。

  A. 经营成本 B. 建设项目保障费 C. 建设项目概算 D. 生产成本

10. 根据《公路工程施工安全技术规范》（JTG F90—2015）规定，设置错车道路段的施工便道宽度不小于（　　）m。

  A. 6   B. 6.5   C. 5   D. 4

11. 根据《公路工程施工安全技术规范》（JTG F90—2015）规定，盲炮检查应在爆破（　　）后实施。

  A. 15min   B. 20min   C. 10min   D. 25min

12. 根据《建设工程安全生产管理条例》第65条规定，施工单位有下列（　　）行为的，可以责令限期改正，逾期未改的，责令停业整顿，并处10万元以上30万元以下罚款。

  A. 未向作业人员提供安全防护用具

  B. 在尚未竣工的建筑物内设置员工集体宿舍

  C. 安全防护用具进入施工现场前未经查验

  D. 未按规定设立安全生产管理机构

13. 《安全生产法》对负有安全生产监督管理职责的部门依法对生产经营单位执行有关安全生产的法律、法规和国家标准或行业标准的情况进行监督检查，其职权不包括（　　）。

  A. 安全方案审批权   B. 查封、扣押行政强制措施权

  C. 现场调查取证权   D. 现场处理权

（二）多项选择题

1. 建设项目需要配套建设的安全生产设施，必须与主体工程（　　）。（注：2022年考点）

  A. 同时设计 B. 同时施工 C. 同时投产使用 D. 同时报废

E. 同时竣工

2. 依据《安全生产法》的规定，生产经营单位（   ）工程项目的安全设施，必须与主体工程同时设计、同时施工、同时投入生产或者使用。

  A. 装修   B. 新建   C. 引进   D. 扩建

  E. 改建

3. 安全生产法规定的安全生产从业人员的权利包括（   ）。

  A. 知情权   B. 控告权   C. 获得奖励权   D. 申述权

  E. 紧急避险权

4. 《安全生产法》规定的安全生产从业人员的义务包括（   ）。

  A. 接受教育的义务   B. 接受培训的义务

  C. 制订操作规程的义务   D. 制订规章制度的义务

  E. 危险报告义务

5. 生产经营单位应建立、健全（   ），改善安全生产条件，推进安全生产标准化建设，提高安全生产水平，确保安全生产。

  A. 安全生产规章制度   B. 安全检查机制

  C. 安全生产责任制   D. 应急预案

  E. 作业人员岗前培训制度

6. 公路水运工程施工现场的办公、生活区与作业区应当分开设置，并保持安全距离。办公、生活区的选址应当符合安全性要求，严禁在已发现的（   ）等危险区域设置施工驻地。

  A. 自然村庄   B. 县乡公路   C. 泥石流影响区   D. 风景名胜区

  E. 滑坡体

7. 工程重大安全事故罪的犯罪主体是特殊主体，仅限于（   ）。

  A. 设计单位   B. 工程监理单位   C. 工程咨询单位   D. 建设单位

  E. 施工单位

8. 《安全生产法》关于从业人员的安全生产义务主要有（   ）。

  A. 佩戴和使用劳动防护用品   B. 遵章守规，服从管理

  C. 接受培训，掌握安全生产技能   D. 发现事故隐患及时报告

  E. 组织制订规章制度

9. 生产经营单位的从业人员是指该单位从事生产经营活动各项工作的所有人员包括（   ）。

  A. 临时聘用的人员 B. 工程管理人员 C. 各岗位的工人 D. 工程技术人员

  E. 监管部门的工作人员

10. 可以作为工程重大安全事故罪的主体包括（   ）。

  A. 安全生产监督部门   B. 建设行政主管部门

  C. 监理单位   D. 建设单位

  E. 施工单位

11. 安全生产的目的包括有（   ）。

  A. 防止和减少生产安全事故   B. 促进经济发展

  C. 加快项目进度   D. 减少项目成本

E. 保障人民群众生命和财产安全

参 考 答 案

（一）单项选择题

1. D　2. C　3. D　4. C　5. C　6. D　7. B　8. A　9. C　10. B
11. A　12. C　13. A

（二）多项选择题

1. ABC　2. BCD　3. ABE　4. ABE　5. AC　6. CE　7. ABDE
8. ABCD　9. ABCD　10. CDE　11. ABE

二、建设单位、勘察设计单位、施工单位、监理单位的安全责任

重 点 知 识

从业单位应当建立健全安全生产责任制，明确各岗位的责任人员、责任范围和考核标准等内容。从业单位应当建立相应的机制，加强对安全生产责任制落实情况的监督考核，主要依据为《安全管理条例》（下文标注的条款号默认为该条例的条款号）和交通运输部的相关规定。

（一）建设单位的安全责任

（1）应当向施工单位提供有关资料，即建设单位应当向施工单位提供施工现场及毗邻区域内供水、排水、供电、供气、供热、通信、广播电视等地下管线资料，气象和水文观测资料，相邻建筑物和构筑物、地下工程的有关资料，并保证资料的真实、准确、完整（第6条）。

（2）不得向有关单位提出不符合建设工程安全生产法律、法规和强制性标准规定的要求（第7条）。

（3）在编制工程概算时，应当确定建设工程安全作业环境及安全施工措施所需费用（第8条）。

（4）不得明示或者暗示施工单位使用不符合安全施工的物资（第9条）。

（5）在申领（或办理）施工许可证时，应当提供有关安全施工措施的资料，批准之日起15日内到县级以上地方人民政府建设行政主管部门或者其他有关部门备案（第10条）。

（6）应当依法将工程项目发包给具有相应资质等级的单位。建设单位与勘察设计、施工、监理、检测、监测单位签订的合同中，应明确双方安全生产责任并签订安全生产责任书。在签订责任书时，应根据内部各岗位职责签订项目经理（指挥长）、项目副经理（副指挥长）、项目总工、项目各部门部长（处长）、项目各部门工作人员安全责任书。

（7）建设单位对工程项目安全生产负总责，应加强工程项目各阶段安全工作的综合协调管理，按照合同约定督促工程参建单位落实安全生产责任，按照每半年一次做好"平安工地建设"考核评价工作。

（二）勘察、设计单位的安全责任

1. 勘察单位的安全责任（第12条）

（1）勘察单位应当按照法律、法规和工程建设强制性标准进行勘察，提供的勘察文件应当真实、准确，满足建设工程安全生产的需要。

（2）勘察单位在勘察作业时，应当严格执行操作规程，采取措施保证各类管线、设施和周边建筑物、构筑物的安全。

（3）根据《公路安全监管办法》第二十九条规定，勘察单位应当按照法律、法规、规章、工程建设

强制性标准和合同文件进行实地勘察，针对不良地质、特殊性岩土、有毒有害气体等不良情形或者其他可能引发工程生产安全事故的情形加以说明并提出防治建议。

勘察单位提交的勘察文件必须真实、准确，满足公路工程安全生产的需要。

勘察单位及勘察人员对勘察结论负责。

2.设计单位的安全责任（第13条）

（1）设计单位应当按照法律、法规和工程建设强制性标准进行设计，防止因设计不合理导致生产安全事故的发生。

（2）设计单位应当考虑施工安全操作和防护的需要，对涉及施工安全的重点部位和环节在设计文件中注明，并对防范生产安全事故提出指导意见。采用新结构、新材料、新工艺的建设工程和特殊结构的建设工程，设计单位应当在设计中提出保障施工作业人员安全和预防生产安全事故的措施建议。设计单位和注册建筑师等注册执业人员应当对其设计负责，并按合同要求做好安全技术交底和现场服务。

设计单位应当考虑施工安全操作和防护的需要，对涉及施工安全的重点部位和环节在设计文件中加以注明，提出安全防范意见。依据设计风险评估结论，对存在较高安全风险的工程部位还应当增加专项设计，并组织专家进行论证。

（三）施工单位的安全责任

（1）施工单位应当具备的安全生产资质条件（第20条）。

（2）施工单位的安全生产责任制度（第21条）。

《公路安全监管办法》相关规定如下。

第三十四条 施工单位应当按照法律、法规、规章、工程建设强制性标准和合同文件组织施工，保障项目施工安全生产条件，对施工现场的安全生产负主体责任。施工单位主要负责人依法对项目安全生产工作全面负责。

第三十五条 施工单位应当书面明确本单位的项目负责人，代表本单位组织实施项目施工生产。

项目负责人对项目安全生产工作负有下列职责：

①建立项目安全生产责任制，实施相应的考核与奖惩。

②按规定配足项目专职安全生产管理人员。

③结合项目特点，组织制订项目安全生产规章制度和操作规程。

④组织制订项目安全生产教育和培训计划。

⑤督促项目安全生产费用的规范使用。

⑥依据风险评估结论，完善施工组织设计和专项施工方案。

⑦建立安全预防控制体系和隐患排查治理体系，督促、检查项目安全生产工作，确认重大事故隐患整改情况。

⑧组织制订本合同段施工专项应急预案和现场处置方案，并定期组织演练。

⑨及时、如实报告生产安全事故并组织自救。

（3）施工单位的安全生产基本保障措施。

①安全生产费用列入建设工程概算应当专款专用于安全作业环境及安全施工措施。

②安全生产管理机构及人员的设置，专职安全生产管理人员职责3点，对安全隐患和违章指挥、违章操作的报告和制止（第23条）。

根据《公路安全监管办法》第三十六条规定，施工单位的专职安全生产管理人员应履行下列职责：

a. 组织或者参与拟订本单位安全生产规章制度、操作规程，以及合同段施工专项应急预案和现场处置方案。

b. 组织或者参与本单位安全生产教育和培训，如实记录安全生产教育和培训情况。

c. 督促落实本单位施工安全风险管控措施。

d. 组织或者参与本合同段施工应急救援演练。

e. 检查施工现场安全生产状况，做好检查记录，提出改进安全生产标准化建设的建议。

f. 及时排查、报告安全事故隐患，并督促落实事故隐患治理措施。

e. 制止和纠正违章指挥、违章操作和违反劳动纪律的行为。

③编制安全技术措施及专项施工方案的规定（第26条）。

施工单位应当在施工组织设计中编制安全技术措施和施工现场临时用电方案，对下列达到一定规模的危险性较大的分部分项工程编制专项施工方案，并附具安全验算结果，经施工单位技术负责人、总监理工程师签字后实施，由专职安全生产管理人员（注：2022年考点）进行现场监督：

a. 基坑支护与降水工程。

b. 土方开挖工程。

c. 模板工程。

d. 起重吊装工程。

e. 脚手架工程。

f. 拆除、爆破工程。

g. 国务院建设行政主管部门或者其他有关部门规定的其他危险性较大的工程。

对上述工程中涉及深基坑、地下暗挖工程、高大模板工程的专项施工方案，施工单位还应当组织专家进行论证、审查。

④安全施工技术的交底（第27条）将在本章第二节第二点详细介绍。

⑤安全警示标志的设置（第28条）：应当在施工现场入口处、施工起重机械、临时用电设施、脚手架、出入通道口、楼梯口、电梯井口、孔洞口、桥梁口、隧道口、基坑边沿、爆破物及有害危险气体和液体存放处等危险部位，设置明显的安全警示标志。

⑥施工现场办公、生活区与作业区分开设置，并保持安全距离（第29条）。

根据《公路安全监管办法》第三十七条规定，施工单位应当推进本企业承接项目的施工场地布置、现场安全防护、施工工艺操作、施工安全管理活动记录等方面的安全生产标准化建设，并加强对安全生产标准化实施情况的自查自纠。

⑦环境污染防护措施（第30条）：毗邻建筑物、构筑物和地下管线应专项防护措施。防止或者减少粉尘、废气、废水、固体废物、噪声、振动和施工照明对人和环境的危害和污染。

⑧消防安全保障措施（第31条）：应当在施工现场建立消防安全责任制度，确定消防安全责任人。在施工现场入口处设置明显的消防标志以表示通道、器材和设施所在位置。

⑨劳动安全管理规定（第32、33、38条）：从业人员的知情权、批评检举控告权、拒绝权、紧急避险权、享受购买意外伤害保险权；遵守安全操作工程义务。

⑩安全防护用具及机械设备、施工机具的安全管理（第34条和第35条）

（4）施工总承包单位和分包单位安全责任的划分（第24条）：总承包单位对施工现场的安全生产负总责；分包单位应当服从总承包单位的安全生产管理，分包单位不服从管理导致生产安全事故的，由分包单位承担主要责任。

（5）安全教育培训制度将在本章第二节第二点详细介绍。

①特种作业人员培训和持证上岗（第25条）。

②安全管理人员和作业人员的安全教育和考核（第36条）。

③作业人员进入新岗位、新工地或采用新技术时的上岗教育培训（第37条）。

④根据《公路安全监管办法》第三十九条规定，施工单位应当将专业分包单位、劳务合作单位的作业人员及实习人员纳入本单位统一管理。

新进人员和作业人员进入新的施工现场或者转入新的岗位前，施工单位应当对其进行安全生产培训考核。

施工单位采用新技术、新工艺、新设备、新材料的，应当对作业人员进行相应的安全生产教育培训，生产作业前还应当开展岗位风险提示。

（6）安全隐患排查治理：根据《公路安全监管办法》第四十一条规定，施工单位应当按规定开展安全事故隐患排查治理，建立职工参与的工作机制，对隐患排查、登记、治理等全过程闭合管理情况予以记录。事故隐患排查治理情况应当向从业人员通报，重大事故隐患还应当按规定上报和专项治理。

（7）及时报告安全事故（第50条）。

根据《公路安全监管办法》第四十二条规定，事故发生单位应当依法如实向项目建设单位和负有安全生产监督管理职责的有关部门报告。不得隐瞒不报、谎报或者迟报。

发生生产安全事故时，施工单位负责人接到事故报告后，应当迅速组织抢救，减少人员伤亡，防止事故扩大。组织抢救时，应当妥善保护现场，不得故意破坏事故现场、毁灭有关证据。事故调查处置期间，事故发生单位的负责人、项目主要负责人和有关人员应当配合事故调查，不得擅离职守。

（四）监理单位的安全责任

1. 工程监理单位的安全责任（第14条）

（1）工程监理单位应当审查施工组织设计中的安全技术措施或者专项施工方案是否符合工程建设强制性标准。

（2）工程监理单位（或监理机构）在实施监理过程中，发现存在安全事故隐患的，应当要求施工单位整改；情况严重的，应当要求施工单位暂时停止施工，并及时报告建设单位。施工单位拒不整改或者不停止施工的，工程监理单位（或监理机构）应当及时向有关主管部门报告（交通运输部增加：并有权拒绝计量支付审核）。

（3）工程监理单位和监理工程师应当按照法律、法规和工程建设强制性标准实施监理，并对建设工程安全生产承担监理责任。

（4）监理单位应当如实记录安全事故隐患和整改验收情况，对有关文字、影像资料应当妥善保存（注：该点是交通运输部增加的内容）。

2. 施工安全监理的职责

（1）工程监理单位对本单位所承接的工程建设项目安全监理工作负责，督促承包人建立健全安全生产责任制。

（2）审查施工方案及安全技术措施并督促其实施。

（3）项目总监理工程师对该项目的安全监理工作全面负责。

（4）项目监理人员在总监理工程师的领导下，按照职责分工，履行现场安全监督检查的职责，并对各自承担的安全监理工作负责。

（5）监理工程师按照法律、法规和工程建设强制性标准实施监理，并对建设工程安全生产承担监理责任。

（6）定期组织施工现场安全生产专项检查，每月向工程安监站报告工地安全生产情况。

3. 监理单位违法行为和承担的法律责任

（1）监理单位违法行为（第57条）

①未对施工组织设计中的安全技术措施或者专项施工方案进行审查的。

②发现安全事故隐患未及时要求施工单位整改或者暂时停止施工的。

③施工单位拒不整改或者不停止施工，未及时向有关主管部门报告的。

④未依照法律、法规和工程建设强制性标准实施监理的。

（2）监理单位承担的法律责任（第57条）

工程监理单位有上述违法行为之一的，应承担下列责任：

①行政责任：责令限期改正；逾期未改正的，责令停业整顿，并处10万元以上30万元以下的罚款；情节严重的，降低资质等级，直至吊销资质证书。

②刑事责任：如造成重大安全事故，构成犯罪的，对直接责任人员，依照刑法有关规定追究刑事责任。

③民事责任：造成损失的，依法承担赔偿责任。

（3）监理单位应采取的措施

①建立健全监理安全责任制，落实分管领导和归口部门、岗位责任。

②编制内部落实监理安全责任制的工作指导，考核标准，检查工地安全状况。

③按合同调配监理人员，满足与安全监理相适应的义务和费用要求。

④定期开展监理企业内部的安全教育工作。

⑤建立总监理工程师上岗前考核工作，强化安全责任心、企业荣誉感，监理安全责任落到实处。

4. 监理工程师个人承担的法律责任（第58条）

注册执业人员未执行法律、法规和工程建设强制性标准的，责令停止执业3个月以上1年以下；情节严重的，吊销执业资格证书，5年内不予注册；造成重大安全事故的，终身不予注册；构成犯罪的，依照刑法有关规定追究刑事责任。

例 题

例1 根据《建设工程安全生产管理条例》建设单位在编制（　　）时，应当确定建设工程安全作业环境及安全施工措施所需费用。

  A. 工程预算　　　　　　　　　　　　B. 工程估算

  C. 工程决算　　　　　　　　　　　　D. 工程概算

例2 建设单位不得明示或暗示施工单位违反（　　）标准。

  A. 工程建设强制性标准　　　　　　　B. 工程建设国家标准

  C. 工程建设行业标准　　　　　　　　D. 工程建设企业标准

例3 现场监理人员发现施工单位的人员进入隧道未戴安全帽，应当（　　）。

  A. 责令立即停工　　　　　　　　　　B. 责令立即整改

C. 报告安监部门　　　　　　　　　　D. 报告建设单位

例4 承包人在隧道独头挖掘 150m 后无通风掘进，承包人拒不执行暂时停工令时，监理单位应（　　）。

　　A. 责令立即整改　　　　　　　　　　B. 报告建设单位
　　C. 报告建设主管部门　　　　　　　　D. 报告有关主管部门

例5 施工单位对达到一定规模的危险性较大的分部分项工程编制专项施工方案，并附具安全验算结果，经施工单位技术负责人、总监理工程师签字后实施，由（　　）进行现场监督。[2022年真题]

　　A. 专职安全生产管理人员　　　　　　B. 项目经理
　　C. 项目总工程师　　　　　　　　　　D. 安全监理工程师

例6 承包人在隧道独头挖掘150m后继续无通风掘进，监理单位应（　　）。

　　A. 责令立即整改　　　　　　　　　　B. 应下停工令
　　C. 报告建设单位　　　　　　　　　　D. 报告建设主管部门
　　E. 报告安全监管部门

例7 施工单位制订的基坑支护、土方开挖、爆破等工程的专项施工方案，必须经过（　　）签字后方可实施。

　　A. 建设单位负责人　　　　　　　　　B. 施工单位负责人
　　C. 监理单位负责人　　　　　　　　　D. 施工单位技术负责人
　　E. 总监理工程师

例题解析

例1 本题考查第八条规定，建设单位在编制工程概算时，应当确定建设工程安全作业环境及安全施工措施所需费用。故选 D 项。

例2 本题考查第七条规定，建设单位不得对勘察、设计、施工、工程监理等单位提出不符合建设工程安全生产法律、法规和强制性标准规定的要求。故选 A 项。

例3 本题和例4、例5考查第十四条第二款规定，工程监理单位在实施监理过程中，发现存在安全事故隐患的，应当要求施工单位整改；情况严重的，应当要求施工单位暂时停止施工，并及时报告建设单位。施工单位拒不整改或者不停止施工的，工程监理单位应当及时向有关主管部门报告。不戴安全帽属于安全隐患。故选 B 项。

例4 题干承包人在隧道独头挖掘150m后无通风掘进，属于重大安全隐患是"情况严重"且又拒不停工。故选 D 项。选项 C 的建设主管部门，不如选项 D 的有关主管部门更合适，因为"有关主管部门"除了建设主管部门还包括安全监管部门（安监局，即现在的应急局）。

例5 参见前面（三）施工单位的安全责任第（3）点的第③小点，根据《安全管理条例》第26条规定，括号的内容是"专职安全管理人员"。故选 A 项。

例6 题干中只有"情况严重"，没有拒不整改或拒不停工的情况。故选 DC。不能报告有关主管部门。

例7 本题考查第二十六条规定，施工单位应当在施工组织设计中编制安全技术措施和施工现场临时用电方案，对达到一定规模的危险性较大的分部分项工程编制专项施工方案，并附具安全验算结果，经施工单位技术负责人、总监理工程师签字后实施，由专职安全生产管理人员进行现场监督。故选 DE项。

自 测 模 拟 题

（一）单项选择题

1. 根据《建设工程安全生产管理条例》，建设单位不得对勘察、设计、施工、工程监理等单位提出不符合建设工程安全生产法律、法规和强制性标准规定的要求，不得（　　）。

    A. 变更合同约定的造价 B. 压缩定额规定的工期
    C. 变更合同约定的内容 D. 压缩合同约定的工期

2. 根据《建设工程安全生产管理条例》规定，采用新结构、新材料、新工艺的建设工程和特殊结构的建设工程，设计单位应当在设计中提出（　　）的措施建议。

    A. 施工安全操作与防护保障施工作业人员安全和预防生产安全事故
    B. 设计安全操作与防护保障施工作业人员安全和预防生产安全事故
    C. 保障施工作业人员安全和预防生产安全事故
    D. 建筑安全操作与防护保障施工作业人员安全和预防生产安全事故

3. 施工总承包的，建筑工程（　　）的施工必须由总承包单位自行完成。

    A. 地基基础工程　　B. 主体结构　　C. 装修工程　　D. 一半以上工程量

4. 根据《建设工程安全生产管理条例》，分包单位应当服从总承包单位的安全生产管理，分包单位不服从管理导致生产安全事故的，由分包单位承担（　　）。

    A. 全部责任 B. 合同中约定的责任
    C. 一般责任 D. 主要责任

5. 根据《建设工程安全生产管理条例》，专职安全生产管理人员负责对安全生产进行现场监督检查。发现安全事故隐患，应当及时向项目负责人和安全生产管理机构报告；对违章指挥、违章操作的，应当（　　）。

    A. 立即上报　　B. 处以罚款　　C. 立即制止　　D. 给予处分

6. 根据《建设工程安全生产管理条例》，施工单位应当在施工组织设计中编制安全技术措施和施工现场临时用电方案，对达到一定规模的危险性较大的分部、分项工程编制专项施工方案，并附具（　　），经施工单位技术负责人、总监理工程师签字后实施，由专职安全生产管理人员进行现场监督。

    A. 安全用电方案　　B. 安全实施方案　　C. 安全施工方案　　D. 安全验算结果

7. 根据《建设工程安全生产管理条例》，建设工程施工前，施工单位负责项目管理的技术人员应当对有关安全施工的技术要求向（　　）作出详细说明，并由双方签字确认。

    A. 监理人员 B. 建设单位工作人员
    C. 施工作业班组、作业人员 D. 设计人员

8. 对于施工现场存在的安全事故隐患，施工单位拒不按监理工程师指令进行整改的，监理工程师应向（　　）书面报告。

    A. 建设单位 B. 施工单位
    C. 监理单位 D. 有关行政主管部门

9. 工程监理单位和监理工程师应当按照法律、法规和工程建设强制性标准实施监理，并对建设工程安全生产承担（　　）。

    A. 连带责任　　B. 监理责任　　C. 民事责任　　D. 主要责任

10. 建设工程安全生产管理条例中明确要求工程监理单位应当审查施工组织设计中的安全技术措

施或者专项施工方案是否符合（　　）。

　　A. 招标文件要求　　　　　　　　　　B. 投标文件承诺

　　C. 监理工程师要求　　　　　　　　　D. 工程建设强制性标准

11. 现场监理人员发现施工单位的人员进入隧道未戴安全帽，未要求施工单位整改的，依据《建设工程安全生产管理条例》第五十七条规定，监理单位应承担的法律责任是（　　）。

　　A. 责令改正　　　B. 责令限期改正　　　C. 责令停业整顿　　　D. 处以罚款

12. 承包人在隧道独头挖掘150m后，继续无通风掘进，监理单位未要求施工单位停工的，被主管部门检查发现后，逾期还未下达停工令。依据《建设工程安全生产管理条例》第五十七条，监理单位承担的法律责任是（　　）。

　　A. 责令改正　　　　　　　　　　　　B. 责令限期改正

　　C. 责令停业整顿并罚款　　　　　　　D. 追究刑事责任

（二）多项选择题

1. 根据《建设工程安全生产管理条例》，建设单位在编制工程概算时，应当确定（　　）所需费用。

　　A. 现场卫生条件　　　　　　　　　　B. 建设工程安全作业环境

　　C. 工程施工　　　　　　　　　　　　D. 安全施工措施

　　E. 建设工程安全措施

2. 建设单位应当在拆除工程施工15日前，将下列资料报送建设工程所在地的县级以上人民政府建设行政主管部门或者其他有关部门备案（　　）。

　　A. 堆放、清除废弃物的措施

　　B. 施工单位资质等级证明

　　C. 拟拆除工程地下管线资料

　　D. 拟拆除建筑物、构筑物及可能危及毗邻建筑的说明

　　E. 拆除施工组织方案

3. 下列说法正确的是（　　）。

　　A. 建设工程实行分包时，分包单位对分包工程的安全生产向发包人负总责

　　B. 总承包单位和分包单位对分包工程的安全生产承担连带责任

　　C. 分包单位应当服从总承包单位的安全生产管理，分包单位不服从管理导致生产安全事故的，由总承包单位承担主要责任

　　D. 总承包单位应当自行完成建设工程主体结构的施工

　　E. 建设工程实行施工总承包的，由总承包单位对施工现场的安全生产负总责

4. 根据《建设工程安全生产管理条例》，下列（　　）达到一定规模的危险性较大的分部、分项工程需编制专项施工方案，并附具安全验算结果，经施工单位技术负责人、总监理工程师签字后实施，由专职安全生产管理人员进行现场监督。

　　A. 基坑支护与降水工程　　　　　　　B. 土方开挖工程

　　C. 模板工程　　　　　　　　　　　　D. 混凝土工程

　　E. 脚手架工程

5. 关于施工单位职工安全生产培训下列说法正确的是（　　）。

　　A. 施工单位自主决定培训

B. 培训制度无硬性规定

C. 施工单位应当加强对职工的教育培训

D. 施工单位应当建立、健全教育培训制度

E. 未经教育培训或者考核不合格的人员，不得上岗作业

6. 根据《建设工程安全生产管理条例》，下列说法正确的是（　　）。

　　A. 工程监理单位应审查施工组织设计中的安全技术措施或者专项施工方案是否符合工程建设强制性标准

　　B. 工程监理单位在实施监理过程中，发现存在安全事故隐患的，应当要求施工单位暂时停止施工，并及时报告建设单位

　　C. 工程监理单位和监理工程师对建设工程安全生产承担监理责任

　　D. 工程监理单位在实施监理过程中，发现存在情况严重的安全事故隐患时，应当要求施工单位暂时停止施工，并及时向有关主管部门报告

　　E. 工程监理单位和监理工程师应当按照法律、法规和工程建设强制性标准实施监理

7. 工程监理单位的安全生产管理的主要责任和义务有（　　）。

　　A. 监督检查建设单位的安全生产投入是否到位

　　B. 审查设计文件是否执行工程建设强制性标准

　　C. 审查施工组织设计中的安全技术措施是否符合工程建设强制性标准

　　D. 安全生产事故隐患报告义务

　　E. 对建设工程安全生产承担连带责任

8. 工程监理单位有（　　）行为之一的，责令限期改正；逾期未改正的，责令停业整顿，并处10万元以上30万元以下的罚款；情节严重的，降低资质等级，直至吊销资质证书；造成重大安全事故，构成犯罪的，对直接责任人员，依照刑法有关规定追究刑事责任；造成损失的，依法承担赔偿责任。

　　A. 未对施工组织设计中的安全技术措施或者专项施工方案进行审查的

　　B. 发现安全事故隐患未及时要求施工单位整改或者暂时停止施工的

　　C. 施工单位拒不整改或者不停止施工，未及时向有关主管部门报告的

　　D. 未依照法律、法规和工程建设强制性标准实施监理的

　　E. 发现安全事故隐患未及时向建设单位报告的

9. 监理注册执业人员未执行法律、法规和工程建设强制性标准的（　　）。

　　A. 责令限期改正

　　B. 责令停止执业3个月以上1年以下

　　C. 情节严重的，吊销执业资格证书，5年内不予注册

　　D. 造成重大安全事故的，终身不予注册

　　E. 构成犯罪的，依照刑法有关规定追究刑事责任

参 考 答 案

（一）单项选择题

1. D　2. C　3. B　4. D　5. C　6. D　7. C　8. D　9. B　10. D

11. B　12. C

（二）多项选择题

1. BD　　2. ABDE　　3. BDE　　4. ABCE　　5. CDE　　6. ACE　　7. CD

8. ABCD　　9. BCDE

三、监理单位应建立的安全管理制度

重 点 知 识

监理单位应建立的安全管理制度分为两类，即项目管理和内容管理。

（一）项目管理（共有15项制度）

安全技术措施审查制度、专项施工方案审查制度、安全隐患督促整改制度、重大安全隐患报告制度、按照法律法规与强制标准实施监理制度、安全生产条件审查制度、安全生产检查与评价制度、安全生产会议制度、安全生产专项费用审查制度、安全生产应急管理制度、特种设备符合制度、"平安工地"考核评价制度、生产安全事故报告制度、危险性较大工程安全监理制度、夜间施工安全检查制度。

（二）内部管理（共有10项制度）

安全生产责任制及考核制度、监理人员安全生产培训教育制度、"一岗双责"岗位责任制度、职业健康管理制度、安全交通管理制度、驻地安全管理制度、安全档案管理制度、安全生产信息报送制度、试验仪器设备安全操作规程、安全监理交底制度。

例　题

例1　下列不是监理单位应建立的安全管理制度的是（　　）。
　　A. 安全技术措施审查制度　　　　B. 专项施工方案审查制度
　　C. 安全隐患报告制度　　　　　　D. 安全隐患督促整改制度

例2　监理单位应建立的安全管理制度有（　　）。
　　A. 安全技术措施审查制度　　　　B. 专项施工方案审查制度
　　C. 安全隐患督促整改制度　　　　D. 安全事故调查处理制度
　　E. 按照法律法规与强制标准实施监理制度

例 题 解 析

例1　安全隐患分为一般隐患和重大隐患，只有重大隐患才需要报告；而隐患处理是所有隐患都需处理。故选C项。

例2　安全事故调查处理制度是施工单位应建立的制度。故选ABCE项。

自 测 模 拟 题

（一）单项选择题

1. 下列不是监理单位应建立的安全管理制度的是（　　）。
　　A. 安全技术措施审查制度　　　　B. 专项施工方案审查制度
　　C. 重大安全隐患报告制度　　　　D. 重大安全隐患处理制度

2. 监理单位应建立的安全管理制度是（　　）。

A. 安全生产费保证制度　　　　　　B. 专项施工方案编制制度
C. 安全隐患报告制度　　　　　　　D. 按照强制标准实施监理制度

（二）多项选择题

1. 监理单位应建立的安全管理制度有（　　）。
   A. 安全生产费审查制度　　　　　B. 专项施工方案审查制度
   C. 一般安全隐患处理制度　　　　D. 应急救援演练制度
   E. 按照法律法规实施监理制度
2. 监理单位应建立的安全管理制度有（　　）。
   A. 安全教育培训制度　　　　　　B. 安全技术管理制度
   C. 安全隐患处理制度　　　　　　D. 重大安全隐患报告制度
   E. 安全检查制度

参考答案及解析

（一）单项选择题

1. D　　2. D

（二）多项选择题

1. BE　　2. CD

1. 解析：安全隐患处理不分级，所以C项错误。
2. 解析：隐患报告是针对重大隐患。

四、施工单位应建立的安全生产管理体系和相关管理制度的监理审查要点

重点知识

（一）施工单位应建立安全生产管理体系的监理审查要点

审查施工单位安全生产管理体系的要点如下：

（1）检查施工单位安全管理体系中机构，总包、分包单位现场项目经理和专职安全生产管理人员持证上岗、安全员数量配备情况。

（2）检查施工单位的安全生产责任制、安全生产教育培训制度、安全生产规章制度和操作规程、消防安全生产责任制、安全生产事故应急救援预案，安全施工技术交底制度以及设备的租赁、安装拆除、运行维护保养、自检验收管理制度等是否健全和完善。

（3）检查施工现场各种安全标志和临时设施的设置。

（4）检查、督促施工单位与分包单位签订施工安全生产协议书。

（5）检查施工单位技术措施或文明施工措施费用的使用计划。

（6）督促施工单位制订安全事故应急救援方案，制订重点部位和重点环节的危险源监控措施和相应的应急救援方案。

（7）对有关施工单位安全生产管理体系的检查项目，由项目监理机构（总监办）在第一次工地会议上书面向施工单位告知。

（8）明确本项目工程安全事故上报与处理程序，要求事故单位在第一时间内，按照预定程序上报建设单位、所在地安全生产监督管理部门、交通主管部门、公安部门、工会等相关部门，不得隐瞒和拖延

上报。

(二) 施工单位应建立安全生产相关管理制度的监理审查要点

监理机构应检查施工单位安全生产责任制、安全生产规章制度的建立和落实情况，以及重大危险源安全管理和生产安全事故隐患排查治理情况；应核查施工单位项目负责人、专职安全生产管理人员和特种作业人员的资格，以及施工机械设备和设施的安全许可验收手续。

1. 施工项目安全生产责任制度的审查要点

施工安全生产责任制、安全管理规章制度、安全操作规程的制订情况。

2. 施工单位安全生产管理机构和专职人员制度的审查要点

（1）安全生产管理机构的人员构成，包括项目经理、项目总工、专职安全管理人员、特种作业人员配备的数量及安全资格培训持证上岗情况。各种人员的职责分工，持证人员种类、数量与年施工产值（即年合同金额）等配置要求相符与否。

（2）专职安全员的专业情况，继续教育情况等。

（3）安全生产条件。

3. 特种作业人员持证上岗制度审查要点

主要是资格，花名册、岗位证书的相符性和有效性。

4. 安全技术措施制度的审查要点

（1）安全技术措施。安全技术措施是指从技术上采取措施，防止工伤事故和职业病的危害。在工程施工中针对工程项目的特点、环境条件、劳动组织、作业方法、施工机械、供电设施等制订确保安全施工的措施，是施工组织设计的重要组成部分。安全技术措施的审查要点包括：

①进入施工现场的安全规定。

②地面、深坑、隧道施工作业的防护。

③水上、高处及立体交叉施工作业的防护。

④施工用电安全技术措施。

⑤机械、机具使用过程中的安全防护及夜间施工安全防护。

⑥为确保安全，对于采用新工艺、新材料、新技术制订相应的专项安全技术措施。

⑦预防自然灾害（台风、雷击、洪水、地震、高温、寒冻、泥石流）的措施。

⑧安全生产专项费用使用计划；施工人员安全教育计划、安全技术交底安排。

（2）安全设施的审查：安全设施的产地、厂家、合格证，生产工艺的调查，设施的取样试验。

（3）大、中型施工机械的审查：设备一览表、合格证，数量、型号、生产能力、完好率。

（4）审查施工现场平面布置：监理工程师在审查施工单位的施工组织设计时，必须从安全的角度审查施工现场平面布置图设计的合理性和符合性。施工现场布置是否符合有关安全要求。施工总平面图中办公、宿舍、食堂等临时设施的设置以及施工现场场地、通路、排污、排水、防火措施是否符合有关安全技术标准规范和文明施工的要求。

5. 施工单位的专项施工方案制度的审查要点

主要审查编制专项施工方案的人员、编制范围、报审程序，具体参见本章第二节第七点。

6. 施工单位的事故应急救援预案制度的审查要点

主要审查是否建立该制度、专职或兼职人员、预案等级划分、报审程序，具体参见本章第二节第三点。

7. 施工单位的安全保证方案制度的审查要点

工程开工前，监理工程师应严格审查施工单位的安全保证方案，审查要点包括：

（1）督促建设单位与施工单位签订工程项目安全施工责任书，督促总包单位与分包单位签订工程项目安全施工责任书。监理工程师应审查分包合同中是否明确了施工单位与分包单位各自在安全生产方面的责任。

（2）审查总包、分包单位的安全生产许可证或专业主管部门颁发的安全生产资质。

（3）督促承包人建立健全施工现场安全保证体系。

（4）督促施工总承包单位对分包单位的安全生产工作统一领导，统一管理，提出明确的安全生产制度，管理措施，并认真实施监督检查。

（5）施工中采用新技术、新工艺、新设备、新材料的，是否都制订了相应的安全技术措施。根据施工的不同阶段、环境、季节、气候的变化制订安全措施的情况。基坑支护、模板、脚手架工程、起重吊装工程和整体提升脚手架拆装等专项方案是否符合法律法规及强制性标准，是否按规定进行论证和办理批准手续。

（6）复查承包人的大型施工机械、安全设施验收手续，并签署意见。

例 题

例1 对有关施工单位安全生产管理体系的检查项目，由项目监理机构在（　　）上书面向施工单位告知。

  A. 设计交底会　　　B. 监理交底会　　　C. 第一次工地会议　　D. 开工通知书

例2 不是监理机构应审查施工单位安全生产管理体系要点的是（　　）。

  A. 检查施工单位安全管理体系中机构

  B. 检查安全生产规章制度和操作规程

  C. 检查安全生产事故应急救援预案

  D. 检查职业健康安全保证体系的机构

例3 监理机构应审查施工单位安全生产管理体系的要点有（　　）。

  A. 检查施工单位安全管理体系中机构，现场 ABC 三类人员持证上岗和数量配备情况

  B. 检查施工现场各种安全标志和临时设施的设置

  C. 检查、督促施工单位与分包单位签订施工安全生产协议书

  D. 检查施工单位的安全生产责任制、安全生产教育培训制度

  E. 检查施工单位技术措施或文明施工措施费用的使用计划。

例4 特种作业人员持证上岗制度审查要点有（　　）。

  A. 人员专业资格　　　　　　　　B. 人员花名册

  C. 岗位证书的相符性　　　　　　D. 岗位证书的有效性

  E. 人员的毕业证

例 题 解 析

例1 对有关施工单位安全生产管理体系的检查项目，由项目监理机构在第一次工地会议上书面向施工单位告知。故选 C 项。

例2 选项 ABC 都是监理机构应审查施工单位安全生产管理体系要点。而选项 D 职业健康安全保

证体系的机构是属于施工单位安全管理体系中的机构。故选 D 项。

例3 选项 A 错在现场 ABC 三类人员，现场只需要 B 类项目负责人和 C 类专职安全员。故选 BCDE 项。

例4 选项 E 是错项，特种作业人员有资格证就行，不查文凭，见审查要点。故选 ABCD 项。

自 测 模 拟 题

（一）单项选择题

1. 专职安全员的配置数量是按照（   ）进行配置。
   A. 签约合同金额   B. 年施工产值   C. 合同段难易   D. 建设单位要求

2. 根据《公路水运工程安全生产监督管理办法》规定，专职安全员的配置类型是按照（   ）进行设置。
   A. 签约合同金额   B. 年合同金额   C. 专业要求   D. 建设单位要求

3. 监理工程师审查施工现场临时用电方案是属于审查（   ）制度要点。
   A. 安全生产责任   B. 安全教育培训   C. 安全技术措施   D. 专项施工方案

4. 复查承包人的大型施工机械、安全设施验收手续，并签署意见是审查（   ）要点。
   A. 安全生产责任   B. 安全保证体系   C. 专项施工方案   D. 安全隐患报告

5. 监理工程师审查施工平面布置图是属于审查（   ）制度要点。
   A. 安全生产责任   B. 安全保证体系   C. 安全技术措施   D. 专项施工方案

6. 审查承包人的安全生产专项费用使用计划是审查（   ）制度要点。
   A. 安全生产责任   B. 安全技术措施   C. 专项施工方案   D. 安全隐患报告

7. 审查承包人的安全生产许可证是审查（   ）制度要点。
   A. 安全生产责任   B. 安全保证体系   C. 安全技术措施   D. 安全隐患报告

8. 审查承包人是否与建设单位签订安全施工责任书是审查（   ）制度要点。
   A. 安全生产责任   B. 安全保证体系   C. 安全技术措施   D. 安全隐患报告

（二）多项选择题

1. 根据《公路水运工程安全生产监督管理办法》规定，专职安全员的配置要根据（   ）进行。
   A. 签约合同金额   B. 工程施工作业特点
   C. 专业要求   D. 安全风险
   E. 施工组织难度

2. 监理机构应审施工单位安全生产管理体系的要点有（   ）。
   A. 检查安全生产规章制度和操作规程
   B. 检查安全生产事故应急救援预案
   C. 检查施工技术交底制度
   D. 检查消防安全生产责任制
   E. 检查设备的租赁、安装拆除、运行维护保养、自检验收管理制度是否健全和完善

3. 工程开工前，监理工程师审查施工组织设计中的安全技术措施或专项施工方案是否符合强制性标准，审查重点包括（   ）。
   A. 安全技术措施费用的使用计划
   B. 施工人员安全教育计划

C. 工地现场人员、机械总数

D. 施工现场布置是否符合有关安全要求

E. 是否制订了施工现场临时用电方案的安全技术措施和电气防火措施

4. 工程开工前,监理工程师应审查施工单位编制的施工组织设计中的安全技术措施或专项施工方案是否符合强制性标准,审查合格后方可同意工程开工。审查重点是(　　)。

  A. 安全管理和安全保证体系的组织机构,包括项目经理、专职安全管理人员、特种作业人员配备的数量及安全资格培训持证上岗情况

  B. 是否制订了施工安全生产责任制、安全管理规章制度、安全操作规程

  C. 施工单位的安全防护用具、机械设备、施工机具是否符合国家有关安全规定

  D. 施工现场布置是否符合有关安全要求

  E. 是否有安全主管部门颁发的施工许可证书

参考答案及解析

(一)单项选择题

1. B　2. C　3. C　4. B　5. C　6. B　7. B　8. B

1. **解析：** 选项 C 是根据而不是按照,解析见多选题第 1 题。

4. **解析：** 选项 C 专项施工方案是针对分部分项工程而言的,要全面正确理解安全管理条例第 26 条。

(二)多项选择题

1. BCDE　2. ABDE　3. ABDE　4. ABCD

1. **解析：** 根据《公路水运工程安全生产监督管理办法》第 14 条第 2 款规定,施工单位应当设置安全生产管理机构或者配备专职安全生产管理人员。施工单位应当根据工程施工作业特点、安全风险以及施工组织难度,按照年度施工产值配备专职安全生产管理人员,不足 5000 万元的至少配备 1 名;5000 万元以上不足 2 亿元的按每 5000 万元不少于 1 名的比例配备;2 亿元以上的不少于 5 名,且按专业配备。单选题的第 1 题和第 2 题也是按照此规定。

2. **解析：** 选项 C 错在少了"安全"两字含义就不同。

3. **解析：** 选项 C 错在总数,人员按专业和机械按种类型号。

4. **解析：** 选项 E 错在不是施工组织设计的内容。

五、工程安全隐患及处理

重　点　知　识

(一)工程安全隐患

(1)隐患：是指未被事先识别或未采取必要防护措施的可能导致安全事故的危险源或不利的环境因素。就是指具有潜在的对人身安全或健康构成伤害,造成财产损失或兼具这些起源或情况。包括人的不安全行为、物的不安全状态、场所的不安全因素和管理上的缺陷。

(2)工程施工安全隐患：是指在安全检查及数据分析时发现潜在的对人身安全或健康构成伤害、造成财产损失、两者兼具的起源或情况。

(3)事故隐患：是指导致人身伤害、工作环境破坏或这些情况组合的危险和有害因素。包括人的不安全行为、物的不安全状态、场所的不安全因素和管理上的缺陷。

（二）隐患分级

1. 事故隐患分级

（1）特别重大事故隐患：可能造成的死伤人数30人（含30人）及以上。

（2）重大事故隐患：可能造成的死伤人数10~29人。

（3）较大事故隐患：可能造成的死伤人数3~9人。

（4）一般事故隐患：可能造成的死伤人数1~2人。

2. 安全隐患分级

按照《公路水路行业安全生产事故隐患治理暂行办法》第8条规定，安全生产隐患分为两级，重大隐患是指造成的重特大事故且整改难度较大的隐患，其余称为一般隐患。

注意安全隐患2级与事故隐患4级的区别。

（三）隐患处理

隐患处理应根据隐患的严重程度以及隐患的应急程度，分别采用与其相适应的处理手段和处理方法。

（1）事故隐患处理。

排查登记、公示公告、防范或整改、验收销号、监督检查。

（2）对一般安全隐患（安全问题）处理。

监理工程师可采用口头指示或签发安全工作指令。

（3）对重大安全隐患（严重安全隐患）可采用下列处理方法：

①由总监理工程师或专业监理工程师召开承包人的项目负责人、项目安全负责人、专职安全员参加的专题会议（现场监理会议），要求承包人及时采取有效措施，消除安全隐患（根据安全隐患控制情况，可邀请建设单位参加）。

②签发安全工作指令要求承包单位限时整改、复查、消项。

③必要时签发工程暂时停工指令要求承包单位进行整改，整改后再次恢复施工。

④施工单位应立即进行严重安全隐患调查，分析原因，制订纠正和预防措施，形成处理方案，并报监理工程师。整改处理方案有6点内容：a. 隐患部位、性质、发展变化、时间、地点等，现场调查的数据和资料；b. 隐患原因分析与判断；c. 隐患处理方案；d. 是否采取临时防护措施；e. 隐患整改负责人、完成时间和整改验收人；f. 涉及人员与责任和防止类似隐患再次出现的措施等。

⑤隐患处理完毕后，施工单位写出隐患处理报告并存档，同时报监理工程师。报告的内容有7点内容：整改过程、调查核查情况、隐患原因分析、处理依据、处理方案、处理中的数据记录资料、结果检查和验收结论。

⑥控制事故隐患是安全监理的最终目的，系统危险的辨识预测、分析评价都是属于危险控制技术。危险控制技术进一步分为宏观控制技术和微观控制技术两大类。

宏观控制技术以整个项目为对象对危险进行控制，手段有法制（政策、法令、规章）、经济（奖、罚、惩）和教育（入场安全教育、特殊工种教育）；安全监理是以法制和教育为主。

微观控制技术以具体危险源为控制对象，以系统工程为原理对危险进行控制，手段有技术措施和管理措施；安全监理是以管理措施为主，通过加强安全检查和技术方案审核。

（4）对于交通基础建设安全隐患处理，还可以用隐患排查结果汇总情况报告。

第五章 公路工程安全生产管理目标控制

例 题

例1 根据《公路水路行业安全生产事故隐患治理暂行办法》规定，造成的重特大事故且整改难度较大的隐患是（　　）隐患。
　　A. 特大　　　　　B. 重大　　　　　C. 较大　　　　　D. 一般

例2 监理工程师可以采用口头指示处理的隐患是（　　）。
　　A. 特大　　　　　B. 重大　　　　　C. 较大　　　　　D. 一般

例3 事故隐患处理有（　　）。
　　A. 排查登记　　　B. 公示公告　　　C. 防范或整改　　　D. 验收销号
　　E. 约谈和惩戒

例4 危险控制技术有（　　）。
　　A. 系统危险的辨识　B. 系统危险的预测　C. 系统危险的分析　D. 系统危险的反馈
　　E. 系统危险的评价

例 题 解 析

例1 按照《公路水路行业安全生产事故隐患治理暂行办法》第8条规定，安全生产隐患分为两级，重大隐患是指造成的重特大事故且整改难度较大的隐患，其余称为一般隐患。故选 B 项。

例2 对一般安全隐患（安全问题）处理监理工程师可以采用口头指示处理。故选 D 项。

例3 事故隐患处理有排查登记、公示公告、防范或整改、验收销号、监督检查。故选 ABCD 项。

例4 控制事故隐患是安全监理的最终目的，系统危险的辨识预测、分析评价都是属于危险控制技术。危险控制技术进一步分为宏观控制技术和微观控制技术两大类。故选 ABCE 项。

自 测 模 拟 题

（一）单项选择题

1. 安全监理的最终目的是（　　）。
　　A. 落实安全监理责任　B. 控制安全风险　　C. 控制事故隐患　　D. 安全目标控制

2. 以整个项目为对象对危险进行控制是（　　）。
　　A. 事故控制技术　　B. 宏观控制技术　　C. 隐患控制技术　　D. 微观控制技术

3. 以具体危险源为对象对危险进行控制是（　　）。
　　A. 事故控制技术　　B. 宏观控制技术　　C. 隐患控制技术　　D. 微观控制技术

4. 在宏观控制技术时，安全监理的手段是以（　　）为主。
　　A. 法制和经济　　B. 经济和教育　　C. 法制和教育　　D. 技术措施

5. 在以危险源为控制对象时，安全监理的手段是以（　　）为主。
　　A. 法制和经济　　B. 管理措施　　C. 法制和教育　　D. 技术措施

6. 对于重大安全隐患，监理工程师需召开（　　），要求承包人及时采取有效措施，消除安全隐患。
　　A. 专题会议　　　B. 工地例会　　　C. 工地会议　　　D. 安委会会议

7. 安全隐患整改方案由（　　）编制。
　　A. 施工单位　　　B. 监理单位　　　C. 建设单位　　　D. 安委会

8. 安全隐患处理报告由（　　）编制。
　　A. 施工单位　　　B. 监理单位　　　C. 建设单位　　　D. 安委会

9. 监理工程师加强有关安全的检查工作和技术方案的审核工作是（　　）手段。
   A. 技术措施　　　B. 管理措施　　　C. 经济　　　D. 教育
10. 监理工程师严格把控特殊工种上岗关是（　　）手段。
    A. 技术措施　　　B. 管理措施　　　C. 经济　　　D. 教育

（二）多项选择题

1. 安全隐患包括（　　）。
   A. 人的不安全行为　　　　　　　　B. 物的不安全状态
   C. 第一类危险源　　　　　　　　　D. 场所的不安全因素
   E. 管理上的缺陷

2. 施工单位隐患整改方案的内容有（　　）。
   A. 事故隐患原因分析与判断　　　　B. 事故隐患处理方案
   C. 是否需要采取临时防护措施　　　D. 隐患治理预演方案
   E. 现场调查的数据和资料

3. 危险控制技术进一步分为（　　）。
   A. 隐患控制技术　　B. 事故控制技术　　C. 宏观控制技术　　D. 安全检查技术
   E. 微观控制技术

4. 宏观控制技术的手段有（　　）。
   A. 法制　　　B. 管理措施　　　C. 经济　　　D. 技术措施
   E. 教育

5. 微观控制技术的手段有（　　）。
   A. 法制　　　B. 管理措施　　　C. 经济　　　D. 技术措施
   E. 教育

参考答案及解析

（一）单项选择题

1. C　2. B　3. D　4. C　5. B　6. A　7. A　8. A　9. B　10. D

6. 解析：工地会议虽然包含专题会议，不如选项 A 合适。

10. 解析："特殊工种教育"在题干中不能有"教育"提示内容，所以题干改为"严格把控特殊工种上岗关"就是岗前教育培训和审核。

（二）多项选择题

1. ABDE　　2. ABCE　　3. CE　　4. ACE　　5. BD

1. 解析：安全隐患是第二类危险源。

六、双重预防性工作机制建设有关内容

重 点 知 识

为推进建立公路水路行业安全生产风险管理和隐患治理双重预防机制，交通运输部制定了《公路水路行业安全生产风险管理暂行办法》和《公路水路行业安全生产事故隐患治理暂行办法》，在贯彻执行这两个办法时应结合以下要求：

（1）深刻认识加强安全生产风险管理和隐患治理工作的重要性。
（2）加强组织领导，统筹谋划各项工作。
（3）结合行业实际，分领域稳步推进。
（4）强化工作保障，确保取得实际效果。

（一）《公路水路行业安全生产风险管理暂行办法》相关规定

1. 总则

（1）公路行业安全生产风险管理具体工作是指安全生产风险辨识、评估、管控及其监督管理工作。

（2）从事公路行业生产经营活动的企事业单位（简称生产经营单位）是安全生产风险管理的实施主体。

（3）公路行业安全生产风险管理工作应坚持"单位负责、行业监管、动态实施、科学管控"的原则。

2. 分类分级

（1）公路行业安全生产风险（简称风险）是指生产经营过程中发生安全生产事故的可能性。

（2）公路施工有关的风险按业务领域主要是指交通工程建设风险。

（3）风险等级按照可能导致安全生产事故的后果和概率，由高到低依次分为重大、较大、一般和较小四个等级。（注：与安全事故等级对应降一级，最高"重大"最低"较小"）

①重大风险是指一定条件下易导致特别重大安全生产事故的风险。

②较大风险是指一定条件下易导致重大安全生产事故的风险。

③一般风险是指一定条件下易导致较大安全生产事故的风险。

④较小风险是指一定条件下易导致一般安全生产事故的风险。

3. 辨识与评估

（1）生产经营单位应编制风险辨识手册，明确风险辨识范围、方式和程序。

（2）生产经营单位风险辨识应针对致险因素（也称为致险因子、风险源、危险源、风险因素等）进行，致险因素一般包含以下方面：

①从业人员安全意识、安全与应急技能、安全行为或状态。

②生产经营基础设施、运输工具、工作场所等设施设备的安全可靠性。

③影响安全生产外部要素的可知性和应对措施。

④安全生产的管理机构、工作机制及安全生产管理制度合规和完备性。

（3）生产经营单位安全生产风险辨识分为全面辨识和专项辨识。全面辨识应每年不少于1次，专项辨识应在生产经营环节或其要素发生重大变化或管理部门有特殊要求时及时开展。安全生产风险辨识结束后应形成风险清单。

（4）生产经营单位应依据风险等级判定指南（注：例如桥梁和隧道工程施工安全风险评估指南），对风险清单中所列风险进行逐项评估，确定风险等级以及主要致险因素和控制范围。

（5）风险致险因素发生变化超出控制范围的，生产经营单位应及时组织重新评估并确定等级。

生产经营单位重大风险等级评定、等级变更和销号，可委托第三方服务机构进行评估或成立评估组进行评估，出具评估结论。生产经营单位成立的评估组成员应包括生产经营单位负责人或安全管理部门负责人和相关业务部门负责人、2名以上相关专业领域具有一定从业经历的专业技术人员。

4. 管理与控制

（1）生产经营单位应依据风险的等级、性质等因素，科学制订管控措施。

（2）生产经营单位应建立风险动态监控机制，按要求进行监测、评估、预警，及时掌握风险的状态和变化趋势。

（3）生产经营单位应严格落实风险管控措施，保障必要的投入，将风险控制在可接受范围内。

（4）生产经营单位应当将风险基本情况、应急措施等信息通过安全手册、公告提醒、标识牌、讲解宣传等方式告知本单位从业人员和进入风险工作区域的外来人员，指导、督促做好安全防范。

（5）生产经营单位应针对本单位风险可能导致的安全生产事故，制订或完善应急措施。

（6）当风险的致险因素超出管控范围，达到预警条件的，生产经营单位应及时发出预警信息，并立即采取针对性管控措施，防范安全生产事故发生。发生安全生产事故的，应按有关规定，及时有效处置。

（7）生产经营单位应如实记录风险辨识、评估、监测、管控等工作，并规范管理档案。重大风险应单独建立清单和专项档案。

5. 重大风险管控与登记

（1）生产经营单位应按下列要求加强重大风险管控：

①对重大风险制订动态监测计划，定期更新监测数据或状态，每月不少于1次，并单独建档。

②重大风险应单独编制专项应急措施。

③重大风险确定后按年度组织专业技术人员对风险管控措施进行评估改进，年度评估报告应在次年1个月内通过交通运输安全生产风险管理系统向属地负有安全生产监督管理职责的交通运输管理部门报送。

（2）生产经营单位应对进入重大风险影响区域的本单位从业人员组织开展安全防范、应急逃生避险和应急处置等相关培训和演练。

（3）生产经营单位应当在重大风险所在场所设置明显的安全警示标志，标明重大风险危险特性、可能发生的事件后果、安全防范和应急措施。

（4）生产经营单位应当将重大风险的名称、位置、危险特性、影响范围、可能发生的安全生产事故及后果、管控措施和安全防范与应急措施告知直接影响范围内的相关单位或人员。

（5）生产经营单位应当将本单位重大风险有关信息通过公路水路行业安全生产风险管理信息系统进行登记，构成重大危险源的应向属地综合安全生产监督管理部门备案。登记（含重大危险源报备，下同）信息应当及时、准确、真实。

（6）重大风险登记主要内容包括基本信息、管控信息、预警信息和事故信息等。

①基本信息包括重大风险名称、类型、主要致险因素、评估报告，所属生产经营单位单位名称、联系人及方式等信息。

②管控信息包括管控措施（含应急措施）和可能发生的安全生产事故及影响范围与后果等信息。

③预警信息包括预警事件类型、级别，可能影响区域范围、持续时间、发布（报送）范围，应对措施等。

④事故信息包括重大风险管控失效发生的安全生产事故名称、类型、级别、发生时间、造成的人员伤亡和损失、应急处置情况、调查处理报告等。

⑤填报单位、人员、时间，以及需填报的其他信息。

上述第③、④款信息在预警或安全生产事故发生后登记或报备。

（7）重大风险登记分为初次、定期和动态三种方式。

（8）初次登记，应在评估确定重大风险后5个工作日内填报。

（9）定期登记，采取季度和年度登记，季度登记截止时间为每季度结束后次月 10 日；年度登记时间为自然年，截止时间为次年 1 月 30 日。

（10）生产经营单位发现重大风险的致险因素超出管控范围，或出现新的致险因素，导致发生安全生产事故概率显著增加或预估后果加重时，应在 5 个工作日内动态填报相关异常信息。

（11）重大风险经评估确定等级降低或解除的，生产经营单位应于 5 个工作日内通过公路水路行业安全生产风险管理系统予以销号。

（12）重大风险管控失效发生安全生产事故的，应急处置和调查处理结束后，应在 15 个工作日内对相关工作进行评估总结，明确改进措施，评估总结应向属地负有安全生产监督管理职责的交通运输管理部门报送。

（二）《公路水路行业安全生产事故隐患治理暂行办法》相关规定

1. 总则

（1）安全生产隐患是生产经营单位违反安全生产法律、法规、规章、标准、规程和安全生产管理制度等规定，或因其他因素在生产经营活动中存在的可能导致安全生产事故发生的人的不安全行为、物的不安全状态、场所的不安全因素和管理上的缺陷。

（2）生产经营单位是隐患治理的责任主体，生产经营单位主要负责人对本单位隐患治理工作全面负责，应当部署、督促、检查本单位或本单位职责范围内的隐患治理工作，及时消除隐患。

（3）隐患治理工作应坚持"单位负责、行业监管、分级管理、社会监督"的原则。

2. 分类分级

安全隐患分为六类，其中公路施工隐患属于交通工程建设隐患。

安全隐患分为重大隐患和一般隐患两个等级。具体细节内容见上一点安全隐患。

3. 隐患排查与整改

（1）生产经营单位应当建立健全隐患排查、告知（预警）、整改、评估验收、报备、奖惩考核、建档等制度，逐级明确隐患治理责任，落实到具体岗位和人员。

（2）生产经营单位应当保障隐患治理投入，做到责任、措施、资金、时限、预案"五到位"。

（3）生产经营单位应当建立隐患日常排查、定期排查和专项排查工作机制，明确隐患排查的责任部门和人员、排查范围、程序、频次、统计分析、效果评价和评估改进等要求，及时发现并消除隐患。

（4）隐患日常排查是生产经营单位结合日常工作组织开展的经常性隐患排查，排查范围应覆盖日常生产作业环节，日常排查每周应不少于 1 次。

（5）隐患专项排查是生产经营单位在一定范围、领域组织开展的针对特定隐患的排查，一般包括：

①根据政府及有关管理部门安全工作专项部署，开展针对性的隐患排查。

②根据季节性、规律性安全生产条件变化，开展针对性的隐患排查。

③根据新工艺、新材料、新技术、新设备投入使用对安全生产条件形成的变化，开展针对性的隐患排查。

④根据安全生产事故情况，开展针对性的隐患排查。

（6）隐患定期排查是由生产经营单位根据生产经营活动特点，组织开展涵盖全部交通运输生产经营领域、环节的隐患排查。定期排查每半年应不少于 1 次。

（7）生产经营单位应指定专门机构负责本单位安全生产隐患治理工作，定期检查本单位的安全生产状况，及时组织排查隐患，提出改进安全生产管理的建议。

（8）从业人员发现隐患，应当立即向现场安全生产管理人员或者本单位负责人报告；接到报告的人员应当及时予以处理。

（9）生产经营单位应认真填写隐患排查记录，形成隐患排查工作台账，包括排查对象或范围、时间、人员、安全技术状况、处理意见等内容，经隐患排查直接责任人签字后妥善保存。

（10）生产经营单位对发现或排查出的隐患，应当按照隐患分级判定指南，确定隐患等级，形成隐患清单。

（11）一般隐患整改完成后，应由生产经营单位组织验收，出具整改验收结论，并由验收主要负责人签字确认。

（12）重大隐患整改应制订专项方案，包括以下内容：

①整改的目标和任务。

②整改技术方案和整改期的安全保障措施。

③经费和物资保障措施。

④整改责任部门和人员。

⑤整改时限及节点要求。

⑥应急处置措施。

⑦跟踪督办及验收部门和人员。

（13）重大隐患整改完成后，生产经营单位应委托第三方服务机构或成立隐患整改验收组进行专项验收。生产经营单位成立的隐患整改验收组成员应包括生产经营单位负责人、安全管理部门负责人、相关业务部门负责人和两名以上相关专业领域具有一定从业经历的专业技术人员。整改验收应根据隐患暴露出的问题，全面评估，出具整改验收结论，并由组长签字确认。

（14）重大隐患整改验收通过的，生产经营单位应将验收结论向属地负有安全生产监督管理职责的交通运输管理部门报备，并申请销号。报备申请材料包括：

①重大隐患基本情况及整改方案。

②重大隐患整改过程。

③验收机构或验收组基本情况。

④验收报告及结论。

⑤下一步改进措施。

（15）重大隐患整改验收完成后，生产经营单位应对隐患形成原因及整改工作进行分析评估，及时完善相关制度和措施，依据有关规定和制度对相关责任人进行处理，并开展有针对性的培训教育。

4. 重大隐患报备

（1）生产经营单位应按照"及时报备、动态更新、真实准确"的原则，通过公路行业安全生产隐患治理信息系统向属地负有安全生产监督管理职责的管理部门及时报备重大隐患信息，负有直接监督管理责任的交通运输管理部门（2022年考点）应审查报备信息的完整性。

（2）重大隐患报备信息应包括以下内容：

①隐患名称、类型类别、所属生产经营单位及所在行政区划、属地负有安全生产监督管理职责的管理部门。

②隐患现状描述及产生原因。

③可能导致发生的安全生产事故及后果。

④整改方案或已经采取的治理措施，治理效果和可能存在的遗留问题。

⑤隐患整改验收情况、责任人处理结果。

⑥整改期间发生安全生产事故的，还应报送事故及处理结果等信息。

上述第④、⑤、⑥款信息在相关工作完成后报备。

（3）重大隐患报备包括首次报备、定期报备和不定期报备三种方式。

①首次报备：应在重大隐患确定后进行报备。

②定期报备：报送重大隐患整改的进展情况。

③不定期报备：当重大隐患状态发生新的重大变化时，应及时报备相关情况。

（4）生产经营单位的安全生产管理人员在检查中发现重大隐患，应向本单位有关负责人报告，有关负责人不及时处理的，安全生产管理人员应向属地负有安全生产监督管理职责的交通运输管理部门报告。

注：此处比《安全生产法》第43条的"可以向"更为严格。

（5）重大隐患首次报备应在重大隐患确定后5个工作日内报备（2022年考点），定期报备应在每季度结束后次月前10个工作日内报备，不定期报备应在重大隐患状态发生重大变化后5个工作日内进行报备。

（6）生产经营单位应建立重大隐患专项档案，并规范管理。

5. 公路工程重大事故隐患清单（表5-1-2）

公路工程重大事故隐患清单（行业基础版） 表5-1-2

工程类别	施工环节	隐患编号	隐患内容	易引发事故类型	判定依据
工程管理	方案管理	GG-001	未按规定编制或未按程序审批危险性较大工程或新工艺、新工法的专项施工方案；超过一定规模的危险性较大工程的专项施工方案未组织专家论证、审查；未审批的专项施工方案施工	坍塌等	JTG F90
辅助施工	工地建设	GF-001	施工驻地及场站设置在滑坡、塌方、泥石流、崩塌、落石、洪水、雪崩等危险区域	坍塌	JTG F90
		GF-002	施工现场、生产区、生活区、办公区等防火或临时用电未按规范实施	火灾	
	围堰施工	GF-003	未按设计或方案要求施工围堰；未定期开展围堰监测监控，工况发生变化时未及时采取措施	坍塌、淹溺	JTG F90、JTG/T 3650、77号文件
		GF-004	碰撞、随意拆除、擅自削弱围堰内部支撑杆件或在其上堆放重物		
		GF-005	土石围堰无防排水和防汛措施；钢围堰无防撞措施；侧壁随意驻泊施工船舶		
	挂篮施工	GF-006	采用挂篮法施工未平衡浇筑；挂篮拼装后未预压，锚固不规范；混凝土强度未达到要求或恶劣天气导致挂篮移动	坍塌	JTG F90、JTG/T 3650
通用作业	模板作业	GT-001	未按规范或方案要求安装或拆除模板[包括翻模、爬(滑)模、移动模架等]；各类模板使用的螺栓安装数量不足	坍塌	JTG F90、JTG/T 3650
	支架作业	GT-002	未处理支架基础；支架未按规范或方案要求搭设、预压、验收	坍塌	JTG F90、JTG/T 3650
		GT-003	支架搭设使用无产品合格证、未经检验或检验不合格的管材、构件		

续上表

工程类别	施工环节	隐患编号	隐患内容	易引发事故类型	判定依据
通用作业	特种设备设施作业	GT-004	使用未经检验或验收不合格的起重机械	起重伤害	JTG F90
		GT-005	未按规范或方案要求安装拆除桥式、臂架式或缆索式等起重机械		
		GT-006	使用吊车、塔式起重机等起重机械吊运人员		
路基工程	高边坡施工	GL-001	含岩堆、松散岩石或滑坡地段的高边坡开挖、排险、防护措施不足	坍塌	JTG F90
	爆破施工	GL-002	未设置警戒区；爆破后未排险立即施工	爆炸	JTG F90
桥梁工程	深基坑施工	GQ-001	深基坑施工防护措施不足	坍塌	JTG F90
	墩柱施工	GQ-002	桥墩施工未搭设施工作业平台		JTG F90
	梁板施工	GQ-003	梁板安装未采取防倾覆措施		JTG F90
	拱桥施工	GQ-004	拱架支撑体系搭设、拆除不规范；拱圈施工工序、工艺或材料不符合规范		JTG F90、JTG/T 3650
隧道工程	洞口边、仰坡施工	GS-001	雨季、融雪季节边、仰坡施工排险、防护措施不足；边、仰坡开挖未施作排水系统	坍塌	JTG F90、JTG/T 3660
		GS-002	含岩堆、松散岩石或滑坡地段的边坡开挖、排险、防护措施不足		JTG F90、JTG/T 3660
	洞内施工	GS-003	雨季、融雪季节，浅埋或地表径流地段未开展地表监测		JTG F90、JTG/T 3660
		GS-004	未按规范或方案要求开展超前地质预报、监控量测	坍塌	JTG F90、JTG/T 3660、104号文件
		GS-005	开挖方法不符合设计或方案要求；开挖前未对掌子面及其邻近的拱顶、拱腰围岩进行排险		JTG F90、104号文件
隧道工程	洞内施工	GS-006	未按规范或方案要求初喷及支护；拱架、锚杆等材质不符合设计要求		JTG F90、104号文件
		GS-007	仰拱一次开挖长度不符合方案要求；III级围岩仰拱距掌子面的距离大于90m；IV级围岩仰拱距掌子面的距离大于50m；V级及以上围岩仰拱距掌子面的距离大于40m；仰拱拱架未闭合	坍塌	JTG F90、104号文件
		GS-008	IV级围岩二次衬砌距掌子面的距离大于90m，V级及以上围岩二次衬砌距掌子面的距离大于70m		JTG F90
	瓦斯隧道施工	GS-009	工区任意位置瓦斯浓度达到限值；瓦斯检测与防爆设施不符合方案要求	瓦斯爆炸	JTG F90、JTG/T 3660
	防火防爆	GS-010	隧道内土工布、防水板等易燃材料存在火灾隐患	火灾，爆炸	JTG F90、104号文件
		GS-011	隧道内存放、加工、销毁民用爆炸物品；使用非专用车辆运输民用爆炸物品或人药混装运输		

注：表中引用的文件简称和全称说明如下：
1. JTG F90：《公路工程施工安全技术规范》（JTG F90—2015）。
2. JTG/T 3650：《公路桥涵施工技术规范》（JTG/T 3650—2020）。
3. JTG/T 3660：《公路隧道施工技术规范》（JTG/T 3660—2020）。
4. 77号文件：交通运输部办公厅关于转发重庆市交通委员会关于加强桥梁工程双壁钢围堰施工安全管理工作的

通知（交办安监〔2015〕77 号）。
5. 104 号文件：《国家安全监管总局　交通运输部　国务院国资委　国家铁路局关于印发〈隧道施工安全九条规定〉的通知》（安监总管二〔2014〕104 号）。

（三）双重预防机制建设监理单位的工作内容

（1）监理单位应督促施工单位开展安全风险辨识，在安全风险辨识的基础上，开在安全风险评估，编制施工安全风险评估报告，落实安全风险分级管控措施；开展事故隐患排查治理，落实事故隐患排查治理和防控责任制度，改进安全生产工作。

（2）监理单位应审查施工单位报送的安全风险评估报告、安全风险清单、重大安全风险管控措施，审查重大安全事故隐患治理方案；检查施工现场安全风险分布图、安全风险公告栏，检查作业安全风险比较图、岗位安全风险告知卡；参与施工单位隐患排查治理，定期检查隐患排查治理台账的建立和记录情况。

例　题

例1　一定条件下易导致重大安全生产事故的风险是（　　）风险。
A. 特大　　　　　B. 重大　　　　　C. 较大　　　　　D. 一般

例2　公路行业安全生产风险管理对风险处理的正确流程是（　　）。
A. 评估→辨识→管控　　　　　　B. 辨识→评估→管控
C. 评估→管控→辨识　　　　　　D. 辨识→管控→评估

例3　公路行业安全生产风险辨识是针对（　　）进行。
A. 致险因素　　B. 施工环境　　C. 管理水平　　D. 人员素质

例4　根据《公路水路行业安全生产事故隐患治理暂行办法》的规定，在生产经营单位的安全生产管理人员在检查中发现重大隐患时的处理，比《安全生产法》更为严格要求的是（　　）。
A. 应向本单位有关负责人报告
B. 可向本单位有关负责人报告
C. 有关负责人不及时处理的，安全生产管理人员应向属地负有安全生产监督管理职责的交通运输管理部门报告
D. 有关负责人不及时处理的，安全生产管理人员可以向属地负有安全生产监督管理职责的交通运输管理部门报告

例5　对于重大事故隐患，施工单位应当在确定后（　　）个工作日内向直接监管的交通运输主管部门报备。[2022年真题]
A. 5　　　　　B. 10　　　　　C. 15　　　　　D. 20

例6　致险因素一般包含（　　）。
A. 从业人员安全意识、安全与应急技能、安全行为或状态
B. 生产经营基础设施、运输工具、工作场所等设施设备的安全可靠性
C. 影响安全生产外部要素的可知性和应对措施
D. 安全生产的管理机构、工作机制及安全生产管理制度合规和完备性
E. 新工艺、新材料、新技术、新设备投入使用对安全生产条件形成的变化

例7　生产经营单位应依据风险等级判定指南，对风险进行评估，确定（　　）。
A. 风险等级　　　　　　　　　　B. 主要致险因素

C. 风险清单内容　　　　　　　　　　D. 主要致险因素的数量

E. 主要致险因素的控制范围

例8 风险评估确定的风险等级结论有（　　）级风险。

A. V　　　　　　B. Ⅳ　　　　　　C. Ⅲ　　　　　　D. Ⅱ

E. Ⅰ

例9 重大隐患排查后报备信息应包括（　　）。

A. 隐患名称、类型类别、所属生产经营单位及所在地行政区划、属地负有安全生产监督管理职责的部门

B. 隐患现状描述及产生原因和可能导致发生的安全生产事故及后果

C. 整改方案或已经采取的治理措施、治理效果和可能存在的遗留问题

D. 隐患整改验收情况、责任人处理结果

E. 整改期间发生安全生产事故的，还应报送事故及处理结果等信息

例题解析

例1 一定条件下易导致重大安全生产事故的风险是较大风险。没有特大风险，最高级是重大风险对应是特大事故，最低级是较小风险对应是一般事故。故选 C 项。

例2 公路行业安全生产风险管理具体工作是指安全生产风险辨识、评估、管控及其监督管理工作。故选 C 项。

例3 风险评估只考虑客观致险因素，不考虑主观因素（如人的素质、管理等），所以选项 CD 不能选。生产经营单位风险辨识应针对致险因素进行。故选 A 项。而选项 B 施工环境虽然是属于致险因素，但不如选项 A 更合适。

例4 根据《公路水路行业安全生产事故隐患治理暂行办法》第 37 条规定，"生产经营单位的安全生产管理人员在检查中发现重大隐患，应向本单位有关负责人报告，有关负责人不及时处理的，安全生产管理人员应向属地负有安全生产监督管理职责的交通运输管理部门报告"。《安全生产法》第 43 条第 2 款规定，"生产经营单位的安全生产管理人员在检查中发现重大事故隐患，依照前款规定向本单位有关负责人报告，有关负责人不及时处理的，安全生产管理人员可以向主管的负有安全生产监督管理职责的部门报告，接到报告的部门应当依法及时处理"。选项 A 两者规定相同都是"应"，没有更严格；选项 B 错在"可"；选项 D 是《安全生产法》的"可以向"表示。故选 C 项。

例5 根据《公路水路行业安全生产隐患治理暂行办法》规定，第 34 条要求报备部门是负有直接监管的交通运输管理部门并审查报备信息完整性；第 38 条要求生产经营单位首次报备应在重大隐患确定后 5 个工作日内报备。根据题意，应选 A 项。

例6 选项 E 新工艺、新材料、新技术、新设备投入使用也是属于致险因素，但是"四新"使用对安全生产条件形成的变化，却是安全隐患，不是致险因素。故选 ABCD 项，就是文件所列出的内容。

例7 生产经营单位应依据风险等级判定指南（例如，桥梁和隧道工程施工安全风险评估指南），对风险清单中所列风险进行逐项评估，确定风险等级以及主要致险因素和控制范围。故选 ABE 项。

例8 风险等级判定指南中，风险等级有Ⅳ、Ⅲ、Ⅱ、Ⅰ级风险对应于是重大、较大、一般、较小风险。故选 BCDE 项。

例9 选项的内容都是报备的信息，但是选项 CDE 的信息在相关工作完成后报备。隐患排查后还未整改完成，所以不能选。故选 AB 项。

自 测 模 拟 题

（一）单项选择题

1. 公路施工安全生产风险管理的实施主体是（　　）。
   A. 施工单位　　　　B. 建设单位　　　　C. 监理单位　　　　D. 安委会

2. 公路行业安全生产风险管理流程的第一步是（　　）。
   A. 安全生产风险监管　　　　　　　　B. 安全生产风险评估
   C. 安全生产风险辨识　　　　　　　　D. 安全生产风险管控

3. 安全生产风险辨识结束后应形成（　　）。
   A. 风险评估报告　　B. 风险辨识报告　　C. 风险分析报告　　D. 风险清单

4. 安全生产风险全面辨识（　　）。
   A. 应每半年不少于1次　　　　　　　B. 应每年不少于1次
   C. 宜每半年不少于1次　　　　　　　D. 宜每年不少于1次

5. 在生产经营环节或其要素发生重大变化或管理部门有特殊要求时应及时开展（　　）。
   A. 全面辨识　　　　B. 总体辨识　　　　C. 专项辨识　　　　D. 专业辨识

6. 风险评估是对（　　）所列风险进行逐项评估。
   A. 风险报告　　　　B. 风险清单　　　　C. 风险评估表　　　D. 风险等级表

7. 风险致险因素发生变化超出控制范围的，生产经营单位应（　　）。
   A. 进行专项辨识并确定等级　　　　　B. 组织重新评估并确定等级
   C. 进行全面辨识并确定等级　　　　　D. 调整风险辨识方法并确定等级

8. 生产经营单位应依据风险的等级、性质等因素，科学制订（　　）。
   A. 避险措施　　　　B. 控制措施　　　　C. 管控措施　　　　D. 管理措施

9. 重大风险初次登记，应在评估确定重大风险后（　　）个工作日内填报。
   A. 3　　　　　　　B. 5　　　　　　　C. 10　　　　　　　D. 15

10. 重大风险定期登记，采取（　　）登记。
    A. 月份和季度　　　B. 季度和年度　　　C. 月份和年度　　　D. 年度

11. 生产经营单位发现重大风险的致险因素超出管控范围，或出现新的致险因素，导致发生安全生产事故概率显著增加或预估后果加重时，应采用（　　），填报相关异常信息。
    A. 初次登记　　　　B. 定期登记　　　　C. 不定期登记　　　D. 动态登记

12. 重大风险经评估确定等级降低或解除的，生产经营单位应于（　　）个工作日内通过公路水路行业安全生产风险管理系统予以销号。
    A. 3　　　　　　　B. 5　　　　　　　C. 10　　　　　　　D. 15

13. 公路施工安全隐患是属于（　　）。
    A. 道路运输隐患　　　　　　　　　　B. 水路运输隐患
    C. 港口营运隐患　　　　　　　　　　D. 交通工程建设隐患

14. 隐患日常排查是生产经营单位结合日常工作组织开展的经常性隐患排查，排查范围应覆盖日常生产作业环节，日常排查（　　）。
    A. 宜每周不少于1次　　　　　　　　B. 宜每月不少于1次
    C. 应每周不少于1次　　　　　　　　D. 应每月不少于1次

15. 隐患专项排查是生产经营单位在一定范围、领域组织开展的针对（　　）的排查。
    A. 专业隐患　　　　B. 一般隐患　　　　C. 重大隐患　　　　D. 特定隐患

16. 生产经营单位对发现或排查出的隐患，应当按照隐患分级判定指南，确定隐患等级，形成（　　）。
    A. 隐患作业表　　　B. 隐患清单　　　　C. 整改措施单　　　D. 整改意见单

17. 重大隐患整改应制订（　　）。
    A. 专项报告　　　　B. 整改措施表　　　C. 专项方案　　　　D. 总体方案

18. 报送重大隐患整改的进展情况，是（　　）。
    A. 首次报备　　　　B. 定期报备　　　　C. 不定期报备　　　D. 动态报备

19. 公路工程重大事故隐患清单中挂篮拼装后未预压、锚固不规范，易引发坍塌事故，工程类别是（　　）。
    A. 辅助施工　　　　B. 通用作业　　　　C. 桥梁工程　　　　D. 工程管理

（二）多项选择题

1. 为推进建立公路行业安全生产风险管理和隐患治理双重预防机制，在贯彻执行两个办法时，需结合的要求有（　　）。
    A. 深刻认识加强安全生产风险管理和隐患治理工作的重要性
    B. 强化安全生产风险管理和增强隐患治理排查力度
    C. 加强组织领导，统筹谋划各项工作
    D. 结合行业实际，分领域稳步推进
    E. 强化工作保障，确保取得实际效果

2. 公路行业安全生产风险管理具体工作有（　　）。
    A. 安全生产风险辨识　　　　　　　　B. 安全生产风险评估
    C. 安全生产风险检查　　　　　　　　D. 安全生产风险管控
    E. 安全生产风险监督管理

3. 公路行业安全生产风险管理工作应坚持（　　）的原则。
    A. 单位负责　　　　B. 行业监管　　　　C. 分级管理　　　　D. 动态实施
    E. 科学管控

4. 生产经营单位应编制风险辨识手册，明确风险辨识（　　）。
    A. 范围　　　　　　B. 深度　　　　　　C. 方式　　　　　　D. 方法
    E. 程序

5. 生产经营单位安全生产风险辨识分为（　　）。
    A. 全面辨识　　　　B. 总体辨识　　　　C. 专项辨识　　　　D. 专业辨识
    E. 特别辨识

6. 风险评估确定的风险等级结论有（　　）风险。
    A. 特大　　　　　　B. 重大　　　　　　C. 较大　　　　　　D. 一般
    E. 较小

7. 生产经营单位应建立风险动态监控机制，按要求进行（　　）及时掌握风险的状态和变化趋势。
    A. 预测　　　　　　B. 监测　　　　　　C. 辨识　　　　　　D. 评估

E. 预警

8. 生产经营单位应当将风险基本情况、应急措施等信息通过（　　）等方式告知本单位从业人员和进入风险工作区域的外来人员，指导、督促做好安全防范。
    A. 安全手册 B. 辨识手册 C. 公告提醒 D. 标识牌
    E. 讲解宣传

9. 重大风险登记主要内容包括（　　）信息。
    A. 辨识 B. 基本 C. 管控 D. 预警
    E. 事故

10. 重大风险登记分为（　　）登记方式。
    A. 初次 B. 定期 C. 不定期 D. 静态
    E. 动态

11. 重大风险管控失效发生安全生产事故的，应急处置和调查处理结束后，应在 15 个工作日内（　　）。
    A. 对相关工作进行评估总结   B. 明确改进措施
    C. 重新进行风险辨识   D. 重新对风险定级
    E. 评估总结应报送负责安全监管的交通主管部门

12. 隐患治理工作应坚持（　　）的原则。
    A. 单位负责 B. 行业监管 C. 分级管理 D. 动态实施
    E. 社会监督

13. 公路行业安全生产风险管理和隐患治理工作都应坚持（　　）的原则。
    A. 单位负责 B. 行业监管 C. 分级管理 D. 动态实施
    E. 社会监督

14. 生产经营单位应当建立健全（　　）、报备、奖惩考核、建档等制度，逐级明确隐患治理责任，落实到具体岗位和人员。
    A. 隐患排查 B. 告知（预警） C. 整改 D. 评估验收
    E. 登记

15. 生产经营单位应当保障隐患治理投入，做到"五到位"是指（　　）到位。
    A. 责任 B. 措施 C. 资金 D. 人员
    E. 预案

16. 生产经营单位应当建立隐患（　　）排查工作机制，明确隐患排查的各种要求，及时发现并消除隐患。
    A. 日常 B. 定期 C. 不定期 D. 专项
    E. 总体

17. 生产经营单位应当建立各种排查工作机制，明确隐患排查的（　　）等要求，及时发现并消除隐患。
    A. 责任部门和人员   B. 排查范围、程序和频次
    C. 层次分析   D. 效果评价
    E. 评估改进

18. 生产经营单位应认真填写隐患排查记录，形成隐患排查工作台账，包括（   ）等内容，经隐患排查直接责任人签字后妥善保存。

　　A. 排查对象或范围　　B. 时间　　　　　　C. 位置　　　　　　D. 安全技术状况

　　E. 处理意见

19. 重大隐患整改的专项方案内容有（   ）。

　　A. 整改的目标和任务　　　　　　　　　B. 整改技术措施

　　C. 经费和物资保障措施　　　　　　　　D. 整改责任部门和人员

　　E. 整改时限及节点要求

20. 重大隐患整改验收通过的，生产经营单位应将验收结论向属地负有安全生产监督管理职责的交通运输管理部门报备，并申请销号。报备申请材料包括（   ）。

　　A. 重大隐患基本情况及整改方案　　　　B. 重大隐患整改过程

　　C. 验收机构或验收组基本情况　　　　　D. 验收报告及结论

　　E. 隐患改进的具体措施（应是下一步改进措施）

21. 重大隐患报备包括（   ）报备方式。

　　A. 首次　　　　　　B. 定期　　　　　　C. 不定期　　　　　　D. 静态

　　E. 动态

参考答案及解析

（一）单项选择题

1. A　2. C　3. D　4. B　5. C　6. B　7. B　8. C　9. B　10. B
11. D　12. B　13. D　14. C　15. D　16. B　17. C　18. B　19. A

（二）多项选择题

1. ACDE　2. ABDE　3. ACE　4. AC　5. BCDE　6. BDE　7. ACDE
8. BCDE　9. ABE　10. ABE　11. ABE　12. ABCE　13. AB　14. ABCD
15. ABCE　16. ABD　17. ABDE　18. ABDE　19. ACDE　20. ABCD　21. ABC

15. 解析：选项 D 正确内容应该是"人员"。

18. 解析：选项 C 位置已经包含在选项 A 中，正确内容应该是"时限"。

七、工程安全事故等级标准、处理的依据和程序

重 点 知 识

（一）工程安全事故等级标准

工程安全事故等级参见表 5-1-3。职业伤害事故原因分为 20 类，与土木工程有关的有 12 类，分别是物体打击（如高处落物伤人但不属于"高处坠落"）、车辆伤害、机械伤害、起重伤害、触电、灼烫、火灾、高处坠落（触电后坠落按触电）、坍塌、火药爆炸、中毒和窒息、其他伤害。按照事故严重程度分为轻伤、重伤和死亡，重伤指受伤人损失 105 个工作日或以上的失能伤害。伤害类别和程度标准参见现行《企业职工伤亡事故分类》（GB 6441）的相关规定。（注：车辆伤害是 2022 年考点）

工程安全事故等级　　　　　　　　　表5-1-3

安全事故等级	死亡人数	重伤或中毒人数	直接经济损失（万元）
特别重大安全事故	人数≥30	人数≥100	损失≥10000
重大安全事故	10≤人数≤29	50≤人数≤99	5000≤损失＜10000
较大安全事故	3≤人数≤9	10≤人数≤49	1000≤损失＜5000
一般安全事故	1≤人数≤2	1≤人数≤9	100≤损失＜1000

（二）工程安全事故处理依据

（1）安全事故的实况资料：时间和地点；状况描述；事故发展；事故记录照片录像。

（2）有关合同及合同文件。

（3）有关的技术文件和档案：设计文件、施工技术资料档案（施工组织设计、安全技术措施、安全交底、日志、材料设备质量证明、安全物资等）。

（4）相关的建设工程法律法规和标准规范。

（三）工程安全事故处理程序

1. 事故报告

（1）第一事故现场的报告人、时限和报告对象：①现场报告人是有关人员；②时间是应立即；③报告的对象是单位负责人，如情况紧急可越级直接报告到县级以上安全监管部门。

（2）单位的报告人、时限和报告对象以及启动应急预案：单位负责人接到现场报告后，应当立即启动应急预案和组织抢救，并在事故发生的1小时内，向事故发生地县级以上安全监管部门或负有安全监管职责的有关部门报告（不是政府）。

（3）政府的安全监管部门按照事故等级在不超2小时情况下，逐级上报。一般级到地市的、较大级到省的、重特大级到国务院的安全监管部门。各级安全监管部门应当同时报告本级人民政府。（注：安监部门报上级部门还是安监部门，本级是政府）

（4）事故报告的内容：单位概况，时间、地点以及事故现场情况，简要经过，死伤和预估直接经济损失，已经采取的措施，其他情况。

2. 事故调查

（1）事故调查实行分级原则

无伤亡的一般级，县级政府可以委托事故单位进行调查；特大级是国务院或其授权部门进行调查；重大、较大、一般级对应为省、地市、县级政府（不是安监部门，有别于事故报告）进行调查。

（2）事故调查原则

事故调查处理应当按照科学严谨、依法依规、实事求是、注重实效的原则。（注：2022年考点）

（3）事故调查组的组成原则：精简、效能原则。

（4）事故调查报告的内容：单位概况、事故经过和救援情况、伤亡和直接经济损失、事故的原因和性质、事故责任的认定以及对事故责任者的处理建议、防范和整改措施。

3. 事故处理

（1）政府的批复和处理

政府应当自收到事故调查报告之日起，特大级的在30日内批复，其他级在15日内批复。

①有关机关应当按照人民政府的批复,对事故发生单位和有关人员进行行政处罚,对负有事故责任的国家工作人员进行处分。

②事故发生单位应当按照人民政府的批复,对本单位负有事故责任的人员进行处理。

③负有事故责任的人员涉嫌犯罪的,依法追究刑事责任。

(2)事故处理的四不放过原则

国务院办公厅《关于加强安全工作的紧急通知》(国办发明电〔2004〕7号)规定,要严格按照,事故原因未查清不放过、责任人员未处理不放过、整改措施未落实不放过、有关人员未受到教育不放过的"四不放过"原则,严肃追究有关领导和责任人的责任。

例 题

例1 某项目工地死亡2人,重伤49人,是( )事故。
A. 特别重大 B. 重大 C. 较大 D. 一般

例2 直接经济损失1500万元的安全事故等级是( )。〔2022年真题〕
A. 特别重大事故 B. 重大事故
C. 较大事故 D. 一般事故

例3 下列事故中,不属于车辆伤害的是( )。〔2022年真题〕
A. 机动车辆在行驶中引起的人体坠落伤亡事故
B. 机动车辆在行驶中引起的物体倒塌伤亡事故
C. 机动车辆在行驶中引起的挤压伤亡事故
D. 车辆停驶时引起的挤压伤亡事故

例4 事故调查处理应当按照( )原则。〔2022年真题〕
A. 实事求是,公平合理 B. 统一领导,分级处理
C. 公平公正,注重实效 D. 科学严谨,注重实效

例5 工程安全事故处理的依据有( )。
A. 安全事故的实况资料 B. 有关合同及合同文件
C. 相关的设计文件 D. 相关的建设工程法律法规
E. 相关的建设工程标准规范

例 题 解 析

例1 单独情况下死亡2人是一般事故,重伤49人是较大,但是死亡2人比重伤更为严重,所以合起来考虑,重伤=2+49=51>50人,重大事故。故选B项。

例2 参见表5-1-2第4列第4行的数据,确认为较大安全事故。故选C项。

例3 车辆伤害指企业机动车辆在行驶中引起的人体坠落和物体倒塌、飞落、挤压伤亡事故,不包括起重设备提升、牵引车辆和车辆停驶时发生的事故。故选D项。

例4 根据《安全生产法》第86条规定,事故调查处理应当按照科学严谨、依法依规、实事求是、注重实效的原则,及时、准确地查清事故原因,查明事故性质和责任,评估应急处置工作,总结事故教训,提出整改措施,并对事故责任单位和人员提出处理建议。故选D项。

例5 选项C正确内容是"有关的技术文件和档案",除设计文件外,还有施工技术资料档案。故选ABDE项。

自 测 模 拟 题

（一）单项选择题

1. 某项目工地死亡2人，重伤8人，工程直接经济损失950万元，伤亡的赔偿费和治疗费以及救援费用为4100万元，是（　　）事故。

  A. 特别重大   B. 重大   C. 较大   D. 一般

2. 现场发生安全事故的时间为13：00，项目经理13：15向单位负责人报告，报告完毕时间是13：20，单位负责人向有关主管部门报告的时间是13：45。按照《生产安全事故报告和调查处理条例》规定，单位负责人接到报告后，应当在1小时内向事故发生地县级以上人民政府安全生产监督管理部门和负有安全生产监督管理职责的有关部门报告。1小时内的起算时间是（　　）。

  A. 13：00   B. 13：15

  C. 13：20   D. 13：45

3. 单位负责人接到事故报告，应立即采取的行动是（　　）。

  A. 组织抢险   B. 向主管部门报告

  C. 启动应急预案   D. 启动应急预案和组织抢险

4. 对于较大事故的报告论述正确的是（　　）。

  A. 从县级政府开始逐级在不超过2小时情况下，报到省级政府

  B. 从县级政府开始逐级在不超过1小时情况下，报到省级政府

  C. 从县级政府安全监管部门开始逐级在不超过2小时情况下，报到省级政府

  D. 从县级政府安全监管部门开始逐级在不超过2小时情况下，报到省级安全监管部门

5. 县级政府可以委托事故单位进行调查的事故是（　　）。

  A. 一般事故   B. 无死亡一般事故

  C. 较大事故   D. 重大事故

（二）多项选择题

1. 施工技术资料档案有（　　）。

  A. 施工组织设计   B. 安全技术措施

  C. 安全交底和施工日记   D. 材料设备质量证明

  E. 安全物资证明资料

2. 无伤亡的一般事故，可以由（　　）进行调查。

  A. 地市级安全监管部门   B. 地市级政府

  C. 县级安全监管部门   D. 事故单位

  E. 县级政府

3. 事故调查处理应当按照的原则有（　　）。

  A. 科学严谨 B. 依法依规 C. 实事求是 D. 注重实效

  E. 精简效能

4. 事故处理的"四不放过"原则有（　　）。

  A. 事故原因未查清不放过   B. 责任人员未处理不放过

  C. 整改措施未落实不放过   D. 有关人员未受到教育不放过

  E. 责任人员未受教育不放过

参考答案及解析

（一）单项选择题

1．C   2．A   3．D   4．D   5．B

1．**解析**：2＋8＝10人，重伤10人，赔偿和救援费用不是工程直接经济损失，不能相加为5050万元，不算重大事故。

2．**解析**：事故发生后，事故现场有关人员应当立即向本单位负责人报告。如果不是从事故发生时间点起算将存在法律漏洞。

（二）多项选择题

1．ABDE   2．DE   3．ABCD   4．ABCD

1．**解析**：选项C错在，施工日记是个人行为，而施工日志才是施工单位项目部的公司行为。

第二节　安全监理工作

一、安全监理的依据和目标

重点知识

（一）安全监理的依据

（1）有关安全生产、劳动保护、环境保护、消防等的法律法规和标准规范。具体内容见本章第一节第一点。

（2）建设工程批准文件：①批准的可行性研究报告；②建设项目选址意见书；③建设用地规划许可证；④建设工程规划许可证；⑤施工许可证以及初步设计文件；⑥施工图设计文件等。

（3）委托监理合同和有关的建设工程合同。监理机构应根据两类合同进行安全监理：①工程监理单位与建设单位签订的建设工程委托监理合同；②建设单位与施工单位签订的有关建设工程合同。

（二）安全监理的目标

根据《建设工程安全生产管理条例》第四条规定，设计单位、施工单位、监理单位及其他与建设工程安全生产有关的单位，必须遵守安全生产法律法规的规定，保证建设工程的安全生产，依法承担建设工程的安全生产责任。此条款从法律上赋予了监理单位的安全生产责任。

安全监理履行安全生产管理的监理职责，其管理的目标：实现安全生产，减少和控制危害，减少和控制事故发生，尽量减轻事故所造成的损失。

例　题

例1　不属于安全监理依据建设工程合同是（　　）。
　　A．施工承包合同　　　　　　　　　　B．承包人的材料采购合同
　　C．监理委托合同　　　　　　　　　　D．甲供材料采购合同

例2　安全监理的依据有（　　）。
　　A．有关安全生产、劳动保护等法律法规　　B．建设工程文件
　　C．有关安全生产、劳动保护等标准规范　　D．委托监理合同

E. 有关的建设工程合同文本

例 题 解 析

例1 监理机构应根据两类合同进行安全监理。①工程监理单位与建设单位签订的建设工程委托监理合同；②建设单位与施工单位签订的有关建设工程合同。选项 D 是建设单位与材料供应商签订的合同。选项 B 是施工单位与材料供应商签订的合同，不属于这两类合同。故选 B 项。

例2 选项 B 错在，少了"批准"二字，正确的表示应该是"建设工程批准文件"。故选 ACDE 项。

自 测 模 拟 题

（一）单项选择题

1. 不是建设工程批准文件的是（　　）。
   A. 批准的可行性研究报告　　　　　　B. 建设项目选址许可证
   C. 施工许可证以及初步设计文件　　　D. 建设用地规划许可证
2. 不属于安全监理依据建设工程合同是（　　）。
   A. 施工承包合同　　　　　　　　　　B. 设计施工总承包合同
   C. 监理委托合同　　　　　　　　　　D. 施工分包合同

（二）多项选择题

1. 安全监理目标有（　　）。
   A. 实现安全生产　　　　　　　　　　B. 减少和控制危害
   C. 减少和控制事故发生　　　　　　　D. 尽量减轻事故所造成的损失
   E. 明确施工安全"零"事故指标

参考答案及解析

（一）单项选择题

1. B   2. D
2. **解析**：施工分包合同是承包人与分包人签订，不属于安全监理的两类合同。

（二）多项选择题

1. ABCD
1. **解析**：选项 E 正确的表达是"明确施工安全事故控制指标"，安全指标可以有一定的事故率和伤亡率。

二、安全技术交底、安全教育培训

重 点 知 识

（一）安全技术交底

（1）安全技术交底的主要要求。

根据《建设工程安全生产管理条例》第 27 条、《公路水运工程安全生产监督管理办法》第 40 条和《公路工程施工安全技术规范》第 3.0.5 条规定，对安全技术交底的要求归纳以下几点：

①安全技术交底实行分级交底制度。横向涵盖项目部内各职能部门，纵向延伸到施工班组全体作业人员。施工单位根据各自施工班组、施工工艺进行逐一安全技术交底（项目技术负责人向项目技术人员

进行一级交底、分管技术人员向施工班组长进行二级交底，施工班组长向作业人员进行三级交底）。任何人未经安全技术交底不准作业。

②施工单位应当建立健全安全生产技术分级交底制度，明确安全技术分级交底的原则、内容、方法及确认手续。

③安全技术交底的时间是分项工程实施前；如果是公路工程施工前安全技术交底是逐级进行安全技术交底。

④法定安全技术交底人是项目管理的技术人员。

⑤法定接受安全技术交底人是施工作业班组和作业人员。

⑥安全技术交底的主要内容是安全施工技术要求、风险状况、应急处置措施等。具体应涵盖工程概况、施工方法、施工程序、安全技术措施等。安全技术交底内容必须具有针对性、可操作性（或可行性）、完整性、预见性、预防性和指导性。

⑦法定要求交底后，双方相关人员都要签字确认。

（2）项目部向施工队长或班组长安全技术交底的具体内容（一二级合并）。

①项目各项安全管理制度、办法，注意事项、安全技术操作规程。

②每一分部、分项工程施工安全技术措施、施工生产中可能存在的不安全因素以及防范措施等，确保施工活动安全。

③特殊工种的作业、机电设备的安拆与使用，安全防护设施的搭设等，项目技术负责人均要对操作班组进行安全技术交底。

④两个以上工种配合施工时，项目技术负责人按工程进度定期或不定期地向有关班组长进行交叉作业的安全交底。

（3）施工班组对作业人员作业前安全交底的主要内容包括本工种的安全操作规程、现场作业环境要求本工种操作的注意事项、个人防护措施等，并应突出以下内容：

①告知施工过程中的作业危险特点、重大危险源及危害因素。

②针对危险点和重大风险源制订具体的预防措施。

③作业过程中应注意的安全事项。

④特殊工序的操作方法和相应的安全操作规程和标准要求。

⑤发生安全事故后应采取的自救方法、紧急避险和紧急救援措施等。

（二）安全教育培训

（1）从业单位应当依法对从业人员进行安全生产教育和培训。施工单位应当对管理人员和作业人员每年至少进行一次安全生产教育培训，其教育培训情况记入个人工作档案。

交通部2007年《公路水运工程安全生产监督管理办法》第30条规定"两次"，但是2017年该"办法"取消了第30条内容，改为上述第一句表示并增加"依法"两字，说明交通运输部在培训要求上按照条例法定的一次。

（2）未经安全生产教育和培训合格的从业人员，不得上岗作业。

（3）新进人员和作业人员进入新的施工现场应进行公司级、项目级、班组级三级安全教育，公司级和项目级不少于15学时；班组级不少于20学时。

（4）待岗、转岗、换岗的职工，重新上岗前，应当接受一次不少于20学时的安全培训。

（5）特种作业人员（包括电工、焊工、架子工、司炉工、爆破工、机械操作工、起重工、塔式起重机司机及指挥人员、人货两用电梯司机等）应参加相关部门的安全培训，取得特种作业资格证书，并按规定参加复审培训。每年还须接受的不少于20学时针对性安全培训。

（6）施工单位采用新技术、新工艺、新设备、新材料时，应对作业人员进行相应的安全培训。

（7）A、B、C三类人员的安全培训。（注：2022年考点）

①三类人员要按规定参加考试，取得考试合格证。

②取得考试合格证后，在有效期内参加一次安全继续教育。

例　题

例1 安全技术交底实行分级交底制度，纵向延伸到最底层是（　　）。
A. 施工单位的项目部　　　　　　　　B. 施工队
C. 施工班组　　　　　　　　　　　　D. 施工班组的作业人员

例2 在分项工程开工前，法定的安全技术交底人是（　　）。
A. 项目总工　　　　　　　　　　　　B. 项目主任工程师
C. 项目管理的技术人员　　　　　　　D. 施工作业班组长

例3 分包工程开工前，安全监理人员应审查施工单位报送的"三类人员"的资格不包括（　　）。
[2022年真题]
A. 施工单位的主要负责人　　　　　　B. 项目负责人
C. 专职安全生产管理人员　　　　　　D. 特殊工种作业人员

例4 公路工程施工前应逐级进行安全技术交底，主要包括（　　）。
A. 安全技术要求　　B. 分级交底原则　　C. 风险状况　　D. 应急处置措施
E. 分级确认手续

例 题 解 析

例1 根据《公路水运工程安全生产监督管理办法》第40条规定，施工单位应当建立健全安全生产技术分级交底制度，明确安全技术分级交底的原则、内容、方法及确认手续。分项工程实施前，施工单位负责项目管理的技术人员应当按规定对有关安全施工的技术要求向施工作业班组、作业人员详细说明，并由双方签字确认。故选D项。

例2 根据例1的解析内容，在分项工程开工前，法定的安全技术交底人是负责项目管理的技术人员。故选C项。

例3 根据《公路水运工程施工企业安全生产管理人员考核管理办法》第2条规定，"三类人员"是指企业主要负责人（A类）、项目负责人（B类）、专职安全生产管理人员（C类）。故选D项。

例4 根据《公路工程施工安全技术规范》第3.0.5条规定，公路工程施工前应逐级进行安全技术交底，主要包括安全技术要求、安全技术要求、应急处置措施等内容。故选ACD。而选项BE是施工单位安全生产技术分级交底制度明确的内容。

自 测 模 拟 题

（一）单项选择题

1. 两个以上工种配合施工时，（　　）按工程进度定期或不定期地向有关班组长进行交叉作业的安全交底。

A. 项目负责人　　B. 项目技术负责人　　C. 主任工程师　　D. 技术人员

2. 特殊工种的作业，安全防护设施的搭设等，（　　）均要对操作班组进行安全技术交底。
   A. 项目负责人　　B. 项目技术负责人　　C. 主任工程师　　D. 技术人员

3. 下列关于安全技术交底要求的表述，不正确的是（　　）。
   A. 不需要向工种进行交叉施工的作业队伍进行交底
   B. 技术交底必须具体、明确，针对性强
   C. 应优先采用最有效的安全技术措施
   D. 保持书面安全技术交底签字记录

4. 施工单位应当对管理人员和作业人员每年至少进行（　　）安全生产教育培训。
   A. 一次　　B. 两次　　C. 一次10学时　　D. 两次20学时

5. 待岗、转岗、换岗的职工应接受（　　）安全生产教育培训。
   A. 一次
   B. 两次
   C. 一次不少于20学时
   D. 两次不少于20学时

6. 取得特种作业资格证书人员，每年还须接受的不少于（　　）学时针对性安全培训。
   A. 8　　B. 10　　C. 15　　D. 20

7. 公司级和项目级的安全教育不少于（　　）学时。
   A. 8　　B. 10　　C. 15　　D. 20

8. 班组级的安全教育不少于（　　）学时。
   A. 8　　B. 10　　C. 15　　D. 20

（二）多项选择题

1. 施工单位应当建立健全安全生产技术分级交底制度，明确分级安全技术交底的（　　）。
   A. 安全技术要求　　B. 交底原则　　C. 风险状况　　D. 应急处置措施
   E. 确认手续

2. 施工班组对作业人员作业前安全交底的主要内容有（　　）。
   A. 机电设备的安拆　　　　B. 本工种安全操作规程
   C. 机电设备的使用　　　　D. 个人防护措施
   E. 现场作业环境要求本工种操作注意的事项

3. 施工班组对作业人员作业前安全交底中应突出的内容有（　　）。
   A. 告知施工过程中的作业危险特点、重大危险源及危害因素
   B. 针对危险点和重大风险源制订具体的预防措施
   C. 作业过程中应注意的安全事项
   D. 特殊工序的操作方法和相应的安全操作规程和标准要求
   E. 发生安全事故后应采取的紧急避险和等待救援的方法

4. 安全技术交底内容必须具有（　　）。
   A. 针对性　　B. 完整性　　C. 可操作性　　D. 经济性
   E. 指导性

5. 施工单位新进人员和作业人员进入新的施工现场应进行（　　）安全教育。
   A. 公司级　　B. 工厂级　　C. 项目级　　D. 车间级
   E. 班组级

参考答案

（一）单项选择题

1. B 2. B 3. A 4. A 5. C 6. D 7. C 8. D

（二）多项选择题

1. BE 2. BDE 3. ABCD 4. ABCE 5. ACE

三、生产安全事故应急救援预案体系的构成及合同段各类应急预案审查、演练效果评估

重点知识

根据《公路安全监管办法》第二十五条规定，建设、施工等单位应当针对工程项目特点和风险评估情况分别制订项目综合应急预案、合同段施工专项应急预案和现场处置方案，告知相关人员紧急避险措施，并定期组织演练。

施工单位应当依法建立应急救援组织或者指定工程现场兼职的、具有一定专业能力的应急救援人员，配备必要的应急救援器材、设备和物资，并进行经常性维护、保养。

根据《2016 版监理规范》第 5.3.1 条规定，监理机构应确定主要安全监理人员并明确其岗位职责、监理内容。

根据《2016 版监理规范》第 5.3.2 条规定，安全监理工程师应审查施工组织设计中的安全技术措施或专项施工方案是否符合工程建设强制性标准，应同时审查应急预案、桥梁和隧道等施工安全风险评估报告。对危险性较大工程的专项施工方案中需专家论证、审查的，应检查施工单位组织专家论证、审查的情况。

（一）生产安全事故应急救援预案体系的构成

1. 应急预案体系的构成

针对各类可能发生的事故和所有危险源制订专项应急预案和现场应急处置方案，并明确事前、事发、事中、事后的各个过程中相关部门和有关人员的职责。生产规模小、危险因素少的生产经营单位，综合应急预案和专项应急预案可以合并编写。

根据《公路水运工程生产安全事故应急预案》（2018 版）和《生产经营单位生产安全事故应急预案编制导则》（GB/T 29639—2020）规定，应急预案主要包括：①综合（即总体）应急预案；②专项应急预案；③现场处置方案。

综合预案包括项目综合预案和施工合同段综合预案。项目综合预案由建设单位技术负责人组织编写，报其上级主管部门备案。施工合同段综合应急预案和专项应急预案以及现场处置方案由施工单位技术负责人组织编写，驻地监理工程师审核，总监理工程师审批，报建设单位备案。

2. 综合项目（或综合施工合同段）应急预案的主要内容

（1）编制依据。

（2）指导思想、实施原则和工作目标。

（3）工程项目（或施工合同段）总体概况、危险性较大分部分项工程内容。

（4）危险性较大分部分项工程风险源分析以及具体预防措施。

（5）实施预案的应急组织机构与职责。

（6）预案的启动实施和演练。

（7）与各施工合同段综合应急预案和专项应急预案（或与专项预案）之间的联动方式。

3. 专项应急预案的主要内容

（1）编制依据。

（2）指导思想、实施原则和工作目标。

（3）工程概况、危险性较大分部分项工程内容。

（4）危险性较大分部分项工程风险源分析以及具体预防措施。

（5）实施预案的应急组织机构与职责。

（6）预案的启动实施和演练。

（7）与现场处置方案之间的联动方式。

4. 现场处置方案的主要内容

（1）编制依据。

（2）确定可能发生的安全事故类型。

（3）应急救援原则。

（4）引发事故的重大风险源。

（5）事故报告程序和责任人。

（6）事故现场各项有针对性的应急处置措施及落实要求。

（7）各级别单位接到事故报告后的应急启动和主要措施。

（8）所有单位的应急过程所遵循的指挥与配合原则。

（二）合同段各类应急预案审查、演练效果评估

1. 合同段应急预案的审查要点

根据《2016版监理规范》第5.3.1条，建立安全监理机构，成立由总监理工程师、驻地监理工程师、安全监理工程师、专业监理工程师等组成的安全监理领导小组，并报建设单位备案。根据职责进行审查、审核、审批有关安全的施工组织设计中内容和预案以及风险评估报告等。

合同段的应急预案一般由安全监理工程师初步审查，驻地监理工程师审核，总监理工程师审批。

合同段综合应急预案的审查要点包括：

（1）核查施工合同段综合应急预案内容是否齐全。

（2）核查施工单位报审时间是否符合要求：在合同段工程开工之前，施工单位应填写专项施工方案报审表，并将施工合同段综合应急预案报总监办审批。

（3）核查施工合同段综合应急预案施工单位内部编制与审核程序是否符合要求：施工合同段应急预案是否由施工单位项目技术负责人组织编制，其签名是否为手签，是否加盖施工单位项目部公章。

（4）核查应急演练方案、安全技术交底、演练记录、演练总结、修改完善及再交底情况。

专项应急预案的审查要点包括：

（1）核查专项应急预案内容是否齐全。

（2）核查施工单位报审时间是否符合要求：在合同段工程开工之前，施工单位应填写专项施工方案报审表，并将专项应急预案报总监办审批。

（3）核查专项应急预案施工单位内部编制与审核程序是否符合要求：专项应急预案是否由施工单位项目技术负责人组织编制，其签名是否为手签，是否加盖施工单位项目部公章。

（4）核查施工合同段综合应急预案的评审或论证情况。

（5）核查应急演练交底、演练记录、演练总结及修改完善情况。

现场处置方案的审查要点包括：

（1）核查现场应急处置方案编制内容是否齐全。

（2）核查施工单位报审时间是否符合要求：在该工程开工之前，施工单位填写专项施工方案报审表，一式三份将现场应急处置方案报总监办审批。

（3）核查现场应急处置方案施工单位内部编制与审核程序合规性，包括现场应急处置方案是否由施工单位项目技术负责人组织编制，其签名是否为手签，是否加盖施工单位项目部公章。

在施工阶段应通过演练检验预案的效果，对缺陷或问题书面提出整改意见。

2. 预案演练的分类

根据《生产安全事故应急演练基本规范》（AQ/T 9007—2019）第4.2条规定，应急演练按照演练内容分为综合演练和单项演练，按照演练形式分为实战演练和桌面演练，按目的与作用分为检验性演练、示范性演练和研究性演练，不同类型的演练可相互组合。

3. 演练效果评价

《生产安全事故应急演练基本规范》（AQ/T 9007—2019）第8条评估和总结的要求如下。

（1）演练评估方案的内容。

①演练信息：目的和目标、情景描述，应急行动与应对措施简介。

②评估内容：各种准备、组织与实施、效果。

③评估标准：各环节应达到的目标评判标准。

④评估程序：主要步骤及任务分工。

⑤附件：所需要用到的相关表格。

（2）评估过程：①现场检查；②演练简介；③启动；④执行。

（3）总结：①撰写演练总结报告；②演练资料归档。

例 题

例1 根据《2016版监理规范》规定，审查应急预案是（　　）的职责。

A. 总监理工程师　　B. 驻地监理工程师　　C. 安全监理工程师　　D. 专业监理工程师

例2 施工合同段的综合应急预案的编制人是（　　）。[2022年真题]

A. 建设单位技术负责人　　　　B. 施工单位技术负责人

C. 施工单位项目经理　　　　　D. 安全总监

例3 合同段应急预案有（　　）。

A. 综合应急预案　　　　　　　B. 特别应急预案

C. 专项应急预案　　　　　　　D. 现场处置方案

E. 应急处置方案

例 题 解 析

例1 根据《2016版监理规范》第5.3.2条规定，安全监理工程师在审查施工组织设计中的安全技术措施或专项施工方案的同时，应审查应急预案。故选C项。

例2 施工合同段综合预案由施工单位技术负责人组织编写，驻地监理工程师审核，总监理工程师审批，报建设单位备案。故选 B 项。

例3 选项 B 不存在，选项 E 是应急预案的基础。故选 ACD 项。

自 测 模 拟 题

（一）单项选择题

1. 审批应急预案是（　　）。
   A. 总监理工程师　　B. 驻地监理工程师　　C. 安全监理工程师　　D. 专业监理工程师

2. 审核应急预案是（　　）。
   A. 总监理工程师　　B. 驻地监理工程师　　C. 安全监理工程师　　D. 专业监理工程师

3. 在施工阶段应通过（　　）检验预案的效果，对缺陷或问题书面提出整改意见。
   A. 执行　　B. 检查　　C. 比较　　D. 演练

4. 应急演练按照目的与作用分类的演练是（　　）。
   A. 综合演练　　B. 单项演练　　C. 示范性演练　　D. 桌面演练

5. 应急演练总结的工作内容是（　　）。
   A. 现场检查　　B. 演练简介　　C. 启动　　D. 演练资料归档

6. 应急救援预案在应急救援中的重要作用表现在（　　）。
   A. 有利于做出及时的应急响应，完全消除事故后果的危害
   B. 明确了应急救援的范围和体系
   C. 当发生超过应急能力的重大事故时，便于与下级应急部门协调
   D. 成为各类常发事故的应急基础

（二）多项选择题

1. 专项应急预案中应急处置有（　　）。
   A. 响应分级
   B. 事故应急处理程序
   C. 响应程度
   D. 事故报告的相关要求和内容
   E. 处置措施

2. 专项应急预案的主要内容有（　　）。
   A. 应急处置基本原则
   B. 组织机构及职责
   C. 信息报告程序
   D. 现场应急处置措施
   E. 应急物资与装备保障

3. 现场处置方案的主要内容有（　　）。
   A. 事故特征　　B. 应急组织与职责　　C. 应急处置　　D. 注意事项
   E. 应急处置基本原则

4. 专项应急预案和现场处置方案的审查要点有（　　）。
   A. 预案编制是否符合法律法规的规定
   B. 人员配置是否符合年施工产值的配置要求
   C. 预案编制是否符合规章和标准的规定
   D. 预案编制是否有针对性、可操作性和完整性
   E. 危险源辨识结果可靠性

5. 应急演练按照演练形式分为有（　　）。

A. 综合演练　　　B. 单项演练　　　C. 实战演练　　　D. 桌面演练
E. 检验性演练
6. 应急演练效果评价过程有（　　）。
A. 演练脚本编制　　B. 现场检查　　C. 演练简介　　D. 启动
E. 执行

参考答案及解析

（一）单项选择题

1. A　2. B　3. D　4. C　5. D　6. B

（二）多项选择题

1. ACE　2. ABCE　3. ABCD　4. ACDE　5. CD　6. BCDE

4. 解析：选项 B 是专职安全员的人数要求，不是预案人员要求。

6. 解析：选项 A 是演练过程的内容而不是评价的内容。

四、建设项目施工安全风险总体风险评估报告、合同段施工安全专项风险评估报告审查

重 点 知 识

根据《关于开展公路桥梁和隧道工程施工安全风险评估试行工作的通知》规定，当被评估项目含多个合同段时，总体风险评估应由建设单位牵头组织。同时，根据《高速公路路堑高边坡工程施工安全风险评估指南（试行）》规定，总体风险评估工作由建设单位负责组织，专项风险评估工作由施工单位负责组织。组织单位按照"谁组织谁负责"的原则对评估工作质量负责。

因此，建设单位以建设项目为单位，将建设项目中所有达到风险评估标准的桥梁工程、隧道工程和高速公路路堑高边坡工程根据《公路桥梁和隧道工程施工安全风险评估指南（试行）》和《高速公路路堑高边坡工程施工安全风险评估指南（试行）》进行施工风险总体风险评估，并形成总体风险评估报告。对于总体风险评估报告中风险等级达到Ⅲ级高度风险和Ⅳ级极高风险的桥梁工程、隧道工程和路堑高边坡工程所在的合同段，由施工单位进行合同段内对应工程的专项风险评估，并形成专项风险评估报告。

风险评估报告应反映风险评估过程的主要工作，包括评估依据、工程概况、评估方法、评估步骤、评估内容、评估结论及对策建议等。其中，评估结论应当明确风险等级、可能发生事故的关键部位、区域或节点、事故可能性等级、规避或者降低风险的建议措施等内容。

（一）建设项目施工安全风险总体风险评估报告审查

（1）建设项目施工安全风险总体风险评估报告的编制责任人是否为建设单位。

（2）总体风险评估采用的方法是否正确。

①桥梁、隧道工程推荐采用风险指标体系法进行总体风险评估。

②高速公路路堑高边坡工程推荐采用专家调查评估法和指标体系法。评估方法只考虑客观致险因子，不考虑主观因素（如人员的素质、管理水平等）。

（3）评估工作负责人和成员是否符合规定。

①桥梁、隧道工程评估工作负责人应当具有 5 年以上的工程管理经验，并具有参与类似工程施工的

经历。(2022年考点)

②高边坡工程如果采用专家调查评估法，专家组成员不得少于3人。专家应具备高级及以上技术职称，评估负责人具有10年以上、成员需具有5年以上工程管理经验，以及高边坡勘察、设计、施工工作经历。

（4）评估程序规范、评估深度符合实际，可指导后期施工。

（5）评估结论和对策建议的完善情况。

（二）合同段施工安全专项风险评估报告审查

（1）合同段施工安全风险专项风险评估报告的编制责任人是否为施工单位。

（2）专项风险评估采用的方法是否正确。

①桥梁、隧道工程宜采用指标体系法等定量评估方法进行专项风险评估。

②高速公路路堑高边坡工程应结合被评估项目的工程特点，采用相应的定性或定量的风险分析和评估方法。

（3）评估过程的审查，以施工作业活动为评估对象，根据其施工安全风险特点及类似工程事故情况，进行风险评估。

①专项风险评估的基本程序包括：风险辨识、风险分析、风险估测、风险控制。

②针对评估对象中的重大风险源进行量化评估，确定专项风险等级，提出具体的风险控制措施。

③桥梁、隧道工程，专项风险评估单元可以是分部工程、分项工程、工序（单位）作业，评估单元大小视风险评估具体需求而定。通过对施工作业活动（施工区段）中的风险源普查，在分析物的不安全状态、人的不安全行为的基础上，确定重大风险源和一般风险源。专项风险评估属于动态评估，而总体风险评估属于静态评估。

④对达到高度风险及以上的路堑高边坡为评估单元，以施工作业活动为评估对象，根据其安全风险特点，进行风险评估。专项风险评估可分为施工前专项评估和施工过程专项评估。专项风险评估结论可作为制订、完善高边坡工程专项施工方案的依据。

（4）评估工作负责人和成员是否符合规定。

例　题

例1 项目总体风险评估报告的编制责任人是（　　）。
A. 监理单位　　B. 施工单位　　C. 建设单位　　D. 评估机构

例2 施工安全风险评估中，评估工作负责人应当具有（　　）年以上的工程管理经验。[2022年真题]
A. 2　　B. 3　　C. 4　　D. 5

例3 风险评估要形成评估报告，评估报告应反映风险评估过程的全部工作，报告内容应包括（　　）。
A. 编制依据和工程概况　　　　B. 评估方法和评估步骤
C. 施工环境和诱发因素　　　　D. 评估内容和评估结论
E. 对策建议

例 题 解 析

例1 根据"谁组织谁负责"对评估工作质量负责的原则，总体风险评估报告由建设单位委托评估机构编制,责任也是建设单位承担。交通运输部建设"平安工地"中也明确规定项目总体风险评估报告由建设单位负责。故选 C 项。

例2 根据 2011 年交通运输部开展公路桥梁和隧道工程施工安全风险评估试行工作的通知第五点"评估组织和评估报告"要求,当施工单位的施工经验或能力不足时,可委托行业内安全评估机构承担相关风险评估工作。评估工作负责人应当具有 5 年以上的工程管理经验,并有参与类似工程施工的经历。故选 D 项。

例3 评估报告内容应包括编制依据、工程概况、评估方法、评估步骤、评估内容、评估结论及对策建议等。选项 C 是总体风险评估根据的条件或因素。故选 ABDE 项。

自测模拟题

(一)单项选择题

1. 评估工作负责人应当具有( )年以上的工程管理经验,并具有参与类似工程施工的经历。
   A. 3　　　　　　　B. 5　　　　　　　C. 7　　　　　　　D. 8
2. 桥梁、隧道工程采用( )进行总体风险评估。
   A. 风险指标体系法　　　　　　　B. 定性分析法
   C. 半定量分析法　　　　　　　　D. 定量分析法
3. 合同段需要编制专项风险评估报告是依据建设项目总体风险评估报告( )。
   A. 结论
   B. 中存在高度风险以上工程结论
   C. 审查结论
   D. 审批结论表明本合同段存在高度风险以上工程
4. 桥梁、隧道工程专项风险评估是属于( )评估。
   A. 静态　　　　　　B. 动态　　　　　　C. 主动　　　　　　D. 被动
5. 合同段专项风险评估报告的编制责任人是( )。
   A. 监理单位　　　　B. 施工单位　　　　C. 建设单位　　　　D. 评估机构
6. 专项风险评估程序正确的是( )。
   A. 风险分析→风险辨识→风险估测→风险控制
   B. 风险估测→风险辨识→风险分析→风险控制
   C. 风险辨识→风险估测→风险分析→风险控制
   D. 风险辨识→风险分析→风险估测→风险控制

(二)多项选择题

1. 建设项目中需编制总体风险评估报告的工程有( )。
   A. 高速公路路基　　　　　　　　B. 交通安全设施
   C. 桥梁工程　　　　　　　　　　D. 隧道工程
   E. 高速公路路堑高边坡
2. 专项风险评估单元可以是( )。
   A. 单位工程　　　　　　　　　　B. 分部工程
   C. 分项工程　　　　　　　　　　D. 工序(单位)作业
   E. 路堑高边坡段

参 考 答 案

（一）单项选择题

1. B 2. A 3. D 4. B 5. B 6. D

（二）多项选择题

1. CDE   2. BCDE

五、公路桥梁和隧道工程施工安全风险评估报告审查

重 点 知 识

（一）公路桥梁和隧道工程施工安全风险评估范围

公路桥梁和隧道工程施工安全风险评估范围，可由各地根据工程建设条件、技术复杂程度和施工管理模式，以及当地工程建设经验，并参考以下标准确定。

1. 桥梁工程

（1）多跨或跨径大于 40m 的石拱桥，跨径大于或等于 150m 的钢筋混凝土拱桥，跨径大于或等于 350m 的钢箱拱桥、钢桁架、钢管混凝土拱桥。

（2）跨径大于或等于 140m 的梁式桥，跨径大于 400m 的斜拉桥，跨径大于 1000m 的悬索桥。

（3）墩高或净空大于 100m 的桥梁工程。

（4）采用新材料、新结构、新工艺、新技术的特大桥、大桥工程。

（5）特殊桥型或特殊结构桥梁的拆除或加固工程。

（6）施工环境复杂、施工工艺复杂的其他桥梁工程。

2. 隧道工程

（1）穿越高地应力区、岩溶发育区、区域地质构造、煤系地层、采空区等工程地质或水文地质条件复杂的隧道，黄土地区、水下或海底隧道工程。

（2）浅埋、偏压、大跨度、变化断面等结构受力复杂的隧道工程。

（3）长度 3000m 及以上的隧道工程，Ⅵ、Ⅴ级围岩连续长度超过 50m 或合计长度占隧道全长的 30%及以上的隧道工程。

（4）连拱隧道和小净距隧道工程。

（5）采用新技术、新材料、新设备、新工艺的隧道工程。

（6）隧道改扩建工程。

（7）施工环境复杂、施工工艺复杂的其他隧道工程。

（二）公路桥梁和隧道工程施工安全风险评估分类

1. 总体风险评估

桥梁或隧道工程开工前，根据工程的地质环境条件、建设规模、结构特点等孕险环境与致险因子，估测桥梁或隧道工程施工期间的整体安全风险大小，确定其静态条件下的安全风险等级。

2. 专项风险评估

当桥梁或隧道工程总体风险评估等级达到高度风险（Ⅲ级）及以上时，将其中高风险的施工作业活动（或施工区段）作为评估对象，根据其作业风险特点以及类似工程事故情况，进行风险源普查，并针

对其中的重大风险源进行量化估测，提出相应的风险控制措施。

专项风险评估前，应按照施工组织设计所确定的施工工法，分解施工作业程序，结合工序（单位）作业特点、环境条件、施工组织等致险因子，辨识施工作业活动中典型事故类型，从而建立风险源普查清单，并通过风险分析和估测，确定重大风险源。其次，按照推荐的指标体系法评估重大风险源的风险等级，并对照风险可接受准则确定相应的风险控制措施。专项风险评估的基本程序包括：风险源普查、辨识、分析，并针对重大风险源进行估测、控制。

（三）评估方法

应根据被评估项目的工程特点，选择相应的定性或定量的风险评估方法。具体如下：

1. 定性分析法

专家评议法、专家调查法（包括头脑风暴法即智暴法、德菲尔法）、如果……怎么办法（if...then）、失效模式和后果分析法。

2. 半定量分析法

事故树法、事件树法、影响图法、因果分析法、风险评价矩阵法。

3. 定量分析法

模糊综合评判法、层次分析法、蒙特卡洛模拟法、等风险图法、控制区记忆模型法、神经网络法、主成分分析法。

4. 综合分析法

专家信心指数法、模糊层次综合评估方法、模糊事故树分析法、事故树与模糊综合评判组合分析法。

（四）评估报告审查要点

（1）编制依据和工程概况。

（2）评估的范围是否符合要求，有无遗漏；评估的方法选用是否适当。

（3）评估步骤是否符合规定。

（4）评估内容是否符合客观实际。尤其是有无根据设计阶段风险评估结果（若有），以及类似结构工程安全事故情况，用定性与定量相结合的方法初步分析本项目孕险环境与致险因子，估测施工中发生重大事故的可能性，并确定专项风险评估范围。

（5）评估结论的等级。当确定项目总体风险评估等级达到高度风险（Ⅲ级）及以上的桥梁或隧道工程，是否进行了专项风险评估。

（6）所提出的对策建议是否全面有效。

（7）监理机构在审查工程施工组织设计中安全技术措施和专项施工方案、应急预案时，应同时审查施工安全风险评估报告；无风险评估报告，不得签发开工令。

（8）工程开工后，监理机构应督查施工单位安全风险控制措施的落实情况并记录。

（9）风险评估报告经监理机构审核后应向建设单位报备。建设单位应对极高风险（Ⅳ级）的施工作业，组织专家或安全评估机构进行论证或复评估，提出降低风险的措施建议；当风险无法降低时，应及时调整设计、施工方案，并向公路工程安全生产监督管理部门备案。

例　题

例1　需要进行风险评估的石拱桥单跨跨径是（　　）。

A. 大于50m　　B. 大于或等于50m　　C. 大于40m　　D. 大于或等于40m

例2 桥梁、隧道工程总体风险评估属于（　　）。

A. 静态　　　　B. 动态　　　　C. 主动　　　　D. 被动

例3 需要进行桥梁工程风险评估的工程有（　　）。

A. 多跨石拱桥、钢桁架、钢管混凝土拱桥、大跨度钢筋混凝土拱桥和钢箱拱桥

B. 大跨径梁式桥、大跨径斜拉桥、大跨径悬索桥

C. 墩高或净空大于100m的桥梁工程

D. 采用新材料、新结构、新工艺、新技术的特大桥、大桥工程

E. 特殊桥型或特殊结构桥梁的拆除或加固工程

例4 需要进行隧道工程风险评估的工程有（　　）。

A. 浅埋、偏压、大跨度、变化断面等结构受力复杂的隧道工程

B. 特长（>3000m）隧道工程，VI、V级围岩连续长度超过50m或合计长度占隧道全长的30%及以上的隧道工程

C. 连拱隧道和小净距隧道工程

D. 采用新材料、新结构、新工艺、新设备的隧道工程

E. 隧道改扩建工程

例 题 解 析

例1 需要风险评估条件是多跨或跨径大于40m的石拱桥，说明单跨跨径大于40m石拱桥需要进行风险评估。故选C项。

例2 总体风险评估是，评估桥梁或隧道工程施工期间的整体安全风险大小，估测（确定）其静态条件下的安全风险等级。故选A项。

例3 选项A错在没有明确大跨度的具体跨径，钢筋混凝土拱桥跨径是≥150m，钢箱拱桥跨径是≥350m，这两个数字可以联想"250"这特殊数字减少或增加"100"进行记忆。选项B错在没有明确大跨径的具体数值，梁式桥≥140m，斜拉桥≥400m，悬索桥≥1000m，这几个数字与"4"和"100"有关，联想其谐音来帮助记忆。故选CDE项。

例4 选项B错在特长隧道是>3000m，正确的是≥3000m。该选项的其他数字联想罗马数字表示6级和5级围岩与50m和30%之间相似性以及"6"与"3"的倍数帮助记忆。故选ACDE项。"四新"中区别桥梁工程是新技术，隧道工程是新设备。

自 测 模 拟 题

（一）单项选择题

1. 须进行专项风险评估的总体风险评估等级是（　　）以上风险。

   A. 极高风险　　　B. 高度风险　　　C. 中度风险　　　D. 低度风险

2. 专项风险评估的基本程序正确的是（　　）。

   A. 辨识→风险源普查→分析→针对重大风险源进行估测→控制

   B. 风险源普查→分析→辨识→针对重大风险源进行估测→控制

   C. 辨识→风险源普查→控制→分析→针对重大风险源进行估测

   D. 风险源普查→辨识→分析→针对重大风险源进行估测→控制

3. 模糊事故树分析法是（　　）。

        A. 定性分析法   B. 半定量分析法   C. 定量分析法   D. 综合分析法

4. 德菲尔法是（　　）。
    A. 定性分析法　　　　B. 半定量分析法　　　　C. 定量分析法　　　　D. 综合分析法
5. 事件树法是（　　）。
    A. 定性分析法　　　　B. 半定量分析法　　　　C. 定量分析法　　　　D. 综合分析法
6. 下列分析法属于定量分析法的是（　　）。
    A. 头脑风暴法　　　　B. 因果分析法　　　　C. 层次分析法　　　　D. 风险评价矩阵法
7. 监理机构在审查施工组织设计的同时，应审查（　　）。
    A. 安全技术措施　　　B. 专项施工方案　　　C. 安全隐患治理报告　　D. 安全风险评估报告
8. 风险评估报告经监理机构审核后应向（　　）报备。
    A. 监理单位　　　　　B. 建设单位　　　　　C. 安委会　　　　　　　D. 安全监管部门
9. 建设单位应对（　　）的施工作业，组织专家或安全评估机构进行论证或复评估。
    A. 低度风险　　　　　B. 中度风险　　　　　C. 高度风险　　　　　　D. 极高风险

（二）多项选择题

1. 桥梁、隧道工程总体风险评估根据（　　）等孕险环境与致险因子，评估风险。
    A. 地质环境条件　　　B. 建设规模　　　　　C. 施工区段　　　　　　D. 结构特点
    E. 工序（单位）作业特点
2. 桥梁、隧道工程专项风险评估应按照施工组织设计所确定的施工工法，分解施工作业程序，结合（　　）等致险因子，辨识施工作业活动中典型事故类型，从而建立风险源普查清单。
    A. 环境条件　　　　　B. 建设规模　　　　　C. 施工组织　　　　　　D. 工程特点
    E. 工序（单位）作业特点
3. 综合分析法有（　　）。
    A. 专家信心指数法　　　　　　　　　　　　B. 模糊层次综合评估方法
    C. 风险评价矩阵法　　　　　　　　　　　　D. 蒙特卡洛模拟法
    E. 事故树与模糊综合评判组合分析法

参考答案及解析

（一）单项选择题

1. B　　2. D　　3. D　　4. A　　5. B　　6. C　　7. D　　8. B　　9. D
7. **解析**：选项AB是属于施工组织设计的内容，选项C是开工后报告。

（二）多项选择题

1. ABD　　2. ACE　　3. ABE

六、高速公路路堑高边坡工程施工安全风险评估报告审查

重 点 知 识

（一）高边坡工程施工安全风险评估定义、对象及分类

1. 高速公路路堑高边坡的定义

为修建公路，由人工开挖形成的低于原地面的挖方高边坡，一般指高于20m的土质边坡、高于30m

的岩质边坡。

2. 高速公路路堑高边坡总体风险评估对象

（1）高于 20m 的土质边坡、高于 30m 的岩质边坡。

（2）老滑坡体、岩堆体、老错落体等不良地质体地段开挖形成的不足 20m 的边坡。

（3）膨胀土、高液限土、冻土、黄土等特殊岩土地段开挖形成的不足 20m 的边坡。

（4）城乡居民居住区、民用军用地下管线分布区、高压铁塔附近等施工场地周边环境复杂地段开挖形成的不足 20m 的边坡。

3. 高速公路路堑高边坡风险评估的分类

（1）总体风险评估。

（2）专项风险评估：①施工前专项风险评估；②施工过程专项风险评估。

4. 总体风险评估

以高速公路全线的路堑工程整体为评估对象，根据工程建设规模、地质条件、工程特点、施工环境、诱发因素、资料完整性等，评估全线路堑边坡施工安全风险，确定风险等级并提出控制措施建议。总体风险评估结论应作为编制路堑边坡工程施工组织设计的依据。

5. 施工前专项风险评估

在总体风险评估基础上，将风险等级达到高度风险（Ⅲ级）及以上，或总体风险评估中单一指标影响过大的路堑高边坡段作为评估单元，以施工作业活动为评估对象，根据其施工安全风险特点及类似工程事故情况，进行风险辨识、分析、估测；并针对其中的重大风险源进行量化评估，提出具体的风险控制措施。专项风险评估结论应作为编制或完善专项施工方案的依据。

路堑高边坡分部分项工程开工前，应完成施工前专项风险评估，形成专项风险评估报告。

6. 施工过程专项风险评估

路堑高边坡施工过程中，出现如下情况之一的，应开展施工过程专项风险评估：

（1）经论证出现了新的重大风险源。

（2）风险源（致险因子）发生了重大变化，如现场揭露地质条件与事前判别的地质条件相差较大、主要施工工艺发生实质性改变、发生生产安全事故或重大险情等情况。

施工过程风险评估报告以报表形式反映，报表中应包含评估指标前后变化对比、现阶段风险评估等级、风险源及防控措施等。

（二）评估报告的形式

总体风险评估和施工前专项风险评估应分别形成评估报告，施工过程专项风险评估可简化形成评估报表。

（三）评估方法

1. 风险分析的方法

风险分析通过评估小组讨论会的形式实施，可采用风险传递路径法、鱼刺图法、故障树分析法等系统安全工程理论进行分析。

2. 风险估测的方法

路堑高边坡重大风险源评估采用定性与定量相结合方法。事故严重程度的估测方法推荐采用专家调查法，事故可能性的估测方法推荐采用指标体系法。

（四）评估报告审查要点

与公路桥梁和隧道工程施工风险评估报告审查要点相同。

例 题

例1 高速公路路堑高边坡的定义是（　　）。
 A. 高于15m的土质边坡、高于25m的岩质边坡
 B. 高于20m的土质边坡、高于8m的水田边坡
 C. 高于15m的土质边坡、高于30m的岩质边坡
 D. 高于20m的土质边坡、高于30m的岩质边坡

例2 高速公路路堑高边坡需要进行总体风险评估的对象有（　　）。
 A. 高度为15m的土质边坡或高度25m的岩质边坡
 B. 高度为10m的老滑坡体边坡或高度为32m的岩堆体边坡
 C. 高度为10m的膨胀土边坡或高度为15m的高液限土边坡
 D. 高度为10m的冻土体边坡或高度为15m的黄土边坡
 E. 高度为10m高压铁塔附近的边坡或高度为15m城乡居民居住区附近的边坡

例3 高速公路路堑高边坡的风险分析方法有（　　）。
 A. 排列图法　　B. 风险传递路径法　　C. 关系图法　　D. 鱼刺图法
 E. 故障树分析法

例 题 解 析

例1 根据高速公路路堑高边坡的定义，一般指高于20m的土质边坡、高于30m的岩质边坡。故选D项。

例2 要正确理解特殊地段不足20m的边坡，根据《高速公路路堑高边坡工程施工安全风险评估指南（试行）》中的第二点"应充分重视对老滑坡体、岩堆体、老错落体等不良地质体地段，膨胀土、高液限土、冻土、黄土等特殊岩土地段，以及居住区、地下管线分布区、高压塔等周边地段的施工安全风险评估"。选项B高度为32m的岩堆体边坡超过20m更要进行总体风险评估。选项A不符合高边坡的定义，所以不选。故选BCDE项。

例3 高速公路路堑高边坡的风险分析通过评估小组讨论会的形式实施，可采用风险传递路径法、鱼刺图法、故障树分析法等系统安全工程理论进行分析。选项AC是质量控制方法。故选BDE项。

自 测 模 拟 题

（一）单项选择题

1. 对于专项风险评估高速公路路堑高边坡与桥梁、隧道工程最大不同的是（　　）。
 A. 总体风险等级为极高以上
 B. 总体风险等级为高度以上
 C. 总体风险评估中单一指标影响过大
 D. 评估方法还可选择专家评估法

2. 对于高速公路路堑高边坡风险评估事故严重程度的估测方法推荐采用（　　）。
 A. 蒙特卡洛模拟法　　B. 专家调查法　　C. 等风险图法　　D. 层次分析法

3. 对于高速公路路堑高边坡风险评估事故可能性的估测方法推荐采用（　　）。

A. 专家评议法　　　　B. 德菲尔法　　　　C. 头脑风暴法　　　　D. 指标体系法

4. 施工过程风险评估的成果形式是以（　　）形式反映。

A. 风险评估报告　　B. 风险评估报表　　C. 风险评估清单　　D. 风险评估纪要

（二）多项选择题

1. 不论边坡多高都要做高速公路路堑高边坡总体风险评估对象的有（　　）。

A. 土质边坡　　　　　　　　　　B. 老错落体边坡

C. 居住区附近边坡　　　　　　　D. 地下管线分布区附近边坡

E. 岩质边坡

2. 高速公路路堑高边坡风险评估有（　　）。

A. 总体风险评估　　B. 极高风险评估　　C. 施工前专项评估　　D. 高度风险评估

E. 施工过程专项评估

3. 路堑高边坡施工过程中，应开展施工过程专项风险评估的情况有（　　）。

A. 经论证出现了新的重大风险源

B. 风险源（致险因子）发生了变化

C. 现场揭露地质条件与事前判别的地质条件相差较大

D. 主要施工工艺发生实质性改变

E. 发生生产安全事故或重大险情

参考答案及解析

（一）单项选择题

1. C　　2. B　　3. D　　4. B

（二）多项选择题

1. BCD　　2. ACE　　3. ACDE

3. 解析：选项 B 错在少了"重大变化"。

七、危险性较大的分部分项工程划分及专项施工方案的内容与审查

重点知识

根据《公路水运工程安全生产监督管理办法》第二十四条："公路水运工程建设应当实施安全生产风险管理，按规定开展设计、施工安全风险评估。设计单位应当依据风险评估结论，对设计方案进行修改完善。施工单位应当依据风险评估结论，对风险等级较高的分部分项工程编制专项施工方案，并附安全验算结果，经施工单位技术负责人签字后报监理工程师批准执行。必要时，施工单位应当组织专家对专项施工方案进行论证、审核。"

根据《建设工程安全生产管理条例》第二十六条规定：施工单位应当在施工组织设计中编制安全技术措施和施工现场临时用电方案，对下列达到一定规模的危险性较大的分部分项工程编制专项施工方案，并附具安全验算结果，经施工单位技术负责人、总监理工程师签字后实施，由专职安全生产管理人员进行现场监督：

（1）基坑支护与降水工程。

（2）土方开挖工程。

（3）模板工程。

（4）起重吊装工程。

（5）脚手架工程。

（6）拆除、爆破工程。

（7）国务院建设行政主管部门或者其他有关部门规定的其他危险性较大的工程。

（一）公路工程中危险性较大的分部分项工程划分

《公路工程施工安全技术规范》（JTG F90—2015）附录A列出了危险性较大的分部分项工程划分，见表5-2-1。（注：2022年考点）

危险性较大的分部分项工程划分　　　　　　　　　　　　　　　　　　表5-2-1

类　别	需要编制专项施工方案	需要专家论证、审查	
基坑开挖、支护、降水工程	深度≥3m的基坑（槽）开挖、支护、降水工程	5m以上或以下的对应情况	√
	深度＜3m，但地质条件和周围环境复杂的基坑（槽）的土方开挖、支护、降水工程		
滑坡处理和填、挖方路基工程	滑坡处理和填、挖方路基工程	中型及以上	√
	边坡高度≥20m路堤或地面斜坡坡率陡于1：2.5的路堤，或处于不良地质地段、特殊岩土地段的路堤	"或"改"且"	√
	土质挖方边坡高度＞20m，岩质挖方边坡高度＞30m，或处于不良地质地段、特殊岩土地段的路堤		
基础工程	桩基础	深度≥15m挖孔桩	√
	挡土墙基础	高≥6m且1200m²	√
	沉井等深水基础	≥20m各类深基础	√
大型临时工程	围堰工程	水深≥10m	√
	各类工具式模板工程	墩高40m，塔100m	√
	支架高度≥5m；跨度≥10m，施工总荷载不小于10kN/m²；集中线荷载≥15kN/m	对应8m；对应18m，15kN/m²；对应20kN/m	√
	搭设高度24m及以上的落地式钢管脚手架工程；附着式整体和分片提升脚手架工程；悬挑式脚手架工程；吊篮脚手架工程；自制卸料平台、移动操作平台工程；新型及异型脚手架工程	50m及以上；满堂支撑体系单点集中荷载7kN以上；猫道、移动模架	√
	挂篮		
	便桥、临时码头		
	水上作业平台		
桥梁工程	桥梁工程中的梁、拱、柱等构件施工	长40m预制梁的运输与安装，钢箱梁吊装，跨度150m钢管拱安装，墩柱40m（塔100m）施工	√
	打桩船作业		
	施工船作业		
	边通航边施工作业	三级通航水上水下	√

续上表

类别	需要编制专项施工方案	需要专家论证、审查	
桥梁工程	水下工程中的水下焊接、混凝土浇筑等		
	顶进工程		
	上跨或下穿既有公路、铁路、管线施工	转体施工	√
隧道工程	不良地质隧道	V级围岩占10%且超过100m，Ⅵ级围岩以上	√
	特殊地质隧道	软岩高应力、黄土等	√
	浅埋、偏压及邻近建筑物等特殊环境条件隧道	埋深<1倍跨度等	√
	Ⅳ级及以上软弱围岩地段的大跨度隧道	跨度≥18m特大跨径	√
	小净距隧道	连拱；<1倍跨小净距；>100m偏压棚洞	√
	瓦斯隧道	浓度高或突出	√
起重吊装工程	采用非常规起重设备、方法，且单件起吊重量在10kN及以上的起重吊装工程	100kN及以上	√
	采用起重机械进行安装的工程		
	起重机械设备自身的安装、拆卸	300kN及以上	√
拆除、爆破工程	桥梁、隧道拆除工程	大桥、一级公路隧道	√
	爆破工程	C级爆破、水下爆破	√

注：√表示该项需专家论证审查，其中的数值和等级表示规模范围的调整。

（二）专项施工方案的内容

（1）工程概况：工程基本情况、施工平面布置、施工要求和技术保证条件。

（2）编制依据：相关法律、法规、规范性文件、标准、规范及图纸（国标图集）、施工组织设计等。

（3）施工计划：包括施工进度计划、材料与设备计划。

（4）施工工艺技术：技术参数、工艺流程、施工方法、检查验收等。

（5）施工安全保证措施：组织保障、技术措施、应急预案、监控量测等。

（6）劳动力计划：专职安全管理人员、特种作业人员等。

（7）计算书及图纸。

（三）专项施工方案的审查

（1）施工单位编写的危险较大的分部、分项工程的专项安全方案，在施工前应向监理报审。

（2）程序性审查。例如，是否经施工单位技术负责人签字批准，以及专家论证后的处理规定，见《危险性较大的分部分项工程安全管理规定》第十一条至第十三条。

（3）符合性审查。例如，是否制订了施工现场临时用电方案的安全用电技术措施和电气防火措施等。施工单位的安全防护用具、机械设备、施工机具是否符合国家有关安全规定（起重机械设备、施工机具、电器设备及其他特种设备等的设置是否符合规范要求）。各种保险、限位等安全装置是否齐全有效，并具备相应的生产（制造）许可证、产品合格证明及检定结果。

（4）针对性审查。例如，应针对本工程特点以及所处环境、管理模式，具有可操作性。

（5）专项安全施工方案经专业监理工程师审查后，应在报审表上填写监理意见，并由监理工程师签认。

（6）特别复杂的专项安全施工方案，项目监理机构应报监理单位的技术负责人主持审查。

（四）《危险性较大的分部分项工程安全管理规定》相关规定

2018年2月，住房和城乡建设部第37次部常务会议审议通过了《危险性较大的分部分项工程安全管理规定》（住房和城乡建设部令第37号），对专项施工方案和专家论证做了明确和详细的规定，相关规定摘录如下。

第十一条 专项施工方案应当由施工单位技术负责人审核签字、加盖单位公章，并由总监理工程师审查签字、加盖执业印章后方可实施。危大工程实行分包并由分包单位编制专项施工方案的，专项施工方案应当由总承包单位技术负责人及分包单位技术负责人共同审核签字并加盖单位公章。

第十二条 对于超过一定规模的危大工程，施工单位应当组织召开专家论证会对专项施工方案进行论证。实行施工总承包的，由施工总承包单位组织召开专家论证会。专家论证前专项施工方案应当通过施工单位审核和总监理工程师审查。专家应当从地方人民政府住房城乡建设主管部门建立的专家库中选取，符合专业要求且人数不得少于5名。与本工程有利害关系的人员不得以专家身份参加专家论证会。

第十三条 专家论证会后，应当形成论证报告，对专项施工方案提出通过、修改后通过或者不通过的一致意见。专家对论证报告负责并签字确认。专项施工方案经论证需修改后通过的，施工单位应当根据论证报告修改完善后，重新履行本规定第十一条的程序。专项施工方案经论证不通过的，施工单位修改后应当按照本规定的要求重新组织专家论证。

第二十四条 施工、监理单位应当建立危大工程安全管理档案。施工单位应当将专项施工方案及审核、专家论证、交底、现场检查、验收及整改等相关资料纳入档案管理。监理单位应当将监理实施细则、专项施工方案审查、专项巡视检查、验收及整改等相关资料纳入档案管理。

例　题

例1 挖孔桩深度大于或等于（　　）需要经专家论证。

A. 10m　　　　B. 13m　　　　C. 15m　　　　D. 18m

例2 只需编制专项施工方案，不需要经专家论证的工程是（　　）。

A. 滑坡处理　　B. 挂篮　　C. 瓦斯隧道　　D. 沉井基础

例3 对需要经专家论证的论述错误的是（　　）。

A. 实行施工总承包的，由施工总承包单位组织召开专家论证会

B. 专家论证前专项施工方案应当通过施工单位审核和总监理工程师审查

C. 专家论证会应对专项施工方案提出通过、修改后通过或者不通过的一致意见

D. 经专家论证结论为需要修改后通过的，施工单位根据论证报告修改完善后应重新组织专家论证

例4 下列分部分项工程不需要专家论证、审查的是（　　）。[2022年真题]

A. 深度5m的基坑　　　　　　B. 深度15m的人工挖孔桩

C. 水深10m的围堰工程　　　　D. 中桥的拆除工程

例5 工程开工前，监理工程师审查施工组织设计中的安全技术措施或专项施工方案是否符合强制性标准，审查重点包括（　　）。

    A. 安全技术措施费用的使用计划

    B. 施工人员安全教育计划

    C. 工地现场人员、机械总数

    D. 施工现场布置是否符合有关安全要求

    E. 是否制订了施工现场临时用电方案的安全技术措施和电气防火措施

例6 工程开工前，监理工程师应审查施工单位编制的施工组织设计中的安全技术措施或专项施工方案是否符合强制性标准，审查合格后方可同意工程开工。审查重点是（　　）。

    A. 安全管理和安全保证体系的组织机构，包括项目经理、专职安全管理人员、特种作业人员配备的数量及安全资格培训持证上岗情况

    B. 是否制订了施工安全生产责任制、安全管理规章制度、安全操作规程

    C. 施工单位的安全防护用具、机械设备、施工机具是否符合国家有关安全规定

    D. 施工现场布置是否符合有关安全要求

    E. 是否有安全主管部门颁发的施工许可证书

例 题 解 析

例1 根据表 5-2-1，挖孔桩 ≥15m 需要经专家论证。故选 C 项。

例2 根据表 5-2-1，挂篮不需要经专家论证，选项 ACD 达到一定规模需要经专家论证。故选 B 项。

例3 选项 D 错误是"需要修改后通过的结论"，施工单位根据论证报告修改完善后要重新经单位技术负责人审核签字、加盖单位公章，并由总监理工程师审查签字、加盖执业印章后方可实施。不需要重新组织专家论证。故选 D 项。

例4 根据表 5-2-1，采用排除法，ABC 三个选项都在表中第 3 列中需要专家论证，故选 D 项。而在拆除工程中"大桥、一级公路隧道"才需要专家论证，其他桥拆除只需编制专项方案却不需要专家论证。

例5 选项 C 错误是"总数"，人员需按照专业，机械按型号等。选项 B 为安全技术措施内容。故选 ABDE 项。

例6 选项 E 错误是"许可施工证书"，它是建设单位向交通建设主管部门领取的，不是施工单位的内容。选项 B 为安全技术措施内容。故选 ABDE 项。

自 测 模 拟 题

（一）单项选择题

1. 不是专项施工方案内容的是（　　）。
    A. 设备计划   B. 计算书   C. 图纸   D. 合同用款计划

2. 根据《危险性较大的分部分项工程安全管理规定》，（　　）应当建立危大工程安全管理档案。
    A. 建设、监理单位   B. 施工、主管部门
    C. 施工、监理单位   D. 建设、施工单位

3. 审查专项施工方案是否经施工单位技术负责人签字批准并盖公章是（　　）审查。
    A. 符合性   B. 程序性   C. 针对性   D. 可操作性

4. 审查专项施工方案有无反映工程特点以及所处环境、管理模式的内容是（　　）审查。
   A. 符合性　　　　　B. 程序性　　　　　C. 针对性　　　　　D. 可操作性
5. 审查专项施工方案是否制订了施工现场临时用电方案是（　　）审查。
   A. 符合性　　　　　B. 程序性　　　　　C. 针对性　　　　　D. 可操作性

（二）多项选择题

1. 根据《公路工程施工安全技术规范》（JTG F90—2015）的规定，危险性较大、应当编制专项施工方案的工程包括（　　）。
   A. 爆破工程　　　　　　　　　　B. 涵洞基础
   C. 高瓦斯隧道　　　　　　　　　D. 水下焊接
   E. 滑坡和高边坡处理

2. 实行施工总承包的，危险性较大工程专项方案应当由（　　）审核。
   A. 总包单位技术负责人　　　　　B. 专业承包单位技术负责人
   C. 总包单位项目经理　　　　　　D. 建设单位项目负责人
   E. 安全生产监督部门

3. 下列关于专项施工方案审核的说法，正确的是（　　）。
   A. 不需要经专家论证的专项施工方案，需要经施工单位审核合格后报施工监理单位，项目监理工程师审核通过、签字后，由建设项目负责人批准实施
   B. 专项方案经审核合格的，由施工企业安全部门负责人签字
   C. 超过一定规模的危险性较大的分部分项工程专项方案应当由施工企业组织召开专家论证会
   D. 专项施工方案应当由施工单位技术部门组织本单位生产、安全、技术质量等部门的专业技术人员进行审核
   E. 实行施工总承包的，专项施工方案应当由总承包单位技术负责人及相关专业承包单位技术负责人审核

4. 只需编制专项施工方案，不需要经专家论证的工程有（　　）。
   A. 便桥　　　　　B. 临时码头　　　　　C. 顶进桥　　　　　D. 浅埋段隧道
   E. 中桥拆除

5. 反映专项施工方案符合性审查的内容有（　　）。
   A. 是否制订了施工现场电气防火措施
   B. 施工单位的安全防护用具是否符合国家有关安全规定
   C. 分包工程的专项方案有无总承包单位技术负责人及分包单位技术负责人共同审核签字并加盖单位公章
   D. 各种保险、限位等安全装置是否齐全有效
   E. 施工单位的机械设备是否符合国家有关安全规定

参 考 答 案

（一）单项选择题

1. D　　2. C　　3. B　　4. C　　5. A

（二）多项选择题

1. ACDE　　2. AB　　3. CDE　　4. ABCE　　5. ABDE

八、施工准备阶段对施工安全生产条件审查的程序、方法和内容

重 点 知 识

安全生产条件由工程项目开工前安全生产条件、危险性较大的分部分项工程施工前安全生产条件两部分组成,其中,危险性较大的分部分项工程施工前安全生产条件,需按施工进度分阶段经监理单位审核、建设单位确认,这部分的安全生产条件是动态的。

(一)施工准备阶段对施工安全生产条件审查的程序

(1)施工单位按照施工安全生产条件的逐项内容在工程开工前提交。

(2)监理逐项审核,提出符合、基本符合和不符合的结论。

(二)施工准备阶段对施工安全生产条件审查的方法

监理工程师常用审查提交的资料和实地现场检查相结合的方法,应审查施工单位编制的施工组织设计中的安全技术措施或专项施工方案是否符合强制性标准,审查合格后方可同意工程开工。审查重点如下:

(1)安全管理和安全保证体系的组织机构,包括项目经理、专职安全管理人员、特种作业人员配备的数量及安全资格培训持证上岗情况。

(2)是否制订了施工安全生产责任制、安全管理规章制度、安全操作规程。

(3)施工单位的安全防护用具、机械设备、施工机具是否符合国家有关安全规定。

(4)是否制订了施工现场临时用电方案的安全技术措施和电气防火措施。

(5)施工场地布置是否符合有关安全要求。

(6)生产安全事故应急救援预案的制订情况,针对重点部位和重点环节制订的工程项目危险源监控措施和应急预案。

(7)施工人员安全教育计划、安全交底的安排。

(8)安全技术措施费用的使用计划。

(三)施工准备阶段对施工安全生产条件审查的内容

1. 工程项目开工前安全生产条件

(1)项目基本建设程序完备,施工图设计依法审批,施工工期合理。

(2)施工招(投)标文件及施工合同中载明项目安全管理目标、安全生产职责、安全生产条件、安全生产费用、安全生产信用情况及专职安全生产管理人员配备的标准等要求。

(3)施工单位安全生产许可证及相应等级资质证书有效。

(4)施工单位内部管理人员签订安全生产协议书,明确各方安全生产管理职责。

(5)施工组织设计文件中应按规定编制安全技术措施和施工现场临时用电方案,并经监理审批。

(6)施工单位临时场站、驻地选址等符合安全性要求,施工单位根据企业规定组织了验收。

2. 危险性较大的分部分项工程施工前安全生产条件(监理审查的重点内容)

(1)按规定开展专项风险评估工作,编制专项风险评估报告,制订重大风险管控方案。

(2)按规定编制专项施工方案,附具安全验算结果,经施工单位技术负责人、监理工程师签字后实施,经专家论证、审查的专项施工方案应附专家论证、审查意见。

（3）施工单位按规定对从业人员进行安全生产教育、培训和技术交底；特种作业人员按规定取得相应作业资格。

（4）施工机械、设施、机具以及安全防护用品、用具和配件等具有生产（制造）许可证、产品合格证或者法定检验检测合格证明；特种设备使用单位依法取得特种设备使用登记证书，建立特种设备安全技术档案，并将登记标志置于该特种设备的显著位置；组织有关单位进行验收，或者委托具有相应资质的检验检测机构对翻模、滑（爬）模等自升式架设设施，以及自行设计、组装或者改装的施工挂（吊）篮、移动模架等设施进行验收。

（5）按规定编制合同段施工专项应急预案和现场处置方案，依法建立应急救援组织或者指定工程现场兼职的、具有一定专业能力的应急救援人员，配备必要的应急救援器材、设备和物资。

（6）劳务分包、专业分包等单位有符合法律法规的资质条件；施工单位与从业人员订立的劳动合同，应载明保障从业人员劳动安全、防止职业危害等事项。

（7）施工现场的办公、生活区与作业区分开设置。办公、生活区的选址应当符合安全性要求，施工单位根据企业规定组织了验收。

（8）按规定办理跨线施工、交通管制及水上水下作业等相关手续。

（9）从业单位应当依法参加工伤保险，为从业人员交纳保险费。为危险性较大的作业岗位人员购买意外伤害险。

例　题

例1　安全生产条件中属于动态条件的是（　　）。
  A. 工程项目开工前安全生产条件
  B. 分部分项工程开工前安全生产条件
  C. 危险性较大的分部分项工程施工前安全生产条件
  D. 合同段开工前安全生产条件

例2　工程项目开工前安全生产条件有（　　）。
  A. 施工单位安全生产许可证及相应等级资质证书有效
  B. 施工单位临时场站、驻地选址等符合安全性要求
  C. 施工单位按规定对从业人员进行安全生产教育、培训和技术交底
  D. 施工组织设计文件中应按规定编制安全技术措施和施工现场临时用电方案，并经监理审批
  E. 按规定编制合同段施工专项应急预案和现场处置方案

例 题 解 析

例1　危险性较大的分部分项工程施工前安全生产条件，需按施工进度分阶段经监理单位审核、建设单位确认，这部分的安全生产条件是动态的。故选 C 项。

例2　选项 CE 是危险性较大的分部分项工程施工前安全生产条件。故选 ABD 项。

自 测 模 拟 题

（一）单项选择题
1. 危险性较大的分部分项工程施工前安全生产条件，需按（　　）。
  A. 施工进度分阶段经监理单位审核　　B. 建设单位要求经监理单位确认
  C. 施工进度分阶段经建设单位备案　　D. 建设单位要求经监理单位审核
2. 危险性较大的分部分项工程施工前安全生产条件是（　　）。

A. 安全管理和安全保证体系的组织机构
B. 是否制订了施工安全生产责任制
C. 是否制订了安全管理规章制度
D. 按规定编制专项施工方案，附具安全验算结果，经施工单位技术负责人、监理工程师签字后实施

（二）多项选择题

1. 监理逐项审核，提出的结论有（   ）。
   A. 符合   B. 总体符合   C. 不符合   D. 基本不符合
   E. 基本符合

2. 危险性较大的分部分项工程施工前安全生产条件有（   ）。
   A. 劳务分包、专业分包等单位有符合法律法规的资质条件
   B. 施工现场的办公、生活区与作业区分开设置
   C. 从业单位应当依法参加工伤保险，为从业人员交纳保险费
   D. 项目基本建设程序完备，施工图设计依法审批，施工工期合理
   E. 按规定办理跨线施工、交通管制及水上水下作业等相关手续

参考答案

（一）单项选择题
1. A   2. D

（二）多项选择题
1. ACE   2. ABCE

九、施工阶段日常安全监理的工作程序、方法和内容

重点知识

1. 施工阶段安全监理工作程序

施工阶段安全监理工作程序如图 5-2-1 所示。

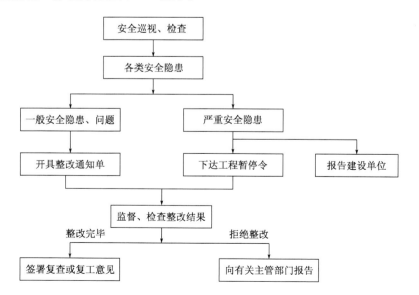

图 5-2-1　施工阶段安全监理工作程序

2. 日常安全监理实施程序

（1）发通知开具整改指令单（《2016版监理规范》已取消口头通知）。

（2）召开监理专题会议。

（3）签发"工程暂停令"。

（4）向有关主管部门报告。

3. 日常安全监理的方法和内容

（1）加强监督：监督施工单位遵纪守法情况；监督施工单位定期进行安全生产自查工作，并将结果报送总监办；监督施工单位分阶段自评，并将结果报送有关主管部门。

（2）巡视检查：巡视中发现安全隐患，应及时签发监理指令单，责成施工单位整改，并跟踪整改结果；情况严重的，应由总监理工程师签发暂时停工令要求施工单位停止施工，并及时报告建设单位。施工单位拒不整改或者不停止施工的，监理机构应及时向有关监管部门报告。监理机构应由专人负责建立安全监理台账，应及时记录安全专项检查和巡视、旁站中涉及施工安全管理的情况、存在问题、监理指令以及施工单位处理情况等。分项工程交工验收时，安全事故的现场处理未完成，不得签发"分项工程（中间）交工证书"。

（3）监理会议：将安全生产列入工地会议内容，责成整改。在监理月报中汇报安全文明施工情况。

例　题

例1　对危险性较大的工程作业等要定期巡视检查，如发现安全事故隐患，应立即书面指令施工单位整改；情况严重的应向施工单位（　　），并及时报告建设单位。

　　A. 签发监理通知　　　　　　　　　B. 报告主管部门
　　C. 签发工程暂停令　　　　　　　　D. 口头要求停工

例2　日常安全监理实施程序包括（　　）等环节。

　　A. 向业主报告　　　　　　　　　　B. 签发指令单
　　C. 召开监理专题会议　　　　　　　D. 签发"工程暂停令"
　　E. 向有关主管部门报告

例题解析

例1　巡视中发现安全隐患，应及时签发监理指令单，责成施工单位整改，并跟踪整改结果；情况严重的，应由总监理工程师签发暂时停工令，要求施工单位暂停施工，并及时报告建设单位。故选C项。

例2　根据日常安全监理实施程序的四种方式处理。故选BCDE项。

自测模拟题

（一）单项选择题

1. 在日常巡视检查，如发现一般安全事故隐患，监理机构应立即（　　）。

　　A. 口头通知承包人　　　　　　　　B. 开具整改指令单
　　C. 报告建设单位　　　　　　　　　D. 下达工程暂停令

2. 因安全隐患施工单位拒不停工或拒不整改的，监理机构应（　　）施工单位整改。

　　A. 及时报告有关主管部门　　　　　B. 报告监理单位
　　C. 报告建设单位　　　　　　　　　D. 再次下达工程暂停令

3. 在日常巡视检查，如发现情况严重的安全事故隐患，应立即（　　）要求施工单位整改。

A. 召开监理工地例会　　　　　　　　B. 开具整改指令单
C. 召开监理专题会议　　　　　　　　D. 报告有关主管部门

4. 监理机构应建立施工安全监理台账，由（　　）负责。
A. 专业监理工程师　　　　　　　　　B. 安全监理工程师
C. 驻地监理工程师　　　　　　　　　D. 总监理工程师

（二）多项选择题

1. 施工单位的安全自检可分为（　　）等。
A. 日常性检查　　B. 每日检查　　C. 专业性检查　　D. 季节性检查
E. 不定期检查

2. 安全监理台账应及时记录安全专项检查和巡视、旁站中涉及（　　）。
A. 施工安全管理的情况　　　　　　　B. 存在的问题
C. 监理指令　　　　　　　　　　　　D. 专题会议纪要
E. 施工单位处理情况

参考答案及解析

（一）单项选择题

1. B　　2. A　　3. C　　4. B

3. **解析**：情况严重的安全事故隐患不是开具整改指令单，而是要召开专题会议并下达停工令。

（二）多项选择题

1. ACDE　　2. ABCE

十、交（竣）工验收和缺陷责任期阶段安全监理

重 点 知 识

交（竣）工验收阶段安全监理的主要工作包括：协助建设单位落实工程建设项目"三同时"的规定；审查安全设施等是否按照设计要求与主体工程同时建成并交付使用；承担从交（竣）工验收到缺陷责任期间质量缺陷和质量问题修复作业的安全监理责任，并应注意以下几项修复作业安全。

1. 路面修复安全作业

（1）在公路上所有人员必须穿反光标志橘红色着装，作业人员是工作装（套装），管理人员是背心。

（2）修复作业时，必须按作业控制区交通控制标准设置渠化装置和标志，并指派专人维持交通。

（3）高速公路和一级公路上人员上班，应用车辆接送。作业人员的活动和物品的堆放必须在控制区以内。

（4）当进行修复时，应顺着交通流向设置安全设施，作业完成后应逆着交通流向拆除安全设施，恢复正常交通。

（5）坑槽修补应当天完成，若不能完成必须设修复作业控制区。

2. 桥梁修复安全作业

桥梁线路除与路面修复安全作业注意相同外，还应注意：

（1）了解桥面上下的各种管线，并注意保护公用设施（煤气、水管、电缆、架空线等）。

（2）桥梁栏杆外作业须设置悬挂吊篮等防护设施，人员须系安全带。

(3)墩台修复时应在上下游两端设置安全设施。

3. 隧道修复安全作业

隧道内线路安全作业除与路面修复安全作业注意内容相同外，还应注意：

(1)隧道内的照明应满足要求。

(2)应控制隧道内一氧化碳和烟雾浓度，如超标应及时撤离并通风。

(3)修复明洞和半山洞前，应及时清除危石。

(4)隧道内进行登高作业，登高设施周围应设醒目安全设施。

(5)隧道内不准存放易燃易爆物品，严禁明火作业或取暖。

(6)作业宜选择交通量较小时段进行。

(7)作业控制区经划定后不得随意变更。

(8)隧道内发生交通事故时，应通知并配合交通安全管理部门到场处理事故。

(9)事故发生后，应尽快清理现场排除路障恢复正常通车，并登记相关损失，认真分析事故原因，恢复或改善隧道的防灾能力。

4. 道路、桥梁检测安全作业

(1)严禁在能见度差（如夜晚、大雾）的条件下作业。

(2)道路、桥梁检测车在高速公路和一级公路检测时，凡行进速度低于50km/h时，均按临时定点或移动修复作业控制区布置，应在检测设备尾部安装发光可变标志牌，或设置安全警戒区。

例 题

例1 路面修复安全作业要求错误的是（　　）。

　　A. 坑槽修补应当天完成，若不能完成设修复作业控制区

　　B. 人员必须穿反光标志橘红色服装，作业人员是背心，管理人员是套装

　　C. 高速公路和一级公路上，维修人员上班，应用车辆接送

　　D. 作业人员的活动和物品的堆放必须在控制区以内

例2 建设项目需要配套建设的安全生产设施，必须与主体工程（　　）。

　　A. 同时设计　　　B. 同时施工　　　C. 同时投产使用　　　D. 同时报废

　　E. 同时竣工

例 题 解 析

例1 正确的要求是：人员必须穿具有反光标志的橘红色服装，作业人员是套装，管理人员是背心。故选B项。

例2 建设项目需要配套建设的安全生产设施，必须与主体工程同时设计、同时施工和同时投产使用，即"三同时"。故选ABC项。

自 测 模 拟 题

(一)单项选择题

1. 隧道修复安全作业与路面和桥梁修复安全作业最大区别是一定要考虑（　　）要求。

　　A. 人员着装　　　B. 照明　　　C. 人员活动区域　　　D. 物品堆放区域

2. 桥梁修复安全作业要求错误的是（　　）。

　　A. 了解桥面上下的各种管线，并注意保护公用设施

B. 桥梁栏杆外作业须设置悬挂吊篮等防护设施

C. 桥梁栏杆外作业人员须系安全带

D. 墩台修复时应在上游端设置安全设施

3. 隧道修复安全作业要求错误的是（　　）。

　　A. 修复明洞和半山洞前，应及时清除危石

　　B. 洞内登高作业，登高设施周围应设醒目安全设施

　　C. 作业控制区经划定后严禁变更

　　D. 洞内不准存放易燃易爆物品，严禁明火作业或取暖

4. 下列选项中，（　　）不属于安全生产费用使用的范围。

　　A. 安全设施及特种设备检测检验支出

　　B. "三同时"要求初期投入的安全设施

　　C. 安全生产宣传、教育、培训支出

　　D. 应急演练支出

5. 两个以上生产经营单位在同一作业区域内进行生产经营活动，可能危及对方生产安全时，正确的处理方式是（　　）。

　　A. 各方自行采取安全措施

　　B. 互相提醒注意安全后继续进行生产经营活动

　　C. 由各自主管的负有安全生产监督管理职责的部门确定生产经营活动方案

　　D. 签订安全生产管理协议，明确各自的安全生产管理职责和应当采取的安全措施，并指定专职安全生产管理人员进行安全检查与协调

（二）多项选择题

1. 路面修复作业时，对设置安全设施做法正确的有（　　）。

　　A. 开始修复作业时，应顺着交通流向设置安全设施

　　B. 开始修复作业时，应逆着交通流向设置安全设施

　　C. 作业完成后应逆着交通流向拆除安全设施

　　D. 作业完成后应顺着交通流向拆除安全设施

　　E. 拆除安全设施后恢复正常交通

2. 隧道修复安全作业与路面和桥梁修复安全作业最大区别是一定要考虑（　　）要求。

　　A. 高处作业须系安全带　　　　　　　B. 控制洞内一氧化碳浓度

　　C. 控制人员活动区域　　　　　　　　D. 控制洞内烟雾浓度

　　E. 控制物品堆放区域

参考答案及解析

（一）单项选择题

1. B　　2. D　　3. C　　4. B　　5. D

2. **解析**：正确应是"上下游两端"。

3. **解析**：正确应是"不得随意"。

（二）多项选择题

1. ACE　　2. BC

十一、监理工程师施工过程巡视检查的重点

重 点 知 识

监理机构应确定主要安全监理人员并明确其岗位职责、监理内容等。

监理机构在监理过程中发现存在安全事故隐患的,应要求施工单位整改;情况严重的,应要求施工单位停止施工,并及时报告建设单位。施工单位拒不整改或者不停止施工的,监理机构应及时向有关监管部门报告。

监理工程师施工过程巡视检查的重点有以下几点。

(1) 高处作业:

①培训合格持证上岗;定期体检;患有高血压、心脏病、贫血、癫痫等疫病人员不得高空作业。

②防护棚搭设和拆除应设警戒区,严禁上下同时拆除作业。

③乘人的外用电梯、吊笼,应有可靠的安全装置,禁止利用起重臂和绳索攀登,禁止随同运料的吊篮、吊装物上下。

④脚手架及构造平台的脚手板应满铺,木板端头必须搭于支点上;高于2m的工作平台上应设置不低于1.2m的双道护身栏杆,跳板应设置防滑条。

⑤脚手架及工作平台所站人数及堆置的建筑材料,不得超过其计算载荷重量。

(2) 机电设备使用:特种机械设备,如电梯、塔式起重机、架桥机、门式起重机等,进场后在使用前,必须经过有资质的单位鉴定,并出具鉴定证书。

(3) 场内车辆驾驶:

①严禁翻斗车、自卸车的车厢乘坐人员;严禁人货混装;车辆载货严禁超载、超高、超宽;车辆载货捆扎必须牢固可靠。

②车辆进入施工现场,在场内掉头、倒车,在狭窄场地内行驶时,必须设专人指挥。

③现场行车,进出场要减速,并做到"四慢":道路情况不明要慢;行走线路不良、照明度差时要慢;起步、交会车、倒车、停车要慢;在狭窄路、桥梁弯道、坡路、岔道、行人密集处及出入口要慢。

(4) 气割、电焊作业:

必须在禁火区进行明火作业时,应严格执行"动用明火"审批制度,办妥动火证手续;施工现场严格执行三级动火制度。

(5) 起重作业:

①起重指挥、起重机司机必须持证上岗,指挥人员在起重作业时应执行规定的指挥信号;起重机司机应熟悉起重技术性能。

②在超过起重机回转半径50cm的作业范围内应无障碍物。

③起吊满载荷重物时,应先将其吊离地面20~50cm,检查起重机的稳定性、制动器可靠性和绑扎的牢固性等,确认可靠后,才能继续起吊作业。

④起重机吊臂最大仰角不得超过制造厂规定。

⑤如果遇到重大构件必须使用两台起重机同时起吊时,构件的质量不得超过两台起重机所允许起重总质量之和的3/4,每台起重机分担的负荷不得超过该机允许起重质量的80%。起吊时必须对两台起重机进行统一指挥,在起吊过程中,两台起重机的吊钩滑车组都应基本保持垂直状态。

⑥遇到"十不吊"情况（超载、无指挥、安全装置不符、没绑好、吊物上下有人、吊物棱角无防护、吊物位置不明、夜间看不清、斜钩、6级以上大风），严禁起重吊装作业。

（6）钢筋加工、绑扎作业：

①断料、配料、弯料等工作应在地面进行，不准在高空操作。

②搬运钢筋，注意避免与附近的架空线和临时电线发生碰撞。

③冷拉钢筋当钢筋拉直时，禁止横跨或触碰钢筋，人员必须离开。

④切断机在剪切钢筋时，刀口要与钢筋垂直；切断机不准剪切短于30cm的钢筋。

⑤起吊钢筋骨架，下方禁止站人，必须待骨架钢筋降落到距离模板1m以下才准靠近，就位并支撑好后方可摘掉挂钩。

⑥起吊钢筋时，规格、尺寸必须统一，不准一点吊，吊点必须扎紧。

⑦在雷雨时必须停止露天操作，预防雷击。

⑧不得在钢筋骨架上行走，禁止从柱子上的钢箍筋上下。

（7）混凝土浇筑：

浇筑混凝土在2m以上，应搭设操作平台；浇筑混凝土时不准直接站在溜槽上或站在模板及支撑上操作，操作人员必须戴好安全帽，系好安全带并扣好保险钩。

（8）张拉作业：

①张拉机具、千斤顶等机具，使用前必须经有资质的单位鉴定和标定，压力表、持压阀、油管等部件的接头必须牢固。

②张拉时非工作人员不得进入工作区。压力表指针在一定压力时，禁止拧动油泵和千斤顶的受力螺丝或撬打千斤顶。

③预应力张拉区域应设置明显的安全标志，非操作人员严禁进入。

（9）脚手架搭设与拆除作业：

①脚手架和模板支架的搭设或拆除时，应设立作业警戒区，并派专人进行监控，严禁非操作人员入内。

②脚手架和模板支架在搭设过程中，应进行分部验收，全部验收合格挂牌后方可投入使用。

③在脚手架和模板支架的使用期间，严禁拆除主接点处的纵、横向水平杆及纵、横向扫地杆、连墙杆。

④支架施工前，应进行详细的结构计算，满足支架承重的要求，确保支架结构安全，并报监理工程师批准后实施。

（10）大型模板堆放、安装与拆除作业。

（11）电气安装、维修作业：在带电线路上工作要选好工作位置，保持人体对地绝缘。断开导线时应先断相线，后断零线，接导线时应先将线头试搭，然后先接零线后接相线。

（12）拆除作业。

①拆除建筑物应采取自上而下的顺序进行，禁止数层同时拆除，当拆除某一部分的时候，应防止其他部分的倒塌。

②高处进行拆除工程，要设置散碎废料溜放槽，拆下较大或沉重的材料，要用起重机械吊运，禁止向下抛掷。拆卸下来的各种材料要及时清理，分别堆放在指定位置。

（13）船舶作业。

（14）潜水作业。

（15）水下焊接作业。

（16）水上起重作业。

例　题

例1 对危险性较大的分部分项工程进行安全巡查检查，每（　　）天不少于一次。

　　A. 1　　　　　　　B. 2　　　　　　　C. 3　　　　　　　D. 4

例2 不是高空作业禁忌的疾病是（　　）。

　　A. 高血压　　　　B. 心脏病　　　　C. 癫痫　　　　D. 高血糖

例3 现场行车，进出场要减速，并做到"四慢"，是指（　　）。

　　A. 道路情况不明要慢

　　B. 行走线路不良、照明度差时要慢

　　C. 起步、交会车、倒车、停车以及行驶要慢

　　D. 在岔道、行人密集处及出入口要慢

　　E. 在狭窄路、桥梁弯道、坡路要慢

例 题 解 析

例1 监理工程师应采取巡视为主的方式进行施工现场监理，按计划定期或不定期巡视施工现场，对施工的主要工程每天不少于1次，并填写巡视记录。故选 A 项。

例2 患有高血压、心脏病、贫血、癫痫等疾病人员不得高空作业。故选 D 项。

例3 选项 C 错在多了"行驶"，正确表达是"起步、交会车、倒车、停车要慢"。故选 ABDE 项。

自 测 模 拟 题

（一）单项选择题

1. 高处作业关于脚手架及构造平台的要求错误的是（　　）。

　　A. 脚手架及构造平台的脚手板应满铺，木板端头必须搭于支点上

　　B. 高于 2m 的工作平台上应设置不低于 1.2m 的单道护身栏杆

　　C. 高于 2m 的工作平台上跳板应设置防滑条

　　D. 脚手架及工作平台所站人数及堆置的建筑材料，不得超过其计算载荷重量

2. 防护棚搭设和拆除（　　）。

　　①应设安全作业区；②应设警戒区；③不宜上下同时拆除作业；④严禁上下同时拆除作业

　　A. ①④　　　　　B. ②③　　　　　C. ①②③　　　　　D. ②④

3. 下列关于气割、电焊作业安全的要求错误的是（　　）。

　　A. 在进行高空气割、电焊作业时必须佩戴安全帽、系安全绳、穿防滑鞋

　　B. 禁火区严禁进行任何明火作业

　　C. 施工现场严格执行三级动火制度

　　D. 必须在禁火区进行明火作业时，应严格执行审批制度，办妥动火证手续

4. 在施工阶段，监理机构对施工单位安全生产情况巡视检查，发现违规施工和存在安全事故隐患的，应要求施工单位整改，情况严重的，下达暂停施工令；施工单位拒不整改或不停止施工的应当向（　　）书面报告。

　　A. 驻地工程师　　　B. 总监理工程师　　　C. 建设单位　　　D. 当地政府有关部门

5. 在超过起重机回转半径（　　）的作业范围内应无障碍物。

A. 20cm B. 25cm C. 30cm D. 50cm

6. 起吊钢筋骨架,下方禁止站人,必须待骨架钢筋降落到距离模板( )以下才准靠近,就位并支撑好后方可摘掉挂钩。

   A. 0.5m B. 1.0m C. 1.5m D. 1.8m

7. 支架施工前,应进行详细的结构计算,满足支架承重的要求,确保支架结构安全,并报( )批准后实施。

   A. 项目总工 B. 项目经理 C. 公司总工 D. 监理工程师

8. 如果遇到重大构件必须使用两台起重机同时起吊时,构件的质量不得超过两台起重机所允许起重总质量之和的一定占比,每台起重机分担的负荷不得超过该机允许起重质量的百分数。起吊时必须对两台起重机进行统一指挥,在整个起吊过程中,两台起重机的吊钩滑车组都应基本保持垂直状态。该一定占比和百分数是( )。

   ①3/4;②4/5;③80%;④85%

   A. ①③ B. ②③ C. ①④ D. ②④

9. 施工单位人员在拆除脚手架时,为了方便小推车进入收集拆除零件,首先拆除扫地杆。这种不安全的行为是违反( )原则。

   A. 先支先拆 B. 后支后拆 C. 先支后拆 D. 后支先拆

(二)多项选择题

1. 特种机械设备,例如( )等,进场后在使用前,必须经过有资质的单位鉴定,并出具鉴定证书。

   A. 压路机 B. 电梯 C. 塔式起重机 D. 架桥机
   E. 门式起重机

2. 场内车辆驾驶,正确的表示有( )。

   A. 严禁翻斗车、自卸车的车厢乘坐人员
   B. 严禁人货混装
   C. 车辆载货严禁超载、超高、超宽
   D. 车上捆扎必须牢固可靠
   E. 在场内掉头、倒车,在狭窄场地内行驶时,驾驶员应小心驾驶

3. 起吊满载荷重物时,应先将其吊离地面20~50cm,检查( )等,确认可靠后,才能继续起吊作业。

   A. 起重机的稳定性 B. 吊钩的正确性 C. 制动器可靠性 D. 缆索的安全性
   E. 绑扎的牢固性

4. 钢筋加工、绑扎作业,正确的表示有( )。

   A. 断料、配料、弯料等工作应在地面进行,不准在高空操作
   B. 切断机在剪切钢筋时,刀口要与钢筋垂直,切断机不准剪切短于50cm的钢筋
   C. 冷拉钢筋当钢筋拉直时,禁止横跨或触碰钢筋,人员必须离开
   D. 起吊钢筋时,规格、尺寸必须统一,不准一点吊,吊点必须扎紧
   E. 不得在钢筋骨架上行走,禁止从柱子上的钢箍筋上下

参考答案及解析

(一)单项选择题

1. B 2. D 3. B 4. D 5. D 6. B 7. D 8. A 9. C

9. 解析：扫地杆是先架设，拆除时理应最后拆除才符合安全规定。

（二）多项选择题

1. BCDE   2. ABCD   3. ACE   4. ACDE

2. 解析：选项 E 应该是"必须设专人指挥"而不是"小心驾驶"。

十二、"平安工地"建设监理内容

重 点 知 识

2018 年交通运输部发布了《公路水运工程平安工地建设管理办法》，其中与建设监理有关的内容包括：

平安工地建设的创建单位是建设单位、监理单位、施工单位。施工单位是平安工地建设的实施主体，每月至少开展一次平安工地建设情况自查自纠，及时改进安全管理中的薄弱环节；每季度至少开展一次自我评价。施工单位自我评价报告经监理单位审核后报建设单位。

考评的方式有自查、自纠、自评、他评。

1. 建设单位是施工、监理合同段平安工地建设考核评价的主体

建设单位应当建立平安工地建设、考核、奖惩等制度，将平安工地建设情况纳入合同履约管理，加强过程督促检查，对项目平安工地建设负总责。

2. 监理合同段平安工地建设考核评价的频次和方式

（1）建设单位每半年对项目所有监理合同段组织一次平安工地建设考核评价。

（2）监理合同段每半年对自身安全管理行为进行自评，建立相应考核评价记录并及时存档。每季度对施工合同段平安工地建设进行监督检查，对自评结果复核（注：不是考评，考评由建设单位每半年组织一次）。

（3）监理单位应当将平安工地建设作为安全监理的主要内容，危险性较大的分部分项工程开工前按照《公路水运工程平安工地建设考核评价指导性标准》(简称《标准》)要求及时开展安全生产条件审核，并将审核结果报建设单位。

3. 考核评价方法

根据表 5-2-2 的内容逐项考核评价，并采取扣分制；其中，标记"*"的考核项目为必须考核的指标项。

4. 考核评价结果

（1）平安工地建设考核评价按照百分制计算得分，考核结果在 70 分及以上的评定为合格，低于 70 分的评定为不合格。监理单位考核评价分数 = (考核项目实得分/考核项目应得分) × 100。

（2）监理合同段考核评价结果不合格的，该监理合同段应当立即整改，整改完成后由建设单位组织复评，复评仍不合格的监理合同段应当全部停工整改，并及时向直接监管的交通运输主管部门报告。

（3）对已经发生重特大生产安全责任事故、存在未及时整改的重大事故隐患、被列入安全生产黑名单的合同段（注：包括施工和监理合同段），直接评为不合格。

（4）一般事故和较大事故的扣分：

①发生 1 起一般及以上生产安全责任事故，负有直接责任的监理合同段在考核评价得分基础上直接扣 10 分。

②发生 2 起一般或 1 起较大生产安全责任事故，负有直接责任的监理合同段在考核评价得分基础上直接扣 15 分。

监理单位考核评价表（满分150分）

项目名称：　　　　　　　　　　　　监理合同段：　　　　　　　　　　　　监理单位名称：

表5-2-2

序号	类别	考核项目	考核内容及评价标准	考核评价方法	扣分标准	扣分说明	得分
1	责任落实（10分）	岗位职责（3分）	明确监理各岗位的安全管理职责	查文件	（1）无监理各岗位职责，扣5分。（2）监理各岗位职责缺少安全管理职责内容不全，视情节扣1~4分。（3）监理各岗位安全管理责任针对性不强，视情节扣2~3分		
		规章制度（3分）	按规定建立健全安全管理制度	查文件	（1）安全管理制度不健全，视情节扣1~3分。（2）安全管理制度针对性不强、可操作性差，视情节扣1~3分		
		监理细则（4分）	*按规定编制监理规划或实施细则，并包含安全管理内容	查文件	*（1）监理规划或实施细则中缺乏安全管理内容，扣5分。（2）监理细则安全管理内容的针对性不具体，视情节扣2~4分		
2	审查审批（45分）	施工组织设计（5分）	按规定对施工组织设计中的安全技术措施进行审查、审批	查文件	（1）未审查施工组织设计的安全技术措施，扣5分。（2）审核不严格，或审查意见未按照规定时间及时回复，视情节扣2~4分		
		专项施工方案（10分）	*对危险性较大的分部分项工程专项施工方案进行审查、审批，并监督实施	查文件	*（1）未及时对施工单位上报的专项施工方案进行审查审批，视情节扣5~8分。（2）审批的专项施工方案不符合有关要求，视情节扣5~8分。（3）危险性较大的分部分项工程专项施工方案未经审查同意已实施，发现一项扣5分		
		危险性较大的分部分项工程安全生产条件（10分）	*对危险性较大的分部分项工程施工前的安全生产条件进行审查，审核结果报建设单位	查文件、查记录	*（1）未对危险性较大的分部分项工程施工前安全生产条件进行审查，扣10分。（2）对危险性较大的分部分项工程施工前的安全生产条件审核把关不严，或审核有缺项，视情节扣2~6分。（3）安全生产条件审核结果不报送，监理未及时纠正的，视情节扣2~4分		
		风险预控（10分）	按规定对风险评估报告进行审核。对合同段施工专项应急预案和现场处置方案进行审查、监督检查演练	查文件、查记录	（1）未督促施工单位提交风险评估报告、合同段施工专项应急预案方案审查的，扣5分。（2）方案审查不认真，或不及时审查，或审查意见过于笼统，缺乏指导性，视情节扣2~6分。（3）未对应急演练进行监督检查的，或无检查记录的，视情节扣2~4分		

续上表

序号	类别	考核项目	考核内容及评评标准	考核评价方法	扣分标准	扣分说明	得分
2	审查审批（45分）	安全生产费用（10分）	按规定对安全生产费用提取、使用情况进行核对、计量和审批。审查安全生产费用使用凭证。建立安全生产费用管理的监理台账。	查记录、现场检查核对	（1）未按规定核对、计量和审批安全生产费用的，扣10分。 （2）安全生产费用的核对、计量和审批不及时，视情节扣4~6分。 （3）未建立安全生产费用管理的监理台账，视情节扣2~4分。		
3		安全检查（20分）	检查施工单位安全生产责任制建立、落实和考核情况。按规定对施工单位进场的施工机械、设备、材料以及人员履约、持证上岗等进行检查。按规定督促施工单位开展风险辨识、评估，审核重大风险管控措施并督促落实。定期组织安全检查及事故隐患排查。*发现重大事故隐患应要求施工单位立即停工整改，跟踪督办，并履行报告义务。对检查发现施工单位不能立即整改的安全问题，及时督促施工单位整改，督促施工单位整改。对有关部门检查通报的监理管理问题，积极整改。	查文件、记录、现场检查核对	（1）对应该检查而未全面、及时检查的，或安全检查、隐患排查走过场，或对检查所发现的问题没有采取处理措施，或问题整改后没有组织复查的，发现一次取不清晰，视情节扣5分。 （2）未建立安全检查台账，或台账不清晰，视情节扣5分。 *（3）对发现重大事故隐患未发现处理指令，发现一次扣5分。 *（4）对发现重大事故隐患未跟踪督办的，发现一次扣15分。 *（5）未履行重大事故报告义务的，扣15分。 （6）对重大事故隐患的检查和复查未附影像资料，发现一次扣3分。 （7）监理指令、通知记录不闭合，发现一次扣2分。 （8）未对专项施工方案实施情况进行分析评价，扣2分。 *（9）对有关部门检查通报的监理管理问题未及时整改的，发现一次扣5分		
	安全检查与督促整改（30分）	考核评价（10分）	*定期对施工单位开展平安工地建设资料真实、准确。*检查复核资料真实、准确	查文件、资料	*（1）未定期对施工单位平安工地建设情况进行检查复核，或者检查复核走过场，或未及时组织施工单位整改的，一次视情节扣5~10分。 （2）未根据检查复核结果督促施工单位整改的，或无督促整改记录的，视情节扣4~8分。 *（3）检查复核资料失真、不准确，发现一次视情节扣3~5分		
4	监理人员管理（10分）	持证上岗（3分）	按照合同文件配置安全监理人员。检查复核资料真实，编制监理人员名册	查合同、资料	（1）安全监理人员不满足合同文件要求，缺一人扣1分。 （2）未提供监理人员名册，扣1分。 （3）未提供监理人员上岗及离岗记录（如考勤表等），扣2分		

续上表

序号	类别	考核项目	考核内容及评价标准	考核评价方法	扣分标准	扣分说明	得分
4	监理人员管理（10分）	监理人员内部培训教育（2分）	建立安全管理培训教育计划，对进场的监理人员定期组织安全培训教育	查资料、记录	（1）未组织项目监理部安全培训教育，扣2分。（2）未制订安全管理培训教育计划，或培训教育计划可行性不强，视情节扣1~2分。（3）未按计划组织全员培训，视情节扣1~2分。		
		安全监理日志（5分）	认真填写安全监理日志。按规定旁站和巡视，记录准确、详细、连续	查日志	（1）安全监理日志不连续，签字不全，或未经总监理工程师定期审查，旁站巡视未记录或不准确，发现一处（次）扣1分。（2）发现安全问题或重大事故隐患未及时记录的，视情节扣1~3分		
5	行业主管部门安全生产专项工作（10分）	行业主管部门安全生产专项工作落实情况（10分）	严格落实行业主管部门布置的安全生产专项工作。制订相应的工作方案或行动计划。按方案或计划执行	查文件、记录、现场核对	（1）未制订安全生产工作方案或行动计划，或未督促施工单位落实安全生产专项工作的，发现一次扣2分。（2）安全生产专项工作落实不到位，或应付了事、走过场，发现一次视he情节扣2~5分		
6	档案管理（5分）	安全档案资料（5分）	安全资料归档及时、齐全，台账明晰	查台账、文件、资料及记录	（1）安全档案资料不真实，发现一处扣2分。（2）管理台账不全或记录不清楚，视情节扣1~2分。（3）应当存档的资料不齐全，视情节扣1~2分。		
7	监理工作效能（40分）	所监理的施工单位考核评价情况（40分）	所监理的各施工合同段考核评价得分平均值×0.4，即为监理工作效能得分	查考核评价资料	各施工合同段施工单位考核评价得分平均值×0.4，即为监理工作效能得分		
实得分			应得分		本表考核得分＝（实得分/应得分）×100		

考核评价（或监督抽查）单位（盖章）：　　　　　　　　　评价（或抽查）人：

注：此表用于建设单位每半年考核评价以及交通运输主管部门监督抽查等，谁组织实施，谁负责盖章签认。

实施日期：　　年　月　日

例 题

例1 监理合同段平安工地建设考核评价的主体是（　　）。
　　A. 监理公司　　　　　　　　　　　　B. 总监办
　　C. 建设单位　　　　　　　　　　　　D. 交通运输主管部门

例2 安全监理的主要内容是（　　）。
　　A. 审查总体风险评估报告　　　　　　B. 审查专项施工方案
　　C. 审查专项风险评估报告　　　　　　D. 平安工地建设

例3 某监理合同段中有一个施工合同段出现重大事故，该监理合同段平安工地建设考核评价的等级是（　　）。
　　A. 合格　　　　　　　　　　　　　　B. 可能合格
　　C. 不合格　　　　　　　　　　　　　D. 合格概率大大降低

例4 某监理合同段有甲乙丙三个施工合同段，甲合同段得分80分，乙合同段得分76分，丙合同段得分90分。如果此时丙合同段发生1起一般事故，该监理合同段负有直接责任，则其平安工地建设考核评价的等级是（　　）。
　　A. 合格　　　　　　　　　　　　　　B. 可能合格
　　C. 不合格　　　　　　　　　　　　　D. 很难合格

例5 平安工地建设考评的方式有（　　）。
　　A. 自查　　　　B. 自纠　　　　C. 自评　　　　D. 抽评
　　E. 他评

例 题 解 析

例1 建设单位是施工、监理合同段平安工地建设考核评价的主体。故选 C 项。

例2 监理单位应当将平安工地建设作为安全监理的主要内容。故选 D 项。

例3 对已经发生重特大生产安全责任事故、存在未及时整改的重大事故隐患、被列入安全生产黑名单的合同段，直接评为不合格。故选 C 项。

例4 本题是"对已经发生重特大生产安全责任事故、存在未及时整改的重大事故隐患、被列入安全生产黑名单的合同段，直接评为不合格"和"发生1起一般及以上生产安全责任事故，负有直接责任的监理合同段在考核评价得分基础上直接扣10分"的理解。此处"考核评价得分基础上直接扣"是指已经为百分制的分值而不是计算分值过程的150总分对应的分值。

原监理工作效能得分 = (80 + 76 + 90)/3 = 82分，现在监理工作效能得分 = (80 + 76 + 69)/3 = 75分。

监理合同段因安全事故扣分 = 10分。考评总减少分 = (82 − 75) × 0.4 + 10 = 12.8分。

所以对监理合同段影响最大的还是所扣的10分，按照表5-2-2中第7项扣分标准施工合同段分值的减少还有0.4的系数，影响就更小。相对于表5-2-2中前6项内容监理合同段扣分不会太多，如果原监理合同段分值在82.8分以上，则还是"合格"，因此是不确定情况。选项 D 不合适的原因是合格的概率高于不合格概率。故选 B 项。

例5 平安工地建设考核评定的方式有自查、自纠、自评、他评。政府主管部门是随机抽查。故选 ABCE 项。

自 测 模 拟 题

（一）单项选择题

1. 平安工地建设考核评价合格标准为≥70分，是相对于总分（　　　）分。
   A. 100　　　　　　B. 120　　　　　　C. 150　　　　　　D. 160

2. 发生2起一般或1起较大生产安全责任事故，负有直接责任的监理合同段在考核评价得分基础上直接（　　　）。
   A. 认定不合格　　B. 扣10分　　　　C. 扣15分　　　　D. 扣20分

3. 建设单位每（　　　）对项目所有监理合同段组织一次平安工地建设考核评价。
   A. 月　　　　　　B. 季　　　　　　C. 半年　　　　　D. 年

4. 监理单位每（　　　）对施工合同段平安工地建设自评结果进行检查监督。
   A. 月　　　　　　B. 季　　　　　　C. 半年　　　　　D. 年

5. 监理单位每（　　　）对监理合同段平安工地建设进行自评。
   A. 月　　　　　　B. 季　　　　　　C. 半年　　　　　D. 年

6. 监理单位对监理合同段平安工地建设考核评定的程序是（　　　）。
   A. 建设单位考评→总监办自评→交通主管部门抽查
   B. 建设单位考评→驻地办自评→交通主管部门抽查
   C. 建设单位考评→监理机构自评→交通主管部门抽查
   D. 监理单位自评→建设单位考评→交通主管部门抽查

（二）多项选择题

1. 有关平安工地建设论述正确的有（　　　）。
   A. 平安工地建设的创建单位是建设单位、监理单位、施工单位
   B. 施工单位是平安工地建设的实施主体
   C. 应当建立平安工地建设、考核、奖惩等制度
   D. 危大工程开工前按照《公路水运工程平安工地建设考核评价指导性标准》要求及时开展安全生产条件审核，并将审核结果报建设单位
   E. 存在未及时整改的重大事故隐患的施工、监理合同段在考核评价得分基础上直接扣15分

2. 关于监理合同段平安工地建设论述正确的有（　　　）。
   A. 监理合同段考核评价结果不合格的，该监理合同段应当停工整改
   B. 监理合同段考核评价结果不合格的，该监理合同段应当立即整改
   C. 整改完成后由建设单位组织复评
   D. 复评仍不合格的监理合同段应继续停工整改并及时向直接监管的交通运输主管部门报告，准备再次复评
   E. 复评仍不合格的监理合同段应当全部停工整改并及时向直接监管的交通运输主管部门报告

参 考 答 案

（一）单项选择题

1. A　　2. C　　3. C　　4. B　　5. C　　6. D

（二）多项选择题

1. ABCD　　2. BCE

第六章 公路工程环境保护目标控制

第一节 环境保护监理的基础知识

一、我国公路工程环境保护管理的相关法律法规和方针政策

重点知识

（一）公路工程环境保护管理的相关法律法规

1. 公路工程环境保护的主要法律

（1）《中华人民共和国宪法》（简称《宪法》）是环境保护法律、法规及政策的根本依据与原则。

（2）《中华人民共和国环境保护法》（简称《环保法》）是环境保护的基本法。环境保护坚持保护优先、预防为主、综合治理、公众参与、损害担责的原则。

（3）环境保护单行法：生态环境保护法（森林法、水法、土地法等）和污染防治法两大类。

2. 公路工程环境保护的法规

主要包括两部分：一部分是为执行环境保护基本法和单行法制定的法规，另一部分是对环境保护工作中出现的新领域或尚未对专门重要领域所制定的规范性文件。

3. 交通运输部和生态环境部的部门规章和规范性文件

《交通建设项目环境保护管理办法》《交通部环境监测工作条例》《关于开展交通工程环境监理工作的通知》等。

4. 地方性法规、地方规章以及国家标准和规范

《公路环境保护设计规范》（JTG B04—2010）、《公路建设项目环境影响评价规范》（JTG B03—2006）。国家环境标准是强制性标准。

5. 国际环境保护条约或公约

《联合国气候框架公约》《南极条约》《保护臭氧层维也纳公约》等。

（二）环境保护的方针政策

1. 环境保护方针

（1）在1973年提出的"32字方针"：全面规划，合理布局，综合利用，化害为利，依靠群众，大家动手，保护环境，造福人民。

（2）在1983年第二次全国环境保护会议上提出的"三同步"和"三统一"基本方针：制定了我国环境保护的总方针、总政策，即"经济建设、城乡建设、环境建设，同步规划、同步实施、同步发展，实现经济效益、社会效益和环境效益相统一"。

①三同步：经济建设、城乡建设、环境建设同步规划（前提是预防为主）、同步实施（关键）、同步发展（目的）。（注：注意区别于环保工程要求的"三同时"）

②三统一：经济效益、社会效益和环境效益的统一。

（3）在1996年第四次全国环境保护会议提出与国家的发展战略结合方针：推行可持续发展战略，贯彻"三同步"方针，推进两个根本转变（经济体制和增长方式），实现"三效益"统一。

2. 环境保护的基本政策

（1）预防为主、防治结合、综合治理的政策。对开发建设项目实行环境影响评价制度和"三同时"制度（防治环境污染和破坏的设施与生产主体工程同时设计、同时施工、同时投入使用）。

（2）"谁污染、谁治理"政策。

（3）强化环境管理政策（三大政策的核心政策）。

3. 环境保护的政策性（或规范性）文件

《关于开展交通工程环境监理工作的通知》等。

例 题

例1 （　　）是制定我国环境保护法律、法规及政策的根本依据和原则。

　　A. 环境法规　　　B. 环境标准　　　C. 国际环境保护条约　　D. 宪法

例2 （　　）是我国环境保护的基本法。

　　A. 环保法　　　　B. 水土保持法　　　C. 宪法　　　　　　D. 噪声污染防治法

例3 环境保护的基本政策中核心政策是（　　）。

　　A. 预防为主、防治结合、综合治理　　　B. 谁污染、谁治理

　　C. 实行环境影响评价　　　　　　　　　D. 强化环境管理

例4 县级人民政府对发生的重大环境事件应当及时向（　　）报告，依法接受监督。[2022年真题]

　　A. 县级人民代表大会常务委员会　　　　B. 市级人民政府

　　C. 政治协商会议本县级委员会　　　　　D. 市级环保部门

例5 有关环境保护论述正确的有（　　）。

　　A. 环境保护法律除具有法律的一般特征外，还具有综合性、科学技术性、公益性、世界共同性、地区特殊性等特征

　　B.《环保法》规定矿藏、水流、森林、山岭、草原、荒地、滩涂等自然资源，都属于国家所有

　　C. 国家环境标准属于强制性标准，违反环境标准应依法承担相应的法律后果

　　D.《环保法》是制定我国环境保护法律、法规及政策的根本依据与原则

　　E. 环境保护单行法分为生态环境保护法和污染防治法两大类

例 题 解 析

例1　《宪法》是环境保护法律、法规及政策的根本依据与原则。故选D项。

例2　《环保法》是环境保护的基本法。故选A项。

例3　强化环境管理政策是三大政策的核心政策。故选D项。

例4　根据《环保法》第27条规定，县级以上人民政府应当每年向本级人民代表大会或者人民代表大会常务委员会报告环境状况和环境保护目标完成情况，对发生的重大环境事件应当及时向本级人民代表大会常务委员会报告，依法接受监督。故选A项。（注：作者将真题题干中"以上"删除才便于选择A项，如果事件发生在地市级，该题将无正确选项）

例5　选项B错在这些资源所有权在相关的法中规定，而《环保法》定义了这些为环境的范围。选

项 D 错在只有《宪法》才具备作为依据和原则。故选 ACE 项。

自 测 模 拟 题

（一）单项选择题

1. 下列（ ）不属于生态环境保护法。
   A. 森林法　　　　　B. 大气污染防治法　　C. 水土保持法　　　D. 风景名胜区保护法

2. 环境质量标准、污染物排放标准、环境基础标准、样品标准和方法标准统称为（ ），是我国环境法律体系的一个重要组成部分。
   A. 环境系统　　　　B. 环境认证　　　　　C. 环境质量　　　　D. 环境标准

3. 我国环境保护"三同步"总方针中作为关键的同步是（ ）。
   A. 同步规划　　　　B. 同步投资　　　　　C. 同步实施　　　　D. 同步发展

4. 我国环境保护"三同步"总方针中作为目的的同步是（ ）。
   A. 同步规划　　　　B. 同步投资　　　　　C. 同步实施　　　　D. 同步发展

5. 我国环境保护"三同步"总方针中作为前提的同步是（ ）。
   A. 同步规划　　　　B. 同步投资　　　　　C. 同步实施　　　　D. 同步发展

6. "三同步"和"三统一"方针与"32字方针"的最大不同点在于（ ）。
   A. 提出可持续发展战略　　　　　　　B. 将环境保护与经济发展相结合
   C. 依靠群众造福人类　　　　　　　　D. 将环境保护与国家发展战略相结合

7. 第四次全国环境保护会议与"三同步"和"三统一"方针的最大不同点在于（ ）。
   A. 全面规划合理布局　　　　　　　　B. 将环境保护与经济发展相结合
   C. 依靠群众造福人类　　　　　　　　D. 将环境保护与国家发展战略相结合

（二）多项选择题

1. 根据经济规律和生态规律的要求，《环保法》必须认真贯彻经济建设、城市建设、环境建设（ ）的"三同步"方针和经济效益、环境效益、社会效益的"三统一"方针。
   A. 同步规划　　　　B. 同步投资　　　　　C. 同步管理　　　　D. 同步发展
   E. 同步实施

2. 根据《环保法》第41条规定，建设项目中防治污染的设施，必须与主体工程（ ）。
   A. 同时设计　　　　B. 同时施工　　　　　C. 同时投产使用　　D. 同时报废
   E. 同时竣工

3. 下列（ ）属于我国的环境标准。
   A. 环境质量标准　　　　　　　　　　B. 样品标准和方法标准
   C. 污染物排放标准　　　　　　　　　D. 环境基础标准
   E. 沥青混合料配合比标准

4. 下列（ ）是环境保护法律的基本政策或原则。
   A. 污染者付费的原则
   B. 预防为主、防治结合的原则
   C. 从我做起、从小事做起的原则
   D. 经济建设与环境保护协调发展的原则
   E. 依靠群众保护环境的原则

5. 下列（　　）属于污染防治法。
   A. 噪声污染防治法
   B. 水污染防治法
   C. 大气污染防治法
   D. 放射性污染防治法
   E. 公路法

6. 推行可持续发展战略，贯彻"三同步"方针，推进两个根本转变，实现"三效益"统一。其中"三效益"是指（　　）。
   A. 经济效益
   B. 政治效益
   C. 社会效益
   D. 地方效益
   E. 环境效益

参 考 答 案

（一）单项选择题

1. B　2. D　3. C　4. D　5. A　6. B　7. D

（二）多项选择题

1. ADE　2. ABC　3. ABCD　4. ABDE　5. ABCD　6. ACE

二、公路施工对环境的影响因素

重 点 知 识

环境保护已列入我国的基本国策之中。环境保护涉及范围广，根据可持续发展的理论，项目地区环境因素包括：自然环境、生态环境、社会环境和人民生活环境。公路施工期对环境的影响因素主要有以下几点。

（1）对生态环境影响的主要因素：陆生生态（物种种群）和水生生态（鱼类、冲刷等）。

（2）对水土保持影响的主要因素：破坏地表植被，取弃土产生水土流失等。

（3）对声环境影响的主要因素：夜间施工机械噪声。

（4）对水环境影响的主要因素：挖泥、取砂、材料冲洗引起水质混浊，施工机械的含油污水及油料泄漏造成油污染，施工人员的生活污水、垃圾直接排入水体，沥青、油料、化学品等因保管不善造成进入水体。

（5）对大气环境影响的主要因素：灰土拌和、扬尘、沥青烟、废气。

（6）对社会经济影响的主要因素：临时占地及施工作业对周边农田的损坏，对沿线河道、人工渠道的施工干扰；加重了地区道路的负荷。

在公路施工监理过程中，应着重检查、控制施工对生态环境、水环境、大气环境影响。

例 　 题

例1 路面施工时，灰土拌和是对（　　）环境影响的主要因素。
   A. 生态
   B. 声
   C. 水
   D. 大气

例2 公路建设所引起的水土流失表现出不同的外部形式、发展程度和不同的潜在危险性，概括起来，主要包括（　　）。
   A. 水力侵蚀
   B. 重力侵蚀
   C. 风力侵蚀
   D. 冰冻侵蚀
   E. 泥石流侵蚀

例 题 解 析

例1 对大气环境影响的主要因素有：灰土拌和、扬尘、沥青烟、废气。故选 D 项。

例2 本题是 2007 年公路监理考题，对生态环境的主要影响因素包括水土流失（水力、重力、风力、泥石流、人为）和植被破坏。故选 ABCE 项。

自 测 模 拟 题

（一）单项选择题

1. 公路施工时，施工作业对周边农田的损坏是对（　　）环境影响的主要因素。
   A. 生态　　　　　　B. 声　　　　　　C. 水　　　　　　D. 社会

2. 公路施工时，施工机械油料泄漏造成油污染是对（　　）环境影响的主要因素。
   A. 生态　　　　　　B. 声　　　　　　C. 水　　　　　　D. 社会

3. 桥梁基础施工时，打桩机的打桩过程是对（　　）环境影响的主要因素。
   A. 生态　　　　　　B. 声　　　　　　C. 水　　　　　　D. 社会

4. 公路施工时，弃土弃石是对（　　）环境影响的主要因素。
   A. 生态　　　　　　B. 声　　　　　　C. 水　　　　　　D. 社会

5. 对生态环境的主要影响因素有（　　）。
   A. 水土流失　　　　　　　　　　B. 取砂冲洗引起水质混浊
   C. 施工人员的生活污水　　　　　D. 扬尘

（二）多项选择题

1. 在公路施工监理过程中，应着重检查、控制施工对（　　）的影响。
   A. 生态环境　　　　　　　　　B. 声环境
   C. 水环境　　　　　　　　　　D. 大气环境
   E. 社会经济环境

2. 在公路施工过程中，项目地区环境因素包括（　　）。
   A. 生态环境　　　　　　　　　B. 自然环境
   C. 人民生活环境　　　　　　　D. 现场环境
   E. 社会环境

3. 公路施工期对社会经济影响的主要因素有（　　）。
   A. 临时占地对周边农田的损坏
   B. 加重了地区道路的负荷
   C. 加重了施工便道便桥的负荷
   D. 对沿线河道的施工干扰
   E. 对沿线人工渠道的施工干扰

参 考 答 案

（一）单项选择题

1. D　　2. C　　3. B　　4. A　　5. A

（二）多项选择题

1. ACD　　2. ABCE　　3. ABDE

三、环境影响评价和水土保持报告书有关内容

重 点 知 识

环境影响评价（简称环评）文件应分类管理、分级审批，分为三种形式：报告书（可能造成重大影响，进行全面评价）、报告表（轻度影响，进行分析或专项分析）、登记表（影响很小，不做环评但是仍然要审批）。由建设单位自主选择环评机构编写环评报告书和报告表（登记表无资质要求）；交通运输主管部门预审后，报环保行政主管部门审批。

1. 环评报告书内容

根据《建设项目环境保护管理条例》第八条，建设项目环评报告书应当包括下列内容：

（1）建设项目概况。

（2）建设项目周围环境现状。

（3）建设项目对环境可能造成影响的分析和预测。

（4）环境保护措施及其经济、技术论证。

（5）环境影响经济损益分析。

（6）对建设项目实施环境监测的建议。

（7）环评结论。

建设项目环评报告表、环评登记表的内容和格式，由国务院环境保护行政主管部门规定。

涉及水土保持的建设项目，还必须有经水行政主管部门审查同意的水土保持方案，建设单位报批的环评报告书应当附上对有关单位专家和公众意见采纳或不采纳的说明。

环评报告表和环评登记表，按国务院环境保护行政主管部门制订的内容和格式填报。

公路建设项目环评文件的内容和格式，应当符合国家规定及技术规范，如《公路建设项目环境影响评价规范》（JTG B03—2006）的要求。

2. 水土保持方案报告书的内容

（1）方案编制总则：①结合开发建设项目的特点上述编制水土彼此方案的目的和意义；②编制依据；③采用标准。

（2）建设项目地区环境概况。

（3）项目生产建设过程水土流失预测。

①水土流失预测时段的划分。

②预测的内容和方法：a. 扰动原地貌、损坏土地和植被面积；b. 弃土、弃石、弃渣量；c. 损坏水土保持设备的面积和数量；d. 可能造成的水土流失危害。

③预测结果和综合分析。

（4）水土流失的防治方案：①方案编制的原则和目标；②建设项目防止的责任范围、本方案的设计深度；③水土流失防治分区及水土保持措施总体布局；④分区防止措施布局；⑤方案实施进度安排及工程量；⑥水土流失监测。

（5）水土保持工程投资估（概）算及效益分析。

（6）方案实施保证措施：①组织领导和管理措施；②技术保证措施；③资金来源及管理使用办法。

3. 水土保持方案审批条件

（1）符合有关法律、法规、规章和规范性文件规定。

（2）符合现行《生产建设项目水土保持技术标准》（GB 50433）等国家、行业的水土保持技术规范、标准。

（3）水土流失防治责任范围明确。

（4）水土防治措施合理、有效，与周边环境相协调，并达到主体工程设计深度。

（5）水土保持投资估算编制依据可靠、方法合理、结果正确。

（6）水土保持监测的内容和方法得当。

例 题

例1 环境影响评价文件的编制实行（　　）的办法。

  A. 分层管理 B. 分类管理 C. 统一管理 D. 项目管理

例2 可能造成重大环境影响的，应当编制（　　），对产生环境影响进行全面评价。

  A. 环境影响报告表   B. 环境影响登记表

  C. 环境影响报告书   D. 环境保护措施和建议

例3 不需要进行可行性研究的交通建设项目（备案制），建设单位应当在交通建设项目（　　）报批交通建设项目环境影响评价文件。

  A. 开工前 B. 开工后 C. 施工期 D. 交工验收阶段

例4 水土保持方案报告书的内容有（　　）。

  A. 建设项目概况   B. 建设项目周围环境概况

  C. 方案实施保证措施   D. 项目建设过程水土流失预测

  E. 建设项目对环境影响的经济损益分析

例 题 解 析

例1 环评报告编制实行分类管理；而审批是分级管理国务院环保主管部门审批核设施和绝密特殊的、跨省的、由国家级授权的3类建设项目，这3类之外的由省级环保主管部门审批。故选B项。

例2 可能造成重大环境影响的，应当编制环评报告书，对产生的环境影响进行全面评价。关键词是"重大影响"和"全面评价"，故选C项。如果"轻度影响"和"分析或专项分析"则是报告表；如果"影响很小"和"不需要环评"则是登记表。

例3 环评报告书是可行性研究的组成，不需要进行可行性研究的交通建设项目核准制的，在提交项目申请报告前报批；备案制的，在办理备案手续后和开工前报批。故选A项。此依据见《建设项目环境影响评价文件审批程序规定》第2~4条。

例4 选项E是环评报告书的内容。水土保持方案报告书的内容与环评报告书内容互为干扰，这是常见的出题形式。故选ABCD项。

自 测 模 拟 题

（一）单项选择题

1. 可能造成轻度环境影响的，应当编制（　　），对产生环境影响进行分析或专项分析。

  A. 环境影响报告表   B. 环境影响登记表

  C. 环境影响报告书   D. 环境保护措施和建议

2. 对环境影响很小的，不需要进行环境影响评价的，应当填报（　　）。
   A. 环境影响报告表　　　　　　　　　　B. 环境影响登记表
   C. 环境影响报告书　　　　　　　　　　D. 环境保护措施和建议

3. 建设项目环境影响评价文件实行（　　）的办法，由环境保护行政主管部门审批。
   A. 分级审批　　　B. 分类审批　　　C. 统一审批　　　D. 直接审批

4. 交通建设项目环境影响评价工作，由（　　）自主选择具备交通建设项目工程分析能力，依法取得相应资格证书，并向交通管理部门办理备案手续的机构承担。
   A. 设计单位　　　B. 监理单位　　　C. 建设单位　　　D. 养护单位

5. 交通建设项目环评文件经批准后，建设项目的性质、规模、地点、采用的施工工艺发生重大变动，或者超过（　　）年后开工建设的，应当重新办理报批手续。
   A. 3　　　B. 4　　　C. 5　　　D. 6

6. 公路建设项目环评文件应经（　　）预审后，报有审批权的环保行政主管部门审批。
   A. 建设单位　　　　　　　　　　　　　B. 监理单位
   C. 项目所在地环保局　　　　　　　　　D. 交通运输主管部门

7. 公路建设项目环评文件一般应在（　　）阶段，报有关行政主管部门。
   A. 项目设计　　　B. 编制项目建议书　　　C. 项目招标　　　D. 项目可行性研究

8. 建设项目环境影响报告书应由（　　）编制。
   A. 建设单位　　　　　　　　　　　　　B. 有资质的环境影响评价机构
   C. 环保部门　　　　　　　　　　　　　D. 行业主管部门

9. 公路建设项目环境影响评价文件，必须经过（　　）审批。
   A. 建设单位　　　　　　　　　　　　　B. 有资质的环境影响评价机构
   C. 环保部门　　　　　　　　　　　　　D. 交通运输主管部门

（二）多项选择题

1. 建设单位向县级以上人民政府交通运输主管部门申请交通建设项目环评预审，应当按规定提交有明确的建设项目环评结论，包括（　　）。
   A. 交通部门环保办的审批意见　　　　　B. 环保部门的审批意见
   C. 建设项目环评报告书　　　　　　　　D. 环评报告表
   E. 环评登记表

2. 环境影响评价报告书的内容有（　　）。
   A. 建设项目概况　　　　　　　　　　　B. 建设项目周围环境概况
   C. 方案实施保证措施　　　　　　　　　D. 对建设项目实施环境监测的建议
   E. 建设项目对环境影响的经济损益分析

3. 建设项目环评报告书应当包括（　　）等内容。
   A. 项目建设概况
   B. 建设项目周围环境现状
   C. 建设项目对环境影响的经济损益分析
   D. 环评机构
   E. 环评结论

参 考 答 案

（一）单项选择题

1. A 2. B 3. A 4. C 5. C 6. D 7. D 8. B 9. C

（二）多项选择题

1. CDE 2. ABDE 3. ABCE

四、实施绿色公路建设的主要内容（简单浏览）

重 点 知 识

（一）总体要求

1. 指导思想

牢固树立创新、协调、绿色、开放、共享五大发展理念，落实"四个交通"（综合交通、智慧交通、绿色交通、平安交通）发展要求，促进公路发展转型升级，建设以质量优良为前提，以资源节约、生态环保、节能高效、服务提升为主要特征的绿色公路，实现公路建设健康可持续发展。

2. 基本原则

坚持可持续发展、坚持统筹协调、坚持创新驱动、坚持因地制宜。

3. 建设目标

绿色公路建设标准和评估体系基本建立，绿色公路建设理念深入人心，建成一批绿色公路示范工程，形成一套可复制、可推广的经验，行业推动和示范效果显著，绿色公路建设取得明显进展。

（二）深刻把握绿色公路建设的基本内涵

此次绿色公路建设的提出是按照系统论和周期成本思想，以工程质量、安全、耐久、服务为根本，坚持"两个统筹"，把握"四大要素"，以理念提升、创新引领、示范带动、制度完善为途径，推动公路建设发展的转型升级。

坚持"两个统筹"是绿色公路建设的思想精髓。一方面要坚持统筹公路资源利用、能源消耗、污染排放、生态影响、运行效率、功能服务之间的关系，寻求公路、环境、社会等方面的系统平衡与协调；另一方面要坚持统筹公路规划、设计、建设、运营、管理、服务全过程，以最少的资源占用、能源耗用、污染排放、环境影响，实现外部刚性约束与公路内在供给之间均衡和协调。

把握"四大要素"是推动绿色公路建设的关键。在绿色公路建设过程中，坚持以质量优良、安全耐久为前提，重点在"资源节约、生态环保、节能高效、服务提升"四个方面实现突破，以控制资源占用、减少能源消耗、降低污染排放、保护生态环境、拓展公路功能、提升服务水平为具体抓手，全面提升公路工程建设水平。

（三）五大主要任务

1. 统筹资源利用，实现集约节约

绿色公路是基于资源及能源节约型的公路。资源节约的对象是能源、土地、水、材料等主要资源。具体是指集约利用通道资源、严格保护土地资源、积极应用节能技术和清洁能源、大力推行废旧材料再生循环利用。

2. 加强生态保护，注重自然和谐

绿色公路是可持续发展的低碳环保公路。环境友好涉及的对象包括大气、水、声、生态等环境因素。具体是推行生态环保设计、严格施工环境保护、加强运营期环境管理。

3. 着眼周期成本，强化建养并重

全寿命周期成本的核心思想是在产品生命的全寿命周期内尽量降低资源的消耗，提高产品效能。具体是指突出全寿命周期成本理念、全面实施标准化施工、提高养护便利化水平。

4. 实施创新驱动，实现科学高效

创新是公路发展的强劲驱动力，要把创新贯穿到绿色公路建设的各个环节，大力推进理念创新、技术创新、管理创新和制度创新。具体是指加强绿色公路技术研究、大力推进建设管理信息化、总结推广建设管理新经验、探索设置多元化服务设施、丰富公路综合服务方式。

5. 完善标准规范，推动示范引领

绿色公路在已开展的相关工作基础上，进一步丰富了内涵，拓展了领域，明确了要求。具体是指制定绿色公路标准规范、开展五个专项行动、打造示范工程。

五个专项行动形成绿色公路建设的有力抓手。一是通过土方合理调配着力实现"零弃方、少借方"；二是实施改扩建工程绿色升级；三是积极应用建筑信息模型（BIM）技术；四是推进绿色服务区建设；五是着力拓展公路旅游功能。

（四）保障措施

加强组织领导、加强制度建设、加强专家指导、加强宣传推广。

例 题

例1 在绿色公路建设过程中，坚持以质量优良、（　　）为前提。
A. 经济节约　　　　B. 创新引领　　　　C. 安全耐久　　　　D. 示范带动

例2 坚持"两个统筹"是绿色公路建设的思想精髓，两个统筹是统筹公路（　　）、功能服务之间的关系和统筹公路规划、设计、建设、运营、管理、服务全过程。
A. 资源利用　　　　B. 能源消耗　　　　C. 污染防治　　　　D. 生态影响
E. 运行效率

例3 绿色公路建设以（　　）为具体抓手，全面提升公路工程建设水平。
A. 控制资源占用、减少能源消耗　　　　B. 统筹资源利用、实现集约节约
C. 降低污染排放、保护生态环境　　　　D. 着眼周期成本、强化建养并重
E. 拓展公路功能、提升服务水平

例 题 解 析

例1 这部分内容是对《关于实施绿色公路建设的指导意见》的解读，把握"四大要素"是推动绿色公路建设的关键。在绿色公路建设过程中，坚持以质量优良、安全耐久为前提，重点在"资源节约、生态环保、节能高效、服务提升"四个方面实现突破，以控制资源占用、减少能源消耗、降低污染排放、保护生态环境、拓展公路功能、提升服务水平为具体抓手，全面提升公路工程建设水平。故选C项。还应注意的关键词有"具体抓手""根本""途径""思想精髓""建设的关键"等，同时注意"前提"与"根本"容易混淆。

例2 坚持"两个统筹"是绿色公路建设的思想精髓，要坚持统筹公路资源利用、能源消耗、污染

排放、生态影响、运行效率、功能服务之间的关系。故选 ABDE 项。

例3 见例 1 解析内容。选项 BD 项是五大主要任务中的内容。故选 ACE 项。

自 测 模 拟 题

（一）单项选择题

1. （　　）是绿色公路建设的思想精髓。
   A. 把握四大要素　　　B. 坚持两个统筹　　　C. 开展五大主要任务　　　D. 打造示范工程
2. （　　）是推动绿色公路建设的关键。
   A. 把握四大要素　　　B. 坚持两个统筹　　　C. 开展五大主要任务　　　D. 打造示范工程
3. 下列选项中，不是绿色公路建设保障措施的是（　　）。
   A. 加强组织领导　　　B. 加强制度建设　　　C. 加强行业指导　　　D. 加强宣传推广
4. 两个统筹中，统筹公路前期工作、建设和营运全过程正确的是（　　）。
   A. 设计、规划、建设、运营、管理、服务　　　B. 规划、设计、施工、管理、运营、服务
   C. 规划、设计、招标、施工、管理、运营　　　D. 规划、设计、建设、运营、管理、服务
5. 绿色公路是基于（　　）的公路。
   A. 应用建筑信息模型（BIM）技术　　　B. 资源及能源节约型
   C. 零弃方、少借方　　　D. 拓展公路旅游功能
6. 绿色公路是可持续发展的低碳环保公路，环境友好涉及的对象包括大气、水、声、生态等环境因素。具体内容不包含的是（　　）。
   A. 推行生态环保设计　　　B. 严格施工环境保护
   C. 提高养护便利化水平　　　D. 加强运营期环境管理

（二）多项选择题

1. 绿色公路建设提出按照系统论和周期成本思想，以工程（　　）为根本。
   A. 质量　　　B. 安全　　　C. 经济　　　D. 耐久
   E. 服务
2. 绿色公路建设提出的五大主要任务有（　　）。
   A. 统筹资源利用，实现集约节约　　　B. 加强生态保护，注重自然和谐
   C. 节约建设成本，强化建养并重　　　D. 实施创新驱动，实现科学高效
   E. 完善标准规范，推动示范引领
3. 绿色公路建设开展的五个专项行动有（　　）。
   A. 通过土方合理调配着力实现"零弃方、少借方"
   B. 实施改扩建工程绿色升级
   C. 积极应用建筑信息模型（BIM）技术
   D. 推进绿色服务区建设
   E. 开创绿色公路建设新局面
4. 实施绿色公路的主要特征有（　　）。
   A. 资源节约　　　B. 污染防治　　　C. 生态环保　　　D. 节能高效
   E. 服务提升
5. 绿色公路建设以（　　）为途径，推动公路建设发展的转型升级。

A. 理念提升　　　　　B. 创新引领　　　　　C. 示范带动　　　　　D. 安全耐久
E. 制度完善

参考答案及解析

（一）单项选择题

1. B　2. A　3. C　4. D　5. B　6. C

（二）多项选择题

1. ABDE　2. ABDE　3. ABCD　4. ACDE　5. ABCE
2. 解析：选项 C 应是"着眼周期成本"。

第二节　环境保护监理工作

一、工程环境保护监理的目标

重点知识

工程环境保护监理的基本目标是贯彻"三同步"方针，实现"三效益"统一，完成环境达标监理和环保工程监理两大环保监理任务。严格控制建设期间的环境污染和生态破坏，保护生态环境和谐自然。对驻地、场站、便道的设置和使用，"三废"的处置，取弃土场作业防止水土流失，保护文物，保护环境等都设有明确的具体目标。

施工环境保护监理的具体目标主要有 4 个方面：

（1）主体工程施工工程的噪声（振动）、废气、污水、固体废弃物等排放达到国家相应标准。
（2）生态环境保护、水土保持的措施符合建设项目环境影响评价文件和水土保持方案的要求。
（3）声屏障、绿化、污水处理等环保工程设施施工符合相应规范和合同规定。
（4）施工期不发生重大环境污染和生态破坏事件。

例　题

例1　工程环境保护监理的基本目标是完成（　　）任务。
A. 生态达标监理和声环保工程监理　　　　B. 环境达标监理和降噪工程监理
C. 环境达标监理和绿化工程监理　　　　　D. 环境达标监理和环保工程监理

例2　施工环境保护监理的具体目标有（　　）。
A. 主体工程施工工程的噪声（振动）、废气、污水、固体废弃物等排放达到国家相应标准
B. 监理单位在施工期做到不让施工单位发生破坏自然环境和污染环境的事件
C. 生态环境保护、水土保持的措施符合建设项目环境影响评价文件和水土保持方案的要求
D. 声屏障、绿化、污水处理等环保工程设施施工符合相应规范和合同规定
E. 施工期不发生重大环境污染和生态破坏事件

例 题 解 析

例1　生态达标属于环境达标；声环保工程、降噪工程和绿化工程是属于环保工程。故选 D 项。
例2　选项 B 错在要求过高了。公路施工势必要造成自然环境的一定破坏和有一定污染环境，例如

路面施工的沥青气污染。只能做到严格控制污染和通过恢复植被以及复垦土地等手段,将对环境的破坏降到最低程度。故选 ACDE 项。

自 测 模 拟 题

(一)单项选择题
1. 环保监理目标要严格控制建设期间的环境污染和( )。
   A. 噪声污染　　　B. 生态破坏　　　C. 空气污染　　　D. 植被破坏
2. 环保监理目标要保护( )。
   A. 文物免遭损坏　　　　　　　　　B. 作业人员职业健康
   C. 生态环境和谐自然　　　　　　　D. 环境免遭污染

(二)多项选择题
1. 监理目标之一是生态环境保护、水土保持的措施符合建设项目( )要求。
   A. 环境影响评价文件　　　　　　　B. 水土保持预案
   C. 水土保持方案　　　　　　　　　D. 环境影响评价记录表
   E. 环境影响分析文件
2. 建设项目施工环境管理过程中,实现建设项目( )效益统一。
   A. 环境　　　B. 城乡　　　C. 社会　　　D. 低碳
   E. 经济

参 考 答 案 及 解 析

(一)单项选择题
1. B　2. C
1. **解析**:选项 AC 是环境污染,选项 D 是属于生态破坏。
2. **解析**:选项 D 错在环境污染只能严格控制,无法做到不污染。

(二)多项选择题
1. AC　　2. ACE
2. **解析**:选项 ACE 就是环保方针三效益统一。

二、公路施工环境保护监理的概念、依据、任务、范围、内容和程序

重 点 知 识

(一)公路施工环境保护监理的概念

公路施工环境保护监理是指具有相应资质的工程监理单位受建设单位(或业主)的委托,依法承担其建设项目施工期的环境监督管理工作,代表业主对施工单位在施工活动中污染防治和生态保护与恢复等情况进行监督管理,确保各项环保措施落实的专业化服务活动。

(二)公路施工环境保护监理的依据

(1)有关环境保护的国家法律法规、行业的部门规章以及地方的法规和规章。
(2)工程环境影响评价和水土保持报告及批复,是最重要的依据之一。
(3)国家、行业和地方的相关技术标准。

（4）监理合同、施工合同以及有关补充协议，监理合同是直接依据。
（5）经批准的工程设计文件和设计变更文件。
（6）如果是世界银行或亚洲开发银行项目，专门需要以项目的环境行动计划为依据。

（三）公路施工环境保护监理的任务

施工环境监理的任务一般分为环境达标监理和环保工程监理。

1. 环境达标监理

（1）主要任务：保护生态环境；控制污染排放。

（2）任务范围：施工现场、工作场地、生活营地、施工道路、料场和取弃土场、办公区及附属设施、敏感区等。

（3）任务内容：如噪声、废气、污水、固废等排放达标，施工过程符合敏感区环保要求。

2. 环保工程监理

（1）主要任务：保证环境保护专项工程的实施。

（2）任务范围：水污染防治工程、噪声控制工程（声屏障）、水土保持等绿化工程、土地复垦工程等。

（3）任务内容：工程质量、安全、环保、进度、费用等。

（四）公路施工环境保护监理的范围和内容

1. 公路施工环境保护监理的范围

施工环境保护监理阶段包括施工准备期、施工期、交工验收、竣工验收；环境保护监理的工作范围应包括工程施工区域和工程施工环境影响区域。

2. 公路施工环境保护监理的主要工作内容

（1）审批施工单位施工组织设计中环境保护专章或专项环境保护实施方案，审查施工单位的环境管理体系，评估体系运行的有效性。

（2）编制监理计划中的环境保护监理工作方案，编制环境保护监理实施细则。

（3）根据合同要求进行工程全过程、全方位环境保护监理，确保环境保护目标实现。

（4）定期向建设单位报告环境监理工作情况。

（5）协调环境污染事故调查处理。

（6）编写环境保护监理工作总结。

（7）参与环境保护竣工验收工作。

（五）施工环境保护监理措施中的工作内容

监理工程师对施工活动中的环境保护工作按照施工进程实施动态管理。环保达标监理的工作方式以日常巡视为主，辅以必要的环境监测，以便警示调整环保监控力度。环保工程作为交通建设工程的附属工程，其施工监理的内容与主体工程的施工监理相同，其监理程序和方式也与主体工程施工监理一致，其工作方法与主体工程相同。

1. 施工准备阶段的环境保护监理工作内容

（1）参加设计交底，熟悉环境评价报告和设计文件，了解工程建设项目的具体环保目标。

（2）审查施工单位提交的施工组织设计和开工报告，对环保实施方案提出审查意见，包括施工中须保护的环境敏感点、具体的环保措施、环保管理制度和环保专业人员等。

（3）审查施工单位的临时用地方案是否符合环保要求，临时用地的恢复计划是否可行。

（4）审查施工单位的环保管理体系是否责任明确，切实有效。

（5）参加第一次工地会议，对工程建设项目的环保目标和环保措施提出要求。

2. 施工阶段的环境保护监理工作内容

（1）对工地进行巡视或旁站监理。

（2）向施工单位发出环境保护工作指令。

（3）检查环境保护措施和成果。

（4）协助环保主管部门和建设单位处理突发环保事件。

（5）建立、保管环境保护监理资料档案。

（6）审查施工单位编制的分部（分项）工程施工方案中的环保措施是否可行。

（7）参加工地例会。

3. 验收及缺陷责任期的环境保护监理工作内容

（1）参加交工检查，确认现场清理工作、临时用地的恢复和取（弃）土场的复绿等是否达到环保要求。

（2）评估环保任务或环保目标的完成情况，对尚存在的主要环境问题提出继续监测或处理的方案和建议。

（3）定期检查施工单位对环保遗留问题整改计划的实施，并根据工程具体情况，建议施工单位对整改计划进行调整。

（4）检查已实施的环保达标工程和环保工程，对交工验收后发生的环保问题或工程质量缺陷及时进行调查和记录，并指示施工单位进行环境恢复或工程修复。

（5）检查施工单位的环保资料是否满足竣工环保验收的要求。

（6）整理施工环境保护监理竣工资料。

（7）参与竣工环境保护验收和水土保持验收。

4. 环境监测

施工期环境监测由建设单位委托监测单位进行，监理协助，称为外部监理监测。工程实际进展中，环保监理工程师有一些常规污染因子及突发污染事故监测，称为内部监理监测。

监理环境监测应定期进行，一般定期监测项目有：

（1）空气质量：NO_2、CO、TSP（即粒径小于$100\mu m$的总悬浮颗粒物），必要时还应测SO_2。

（2）地表水水质：一般测共6项，酸碱度（pH）、悬浮物（SS）、化学需氧量（COD）、生化需氧量（DOD）、氨氮、石油类。

（3）声环境质量：环境噪声、施工场界噪声、车辆交通噪声以及声屏障等降噪效果等。

5. 其他环保措施的监理

根据不同项目的实际情况，环评和水保文件会提出有针对性的环保措施，甚至会有比较特殊的措施。对于环境影响评价报告提出的已经批准的措施，应协助建设单位有效地实施。

（六）公路施工环境保护监理的程序

施工环境保护监理一般应按照下列工作程序进行。

（1）依据监理合同、设计文件、环评报告与水土保持方案及批复，以及施工合同、施工组织设计等编制施工环境保护监理计划。

（2）按照施工环境保护监理计划、工程建设进度、各项环保对策措施编制施工环境保护监理细则。

（3）依据编制的施工环境保护监理计划和监理细则，开展施工期环境保护监理，检查承包人制订的环境保护措施的落实情况；进行验收、计量与支付。

（4）工程交工阶段编写施工环境保护监理总结报告，整理监理档案资料，提交建设单位。

（5）参与工程竣工环境保护验收和水土保持验收。

施工环境保护监理的工作程序如图 6-2-1 所示。

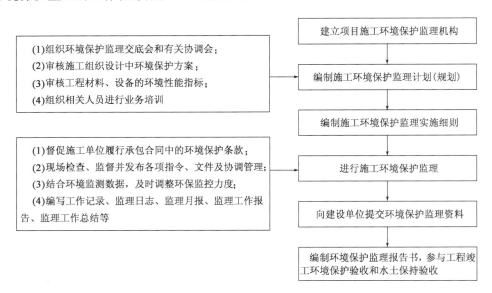

图 6-2-1 施工环境保护监理的工作程序图

例 题

例1 公路工程环保监理最重要的依据是（ ）。
A. 环境行动计划　　　　　　　　B. 环境保护监理工作报告
C. 环保实施方案　　　　　　　　D. 环境影响报告书批复

例2 在利用世界银行或亚洲开发银行贷款修建的交通建设项目，还应编制（ ），这也是此类工程施工过程环境保护监理工作的依据之一。
A. 地质灾害危险性评估报告　　　B. 环境行动计划
C. 环境影响报告书　　　　　　　D. 地震安全性评估报告

例3 施工过程符合敏感区环保要求是属于（ ）。
A. 环境达标监理的主要任务
B. 环境达标监理的任务范围
C. 环境达标监理的任务内容
D. 环保工程监理的任务范围

例4 国内公路工程环保监理的依据有（ ）。
A. 项目环境影响评价报告书　　　B. 项目环境行动计划
C. 国家文物保护法　　　　　　　D. 国家环境保护法
E. 地方有关环境保护法规

例5 地表水水质一般监测的项目有（ ）。
A. 酸碱度（pH）　　　　　　　　B. 悬浮物（SS）
C. 化学需氧量（COD）　　　　　　D. 臭氧含量（O_3）
E. 生化需氧量（DOD）

例 题 解 析

例1 项目的环境影响评价和水土保持报告及批复,是最重要的依据之一。选项 A 是国际工程才需要;选项 B 监理工作报告中环保监理内容是工程竣工才需要编写的监理文件;选项 C 是施工单位编制的内容需经监理审查的文件。选项 ABC 都不适合。故选 D 项最适合。

例2 项目的环境行动计划,是世界银行和亚洲开发银行专门需要的依据。故选 B 项。

例3 环境达标监理任务范围:施工现场、工作场地、生活营地、施工道路、料场和取弃土场、办公区及附属设施、敏感区等。而环境达标监理任务内容是噪声、废气、污水、固体废弃物等排放达标,施工过程符合敏感区环保要求。故选 C 项。

例4 本题是 2006 年公路监理工程师考试考题。该题本来没有"国内"二字,那么按照当年教材全部选项都正确。加上"国内"二字后选项 B 就不适合。故选 ACDE 项。

例5 地表水水质一般测共 6 项,酸碱度(pH)、悬浮物(SS)、化学需氧量(COD)、生化需氧量(DOD)、氨氮、石油类。故选 ABCE 项。

自 测 模 拟 题

(一)单项选择题

1. 对于监理人员来说,公路工程环保监理的直接依据是( )。
   A. 工程设计文件　　　　　　　　　　B. 环境保护国家标准
   C. 监理合同及其补充协议　　　　　　D. 环境影响报告书批复

2. 监理工程师应审查施工组织设计是否按设计文件和( )的有关要求制订了施工环境保护措施,审查合格后方可同意工程开工。
   A. 业主要求　　　　　　　　　　　　B. 当地政府
   C. 当地环保部门文件　　　　　　　　D. 环境影响评估报告

3. 下列文件中,不构成施工环境保护监理依据的是( )。
   A. 环境保护法律　　　　　　　　　　B. 地表水环境质量标准
   C. 环境影响报告书　　　　　　　　　D. 施工组织设计

4. 土地复垦工程属于( )。
   A. 环境达标监理的任务范围
   B. 环保工程监理的任务范围
   C. 环境达标监理的任务内容
   D. 环保工程监理的任务内容

5. 下列监理工作中,属于施工准备阶段的环保监理工作内容的是( )。
   A. 对工地进行巡视或旁站监理
   B. 审查施工单位的环保管理体系是否责任明确,切实有效
   C. 协助环保主管部门和建设单位处理突发环保事件
   D. 建立、保管环境保护监理资料档案

6. 下列监理工作中,属于施工阶段的环保监理工作内容的是( )。
   A. 审查施工单位的临时用地方案是否符合环保要求,临时用地的恢复计划是否可行
   B. 参加设计交底,熟悉环境评价报告和设计文件,了解工程建设项目的具体环保目标
   C. 参加工地例会

D. 审查施工单位提交的施工组织设计和开工报告

7. 施工环境保护监理的工作程序中，向建设单位提交环境保护监理资料的上一步是（　　）。
   A. 编制施工环境保护监理计划　　　　B. 编制施工环境保护监理实施细则
   C. 审核施工组织设计中环境保护方案　D. 进行施工环境保护监理

8. 监理环境监测应（　　）进行。
   A. 定期　　　　B. 不定期　　　　C. 随时　　　　D. 每月

9. 监理环境监测空气质量时，必要时还可监测（　　）。
   A. NO_2　　　　B. SO_2　　　　C. CO　　　　D. TSP

10. 下列监理工作，属于环保达标监理任务的是（　　）。
    A. 对施工过程废物排放进行监理
    B. 对水处理工程进行监理
    C. 对绿化工程进行监理
    D. 对声屏障工程进行监理

（二）多项选择题

1. 公路施工环境保护监理的依据包括（　　）等。
   A. 环境保护法律、法规　　　　　B. 环境保护国家标准
   C. 施工组织设计　　　　　　　　D. 工程设计文件、监理合同及施工合同
   E. 建设项目环境影响评价报告及批复

2. 工程环境保护监理的主要依据有（　　）。
   A. 相关法律、法规、技术规范和标准
   B. 环境影响报告书及批复
   C. 设计文件
   D.《监理计划》《监理细则》中有关环境保护监理的工作内容与要求
   E. 相关合同

3. 公路施工环境保护监理的主要任务包括（　　）。
   A. 环保达标监理　B. 环保工程监理　C. 水土保持监理　D. 环境监测
   E. 水源保护区环境监理

4. 公路施工环境达标监理的任务范围包括（　　）。
   A. 施工现场　　B. 工作场地　　C. 水处理设施　　D. 施工道路
   E. 敏感区

5. 公路施工环境达标监理的任务内容包括（　　）等排放达标。
   A. 噪声　　　　B. 废气　　　　C. 污水　　　　D. 试压水
   E. 固废

6. 公路施工环保工程监理的任务范围包括（　　）。
   A. 水污染防治工程　　　　　　B. 料场和取弃土场
   C. 噪声控制工程　　　　　　　D. 办公区及附属设施
   E. 水土保持等绿化工程

7. 验收及缺陷责任期的环境保护监理工作包括（　　）。

A. 参加交竣工检查，检查环境保护措施和成效

B. 评估环保目标的完成情况，对尚存的主要环境问题提出处理方案和建议

C. 审核承包人的环境保护效果自检报告

D. 检查承包人的环境保护资料是否满足竣工验收要求

E. 整理环境保护监理竣工资料

8. 施工准备阶段的环境保护监理内容有（　　）。

A. 监测各项环境指标，出具检测报告或成果

B. 审查施工单位编制的分部（分项）工程施工方案中的环保措施是否可行

C. 参加第一次工地会议，提出环保监理目标、环保监理措施及要求

D. 审查施工单位的临时用地方案是否符合环保要求，临时用地的恢复是否可行

E. 对施工现场、施工作业进行巡视或旁站监理，检查环境保护措施的落实情况

9. 施工阶段的环境保护监理内容有（　　）。

A. 审查施工单位提交的施工组织设计和开工报告，对施工方案中的环保目标和环保措施提出审查意见

B. 审查施工单位编制的分部（分项）工程施工方案中的环保措施是否可行

C. 审查施工单位的环保管理体系是否责任明确，切实有效

D. 监测各项环境指标，出具检测报告或成果

E. 编写环保监理月报

参 考 答 案

（一）单项选择题

1. C　2. D　3. D　4. B　5. B　6. C　7. D　8. A　9. B　10. A

（二）多项选择题

1. ABDE　2. ABCE　3. AB　4. ABDE　5. ABCE　6. ACE　7. BDE
8. CD　9. BDE

三、路基、路面、桥梁、隧道、交安工程施工的环境保护监理

重 点 知 识

对于路基、路面、桥梁、隧道工程施工的环保监理的共性内容有：

（1）在各单位工程开工前，监理工程师应审批施工单位编制的施工方案，对其环保措施提出审查意见。审查施工组织设计是否按施工合同约定制订了防止、减少环境污染和生态破坏的环保措施。

（2）监理工程师应根据工程情况，确定本阶段环保监理的巡视、旁站计划，对施工单位环保措施的执行效果进行检查。

（3）监理机构在监理过程中发现施工违反有关环保法律法规、未按合同要求落实环保措施的，应要求施工单位整改；情况严重的，应签发停工令要求施工单位停工，并向建设单位报告。施工单位无正当理由拒绝整改的，监理工程师可以对该部分工程量拒绝支付。

（4）施工过程中，监理工程师应关注扬尘、噪声、废水悬浮物（SS）、石油类等环境监测指标，必要时可根据需要进行现场监测。

（5）噪声极限值一般昼间70dB（A）、夜间55dB（A）；路基昼间75dB（A）；打桩昼间85dB（A）、夜间禁止；隧道洞内和洞口85dB（A）。还要关注不同工程施工存在的潜在环境影响，参考交安工程中潜在环境影响并通过自测模拟题帮助记忆相关知识点。

（一）路基施工的环境保护监理

（1）审批路基施工方案时，还应要求施工单位对地表清理、土石方开挖与填筑、弃方处置等采取周密的生态保护和水土保持措施；要求施工单位编制土石方调配方案，开挖出的土石方要尽可能加以利用。对于特殊对象、特殊区域的路基工程，监理工程师要有预见性，及时提醒施工单位注意可能发生的环保问题。

（2）监理工程师应审查挖除地表土的堆置地点，根据实际情况，选择附近地形平坦地点，或因地制宜选择储料堆。

（3）地表清理遇到古树名木或珍稀植物，采取移植等异地保护措施时，监理工程师应审查其移植方案，并对移植过程全程旁站监理。

（4）监理工程师应严格要求路基开挖不得超出用地范围内；开挖可分段进行，同时配合挡土墙、边坡防护的修筑。

（5）监理工程师应监督土石方调配方案的实施，开挖出的土石方要尽可能加以利用，弃土弃渣应送至经监理工程师同意的地点堆放，监理工程师应督促施工单位在堆放地点预先采取排水和挡土措施，防止水土流失或对水源和灌溉渠道造成污染和淤塞。

（6）监理工程师应要求施工单位在施工取土时，做到边开挖、边平整，及时进行绿化等护坡工程。

（7）监理工程师应控制路基顶面适当的排水横坡，下边坡防护前应要求施工单位挖设临时急流槽等排水设施，防止坡面的水土流失。

（二）路面施工的环境保护监理

（1）监理工程师审批路面施工方案时，尤其是对稳定土拌和场和沥青拌和场选址方案的审批，应要求沥青拌和场布置在远离人群活动的地点，并按要求配置除尘设备。

（2）监理工程师应规定沥青混合料的废料的处置方法，并随时对执行情况进行巡检。

（3）监理工程师应特别注意沥青烟气的污染防治，在靠近水源的地区施工时，还应关注水源保护问题。应有重点地对沥青洒布施工过程进行旁站检查，防止沥青污染。

（三）桥梁施工的环境保护监理

（1）审批桥梁施工方案中的环保措施时，还应要求施工单位对基础开挖、围堰、钻孔桩施工过程，采取周密的水环境保护措施。

（2）基坑开挖的弃土堆放地点应事先经监理工程师同意。监理工程师应督促施工单位在堆放地点预先采取排水和挡土措施。

（3）监理工程师应经常巡视检查钻孔桩泥浆水的处理效果，对发生泄漏或任意排放的，应当场责令施工单位改正，并旁站监督整改过程。

（4）需要围堰施工的，应事先取得当地水利部门的许可，手续完备并经监理工程师审查后才能施工，在进行水产养殖的河道进行围堰时，监理工程师应要求施工单位根据上下游的污染情况提出合理的围堰方案，以免影响养殖，造成纠纷。

（5）监理工程师在本阶段尤其还应另外关注水环境质量的水体悬浮物监测指标，避免事故对水体造

成影响。（注：不仅仅是废水的悬浮物，水环境的范围更广）

（四）隧道施工的环境保护监理

（1）审批施工方案的环保措施时，还要特别注意对当地生态环境的保护，落实好珍稀物种保护、弃渣和废水处理以及施工现场劳动防护等措施。

（2）对洞口临时堆放弃渣或就近设置渣石场的方案，应要求施工单位同时提出环保措施和环境恢复方案。

（3）监理工程师应要求渣石纵向调运，尽可能加以利用，不能随便堆放，严禁向河谷倾倒弃渣，以免阻塞河谷造成水土流失或占用当地农田。弃渣应运至指定的弃渣场堆置，并要求施工单位做好排水和拦渣设施。

（4）对爆破方案的审查，监理工程师应明确提出防止噪声和扬尘的要求，在距离居住区段较近的地区施工，还应要求施工单位注意防止震动造成的影响。

（5）施工区域如果发现国家保护的珍稀物种，监理工程师应全程参与物种保护，做好过程监督。

（五）交安施工的环境保护监理

交通安全设施主要包括护栏、隔离栅、标志、标线、防眩设施等。

1. 交通安全设施工程潜在的环境影响

（1）拌和场：扬尘、废水、噪声。

（2）预制场：废水、噪声。

（3）基础工程：噪声、扬尘、废弃物处理、有害气体。

（4）焊接：有害气体、废弃物处理、光辐射。

（5）油漆和表面处理：有害气体、废弃物处理。

2. 交通安全设施工程施工的环保监理要点

（1）外购材料应提供生产商的环保达标证明材料，并经环保监理工程师认可。

（2）防撞护栏施工打设时应防止打桩机械油泄漏造成污染，合理安排施工时间减少噪声对周边的影响。

（3）焊接的废弃物，如电焊渣、废弃的焊材，应收集处理。

（4）油漆应妥善存放和使用，避免滴、漏影响水体和土壤。油漆包装物应统一收集处理，不应随意抛弃。

（5）道路标线施工时应制订环境保护措施，防止标线材料在运输和使用中泄露污染水体；突起路标和轮廓标施工时应防止黏合剂的泄漏和污染。

例　题

例1　监理工程师应要求施工单位在施工取土时，做到（　　），及时进行绿化等护坡工程。
A. 边开挖边填筑　　B. 边开挖边平整　　C. 土石分类开挖　　D. 分段开挖

例2　从环保角度考虑，路基填筑时，只有分层控制填料压实度，才能保证（　　）。
A. 达到设计压实度指标　　　　B. 控制水土流失量
C. 路基不变形　　　　　　　　D. 达到路基设计标准

例3　桥梁工程施工时，监理工程师应关注水环境质量的色度、（　　）、石油类等监测指标，避免事故对水体造成影响。

A. pH   B. BOD   C. SS   D. COD

例4 土石方施工阶段，施工场界噪声标准是（ ）。

    A. 昼间65dB（A）、夜间55dB（A）   B. 昼间70dB（A）、夜间60dB（A）

    C. 昼间70dB（A）、夜间50dB（A）   D. 昼间75dB（A）、夜间55dB（A）

例5 对于穿过泥石流地区的路基，在泥石流范围内可采用（ ）或其他稳定山坡的措施，进行路基处理。

    A. 植树造林   B. 水土保持   C. 平整山坡   D. 修筑梯田

例6 路基工程施工过程中，监理工程师应关注（ ）等环境监测指标。

    A. 噪声   B. 扬尘   C. 沥青烟气   D. 废水的石油类

    E. 废水的SS

例7 各类运输车辆潜在的环境影响有（ ）。

    A. 噪声   B. 扬尘   C. 有害气体   D. 漏油

    E. 边料丢弃

例题解析

例1 监理工程师应要求施工单位在施工取土时，做到边开挖、边平整。故选B项。

例2 路基填筑应采取有效的环保措施，防止水土流失、边坡冲刷，确保路基稳定。选项ACD三项是技术质量有关内容，只有选项B与环保有关。故选B项。

例3 监理工程师应关注水环境质量的水体悬浮物（SS）、石油类等监测指标。故选C项。

例4 土石方开挖和填筑的施工场界噪声极限值为昼间75dB（A）、夜间55dB（A）。故选D项。

例5 选项ACD都属于水土保持措施的具体措施。故选B项。

例6 选项C是路面关注的环境指标。石油类包括"沥青烟气"，所以选项D加上"废水的"，避免造成混淆，使得选项D更加明确。故选ABDE项。

例7 "边料丢弃"材料加工潜在的环境影响，如果"沿线撒落"就是正确内容。故选ABCD项。

自测模拟题

（一）单项选择题

1. 路基开挖阶段施工场界噪声极限值，昼间75dB（A）、夜间（ ）dB（A）。

    A. 65   B. 60   C. 55   D. 50

2. 路面施工阶段施工场界噪声极限值为（ ）。

    A. 昼间65dB、夜间55dB   B. 昼间70dB、夜间55dB

    C. 昼间75dB、夜间60dB   D. 昼间80dB、夜间60dB

3. 对于桥梁施工除了打桩外，其余噪声的场界值为昼间（ ）dB（A），夜间55dB（A）。

    A. 70   B. 75   C. 80   D. 85

4. 桥梁打桩机噪声场界极限值为昼间（ ）dB（A），夜间禁止打桩。

    A. 70   B. 75   C. 80   D. 85

5. 隧道施工洞内氧气含量有害气体浓度应符合国家卫生标准，洞内气温不宜高于（ ）℃，噪声不宜大于85dB（A）。

    A. 25   B. 28   C. 30   D. 32

第六章 公路工程环境保护目标控制

6. 隧道施工通风设备应有适当的备用数量，一般为计算能力的（　　）%。
   A. 30 B. 40 C. 50 D. 60

7. 对于挖方路基上边坡发生滑坡，应修建一条或数条环形水沟，但最近一条必须离滑动裂缝面最少（　　）m以外，以截断流向滑动面的水流。
   A. 4 B. 5 C. 6 D. 3

8. 在路基开挖环保要点中，挖填方工程数量过大的路段应避免（　　）施工。
   A. 冬季 B. 旱季 C. 雨季 D. 夏季

9. 在路面工程开工前，监理工程师应审批施工方案环保措施，尤其是对（　　）的审批。
   A. 施工便道
   B. 沥青拌和场选址方案
   C. 稳定土拌和方案
   D. 路面摊铺方案

10. 沥青混凝土路面施工过程中，监理工程师最应关注（　　）污染防治。
    A. 扬尘 B. 沥青烟气 C. NO_2 D. CO

11. 沥青路面施工中施工场地碎石、石屑、砂等堆放潜在的环境影响为（　　）。
    A. 噪声 B. 有害气体 C. 沿路洒落 D. 扬尘

12. 沥青混凝土拌和场不得设在饮水水源保护区内，应距离学校、医院、居民区等环境敏感点（　　）m以上。
    A. 100 B. 200 C. 300 D. 50

13. 桥梁工程在进行水下钻孔灌注桩时，一般应采用（　　）施工。
    A. 平台 B. 围堰 C. 筑岛 D. 打桩船

14. 如果隧道施工通风用风机在假日停止运转，在假日过后进入隧道工作以前，风机应至少提前（　　）h启动，并要全面检查确认洞内已经无有害气体。
    A. 1 B. 2 C. 3 D. 4

15. 隧道施工洞口开挖前应先在洞口开挖面上修建（　　），以防止水土流失。
    A. 排水沟 B. 截水沟 C. 积水池 D. 挡墙

16. 对隧道爆破方案的审查，监理工程师应明确提出防治噪声和扬尘要求，在距离居住区较近的区域施工，还应要求施工单位注意防止（　　）造成的影响。
    A. 震动 B. 惊吓 C. 飞石 D. 冲击波

17. 隧道施工中，为了减少施工粉尘，凿岩施工严禁（　　）。
    A. 湿法钻孔 B. 干孔施钻 C. 松动爆破 D. 无声振动爆破

（二）多项选择题

1. 对于路基、路面、桥梁、隧道工程共同具有的环保监理要点有（　　）。
   A. 在各自单位工程开工前，监理工程师应审批施工单位编制的施工方案，对其环保措施提出审查意见
   B. 监理工程师应根据工程情况，确定本阶段环保监理的巡视、旁站计划，对施工单位环保措施的执行效果进行检查
   C. 对施工过程中不符合环保要求的行为，监理工程师可以发出暂时停工令
   D. 施工单位无正当理由拒绝监理整改要求的，监理可以对该部分工程量拒绝支付
   E. 施工过程中，监理工程师应关注扬尘、噪声、废水悬浮物（SS）、石油类等环境监测指标，

必要时可根据需要进行现场监测

2. 路堤填筑土石方运输的潜在环境影响为（　　）。
   A. 生态破坏　　　B. 噪声　　　C. 沿线洒落　　　D. 随意丢弃
   E. 水土流失

3. 软土路基施工时，软土浅层处治的潜在环境影响为（　　）。
   A. 扬尘　　　B. 噪声　　　C. 边料丢弃　　　D. 生态破坏
   E. 水土流失

4. 路堤填筑施工中借方作业对环境的潜在影响有（　　）。
   A. 噪声　　　B. 边料丢弃　　　C. 扬尘　　　D. 有害气体
   E. 漏油

5. 路基开挖施工中表层土保护是一个重点环保问题，涉及特殊对象保护的内容有（　　）。
   A. 热带植被　　　B. 风眼　　　C. 地表层　　　D. 干旱河谷
   E. 自然保护区

6. 路堤填筑施工用压路机、夯实机械等的潜在环境影响为（　　）。
   A. 漏油　　　B. 扬尘　　　C. 有害气体　　　D. 噪声
   E. 边料丢弃

7. 沥青拌和场运行潜在的环境影响为（　　）等。
   A. 噪声　　　　　　　　　　B. 烘干筒热辐射
   C. 漏油　　　　　　　　　　D. 沥青挥发、泄露有害气体
   E. 粉尘的排出

8. 基坑开挖的潜在环境影响有（　　）。
   A. 生态破坏　　　B. 水土流失　　　C. 环境污染　　　D. 噪声
   E. 边料丢弃

9. 桥梁施工钢管支架作业潜在环境影响有（　　）的。
   A. 装卸噪声　　　　　　　　B. 废弃物丢弃
   C. 钢构件遇水腐蚀产生锈水　　D. 零星构件散落
   E. 扬尘

10. 桥涵工程施工时，钻孔、打桩主要废弃物的处理措施为（　　）。
    A. 卫生填埋　　　　　　　　B. 淤泥运至弃土（渣）场
    C. 合理堆放　　　　　　　　D. 设置沉淀池
    E. 尽可能利用

11. 隧道工程施工中，隧道支护和衬砌的潜在环境影响有（　　）。
    A. 噪声　　　B. 扬尘　　　C. 生态破坏　　　D. 有害气体
    E. 废水

12. 对于隧道工程在隧道开挖时的潜在环境影响有（　　）。
    A. 边料丢弃　　　B. 废弃物处理　　　C. 生态破坏　　　D. 有害气体
    E. 废渣

13. 对于隧道弃渣，下列备选项中说法正确的有（　　）。

A. 尽量纵向调运利用　　　　　　B. 严禁向河谷倾倒
C. 不能随便堆放　　　　　　　　D. 因地制宜分散堆放
E. 设置合理弃渣场集中弃置

14. 隧道工程环境保护要点一般考虑（　　）这些部分。
    A. 洞口工程　　　B. 洞身工程　　　C. 废水处理　　　D. 出渣
    E. 通风防尘

15. 交通安全设施工程施工的环保监理中说法正确的有（　　）。
    A. 外购材料应提供生产商的环保达标证明材料，并经环保监理工程师认可
    B. 防撞护栏打设时应降低使用打桩机频次，以减少噪声对周边的影响
    C. 焊接的废弃物，如电焊渣、废弃的焊材，应收集处理
    D. 油漆应妥善存放和使用，避免滴、漏影响水体和土壤
    E. 道路标线施工时应制订环境保护措施，防止标线材料在运输和使用中泄露污染水体

参考答案及解析

（一）单项选择题

1. C　2. B　3. A　4. D　5. B　6. C　7. B　8. C　9. B　10. B
11. D　12. C　13. A　14. B　15. B　16. A　17. B

（二）多项选择题

1. ABDE　2. CD　3. DE　4. ACDE　5. ABCD　6. ACD　7. ABDE
8. ABC　9. ACDE　10. BD　11. AD　12. BCDE　13. ABCE　14. ABCE
15. ACDE

1. **解析**：选项 C 要加上"情况严重"才正确。

四、施工环境保护监理的工作制度、监理措施

重点知识

（一）施工环境保护监理的工作制度

1. 文件审核、审批制度

工程开工前，由负责工程环境保护监理工作的监理工程师审查承包人报送的施工组织设计中的环境保护内容和施工场地、施工营地、取弃土场等的设置方案，以及专项环境保护措施方案等，提出审核意见。

2. 工作记录制度

施工环境保护监理记录是信息汇总的重要渠道，是监理工程师做出决定的重要基础资料，主要内容有：会议记录、监理日记、环境监理月报、气象及灾害记录、质量记录等。

3. 报告制度

环境保护监理报告应纳入工程监理报告体系，可根据需要单独编制，包括环境保护监理的内容，季报和年度总结报告，最好单独编制环境监理专题报告。

4. 会议制度

环境保护监理会议可以纳入工程监理会议中召开。会议期间，承包人对近一段时间的环境保护工作

进行回顾性总结，监理工程师对环境保护工作进行全面评议，提出存在的问题和整改意见，每次会议都应形成会议纪要。

5. 函件来往制度

监理工程师对承包人某些方面的规定或要求，必须通过书面形式通知。情况紧急需口头通知时，随后必须以书面函件形式予以确认。承包人对环境问题处理结果的答复以及其他方面的问题，也应致函监理工程师。

6. 人员培训制度

对监理工程师必须进行培训，持证上岗，并定期进行环境保护业务培训和经验交流。

（二）施工环境保护监理的监理措施

监理工程师应对施工全过程进行严格把关，有效地控制施工对环境的影响。

1. 施工准备阶段

（1）严格审批施工组织设计。环境保护措施不充分的不允许开工。

（2）检查承包人的环保人员及质检人员是否已进行了环保教育。特别是环保管理体系是否健全有效，环保人员是否已到位，环保应急预案是否合理可行。

（3）检查、督促承包人的各项开工准备工作，如临时用地征地情况、临时排水设施等，各项检查合格后方允许承包人开工。

（4）对全线设计的取弃土场进行实地踏勘，提出切实有效的控制措施；对变更的取弃土场，除了实地调研外，对承包人上报的取弃土场征地报告，应要求其提出环保措施，监理工程师认为方案可行后，方可批准征地。

2. 施工阶段

（1）监理人员应检查施工单位环保措施落实情况，包括下列主要内容：

①公路废旧材料处理是否符合环保要求。

②施工通道、临时便道、料场等在干燥易扬尘时是否洒水降尘。

③施工废渣、废料、废水和生活垃圾的处置是否符合设计要求。

④是否落实水土保持措施，是否在拟定的取弃土场作业，取弃土完工后是否进行了防护和植被恢复。

（2）监理工程师应检查施工单位是否依法取得树木砍伐许可，并按照许可的面积或数量、树种进行砍伐。

（3）监理工程师应督促施工单位依法保护植被、水域和自然景观。

（4）施工中发现文物时，监理工程师应要求承包人依法保护现场，并报告有关部门和业主，以免文物的丢失和破坏。

（5）经常检查承包人环保工作的进度和质量，及时纠偏，对达不到环保要求的项目不予计量。

3. 验收与缺陷责任期阶段

（1）督促承包人整理有关环境保护的合同条件和技术档案资料。

（2）督促承包人完善有关项目的环境保护工作。

例   题

例1　不是施工环境保护监理的工作制度的是（　　）。

A. 报告制度　　　　　　　　　　　　　　B. 监理工地例会制度

C. 工作记录制度 D. 文件审核审批制度

例2 环保工作记录有（   ）。
  A. 环境会议记录　B. 环境监理日记　C. 环境监理月报　D. 气象及灾害记录
  E. 质量记录

例3 监理人员应检查施工单位施工期环保措施落实情况，包括的内容有（   ）。
  A. 编制的环保应急预案是否合理可行
  B. 施工通道、临时便道、料场等在干燥易扬尘时是否洒水降尘
  C. 施工废渣、废料、废水和生活垃圾的处置是否符合设计要求
  D. 是否在拟定的取弃土场作业
  E. 取弃土完工后是否进行了防护和植被恢复

例题解析

例1 选项 B 不是监理工作制度的原因，"工地例会"只是一种工地会议形式，会议制度除了三种工地会议，还包括其他会议形式。故选 B 项。

例2 监理日记不等于监理日志，监理日记是个人行为，监理日志才是监理机构行为。故选 ACDE 项。

例3 选项 A 是施工准备阶段检查施工单位环保措施落实情况，不是施工期的内容。故选 BCDE 项。

自测模拟题

（一）单项选择题

1. 施工环境保护监理记录是（   ）的重要渠道，是监理工程师做出决定的重要基础资料。
   A. 信息分类　　　B. 信息汇总　　　C. 信息归类　　　D. 环保决策

2. 环保监理日志不记录的内容是（   ）。
   A. 检查中有关环保情况　　　B. 工程质量相关的环境问题
   C. 对承包人的指示　　　　　D. 工程进度相关的环境问题

3. 最好单独编制环境监理专题报告的是（   ）。
   A. 环境年度总结报告　　　　B. 建设工作报告
   C. 监理月报　　　　　　　　D. 监理工作报告

4. 监理工程师必须持证上岗，并定期进行环境保护经验交流是属于（   ）制度。
   A. 会议　　　　　B. 培训　　　　　C. 资质管理　　　D. 报告

5. 不是施工阶段环境保护监理的监理措施是（   ）。
   A. 检查施工单位施工中环保措施落实情况
   B. 检查承包人的环保人员及质检人员是否已进行了环保教育
   C. 监理工程师应督促施工单位依法保护植被、水域和自然景观
   D. 施工中发现文物时，监理工程师应要求承包人依法保护现场

6. 发生重大变更时，监理工程师应提醒业主进行环评和水土保持相关报告（方案）的（   ）。
   A. 相应内容调整　　　　　　B. 修编或报批
   C. 修编和报批　　　　　　　D. 修编和备案

7. 对现场检查过程中发现的环境问题，监理工程师与承包人之间应以书面形式往来。监理下发环

保监理指令单，通知承包人需采取的纠正或处理措施。这属于（　　）制度。

  A. 会议   B. 工作记录   C. 函件来往   D. 报告

8. 不属于环保工作记录的是（　　）。

  A. 环保验收记录   B. 环境监理日志

  C. 环境质量记录   D. 环境监理工作报告

（二）多项选择题

1. 施工环境保护监理的工作制度的有（　　）。

  A. 会议制度   B. 函件来往制度

  C. 资料收集制度   D. 人员培训制度

  E. 资金保障制度

2. 环保工作记录有（　　）。

  A. 会议记录   B. 竣工验收环保记录

  C. 监理日志   D. 交工验收环保记录

  E. 污染记录

3. 监理工程师应检查施工单位是否依法取得树木砍伐许可，并按照许可的（　　）进行砍伐。

  A. 面积   B. 区域   C. 数量   D. 树高

  E. 树种

4. 监理工程师应督促施工单位注意环境保护，依法保护（　　）。

  A. 植被   B. 空域   C. 水域   D. 自然景观

  E. 大气

5. 验收与缺陷责任期阶段环境保护监理的监理措施有督促承包人（　　）。

  A. 整理有关环境保护的合同条件

  B. 在现场保护好发现的文物

  C. 整理有关环境保护的技术档案资料

  D. 在现场保护好生态环境

  E. 完善有关项目的环境保护工作

参考答案及解析

（一）单项选择题

1. B 2. C 3. A 4. B 5. B 6. C 7. C 8. D

8. **解析：**监理工作报告是竣工验收文件。

（二）多项选择题

1. ABD 2. ABCD 3. ACE 4. ACDE 5. ACE

五、绿化工程、声屏障、环境保护、水土保持工程监理

重 点 知 识

（一）绿化工程监理

绿化工程主要有乔灌草常规种植管护工程和坡面绿化工程。

1. 场地准备

整地,即土壤改良和土壤管理,是保证绿化植物成活和苗壮生长的前提。具体包括:①清理障碍物;②整理现场;③设置水源;④土壤改良。

种植或播种前可对该地区的土壤理化性质进行化验分析,采取相应的消毒、施肥等措施。

2. 乔灌草常规种植和管护工程

(1)定点、放线。

(2)种植穴、槽的开挖。

(3)种植材料和播种材料的选择要点:

①种植材料应根系发达,生长苗壮,无病虫害,规格及形态符合设计要求。

②铺砌草坪用的草块及草卷应规格一致,边缘平直,杂草不得超过5%。草块土层厚度宜为3~5cm,草卷土层厚度宜为1~3cm。

③草坪、地被植物的种子应注明品种、品系、产地、生产单位、采收年份、纯净度及发芽率,不得有病虫害。自外地引进种子应有检疫合格证,发芽率达90%以上方可使用。

(4)苗木种植前的修剪。

种植前应进行苗木根系修剪,宜将劈裂根、病虫根、过长根剪除,并对树冠进行修剪,保持地上地下平衡,减少水分的散发,保证树木成活。

(5)树木的种植。

先检查种植穴大小及深度;再检查根系是否完好。种植时,根系必须舒展,填土应分层踏实,种植深度应与原种植线一致。

新植树木定植后24h内必须浇上第一遍水,定植后第一次灌水称为头水。浇灌头水的主要目的是通过灌水将土壤缝隙填实,保证树根与土壤紧密结合,以利根系发育。

(6)草坪、花卉的种植要点:

①草坪种植应根据不同地区、不同地形,选择播种、分株、茎枝繁殖、植生带、铺砌草块和草卷等方法。

②草块搬运至铺设场地后,应立即进行栽种。草块铺前,对场地再次拉平并增加1~2次压平,以免铺后出现泥土下沉所带来的不平整或积水等不良现象。

③铺栽草块时,块与块之间应保留0.5~1.0m的间隙,以防止在搬运途中干缩的草块遇水浸泡后膨胀,形成边缘重叠。块与块之间的隙缝应填入细土,然后滚压,并进行浇水,要求浇透。一般浇水后2~3天再次滚压,则能促进块与块之间的平整。

④方块草坪铺设,不论是冷地型还是暖地型草种,都忌讳在冬季进行。最适宜的草块铺移时间是春末夏初或者秋季,如果在夏季铺移则必须增加灌溉次数。新铺草坪返青后,可增施一次尿素氮肥,每公顷施用量为120~150kg。

3. 坡面绿化

常用的坡面土保持生物措施有人工播种、铺草皮、植生带护坡、土工格室植草、藤本植物护坡、液压喷播、客土喷播等。

(1)三维网植草

三维网植草是将带有突出网包的多层聚合物网固定在边坡上,在网包中敷土植草对边坡进行绿化的技术。根据抗拉能力和固土能力不同,网包可设计为2~5层,一般薄层应用于填方边坡,厚层应用于挖方边坡，可以起到固土防冲刷并改善植草质量的良好效果。三维网植草采用湿法喷播、客土喷播或人工撒播的方法进行植草。三维网植草具有以下特点：

①固土性能优良。三维网表面有波浪起伏的网包，对覆盖于网上的客土、草种有良好的固定作用，可减少雨水的冲蚀。

②消能作用明显。网包层缓冲了雨滴的冲击能力，减弱了雨滴的溅蚀。

③网络加筋作用突出。三维网植草的基础层和网包层网格间的经纬线交错排布黏结，对回填土或客土起着加筋作用。

④保温功能良好。三维植被网垫具有良好的保温作用，在夏季可使植物根部的微观环境温度比外部环境低3~5℃，在冬季则高3~5℃。

（2）植生带护坡

植生带是把草种、肥料、保水剂等按一定密度定植在可自然降解的无纺布或其他材料上，并经过机器的滚压和针刺复合定位工序，形成的具有一定规格的产品。

（3）土工格室植草

土工格室植草技术是将土工格室铺装固定于无土壤的石质边坡，通过向内填入种植土壤，营建植物生长的基础，再进行机械或人工播种，从而建立边坡人工植被。

与客土喷播相比，由于其格室内的土壤可全部由人工填入，故不需机械设备，且所填土壤的土质条件要求不严，一般公路施工场地的细土添加有机肥料予以改良即可利用。

（4）坡面客土喷播

客土喷播是在岩石边坡等场地整备后，将土壤和种子等材料的混合物喷植于场地表面的生态恢复工程，适用于不同风化程度的岩石边坡或其他难以采用常规种植技术施工的场地，多种材料的混合物包括团粒剂使客土形成团粒化结构，加筋纤维在其中起到类似植物根茎的网络加筋作用，从而造就有一定厚度的，具有耐雨水、风侵蚀，牢固透气，与自然表土相类似或更优的多孔稳定土壤结构。喷播监理技术要点：①喷播基材是保证喷播成功的重要因素。②保水剂及黏合剂用量。③草种选择。④客土喷播。⑤喷播植物种子。⑥覆盖。⑦随后进行浇水、施肥、防治病虫害、补播等养护管理工作。

4.绿化工程验收基本要求

（1）绿地表面平整，排水良好，杂草在有效控制之内。

（2）乔、灌木的成活率应达到95%以上；珍贵树种和孤植树应保证成活率。

（3）坡面或边坡草地覆盖率按年度要求，不应小于70%或相关设计要求。

（4）苗木、草坪无明显病害。

（5）植物整形修剪应符合设计要求。

（6）中央分隔带的苗木修剪后的高度应为1.4~1.6m，栽植的株距、行距合理，应满足防眩功能的要求，不得影响交通安全。

（二）声屏障工程监理

1.声屏障监理工作一般要求和环境保护监理的验收监测

（1）声屏障一般始于声保护对象的中部，并向两侧同等长度延伸，总长度大于保护对象的长度。当经常遇见主体工程施工中变更里程桩号情况时，应调整声屏障位置设计，不能偏向一侧。

（2）一般而言，高速公路初期为10000pcu/d的交通量。平路基设置的声屏障4m高时，对其后30m的降噪效果，应不小于5dB（A），也难以超过10dB（A）。

(3)一般平路基要求声屏障达到相应的降噪效果，3～4m 高的声屏障，20～30m 内的降噪效果一般可以达到 7～10dB（A）。

(4)一般平路基 50m 范围内会有不同程度的超标，主要是夜间噪声超标。

(5)声屏障的工程质量验收之后，可在环境保护竣工验收前，进行必要的减噪效果监测，为业主提供必要的参考数据。

(6)屏障效果监测常用插入损失（TL）评价声屏障降噪效果。

2.质量和进度控制要点

(1)屏障体符合设计要求的材料质地、厚度等；材料的抗折、老化等强度符合设计要求；表面涂装的颜色、平整度、划痕、使用寿命等达到设计要求；应要求承包人提供必要的国家或出厂的检测报告或产品合格证。

(2)预埋基础位置、间距、深度等指标准确；隐蔽工程应进行分步验收；由于部分声屏障基础立于路基的边坡上，因此要保证基础开挖后的基坑四周公路土不被扰动。

(3)声屏障安装位置、高程、偏移、竖直度在容许偏差之内。

(4)基础、框架、屏障体、板材等相互之间结构连接准确、牢固。

(5)主体工程与其上的屏障体之间、屏障体砌块之间、结构连接相互之间等处，原则上不得留有接缝空隙。

(6)声屏障工程尽早实施，可以尽早地保护声环境敏感目标。可在声屏障依附的路基主体工程稳定后，及时安排基础开挖等，而桥梁上声屏障基础预埋应与主体工程同步进行。

(三)环境保护工程监理

环境保护工程的狭义含义主要是水污染控制工程和护坡工程等。

1.交通建设项目污水处理

(1)交通建设项目污水来源

高速公路按污水排出的位置可分为公路收费区、公路服务区和管理办公区三种。

①收费区和管理办公区排放的污水主要为生活污水。

②服务区污水主要由粪便污水、餐饮洗涤废水、洗车废水、机修废水和加油站清洗废水组成。

(2)污水的有害成分

①汽车维修站、加油站废水及车辆冲洗废水，常含有泥沙和油类物质。

②服务区污水一般考虑的主要污染因子有化学需氧量（COD）、油类和悬浮物（SS）。

(3)交通建设项目污水处理方法

污水处理工艺广泛采用的是好氧生物处理法，也有采用化粪池和稳定塘处理方法。好氧生物处理法按主要工艺流程可以分为 A/O 法（厌氧—好氧法）、A^2/O 法（厌氧—缺氧—好氧法）、SBR 法（序批式活性污泥法）三种。

交通项目附属设施所排放的加油、洗车、修车废水数量较少，目前一般经隔油池等工艺预处理后与生活污水混合进入后续处理设施。

(4)污水处理的质量要求

公路污水处理后一般有以下几个去向：排入市政管网、用于农田灌溉、排入附近水体和重复利用做绿化、道路喷洒用水等。对应以上几种排放方式，排放要求如下：

①污水处理后排入市政管网的，出水水质应满足《污水综合排放标准》（GB 8978—1996）的相关

要求。

②污水处理后排入附近农田沟渠用于农田灌溉的，出水水质应满足《农田灌溉水质标准》（GB 5084—2005）中的要求。应该注意的是，排入附近农田沟渠并不远处就连接自然水体的，应根据受纳水体的水质标准，符合相应排放标准。

③污水处理后排入附近水体，出水水质应满足该水体功能对应的《污水综合排放标准》（GB 8978—1996）的相关要求。

④污水处理后重复利用做绿化、道路喷洒用水，水质应满足相关规范要求。

（5）设计图纸交底

①排水管线设计图纸中应体现"雨污分流、清污分流"的原则。

②服务区污水量变化系数大，水冲击负荷大，一般均需设置调节池，同时应适当增大厌氧池和好氧池的容量，以保证污水的停留时间达到6～12h。

（6）施工质量控制要点

①地基及基础工程。

关于地基承载力检测、基础开挖、基础浇筑、回填等的监理，可参考土木建筑类工程监理办法进行。

②污水处理构筑物。

混凝土抗压强度，抗渗、抗腐蚀、抗冻性能必须符合设计要求，预制壁板和混凝土湿接缝不应有裂缝。水池完工后，必须进行满水的渗漏试验。

③污水管线铺设。

排水管线设计时应考虑"雨污分流"，路面、屋面及草地雨水经雨水口或雨水收集管排至雨水管道，减轻污水处理系统的负担。

污水管线应控制高程，保证进、出水口流水畅通。由于服务区、管理区的污水来源分散，污水管线长，必须事先确定高程，监控好管道的高程和坡度，符合图纸设计要求，合理布置生活污水处理设施的位置。

管道配合基础施工，一次性预埋，覆盖前作第一次闭水试验，回填上后做第二次闭水试验，两次闭水试验应符合规范要求。

管道与构筑物连接好后，必须及时填压柔性套管密封圈，压紧、压实并进行构筑物灌水试验，套管部位无渗漏后，及时回填管沟。

④设备安装。

设备的进场检查一般检查数量是否与合同一致，外观和零部件是否完整，传动部位是否灵活，密封件是否完好，铭牌标注的型号、规格是否符合设计要求，零配件是否与合同一致，随机文件是否符合要求等。

压缩机、风机和泵等设备的安装应符合相关规范要求。

曝气设备是活性污泥处理法的核心部分，曝气系统的安装应满足以下几点要求：

a. 系统无泄漏。因为任何泄漏都会造成淤泥渗入管道，最终导致曝气系统布气管及其支管的堵塞，使系统无法正常工作。

b. 传输到每个盘状曝气器的空气要均匀一致。曝气池内通常有成百上千个盘状曝气器，如果空气传输不均匀，必然使其中一部分不能正常发挥功能，反会被淤泥堵塞曝气器。

c. 曝气器单元之间的管子一定要在一条水平直线上。

d. 安装完毕后，应将曝气器吹扫干净，出气孔不应堵塞，做泄漏试验。如因故无法立即做泄漏试验，应在曝气池中注入清水，水面至少高出曝气池底面1m，以保护盘状曝气器及工程塑料布气管免受紫外线照射，同时可防冻、防止脏物进入曝气器。

⑤排污口

a. 排污口及其污水去向是否符合环境影响评价文件和当地环境保护要求，如排污口及多污水去向不得设置于或流入饮用水保护区、各级自然保护区等法定环境敏感区等。污水最终去向应与污水处理工艺级别相对应，如拟排入三级地表水水质河流的污水，其排放必须采用污水处理一级排放标准，因此，应复核设计至少已经采用了二级强化处理工艺或三级水处理工艺。

b. 排污口设置必须符合"一明显、二合理、三便于"的要求：

a) 环境保护图形标志明显，起到提示预警作用。

b) 排污去向合理，不能使受纳水体超出承受能力或破坏了受纳水体的水域功能；排污口设置合理，为满足清污分流，提高处理效率、方便管理的需要，一个管理区（公路服务区、收费区等）最好只设置污水和雨水排放口各1个。

c) 排污口设立要便于采集样品、便于检测计量、便于公众参与监督管理。

（7）工程验收

①产品外观及材质的检验内容和方法。连接件及整体结构等可采取目测方法；钢板、填料等材料检验可检查出厂检验报告。

②产品运转部件的检验内容和方法。相关产品（泵、风机、电动阀等）可重点检查产品合格证书、说明书等，并进行相关产品的电动试验。

③台架检验主要指耐冲击负荷试验，检验其水量波动（零负荷及平均、最小、最大容积负载）和水质波动等指标。

④达到标准。检验进水水质、出水水质分别应达到相应的设计标准。

2. 护坡工程

护坡工程是为了稳定公路开挖坡面或堆置固体废弃物形成的不稳定高陡边坡或滑坡危险地段而采取的水土保持措施。

常用的护坡工程有削坡开级措施、植物护坡措施、工程护坡措施、综合护坡措施等。

（1）削坡开级措施

削坡是削掉非稳定边坡的部分岩土体，以减缓坡度，削减助滑力，从而保持坡体稳定的一种护坡措施。开级则是通过开挖边坡，修筑阶梯或平台，达到相对截短坡长、改变坡形、坡度、坡比，降低荷载重心，维持边坡稳定目的的又一种护坡措施。两者可单独使用，亦可合并使用，主要用于防止中小规模的土质滑坡和石质崩塌。

（2）植物护坡措施

上边坡坡度大于45°时，应铺设金属网。坡度小于45°时，原则上不需铺网，但当坡面非常光滑或坡面为积雪坡面、冻土坡面、黏性土坡面时，应铺设金属网或打止滑杆。

（3）工程护坡措施

对堆置固体废弃物或山体不稳定的地段，或坡脚易遭受水流冲刷的地方，应采取工程护坡，其具有保护边坡，防止风化、碎石崩落、崩塌、浅层小滑坡等功能。工程护坡省工、速度快，但投资高。

工程护坡措施有勾缝、抹面、捶面、喷浆、锚固、喷锚、干砌石、浆砌石、抛石、混凝土砌块等多种形式。

（4）综合护坡措施

综合护坡措施是在布置有拦挡工程的坡面或工程措施间隙上种植植物，其不仅具有增加坡面工程的强度，提高边坡稳定性的作用，而且具有绿化美化的功能。

综合护坡措施是植物和工程有效结合的护坡措施，适宜于条件较为复杂的不稳定坡段。

（四）水土保持工程监理

弃渣场的防护是以控制生态破坏和水土流失为主要目的的，有时也还兼顾新造耕地、植树优化环境的目的。因此，拦渣工程是为专门存放公路施工造成的大量弃土、弃渣和其他废弃固体而修建的水土保持工程，主要包括拦渣坝、拦渣墙、拦渣堤。

1. 监理复核选址的一般要求

拦渣工程应根据弃土、弃石、弃渣量及其堆放位置，堆放区的地形地貌特征、河（沟）道水文地质条件，公路项目的安全要求等确定其形式。

拦渣工程的总体布局上，应以工程合理、安全可控、因地制宜、保护环境为原则。

坝址地形要口小肚大，沟道平缓，工程量小，库容大，造成的环境影响小；适当设计渣场规模，使之易于复垦。原表土剥离至基岩层；黄土高原区渣场应结合造地设计；山区高大渣场可分级布设，易于复垦。

2. 拦渣坝的监理要点

拦渣坝的坝型主要应根据拦渣的规模和当地建筑材料来选择，一般有土坝、干砌石坝、浆砌石重力坝等形式。选择坝型时，应进行多方案比较，做到安全经济。

工程上最常用的土坝是均质土坝，一般采用壤土、沙壤土。浆砌石重力坝常由溢流段和非溢流段两部分组成。

3. 拦渣墙的监理要点

拦渣墙是为了防止固体废弃物堆积体被冲蚀或易发生滑塌、崩塌，或为了稳定人工开挖形成的高陡边坡，或为了避免滑坡体前缘再次滑坡而修建的水土保持工程。

（1）拦渣墙的形式

拦渣墙按结构形式的不同可分为重力式、悬臂式、扶壁式三种，墙型要根据拦渣的规模和当地建筑材料来选择，选择墙型时，应按照安全、经济原则，进行多方案比较，选择最佳的墙型。

（2）选线选址

为充分发挥拦渣墙拦挡废渣的作用，保证拦渣墙在使用期间的稳定与安全，应合理选线，尽量减小拦渣墙的设计高度与断面尺寸。

拦渣墙应建在紧靠弃渣或相对高度较高的坡面上，这样可以有效降低拦渣墙的高度。

4. 拦渣堤的监理要点

拦渣堤是指修建于沟岸或河岸的，用以拦挡公路施工中排放的固体废弃物的建筑。由于拦渣堤一般同时兼有拦渣和防洪两种功能，堤内拦渣，堤外防洪，故拦渣堤设计的关键是选线、基础和防洪标准。对于下游有重要设施拦渣堤，应充分论证分析，提高防洪标准和稳定系数。

（1）拦渣堤的类型

①沟岸拦渣堤。弃土、弃石、弃渣堆放于沟道岸边的，其建筑物防洪要求相对较低。

②河岸拦渣堤。受限于《中华人民共和国防洪法》《中华人民共和国河道管理条例》要求，一般弃

土、弃石、弃渣不得堆放于河滩及河岸。由于特殊情况需要堆置的，其建筑物防洪要求相对较高，不应小于 20 年一遇，且不小于本河段防洪标准。

（2）设计复核要求

①根据项目在公路施工中弃土、弃石、弃渣的具体情况，确定在其规定时期内拦渣堤应承担的堆渣总量。

②堤顶高程按设计洪水位、风浪爬高、安全超高确定。

例 题

例1 新植树木定植后 24 小时内必须浇上（　　），目的是利于根系发育。
A. 初水　　B. 头水　　C. 肥水　　D. 清水

例2 （　　）是活性污泥处理法的核心部分。
A. 曝气池　　B. 曝气设备　　C. 管道　　D. 基础

例3 通过开挖边坡，修筑阶梯或平台，达到相对截短坡长、改变坡形、坡度、坡比，降低荷载重心，维持边坡稳定目的的工程护坡措施是（　　）。
A. 削坡措施　　B. 工程护坡措施　　C. 开级措施　　D. 综合护坡措施

例4 常用的坡面土保持生物措施有（　　）。
A. 植生带护坡　　B. 人工播种　　C. 土工格栅植草　　D. 液压喷播
E. 铺草

例5 公路建设应在水环境敏感路段的桥梁设置（　　），对发生污染事故后的桥面径流进行处理，确保饮用水安全。
A. 径流水收集系统　　B. 沉淀池　　C. 支持连接架构　　D. 汇水管
E. 排水孔

例6 拦渣工程总体布局的原则是（　　）。
A. 工程合理　　B. 安全可控　　C. 因地制宜　　D. 经济有效
E. 保护环境

例 题 解 析

例1 新植树木定植后 24 小时内必须浇上第一遍水，定植后第一次灌水称为头水。浇灌头水主要目的是通过灌水将土壤缝隙填实，保证树根与土壤紧密结合，以利根系发育。故选 B 项。

例2 曝气设备是活性污泥处理法的核心部分。故选 B 项。选项 A 曝气池是曝气系统的组成。此处曝气设备是指曝气器。

例3 开级则是通过开挖边坡，修筑阶梯或平台，达到相对截短坡长、改变坡形、坡度、坡比，降低荷载重心，维持边坡稳定目的的又一种护坡措施。故选 C 项。

例4 常用的坡面土保持生物措施有人工播种、铺草皮、植生带护坡、土工格室植草、藤本植物护坡、液压喷播、客土喷播等。故选 ABD 项。选项 C 错在"格栅"，与"格室"不同，格栅是条状物，不像"格室"能在其内装土种植。选项 E 错在少了"皮"字。

例5 公路建设应在水环境敏感路段设置径流水收集系统和沉淀池。故选 AB 项。选项 CDE 都属于径流汇集系统（即收集系统）的内容。在做多选题时要注意"选大不选小"的潜规则，选项 A 是大概念，选项 CDE 是属于选项 A 的小概念，所以此时不选小概念。该题原选项 D 是"集水池"，则干扰度就太大，与选项B"沉淀池"概念相近；而原文就是选项AB。

例6 拦渣工程的总体布局上，应以工程合理、安全可控、因地制宜、保护环境为原则。故选ABCE项。

自测模拟题

（一）单项选择题

1. 保证绿化植物成活和苗壮生长的前提是（　　）。
   A. 定点　　　　　B. 放线　　　　　C. 整地　　　　　D. 施肥

2. 乔、灌木常规种植流程正确的是（　　）。
   A. 种植材料选择→定点、放线→种植穴、槽开挖→树木种植→苗木修剪
   B. 种植材料选择→定点、放线→种植穴、槽开挖→苗木修剪→树木种植
   C. 定点、放线→种植穴、槽开挖→种植材料选择→苗木修剪→树木种植
   D. 定点、放线→种植穴、槽开挖→种植材料选择→树木种植→苗木修剪

3. 铺砌草坪用的草块及草卷应规格一致，边缘平直，杂草不得超过（　　）。
   A. 5%　　　　　B. 10%　　　　　C. 15%　　　　　D. 20%

4. 方块草坪铺设，不论是冷地型还是暖地型草种，都忌讳在（　　）进行。
   A. 春季　　　　　B. 夏季　　　　　C. 秋季　　　　　D. 冬季

5. 三维网植草的网包薄层一般用于（　　），起到固土防冲刷并改善植草质量的良好效果。
   A. 挖方边坡　　　B. 填方边坡　　　C. 土方挖方边坡　　D. 路堑边坡

6. 把草种、肥料、保水剂等按一定密度定植在可自然降解的无纺布或其他材料上，并经过机器的滚压和针刺复合定位工序，形成具有一定规格的产品。这种产品是（　　）。
   A. 三维网植草　　B. 土工格室植草　C. 植生带护坡　　D. 客土喷播

7. 中央分隔带的苗木修剪后的高度应为（　　）m。
   A. 1.0~1.2　　　B. 1.2~1.4　　　C. 1.4~1.6　　　D. 1.6~1.8

8. 中央分隔带苗木修剪后的高度应符合规定，栽植的株距、行距合理，应满足（　　）的要求。
   A. 公路美学　　　B. 防眩功能　　　C. 去枝保水　　　D. 成活率高

9. 下列说法错误的是（　　）。
   A. 声屏障安装位置、高程应在容许偏差之内
   B. 声屏障安装偏移、竖直度应在容许偏差之内
   C. 主体工程与其上的屏障体之间应留有接缝空隙
   D. 声屏障预埋基础位置、间距、深度等指标应准确

10. 屏障效果监测常用（　　）评价声屏障降噪效果。
    A. 生程差　　　　B. 菲涅尔系数　　C. 声影区　　　　D. 插入损失

11. 一般平路基要求声屏障达到相应的降噪效果，3~4m 高的声屏障，20~30m 内的降噪效果一般可以达到（　　）dB（A）。
    A. 3~5　　　　　B. 5~7　　　　　C. 7~10　　　　　D. 10~13

12. 具有增加坡面工程的强度，提高边坡稳定性的作用，而且又具有绿化美化的功能的护坡是（　　）。
    A. 植被护坡　　　B. 综合护坡　　　C. 削坡开级　　　D. 工程护坡

13. 对堆置固体废弃物或山体不稳定的地段，或坡脚易遭受水流冲刷的地方，应采取的是（   ）。
    A. 削坡开级   B. 植物护坡   C. 工程护坡   D. 综合护坡
14. 污水处理后排入附近农田沟渠用于农田灌溉的，出水水质应满足（   ）的要求。
    A. 农田灌溉水质标准   B. 杂用水标准
    C. 污水综合排放标准   D. 地表水环境质量标准
15. 污水处理后重复利用做绿化、道路喷洒用水，水质应满足（   ）的要求。
    A. 农田灌溉水质标准   B. 污水综合排放标准
    C. 杂用水标准   D. 地表水环境质量标准
16. 拦渣堤一般同时兼有拦渣和防洪两种功能，做到（   ）。
    ①堤内防洪；②堤内拦渣；③堤外防洪；④堤外拦渣
    A. ①和②   B. ①和④   C. ②和③   D. ③和④
17. 拦渣堤设计的关键是（   ）。
    ①选线；②基础；③防洪标准；④稳定系数
    A. ①②③   B. ①②④   C. ②③④   D. ①③④

（二）多项选择题

1. 三维网植草的特点有（   ）。
    A. 固土性能优良   B. 消能作用明显
    C. 网络加筋作用突出   D. 保温功能良好
    E. 不适合人工撒播
2. 关于坡面客土喷播说法正确的有（   ）。
    A. 适用于不同风化程度的岩石边坡
    B. 喷播基材是保证喷播成功的重要因素
    C. 多种材料的混合物包括团粒剂使客土形成团粒化结构
    D. 将土壤和种子等材料的混合物喷植于边坡表面
    E. 有波浪起伏的网包对覆盖于网上的客土、草种有良好的固定作用
3. 下列说法正确的有（   ）。
    A. 声屏障安装位置、高程、偏移、竖直度在容许偏差之内
    B. 声屏障的总长度大于保护对象的长度
    C. 平路基设置的声屏障4m高时，对其后30m的降噪效果，一般可以达到10dB（A）
    D. 可在环境保护竣工验收前，进行必要的减噪效果监测
    E. 一般平路基50m范围内会有不同程度的超标，主要是夜间噪声超标
4. 工程护坡的措施有（   ）。
    A. 干砌石   B. 捶面   C. 喷锚   D. 削坡
    E. 开级
5. 实际工作中，径流集中处理系统参见的体系有（   ）。
    A. 全封闭收集系统   B. 沉淀池
    C. 部分封闭收集系统   D. 择时封闭收集系统
    E. 集水池

6. 下列说法正确的有（　　）。
    A. 公路建设路线设计时，应尽量绕避饮用水水源保护区
    B. 对跨越饮用水水源二级保护区的桥梁，应在桥梁上设置桥面径流水收集系统
    C. 公路建设应在水环境敏感路段设置径流水收集系统和沉淀池
    D. 集水池的位置必须设置于河道堤防或其他保护区之内
    E. 黄沙、泥土、砾石等是集水池常见的填料

7. 汽车维修站、加油站废水及车辆冲洗废水，常含有（　　）。
    A. 泥沙　　　　　B. 油类物质　　　　C. 溶解氧　　　　D. 重金属
    E. 轻金属

8. 污水处理工艺广泛采用的处理方法有（　　）处理方法。
    A. 好氧生物　　　B. 化粪池　　　　　C. 干厕　　　　　D. 稳定塘
    E. 好氧化学

9. 服务区污水一般考虑的主要污染因子有（　　）。
    A. 泥沙　　　　　　　　　　　　　　B. 油类
    C. 悬浮物（SS）　　　　　　　　　　D. 化学需氧量（COD）
    E. 重金属

10. 排污口设置必须符合"一明显、二合理、三便于"的要求。其中"三便于"是指（　　）。
    A. 便于公众参与监督管理　　　　　　B. 便于检测计量
    C. 便于确定排污去向　　　　　　　　D. 便于采集样品
    E. 便于标识与标志

11. 在拦渣坝的坝址选择时，下列说法正确的是（　　）。
    A. 地形要口大肚小
    B. 适当设计渣场规模，使之易于复垦
    C. 山区高大渣场可分级布设
    D. 黄土高原区渣场应结合造地设计
    E. 沟道平缓，工程量小

12. 拦渣墙按结构形式的不同，可分为（　　）。
    A. 竖直式　　　　B. 重力式　　　　　C. 悬臂式　　　　D. 护臂式
    E. 仰斜式

13. 浆砌石重力坝通常由（　　）组成。
    A. 溢流段　　　　B. 非溢流段　　　　C. 导水墙　　　　D. 排水管
    E. 截水沟

14. 拦渣工程是为专门存放公路施工造成的大量弃土、弃渣和其他废弃固体而修建的水土保持工程，主要包括（　　）。
    A. 导水墙　　　　B. 拦渣坝　　　　　C. 拦渣墙　　　　D. 拦渣堤
    E. 排水管

15. 根据拦渣堤修筑的位置不同，主要有（　　）拦渣堤。
    A. 沟岸　　　　　B. 山坡　　　　　　C. 山顶　　　　　D. 河岸

E. 山脚

参考答案

（一）单项选择题

1. C 2. C 3. A 4. D 5. B 6. C 7. C 8. B 9. C 10. D
11. C 12. B 13. C 14. A 15. C 16. C 17. A

（二）多项选择题

1. ABCD 2. ABCD 3. ABDE 4. ABC 5. ACD 6. ABCE 7. AB
8. ABD 9. BCD 10. ABD 11. BCDE 12. BCD 13. AB 14. BCD
15. AB